DICTIONARY OF
MEDIEVAL LATIN
FROM BRITISH SOURCES

FASCICULE X

Pel–Phi

DICTIONARY OF
MEDIEVAL LATIN
FROM BRITISH SOURCES

Fascicule X   Pel–Phi

PREPARED BY

D. R. HOWLETT, M.A., D.Phil., F.S.A.

With the assistance of

T. CHRISTCHEV, M.A.

T. V. EVANS, Ph.D.

P. O. PIPER, M.A., A.M., Ph.D.

and C. WHITE, M.A., D.Phil.

UNDER THE DIRECTION OF A COMMITTEE
APPOINTED BY THE BRITISH ACADEMY

Published for THE BRITISH ACADEMY
by OXFORD UNIVERSITY PRESS

Oxford University Press, Great Clarendon Street, Oxford OX2 6DP

Oxford New York

Auckland Cape Town Dar es Salaam Hong Kong Karachi
Kuala Lumpur Madrid Melbourne Mexico City Nairobi
New Delhi Shanghai Taipei Toronto

With offices in

Argentina Austria Brazil Chile Czech Republic France Greece
Guatemala Hungary Italy Japan Poland Portugal Singapore
South Korea Switzerland Thailand Turkey Ukraine Vietnam

Published in the United States
by Oxford University Press Inc., New York

British Library Cataloguing in Publication Data
Data available

Library of Congress Cataloging in Publication Data
Data available

Typeset by John Waś, Oxford
Printed and bound in Great Britain by
Antony Rowe Ltd, Chippenham, Wiltshire

ISBN 978-0-19-726387-7

MEMBERS OF THE COMMITTEE

PREFACE TO FASCICULE X

Fascicule X marks the steady advance in production of the Dictionary, made possible by the generous financial support of the Packard Humanities Institute, the Arts and Humanities Research Council, and the British Academy, and support from the Faculty of Classics and housing by the Bodleian Library of the University of Oxford. It is a pleasure to thank P. G. W. Glare for his continuing invaluable services as a Consultant Editor. We also thank Mr Alan Piper and members of staff of the Bodleian Library, the British Library, the Cambridge University Library, the National Archives, and the Libraries of Trinity and St John's Colleges, Cambridge, for help and access to original sources.

J. N. Adams

et curvatum os rursus in ventrem immittit. hoc vas in fundo canalem, per quem liquor infunditur, habet, qui infuso liquore hermetico sigillo occluditur et calori admovetur *LC* 257.

pelicatus v. 1–2 paelicatus.

pelichimon [? cf. πελιδνός, πελιός], livid colour.

~on . . plumbeus color ut in Theophilo *Alph*. 142.

pelicia, ~ium v. pelliceus, politia.

pelicum [? cf. pelecinus], kind of plant.

~um est herba nobis ignota *Alph*. 142.

peligna, ~us, pelingnus, pelinguis v. paelignus. **peliparius** v. pelliparius. **pelitium** v. pelliceus. **pelitria** v. peltrum. **pelittus** v. pelare. **pelium** v. pelvis. **pelix** v. pellix.

pelizo [AN *peil*, *pellez* < CL pellis], outer garment, cloak, mantle, 'pelisse' (esp. made of skins or leather).

1200 precium . . trium penularum de bissis et unius ~onis *gris* de ix fessis *Liberate RC* p. 9; **1290** pro dictis robis reparandis . . ac eciam pro reparacione unius pelyzon' contra hyemem *Chanc. Misc.* 4/5 f. 3.

1 pella [πελλὸς (ἐρῳδιός)], kind of bird, heron (*cf.* Aristotle *HA* 609^b 22). **b** (her.) image or representation of heron.

ardearum tria sunt genera, ~a, alba, stellaris, piger cognomine. ~e coitus difficilis est: vociferatur enim, et sanguinem ex oculis, ut aiunt, emittit cum coit TURNER *Av.* C1; ~a apud Anglos in excelsis arboribus, non procul a ripis fluminum crescentibus nidum facit. superior pars corporis cyanea est, inferior autem nonnihil candicat *Ib.* C1v. **b** tria vexilla nova parata aureis ~is de armis regiis *Vis. S. Paul.* 15.

2 pella [ME *pel(e)*], peal (of a bell; in quot., as summons to prayer).

c**1440** officium . . eorum est a ~a matutinali usque ad pulsacionem hore tercie in obsequio intendere divino presbyteris in altaribus hujusmodi celebrantibus in habitu quo in choro utuntur *Stat. Linc.* II 361.

pellacia [CL], wiles, allurement.

ubique timens ~iam hostis *Map NC* I 30 f. 22v.

pellaciter [CL pellax + -ter], alluringly, deceitfully.

que nuper nituit pellis pellaciter, / lascivum oculum pascit inaniter, / nunc jacet livida fetetque graviter WALT. WIMB. *Carm.* 339; quod placet principi, pellax pellaciter *Id. Palpo* 26.

pellagius v. pelagius. **pellaparius** v. pelliparius. **pellare** v. pelare.

pellator [CL pellis + -tor], skinner, tanner.

1603 inter terras David Dempster ~oris *Reg. Brechin* II 292.

pellatus [CL pellis + -atus, *as transl. of* AS *hide*; cf. hidata], hide, unit of arable land.

868 incipiunt pellati Pirigfliat et Scipfliat, pausunt [*sic*] in flumine *Ch. Roff.* 26.

pellax [CL = *seductive, winning, glib*]

1 deceitful, deceptive.

quamquam pellaces [v. l. fallaces] cantarent carmine vates ALDH. *Aen.* 57 (*Aquila*) 2; dum magus in taurum pellax sine voce susurrat, / corruit in terram quadrupes spiracula linquens *Id. VirgV* 580; vir Dei tandem hostis ~acis [v. l. invidi] . . millenas formas persentiens FELIX *Guthl.* 34 p. 110; **925** regnante Theo inperpetuum architecturo opere precium constat ut presentium renum blandimenta et ~ax mundi prosperitas nullo momento ducatur *Ch. Burton* 2 (=*CS* 642); o defesse, sagax curat quem caelica pinax, et quia pellacis vitasti gaudia saecli, / cum numero vitae meruisti praemia summae! FRITH. 1260; hac fraude jussu Haroldi tyranni composita, regiis adulescentulis est directa per ~aces cursores *Enc. Emmae* III 4; ~ax . . fallax, fraudulentus OSB. *Deriv.* 416.

2 (as sb. m.) deceiver.

eque domu mandat pellacem vertere gressus ÆTHELWULF *Abb.* 356.

---

pelle v. pellis. **pelleccula**, v. pellicula. **pellecta** v. pelletta. **pellectila** v. pellettula. **pellectria** v. pelletteria. **pellectula** v. pellettula. **pellefficus** v. pellifex. **pellen** v. pollen. **pelleparius** v. pelliparius.

pellere [CL]

1 to propel toward.

ubi navem conscendit, flante Favonio pulsus est Fresiam BEDE *HE* V 19 p. 326.

2 to drive away. **b** (in fig. phr.) to dispel.

exercitus hostilis . . rursus . . inde pulsus alia loca petebat W. MALM. *GR* II 121. **b** et tu, pulso pulvere, forte bonus fias PECKHAM *Def. Mend.* 272.

3 to drive into exile, banish; **b** (fig.)

religiosam forte matrem seu sorores domo ~entes GILDAS *EB* 66; eum ex patria pulsit tirannus Edilfridus V. *Greg.* 90; ipsos miseros indigenas domo patriaque ~ere deliberant ABBO *Edm.* 1; pater Dunstanus in exilium pulsus EADMER *Wilf. prol.* p. 162; volens vir Anselmus baculo privatus et anulo ~eretur regno W. MALM. *GP* I 49 p. 89; tempus quo pulsus est Adam de paradiso AILR. *Inst. Inclus.* 11; ad nos iterum a patria ~endos GIR. *EH* I 8. **b** virtus si qua placet, patriis pepulistis ab oris FRITH. 1203.

4 to get rid of (emotion or condition); **b** (mus.).

nunc procul a vestro pallorem pellite vultu ALDH. *VirgV* 2372; omnis infestatio inmundi spiritus abiciatur terrorque venenosi serpentis procul pellator [*sic gl.: sie fordrifen*] *Rit. Durh.* 122; hic timet hic sperat, pellit spes ampla pavorem W. MALM. *GR* III 133; Angeronea, quedam dea ita dicta quod videatur angores ~ere OSB. GLOUC. *Deriv.* 46; et dat lumina / noctis pellens molestias J. HOWD. *Cyth.* 133. 9. **b** et sic suavi concordia miscebantur, et inter A et C simul pulsas nunc B, nunc D facit mediatatem, sed non simul ODINGTON 74.

pelletarius [ML; cf. AN *pelletier* < CL pellis]

1 pertaining to skinning or tanning.

juvenis quidam morabatur nomine Giraldus, qui arte ~ia instructus labore manuum suarum vivebat ALEX. CANT. *Mir.* 22 (II) p. 200.

2 (as sb. m.) one who prepares skins, skinner, tanner.

12.. de chirotecariis et pellipariis al. pellitariis a Gallica voce *pelletier RegiamM* II f. 159; c**1349** sellarii, ~ii, alutarii, sutores *MunAcOx* 789 (=*Foed.* V 693); **1392** pellettarii subscripti, viz. . . Robertus Skynnere . . Ricardus Skynnere . . et Johannes Miltone excessive ceperunt in arte sua vendendo fururas etc. et capiendo pro arte sua *Arch. Ox.* II 82; **1419** Johannes de Cotone, de Londoniis, peletarius, attachiatus fuit ad respondendum Nicholao de Whittone, de Londoniis, peletario *MGL* I 433.

3 (as sb. n.) skin, hide, pelt, stripped from animal and treated as a commodity.

a**1178** pro pellitaria parata, de singulis trossellis, iiij denarios *Act. Hen. II* II 56.

pelletta, ~us, ~um [ME *pellet*, AN *pelette* < CL pellis], skin, hide, stripped from animal and treated as a commodity: **a** (of sheep, spec. without wool); **b** (of cattle); **c** (in apposition).

a 1270 remanere deberent ~e v *Ac. Stratton* 36; **1270** de pellect' awlsis mcxxxi *MinAc* 1078/12 r. 1; **1274** ~e: idem r. c. de uno ~o de multonibus *Ac. Stratton* 56; **1297** pelles et ~i. idem r. c. de j pelle lane j multonis. et de ij ~i ij ovium matricium *Ac. Cornw* 11; **1298** de . . pelettis (v. 1 lokettus); **1303** item centum aliarum pellectarum que Anglice vocantur peltis sine lana debet iij d. *EEC* 166; **1306** idem respondet de iiij^{xx}viij pellect' de pellibus de quibus extracta fuit lana; item de xxxvj pellect' de pellibus nudis de remanenti anno priori de quibus extracta fuit lana et reparat' in vellera ut inferius *MinAc* 856. 15 m. 3*d.*; **1339** rec. de dv^{xx}xix pell' lanut' et diiij^{xx}xvij pellett' de morina . . venditis in grosso *Ac. Durh.* 309n; **1453** de precio vij duodenarum vj pellectarum vocatarum *shorlynges Ac. H. Buckingham* 17. **b** c**1320** de coreis pellibus et pellectis boum et vaccarum *Cant. Cath. Pri.* 219. **c 1303** de pellibus pellectis (v. pellis 2c).

pellettarius v. pelletarius.

---

pelletteria [ME *pellet*, AN *pelette* < CL pellis + -erie]

1 skin, hide, stripped from an animal and treated as a commodity; **b** (collect. sg.); **c** (distributive sg.).

1304 de Martino de Bersele pro vj saccis cep[arum?] xij d. pro ccc peletriis j d. ob. *EEC* 169; **1307** de j ~ia agni mas occisi . . et j ~ia bydentis *MinAc Wistow* 26; **1318** de iiij piletteriis post tonsionem *Ib.* 50; **1393** de Ricardo Jonesson' pro ccc pellibus vitulinis dccc pelletrriis ij petris plumbi val. xxxiiij s. vij d. *EEC* 539. **b** c**1265** in empcionibus tam in pannis sericis et aliis quam in peletria, speciebus, electuariis *ExchScot* 11; **1304** pro ij balis peletrie viij d. *EEC* 171. **c 1410** et de pellectria xx agnorum de morina post tonsionem *Crawley* 303.

2 work of skinning or tanning.

c**1253** rex mittit . . Rogerum Cissorem pro peletaria ad opus regis emenda *RGasc* I 324; c**1324** legales homines de officio peletrie et coureariorum *MGL* II 94.

pellettria v. pelletteria.

pellettula [ME *pellet*, AN *pellette* < CL pellis + -ula], (small) skin, hide, stripped from an animal and treated as a commodity.

de xxviij pellectilis venditis in grosso *FormMan* 30; mortui fuerunt post tonsionem ut habeat tot pellectulas in exitu pellectularum *FormMan* 41; **1325** pelles: idem respondet de xij lanutis, iij pellectulis, et xvij pellibus de morina xvij agnorum *Rec. Elton* 287; **1388** lx pellectul' precii v solidorum *Pat* 326 m. 34; **1401** de pellectulis vj agnorum de morina *Pipe Wint.* B1/150 m. 5*d.*; **1449** pellectule et de pellectulis xviij agnorum de morina ut supra post tonsionem *Crawley* 484; **1504** nec respondent de pellibus lannatis, pellibus nudis, pellibus agninis, neque de pellectulis nichil quia pertinent firmario cum firma bidencium *Ib.* 492.

pelletus v. pelletta.

pelleus [LL < CL pellis + -eus], made of leather or skins.

nubit aluta pedi sine rixa consona, palmam / candenti corio pellea palma tegit GARL. *Epith.* VI 338; corpus . . ~eis velaminibus tectum latet absconditum *NLA* I 260.

pellex v. paelex, pellix.

pellia, kind of bird, starling.

~ia, starna idem [est] *Alph.* 143.

pelliagium [CL pellis + -agium], (Scot.) ? duty on hides.

1370 nec ab eis aliqua ~ia nec quascunque exacciones sive bladi sive pecunie vel martarum ab eis exigemus *Reg. Moray* 171.

pellicanis, pellicanus, pellicar v. pelicanus. **pellicea** v. pelliceus.

pellicere [CL]

1 to entice, captivate, or deceive.

cum inexpertos quosque ad vitae pericula pellexerint [*gl.: i. deciperint, þonne hi bepæcaþ*] ALDH. *VirgP* 40; tua me pellexit honestis / scilicet indulganda modis, odisque canoris, / caelo vita micans FRITH. 26; **993** Adam . . versipellis . . tergiversacione viraginis pellectus *CD* 684; huic rex injunxerat negotium ut Elfridam . . que forma sui oculos relatorum pellexerat W. MALM. *GR* II 157; si eger quispiam salutem vehementer exoptet, sed ob presentem molestiam . . adustionem exhorreat, ac presenti quadam suavitate pellectus olei fomenta requirat AILR. *Spec. Car.* I 22 p. 525; a pelle ~io . . decipere OSB. GLOUC. *Deriv.* 416; a corde alterius secretum elicit ut sic ~iat NECKAM *NR* I 19; quos ego crebris litteris ut tue recte valitudinis me certiorem redderent rogavi, pellexi, flagitavi FREE *Ep.* 56.

2 (in gl., understood as noun).

begylinge, decepcio, decipula, dolus fraus ~io, frustracio *CathA*; *a falsed*, falsitas, fraus arte fit, fraudulencia, dolus . . pellacia, ~io, versucia *Ib.*

pelliceum, ~ia, ~ies v. pelliceus.

pelliceus [CL]

1 (of wool) attached to the skin.

1254 vendidimus apud Dunstaple saccum lane de velleribus pro septem marcis, et lanam ~iam pro sex *Ann. Dunstable* 192.

2 made of skin, leather, or sim. (assoc. w. clothing).

cognoverunt esse se nudos tunicasque ~ias naturae mortalis induti sunt BEDE *Luke* 468; non laneo, nec lineo vestimine, nec alterius cujuscumque delicatae vestis tegminibus usus est, sed in ~iis [v. l. ~eis] vestibus omnes dies solitariae conversationis suae exigebat FELIX *Guthl.* 28; vestimenta singula vel ~ea vel purpurea GOSC. *Edith* 71; nichil pellitium aut lineum vestiunt W. MALM. *GR* IV 336; fecit .. eis Dominus tunicas ~eas de pellibus mortuorum animalium *Eul. Hist.* I 20; c**1520** nullus clericus hujus sue diocesis sive beneficiatus fuerit sive non de cetero publice portet loricas ~eas seu etiam ferreas *Conc. Scot.* I cclxxviii.

3 (as sb. f. or n.) outer garment, cloak, mantle, 'pelisse', 'pilch' (spec. made of skin, leather, or sim.); **b** (dist. acc. source); **c** (eccl.); **d** (as rent).

801 mitte mihi .. ~iam longam, qualem mihi misisti, nisi forte alba potest esse, que molliorem lanam habere videtur ALCUIN *Ep.* 235; **10..** ~ie, *pylece WW*; Judei .. ad reparanda pallia, ~ias, vel cetera hujus modi .. ipsum sibi pre omnibus pellipariis elegerunt T. MON. *Will.* I 3; ad caput interula ponatur pelliciesque D. BEC. 1285; cilicio, ut semper, tegebatur ad nudum, hinc tunicam in medio superinducto velabat ~eo AD. EYNS. *Hug.* IV 10; **1204** pro ~io regine *Cl* 14a; **1229** rex totum id quod ei aretro fuit de annuo redditu unius ~ei grisii quem Willelmus scissor regis eidem regi debuit .. perdonavit *Cl* 261; pelliparii ditantur per sua ~ea [*gl.*: *pelisouns*] et per penulas GARL. *Dict.* 125; **1303** de Arnaldo de Prat' pro ~ia et panno de *worstede* val. iij s. *EEC* 281; *a pylche*, endromida vel endromis, ~ium, reno; versus: pellicium, reno, quibus endromida sociamus *CathA*; *furre*, pellitium LEVINS *Manip.* 190. **b** ~ee et penne sanctimonialibus et sororibus canonicis et fratribus fiant de optimis agninis pellibus *Inst. Sempr.* xli; ~ia de peregrinis murium pellibus nec non et cuniculorum perticis appensa GIR. *RG* III 3; **1208** pro uno ~eo de griso *Cl* 101b; **1215** pro una pelicia de ruffo grisio *Cl* 184a; **1282** ad alia loca latenter inclinans sub vulpina ~ie se abscondit *Conc.* II 82b; lego Emme filie mee .. unum ~ium sive pellinam de cato *FormMan* 17; hic Rithon ex barbis regum quos perimerat fecerat sibi ~eum *Eul. Hist.* II 341. **c** cuncta necessaria ecclesiae dedit, et, ut paucis concludam verbis, calices, sciffos, .. tapetia, lectisternia, cortinas, cucullas fratrum, ~ia BYRHT. *V. Osw.* 446; peliciam W. MALM. *Glast.* 80 (v. froccus); **1194** ut quelibet illarum habeat unam veterem ~eam monachi singulis annis *G. S. Alb.* I 203; **1224** cariari faciat .. caseos, pelicia, et stamina, et alia necessaria que .. mittit ad abbatiam suam *Pat* 474; **1279** in ~io episcopi empto v s. *Comp. Worc.* I 2; **1325** xxvj pellic' ad dictos novicios unacum ligaturis, lxx s. viiij d. *Ac. Durh.* 165; cuilibet scilicet fratri ij virgatas burneti largi et unam ~iam FLETE *Westm.* 133. **d** c**1225** quietam clamavi demandam, quam eis feci de quodam ~io et de quodam pari botarum annuus redditus [*sic* MS] *Ch. Chester* 399; **1299** excepto redditu unius pelitii in eadem civitate *Foed.* II 855; c**1335** item, in solutis ad scaccarium domini regis pro quodam annuo redditu unius ~ii *Comp. Swith.* 242.

pelliciarius [ML < CL pellis+-arius, cf. pelliparius], skinner, tanner: **b** (in quot. w. ref. to human skins; v. *EHR* CI 399–404).

in sartorio ministrabunt quattuor principales magistri, magister ~ius, magister sutorius, magister incisorius, procurator sartorii *Obed. Abingd.* 387; magister ~ius habebit duas acras de dominio Bertone *Ib.* 390. **b** ipsum .. pelliciarium despective vocitaverant eo quod parentes matris ejus pollinctores extiterant (ORD. VIT.) W. JUM. VII 8 (18).

pelliciesus v. pellicosus.

pellicillum [CL pellis+-cillum], brush, orig. of fur; *cf. penicillus*.

~um, A. *a brushe WW*.

pellicinos [cf. πελλός], ? dark-coloured or grey.

urina est quasi karopos, aut plurimum plumbea aut pellicino' et subcinericia GILB. VI 258. 1.

pelliciosus [CL pellis+-osus], of skin.

folliculas venenosas et minutas, instar pelliciarum villosarum et fissurarum †pelliciesarum [l. pelliciosarum] diutius extraxit R. COLD. *Cuthb.* 138 p. 288.

pellicium, ~ius v. pelliceus.

pellicudium [CL pellis], (fur) muff.

a snufkyn, ~ia, nebrida *CathA*.

pellicula [CL]

1 (small) natural outer covering of body: **a** (of human). **b** (*~a genitalium*) scrotum. **c** (of grape).

a ferrei compedis rigor omnem tenere ~e superficiem exedendo minoraverat R. COLD. *Cuthb.* 20 p. 42. **b** ponderositas .. que hernia dicitur quando ex ruptura descendunt viscera in ~am genitalium T. CHOBHAM *Conf.* 72; vidit laicum quendam .. tunc laborantem ruptura ita quod intestina deciderant usque ad ~am genitalium *Canon. S. Osm.* 36. **c** ubi lentus calor et multa humiditas, dum calor agit in eam humiditas copiose diffundit ad exteriora, ubi prius multitudinem sui non valent indurari, mollem et carneam assumit substantiam, extrinseco tamen calore quadam eam ~a circumdante *Quaest. Salern.* B 63; vinacia dicuntur ~e [TREVISA: *hullis*] et acini, que remanent expresso vino BART. ANGL. XVII 189.

2 (anat.) membrane, membranous tissue: **a** (w. ref. to eyes); **b** (w. ref. to brain); **c** (w. ref. to oesophagus); **d** (w. ref. to diaphragm); **e** (w. ref. to heart); **f** (w. ref. to liver); **g** (w. ref. to stomach); **h** (w. ref. to abdomen or peritoneum); **i** (w. ref. to uterus); **j** (w. ref. to embryo).

a quidam sunt qui habent oculos claros nil tamen possunt videre .. humida dicitur dum humores non solidantur nec desiccantur in substantiam ~e *Quaest. Salern.* B 302; manifeste apparet quasi quedam ~a alba in pupilla oculi, et non curatur nisi artificiali remedio *Ib.*; sunt .. oculi .. septem tunice ... sunt septem ~e [TREVISA: *skynnes*] sive tele BART. ANGL. V 5. **b** infra duas ~as [TREVISA: *skynnes*] sc. piam matrem et duram est contentum BART. ANGL. V 3; cerebrum ergo primo et proximo loco obvoluunt due ~e, que dicuntur pia mater et dura mater RIC. MED. *Anat.* 213; **1319** Johannes Scot .. casu fortuito percussit Henricum filium suum .. in anteriori parte capitis super cerebrum, dans sibi magnum vulnus, cranium et pelliculos [*sic*] cerebri frangendo, ita quod magna pars cerebri exivit *Conc.* II 487a. **c** isophagus .. in naturam declinat intestinorum, unde et ex ~is duabus et paucis nervis conponitur RIC. MED. *Anat.* 223. **d** capite deorsum, radice superius conversa, ~e, que diafragmati: est perpendicularis pectus et pulmonem per equalia dividenti, adnexum dependet ALF. ANGL. *Cor.* 4.1; dyafragma est ~a dividens spiritualia a nutritivis *SB* 18. **e** sunt qui dicunt cordis orificia musculis non constringi, sed ~is quibusdam ad predictum modum dispositis et numerum claudi ALF. ANGL. *Cor* 6. 6; exterius quedam cor obvolvit ~a que capsula cordis dicitur RIC. MED. *Anat.* 220. **f** in epate, quod est insensibile in se: nisi in respectu ~arum suarum GAD. 32. 1; quando vesice vel ~e circa epar implentur aqua et rumpuntur: aqua ista currit ad ~as solidas circa ventrem inferius GAD. 32 v. 1. **g** nam ex stomacho humoribus corruptis repleto, fumositates resolute ratione vicinitatis cerebrum petunt, et concavitates, si quas inveniunt vacuas replentes, ~as [TREVISA: *skynnes*] cerebri comprimunt et distendunt BART. ANGL. V 2 p. 122. **h** nam ejus venter, juxta femur, adeo fractus atque inflatus erat, ut nuda penitus penderent intestina, que nihil aliud preter tenuissime ~e obstaculum suspensa tenebat *Hist. Durh.* 14 p. 152; syphac est ~a dividens nutriva a generativis *SB* 39; contigit casu, ut prerupta illa, que in imo ventris est interiori ~a, quod multis noverim accidisse, ex lapsu quorundam intestinorum in burcellam testiculorum, graviter infirmatus .. afficeretur doloribus *Mir. Hen. VI* IV 129. **i** matrix enim in se complexionaliter est facta ex ~is quibusdam nervosis contexta ALF. ANGL. *Cor* 12. 4. **j** hec materia virtute caloris excocta, quadam ~a [TREVISA: *skyn*] tenuissima circumdatur, intra quam instar lactis coagulatur, et hec materia est ~a [TREVISA: *skyn*] embryonis .. unde puer tegitur in utero matris BART. ANGL. VI 3.

3 (small) skin, hide, pelt, stripped from an animal and treated as a commodity; **b** (dist. acc. kind of animal).

1349 remanent xxxiij pelles lanute .. lxiiij pellecte .. xxv ~e *Rec. Elton* 341. **b** ~am vituli .. clavis affixam violentiis procellarum opposuit BEDE *CuthbP* 46; respondit .. se nullius tergiversationis conscium ~is agninis contentum esse W. MALM. *Wulfst.* 46; **1346** merc' staur' vend': .. de v d. de iij pellett' et viij ~is agni (*Comp. Moulsham*) *Essex RO* D/DM m. 71; **1401** de xix pellecculis multonum mactatorum *Househ. Ac.* 568.

4 treated skin, membrane of parchment.

clericus justicie eos in ~a sua scribebat in misericordia *Cust. Norm.* 65. 1; ~a ex qua formabitur quaternus pumice mordaci purgetur et planula leni adequetur superficies NECKAM *Sac.* 361; **1290** in j duodena et dim. parvarum ~arum pergameni, xx d. *Ac. Swinfield* 140; quod .. scriptura naturalis, fragili calamo, fluido atramento, putribili ~a vel papyro constructa solvi non potest, ex nulla firmitate aut stabilitate hujus scripture infirme et labilis potest esse BRADW. *CD* 821C.

5 ribskin, leather apron worn while 'ribbing' flax.

~a, A. *a rybbyngskyn WW*; hec ~a, A. *a rybschyn WW*.

pelliculus v. pellicula.

pelliculosus [CL pellicula+-osus], membranous; **b** (compar.).

stomachus autem est substantia ~a RIC. MED. *Anat.* 223. **b** illa pars ejus vulva dicitur .. inferior .. pars ejus .. est calidior, superior vero, quia nervosior et ~ior, ideo frigidior ad instar stomachi *Ib.* 231.

pellifex [ML < CL pellis+-fex], skinner, tanner.

gravabat superas adhuc vivendo Wibertus auras, unicus scismatis sator, nec umquam quoad vixit pervicatiam deposuit, ut justitie manus daret, imperatoris judicium pronuntians sequendum, non lanistarum vel ~icum Romanorum W. MALM. *GR* III 289; **11..** (1491) hi testes .. Rogerus ~ex *HMC Rep.* IX 20; c**1160** dedimus Ernaldo ~ici de sancto Audomaro unam mansuram in Nehus versus molendinum *Danelaw* 230; c**1165** his testibus .. Amfrido pellefico *E. Ch. Yorks* I no. 409; ut autem ~icem, postpositis divinis operibus humanis intendere presumpserant, quidam illorum pereunti fratri condoluerunt, quidam vero tamquam sacrilego insultaverunt *NLA* I 399.

pellina [CL pellis+-ina], sort of garment (spec. made of skins or sim.).

unum pellicium sive ~am de cato *FormMan* 17.

pellinarius [cf. LL *inscr.* pellionarius], skinner, tanner.

potagiarius, mancipium, tres pauperes in sartarino, ~ius, duo lavatores in balne[ario] *Cust. Westm.* 74.

pellio [CL]

1 skinner, tanner.

pelliparii seu ~ones .. debent accusari quod faciunt chirothecas .. prius quam pelles bene et sufficienter curantur *Iter Cam.* 23.

2 fur, hair, or sim.

1553 pellit' cum tali pellion' .. *furred with the lyke furre* (v. camelotus).

pelliparare [cf. pelliparius+-are], to perform the functions of a skinner or tanner.

c**1258** in c pellibus cuniculorum ~and', xx d. (*Ac. Shorwell*) *MS Cambridge Gonville & Caius Coll.* 205.

pelliparius [ML < CL pellis+-arius, *w. partial assimilation by anal. to* feliparius]

1 pertaining to skinning or tanning.

c**1148** cellerarius et procurator, cum multa sollicitudine curent et provideant, ut fratres ~ii *Inst. Sempr.* *xli; a parentibus traditur pelliparis arte ~ia instruendus T. MON. *Will.* I 3; videas hunc artem sutoriam, illum ~ium imitari GIR. *IK* I 2 p. 32; municipium hoc arte ~ia celebrius excolitur AD. EYNS. *Hug.* III 10 p. 118 (=*NLA* II 45).

2 (as sb. m.) skinner, tanner. **b** ? tailor (*cf. feliparius, parmentarius*). **c** (also as sb. f., passing into surname).

alutarius .. ille ~ius, vel qui operatur tanatas pelles vel qui eas tanat OSB. GLOUC. *Deriv.* 11; Aviza de Gosehale, Ordgari filia ~ii BEN. PET. *Mir. Thom.*; c**1230** nullus infra *wapontak* Salford ut sutor, peliparius, fullo, vel aliquis talis exerceat officium suum nisi sit in burgo (*Salford*) *BBC* 243; **1325** Willelmo de Hothum, civi ac ~io Eboraci *Couch. Furness* II 494; vidit puellam Arlec nomine ~i filiam .. KNIGHTON I 15 (cf. BROMPTON 910); **1382** sciatis quod .. licentiam dedimus .. Petro Thorold civi et ~io Londonii *RScot* 47a; c**1400** quartam fenestram vitrari fecit Walterus de Gorst, pelleparius vel piperarius, civis Londonie *Mon. Francisc.* I 516; *a pilche maker*, ~ius *CathA*; *a skynner*, candidarius, ~ius *Ib.* **b** ~ii [*gl.*: *parmenterz, le peliters*] ditantur per sua pellicea et penulas et furraturas .. item ~ii vendunt pelles deliciosas GARL. *Dict.* 125. **c 1176** Gerardus ~ius *Pipe* 88; c**1185** Petrus ~ius dimidiam virgatam pro iiij s. *Rec. Templars* 3; c**1206** hiis testibus .. Petro ~io et multis aliis *Cart. Osney* I 312; c**1250** juxta domum Roberti ~ii in parte occidentali *Ch. Sal.* 319; **1290** David Bagge, Simon Faber, Margareta ~ia *Reg. Heref.* 245; c**1300** de mesuagio Baldewyni Pelleparii in Westport *Reg. Malm.* II lxviii; c**1400** Ricardus filius Petri Pelliperii *Meaux* II 43.

3 (as sb. f. or n.) skinnery or tannery.

1260 domus Thome sc. Mauger ex opposito in ~ia *Cart. Osney* III 107; *a peltry or a skynnery*, ~ium *CathA*.

pellipatorium [pellipare+-torium], peltry.

c**1242** item ij trusselli de pellipatorio, qui custaverunt xv marcas *CurR* 129.

pelliperius v. pelliparius.

pelliris [CL], helmet (orig. made of skin).

ketyl hatte, pelliris .. Ugucio in pello, galerus *PP*; palette, *armowre fore þe hedde*, pelliris .. galerus *PP*.

pellis [CL]

1 natural outer covering of body, skin, hide; **b** (of human, also synecdochic transf.); **c** (of animal); **d** membrane or shell of an egg.

~is, *fel GlC* P371; cutis, vel ~is, *hyd* ÆLF. *Gl.* 159; hec ~is, *pel Gl. AN Glasg.* f. 19vb; hec cutis, hec ~is, *a skyne WW.* **b** si mutare potest Aethiops ~em suam aut pardus varietates suas GILDAS *EB* 50 (*Jer.* xiii 23); si .. peccavi, primus [sc. Moyses] in illo pro praedicta culpa ~em meam percutiat ANSELM *Ep.* 140; non mutabit Ethiops ~em suam W. MALM. *GR* II 121 p. 184; ~i .. sue verens GIR. *GE* II 27 p. 304; inter carnem et spiritum amaritudinis divortio consummato, ~ibus mortalibus nihil aliud superest nisi sepultum *Flor. Hist.* III 138; c**1400** Ricardus Liounes, audiens se taliter accusatum, timens ~i sue, misit domino Edwardo principi mille libras cum aliis exenniis et donativis *Chr. Angl.* 79. **c** mox draco crudelis sermonum pondere pressus / deserit obscurum squamosa pelle tigillum ALDH. *VirgV* 2402; venerunt statim .. duo pusilla animalia maritima humiliter proni in terram, lambentes pedes ejus, voluntantes tergebant ~ibus suis *V. Cuthb.* II 3; ~em totam a capite lupe retrahens GIR. *TH* II 19 p. 102; ne se transfiguret Sathanas in angelum lucis, ne ~em ovinam lupus, pennas accipitris strucio *Canon. G. Sempr.* f. 48; vulpes .. dixit ad seipsum: induam me ~e ovina, et sic inter alias oves, ut ovis, ibo J. SHEPPEY *Fab.*; ipsa enim ovina ~is transfigurato lupo totius gregis ruina est J. BURY *Glad. Sal.* 604; hec ~is, A. *the sckyn of a best WW.* **d** oculis videre / non potui; pascor nunc escis, pelle detectus / vivo HWÆTBERHT *Aen.* 38 (*De Pullo*) 3.

2 skin, hide, pelt, stripped from an animal and treated as a commodity; **b** (dist. acc. kind of animal); **c** (dist. acc. sort or use). **d** (transf.) roll (of fabric).

1383 aliquas pellas [*sic*] friscas (v. 1 friscus 3). **b** de quarum ~ibus beluarum sibi gens quaedam apud Indos vestimentorum tegmina componit *Lib. Monstr.* II 26; martrinas ~es *DB* I 262va (v. marterinas 1); ~es caprinas *DB* II 119; cur agninas ~es haberet, qui sabelinas, vel castorinas, vel vulpinas habere posset et deberet W. MALM. *Wulfst.* 46; scortes .. ~is arietis feminino genere OSB. GLOUC. *Deriv.* 545; ~em focinam J. FURNESS *Pat.* 93 (v. phocinus); **1245** in iiij^{xx} ~ibus vulpium conreandis (v. correare b); **1246** ~is vero predicti fetonis liberata fuit Johanni Lovet, viridario *SelPlForest* 82; item pro ij ~is [*sic*] multonis emptis ad opus ejusdem domini Henrici *Househ. Henry* 409; **1351** in j pelle piscis canini pro operibus stall'— vjd. (*KR Ac* 492/27) *Building in Eng.* 346; **1440** in ij ~ibus equinis emptis pro campanis ij s. ij d. *Ac. Durh.* 409; c**1520** et pro xx ~ibus vitulinis vij s. x d. et pro iij duodenis ~ium ovillarum albarum ix s. et pro iij magnis ~ibus damarum vj s. *Arch. Hist. Camb.* III 432. **c** a**1183** quieti .. de consuetudine nisi de crudis coreis et pilosis ~ibus (*Cardiff*) *BBC* 192; **1257** de lxxiij ~ibus pellutis multonum ovium matricium et hoggastrorum mortuorum de morina ante tonsionem *Crawley* 214; **1258** ~es nude .. ~es grosse *Ib.* 229; sex ~es ovium pilate *Ac. Beaulieu* 163; una ~is agnina conreata *Ib.* 225; **1277** de ix ~ibus lanatis et vij pellettis *Ac. Stratton* 209; **1294** nullus alius preterquam burgenses ulnabit, secabit, aut emdet .. pannos, lineos, vel laneos, nec coreas vel ~es virides, crudas, recentes, aut salicas *Gild Merch.* II 46; **1303** binda similiter de ~ibus pellectis sc. *scherling* j d. *EEC* 166; **1449** de ~ibus nudis xxxj multonum, j hurtardi, et xx matricium de morina post tonsionem *Crawley* 478; **1509** x dossene ~ium nigrarum Hispannie *EEC* 574. **d 1298** et de ij ~ibus de *toyl Doc. Scot.* II 319; computat liberasse attillatori duos ~es de *toyle Ib.* 322.

3 **a** (spec. as clothing, blanket, or sim.). **b** (as tent curtain, w. ref. to *Cant.* i 4).

mulieres .. juxta montem Armeniae nascuntur, ~ibus indutae, barbam usque ad mammas prolixam habentes *Lib. Monstr.* I 22; hic namque ex barbis regum quos peremerat fecerat sibi ~es G. MON. X 3 p. 473; suum fur ingressus conclave nocturnus ~es furtem subtrahere temptavit quibus dormiens coopertus fuit E. THRIP. *Collect. Stories* 209. **b** *here entreth fyve virgynes .. and syng*: nigra sum sed formosa, filia Jerusalem, sicut tabernacula cedar et sicut ~es Salomonis *Digby Plays* 121.

4 treated skin, membrane, 'skin' of parchment; **b** (transf.).

habe hoc graphium .. et hoc pergamenum ... si ita non vis facere et meam jussionem despexeris, statim ~em propriam dimittere debes ÆLF. BATA 4. 16 p. 40; vervecum ~ibus atramento denigratis EADMER *HN* p. 158 (v. monachellus); unde sagax ~es implere quit auctor ovinas ORD. VIT. XI *prol.* p. 160; vix finem potuit invenire scribendi. evasit itaque brevitas in immensum, schedula crevit in ~em, et epistola transivit in librum P. BLOIS *Ep.* 102. 326A; **1364** exhibuit curie unum rotulum vocatum ~em recepte scaccarii Dublinie .. continentem viginti et unum membrana (*LTR Mem*) *Admin. Ir.* 271; **1374** sicud continetur in ~e memorandorum *RR K's Lynn* II 115; a**1410** summas quique solent in magna scribere pelle / scribere valde dolent dum non sit solvere velle *EHR* XXXVI 61; **1526** (v. contrarotulamentum b). **b** si stelle scribe, pelles celum, maris unda esset incaustum *Latin Stories* 189 (v. cifra).

5 (bot., *~is bechice*) coltsfoot (*Tussilago*).

bichicon interpretatur ad tussym, unde ~em bichice *Alph.* 23.

6 (transf., phil.) skin, membrane (as partition).

non repugnat dictis suis [sc. Augustini] quod magnitudo non sit una ~is media, sed quod sit quoddam predicabile accidentale OCKHAM *Quodl.* 444; si quantitas sit una ~is media inter substanciam et qualitatem, sicut homines dicunt communiter .. *Ib.* 454.

pellitarium, ~ius v. pelletarius. **pellitium** v. pelliceus. **pellitudinator** v. pollentrudinator.

pellitus [CL]

1 trimmed or lined with hair or fur.

1553 chamleta pellit' cum tali pellion' (v. camelotus).

2 (as pers. name, w. ref. to wearing fur).

deinde intromisit se infra turbam pauperum. in parte illa ubi ~us ipsos collocabat G. MON. XII 7.

pellix [CL pellis, cf. pelliceus] outer garment, cloak, mantle (made of skin or sim.).

ferre famen fugiunt, vinoque sitim superundant, / pellicibus calidis frigus et omne fugant GOWER *VC* IV 26; set quid pellicibus albis, nigris, quoque grisis / dicam? numquid eis Fraus juvat ipsa prius? *Ib.* V 797; ~icem quoque illius jam ad poplices vix attingentem que duorum fere spacio pedum post illam trahi solebat *NLA* II *app.* 730.

pellota v. pelota. **pellucidus** v. perlucidus. **pelluere** v. perluere.

pellucidus v. perlucidus.

pellulare [CL pellis+-are, *w. partial assimilation by anal. to* paenulare], to trim or line with fur.

1423 lego Johanne filie mee meam optimam togam ~atam *Reg. Cant.* II 261.

pellura [CL pellis+-ura]

1 fur, pelt, or sim., spec. as used to line or trim clothing or furnishing; **b** (dist. acc. source).

1248 mandatum est Hamoni de Castro et Johanni de Northampt' quod .. provideant in instantibus nundinis Sancti Ivonis et alibi de ~a ad opus regis ad sufficienciam contra instans festum Pentecost' *Cl* 41; **1257** capam cum ~a sibi competenti *Cl* 33; **1290** pro cariagio vij pannorum cum peluriis *Househ. Eleanor* 122; de expensis garderobe, in quibus empciones pannorum, pelure, cere, specierum, tele et hujusmodi conprehenduntur *Fleta* 78; **1314** liberata pannorum, ~um [*sic*], et sellarum (*MinAc*) *EHR XLII* 198; lego .. eidem domino Petro unum clokettum supertunicam unum capucium furratum cum peloura *Test. Karl.* 75; **1406** robam .. cum ~a furratam *Reg. Exon.* 389; **1421** liberac' panni, ~e et aliarum rerum *KR Ac* 407/5 m. 3; ~a, A. *pellure WW.* **b 1254** mandatum est .. quod .. faciant habere Fortunero de Luca unam robam cum ~ia de cuniculis, et uxori sue unam robam et mantellum cum ~ia de cuniculis *RGasc* I 432a; **1257** duas bonas robas cum pelura de scurellis *Cl* 53; c**1308** cum ~a agnina pro predicto Ricardo, et cum ~a de *strendlinge* pro Elena, uxore sue, et cum ~a de verrero minuto pro caputio predicte Elene *G. S. Alb.* II 81; nec peluram coopertorii, nisi agninam aut de cuniculis, cattis, seu vulpinis *Cust. Cant.* 193; quod nullus uteretur ~a transmarina, nisi haberet in redditibus c libras AD. MUR. *Chr.* 79 (cf. WALS. *YN* 275); a**1350** in suis capis clausis seu palleis uti ~a de minuto vario in loco publico et actibus scolasticis *StatOx* 52; **1432** ~a de minutis variis, seu de puro albo vel de puro griseo *StatOx* 239.

2 parchment.

c**1335** in expensis j garcionis euntis semel apud Kayho, et j Londonias pro ~a et cera ibidem querenda iij s. iiij d. *Comp. Swith.* 242.

pellurum v. pellura. **pellus** v. pelvis. **pellutus** v. perluere. **pellvis** v. pelvis.

peloca [Gael. *pollag*], kind of fish, 'pollack' or 'pollock'.

1331 computant .. per quatuor lastas .. allecum .. et per unam ~am, missam camerario, v s. *ExchScot* 363; domino custodi .. per unam petram de *porpoys* et tres pelokis, xv s. *Ib.* 397.

peloka v. peloca.

pelora, kind of song-bird, thrush.

dulce pelora [TREVISA: *þrostel*] sonat, quam dicunt nomine troscam / sed fugiente die illa quieta manet HIGD. I 25 (*recte* 24) p. 236.

pelota [AN *pelote*; cf. CL pila]

1 ball, bolt, or pellet (fired from catapult or cross-bow); **b** (made of clay).

1221 Henricus Stack occidit Willelmum filium Johannis prepositi quadam ~a et fugit *PlCrGlouc* 60. **b 1319** lapides ac ~es terreas ad hoc aptas et alia nociva emittunt per balistas et arcus supradictos, per vicos et venellas in civitate *Foed.* III 790; **1327** ~as terreas *Cal. Pl. Mem. Lond.* 45.

2 ball or pellet (fired from cannon).

1339 item pelete de plumbo pro eisdem instrumentis [sc. de latone, vocatis *gonnes*], que ponderant iiij^c libre et dimidium (*LB Lond.* F flyleaf) H. T. Riley *Memorials of London and London Life* (London, 1868) 205n; **1342** ~is .. sculpandis et calliandis (*Pipe 16 Edw. III*) *VCH Kent* III 391; **1345** arcus .. armaturas, gunnis cum sagittis et pellotis reparare .. faceret (*Pipe 27 Edw. III m. 34*) *EHR* XXVI 688; **1346** pro .. portagio .. c magnarum ~arum plumbi pro eisdem gunnis (*Ib.*) *Ib.* 689; **1380** v^c pellotas plumbi, pondere cc dimid., xxxv lib. iiij *moldes* vocatas formulas pro pelottis infundendis xj gunnes (*AcWardr*) *Ib.* 695; **1387** de gunnis de ere pro pelott', x *KR Ac* 183/12 f. 25*d*.

3 (transf.) ball of foot (of a dog).

1217 quod tres ortilli abscidantur sine ~a de pede anteriori (v. canis 2a).

4 ? ball, sphere.

1268 quidam homo extraneus nupserat quandam mulierem et ducebat eam et quosdam alios .. ad unum capud ville de Byrun. et Willelmus Sehsaule .. petebat ab eis quandam ~am, que datur ex consueto. et illi nullam habentes ~am commiserunt .. j par cyrotecarum nomine vadii *IMisc* 15/12.

pelotta v. pelota. **peloura** v. pellura.

1 pelta [CL < πέλτη], light shield; **b** (dist. as small shield or buckler); **c** (crescent-shaped); **d** (circular); **e** (leaf-shaped); **f** (waisted or figure-of-eight-shaped); **g** (quadrangular); **h** (transf. & fig.).

instructas ~is ensibus hastis .. manus GILDAS *EB* 18; contigit ut praefatus vir Dei armatas ~arum [*gl.*: scutorum, *scilda, hrandbeaga*] testudine catervas .. offendisset ALDH. *VirgP* 38; quasi ~a protegente frontem R. NIGER *Mil.* III 49; post varios tandem discursus pelta cadaver / inventum gyris pluribus esse docet NECKAM *DS* III 211; **1404** quilibet vallettus ejusdem civitatis haberet unum arcum et xxiiij sagittas ad minus cum gladio, ~a, daggario, et aliis hernesiis pro statu suo competentibus *Enr. Chester* 77 m. 4*d*.; extra classem sunt ancilia, ~ae, gerrae .. sed ancile inter ~as censet Plutarchus, cum ~am sacram et caelestem vocet SPELMAN *Asp.* 56. **b** ~a, *lytel scyld* ÆLF. *Gl.* 142; ~ae vel parme, *þa læssan scyldas Ib.* 143; assint lancee, catapulta, ancilia, scuta, ~e [v. l. ~es; *gl.*: *peti acues, bockeler*] NECKAM *Ut.* 104; *a bockelere*, ~a *CathA*; cetram inter ~as repetunt .. sed Virgilius his peltas aeratas dixit, illis cetram, quam Servius ait scutum esse leve, breve, loreum SPELMAN *Asp.* 58. **c** acsi fixa ~arum [*gl.*: scutum brevissimum in modum lune medie] testudine defenditur ALDH. *VirgP* 32; ipsius est circulus imperfectus ad modum ~e *Ps.*-RIC. *Anat.* 41 p. 27; ~arum species varia et sine umbone .. notissima est Amasonica illa, quam a lunari similtudine lunatam et falcatam vocant SPELMAN *Asp.* 57. **d** peltarum species varia et sine umbone; Graecis .. orbicularis SPELMAN *Asp.* 57. **e** narrat Plinius .. quod in India crescit ficus .. : folia habet ita lata quod extenduntur in modum ~e . . . ista ficus habet foliorum amplitudinem tantum, quod ad modum ~e protegere potest hominem eciam unum folium HOLCOT *Wisd.* 144; Macedonicam ~am hederae folio similem format Xenophon SPELMAN *Asp.* 58. **f** Thracibus et suae extant ~ae lateribus arctioribus ancilium instar SPELMAN *Asp.* 58. **g** apud Suidam legitur πέλται ἀπεδία τετράγωνα, ~ae clypei quadranguli SPELMAN *Asp.* 58. **h** inexpugnabili metrorum ~a et grammaticorum parma ALDH. *PR* 142; de terris orior candenti corpore pelta / .. Vulcani torre rigescens, / carior et multo quam cetera scuta duelli *Id. Aen.* 70 (*Tortella*) 1; undique me defende potentia / mei gibrae pernas omnes libera / tuta pelta [*gl.*: *plæg sceldæ*] protegente singula (LAIDCENN MAC BAÍTH *Lorica*) *Cerne* 86; **732** ut tuarum orationum ~a muniar *Ep. Bonif.* 29; excipit horrisonas illeso parmate fundas, / nec potuit validis penetrari pelta sagittis FRITH. 1087; ave pelta peccatorum WALT. WIMB. *Virgo* 15; papa .. dignitatem Lincolniensis ecclesie Henrico de Borvassche adolescenti contulit, ad ~am precipuo joculatori *Flor. Hist.* III 192.

2 pelta [ME *pelt*], skin of a sheared sheep.

1268 item de ij ~is remanentibus iiij d.; item de iiij pellibus ovium matricium, x pellibus hogastrorum .. ante tonsionem, iij s. iiij d. *Ac. Wellingb.* 4; **1282** de xxiij pellibus ovium de morina ante tonsionem et xv ~is ovium post tonsionem et ij ~is multonum de morina post tonsionem venditis ix s. xj d. *Ib.* 27; **1425** de iij s. j d. ob. receptis de xv ~ys bidentum de stauro necat' in hospitio inter predictam tonsuram et finem S. Michaelis *Ambrosden* II 250.

3 pelta v. peta.

peltalis, -ilis [cf. 1 pelta], cartilaginous part of the voice-box or larynx.

ipsius est circulus imperfectus ad modum pelte .. unde cartilago ~alis vocatur; hujus ~ilis .. suplet defectum quedam cartilago supposita *Ps.*-RIC. *Anat.* 41 p. 27.

1 peltarius [1 pelta+-arius], shield-maker.

a bock[el]ere maker, ~ius *CathA.*

2 peltarius [2 pelta+-arius], pelterer, fellmonger.

c**1260** Alanus le Merser queritur de Hugone ~io *Rec. Leic.* I 119.

peltenarius [cf. 2 pelta+-arius], pelterer, fellmonger.

c**1275** hiis testibus .. Gaberto pelcenar' *Bridge-House Deeds* A 58.

peltilis v. peltalis.

peltrum, ~ia [cf. ME *pelter*], pewter. **b** zinc.

1294 vij pecie pelitrie argentee et xviij coclearia argentea *Reg. Wint.* II 496; **1410** [in coquina] .. de xix s. de omnimodis vasis de ~o *Test. Ebor.* III 45; **1410** [in celario] .. de vj d. de j *quart*, olla de ~o et j *pynt* olla *Ib.* III 48; **1438** [lego] .. unum gladium cum ~o .. ornatum *Ib.* II 63; **1451** lego .. dimidiam duodenam vasorum de ~o garnisatam *Ib.* II 145. **b** de stagno et ramo fit ~um cum medicina M. SCOT *Part.* 295.

1 pelum v. 1 pela.

2 pelum, 2 pela [ME, OF *pel* < 1 palus, ~um]

1 pale, stake.

1211 in ij ~is ferrandis, j d.; in mercede j carpentarii per xviij dies, iij s. *Pipe Wint.* 28; **1272** abciderunt capud unius dami et posuerunt illud super unum ~um in medio cujusdam trenchie *SelPlForest* 39; **1302** [*8 loads of stakes*] summis ~orum *Fabr. Exon.* 20.

2 palisade or fence made of stakes, stockade, usu. as appendage to castle or town fortifications.

1299 pro vadiis A. T. sarratoris .. et J. filii H. euntium apud Loghmaban ad sarranda ligna pro construccione ~i .. et pro vadiis carpentariorum missorum apud Loghmaban .. pro factura ~i *Doc. Scot.* II 361; **1300** carpentariis facientibus ~um in foresta de Ingelwode assidendum circa castrum de Dumfres .. ij li. *AcWardr* 165; **1312** precipimus tibi quod de exitibus ballive tue ~um et fossatum juxta castrum nostrum Ebor' quos nuper incipi fecimus sine dilacione perfici .. facias *Cl* 129 m. 4; **1315** cum .. concesserimus .. habitatoribus portus de Beritz .. quod ipsi portum illum fossato et ~o munire possint ad majorem portus ejusdem salvacionem *RGasc* IV 1286; **1317** concessimus .. dilecto nobis P. de S. M. quod ipse locum suum de S. Martino de Poillon fossato includere et ~a firmare .. possit *Ib.* IV 1773; **1337** pro stipendiis xij carpentariorum .. faciencium quandam ~am interioris ballii ex parte borial castri, pro defensione ejusdem *Cal. Scot.* III 367; **1355** ad vadia regis pro municione castrorum et ~orum de Dumfres et Loghmaban .. ij fabri .. ij carpentarii *Illust. Scot.* 60.

3 small castle or tower, peel-tower. **b** (spec.) the Peel on the Isle of Man.

1300 fuerunt assignati ad vigiliam faciendam eadem nocte ad ~am ville antedicte [sc. Newcastle upon Tyne] juxta fratres sancti Augustini *IMisc* 59/54; **1310** constabularius castrorum nostrorum de Edeneburgh et de Stryvelyn et custos ~i de Lynliscu *RScot* 81a; ad Walterum de Seleby .. qui in ~o de Horton latuit .. fugiebant TROKELOWE 101; **1326** in parte solucionis pro construccione unius ~e nove apud Tarbart occidentali, iiij li. *ExchScot* 53; **1336** concessissemus .. quod custodes omnium aliorum castrorum, ~orum, et fortaliciorum in dicta terra Scocie .. eadem castra, ~a, et fortalicia libere et absque perturbacione qualibet exire et quo voluerint ire .. valeant *Foed.* IV 686; **1403** dedimus .. omnimoda alia dominia, castra, ~as, fortalicia .. que .. quondam comites de Douglas unquam tenuerunt *Ib.* VIII 289. **b** **1399** concessimus eidem comiti Northumbrie insulam. castrum, ~am, et dominium de Man *Foed.* VIII 95; **1405** insulam, castrum, ~am, et dominium de Man *Cl* 255 m. 42.

pelura, ~ia pellura.

peluseta [AN *pelusete*], (bot.) mouse-ear hawkweed (*Hieracium pilosella*). *Cf. pilosella.*

~a, i. *mouser Pop. Med.* 253. 128.

pelva v. pelvis.

pelvata [cf. CL pelvis, ML navata], bowlful.

1279 habebunt die falcacionis unum panem .. et .. j caseum .. et j pelvat' salis *Hund.* II 750b.

pelvinum [CL pelvis+-inus], basin.

hoc polubrum, -bri, i. pelvis, ~um OSB. GLOUC. *Deriv.* 431; **1586** in tanta veneratione sunt habiti, ut ipse comes aut baro suis manibus ~us [*sic*] cum aqua fratribus pro abluendis manibus offerret *Scot. Grey Friars* II 179.

pelvis [CL], **~va, ~vea, pellus, pelus**

1 shallow bowl or basin, usu. of metal.

lecanus Graece, Latine ~vis, i. vas rotundum *Comm. Cant.* III 139; expolita ~vis, *agrafen ceac GlP* 1067; **10..** Aser habens ~lum (*Bury Psalter*) *MS Vatican Reg. Lat. 12* f. 109v (*in marg.*); **1244** mandatum est E. filio O. quod ad capellariam .. perficiendam fieri faciat calicem de auro, duas fiolas, duos ~ves et quoddam turribulum argenteum *Cl* 163; hic ~vis, *bacin Gl. AN Ox.* 188; **1288** due ~ve magne de argento *KR Ac* 231/26 m. 13; **1305** Rogero de Frowyk' pro duabus ~veis xx marce (*KR Mem*) *EHR* XLVIII 88; **1368** lego .. iiij ~ves argenteas pro aula (*Test. Episc.*) *Reg. Exon.* 1553; a**1444** hec sunt .. hostilmenta et utensilia domus .. j ~vis *Paston Let.* 11; **1453** eidem H. pro uno *plate* argenti deaurati .. pro fundo unius ~vis (*KR Ac*) *JRL Bull.* XLII 119; hec ~vis, A. *basyn WW*.

2 (dist. acc. domestic use): **a** (washing); **b** (shaving); **c** (med.); **d** (for carrying water); **e** (perforated, as strainer); **f** (as container for ornaments).

a sunt .. in templo Sancte Marie Dei genitricis hec sanctuaria et sacre reliquie .. ~vis ubi lavit Christus pedes discipulorum *Descr. Constant.* 245; dum ~ves ad abluendas de more manus afferentur E. THRIP. *Collect. Stories* 208; **1341** lego .. j †pelium [l. pelvim] cum j lavacro *RR K's Lynn* I 165; **1381** dicunt quod W. W. T.. furatus fuit j ~um de Th. F. milite et j lavatorem argenti pretii c s. *Peasants' Rising* 4; **1423** [in eauaria] .. de ix li. x s. receptis pro una ~ve profunda et rotunda pro lotione pedum domini *Test. Ebor.* III 78; **1501** item ij ~ves cum lavacris de auricallo *Cant. Coll. Ox.* I 38. **b** **1368** lego .. ~vim meam rotundam magni ponderis pro barbitonsorio (*Test. Episc.*) *Reg. Exon.* 1554; c**1400** ~ves sue, et alia signa que habebit versus stratam artem suam [sc. de barbitonsione] monstrantia deorsum, capientur per scrutatores suos *Mem. York* I 209. **c** ex unius hydropici corpore per virilis virgae meatum humor viscosus et fetidus effluens ~vim magnam adhibitam bis adimplevit J. FURNESS *Walth.* 83. **d** o balneatores! habetis .. ~vim ad portandum aquam ad balneum nostrum? ÆLF. BATA 4. 25; egressa est soror ejus ex aula, habens ~vim quandam in manu ut aquam regine asportaret G. MON. XII 7 (=CIREN. I 134: †pelium [l. pelvim]). **e** **1460** item j ~vis cum foraminibus vocata j *syle Ac. Durh.* 89. **f** **1346** in camera magistri ij portiforia, j velum pro lecto magistri, j parva ~vis pro phaleris, xij lib. cere *Ac. Wearmouth* 148.

3 (dist. acc. eccl. use): **a** (lavabo); **b** (candle-holder, lamp); **c** (alms-bowl).

a subdiaconus fuit quando aquam in ~ve misit THEOD. *Laterc.* 19; **11..** tria paria palvium [v. l. pelvium] ad servitium ecclesie *Lib. Eli.* II 139; reliquus .. ceropherarius ~ves cum aqua et manutergio [deferat] *Offic. Sal.* 92 p. 148; **1378** et sic idem comes officia illa eodem die coronationis in omnibus adimplevit, ad ~ves et manutergia unde servivit *MGL* II 460; iste etiam abbas ditavit ecclesiam hanc cum .. uno pari ~veorum argenteorum ad lavandum coram altari *Chr. Evesham Cont. A* 301. **b** fecit idem rex quatuor fieri ~ves argenteas, duas .. ad duos cereos prelibatos, et alias duas cereos ibidem ab antiquitate *Cust. Westm.* 45; per reverberationem luminis cujusdam cerei, ante feretrum indeficienter ardentis in ~vi *Mir. J. Bev. C* 344; sacrista .. coronas, ~ves, et cetera vasa ad luminis officium necessaria .. curare debet *Cust. Cant.* 101; jacet in ecclesia cryptarum sub ~ve cum cereo ardente ELMH. *Cant.* 29; **1442** dictique clerici unum inveniant cereum in ~vi argentea coram altari consuetis diebus per annum comburentem *Stat. Linc.* II 361; **1460** in emendacione ~vis pendentis ad capud S[ancti] C[uthberti], vij d. *Ac. Durh.* 477. **c** **1368** lego successoribus meis .. ~vim argenteam latam pro elemosina (*Test. Episc.*) *Reg. Exon.* 1553.

4 (var.): **a** (as dry or liquid measure); **b** (for divination, scrying); **c** (as cymbal).

a **1185** hec debentur per consuetudinem de Beleshale .. habere de domo j arietem .. et xxiiij panes, et j caseum .. et plenam pellvim salis *Rec. Templars* 36; **1322** habent in communi .. ~vem sancti Thome plenum de servisia conventus *DCCant. Reg. J* p. 514. **b** aliquando apparent ymaginarie, ut in unque pueri virginis carminati, et in ~vibus et ensibus, et in spatula arietis, secundum modum eorum consecratis, et in ceteris rebus pollitis, et demones ostendunt eis omnia que petunt, secundum quod Deus permittit BACON V 6. **c** quidam enim eorum his tantum erant deputati ministeriis, sonare ~ves et tymbras, pulsare tympana, et aliis diversis modis tumultuare *Itin. Ric.* III 5.

5 pan of a scale or balance.

1435 item quedam statere ferree munite duabus

~vibus nemoreis, cum pondere plumbi, portantes cl lib. ponderis vel circa *Collect. W. Worc.* 568.

6 part of a cart or wagon.

1280 H. V. cartando quamdam carectam in autumpno cum garbis et cecidit super quemdam ~vim predicte carecte unde statim obiit *JustIt* 759 m. 21.

pelyzo v. pelizo.

pemma [πέμμα], sweetmeat, confection.

pegmatibus, i. dulcaminibus *Alph.* 143.

pen- v. et. poen-. **pena** v. 2 penna, 2 penus, poena.

penarius [CL *as adj.*], of or for storage of food. **b** (as sb. n.) cupboard. **c** small box or container.

1595 unius domus penar' Anglice *a storehouse Recusant R* 4 Som. **b** c**1501** in promtuario .. j ~ium ad servandum comeatum *Cant. Coll. Ox.* I 38. **c 1290** in quodam pennario ferrato pro cocleario cum clave et serura, xij d. *Doc. W. Abb. Westm.* 185; **1295** lego predicte abbathie .. calicem meum una cum duabus fialis argenteis majoribus, et aliis duabus minoribus argenteis, cum pennario, et unum anulum aureum .. et unum vasculum eneum ad aquam benedictam portandam (*Test. Episc.*) *EHR* XV 524.

penartavus [ME *penne*+artavus], pen-knife.

penneknyfe .. penartiphus [v. l. artavus] *CathA.*

penartiphus v. penartavus.

penates [CL]

1 household gods. **b** (alch.) elemental spirits, familiars.

~es, dii domestici *GlC* P 228; ~es, *cofgodas* ÆLF. *Gl. Sup.* 189; ~es, *dyrlingas GlP* 653. **b** ~es dicuntur spiritus ignis elementi et celi, familiares dicti, quasi penes nos nati *LC* 258.

2 home, house, dwelling; **b** (fig.).

at perfecta virum postquam perfecerat aetas, / natales statuit functa genitrice penates / linquere FRITH. 56; rideres, carpentis impositos, totos in iter transferre ~es W. MALM. *GR* IV 348; insano muliercula pruritu et irreverenti, ut cum ei longo usu vir displicuisset, alias migraret novos impletura ~es *Ib.* IV 388; porro E., qui exulabat, nec sui curam in extraneis ~ibus sufficienter exercere valebat ORD. VIT. III 9 p. 107; est villa quedam .. curiam spatiosam et ~es dominicales ad oram nemoris .. habens sitos *Chr. Rams.* 143; hec ars in regiis orta penatibus / nunquam a patriis discedit laribus WALT. WIMB. *Palpo* 15. **b** solertis nature providentia metalla .. in secretis suis recondit ~ibus NECKAM *NR* II 52; reges satellitum stipantur gregibus / .. / ut tutos faciant reges ab hostibus, / et hostis barbarus [sc. mors] est in penatibus WALT. WIMB. *Carm.* 375.

3 privy, latrine.

hec forica, hec pennates, pennacium, *a prevy WW.*

pencell- v. penuncell-, pincell-. **pencio** v. pensio. **pendactilis** v. pentadactylus.

pendagium [CL pendere+-agium], payment, toll (*cf. pedagium*).

videtur enim ipsum velle innuere quod nulli religiosi in Anglia solvant regi decimas, quindenas, vel quodcumque ~ium WYCL. *Civ. Dom.* II 7.

pendalis v. pendilis. **pendatio** v. penditio. **pendeculium** v. pendiculus.

pendeicum [CL pendēre+-icum], weight (for scale or balance).

1587 novem ~a Venicia et unam *peer* librarum Anglice *nyne Venice weightes and one pair of ballanes* ad valenciam inter se duorum solidorum *Pat* 1300 m. 12.

pendentale [CL pendere+-alis], handle or chain by which a pot hangs.

1473 Johanni G.. unum cacabum cum ~i, unum verutum cum duabus ipopurgiis .. Matilde N.. unum calefactorium, unum cacabum cum pendentrali *Rec. Burford* 44.

pendentia [cf. 1 pendere]

1 something that deserves hanging (as form of punishment, torture, or execution).

1377 eam tali modo torquebant ... omne genus ~ie et nequicie eidem Alicie imposuerunt *KB ContrR* 30 m. 11*Cd*.

2 schedule of arrears, the sum of amounts pending represented by such a schedule (Scot.).

1391 summa hujus ~ie et allocacionis, xxiiij li.; et sic debet xij li. ij s. ij d. de claro hic, preter ~ias ut supra *ExchScot* 266; **1464** expense granorum restancium in computo suo .. preter ~ias super comitem Rossie *ExchScot* 278; **1469** ideo scribendum est baroni de K., camerario dictarum terrarum, quatenus distringat pro hujusmodi ~iis et inducat easdem, quia onerabitur cum eisdem in proximo computo suo *Ib.* 639; **1471** summa utriusque reste absque ~iis, j^{c}liij li. iij s. x d. ob. *ExchScot* 46; **1476** non onerat se de ij^{c}lxxxx li. xviij s. pendentibus super G. comitem de Huntlie .. prout latius continetur in ~iis anni septuagesimi secundi et non onere septuagesimi tercii *Ib.* 378; **1479** summa harum ~iarum, iij celdre viij bolle ordei *Ib.* 574.

3 period during which matters are left pendent or undecided; **b** (leg., *~ia litis*) period during which a suit is pending, or status created by the fact of a suit being pending.

sic per quandam continuacionem semper aut consilium vigeat aut per anni ~iam expectetur BOWER XVI 2. **b** noluit sub tali litis ~ia monasterium suum expensis incommodis ulterius pregravare *Meaux* III 271; si mulier contra quam agitur in causa matrimoniali non obstante ~ia litis et inhibitione quod lite pendente non convolaret ad alias nuptias .. matrimonium contraxerit cum alio .. tam ipsa quam vir ille .. sunt arbitrario judicis puniendi et publice corrigendi *Praxis* 197.

pendentrale v. pendentale.

1 pendēre [CL]

1 (intr.) to hang, hang down, be suspended; **b** (of scales or balance); **c** (of seal on letter or document). **d** (*~ens extra sigillum*, *~ens extra*, *~ens*, of letter or document) having a seal but not closed, patent. **e** (pres. ppl. as sb. n.) hanging tag (to which seal is attached). **f** ornamental terminal for belt or girdle, pendant. **g** male genitals. **h** (as sb. n. or m.) piece of drapery, hanging.

pendeo nec caelum tangens terramve profundam ALDH. *Aen.* 49 (*Lebes*) 2; duo soli virge qua velum pendebat manus injecerunt et magna noctis parte ~entes auxilium .. prestolati sunt ORD. VIT. XII 26 p. 414; utraque manu tenens clavum qui in pariete fuit inter ipsum parietem et cortinam tremefacta pependit *V. Chris. Marky.* 11; **1253** mandatum est Edwardo de Westmonasterio quod .. magnam novam campanam ~ere faciat *Cl* 280; **1371** in una corda empta pro corpore Christi ~ente in ecclesia de Dalton vj d. *Ac. Durh.* 179; **1464** in *le frenys* empt' de M. P. penden' circa lectum infra *le Knightchambr'*, xiiij d. *Ib.* 153; ibi [sc. in aula de Wokyhole] ~ent pinnacula in *le voult* archuata mirabiliter de petris W. Worc. *Itin.* 290. **b** pensa libre oblique ~ebunt *Eul. Hist.* II 301; **1418** j magnam archam, j *purpeynt* et j par librarum ~entium (*Bury Wills*) *OED s. v. pourpoint*. **c 1293** profert quamdam billetta quodam sigillo ~ente signatam *RParl* I 94b. **d 1166** precipit nobis .. quod literis nostris sigillatis extra sigillum ~entibus vobis mandaremus (*Cart. Episc.*) *EHR* VI 426; **1166** precepit .. omnibus fidelibus vestris .. qui de vobis tenent de capite in Eboracsira ut mandent vobis per literas suas extra sigillum ~entes (*Ib.*) *Ib.*; **1166** mandastis ut vobis per breve nostrum ~ens extra sigillum mandaremus (*Cart. Baron.*) *Ib.*; quid sibi volunt littere sigillo incluse? si pacem continerent, vel transcripte vel extra ~entes manifeste fierent W. CANT. *V. Thom.* II 11; **1219** ferens litteras ~entes domini nostri regis *RL* I 50; **1263** commune iter justiciariorum in comitatu Ebor' summonitum est .. et forma brevis summonicionis irrotulatur in quodam ~ente rotulo in dorso clausarum anni xl sexti mense Februarii *Cl* 302. **e 1310** procuratores dicti domini regis Castelle, cum littera ipsius aperta et in ~enti sigillata .. litteras .. predictas exhibuerunt *RGasc* IV 336; **1316** noveritis nos vidisse, tenuisse, legisse et diligenter inspexisse quasdam patentes litteras sigillo curie Vasconie vero et integro cum cera viridi et filis sericis rubeis veris et integris in ~enti sigillatas *Ib.* 1626; c**1350** litteras .. domini regis sigillo vero et integro prout prima facie apparebat in ~enti sigillatas (*Reg. Roff.*) *MS BL Cotton Faustina B. V.* f. 12v. **f 1573** duo singula cum ~entibus argenteis ornata, Anglice vocata *two girdelles furnished with sylver pendentes Pat* 1106 m. 14. **g** quidam rusticus .. in publico condemnatus .. oculos et ~entia astantibus clericis, et laicis et mulieribus amisit W. CANT. *Mir. Thom.* II 2 (=BEN. PET. *Mir. Thom.* IV 2); Thomas devictus est et obcecatus et ementulatus .. et ideo judicium fiat de eo et fiebat et amisit oculos et ~encia *PlCrGlouc* 22. **h 1434** volo quod ordinetur pro summo altari Bangorensi unum frontale cum ~entibus et curtinis bene *steyned Reg. Cant.* II 532; c**1507** inventorium in oratorio domini archiepiscopi .. unum frontallum .. unum ~ens de cerico blodio .. duo tuelle .. duo curtene *Invent. Ch. Ch.* 140; **1516** tres ~entes ex blodio sago cum liliis et coronis *Ac. Durh.* 253.

2 (w. abl., *de*, *ex*) to hang or be suspended from. **b** (transf. w. *a*, *de*, *ex*) to depend or be dependent upon, hinge upon, be derived from. **c** (*~ere ab ore* & gen.) to listen raptly to, hang upon the words of.

crepundia collo gemmiferis lunulis ~entia ad stipem mancis et matriculariis .. contulerunt ALDH. *VirgP* 52; sicut turris David collum tuum .. mille clypei ~ent ex ea BEDE *Cant.* 1081; illius et sacris pendebant dulcia [sc. aurea poma] ramis BONIF. *Aen. prol.* 3; omnibus his [sc. porticibus] .. / turribulum pendet .. comminus ÆTHELWULF *Abb.* 761; virge qua velum ~ebat manus injecerunt ORD. VIT. XII 26 p. 413; sicut in cathena materiali, si hamus unus vel junctura dematur, tota pars inferior cathene illius que deorsum a dempto hamo vel junctura pe[n]debat mox in terram ruit FORTESCUE *NLN* II 36. **b** quasi ~eat sensus de praelato nomine neutrali ALDH. *PR* 133; haec sententia ~et a superioribus BEDE *Ep. Cath.* 104; egreditur Androgeus ex nemore et aciem Cassibellauni, ex qua bellum totum ~ebat, a tergo invadit G. MON. IV 9; ex voluptate carnis maxima ex parte cupiditas ~et GIR. *GE* II 21 p. 270; de omnibus autem inducius queri potest utrum arbitraria sint et ex voluntate judicis ~eant vel non RIC. ANGL. *Summa* 25; cogitatio dependet a specie sicut lux in medio ~et a lucente corpore RIC. ARMAGH *Sent.* 409; puderet me sane .. tam sero litteras ad te dare si non hoc ex alieno potius defectu quam mea negligentia ~eret FREE *Ep.* 55. **c** conspice .. quam letus ab ore canentis / clerus in ecclesia .. / .. pendere solebat L. DURH. *Dial.* III 465; narrantis ~ens uxor ab ore viri GIR. *GE* II 12 p. 227; semper narrantis aliquid vel loquentis ab ore ~ebant *Id. SD* 34.

3 (w. dat., *ad*, or *in*) to hang or be hung upon, be affixed or attached to, cling to. **b** (transf., w. *ad* or *in*) to depend or be dependent upon. **c** (w. *in*) to hang upon, await (in quot. as impers. pass.). **d** (w. *ad*) to hang upon, be fixed or set upon (fig.).

posta .. in qua pulvis ille inclusus ~ebat BEDE *HE* III 10; video sobolem .. / .. cujus pellis in pariete pendet adhaerens BONIF. *Aen.* (*De ovo* 2) 8; Herodes scelerum sentina fascibus / privari metuens indicit mitibus / bellum puerulis adhuc imbellibus, / adhuc ad ubera matrum pendentibus WALT. WIMB. *Carm.* 244; **1270** cum litteris .. ~entibus huic rotulo *Cl* 264; deferentes secum quandam cartam, ad quam ~ebant sigilla plurimorum baronum *Leg. Ant. Lond.* 38; Willelmus Waleis .. qui infantes .. ~entes ad ubera eviscerav it *Flor. Hist.* III 321. **b** hinc ~entibus in defensione tua tandem alma Mildretha evigila GOSC. *Lib. Mild.* 26; omnium .. ecclesiarum ordinatio in vestre apostolice auctoritatis ~et arbitrio W. MALM. *GP* III 100 p. 226; unus de senioribus civibus, ad cujus judicium omnium ~ebat sententia M. PAR. *Maj.* III 377; c**1449** proposui eis quod majus expediens esset quod decisio tocius negocii ~eret in dominos nostros .. archiepiscopos *Let. Ch. Ch.* 15. **c** transfunditur .. in eum consultationis dignatio, pronisque mentibus in assensum regium ~etur, ut quem ipse dignum pronuntiaret cuncti profecto susciperent W. MALM. *GP* I 48 p. 80. **d** dum .. omnium vota ad .. caelestis regni gaudia ~erent BEDE *HE* IV 2; conspice .. / .. quam .. ad ista [sc. carmina] frequens / et satis exultans populus pendere solebat L. DURH. *Dial.* III 465.

4 to hang, be suspended (as form of punishment, torture, or execution; also transf. & fig.); **b** (w. ref. to Christ); **c** (w. ref. to suicide).

sed tamen in laqueo, reus ut fur, pendeo longo BONIF. *Aen.* (*De lucerna* 3) 10; nec procul hos [*sic*] alii pendent a pollice, plures / a pede L. DURH.

Dial. II 319; plus reor esse pias pendere per ubera matres *Ib.* II 367; [Dominus] latronem ~entem penitentem recepit S. LANGTON *Ruth* 114; corpora diversorum proditorum et felonum .. qui pro eorum maleficiis .. ut suspenderentur et ~erent quamdiu possent durare adjudicati fuissent WALS. *HA* II 40; pendĕre vult justus, sed vult pendēre malignus *CathA.* **b** lignum in quo peccata nostra tolleret ~ens BEDE *Ep. Cath.* 54; cum lignum vitae pendebat in arbore mortis BONIF. *Aen. prol.* 4; veluti de illo felici latrone cautum est, Dominum Jesum Christum, dominum suum, immoque omnium, juxta se in venerabili sanctae crucis patibulo ~entem cognoscente ASSER *Alf.* 89; pro salute nostra Christus carnem assumpsit, pependit, resurrexit, ascendit LANFR. *Ep.* 33 (49); Salvator generis humani, pro quo ~ens in cruce .. sanguinem tuum fudisti ORD. VIT. X 15 p. 83. **c** **802** ille [sc. Judas] de apostolatu pependit in laqueo; iste [sc. latro] de cruce paradisum intravit ALCUIN *Ep.* 245 p. 395.

5 to hang or be suspended in mid-air. **b** to project, loom downward. **c** (w. *ante oculos*) hang before the eyes, loom, be imminent. **d** (arch., *creta ~ens*) chalk for making pendants, 'vaulting chalk'. **e** (pr. ppl. as sb. m. or n.) pendant, stone used to fill space between arched ribs of a vault. **f** (as sb. n.) pentice (cf. *penticium* 1).

sereno aere, nulla ~ente nubium crassitudine W. MALM. *GP* III 134. **b** castrum Doverae, pendens a vertice montis, / hostes reiciens, litora tuta facit G. AMIENS *Hast.* 605; frons altior latius preminet, nasusque lineari moderamine ~et, nec nimis acute videtur exsurgere, nec demissius propatula latitudinis distentione protendendo extendere R. COLD. *Osw.* 51. **c** quid eis ante oculos ~eret nesciebant ORD. VIT. XII 26 p. 413. **d** **1253** pro mm v^c dim. quart' ~ent' crete *Ac. Build. Hen. III* 250; **1253** pro mmm vii^c ~entis crete *Ib.* 260. **e** **1353** pro mmmm et ix^c crete ad ~entia *Ac. Build. Hen. III* 260; **1279** in clij navatis crete emptis ad calcum ardend' et ~entes ad vosuras inde faciend' *KR Ac* 467/7/4. **f** **1256** N. filius M. et G. filius T.. . duo pueri septem annorum, ludebant in quadam carecta in villa de Elaund' sub quodam ~ente, que corruit super predictum Nicholaum, ita quod statim obiit *AssizeR Northumb* 97.

6 to hang (in scales or balance). **b** (fig., w. *in dubio* or sim.) to hang (in a state of uncertainty), to be uncertain or in the balance. **c** (pr. ppl. as adj.; in gl.) anxious, solicitous.

omnia que Deo placebant et displicebant equali lance inter eos ~ebant [v. l. ~erent] G. MON. XII 6 (cf. GILDAS *EB* 21: pendebantur). **b** ceteras [sc. urbes] .. que adhuc dubio favore ~ebant, confirmandas putabant si de rebellantibus graves penas sumerent W. MALM. *GR* II 180; lectorem premonitum volo .. quia veritas factorum ~et in dubio *Ib.* II 197; audivit verba abbatis in hanc .. sententiam: stultum esse de alterius morte emolumento inhiare, cum sors cujusque sub eodem ~eat fato *Ib.* III 293. **c** ~ens, sollicitus *GlC* P 308.

7 to be pending: **a** (pr. ppl. in abl. absol.) during, throughout the continuance of. **b** (w. gdv. or pass. inf.) to await. **c** (leg.) to be awaiting decision or judgement, be pending. **d** (*in ~enti esse*) to be uncertain or indeterminable. **e** (in financial accounts) to remain outstanding or as the balance (Northern). **f** (w. *super*) to be due or remain outstanding from. **g** (*~et* as sb.) statement of amounts pending or outstanding.

a dicta convocacio [MS: convocacione] ad Oxoniam continuatur, ubi heresis nidus pululabat. ~ente continuacione, decessit, ut supra AD. USK 123; qui .. regem Anglice non invenientes .. moram aliquantulum eundem exspectando faciebant, pendente quo tempore comes de Winton cum duobus militibus .. audienciam pecierunt *Plusc.* VI 40; **1535** ~ente visitacione nostra *Mem. Ripon* I 106. **b** **1379** dampna ~ent taxari per curiam *Rec. Leic.* II 172; **1419** que adhuc inter eos ~et capienda *MGL* I 366. **c** tu, si potes, eque / allega; nam pendet adhuc sub judice lis hec M. RIEVAULX (*Vers.*) 45. 8; ut dum ~eret talis calumpnia, si forte comes obisset, sex omnes ejus possessiones .. infiscaret M. PAR. *Maj.* III 618; **1272** unde breve nostrum de liberate ~et ad Scaccarium nostrum *Liberate* 48 m. 9; quod neutra pars in posterum post predictum arbitrium nec ~ente arbitrio de premissis alibi possit habere actionem *State Tri. Ed. I* 13; **1307** salvis etiam nobis cognitionibus et correctionibus omnium placitorum et querelarum, in curia libertatis predicte nunc ~entium et non determinatorum *Foed.* III 9; **1400** quedam concordia finaliter facta fuit .. de omnibus accionibus, demandis, et debatis, inter eos motis seu ~entibus, seu aliqualiter exactis *Mem. York* II 14. **d** causa .. in ~enti esse dicitur, ex qua, an aliquid debeatur vel quantum, incertum est RIC. ANGL. *Summa* 41 p. 109. **e** **1329** iidem onerant se de xxxiiij s. x d. ob., qui ~ebant in compoto precedenti *ExchScot* 162; **1371** summa omnium expensarum xx li. iij s., et sic restant in manibus dicti camerarii xxiij li. v s. ij d. de quibus ~ent in manibus H. de B. xiij s. iiij d. *Fabr. York* 126; **1471** ~ent de tribus amerciamentis .. quindecim libre *ExchScot* 45. **f** **1460** non onerat se de jc lxx li. xvj s. ~entibus super quondam R. M. de firmis insule de Arane .. que eciam pendebant anno preterito et nullum remedium fuit appositum, super quo consulendi sunt domini de consilio *ExchScot* VII 12; **1469** et sic restant j^c xxxviij li. xij s. v d. ob., de quibus ~ent super Celestinum de Insulis .. preter martas et grana, lvj li. ij s. vj d. *Ib.* 639; **1479** et sic restant ij^c xl li. xiij s. xj d., de quibus ~ent super quondam Willelmum Douglas .. lxiij li. x s. *ExchScot* 587. **g** **1327** allocantur eisdem x li. pro occupacione molendinorum per ministrum domini regis, de quibus superius onerantur per le ~et in compoto precedenti *ExchScot* 66.

8 to be sloping, slope downwards. **b** (pr. ppl. as sb.) hanger, a wood on a steep slope or hillside. **c** (mus., w. *ligatura*, see quot.).

c**1170** sciatis me dedisse s. filio Liulfi ~entem terram que est inter Helreneford et molendinum de Stifford et inter cheminum et aquam *Ch. Chester* 155; **1252** quodam claustrum ab hostio camere nostre usque ad aliud claustram ~ens versus capellam regine nostre *Liberate* 28 m. 14. **b** c**1215** medietas .. dominici .. hoc modo jacet .. in ~enti juxta calvum montem una acra *Cart. Glouc.* I 359; de ~ente subtus molendinum ad ventum extra portam de Suthbir' *Reg. Pri. Worc.* 105b; **1323** una dimidia acra jacet in cultura de Sancto Alwyco .. et una dimidia acra jacet in ~ente de Sancto Alwyco *MS Bodl. D.D. Barrett* A. 2. (1); **1370** una cum quodam ~enti in territorio de Neubyggyng quod vocatur Prestebank *Cl* 207 m. 33. **c** duplex est ligatura, recta et ~ens .. ligatura ~ens est quando prima figura est altior secunda, vel ultima quadrata immediate altior penultima .. quando ligatura est ~ens in principio sine virgula dicitur esse sine proprietate, et in fine dicitur sine perfeccione HOTHBY *Cant. Fig. Fa* 29.

9 (trans.) to hang, hang up, suspend.

'~eo' vero simplex a 'suspendendo' est secunde [sc. conjugationis] et a 'solvendo' tertie ABBO *QG* 14 (32); **1358** quod nullus allec aliquod nisi quod de piscacione sua fuerit infra septem leucas per circuitum portus .. Jernemuth' .. ~eat *Pat* 252 m. 7.

2 pendĕre [CL]

1 (trans.) to hang, suspend; **b** (light, bell, or door); **c** (fish or meat, for drying or curing); **d** (bed); **e** (person, as form of execution).

murenulas, quae ~unt in pectoribus mulierum *Comm. Cant.* I 455; regina vero .. chrismarium hominis Dei .. juxta se pependit EDDI 34; noxius et nimium jam pendit in arbore fructus ALCUIN *Carm.* 47. 18. **b** cupiebant pendere caucos ÆTHELWULF *Abb.* 631 (v. caucus b); **1284** pro iiij pendulis ad hostia ~end' in eodem castro, vij d. *KR Ac* 331/9 m. 12; **1287** R. campanario et filio ejus ad ~endas ij campanas *Fabr. Exon.* 8; **1348** in stipendio unius carpentarii circa campanas ~endas *KR Ac* 462/16 f. 5; **1517** pro ~ente ij de campane [*sic*], ij s. *Ac. Churchw. Bath* 104. **c** **1357** domos suas .. in quibus allecia ~ere et siccare possent habuerunt *Pat* 58/3 m. 7*d.*; **1462** pro triginta duabus mensuris cordarum .. pro martis ~endis *ExchScot* 149. **d** **1464** in diversis cordis emptis de J. S. pro aula hospitali pro lectis ~end', viij d. *Ac. Durh.* 153. **e** c**1220** pro illo proditore quem vos ... ~istis *RL* I 96; unus .. ex latronibus qui pensi [v. l. suspensi] erant cum eo [sc. Jesu] *Eul. Hist.* I 103; pendĕre vult justus, sed vult pendēre malignus *CathA.*

2 to suspend a mass in or as if in a scale or balance for weighing, to weigh (also fig.). **b** to add mass so as to bring a scale into balance, to balance (in quot., fig.). **c** (fig.) to compare one thing with another as though weighing in a balance. **d** (fig.) to 'weigh in the balance', reckon, esteem, consider. **e** (w. *nihil* or gen. of price) to reckon, esteem, or consider as being of a certain value or worth (*cf. nihil pendere, floccipendere, naucipendere*). **f** (*pense*, adv. < p. ppl.) with appraisal or consideration, critically.

omnia quae displicuerunt Deo et quae placuerunt aequali saltem lance ~ebantur [v. l. pandebantur] GILDAS *EB* 21 (cf. G. MON. XII 6: ~ebant); pendeo suspensus, ~o dum sullevo pondus OSB. GLOUC. *Deriv.* 445; pensus, i. ponderatus, libratus *Ib.* **b** pone in una parte statere tempus quo peccasti .. et minus ponderabit. non ergo transilies stateram, sed bene pensa quomodo? pone ad aliam tempus penitencie *G. Roman.* 332. **c** contra prudentia, turbe / cara comes, caro Frigiam cum milite pendit J. EXON. *BT* I 143. **d** arguto fratres fratrum discrimine clades / pendite, ne rudibus pereant antiqua bilibris FRITH. 748; septem quas vates signat fuge rusticitates: / vox levis in mensa rudis est pro tempore pensa GARL. *Mor. Scol.* 455; mos cunctis est Wallensibus / aquam dare hospitibus, / si primo pedes laverint, / pendant quod bene venerint *Eul. Hist.* II 135. **e** hujus decoris dignitas .. falerata saeculi ornamenta parvi ~it ALDH. *VirgP* 9; hinc ostendit dominum non magni ~ere lapidum ornatum BEDE *Acts* 959; nec se magni ~ant in seculari potentia O. CANT. *Const.* 2; nos .. regulam ob id in prefatis temporibus conjunctiui flocci ~imus ABBO *QG* 15 (33); nationes ille .. tanto serius signa fidei suscepere, quanto illuc fidei doctores .. magni ~ebant divertere ÆLNOTH *Cnut* 7; nobilissimus quisque incitatus nichili [v. l. nichil] ~ebat se nisi sese sive in induendo sive in arma ferendo ad modum militum Arturi haberet G. MON. IX 11 (=*Eul. Hist.* II 320). **f** pensus, i. ponderatus, libratus .. unde pense pensius, pensissime adverbia, unde in epistola pape Felicis .. in episcopo positi sunt in celesti militia, que pensius ponderanda est OSB. GLOUC. *Deriv.* 445; hoc errore, si prensius [? l. pensius] rem intueamini, etiam vestri laborant VAC. *Assumpt.* 36.

3 to pay, pay out (also fig.; usu. w. acc. of what is paid). **b** (transf.) to grant, bestow. **c** (w. *poenas, tormenta*) to pay, suffer. **d** (transf.) to pay for one's sins, do penance (intr.).

precor prosam metrumque legentes / .. / ut .. / .. pretium libri pendant oramine crebro ALDH. *VirgV* 2872; perduit [? l. perdit], luit, solvit *GlC* P 293; '~eo' vero simplex a 'suspendendo' est secunde [conjugationis] et a 'solvendo' tertie ABBO *QG* 14 (32); manet .. legum quas statuit inconcussa firmitas, ut nullus miles .. plus septem solidis solvat, cum in aliis provinciis viginti vel viginti quinque ~antur W. MALM. *GR* III 256; in hanc respondit sententiam, non solitos reges Anglie Flandritis vectigal ~ere *Ib.* V 403. **b** reddere [v. l. pendere] nec petitam sancti voluere salutem, / Cuthberti potior virtus ut celsa micaret BEDE *CuthbV* 851. **c** quem fera multatrix lictoribus impietatis / addixit saevas mucronis pendere poenas FRITH. 194; per horas crebro afflatus demonio, contumacis perfidie tormenta [v. l. penas] ~ebat W. MALM. *GR* I 10; vix .. vestes demiserat, et ecce, coram populo, violento compressus demone, penas impudentie ~ebat *Id. GP* V 275. **d** qui voluntate obsceno liquore maculatus fuerit dormiendo .. si .. pauperem victum habet, xxviij aut xxx psalmos canat stando suplex, aut opere extraordinario ~at GILDAS *Pen.* 22.

4 (intr.) to hang, hang down, be suspended.

hic quoque turribulum .. / pendit de summo ALDH. *CE* 3. 80; stipite de patulo dum penderet Arbiter orbis *Id. Aen.* 76 (*Melarius*) 6.

pendibilis [CL pendere+-bilis], that can hang, hanging.

1340 unum parvum vas argenti ~e in quo intitulantur reliquie de S. Georgio *AcWardr* 410; **1443** lego .. unum parvum lavacrium ~e *Test. Ebor.* II 91.

pendibulum v. pendulus. **pendicia** v. penticium.

1 pendicium [CL pendere+-icius]

1 pendicle, dependent part of estate.

c**1109** W. de Ganto [tenet] in .. Ferebi et ~iis xvij c[arucatas] *Surv. Linc.* f. 16.

2 pendant, hanging ornament.

1316 par unum [sc. stola et manipulus] cum .. gemmis in ~iis .. tria paria .. cum perulis et gemmis in ~iis .. par unum .. cum angelis in ~iis *Invent. Ch. Ch.* 60.

2 pendicium v. penticium.

pendiculus [LL *as sb.=cord, noose, snare*]

1 (as adj.) that hangs, hanging: **a** (w. *a* or *ab*) dependent upon. **b** (*fratres ~i*) testicles.

a hoc enim nec a patre hereditarium est, nec a casu ~um, nec a suffragio amminiculum, nec a corpore caducum, nec ab etate mutabile BACON I 32. **b** natura tria dedit homini genitalia que sunt virga virilis et duo fratres penduli [v. l. ~i], qui sunt testiculi GARL. *Dict.* 121.

2 (as sb.) something that hangs from, something appended to (something else): **a** parchment strip with affixed wax seal. **b** pendant of a belt or girdle. **c** padlock, hang-lock. **d** ? tassel (of table- or altar-cloth or sim.). **e** ? pentice, gallery; *cf. appendiculum, penticium.*

a 10.. ~o, *segne WW* 465; **1391** quando illud falsum factum sic scriptum et indorsatum fuit, predicti W. et Th. illud cum ~is ornaverunt *LBLond.* H f. 259v. **b 1411** item in studio prioris est .. una zona serica cum ~o et plusculo et stothis deauratis *Finc. app.* clvi. **c 1336** in clavibus et ~is *Rec. Leic.* II 28. **d 1374** idem computat per empcionem .. de ij paribus tabellarum, xij d.; et de iiij libris *noppys*, xij d.; in cortyne *cordys*, iiij s. .. in ij ~is v s. *ExchScot* 468; **14..** una parva pecia de hanygo .. due ~e *Reg. Aberd.* II 138; **14..** Item duo pendecula pro cappis a parte post *Ib.* 141. **e 1250** deest unum ~um inter hostium capelle et longum gradum de fusto *CalIMisc* 91.

3 (as sb.) pendicle, land or building that is a dependent part of an estate (Scot.).

1481 rex confirmavit cartam A. B. de Leis, qua concessit filio suo et heredi apparenti A. B., et J. G. ejus sponse, suum ~um dominii de Leyis, viz., terras de Cannoglerroucht *RMS Scot* 1478; **1506** abbas et conventus predictum presentatum in tenentem hereditarium dictarum terrarum de Clunys cum suis ~is et pertinentibus recipiant *Reg. Dunferm.* 502; **1527** cum molendino .. et terris eidem adjacentibus, cum ~is, multuris, .. emolumentis, et aliis pentinenciis *Reg. Aberbr.* II 464; **1541** predicte terre, .. silve, nemora, piscationes, *outsettis*, ~e, tenentes, tenendrie, et liberetenentium servitia *Form. S. Andr.* II 232; **1565** noveritis nos .. dedisse .. totum et integrum nostrum locum de Heddyntoun .. cum annuis redditibus et ~is fratribus de H. spectantibus *Scot. Grey Friars* II 49; **1573** de totis et integris dictis terris et villa de Eildoun cum domibus, edificiis, toftis, croftis, partibus, ~is, et suis pertinentibus *Melrose* II 607.

pendilis [CL pendere+-ilis], **pendalis** [AN *pender* < CL pendere+-alis], that can hang, hanging. **b** (as sb. n.) curtain, hanging.

1367 sera ~ilis pro hostio coquine *North Durh.* 106; **1388** nec respondet de .. j presepe stante, ij presepibus ~alibus *LTR AcEsch* 10 r. 5. **b 1494** baldachinum .. habens ~alia de carmusino, in quibus sint depicta arma ecclesie *Conc.* III 638b; **1495** item do et lego ~ilia lecti et camere cum portiforio meo ei qui successurus est michi *Deeds Balliol* 335; **c1511** item unum ~ile de opere textrino blodii coloris *Invent. Ch. Ch.* 157.

pendilium [pendilis+-ium], curtain, hanging.

1465 in panno lineo empto pro ~iis in superiori choro ex utraque parte et pro lira et factura ejusdem, xxxviij s. xj d. *Invent. Ch. Ch.* 120.

pendio [*as etym. gl.*], paying, payment.

assint milites .. quos moneant ducis mutua munera donata et stipendia, unde stipendium quasi stipis pendio [v. l. pensio] NECKAM *Ut.* 105.

penditio [CL pendere+-tio], **pendatio** [AN *pender* < CL pendere+-tio], act of hanging.

1371 in ~icione ejusdem magne campane pro eodem [sc. *le clok*] cum ferro empto, xj s. *Fabr. York* 10; **1391** pro iij *cages* .. emptis .. pro pullis imponendis, x s. .. et pro ~icione de dictis *gages*, vj. d. *Ac. H. Derby* 26; **1453** Johanni O. aurifabro pro .. nova imposicione de ij diamondis et unius rubee in uno colario .. ac ~icione xij rubeorum et xij perularum super eundem, xviij s. (*KR Ac*) *JRL Bull.* XLII 119; **1517** pro emendacione de *le frame* pro ~acione campane, xij d. *Ac. Churchw. Bath* 104.

pendule [CL pendulus+-e], in suspense, precariously.

rex Henricus .. prospiciens quod ejus status pre sua teneritudine ~e vacillabat, eo quod non habebat heredem masculum WYKES 18 [=CAPGR. *Hen.* 64].

pendulosus [CL pendulus+-osus], (in gl., understood as) that hangs or holds on (to).

~o, *haldi GlC* P 210.

pendulus [CL]

1 that hangs, hanging, suspended. **b** (*membra ~a, fratres ~i*) testicles. **c** (*sera ~a*) hang-lock, padlock.

~us, *ridusende GlC* P 314; sic tremulas vibrant subter testudine templi / ordinibus variis funalia pendula flammas ÆTHELWULF *Abb.* 627; ~us, *pendable* (GARL. *Unus*) *Teaching Latin* II 167; **1295** tres magni panni ~i consuti, in quorum quolibet continentur sex panni de Arest, parvi valoris *Vis. S. Paul.* 329; contigisse refertur fortuitu, ut civis quidam .. ~um illum quem more solito ad latus gerebat loculum, subito diruptis ligulis incaute amitteret *Mir. Hen. VI* IV 137. **b** Mechus es et Fodio pendula membra dabis / .. cimbala sola dabis, nolo nocere magis *Babio* 446; natura tria dedit homini genitalia, que sunt virga virilis et duo fratres ~i [v. l. pendiculi], qui sunt testiculi GARL. *Dict.* 121. **c c1427** in denariis solutis pro j calatho .. simul cum iij d. pro una cera ~a, x d. *Househ. Ac.* 646.

2 (transf. or fig.). **b** (of head) nodding. **c** (w. *in*) dependent or reliant upon.

in hoc errore .. manens ~us, sub habitu religionis vivens, non abbati .. conscientiam revelare voluit J. FURNESS *Walth.* 100. **b** quia a tergo non erat quod occiput sullevaret, sopor irruens ~um caput nonnunquam in anteriora depressit, ut sic somnum fugaret et orationi pernoctans vacaret *Canon. G. Sempr.* f. 60v. **c** Rotbertus .. in Sancti Spiritus et domine Sancte Marie patrocinio totus ~us erat W. MALM. *HN* 478.

3 suspended or floating in the air. **b** (fig., of citation) separated from context. **c** hanging, floating, or suspended precariously. **d** uncertain, shifting, doubtful, wavering. **e** suspenseful, anxious, apprehensive.

aer cum auditrice expergefacta movetur nimbumque parturiens nubes ~a tela protenditur GOSC. *Lib. Mild.* 26. **b** obiciunt sophiste quod pars scripture ~a est impossibilis et heretica, sed nulla complete et integra WYCL. *Ver.* II 112. **c** pluviae quacumque vagantur, / pendula discissis fluitant laquearia tignis, / fornice marcebant kataractae dilapidato FRITH. 443; ad illam ergo erigendam moliebatur gradus scalarum, quibus operantes insisterent; et ~os in aere gradus firmarent W. MALM. *Wulfst.* I 8; duo soli virge qua velum pendebant manus injecerunt, et magna noctis parte pendentes .. in aquis ~i Deum invocabant ORD. VIT. XII 26 p. 414; appropinquantesque naucelle, alter eorum .. eversam navem ascendit, alter super malum ~us, manum socio porrigens, illius adminiculo et martiris virtute de fluctibus extractus est *NLA* II 669; muliercula quedam .. infantulum suum .. posuerat in cunabulo, non quidem fasciatum, ut solito, sed quibusdam involutum dumtaxat panniculis. erat autem crepundium illud ~um, tali viz. arte fabricatum, ut agitando facilius moveretur *Mir. Hen. VI* IV 142. **d** notandum .. est quod insipientibus in aedificanda domo arenarum ~ae mobilitati Dominus non cooperetur GILDAS *EB* 109; nolo volens absentari, / votis uror pendulis P. BLOIS *Carm.* 7. 4. 34; hos animat sanctus Dionysius, et sacer illos / Edmundus; nutat pendula palma ducum GARL. *Tri. Eccl.* 62; Pilatus .. non inscius ad quos missus sit et quam ~a vite sue sententia, tante rei considerans, vitam servare voluit *Flor. Hist.* I 102 (=*Eul. Hist.* I 85); pendula res amor est subito collapsa dolore GOWER *VP* 199; sique leves oculi sint ictus, sunt leviora / ordine precipiti pendula fata tua [sc. Fortuna] *Id. VC* II 112. **e** nulla ei quietis aut soporis erat alleviatio, sed mortis solius potius ~a et indubitabilis exspectatio R. COLD. *Godr.* 33 p. 49; ibidemque diutius residens, exitum viri Dei de interioribus ~a sub dilatione exspectavit *Ib.* 124 p. 132.

4 (*in ~o*): **a** in a manner suspended or hanging without obvious means of support. **b** in an overhanging manner. **c** in a pending, undecided, uncertain manner. **d** in the balance, in a precarious manner. **e** on a slope or incline. **f** ? in or on the air.

a qui [sc. lapides] sic in ~o et tanquam in inani suspendi videntur, ut .. artificum studio .. inniti videantur [*Stonehenge*] GIR. *TH* II 18; qui solari das motum circulo / et illustras orbem diluculo, / terre molem firmans in pendulo, / menses movens lune curriculo J. HOWD. *Ph.* 13. **b** iter vestrum .. etsi periculosum, prospere tamen direxit Deus diris in cotibus per juga Alpium, ubi nix in ~o, ubi pes anceps in lubrico, preceps in arduo *Mir. Wulfst.* 116. **c 1153** causarum nostrarum .. fata adhuc ambigua sunt, et que sunt in ~o quam cito stabiliri ceperint, illico currente cartula cognoscetis G. FOLIOT *Ep.* 106; **c1160** sed nec aliquem recipere .. dum res in ~o est .. licitum esse credimus J. SAL. *Ep.* 44 (116); **s1237** cujus electio licet rite facta, quia tamen regi displicuit, quibusdam ridiculosis rationibus contradicentium fuit diu in ~o, non sine peccatorum scrupulis impedita M. PAR. *Maj.* III 389. **d** illaque pacis forma que adeo magnifice formata, scriptoque firmata est, mirantibus cunctis, ut prius erat in ~o GERV. CANT. *Chr.* II 105; si Scoti tunc illum .. de Gallia non revocassent, major pars domus Francie in ~o perstetisset BOWER XI 30 (=BLAIR, *Relationes* 3: pendibulo; v. l. pendulo). **e 1293** non potuit equos suos retinere quia in ~o fuit (v. forelina). **f s1461** sed tamen continue, non aliter quam si pinxisset in ~o, edificassetque in zabulo, inaniter laboraret *Reg. Whet.* I 417.

5 (as sb. m., f., or n.) hanging ornament, pendant; **b** (as necklace). **c** lappet of mitre. **d** pendant of a belt or girdle. **e** (her.) pendant.

1302 unus ~us auri cum camahuto; unus ~us auri cum amatista *KR Ac* 357/13 m. 2; hoc ~um, *a pendand WW*. **b 1300** unum ~um auri cum saphiro magno ad pendendum circa collum unius hominis *Ac Wardr* 348. **c 1295** una mitra breudata .. in altero ~orum deficiunt tres cathenule, cum karolis argenteis appensis .. una mitra .. deficit una campanula in uno ~orum *Invent. Ch. Ch.* 46–7; **1295** una mitra breudata .. insertis lapidibus in laminis argenteis deauratis, et deficit unus lapis in altero ~orum *Vis. S. Paul.* 315; **c1500** una preciosissima et magna mitra cum duabus ~is auro circumdatis et lapidibus preciosis, saphiris, et rubeis *Fabr. York* 213. **d** *a pendande* [v. l. *penande*] *of a belte*, ~um *CathA*. **e** secundus vero filius portabit arma patris sui integra cum una labella, que labella tres habebit ~as, Gallice *pendauntes* .. per primam ~am significatur pater ejus, per secundam vero frater primus et heres, et per terciam significatur primus assumens post heredem qui est pater secundus. si vero fuerint in armis quatuor tales ~e dic quod portans fuit filius tertius .. et sic de ceteris BAD. AUR. 134.

6 **a** part of hinge or other hardware of door or window, perh. padlock or 'hang-lock'. **b** scale, balance. **c** hanging weight used in torture. **d** hanging, curtain. **e** (in gl.) ? stalk of fruit, ? handle.

a 1284 pro iiij ~is ad hostia pendend' in eodem castro, vij d. *KR Ac* 331/9 m. 12; **1284** pro ij duodenis de ~is pro hostiis in castro de Caernarv' emptis .. pro iiij ~is ad hostia pendendis in eodem castro .. pro ~is et gumphis et vertevellis emptis ad hostia et fenestras castri *Ib.* 351/9 m. 12; **1313** pro diversis ferris, gumphis, vertevellis, ~is, barris, stapulis, seruris *MinAc* 771/7 m. 3. **b** precipis [sc. Domine] orbes rapide remeare, / quorum modificatur mensura meatus; / imperas humum pendulo ponderari J. HOWD. *Cant.* 176. **c** quidam vero in eculiis extenduntur .. quorundam vero diversorum ponderum ~is dissolvuntur compagines et juncture FORTESCUE *LLA* 22. **d 1553** de .. ~is pro magno cubiculo .. Anglice *hangyng for the greate chamber Pat* 852 m. 29. **e** *a sterte*, manutentum; *a stert*, ~a *CathA*.

penebrare v. penetrare. **penecell-, penecill-** v. penuncell-. **penegeld-** v. peninggeld-.

peneitas [cf. CL paene+-tas, penuria], scarcity, lack of density, (fig.) poverty.

raritatem autem primo modo dictam dixi quondam attendi penes magnitudinem situs quem rarum cum corpore alieno commixto occupat in comparacione ad ~atem sue materie; sic quod raritas positive intelligitur quo ad situm, et privative quo ad multitudinem materie WYCL. *Log.* III 64.

penelops [CL=*wild duck* < πηνέλοψ], gannet.

a gannet, bird, ~ops, -opis LEVINS *Manip.* 88.

penencell- v. penuncell-.

penes [CL]

1 in the possession of; **b** (w. abstr.). **c** in the mind of. **d** (*~es se celare*) to keep to oneself, keep hidden.

harum particulam reliquiarum .. habebat ~es se quidam de presbyteris BEDE *HE* IV 30; **c1192** postquam egrotavi, sigillum meum ~es me non habui; et ideo has litteras vobis destino sub sigillo domine matris mee *Ch. Chester* 243 (=*E. Ch. Yorks* IV 84); **1292** dicit quod tradidit dicto W. ij discos argenti ad vendendum quos adhuc ~es se detinet *SelCCoron*

128; **1347** faciant .. duo plena et perfecta .. inventaria .. quorum unum .. episcopo qui pro tempore fuerit ~es se custodiendum tradere teneantur *Norw. Cath. Pri.* 108; **1391** J. F. depredavit unum equum .. et ~es eum detinuit per unum quarterium et est communis latro *Leet Norw.* 74; **1453** in partem solucionis feodi predicti .. inde ~es dictum J. remanentem x li. x s. x d. (*DL Ac. Var.*) *JRL Bull.* XL 103. **b** quinque .. reges confestim, Karolo moriente, ordinati sunt, sed imperium ~es Earnulf remansit Asser *Alf.* 85; unde Iohannes Crisostomos, peccatis .. dare veniam ~es hominem non est, sed est insigne deitatis Osb. Glouc. *Deriv.* 283; ~es .. episcopum tam regni quam sacerdotii jura consistunt Gir. *TH* II 13. **c** hanc .. regulam debet habere ~es se fixam discipulus hujus scripture Gros. *Cess. Leg.* I 9 p. 50; propter cordium scrupulas et titubaciones tam ~es regem quam ~es proceres evellendas et evitandas Favent 24. **d** cum diu ~es se flammam celasset occultam Gir. *GE* II 17 p. 247.

2 at or to the house of, under or into the charge of, with, to. **b** among, with.

pervenit ad aures nefandi presidis quod ~es Albanum lateret vir Dei W. Newb. *Serm.* 884; **c1378** mittimus ~es dominacionem vestram dilectum confratrem nostrum R. de C. *FormOx* 231; **c1380** inter tot et tantas reverandas personas me, quamvis indignum, ~es vos propinquius ceteris habere curastis *Ib.* 324. **b 1218** volumus quod dilectus et fidelis noster P. de A. faciat ~es vos observari assisas illas que ibi temporibus antecessorum nostrorum .. observate fuerunt *Pat* 136.

3 with respect or regard to, as regards, concerning, towards; **b** (of person to whom financial or other obligation is due). **c** in accordance with, with reference to, according to (w. abstr.). **d** (w. vbs. of telling, indicating, or sim.) to; **e** (in place of dat. usu. w. comp. vbs.).

1229 ita quod eos ~es vos merito favorabiles .. invenire debeatis *Pat* 246; **1278** memorandum quod W. le B. recepit de communi bursa .. xiiij s. vj d. ~es debitum suum *Rec. Leic.* I 171; **c1380** vos deprecans .. quatinus de status vestri certitudine, cum singulis que ~es me volueritis, domino abbati .. mandare velitis *FormOx* 319; **1428** quorum consciencias .. oneravimus ad dicendum veritatem .. ~es jus patronatus ejusdem ecclesie *Reg. Durh.* III 123; **1461** per solucionem factam domino R. R., scriptori rotulorum, pro scriptura eorundem et laboribus suis ~es causam de Soltre *ExchScot* 61; **1466** circa provisionem in Perth ~es cervisiam, panes et pisces *Ib.* 395; **1467** in quadam causa ~es distinctiones dioecesis Sanctiandree et Brechinensis *Reg. Brechin* I 191; **1549** sequuntur nonnulle ordinationes ~es officium procuratorum curiarum consistorialium *Conc. Scot.* II 121. **b 1193** quieti erunt .. ~es me et heredes meos, de tota firma *FormA* 131; **1275** collecta assisa .. ad aquietandum debita communitatis, scilicet de fine ~es marescallos domini regis et de exennio et expensis versus London' *Rec. Leic.* I 148; **1278** allocatur de iij s., et sic communitas quieta ~es ipsum *Ib.* I 170; **1456** non sint onerabiles per viam compoti vel aliter .. ~es nos, heredes seu successores nostros *FineR* m. 4. **c** "primum mihi, magister, hujus artis vel studii initium pande." "pandam ~es auctoritatem veterum." Alcuin *Rhet.* 2; cum idem sit ex multis formis compositum que se habent prius et posterius secundum ordinem, illi composito diverse insunt proprietates ~es illas diversas formas Kilwardby *OS* 199. **d** dixit asinus ~es se O. Cheriton *Fab.* 33; **1368** presenciam vestram personalem .. ~es nos exhibentes *Cant. Coll. Ox.* III 18; **c1380** preces porrigo .. quatinus meam convalenciam ac corporis sanitatem mee matri .. dignemini intimare, meam infirmitatem ~es eandem totaliter omittentes, ne deterius quam valeo estimet me valere *FormOx* 315; canonici .. ~es archiepiscopum graviter murmurabant *Meaux* I 183. **e 1229** affectuose rogantes quatinus .. ejus absenciam, cum ipsius presencia nobis perutilis sit et necessaria, ~es sanctitatem vestram si placet habeatis excusatam *Pat* 238; **1331** ad interpellandum ~es vestram clemenciam pro amicis *Lit. Cant.* I 373; **1378** lucraque et commoda propria pro viribus querentes ~es eundem avum nostrum taliter insteterunt et ipsum tam cautelosis assercionibus induxerunt quod .. eadem maneria .. eis dedit *IMisc* 216/5 m. 1; **c1380** deprecamur quatinus in defensionem domus nostre ~es ejusdem N. versucias et ymaginarias violaciones in parliamento domini regis .. instare dignemini *Form Ox* 387.

4 in the vicinity of, near, at, by: **a** (person); **b** (place).

a O dubios hominum casus mortemque propinquam, / que penes est illos semper *V. Merl.* 44. **b 956** xvj cassatos perenniter impendo ~es illum locum quo assertione multorum hominum profertur ita æt Anningadune *CS* 961; ad locum quo sanctus Cadocus orabat ~es prefate arboris radices (*V. S. Cadoci* 8) *VSB* 40; interempto ~es Dunelmum quodam adolescente R. Cold. *Cuthb.* 60; quo maxime frequentare solebat, ~es nivalem montem qui Kambrice *Snaudone* resonat *Hist. Meriadoci* 340.

5 in the direction of, to, towards; **b** (w. cardinal directions); **c** (*~es domum*) homeward.

animum cum navi ~es Angliam direxit *G. Steph.* 2; **1334** dati J. pistori pro itinere et labore suo in comitiva domine ~es Heyham, ij s. *MS Birm. Ref. Libr.* 473424 m. 1*d.*; **1353** quosdam .. super ligna in mari ~es terram natantes .. interfecerunt *Pat* 239 m. 18*d.*; **1434** ipsum comitem et servientes suos ~es consilium predictum .. eskippare et reeskippare permittatis *Cl* 284 m. 10. **b c1230** sciant .. me dedisse totam terram illam que est inter croftum W. H. et exitum predicte ville ~es orientem usque ad fossatum ~es aquilonem *Dryburgh* 114; **c1290** continentes in se latitudinem quadraginta pedum ad minus a communi via ville ~es occidentem usque ad curiam aule versus orientem *AncD* A 270. **c c1380** proponens ad istum festum Pasche ~es domum venire *FormOx* 319; **c1410** tam equum quam pecuniam pro meis expensis ~es domum michi transmittere placeat *FormOx* 421.

6 (in gram.).

'~es' dicit tempus per accidens vel locum, sicut cum quibusdam magistris grammatice placet *Ps.*-Gros. *Gram.* 55.

penesell- v. penuncell-. **penet-** v. paenit-. **penetell-** v. penuncell-. **penetissimus** v. 2 penitus.

penetrabilis [CL]

1 penetrable (fig.).

opusculi nostri molimen, ita ut ne certatim irruituris invidorum imbribus extet ~e, fidissime contegatur Gildas *EB* 37.

2 penetrating, piercing, keen; **b** (transf., of vision or intellect); **c** (fig.).

quanto .. ad euri partes magis acceditur, tanto celi faciem quo purior et subtilior, tanto ~ior et inclementior aer illustrat Gir. *TH* I 3. **b** lynces ~es [v. l. ~es visu] Gir. *TH* I 36; sit ~is in omni sciencia, et precipue in arte arithmetica que est ars verissima Bacon V 142. **c** o malitia .. quam ~is tu, que ipsam Dei imaginem hominem non jam penetrando sed magis perforando .. vulneras H. Bos. *Thom.* IV 13.

3 (as sb. n. pl.) innermost regions, recesses, depths, core.

discussis ~ibus cordis nostri .. solliciti ne umquam percuti mereamur agamus Bede *HE* IV 3 p. 211.

4 (as sb. n.) tool for piercing or boring.

de .. j secure, iij ~ibus, j hercia ferr' in manerio de Wolveton' *LTR Ac* 14 r. 30*d.*

penetrabilitas [CL penetrabilis + -tas]

1 ability to penetrate, penetrative force.

quidquid obstantia penetrat, magis id celeritate sumpta quam substantia propria efficit ... ad mittentis .. vires velocitas refertur, ad easdem igitur [v. l. igitur restat] et ~as referatur. itaque tenetur .. ut, quia tonitruorum ictus universorum violentissimus sit, tantam et velocitatem et ~atem in suo .. missili parere possit Adel. *QN* 67.

2 capacity to be penetrated, penetrability.

composicio vestri corporis in textura mediocriter est rara, porosa, et pervia, aliquantulum compacta densitate declinans, ob quod vos estis, propter vestre composicionis mediocrem ~atem mediocriter alterabilis Kymer 3.

penetral [CL penetralis]

1 inner room or chamber.

dormivi hactenus, verum postquam hujus introistis ~al domus, ab oculis procul recessit somnus Lantfr. *Swith.* 2; quam [sc. columbam] ille tunc vere beatus pia mentis aviditate contemplatus, ~al illud morientis matrone subintrantem conspicit Osb. *V. Dunst.* 88; **a1162** ad oppressorum confugit speciale subsidium ubi facit Dominus judicium inopi, et afflicte causam vidue intra sui ~al conclavis admittit G. Foliot *Ep.* 112; hoc ~al .. pro domo interiori, unde penetro Osb. Glouc. *Deriv.* 435.

2 piercer, pointed tool for piercing or boring.

est dolabrum, penitral [*gl.*: *persere*], securis, ascia, cerra *WW*.

penetralis [CL]

1 (as adj.) penetrable.

loci .. vix penitralia deserti interiora expetiit *V. Neot.* 5.

2 (as sb. n., usu. pl.) interior or innermost part, recess (also transf. & fig.); **b** (anat., of body); **c** (of heart or mind); **d** (of building); **e** (of earth).

~ia, secreta *GlC* P 338; ubi pervenerat .. / femina, quo sanctum defossae viscera petrae / inclausum corpus captant, penetralia saxi *Mir. Nin.* 350; quia ad sacrosancta .. divini amoris ~ia mittere non timuerim manum meam J. Ford *Serm. prol.* 1. **b** sed gracilis grandes soleo prosternere leto, / quod letum proprii gestant penetralia ventris Aldh. *Aen.* 93 (*Scintilla*) 5; gula, quae .. / .. gestit saturare sui penitralia ventris *Id. VirgV* 2491; o lucis lux intermine / lava salutis sanguine / cruenta penetralia J. Howd. *Cyth.* 2. 9; rex .. ut miles strenuus hastam vibrans in tergum figit fugientis et ~ia cordis transfixit *Hist. Arthuri* 86. **c** discussis ~ibus [v. l. penetrabilibus] cordis nostri .. solliciti ne umquam percuti mereamur agamus Bede *HE* IV 3; **c798** unusquisque ad cordis sui ~ia [v. l. penitralia] dirigat intentionem Alcuin *Ep.* 136 p. 208; fluentis / irriguis rosas nostre penetralia mentis M. Rievaulx (*Vers.*) 31. 17. **d** gaudens domini penetralia visit *Mir. Nin.* 139; sed hujus templi arcana ~ia sunt et quasi quedam sancta sanctorum J. Ford *Serm.* 52. 5; post crebram aliquando exspectationem ad sacri ejus thalami ~ia tandem admissus *Ib.* 70; in hiis prodigiis sunt repugnancia / cor, frons, vestibulum, et penetralia Walt. Wimb. *Palpo* 75; hoc ~e, *a chawmbyre WW*. **e** quedam [sc. flumina] ex terre ~ibus .. emersa Gir. *TH* I 7; sancti .. in terre ~ibus dormientes *Ib.* I 19; in secreta nature ~ia se ibi transfundentes, quasi in abyssum vorantur *Ib.* II 14.

3 tool for piercing or boring, borer, auger, drill, gimlet, wimble.

1295 ij d. in iiij ~ibus emptis pro bargea penetranda *KR Ac* 5/8 m. 7; **c1312** ij secures, iij panatrall', j berzam, j *sawe LTR Ac* 19 r. 30; **1328** quatuor ~ia que dicuntur *nawgeres* precii viij d. (*KR Ac*) *Anal. Hib.* XXIV 194; **1448** bona S. B., scholaris .. unum ~e pretium ob. *MunAcOx* 579; hoc ~e, *a wymbylle WW*.

penetralium [cf. CL penetralis], tap, tool for tapping a wine-cask.

13.. vinitarius habeat in cellario suo .. tabulum sive ~ium sive persorium (*Nominale*) *Neues Archiv* IV 339.

penetranter [CL penetrare + -ter], (fig.) penetratingly, piercingly, deeply, searchingly.

hac ergo sublata aggravatione, si etiam cum ea multa cogitat, sine ea innumera ~er investigat [cf. *Sap.* ix 15] Pull. *Sent.* 731.

penetrare [CL]

1 to penetrate, work a way into (also intr.); **b** (mil.); **c** (of water, liquids, *etc.*) to flow or enter into; **d** (intr. w. *in*); **e** (intr. w. *ad*) to penetrate or reach as far as.

non ignoti rumoris penniger ceu volatus arrectas omnium ~at aures Gildas *EB* 22; celeberrimus virginis Agathae rumor .. totam Trinacriae provinciam ~avit [*gl.*: i. perlustravit, i. circuivit, *gendferde*] Aldh. *VirgP* 41; oscula virgineis dispexit lubrica labris / nec penetrare sinit stuprorum spicula pectus *Id. VirgV* 1156; qualiter examinis furvae vestibula valvae / infernique nigras posset penetrare latebras *Ib.* 1417; auram nudato capite liberius carpas, si frigida ~at .. mors imminet Gir. *TH* I 35. **b** gens effera Normannorum .. ~ant cuneos, nichil preter sanguinem regis sitientes *Found. Waltham* 20; bellum aggreditur, omnes ~avit, quousque ad ducem pervenit *G. Roman.* 404. **c** hucque / dulcia piscosae flumina traxit aquae, / secessusque laci penetrant secreta domorum Wulf. *Swith. pref.* 39; [humidum] sequitur illud quod tangit ipsum et ~at ipsum, et replet quantum potest per fluxum suum T. Sutton *Gen. & Corrupt.* 125. **d** villa .. vocatur Tynemowth, i. os Tyne aque, ubi illa aqua ~at in mare Gascoigne *Loci* 175. **e** una pars salutaris tendens ad limina lucis / altera mortalis penetrans ad Tartara tetra ALDH. *VirgV* 2664.

2 to make one's way into, penetrate to the interior of, enter; **b** (fig.) to enter into; **c** (w. *caelum*, *etc*.) to penetrate, ascend to or into (also intr. w. *per*).

cum cuneus transgresso marmore rubro / desertum penetrat ALDH. *Aen. pref.* 34; traditur .. sceleratis Daria scortis / prostibulum mechae penetrans *Id. VirgV* 1234; carptimque loquelas / tractat evangelicas .. / .. latae penetrans gimnasia Romae FRITH. 217; s**876** hic Rolla cum suis ~avit Normanniam et regnavit L annis *AS Chr.*; post innumeras urbes et populos transitos, Gallias ~avit GOSC. *V. Iv.* 83A. **b** **957** (14c) aeterna sanctorum gaudia nunc [v. l. nunquam] cogitatione ~ari possunt *CS* 988. **c** caelorum culmen ovantes / angelicis juncti penetrabant coetibus altum ALDH. *VirgV* 1070; sanctam cumque diem sacravit virgo Maria / qua volitans caelos meruit penetrare per altos ÆTHELWULF *Abb.* 461; **9..** trinis [sc. a.d. iij kal. Apr.] Eulalia caelum †penituerat [l. penetraverat] altum *Kal. M. A.* 402; Gordianus senis [sc. a.d. vj id. Mai.] coelum †penebraverat [l. penetraverat] eque *Ib.* 405; aurea siderei penetravit culmina regni WULF. *Swith.* I 1381.

3 to pierce, penetrate; **b** (fig. or in fig. context); **c** (w. intellect or the senses); **d** to bore, pierce (in quots., slate); **e** to bore, dig (mine or mineshaft).

pennigeras volucrum turmas praepeti volato nimborum obstacula ~antes [*gl.*: pertransientes, *þruhfa*, *þurhfarende*] .. pascebat ALDH. *VirgP* 21; nec potuit validis penetrari pelta sagittis FRITH. 1087; penetrato culmine cellam / liquit, et .. subvectus in aethra .. / moenia caelorum subit aurea WULF. *Swith.* I 82; jacula regem penetrant eminentem J. HOWD. *Cant.* 271; **1275** non concessimus .. abbati et conventui S. Wereburge .. quod murum ville Cestrie contiguum abbacie sue ~are et quamdam gutteriam transeuntem ab abbacia predicta per medium muri predicti usque in ortum ejusdem abbacie facere possint (*Ch. Regis*) *Cart. Chester* 226. **b** ipsa .. est virgo sancta, et intacta, cujus virginitas quasi firmissimus murus nunquam potuit per aliquod parium, vel per aliud instrumentum, id est tentatione diaboli, ~ari AILR. *Serm.* 19. 10. 304; dicitur [Apollo] et .. sagittarius a radiorum jaculis, quibus omnem penetrat mundum ALB. LOND. *DG* 8. 4. **c** abdita nunc terrae penetrans atque ima profundi TATWINE *Aen.* 1 (*De Philosophia*) 3; putant eum multi apud Merlinum fatidicum per lyncem designatum omnia ~antem TREVET *Ann.* 280; ipse .. quasi lynx omnia ~ans, valorem omnium ecclesiarum totius Anglie inrotulavit *Ann. Osney* 217. **d** **1375** petris tegulis ~atis et batratis (*KR Ac.* 481/3) *Building in Eng.* 234; **1453** dcc *sclatston* bateratis et ~atis (*New College Roll*) *Hist. Agric.* II 717. **e** **1405** de nominibus omnium .. operariorum cujusdam minere .. vocatorum *mynours* qui solum ipsius nuper regis ibidem foderunt et ~arunt et carbones inde ad non modicam valenciam projecerunt et asportaverunt *Cl* 254 m. 25*d*.

penetratio [CL]

1 compenetration, permeation, pervasion; **b** (of abstr.).

alia sunt continua per ~onem ut vinum et aqua mixta, et hec non sunt vere continua BACON XI 249; in talem partem ac ejus situm possunt quotlibet corpora vicissim ingredi .. et quo ad ~onem corporum, non plus procederent contra eum quam contra theologos nostros ponentes quod corpora possent transire in celum sine ejus alteracione vel corporis sic coextensi corrupcione WYCL. *Log.* III 2. **b** quero, quid est 'quod quid est stare in lumine intellectus agentis'? si nihil aliud est nisi intellectum agentem esse in anima et in phantasia ejusdem anime esse phantasma, ergo perpetuo quando phantasma est in virtute phantastica, fit illa ~o et ambicio, et ita erit in phrenetico et dormiente DUNS *Ord.* III 317.

2 digging, excavation (of coal-pit or mineshaft).

1532 [lucracio carbonum] soluti J. D. et iiij sociis .. pro ~one unius putei, ij s. vj d. *Househ. Bk. Durh.* 88; **1534** soluti J. D. et sociis, operantibus in lucracione carbonum .. pro ~one unius putei novi, v s. *Ib.* 283; **1537** soluti J. D. et iiij sociis pro expensis factis in campo de A. circa ~onem puteorum et auriend' carbonum pro expens' domus .. vij li. x d. *Ac. Durh.* 702.

penetrativus [ML]

1 penetrative, piercing (also fig.); **b** (of mental faculty). **c** (of fire) capable of penetrating upwards or ascending. **d** (of heat) capable of penetrating into; **e** (as etym. gl.).

experiens quod lectio vice cotis ~am acuat orationis virtutem H. BOS. *Thom.* III 11; genuine contumacie stimulos .. in acies ~as exacuare non cessavit *Chr. Rams.* 156; sunt consideranda in compositione cujuslibet medicine composite .. que faciant medicinam diverti ad viam quam intendimus, et que faciant eam ~am in longinquum BACON IX 106; homo dicitur acutus corporaliter si est ~us cunei cedendo WYCL. *Ente Praed.* 19. **b** vobis .. quibus inest vis virtutis prestantior et ~e lux prudentie acutior *Chr. Rams.* 88; homo dicitur .. intellectualiter acutus si est ~us veritatum occultarum WYCL. *Ente Praed.* 19. **c** quia formam habet [ignis] naturalem qua appetit congruencia sue nature, et ideo colligit se in figuram ~am, qua penetret ad locum superiorem FISHACRE *Quaest.* 52. **d** caliditas .. est elementaris proprietas summe activa ~a, summe mobilis et motiva BART. ANGL. IV 1; calidum .. est ~um et siccum terminativum; calidi ergo est imprimere, et sicci sigillare formamque impressam retinere *Ps.*-GROS. *Summa* 530. **e** ~us, i. dominus de Percy [cf. ME *percen*, AN *percer*] (J. BRIDL.) *Pol. Poems* I 176.

2 capable of penetrating or pervading, compenetrative; **b** (of liquid).

caro delicata et venenosa citius humores subtiles ~e substantie attrahit GILB. III 155. 1; dicitur .. corpus aliquod subtile a virtute ~a, juxta quod argentum vivum dicitur subtile, in quantum est ~um, et spiritus dicuntur subtiles nature, quia penetrant corpora PECKHAM *QA* 125; unum corpus erit ~um alterius, ut sint conformiter per eundem situm coextensa WYCL. *Log.* III 73. **b** acetum quidem habet vim ~am sc. dividendi, subtiliandi, et subintrandi *Quaest. Salern.* C 7; aqua est terre in se non conmanentis et similiter corporum terrenorum unitiva, ~a, et repletiva GROS. *Hexaem.* IV 13.

penetrator [CL penetrare+-tor], penetrator, one who gains or forces access to.

Hercules Posterior, fortis orbis dominator, Amazonum contritor, Indie ~or, Trojanorum expugnator, Lybie invasor, Hispanie dominator *Eul. Hist.* I 40.

penfiligos v. pompholyx. **penicell-** v. penicill-, penuncell-.

penicillus, ~um [CL], **~a**

1 paint-brush.

in meniaris .. illis nihil egregie spectabile erat, preter celi et ~e [v. l. pincelle, pencella; gl. *pincel*] opuscula BALSH. *Ut.* 49.

2 sponge.

hec ~a, i. mollis spongia OSB. GLOUC. *Deriv.* 445; †peremeollum [? l. penicillum] interpretatur spongeola *Alph.* 139; pinicellus [v. l. pinicelltis], spongia idem *Ib.* 144; penicellus, i. spongia (*MS Bodl. Ashm. 1470*) *Ib.* 144n.

3 (in gl.) device (? sponge or brush) for cleaning the anus.

1602 *an arse-wisp*, ~um, anitergium (M. Withal *Dictionarie for Little Children*) *CathA* 13n.

peniculamentum [CL = *'tail' of a garment*], (in gl.) clout, piece of cloth worn as or forming part of a garment.

hic penulus, *a cloute*, vel hoc penuculum, idem, hoc penuculamentum, idem STANBR. *Vulg.* 8.

peniculus, ~um [CL], **~a**

1 brush (in quot. w. ref. to hair).

1565 pro ij doz' de ~is voc' *rubbing brusshes*; ~is pro pectinibus de crinibus alb' *Ac. LChamb.* 58 f. 9.

2 sponge.

~um, id est spongia, unde poeta .. de patibulo salvatoris .. ait, peniculo infusum calamo porrexit acetum ALDH. *PR* 133; ~o, spongio *GlC* P 230.

3 clout, piece of clout, piece of cloth: **a** (assoc. w. CL *panniculus*, dist. acc. use); **b** worn as or forming part of a garment, ? cloak (assoc. w. CL *paenula*); **c** fur hood or lining of garment (assoc. w. 2 *penna*).

a ~us, i. panniculus cum quo disci terguntur OSB. GLOUC. *Deriv.* 445. **b** Paulini oculum ~o superposito sanavit a dolore atque caligine ALCUIN *Hag.* 661A; hic penulus, *a cloute*, vel hoc penuculum, idem hoc penuculamentum, idem STANBR. *Vulg.* 8. **c** **1208** mandamus vobis quod faciatis .. j robam de viridi vel burnett' cum ~a cuniculorum *Cl* 102a.

penidarum [dub.], (bot.) ? pellitory (*parietaria*).

penidarum, i. peretri communi [*sic*] *maner de peletre MS BL Sloane* 5 f. 9vb.

penideon v. penidium.

penidium, -ia, -ius [ML < πενίδιον], rock candy, penide, pennet, used as medicine.

peniteo nervos, precordia, vulnera curat, / subsidio cujus tortio ventris eget NECKAM *DS* VII 245; ~ii vel candi in ore teneantur GILB. I 19v. 1; ventrem humectant .. mel, zuccara, penith', canna mell' *Ib.* II 104v. 1; recipe ~iarum xvj *Ib.* IV 184.1; **1253** pro candi et penid', vij d... pro una libra de ~is, xij d. *KR Ac* 349/10; pro iiij libris ~iarum emptis ad opus domini et aliorum puerorum, iiij s... pro ij libris penid' et j libra diaboriginat' emptis . . , iij s. *Househ. Henry* 412; hiis pulverizatis adde et zuccarum vel ~ios ad pondus omnium BACON IX 99; c**1300** utatur bono cibo et generante humores multos et postquam acceperit sumat dactilis vel ficus vel ~eon vel amigdalas *Pop. Med.* 253. **1313** pro . . j quar' ~orum, prec' vj d. *KR Ac* 374/19 f. 14 *d*.; ~ie valent et candi et in omni tali siccitate GAD. 7v. 1; fiat potus cum lib' j ~iorum et çuccaro *Ib.* 53v. 2; ~ie sic fiunt: accipe zuccarum album bonum .. et pone in patella et liquefiat ibi *Ib.* 134. 1; **1357** expense in providencia medicine .. in j li. ~rarum, ij s. *Ac. Obed. Abingd.* 14; ~iorum virtus est frigida et humida, asperitatem arteriarum comesti leniunt . . ~ie, G. et A. *penydes Alph.* 139.

penidra v. penidium. **penigeld-, peniggeld-**, v. peninggeldum. **penina** v. pruina. **peningeld-** v. peninggeldum.

peninggeldum, ~a, ~us [AS *pening*+*geld*], 'penny-geld', customary tax or payment.

c**1069** sint quieti .. de .. omnibus geldis, fengeld', horngeld', forgeld', penigeld' *Couch. Selby* II 19 [= *MonA* III 500, *EHR* XXXIII 65]; c**1160** sint quieti tam ipse quam homines sui .. de omnibus geldis et danegeldis et fengeldis et horngeldis et peningeldis [v. l. peniggeldis] *Act. Hen. II* I 340 [cf. *ib.* 344, *CalCh* III 385]; c**1179** volo et firmiter precipio quod .. sint ipsi et omnes homines sui quieti per totam terram meam .. de omnibus geldis et danegeldis et fengeldis et horngeldis et ~is *Danelaw* 179; **1330** clam' .. quietanciam .. de omnibus geldis et danegeldis et fenegeldis et *horngeld* et fotegeldis et penegeldis *PQW* 649a; **1331** sint quieti .. de omnibus geldis et danegeldis, wodegeldis et fengeldis et horngeldis et fotgeldis et penygeldis *Ib.* 326.

penis [CL], **-us**

1 horse-tail.

hic ~is i. cauda equina ei quod suspensa feratur OSB. GLOUC. *Deriv.* 444; ~is, cauda equina (*Medulla*) *CathA* 189 n. 6; ~us, *an horstayle WW*; *an horse tayle*, ~is *CathA*.

2 penis, pintle.

~us, res pudenda *GlC* P 297; ~is, natura, pudenda, virilia *Ib.* P 351; nulla ibi ventris ingluvies, nulla fuit ~is illuvies, que non continuo vel ducum auctoritate vel episcoporum sermone corrigeretur W. MALM. *GR* IV 372; sciendum quod ~is dicitur pro virili membro OSB. GLOUC. *Deriv.* 445; hunc si forte semel detriverit Eurus adulter, / expirat penitus et sine pene perit J. EXON. *Virg.* 52; in fine .. spondilium et dorsi humani reflectuntur plures nervi durissimi versus ~em et conponunt virilem virgam, concurrentibus venis et arteriis cum aliquantula carne et cute RIC. MED. *Anat.* 218; hic ~is, hic priapus, idem sunt *WW*; *a pyntelle* .. ~is *CathA*.

penisellus v. penuncellus.

penista [? cf. penis], tip or end of the nose.

nasus .. cujus recta pars dicitur columpna, extrema perula [v. l. penista] OSB. GLOUC. *Deriv.* 375.

penit- v. paenit-, penetr-. **peniteum, penith** v. penidium. **penitimus, penitior** v. penitus. **Penitios** v. Peritios. **penitissime, penitius** v. penitus. **penitr-** v. penetr-. **penituerat** v. penetrare.

†penituit, *f. l.*

803 (12c) in Dorobernensi civitate, ubi Christi ecclesia est et ubi primus in hac insula catholica fides †penituit [l. enituit, cf. *CS* 311] *CS* 310.

1 penitus, paenitus [CL]

1 to or at a point far within, deeply (in quots. fig.); **b** (w. vb. expr. knowledge or perception) from within, deeply, thoroughly, completely; **c** (w. vb. expr. involvement or participation) deeply, heartily, without reservation.

sin .. longe ~ius [v. l. ~us] ad artis arcana transpenetraveris GIR. *TH* II 38; in qua sola bene beateque vivendi formule omnes latent ~issime FERR. *Kinloss* 7. **b** haec tibi .. mitto .. ne me arbitreris humanae divinaeve scientiae paenitus expertem BEDE *Pleg.* 16; **738** (12c.) ego .. inprimis ~us ignoravi *CS* 159; ubi sepultus esset ~us ignoravit WULF. *Æthelwold* 42; **1207** qua [loquela] ~us audita, ipse judicatus fuit quietus *SelPlCrown* 54; **1371** predicta Isabella die, anno, et loco predictis inventa fuit submersa, qualiter seu quo modo ~us ignoratur *SelCCoron* 122; **c1460** hoc ~us ignoro *Paston Let.* 610. **c** omnes adhaerentes michi .. quos tibi per domnum Herluinum mandavi nostrae paenitus astringi velle familiaritati *V. Gund.* 13; terminum peremptorium .. realiter assignavit, quo ipsi .. in monasterio suo .. diebus assignatis ~us comparerent *Meaux* III 267.

2 thoroughly, completely, utterly, entirely, absolutely; **b** (w. *emere*) outright; **c** (w. neg. adv., adj., or noun) absolutely, at all, under any circumstance.

adventus veterum volentium ~us delere et inhabitare solito more a fine usque ad terminum regionem GILDAS *EB* 22; poderis, sacerdotalis linea, corpori ~us adstricta *Comm. Cant.* I 295 p. 356; nec petit Augustum pactam sibi reddere sponsam / conjugium penitus famosum sponte recusans ALDH. *VirgV* 2102; **c765** (12c) non solum omnibus meis successoribus .. sed etiam michi ipsi ~us interdico, ne aliter quam nunc a me constitutum est .. agere audeant *CS* 194; ~us, i. radicitus *Gl. Bodl.* 83; sunt .. quedam aliis .. propinqua et pene eadem, quedam .. planius ab aliis differentia et ~us diversa BALSH. *AD* 108; **1254** articulis ~us annullatis in quadam carta predicti W. *Cart. Beauchamp.* 60; ascendendo .. longa super longam, vel super brevem, vel super plures breves, super semibreves, ~usque super omnem obliquitatem descendentem recte stari potest, et fiunt ligature cum perfeccione HAUDLO 136; **c1424** in contemptum regis ac in prejudicium statutarum regni Angli, que †pentius [l. penitus] prohib[er]ent hujusmodi congregaciones fieri *Mem. York* I 191. **b 1230** ingenia que B. de R. nobis commodavit ad expugnandum castrum de Myrebel .. si contingat ipsa usibus nostris deteriorari, nos .. vel ipsam deteriorationem ei reddemus vel dicta ingenia ~us ad opus nostrum ememus *Pat* 388. **c** et penitus numquam per terram pergo pedester ALDH. *Aen.* 100 (*Creatura*) 69; nec tetigi penitus muliebres turpiter artus *Id. VirgV* 749; non labor est penitus pergenti in lumine Phoebi HWÆTBERHT *Aen.* 11 (*De Luna*) 1; jaspis coloris viridi / profert virorem fidei / que in perfectis omnibus / numquam marcescit penitus FRITH. *Cives* 2; prohibemus, ne Christianus aliquis pro ~us [v. l. ~us pro] parva re saltem ad mortem seducatur, i. condempnetur aut prejudicetur (*Quad.*) *GAS* 309; nisi humor de celo ad terram descenderet, nihil ~us crearetur ALB. LOND. *DG* 1. 7; **c1291** nullam de dicto [abbate] .. ~us fecit mencionem in rotulis supradictis *State Tri. Ed. I* 50; **c1518** nulla desuper ~us suspitio aut scandalum ammodo videri possit *Conc. Scot.* I cclxxii.

2 penitus [CL, *superl.* ~issimus, ML ~imus] inward, interior, inner, deep; **b** (geog.); **c** (compar. w. *domus*) interior or private part of house or dwelling; **d** (as sb. n. pl., also fig.) inner parts.

penetissima, inferior *GlC* P 363; si foret, qui venas ibidem, et ~ima terre viscera, arte previa transpenetraret GIR. *IK* I 5; verba .. penetrant usque ad ~iores partes animi NECKAM *NR* I 20; nec frustra fit .. / flos talis .. / si floret qui penitima / terre venas et viscera / transpenetrare sedula / novisset *Ps.*-MAP 139. **b** non tantum circumferentias, verum etiam ~imas sui partes sabulosas magis habens quam saxosas GIR. *TH* I 4; in hujus .. inquisitione libelli cum ~imos Kambrie fines frustra pluries transpenetrassem *Id. EH* III *pref.*; ad ~iores Walliarum partes *Id. IK* I 1. **c** ~iorem [*gl.*: ~ius, G. *plus privez*] .. domum subeo [v. l. ~iores .. domus adeo], et ecce in abacte matris incidi amplexus BALSH. *Ut.* 47; secessit in ~iorem domum W. CANT. *Mir. Thom.* III 3. **d** per divitem venam fructuosumque argenti scrutinium, ubi ~ima scrutando "itum est in viscera terre" GIR. *IK* II 10; de loco ad locum eundo, cum ad ~iorem pomerii pervenissent *Id. GE* II 11 p. 225; sui instituti ~iora non solum intelligeret sed etiam observaret FERR. *Kinloss* 64.

1 penna [CL]

1 feather, quill; **b** (for fletching quarrel); **c** (used to apply ointment); **d** (worn in hat).

candida forma nitens necnon et furva nigrescens / est mihi, dum varia componor imagine pennae ALDH. *Aen.* 31 (*Ciconia*) 2; **10..** ~, *feþer WW*; dumo abjecto, et caude ~is ordine perfectis ADEL. *CA* 9; sunt .. sete [sc. hystricis] .. similes ~is aucarum ubi desinunt plumae W. MALM. *GR* V 409; coquantur simul .. quousque videris quod ~a inposita poteris levi tactu manus eam excoriare seu depilare *Pop. Med.* 256. **b 1230** in locacione unius carete ad ~as portandas usque P. ad quarellos regis inpennandos, ij s. vj d. *Pipe* 98. **c** ponatur de dicta confectione in vulnere cum ~a *Pop. Med.* 244. **d** tantum per istam pestilenciam erunt humiliati, quod deponent pennas, i. sagittas et arcus, vel ~as quas portant in capillis suis (J. BRIDL.) *Pol. Songs* I 207.

2 wing, pinion; **b** (of insect); **c** (of flying-fish); **d** (transf.); **e** (fig.).

sunt innumerabilia [sc. mirabilia] quae, si quis ad exploranda ~is volare posset, edita rumoroso sermone .. ficta probaret *Lib. Monstr. prol.*; corporis astu / ardua ceu pennis convecta cacumina scando TATWINE *Aen.* 17 (*De sciuro*) 4; ~as manibus et pedibus .. innexuerat, ut Dedali more volaret W. MALM. *GR* II 225; hec ~as habuit, quoniam avolavit MAP *NC* III 4 f. 42v; mortis sunt nuncii .. / tam volatilia quam natatilia, / que secant aliis immeabilia, / hec pennis aerem, hec pinnis maria WALT. WIMB. *Sim.* 157; pueri innumerosi, quasi archangelica et angelica multitudo, nitore decori, vestitu candida, ~is lucentibus *G. Hen. V* 15 p. 110. **b** scando catervatim volitans super ardua pennis ALDH. *Aen.* 36 (*Scinifes*) 2; aera per sudum nunc binis remigo pennis *Ib.* 25 (*Crabro*) 1. **c** cum volucrum turma quoque scando per aethera pennis ALDH. *Aen.* 16 (*Luligo*) 3. **d** dic mihi ubi sedit Deus quando creavit coelum et terram? super pennas ventorum *Ps.*-BEDE *Collect.* 90; desiderat ascendere et super ~as ventorum volare O. CHERITON *Fab.* 5. **e c792** caritas ~as ad volandum inveniet, nec flumina obruent illam ALCUIN *Ep.* 28; et illis .. in ~is ejus oritur sanitas J. FORD *Serm.* 58. 7; tu ~as contemplationis assumens hec mundana transcendis P. BLOIS *Ep.* 4; vestre fame gloria laudiflua ab austro in boriem [*sic*], ab occidente in orientem, ~is probatissime laudis pervolitat cunctas provincias Christianorum *Regim. Princ.* 83.

3 feather or quill used as writing instrument, pen; **b** (fig.); **c** (transf.) 'the pen', act of writing, written work.

nascimur .. / necnon et volucris penna volitantis ALDH. *Aen.* 30 (*Elementa*) 4; **796** deficiente cartula, non caritate, ~am deponimus ALCUIN *Ep.* 107; scriptor .. habeat artavum quo ~am [*gl.*: *la penne*] informet .. ylo a ~a extracto NECKAM *Ut.* 116; **1393** pro pergamine, encausto, ~is, et *countours* emptis pro compotis domini faciendis, v s. *Ac. H. Derby* 257; **1432** scriptum Oxon' festinanter .. ~a volante *Cant. Coll. Ox.* III 88; **c1452** ex manerio de Woky aliena ~a, sed rudi manu mea BEKYNTON I 273. **b c795** te .. agnosco .. in fide fraterni amoris ~am tinxisse pietatis ALCUIN *Ep.* 86; carnis volumen saucie, / pennis conscriptum asperis, / allegas J. HOWD. *Cyth.* 92. 9; lingua mea, que ~a est .. scribe prenominati, sc. Spiritus Sancti (J. BRIDL.) *Pol. Poems* I 129. **c** de duobus posterioribus fratribus sermo postea largior fiet, de Th. primogenito ~a jam tangat *Croyl. Cont. A* 130; **a1411** est nichil omissum quod penna potest onerare (*Vers. Exch.*) *EHR* XXXVI 59.

4 arrow.

sagittant, jugulant, transfigunt, omnesque .. diversis armis et ~is interimunt GOSC. *Transl. Mild.* 5; rumbus rumpetur, pinnas pennis ferietur / .. i. homines sui exercitus, qui sic dicuntur pinne in illo exercitu, ferientur cum sagittis (J. BRIDL.) *Pol. Poems* I 198; *Ib.* 207 (v. 1d supra).

5 (in gl.) fester, fistula, suppurating sore or ulcer.

a fester, festuca, ~a LEVINS *Manip.* 73.

6 (in place-name or surname).

1260 pro Hugone de ~a: mandatum est Petro de Leye .. quod Hugonem de la Penne, personam ecclesie de Stanton, permittat fodere petram in quarrera regis *Cl* 50.

2 penna [ME, AN *panne, penne*], **paena** [*assoc. w.* CL paenula], garment made of or lined with fur, fur lining.

curent et provideant ut fratres pelliparii .. habeant unde pellicee et penne sanctimonialibus et sororibus canonicis et fratribus fiant de optimis agninis pellibus *Inst. Sempr.* *xli; **1164** pro x ulnis scarlate et ij sabelis et ij penis variis ad opus Guascon', c et xvij s. et ij d. *Pipe* 21; **1177** pro xx pelliciis variis et pro x paenis de bissis et pro x paenis variis, et item pro j paena de bissis et j paena grisia et ij peliciis grisiis et xxj sabelinis .. iv^{xx} et xij li. et xiiij s. et v d. *Pipe* 198; **1177** ad emendas penas et pellicias et escarlatas et sabelinas, cc m. et iiij s. *Pipe* 201; non veterata nove clamidi sit penna locata D. BEC. 1197; item pena sive foratura agnorum, ij d. *Reg. Gasc. A* I 94.

pennacium v. penates. **pennacius** v. pounaceus.

pennaethium [W. *pennaeth* =*headship, lordship*], form of tenure-in-chief by which descendants of Welsh dynasties held their lands after 1282.

1309 Lewelinus ab Owayn .. tenuit de domino rege in capite unum comotum et dimidium et unam westwam in Cardigansyr' per tenuram Walensicam ~ium videlicet per feoditatem et servicia subscripta *IPM* 7/17.

pennalis [CL penna+-alis], of or belonging to a pen.

1015 scripta est .. hujus donationis scedula .. his faventibus quorum nomina inferius ex ~i rostro guttata ac promulgata patenter intuentibus patescunt *Chr. Abingd.* I 427.

1 pennare [CL *as p. ppl.*]

1 to feather or fletch an arrow or quarrel; **b** (w. material other than feathers).

1225 tenet j carucatam terre in Cucuwauud' per servicium habendi j servientem cum arcu et iij sagittis, sc. duabus pannatis et tercia non ~ata *LTR Mem* m. 18; **1260** per servicium trium fleccharum .. ~atarum cum pennis de aquila et ligatarum cum filo aur' *IPM* 24/1; **1275** precepit .. garcioni suo ut ~asset unam sagittam ita quod non cognosceretur ab aliquo; et ipse ita fecit de duabus gresis penis et una alba auce et ligavit cum filo albo *CourtR Wakefield* I 14; **1279** in pennis et visco emptis ad quarellos ~andos, v s. vj d. *KR Ac* 467/7 m. 4; **1300** de .. xij quarellis ferratis non ~atis *Pipe* 145 r. 2*d.*; **1315** sagitta illa ~ata fuit de pennis pavonis rubeis *CoramR* 220 r. 105*d.*; **1326** pro trescentis alarum aucarum pro parte dictarum sagittarum non ~atarum ~and' *IssueR* 218 m. 16; **1335** pro ccc quarellis pro arblastis .. de novo ~andis *KR Ac* 19/16 m. 2; ferientur lignis ~atis, i. sagittis, que sunt ligna ~ata (J. BRIDL.) *Pol. Poems* I 199. **b** in .. decem pellibus percamene pro quarrellis ~andis (*KR Ac*) *Ac. Galley Newcastle* 185; **1300** de .. iiij quarellis ~atis ferro *Pipe* 145 r. 2*d.*; **1307** duo milia et ducentos quarellos ~itos de cupro pro balistis de turno *Foed.* I 94; **1313** pro ccc flecchis ~atis de latone pro springalibus *KR Ac* 875/8 f. 9; **1325** in vad' j tilliatoris facientis et ~antis cum ere cc quarell' pro predictis ij springaldis *MinAc* 1147/23 m. 3.

2 (p. ppl. as adj., of bird) feathered. **b** fledged, winged; **c** (fig.); **d** (transf.) 'feathered' with leaves, leafy.

quot genera volucrum ~ata sunt? triginta septem *Ps.*-BEDE *Collect.* 131; columbe habentes pedes ~atos [TREVISA: *rowfoted*] fere pullificant omni mense BART. ANGL. XII 6 p. 526. **b** ~atus Pegasus R. BURY *Phil.* VII 102; tunc volabit sus pennata, / tunc videbit oculata / talpa lince clarius WALT. WIMB. *Van.* 109; **14..** pennatis avibus quondam testudo locuta *Pol. Songs* 206. **c** alis / evolat insolidis si quem rapit impetus ausu / non bene pennato HANV. VIII 169. **d c1299** tunc nemus Eutherium pennata fronde carebit *Pol. Songs* 181.

3 (p. ppl. as sb.): **a** (as sb. m.) bird (also fig.). **b** (as sb. f.) arrow. **c** (as sb. m.) archer [unless quot. should be referred to *pennator* 2]. **d** 'penman', literate, educated, person [unless quot. should be referred to *pennator* 3].

a scriptum est 'frustra jacitur rete ante oculos ~atorum'; hujusmodi ~atis raro frustra jacitur, non

enim habent oculos [cf. *Prov.* i 17] MAP *NC* III
4 f. 42. **b** necnon opus est, i. necesse Anglicis,
transmittere latas ~atas, i. sagittas ad occidendum
eos in transitu fontis (J. BRIDL.) *Pol. Poems* I 199.
c pennatorum fastum feriet fatuorum . . i. superbiam
destruet . . architenencium Anglie (J. BRIDL.) *Pol.
Poems* I 206. **d** dum sunt corrigibiles reges non sunt
exauctorandi, sed tunc solum quando reipublice magis
eorum depositio quam stabilitas conducit; et quando
illud contingit ~atorum est considerare MAJOR IV 18.

2 pennare v. 2 pennarium.

1 pennarium v. penarius.

2 pennarium [CL penna+-arium], **2 pennare**,
penner, case or sheath for pens; **b** (used as coin-
purse).

c**1328** [in] camera . . unum ~ium, precii ij d. (*Invent. Episc.*) *Reg. Exon.* 565; carula cum scabello, si
fuerit [sc. fratri defuncto], pergamenum, attramentum
cum attramentario et ~io, colores . . et . . libri . . omnia
ista liberentur precentori *Cust. Cant.* 362; **1383** duo
corporaxs, ij *prymers*, unum flaketum, et unum ~ium
cum incornio . . furtive furati fuerunt et asportaverunt
Proc. J. P. 442; **1396** unum librum, unum pennar' cum
cornu . . asportaverunt *Pat* 342 m. 27; **1452** lego magistro W. S. unum ~e meum cum incausterio de opere
Parisiensi pendentem in studio meo Oxonie *MunAc
Ox* 647; ~ium . . *a pennere* WW; hoc ~e . . *a pener*
WW; **1517** pro ~io, bursa, et zona pro T. S., xiiij
d. *DCCant.* C 11 f. 128v; unus sublegit ~io (vel e
~io) pennas ad unum WHITTINGTON *Vulg.* 91; a cinctu
detraxit unus ~ium una cum atramentario cornu *Ib.*
b 1307 amputavit a zona . . unum ~ium cum tribus
denariis *JustIt* 1339 m. 19*d.*

pennates v. penates.

pennatio [1 pennare+-tio]

1 act of feathering or fletching.

1295 W. C. factori ballistarum in turri Lond' super
~one xl millium quarellorum ad balistas *IssueR* 98;
1387 *plates* pro ~one quarell' *KR Ac* 183/12 f. 28.

2 act of providing with a feather-edge or bevel.

1327 in acuicione, ~one, et emendacione securium
Building in Eng. 337.

pennator [1 pennare+-tor]

1 fletcher.

1325 iiij ~oribus penna[n]t[ibus] garrot' cum cupro
KR Ac 165/1 m. 2.

2 archer [unless quot. should be referred to 1
pennare 3c].

pennatorum fastum feriet fatuorum . . i. superbiam
destruet . . architenencium Anglie (J. BRIDL.) *Pol.
Poems* I 206.

3 'penman', literate, educated, person [unless
quot. should be referred to 1 *pennare* 3d].

dum sunt corrigibiles reges non sunt exauctorandi,
sed tunc solum quando reipublice magis eorum depositio quam stabilitas conducit; et quando illud contingit ~orum est considerare MAJOR IV 18.

pennelatio v. paenulatio.   **pennellatus** v. paenulare.
pennicell- v. penuncell-.

pennificare [CL penna+-ficare], to give wings
to, make winged (fig.).

pennificat formido gradus, stimulatque volucres /
ire pedes J. EXON. *BT* V 203.

penniger [CL]

1 (of bird) feather-bearing, feathered, winged;
b (transf.).

penniger experto populorum nomine fungor ALDH.
Aen. 26 (*Gallus*) 3; non volo penniger aethram,
non vago rura pedester HWÆTBERHT *Aen.* 40 (*Piscis*)
1; cursu pennigeros celeri similabo volucres *Ib.* 43
(*Tigris*) 1. **b** gradiebatur . . quasi sub ~eri motu
aeris, quasi gradientis illius pedes nullatenus pertinge-
bant usque ad inferiorem terre contactum pulveris R.
COLD. *Godr.* 132 p. 141.

2 (transf., of flight) winged, swift; **b** (fig.).

non ignoti rumoris ~er ceu volatus arrectas omnium
penetrat aures GILDAS *EB* 22; quasi ~ero volatu ad
nostrae paupertatis accessit aures vestrae Latinitatis

---

panagericus rumor (CELLANUS) *Ep. Aldh.* 9 p. 498;
~ero volatu celos penetrans ante tribunal dominicum
cum columba duce et ego columba pariter consisto T.
MON. *Will.* II 5; navim ~ero volatu super equora . .
discurrere faciebat R. COLD. *Cuthb.* 23. **b p795** ~ero
rumore narrante didici quia quaedam agis, quae nec
tuae conveniant dignitati ALCUIN *Ep.* 294.

penninus [CL penna+-inus], feathered,
winged.

939 si quis . . hanc nostram difinitionem . . infringere temptaverit, perpessus sit gelidis glaciarum
flatibus et ~o exercitu malignorum spirituum *CS* 741
[=*Ib.* 734, 753, 813].

pennipotens [CL], endowed with feathers or
wings, winged, that possesses the power of
flight.

haud secus alloquitur mortales ore superbo / bestia
pennipotens [v. l. pinnipotens] BONIF. *Aen.* (*Cupiditas*
15) 3.

pennitus v. 1 pennare.

penno, peno, ~ona [ML; OF *penon* < CL
penna], small banner, pennon, often bearing the
arms or insignia of a knight or noble. **b** (as sym-
bol of knight possessing a coat of arms, as dist.
from simple man-at-arms).

1384 ita quod . . arma prefati comitis . . gerant in
omnibus vexillis, penonibus, tunicis armorum, et in
omnibus aliis armaturis suis *Pat* 317 m. 16; comes
S. Pauli fugit turpiter, vexillum suum et penonam, et
totam camere sue supellectilem, ibi deferens OTTERB.
252; transmissis . . militibus, cum suis penonibus ac
certis lanceis et sagittariis peditibus . . rex fecit impleri
fracturas illas *G. Hen. V* 11 p. 72; s**1408** nec segnior
vicecomes et ipse delegit locum suis, explicando vexillum S. Georgii cum penona de armis suis dilatata *Chr.
S. Alb.* 28; tam principes quam eorum commilitones,
una cum eorum signiferis, vexillis, statoriis, penno-
nibus [v. l. pannonibus], panniculis, et signis bellicis
prostratis et dejectis *Plusc.* X 25. **b** de prescriptis . .
vivis et mortuis, captis et interfectis, fuerunt milites m
vexilla et penonas portantes *Meaux* III 158.

pennositas [pennosus+-tas], quality of being
feathered, featheriness.

quanto volucres plus habent ~atis [TREVISA: *holgh-
nesse of pennes and multitude of feþeris*] et minus carnis,
tanto facilius se sursum levant BART. ANGL. XII *prol.*
p. 508.

pennosus [CL penna+-osus], that has feathers,
feathered.

columba . . quanto est ~ior [TREVISA: *ifeþired*] fecundior invenitur BART. ANGL. XII 6 p. 526.

pennula [CL]

1 feather; **b** (as writing instrument) quill,
pen.

avis . . que applaudentibus alarum ~is semper ad ea
que tractabantur intendit R. COLD. *Godr.* 209; in collo
columbe . . quidam existimant . . diversos . . colores
esse diversasque superficies ex diversarum ~arum
partibus radiantes PECKHAM *Persp.* I 12; *pynyon of
wenyng*, penula *PP*. **b** hinc heret lingua, manus
aret, pennula languet / et caret offitio sic stilus ipse
suo R. PARTES 223; multa vero sunt . . patris miracula que siquis denotare conaretur ~a, in immensa
crescerent volumina *Mir. Wulfst.* I 42.

2 wing (in quot. fig.).

transcendamus contemplationis ~is cuncta quae
coeperunt ex tempore et cum tempore finiuntur AL-
CUIN *Liturg.* 474D.

3 fin.

sic manibus pedibusque carens me pennula fulcit
HWÆTBERHT *Aen.* 40 (*Piscis*) 2; pisces mundi sunt qui
squamas habent et ~as [cf. *Levit.* xi 9, *Deut.* xiv 9] G.
FOLIOT *Ep.* 6; piscis ille ~is ac squamis palpitans . .
in gremium illius conscendit, et ibi requievit R. COLD.
Godr. 196.

4 (anat.): **a** lobe of liver; **b** lobe of lung; **c** wing
of nose, lateral cartilage covering and forming
the nostril; **d** (in gl.) nostril.

a habet . . epar simas id est ~as reflexas et incur-
vatas versus stomachum RIC. MED. *Anat.* 225; jecur
habet suas penulas quos Graeci λοβούς nominant D.

EDW. *Anat.* B 1. **b** pulmo . . est membrum molle . .
~as habens quibus cor flabellat RIC. MED. *Anat.* 221;
quandoque fit cardiaca de causa flegmatica collecta
circa ~as pulmonis et auriculas cordis quare comprimitur cor GILB. IV 200v. 1. **c** ille quis est qui
. . columna narium obliquata, pirula obtusa, penulis
[gl.: pars nasi exterior, extremitatibus naris] retractis
interfinio extante, se uno aspectu notabilem prebet?
BALSH. *Ut.* 48; penula sit vestis, pars est et penula nasi
Ib. gl. **d** 10 . . ~a, *næsþyrel* WW; penulis [gl.: *espace
de narice, narilles*] retractis BALSH. *Ut.* 48.

5 sighting-vane of an astrolabe or quadrant,
mounted on the alidade of the instrument, and through holes in which an object is
sighted and its angular altitude thereby estab-
lished.

videat . . altitudinem poli per ambo foramina ~arum
que sunt in quadrante vel in astrolabio ROB. ANGL.
(II) 158.

pennulatus [CL pennula+-atus]

1 that has pinions or feathers, feathered.

pynyonyd, ~atus, -a, -um *PP*.

2 that has fins.

sic . . ~ati pisces quos mundos lex proclamat [cf.
Levit. xi 9, *Deut.* xiv 9] quibusdam saltibus in aquis
ludunt, ut nunc aquis excedentes libero fruantur aere,
nunc proprio pondere in aquas relabantur G. STAN-
FORD *Cant.* 229.

pennulum v. pomellus.   **pennuria** v. penuria.
peno v. penno.   **penocell-** v. penuncell-.   **penona**
v. penno.   **pensa** v. pensum.

pensare [CL]

1 to weigh, measure the weight of: **a** (money,
in order to ascertain quantity or quality);
b (fig.).

a nunc reddit xxx libras arsas et ~atas, et xxiiij
libras ad numerum *DB* I 2ra; hoc suburbium reddit
xx libras arsas et ~atas, et iij molini reddunt x libras
ad numerum *DB* I 132ra; reddit per annum xxv
libras arsas et ~atas, et xiij libras . . ad numerum de
albis denariis *DB* I 189rb. **b** illi . . rationem rei
. . diligenti lance ~antes W. MALM. *GP* I 49; non
te movebit, Judex, qui judicii illius merita recto ~as
libramine FORTESCUE *NLN* II 4.

2 to weigh out as payment, pay out: **a** (reward
or grant); **b** (as penance).

a adventante Deo, qui cunctis praemia pensat / seu
pia perfectis seu certe saeva profanis ALDH. *VirgV*
281; Cibele . . Ydeis pensat venatibus orbem J. EXON.
BT I 541; †c**680** (13c) facultatem ullam ~andi [*Conc.
HS* III 163: prensandi] vel usurpandi dominium . . ei
concedere *CS* 56. **b** xij triduana pro anno ~anda
Theodorus laudavit THEOD. *Pen.* I 7. 5.

3 to possess an amount of weight, to weigh
(w. acc. of spec. weight). **b** to weigh as much as,
counterbalance (also fig.).

855 (11c) mihi perdonabat duas bradiolas aureas
†fabrefactos [v. l. fabrefactas] quas ~arent xlv man-
cusas *CS* 487; **901** condonavimus kalicem aureum
~ans xxx mancusos *CS* 587; s**537** Belisarius . . liberavit Romam . . et obtulit crucem auream S. Petro
. . c libras ~antem *Eul. Hist.* I 206. **b** non ergo
argenti squalescit spreta libella, / uncia bis senis quam
pensat lancibus aequa ALDH. *VirgV* 206; nichil . . in
vos poterit comminisci humana nequitia quo superna
~etur gloria W. MALM. *GR* IV 347; ~o . . i. equare
. . et pensito . . verbum frequentativum OSB. GLOUC.
Deriv. 445; ~are, pensitare, equare *Ib.* 475.

4 to weigh in the mind: **a** to think about,
consider, contemplate, ponder; **b** (w. indir. qu.);
c (w. *quod* or *quia*). **d** (w. inf.) to give thought to,
ponder how to. **e** (intr. w. *de*).

a lectio sancti evangelii . . debet per singula verba
~ari BEDE *Hom.* I 9. 44; ille qui nichil preter com-
modum suum ~are nosset W. MALM. *GR* IV 357;
~ato consilio, decretum est ut . . corpora sanctorum in
continentem transferrentur *Id. GP* 129; c**1180** sciatis
quod ~ata honestate latoris presentium Andree clerici
nostri et fide . . ipsi A. concedimus imperpetuum custodiam omnium ecclesiarum, capellarum, et aliarum
rerum *Cart. York* 12; **1303** nostrum et regni nostri honorem . . debita consideratione ~antes (*Oxford*)
BBC 102; harum rerum gesta facilius cognoscentur

si ipsarum tempora ordoque ~entur FAVENT 8; c**1460** ~etis, queso, cum omni festinacione possibili instabilem virum, utinam Hibernicum non ingratissimum *Paston Let.* 610. **b 778** (11c) summo .. mentis proposito unicuique ~andum est et cogitandum, quatinus ut cum hujus saeculi caducis ac labentibus rebus mansura aeternitatis praemia adipiscat *CS* 223; c**793** ~ate .. post nativitatem unigeniti filii qualis sit hodierna solemnitas de adventu Spiritus Sancti ALCUIN *Ep.* 23 p. 64; ~et apud se quid sibi plus constiterit ALEX. CANT. *Dicta* 112; ~a quam pium, quam preciosum lucere in terris vitam angelorum LUCIAN *Chester* 62; ~andum est quam sit largitor magnificus in bonis celestibus conferendis EDMUND *Spec. Relig.* 132. **c** s**601** vigilanti .. mente ~andum est, quod .. Dominus .. populum abstinere a mulieribus praecipit (*Libellus Resp.*) BEDE *HE* I 27; dum sollicitus ~aret quia scriptura teste 'omnis filius qui recipitur flagellatur' *Ib.* II 1; ~ans quod .. alia oppida et ingentes haberet .. in regione Britonum .. filio [sc. regis] filiam suam pepigit ORD. VIT. XII 26 p. 410; p**1384** ~ato quod gentes civitatis .. per subditos nostros amicabiliter pertractantur ubilibet *Dip. Corr. Ric. II* 30; ~antes .. quod modica operacio in principio majorem in fine parat exitum *Plusc.* IX 30. **d** s**1179** numquam hoc melius exequemur, quam si nutrire que recta sunt, et corrigere que profectum veritatis impediunt, ~emus (*Conc. Lateran.*) GERV. CANT. *Chr.* 289. **e** nec de augenda ~at vel conservanda pecunia MAP *NC* IV 16 f. 58.

5 a to judge, determine, regard, consider. **b** to assess (the quantity or amount of). **c** to tell. **d** (w. *parvi* or *magni*) to regard, or esteem as being of little or much worth, to think little or much of. **e** (without qualifying gen.) to pay regard to, take account of, consider, esteem (in some quots. w. play also on 5b).

a s**601** hoc .. ex persona furis ~are potest, qualiter valeat corrigi (*Libellus Resp.*) BEDE *HE* I 27; ante Spiritus Sancti adventum cogitationes pravas et portare poterat et ~are nesciebat *Id. Prov.* 999; dictante tremendo / Judice, qui pensans aequo discrimine cuncta WULF. *Swith.* II 1065; te, o puer, quem .. indisciplinatis pueris indignatum ~amus GOSC. *Transl. Aug.* 39D; tanto meos feliciores esse ~arem, quanto ab invidis amplius infestantur OSB. GLOUC. *Deriv.* 83. **b** computat expensas servorum, facta revolvit / Zoilus, ut domini stillet in aure sui; / ergo fidelis erit, quia sumptus pensat heriles? J. SAL. *Enth. Phil.* 1693; **1301** sancta Romana ecclesia .. sic disponit ut, ~atis cotidianis et necessariis expensis incumbentibus, ipsius subditi onera imposita absque gravi possint incomodo tollerare *Reg. Carl.* I 168. **c** splendorem solis facie, candorem nivis vincebat veste, quam pulchritudinem et subtilitatem nemo sufficit ~are GOSC. *Transl. Mild.* 30 p. 198; o, quis pensare posset quin fleret amare GOWER *CT* II 79. **d** quam ille injuriam parvi ~ans W. MALM. *GR* II 175; ille Mauritii peritiam .. magni ~aret *Ib.* V 434. **e** qui non summam datae pecuniae sed conscientiam dantis ~at hominis BEDE *Cant.* 1219; **941** (15c) misericors auctor .. misericordiam non judicium ~ans *CS* 769; suscipiens viduae bina minuta libens, / qua non paupertas sed erat pensata voluntas WULF. *Swith.* I 21; legitima non curantes matrimonia, alieni cubilis non ~astis injuriam W. MALM. *GR* IV 347; o si principem tante strenuitatis merita digne ~antem reperissent GIR. *EH* II 15; laborem non ~at, non utilitati sue studet .. totus inhiat regi MAP *NC* V 3 f. 60; plus ad armatam regis Scocie prorogandum quam de pacis concordia tractandum ~antes *Plusc.* VI 40.

6 to hang, mount (door or gate).

s**1496** unum *le par tayggis* pro hostiis ~andis *Reg. Aberd.* II 169.

pensarium v. pessarium. **pensarizare** v. pessarizare.

pensate [*p. ppl. of* CL pensare+-e], with careful thought or due consideration.

nihil fecero nisi ~e et diligenter LIV. *Op.* 251.

pensatio [CL pensare+-tio], (in gl.) payment, tax, tribute, trewage.

~ones, tributa *GlC* P 294; ~o, vel prensio, taxatio, numeratio OSB. GLOUC. *Deriv.* 471; ~ones, A. *truage WW*.

pense v. 2 pendere. **pensell-** v. penuncell-.

pensiculare [CL], to weigh in the mind, to estimate the significance or value of, to consider.

proceres .. cum silentio ad regem revertebantur, verba ejus ~antes et examinantes W. FITZST. *Thom.* 55.

pensiculatim [ML; *p. ppl. of* CL pensiculare+-im], carefully, with due consideration or deliberation.

ego .. non nego quin .. regnum de gente in gentem populus liber transferre potest, sed id cum magno libramine et ~im fieri debet MAJOR II 6.

pensiculator [LL *gl.* ἐξεταστaί], weigher (fig.), one who examines or considers.

~ores, libratores *GlC* P 248; ~or, librator, equipens OSB. GLOUC. *Deriv.* 483.

pensio [CL]

1 weighing, reckoning of or by weight (to confirm or establish value of currency), weight. **b** reckoning of worth, reckoning, survey. **c** (in gl.).

TRE valebat xx li. modo similiter xx li. cum ~one *DB* I 337va; TRE valebat xxx li., modo xv li. cum ~one *Ib.* si trium marcarum totidemque librarum conteratur numerus et discrepet pondus .. omnis .. marcarum ~o totidem librarum collegio est subsequialtera THURKILL *Li.* 127. **b** quia eo tempore ratio redituum et totius archiepiscopatus generalis ~o fiebat, precepit ut exsculperem si quid possem H. BOS. *Thom.* III 38. **c** hec ~o, i. equatio vel ponderis equitas OSB. GLOUC. *Deriv.* 445.

2 paying out, payment; **b** (fig.); **c** (w. ref. to tax, tribute, exaction). **d** payment made toward upkeep of structure, fabric-payment.

~o, pretium, persolutio *GlC* P 261; **1417** camerario pro terris in Hett et pro ~one decimarum de Walkington, xiij s. iiij d. *Ac. Durh.* 286. **b** absint divitiae, fastus, et jurgia, lites / invidiae, luxus, et ventris pensio turpis (*Oratio Eugenii Episc.*) ALCUIN *Liturg.* 579D; solite ~onis reddende hora me ad oratorium redire compellit *NLA* I 482. **c** debita ~o, *gedaebeni geabuli GlC* D 69; tempore Danorum, cum inportabiles ~ones regnum gravarent W. MALM. *Glast.* 68; non pertinet ad papam propter obligacionem regis et regni antiquis temporibus ~onem vel elemosinam annualem ab istis requirere WYCL. *Eccl.* 282. **d 1373** in quadam ~one debita ponti et capelle de Bradbery, v s. *Ac. Durh.* 210.

3 rent. **b** (eccl.) 'church-rent', pension, payment made out of the income of a benefice by its holder to the patron of that benefice.

1161 innotescimus nos concessisse pro c marcis nobis solutis R. episcopo Lincolniensi .. locum templi juxta urbem Londonie .. a nobis possidendum sub annua ~one vij s. qui in ebdomada paschali singulis annis persolventur *Rec. Templars* 158; c**1250** regentes causas scolarium suorum .. audiant et decidant .. nisi de ~one domorum *StatCantab* 203; ascripticii .. a gleba amoveri non poterunt quamdiu solvere possunt debitas ~ones, ad quoscunque pervenerit dominicum domini regis BRACTON f. 7; **1312** pro ~one domorum scaccarii .. vj li. xiij s. iiij d. *Cal. Scot.* II 402; iste archiepiscopus W. pecunia sua acquisivit et appropriavit archiepiscopatui villam de Th.. cum pertinenciis, quam in manu successorum suorum quadam annua ~one xx marcarum argenti hoc modo inperpetuum oneravit T. STUBBS *Chr.* 402; **1446** pro subtraccione ~onis cujusdam camere infra dietam aulam situate pro tribus terminis *MunAcOx* 556; **1452** magistro et sociis pro ~onibus dictarum camerarum .. satisfaciant *Ib.* 627. **b** c**1156** concedimus .. eisdem monachis ecclesiam de Burstowe .. et in ea viginti solidos nomine ~onis *Doc. Theob.* 153; c**1180** infirme mulieres et fratres .. tenebunt perpetuo ecclesiam S. Albani de London' de ecclesia Westmonasterii, sub ~one unius marce inde annuatim .. si in solucione statute ~onis .. cessaverint, habebunt monachi de W. regressum ad rem suam ecclesiam .. S. Albani *Ch. Westm.* 288; **1228** dicit quod Alexander solvit x marcas monachis, et hoc vidit, sed nescit utrum nomine ~onis vel firme *Feod. Durh.* 223; **1310** ad ecclesiam parochialem de H.. vacantem, ad quam per religiosos viros priorem et conventum ecclesie nostre cathedralis Karleoli, veros patronos ejusdem, nobis presentatus existis, te admittimus .. rectoremque instituimus canonice in eadem; salvis ~one annua duarum solidorum, dictis religiosis debita et consueta, ac predicte nostre cathedralis ecclesie et nostra in omnibus dignitate *Reg. Carl.* II 13; s**1448** noveritis nos .. dedisse .. J. abbati .. prioratum predictum una cum omnibus .. decimis, oblationibus, revencionibus, annuitatibus, pencionibus, porcionibus, apportis *Reg. Whet.* I 49; **1538** sciatis me .. concessisse .. domino meo Henrico octavo .. totam illam pencionem sive porcionem trium librarum quam nuper prior et conventus nuper prioratus S. Botulphi Colcestrie jam supressi solebat habere et percipere de nuper priore et conventu nuper prioratus de Hatfield Regis in comitatu Essexie similiter supressi *FormA* 344; de prosolutione aliquorum feodorum, annuitatum, pentionum, debitorum, aut warrant' *Entries* 191b.

4 pension, regular stipend paid to an individual for services rendered or to be rendered, or for present or former position. **b** (acad.) stipend. **c** (in eccl. contexts) regular fixed income that supports an ecclesiastic. **d** (transf.) benefice from which a pension is drawn, living.

1243 mandatum est Eboracensi archiepiscopo quod provideat Amaurico de P. secundum continenciam litterarum regis de pinsione concessarum ei *RGasc* I 187a; in solucione R. de F. pro una pencione annuali c s. per talliam *FormMan* 35; concessa est Luce de F. ~o annua centum florenorum usque ad terminum vite sue GRAYSTANES 38; **1444** gardiano pro pencione et officio suo, xiij li. *Cant. Coll. Ox.* II 163; sicut est de vicecomite et de ballivo, qui annuatim reddit compotum regi in scaccario suo Londoniis de annuali ~one sui officii GASCOIGNE *Loci* 45; **1531** domino W. feretrario, per annum, xiij s. iiij d., unde solvi et allocavi in ~one vj s. viij d. et allocavi eidem pro duobus quarteriis, pro portacione libri, xij d. *Househ. Bk. Durh.* 25; **1576** rex .. pro libro de re sagittaria, quem ei dedicaverat, annua ~one .. [eum] locupletavit (*V. Ascham*) ASCHAM *Ep.* 21. **b 1373** in ~one studencium Oxon., xx s. *Ac. Durh.* 210; **1441** computat solutum diversis fratribus .. pro ~onibus suis a festo S. Michaelis .. usque festum Annunciacionis Beate Marie *Cant. Coll. Ox.* II 160. **c** id tantillum quod mihi .. relictum est .. si placet possideam, ut sc. pensionarium meum agnoscam et a quo ~onem meam exigere debeam intelligam GIR. *Symb.* I 22 p. 267; **1294** subdyaconi: Th. de K.. ad titulum sex marcarum annue ~onis sibi date et concesse per R. de K., fratrem suum, de manerio de K. percipiendarum *Reg. Carl.* I 12; c**1300** taxaciones ecclesiarum, ~onum, et porcionum personarum ecclesiarum in archidiaconatibus Oxonie .. et Northamptone *Val. Norw.* 173; hic .. ordinavit .. quod haberet futuris temporibus, quolibet die, pro anima sua, unam missam .. per unum monachum, pro cujus ~one .. conventui terras et reditus appropriavit et communi domui assignavit *Hist. Durh.* 2 p. 131; **1549** ipsi religiosi ex singulis parochialibus ecclesiis de quibus nullas habeant annuas ~ones victualium .. pro suis laboribus et expensis in toto quadraginta solidos percipiant annuatim *Conc. Scot.* II 119. **d 1549** pensionarii .. vicarii .. in eorum curis et ~onibus resideant *Conc. Scot.* II 107.

5 (in gl.) boon, granting of a prayer or request.

bonde, or grawnt of preyare, precarium, .. pencio *PP*.

pensionalis [ML], that provides payment of a pension, pensionary.

1169 terras .. et ecclesias ~ales, jura quoque, et libertates, et res .. eis concedimus et confirmamus BECKET *Ep.* 555; villarum nostrarum ecclesias ~ales et privilegiatas per ipsum Adriani pape restituit privilegium GERV. CANT. *Chr.* 49; **1243** amodo omnes ecclesie ipsorum ~ales et capelle a memoratis pensionibus quiete et libere remanebunt *Reg. S. Aug.* 540.

pensionaliter [pensionalis+-ter], under the terms of or in exchange for payment of a pension.

abbas ipsam ecclesiam .. cuidam clerico Th. nomine de se et commissa sibi ecclesia de Bello ~aliter tenendam concessit *Chr. Battle* f. 92v.

pensionare [cf. CL pensio], (eccl.) to establish as or make liable for payment of a pension.

s**1467** que ecclesia ~atur officio coquinarii monasterii S. Albani in tresdecim solidis quatuor denariis, annuatim persolvendis *Reg. Whet.* II 61.

pensionarius [CL]

1 related or pertaining to a pension. **b** (as sb. n.) pension-payment, pension.

abbas Galfridus [ob. **1208**] dedit ad augmentum caritatum iiij marcas annuas ~ias de ecclesia de Kirkeby *Cart. Chester* 392; a**1279** annuas pensiones duas michi .. concessistis per litteras vestras patentes .. quantum vero temporis in hujusmodi pensionum solucione est cessatum, per litteras meas . . , consideratis datis in litteris ~iis comprehensis, potestis plenius intueri *Ann. Durh.* 88; **1339** littera ~ia concessa domino J. de S. P. *Lit. Cant.* II 204 *tit.* **b** de corona nihil audeo, quam misit Dormerg' tibi pro loco ~ii tui Ascham *Ep.* 93.

2 liable to pay a pension, pensionary. **b** (as sb. n.) source from which a pension is derived. **c** (as sb. m.) one liable to pay a pension. **d** paying scholar.

1204 jurata venit recongnitura si ecclesia de B. . . de jure ~ia sit ecclesie de A. . . et si antiqua pensio fuerit aumentata *CurR* III 118; **1242** predicta capella, ratione matricis ecclesie de S. sibi pleno jure subdite, est eis pensionare [? l. ~ia] et sue jurisdiccioni primo loco subjecta *Cart. Glast.* 9; **1250** mandamus quatinus . . instrumentis diligenter inspectis, si dictas ecclesias inveneritis non esse sibi ~ias, set in proprios usus canonice deputatas, inhibicionem episcopi . . revocare curetis *Cart. Lindores* 105; pertinere poterit capella ad matricem ecclesiam ut predictum est, vel tantum esse ~ia et aliquid dare in signum subjectionis Bracton f. 241v; **1280** ~ia est [ecclesia] in quinque marcis, dictis religiosis singulis annis persolvendis; valet annuatim viginti marcas *Reg. Ebor.* 68; **1295** ecclesia . . ~ia, **1399** vicaria . . ~ia (v. litigiosus 3); **s1268** iste . . fecit omnes ecclesias cathedrales et conventuales ~arias, ita quod he que non contulerant beneficia vacantia suis clericis vel alienigenis, solverent eis certam pensionem et annuam donec vacarent beneficia sibi competentia *Ann. Osney* 217; **1427** lego domui Cartusiensi . . quolibet anno . . xl li., et hoc quamdiu dicta domus . . est ~ia vel pensione onerata domine Johanne regine Anglie *Reg. Cant.* II 357; **s1434** declaramus dictam ecclesiam . . fuisse et esse, ac fore debere, censualem et ~iam dictis abbati et conventui in xxxiij s. iiij d. singulis annis eisdem solvendis Amund. II 93. **b** id tantillum quod mihi . . relictum est . . si placet possideam, ut sc. ~ium meum agnoscam et a quo pensionem meam exigere debeam intelligam Gir. *Symb.* I 22 p. 267. **c** quarum [sc. ecclesiarum] nepoti nostro quondam personatum cessimus et . . nos ~ios ei constituimus Gir. *SD* 118; **1535** transmisi ad te . . quicquid hactenus ex pensionibus tuis corradere potui, quibus utrisque quiddam infelicitatis accidit: alteri, quod ~ius . . ab crimen lese majestatis . . capite damnatus est . . alteri, quod ~ius pernegat se debere quicquam tibi solvere, propterea quod nunquam in decretum pensionis consenserit *Ep. Erasm.* 3058. **d** **1560** ~ii ut studiorum socii in collegium recipiantur, sed ita ut nec moribus honestis nec studiis desint *Educ. Ch.* 502.

3 who receives a pension, pensionary. **b** (as sb. m.) one who receives a pension, pensioner. **c** (spec.) Pensioner, title of one of the Canons of Brechin. **d** (as sb. f.) the office of Pensioner at Brechin. **e** (of office or benefice, the holder of which receives a pension) pensionary.

c1330 falso . . et maliciose inponendo eidem quod clericus familiaris ac ~ius noster erat J. Mason *Ep.* 7 p. 200; R. de E. erat monachorum clericus, primo ~ius, et juramento astrictus, et per eos educatus, et prebendarius . . effectus Graystanes 40; abbas . . satisfecit omnibus creditoribus et clericis ~iis de preteritis, usque ad summam lxx m. *Chr. Evesham Cont. A* 276; **c1520** ecclesiarum . . perrochialium rectoribus et earundem vicariis perpetuis portionariis et ~iis *Conc. Scot.* I cclxx. **b** quod valde grave fuit, ~ios post se reliquit *G. S. Alb.* II 178; **1509** ad terram posteriorem et domum vastam anteriorem ipsius A. tenementi dompni B. B. monachi monasterii de Melros ac ~ii de Mauchlyne *Melrose* 581; **1557** dominum Thomam Radeclif . . omnium generosorum serenissime domine regine pencionariorum et generosorum ad arma in regno suo Anglie capitaneum *ActPCIr* 34; **1573** locum tenentem generosorum pencionariorum nostrorum *Pat* 1103 m. 17; **1591** generosus comes Frisie orientalis Joannes . . qui per aliquot annos . . cliens ac ~ius fuit *Foed.* XVI 147. **c** **1372** decano in remotis agente, ~io, et prebendario de K. solummodo absentibus *Reg. Brechin* I 20. **d** **1372** reliqua . . sex beneficia, viz. vicaria, ~ia, subdiaconatus, Kilmair, Butirgill, et Guthrie, simplices prebendas reperimus et compassibiles cum beneficio curato et cum alio qualicumque *Reg. Brechin* I 19. **e** **1541** parochiales ecclesie vel earum perpetue vicarie portionarie aut ~ie *Form. S. Andr.* II 130.

pensitare [CL]

1 to weigh out as payment, pay acc. weighed standard. **b** to pay as tax or tribute.

suffitiens terre spatium . . mercatus, ad unum quemque pedem mancam auri publico pondere ~avit W. Malm. *GP* II 78. **b** Judvalo . . regi Walensium edictum imposuerit ut sibi quotannis tributum trecentorum luporum ~aret W. Malm. *GR* II 155; ibi modo Christicolae . . nefandis illis vectigal ~ant *Ib.* IV 347; nummi quos Anglia quot annis Romano pape ~at *Id. Wulfst.* I 10.

2 to weigh in the mind, ponder, consider; **b** (w. *cum*) to weigh against, compare with.

multarum ~ans merita personarum H. Reading (II) *Cel.* 30. **b** quanvis iniqua comparatione factum hujus cum illorum facto ~etur W. Malm. *GP* I 44.

3 to balance.

pensare, ~are, equare Osb. Glouc. *Deriv.* 475.

pensitatio [CL], payment.

concessit . . Wlfrico . . terram de R., pro certa annui census ~one . . in vita sua tenendam *Chr. Rams.* 81; **1293** concedimus quod . . personis, mercimoniis, et aliis bonis ~onem, prestacionem, seu assisam aliquam competentem possitis imponere et levare *RGasc* III 89b; **14..** tria ~onum genera recensent scriptores, canonem, ablacionem, et indiccionem (*Reg. S. Andr.*) *E. Ch. Scot.* p. 240.

pensitio [CL pensitare+-io], (Scot.) periodically recurring payment, pension.

1331 comiti de Ros, pro parte sua, viz., sexta parte tocius firme, quando excipitur ~o illorum de Karliolo, xxvij s. ix d. *ExchScot* 356. **1394** domino comiti de C., in plenam solucionem ~onis sibi assignate de custuma burgi de Linlith, de anno hujus compoti . . c li. *Ib.* 342; **1394** Andree More, in partem ~onis sibi debite annuatim, de tempore hujus compoti . . x li. . . et Andree More, in complementum solucionis pensionis sue anni hujus compoti . . x li. *Ib.* 344; **1410** Alexandro de L. de C., percipienti per annum hereditarie viginti libras de custuma dicti burgi per manus custumariorum ejusdem . . in plenam solucionem dicte ~onis . . xx li. *Ib.* 111.

pensiuncula [CL], small payment or pension.

c1211 vicaria nobis per ~am annuam eidem reddendam manu vestra data Gir. *Ep.* 6 p. 210; **c1213** nobis vicaria per ~am assignata *Ib.* 7 p. 250.

pensula v. pensulum.

pensulum, ~a [cf. CL pensum+-ulum, pessulus], hang-lock or padlock, hasp, bar.

hostium habeat seram et ~am [v. l. pessulam, pessulum, pesgulam; *gl.*: *barre, loc pendable*], vectes, gumfos, repagula Neckam *Ut.* 110; [sint etiam] cheruca, vectes, gumfi, repagula, ~a [v. l. ~e; *gl.*: *loc pendable, haspe hu loc pendant*] sive sera *Ib.* 119.

pensum [CL], **~a**

1 **a** portion of wool given to be spun or woven. **b** spinning, spinner's work. **c** thread. **d** thread of life, fate. **e** (in gl.) spindle.

a ~um, lanae opus *GlC* P 289; decuit te volvere pensa / et vacuare colum Vinsauf *PN* 523. **b** sed subtracta sibi vincens amor omnia Christi / excutit accessu, lubrica pensa manu Gosc. *Edith* 69; mea bella viri, mea pensa puelle / . . meditantur J. Exon. *BT* II 343. **c** protendor ceu serica pensa / in gracilem porrecta panum seu stamina pepli Aldh. *Aen.* 100 (*Creatura*) 59; navicula . . intercurrens, pannum habebit in medio sui, spola vestitum, que ~o seu glomere materiam operi ministraturo operietur Neckam *NR* II 171; panus . . spola vestiatur; spola . . ~o [*gl.*: *file, filer, de fil, de cel fil*; v. l. filo] ad modum glomeris cooperiatur [v. l. vestiatur] *Id. Ut.* 107. **d** obiit . . ingentia, si ~a parcarum evolvere . . potuisset, facturus W. Malm. *GR* IV 333. **e** hoc ~um, i. fusellum Osb. Glouc. *Deriv.* 445; ~o [*gl.*: *fusil, spinle*] Neckam *Ut.* 107.

2 weight, weighed amount. **b** standard unit of weight, wey (of wool); **c** (of cheese); **d** (of bacon); **e** (of tallow); **f** (of salt); **g** (of glass).

ciatos habens ~um solidorum vj *Gl. Leid.* 32. 6; **†709** (12c) adquisivit pretio donando ~um libre auri purissimi *CS* 124. **b** **c1166** xxij ~a lane cum saccis, et . . mm et cc vellera cum saccis (*KR Misc.*) *EHR* XXVIII 221; **1300** due ~e lane faciunt saccum, ~a vero continet xxvj libras magnas, quarum quelibet continet vij libras parvas et quelibet parva libra ponderat xxv sterlingos *Cant. Cath. Pri.* 154. **c** **832** (13c) reddit xl ~as casei et agnos et lanam absque caseo *CS* 402; **c1030** quamdiu . . eam tenuerint . . dent . . de subjectis pascuis j ~am caseorum *MonA* I 456 [=*FormA* xxi]; de manerio M. redditur . . una consuetudo id est xxviij ~ae caseorum *DB* I 14va; dedit quandam decimam de terra . . ad usum pauperum, et unum ~um casei de sua wicha, et decimam vellerum et agnorum *Chr. Abingd.* II 146; **1190** pro locanda j navi ad deferend' d bacones et xl ~as caseorum qui missi fuerunt in Normandiam ad munienda castella sua, lix s. *Pipe* 206; **1287** iiij^{xx}xvj casei qui fecerunt ij ~as *Rec. Elton* 12; **1308** pro ij ~is duri casei, xvj s.; et de stauro vj^{xx}xvij caseos qui fecerunt viij ~as duri casei *Ib.* 134; **13..** ~a casei secundum pondus regis continet xxvj libras magnas. et quelibet magna libra continet vij parvas libras. et quelibet parva libra continet xxv s. sterlingorum. ~a casei secundum pondus Lanfranci continet xxxij libras magnas *Eng. Weights* 31. **d** **1287** pro ij ~is et dimidia baconis, xv s. *Rec. Elton* 12; **1308** pro x ~is baconis, c s. *Ib.* 134. **e** **1173** pro iij ~is sepi, xviij s. *Pipe* 188. **f** **c1180** Rodulfus Willelmi regis magister et summus camerarius . . dedit et concessit . . in Herufflueth et Luere duas ~as salis quoque anno *Act. Hen. II* II 190. **g** **1296** centum libre albi vitri per majorem centenam valent viij s. . . major centena vitri continet xxiiij ~as vitri . . quelibet ~a vitri continet quinque parvas libras; et memorandum quod de una ~a vitri . . potest fieri una fenestra vitrea de longitudine ij pedum et dimidii et latitudine j pedis *Eng. Weights* 31–2 (=*Lit. Cant.* III 384–5).

3 act of weighing to ascertain the quality or standard of payment in coin. **b** (*ad ~um, ad ~am*) by weight, up to weight, specifying payment in weighed money as dist. from payment by tale (*ad numerum, ad taliam*) or payment in assayed money (*ad arsuram, albus*), also dist. from payment 'by the scale' (*ad scalam*) and payment in kind. **c** (*magnum ~um, parvum ~um*) distinguishing payment in marks according to two different standards. **d** (*ad ~as* in gl.).

12.. [*24 pounds of pence*] de xxij in ora cum incensione et ~a (*Reg. S. Aug.*) *VCH Kent* III 203. **b** TRE et post valuit xl libras. modo similiter xl libras, tamen reddit libras ad arsuram et ~um, quae valent lxv libras *DB* I 16rb; TRE valebat xxv libras et post xx libras. modo xxx libras ad numerum et tamen reddit ad ~um et arsuram xxx libras *Ib.* 30vb; TRE valebat lx libras et post xl libras. modo lx libras et tamen reddit de firma c libras ad ~am. sed non potest pati *Ib.* 38rb; TRE xxv libras ad ~um et arsuram; quando rex recepit xx libras simili modo et nunc xx libras ad ~um, et tamen reddit de firma xxvj libras ad ~um et c d. *Ib.* 39va; totum valet . . modo xij libras ad ~um et xxx solidos de gersuma et iij sextarios mellis cum eadem consuetudine et habet dimidium in longo et dimidium in lato et xiij denarios et j obolum de gelto *DB* II 111; postea dones ei inter panem et caseum denarios novem ad ~am (*Jud. Dei* 14. 10) *GAS* 426; **1130** Osbertus . . de nova firma de N. et D. de dimidio anno. in thesauro x li. et vij s. et ij d. ad pens' *Pipe* 7; rati sunt tractu temporis de facile posse fieri ut moneta tunc fortis a suo statu decideret . . unde coacti sunt constituere ut firma maneriorum non solum ad scalam sed ad ~um solveretur *Dial. Scac.* I 7B. **c** **c1166** Robertus advocatus de Betun', c marcas ad magnum ~um per plegium domini regis super terram suam (*KR Misc.*) *EHR* XXVIII 221; xx marcas ad magnum ~um et x marcas ad parvum ~um *Ib.* 223; vj^{es} xx marcas argenti ad magnum ~um et per taliam *Ib.*; c marcas ad parvum ~um et facient magnum ~um *Ib.* 224. **d** ad ~as, *to nyttum GlC* 5; **10..** ad ~as, *to nyttum WW*.

4 payment. **b** a day's wages. **c** (fig.) cost, sacrifice.

regulae tenemus hortamentum . . aliquid nobis augendum divinae servituti ad solitum ~um [AS: *gafule*] nostrae servitutis *RegulC* 35; **1162** debet v accipitres et v girfalcones pro seipso, et pro N. de S. ij accipitres ad ~um *Pipe* 17; **c1168** possidet ecclesiam Bettesfordie per annualem ~am [v. l. pecuniam] *Ch. Chester* 175; quicquid de debitis redditibus vel annuis ~is . . habere poterat, totum . . in sumptus pauperum . . dedit *Canon. G. Sempr.* f. 42; nec tamen rex hoc pro gratuito reputant, dicens hoc tanquam ~um sibi debitum persolvi M. Par. *Abbr.* 343; annuum ~um pro victu conventus augmentavit *Meaux* III 229. **b** ~um, vel diarium, *dægwine* Ælf. *Gl.* 152. **c** **c1346** hostibus immensis offert se non sine ~is *Pol. Poems* I 30.

5 pan of scale or balance.

pacificabuntur . . nationes regni, et leonem ad stateram provocabunt; locata sede ad ~as studebit, sed palmas in Albaniam extendet M. Par. *Maj.* I 214; ~a

Libre oblique pendebunt donec Aries recurva cornua supponat *Ib*. 215; ponatur . . homo in una ~a . . et inveniet quod eque ponderabit *G. Roman*. 331.

pensura [CL], act of weighing out, payment.

precepit ne ejus nomen in cartis ponetur, aut ~a solidorum reciperetur, aut ad missarum sollemnia recitaretur M. PAR. *Maj*. I 324.

penta [LL < πέντε], five.

penta, bis senos, sex, tres, conjungimus uni BACON VI 270.

pentacasus [penta+casus], (gram.) five cases, five-case declensional paradigm.

item ~ibus utentia: . . nominativo . . dativo . . accusativo . . vocativo . . ablativo BONIF. *AG* 495.

pentachordus [LL < πεντάχορδος], tetrachord extended by one note and one tone to represent a perfect fifth.

13 . . Alveredo Cantuariensi Theinredus Doverensis de legitimis ordinibus ~orum et tetrachordorum *MS Bodl. 842* f. 1 (cf. *EHR* XXX 659); quem ~orum et tetrachordorum ordinatorem in notulis distribuendis imitabor potissimum? *Ib*. f. 23v; in tetrachordo diatonice distinccionis, tonus in cromatice semitonium minus et in enarmonice diesis ponitur. . . in ~o vero, tonus diapente, et diatessaron *Ib*. f. 40v.

pentacontarchus v. pentecontarchus.

pentacosiarchus [πεντακοσίαρχος='*commander of 512 men*'], (by conf. w. *pentecontarchus*) leader or commander of fifty men.

pentecontarche [*ed. PL*: pentecontarchi seu pentecosiarchi] BELETH *RDO* 12. 26c (v. pentecontarchus).

Pentacost- v. Pentecoste.

pentaculum [cf. OF *pentacle* < LL penta+ -culum, OF *pentacol* < *pend a col*], pentacle, ornament hung from the neck as prophylactic.

~a sunt signa, sigilla, vel delineamenta mirandis et incognitis aliquando literis et characteribus implicata, quae collo appensa creduntur a malignis spiritibus et fascino quovis preservare *LC* 258.

pentadactilis, ~us, pentadactulus v. pentadactylus.

pentadactylus [LL < πενταδάκτυλος]

1 (bot.) ? creeping cinquefoil (*Potentilla reptans*).

pentadactulus, palma Christi, *swynestale MS BL Sloane 282* f. 172ra; pentodactilius, *swynestailles MS Cambridge Univ. Libr. Dd. 11. 45* f. 111v.

2 motherwort (*Leonurus cardiaca*), or gromwell (*Lithospermum officinale*), or castor oil plant (*Ricinus communis*).

custos orti, pendactilis, i. gira solis vel palma Christi idem *Alph*. 47; miraclium ortholanum, respice in pentadactilus *Ib*. 118; pentadactilis, gira solis, miraculum ortulanum, custos orti idem *Ib*. 141; custos orci, petendactylis, id est grana solis *Ib*. 206.

3 caraway (*Carum carvi*).

oleum de kerva, i. de pentadactil' GAD. 65v. 2.

pentafilla, pentafillium, pentafilon v. pentaphyllon.

pentafolium [LL, cf. pentaphyllon, quinquefolium], (bot.) creeping cinquefoil (*Potentilla reptans*).

pentafolium, i. quintifolium *G. quinfoyle MS BL Addit. 18752* f. 109v; hoc pentifolium, A. *filife WW*.

pentagonalis [pentagonus+-alis], that has five angles, pentagonal.

duodecedron, quod est corpus ex duodecim basibus ~alibus BACON IV 340.

pentagonus [LL < πεντάγωνος], that has five angles or corners, pentagonal. **b** (as sb. n.) pentagon.

si basis fuerit ~a [TREVISA: *fyve-cornered*], pyramis surgens triangularis v triangulos representare poterit supra basim BART. ANGL. XIX 128; *fyve cornerd*, ~um *CathA*. **b** nunc demonstrandum est quomodo in circulo assignato equalium laterum et angulorum ~um

describi conveniat ADEL. *Elem*. IV 11; cum propositi fuerint in ~o equalium laterum tres anguli equales, erunt anguli omnes ~i equales *Ib*. XIII 7; angulus ~i regularis est rectus, et quinta recti BACON *Tert*. 137.

pentagrammum [πεντάγραμμον], pentagram.

salutis symbolum Piercius lib. 47 cap. 31 . . hieroglyphicum jam olim ad inventum erat triplex triangulus inter se complicitus, ex quinque paribus lineis sese invicem in puncto contingentibus; quo non cunctanter a se facto ~oque hujusmodi tum in vexillis imposito . . mirabilem mox est a Galatis victoriam consecutus SPELMAN *Asp*. 116.

pentalma Christi v. palma 7b.

pentalon [*aphaeretic and epenthetic form of* CL eupetalos < εὐπέταλος], (bot.) spurge laurel (*Daphne laureola*).

dafnoydes vel ~on aut camedafne, dura folia habet lauro similia sed majora et duriora *Alph*. 48.

pentalpha [πένταλφα], pentagram.

clavis, bullis, umbonibus clypeos et arma omnis etas ornavit, rotundis, stellatis, rhombilatis, aureis, que in nostris forte scutis etiam nunc retinentur sub pilarum, ~e, et hujusmodi speciebus SPELMAN *Asp*. 111.

pentameron [πενταμερής=*that consists of five parts*], (med.) oil of horehound.

~on, i. oleum marubii *Alph*. 141.

pentameter, ~metrus [CL < πεντάμετρος], **~metron**, pentametric, that contains five metrical feet.

versus . . ~meter, qui quinque pedibus constat BEDE *AM* 94; huic cognatum est et quasi familiariter adhaerens . . metrum dactylicum ~metrum, quod recipit spondeum loco primo et secundo *Ib*. 109; ~metron, quinque peduum *GlC Interp. Nom*. 262; prome . . / carmen inequali pollice, voce, pede: / versu pentametro scilicet ede melos R. CANT. *Poems* 18. 5.

pentametron v. pentameter.

pentanomius [penta+nomen+-ius, πεντώνυμος], that possesses or is called by five names.

nec moveat si alio et alio nomine censeatur in diversis historiis, quia pro traditione Hebreorum . . idem ~ius extitit J. SAL. *Pol*. 798A.

pentaphilon v. pentaphyllon.

pentaphyllon [CL < πεντάφυλον], (bot.) creeping cinquefoil (*Potentilla reptans*), ? crowfoot or buttercup (*Ranunculus*).

~philon, *refnes fot Gl. Durh*. 304; jurio, i. erugo ~filla *Gl. Laud*. 847; ~filon, i. *fiflef Ib*. 1134; terombeos, i. ~filon *Ib*. 1458; fomententur extrema, in aqua ubi . . jusquiamus, sempervi', pentaf', arnoglossa decocta sint . . detur sirupus predictus ex p'fillii muscillagine GILB. I 26v. 1–2; non ponatur p'fillium in ablutione lingue vel acetum vel vinum malorum granatorum *Ib*. I 27. 2; recipe tunc salvie, eupatorii, camedreos, camepitheos, calamenti, ~filonis, isopi GAD. 66. 1; accipe herbam ~filon cum pater noster dicendo in nomine egri colligatur J. MIRFIELD *Brev*. 70; tormentilla pilos ~filon non habet ullos *SB* 42; camolee, quinquefolium, ~philon idem, A. *fiflevvedgresse Alph*. 27; ~filon, quinquefolium, G. *quintefoil*, A. *fivelevedgrase Ib*. 141; ~filon, *fyflef MS BL Sloane 2479* f. 101v.

2 lady's mantle (*Alchemilla vulgaris*), ? lion's leaf (*Leontice leontopetalum*).

pes leonis, similis est pedi corvi; pes leonis, i. pentafilon secundum quosdam *SB* 33.

pentaptotus [LL < πεντάπτωτος], (gram.) that has five cases, or five distinct case-endings.

haec nomina tertiae declinationis in singulari numero secundum regulam casualis formae ~a esse noscuntur, in plurali triptota ALDH. *PR* 127; alia ~a, qualia sunt masculina secundae declinationis in ~us finita, ut doctus, docti, docto, docto, docte ALCUIN *Gram*. 869; *sume synd gecwedene* ~a, *þa ðe habbað fif ungelice casas* ÆLF. *Gram*. 90.

pentaria (bot.) dragon arum (*Dracunculus vulgaris*), bistort, snakeweed, or adderwort (*Polygonum bistorta*).

draguncea, asclepias, viperina, ~aria, serpentilla, colubrina, basilica cocodrilla, idem, Gallice et Anglice *dragaunce Alph*. 48.

pentascemus [πεντάσχημος], of five different forms.

671 qui versus monoscemi, qui ~i, qui decascemi, certa pedum mensura trutinentur ALDH. *Ep*. 1; ex hac . . definitione . . omnis metrorum ratio monstratur, et qui versus monoscemi, qui ~i, vel qui decascemi . . rite dicantur *Id. Met*. 9; dicuntur ~i propter praedicta quina [v. l. quinque] scemata *Ib*. 10 p. 88.

pentasillabus v. pentasyllabus.

pentasyllabus [LL; cf. πεντασυλλάβως], that has five syllables, pentasyllabic.

hos sequuntur, ut dixi, pedes tetrasyllabi xvj, xxxij, exasyllabi lxiiij ~syllabi BEDE *AM* 108; eripedem: que ereos pedes habuit vel aeripedem, id est velocem, ut dicit Priscianus qui tetrasillabum posuit hic pro penthasillabo BERN. *Comm. Aen*. 124; penultima dictio versus pentametri sit ~sillaba . . ; . . per talem dictionem ~sillabam versus exameter venustius inchoatur GERV. MELKLEY *AV* 209–10.

Pentateuc- v. Pentateuchus.

Pentateuchus [LL < Πεντάτευχος], Pentateuch, first five books of the Old Testament (Genesis, Exodus, Leviticus, Numbers, and Deuteronomy) considered as a group, traditionally ascribed to Moses.

commentarius primus in ~um *Comm. Cant*. I *tit*.; capitula lectionum in ~teucm Mosi, Josue, Judicum BEDE *HE* V 24; primus . . ordo ~teucum continet, quinque sc. libros Moysi sic pro sacramentorum varietate divisos J. SAL. *Ep*. 143 (209 p. 320); hii quinque libri dicuntur ~teucus, a *penta* quod est v, et *teucos* quod est liber sive volumen GROS. *Hexaem. proem*. 72; nos Pentateuchus superas invitat ad aedes GARL. *Myst. Eccl*. 294; illi . . ~teuchum Moysi receperunt, sed deos patrum suorum non deseruerunt M. PAR. *Maj*. I 40 [=*Flor. Hist*. I 54: Penthatheuchum]; virgo mater Christi Jesu, / scribitur in threnis: *Vaü*, / *iöd, heth, teth, lamed, taü*, / Moÿsi pentatico *Anal. Hymn*. XL 15; illo modo omnia ceremonialia et quecunque continentur in aliis libris ~teucon et in aliis libris veteris testamenti sunt servanda in novo testamento OCKHAM *Dial*. 915; **14** . . libri qui continentur in Radingensi ecclesia . . ~theucum glosatum . . sc. Genesis in uno volumine . . Exodus in uno volumine, Leviticus liber, Numeri, Deutronomium in singulis voluminibus (*Cart. Reading) EHR* III 117.

Pentatheuc- v. Pentateuchus.

Pentechostalis v. Pentecostalis. **pentecomarchus** v. pentecontarchus. **pentecontarcha** v. pentecontarchus.

pentecontarchus [LL < πεντηκόντarchos], leader or commander of fifty men (although in some quots. prob. leader, commander, officer in general).

geminos . . militum penticotharcos [v. l. pente contarchos; *gl*.: principes, quinquagenarios] . . supernis arsuros incendiis crudeli flamma combustos extorruit ALDH. *VirgP* 20; geminos . . caelesti fulmine fretus / jusserat arsuros flammas parfere focorum / penticotharcos atque viros ad funera centum / truserat *Id. VirgV* 256; quando ignis de celo veniens duos consumpsit ~contarchos (*Ps.*-BEDE *Matth*.) *PL* XCII 63D; penticotarchus, quinquagenarius *GlC* P 348; perturbatus erat frequenter animo contra principes et ~comarchos et omne genus perversorum BYRHT. *HR* 79; dux populi Moyses et sub eo . . erant chiliarche, ecatontarche, ~contarche, decacontarche, i.e. millenarii, centenarii, quinquagenarii, decani. . . dicitur . . ~contarcha qui preest quinquaginta [*ed. PL*: pentacontarchus [est] cui quinquaginta [parent]] BELETH *RDO* 12. 26C.

pentecosiarchus v. pentacosiarchus.

Pentecostalis [LL Pentecoste < πεντεκοστή+ -alis], **~ius**, related to or connected with Pentecost, occurring at or near Pentecost, Pentecostal. **b** (as sb. n., eccl.) Pentecostal, customary gift or oblation collected at Pentecost.

c1167 episcopus . . eis fecit de oblacione processionum Pentechostalium tocius dyocesis sue tenendam in perpetuam elemosinam *Regesta Scot*. 37; processionem . . ~em . . in ecclesia Eveshamensi auctoritate istorum privilegiorum annuatim suscipimus *Chr. Evesham* 187; **1248** contulerunt et scriptis autenticis confirmarunt .. processionem ~em de Laudonia et Scota [*sic*], sicut R. quondam episcopus vester vobis concessit *Mon. Hib. & Scot.* 51a; **1277** reddendo .. annuatim .. vj m. argenti, sc. iij m. infra octo dies ~es, et iij m. infra octav' S. Martini in hyeme *Reg. Newbattle* 80; pro predictis faciendis .. habet .. medietatem omnium ~ium oblacionum *Ord. Exon.* I 5; c**1520** contra sacrorum canonum illa fieri prohibentium statuta .. faciunt nonnulla statuta in eorum curiis et stilis Penthecostalibus aliisque certis temporibus *Conc. Scot.* I cclxxix. **b** **1348** redditus, pensiones, porciones, decimas, oblaciones, ~ia, legata, et alia quecumque bona ad dictam ecclesiam .. pertinentia *Stat. Linc.* I 362; **1560** concedimus .. quod ipse .. archidiaconatum .. cum omnibus et singulis suis commodis, emolumentis, procurationibus, ~iis, pensionibus, proxmetis, sinodalibus, feodisque debitis .. libere et licite valeat et possit *Foed.* XV 564.

Pentecoste [LL < πεντηκοστή], **-en, -a**

1 Jewish religious festival occurring fifty days after Passover; **b** (with reversal of elements *metri gratia*).

Christus .. secundum suam promissionem die ~en dedit dona hominibus Theod. *Laterc.* 22; sic Moyses et Judei .. servaverunt temporum rationem; .. in eo [sc. April:] fiebat .. Pascha, et post quinquaginta dies ~e Bacon *CSPhil.* 493. **b** s**959** costis penti dies fuerat quam quondam honore / braditonus Domino Moyses sacrarat amore Æthelw. IV 9.

2 Christian religious festival occurring fifty days (inclusive) after Easter, Pentecost, Whitsunday; **b** (in tmesis); **c** (as term-day, on which payments or other obligations are due).

pro reverentia regenerationis in albis ~en orandum est, ut in quinquagessima oratur Theod. *Pen.* II 14. 11; **7** .. idus [Mai], Pentacosten primum (*Cal. Willibr.*) *HBS* LV f. 36b; raro .. in calidis balneis praeter imminentibus sollemniis majoribus .. Paschae, ~es, Epiphaniae Bede *HE* IV 17 p. 244; **796** quarta feria post sanctam ~en litteras tuae beatitudinis accepi Alcuin *Ep.* 107; Eanfled filia illius duodecimo die post ~en [v. l. ~es] baptismum accepit Nen. *HB* 206; vesperae .. et matutinae .. ab octavis Paschae una canantur antiphona usque octavas ~en *RegulC* 56; non prius ad sacrum altare die ~es oblaturus procedas quam .. populo Dei justitia proveniat Osb. *V. Dunst.* 31; Aurelius .. festum .. ~es [v. l. Penthecostes] regaliter celebravit G. Mon. VIII 12; c**1170** quemadmodum .. longa consuetudine observatum, statuimus ut tam clerici quam laici comitatus de Notinghamsyre in ~en, ad ecclesiam vestram cum solempni processione accedant et .. synodus celebretur *MonA* VI 1313; placeat circumspectioni vestre usque ad instans festum ~e universitatis expectare responsum Ad. Marsh *Ep.* 105; erit operarius qualibet septimana per annum per j diem preter tres septimanas, sc. ad Natalem, Pascham, et Penthecostam *Cust. Taunton* 4; c**1269** datum apud Denbych, die Veneris proxima ante festum ~is *RL* II 330; a ~en .. usque sextam feriam ante festum Annunciationis *Mir. Montf.* 107; **1313** cum .. clerici et laici .. ad ecclesiam .. in ebdomada ~es singulis annis cum crucibus et vexillis .. accederent .. *Reg. Sal.* 453 (=S. Gaunt *Reg.*); non debetis Eukaristiam sumere nisi quindecies in anno .. die Assensionis, ~es [ME: *Witsunnedei*], nativitatis S. Johannis *AncrR* 165; expliciunt Regule .. finite die Veneris proximo ante ~e Haudlo 178; cum .. solemnitas ~is [v. l. ~es] advenisset post tantum triumphum *Eul. Hist.* II 324; **1393** capellanus personaliter .. vesperas .. matutinas ac magnam missam .. tribus diebus Rogationum, et vigilia ~es .. cantare coadjuvabit *Lit. Cant.* III 22; hec Pentetoste, -tes, *Whysunday WW*; *Quhissonday*, Penticoste *CathA*. **b** usque diem penti, quem dicunt nomine, costen Aldh. *VirgV* 1605. **c** dabat hida iij d. ob. ante natale Domini, et tantundem ad Pentecost' *DB* I 56va; a**1189** reddendo .. iij s. .. sc. xij d. ad Pascha, et xij ad Penticosten et xij ad festum S. Martini *Danelaw* 265; **1265** ad tres terminos subscriptos .. quadraginta m. ad festum S. Michaelis .. et quadraginta m. ad Purificacionem Beate Marie sequente .. et quadraginta et tres m. ad festum ~en *Deeds Balliol* 326; **1382** debent xxxij li., que respectuantur solvende ad ~en proximum *ExchScot* 90; **1410** tribus servientibus dicti defuncti pro stipendiis suis de termino ~is, xviij s. *Test. Ebor.* III 51; **1434** in partem solucionis sue pensionis .. viz. a festo Carnisprivii usque festum Penthecostes sequens *ExchScot* 602; **1550** reddendo .. annuatim .. unum denarium usualis monete regni Scotie in festo Penthecostes *Scot. Grey Friars* II 43.

pentell- v. penuncell-. **pentememir-, pentemener-, pentemimer-** v. penthemimeres.

pentesis [cf. ἔνθεσις, ἐπένθεσις], (rhet.) (understood as) soliloquy.

juxta cacefaton sumitur prosopopeia quando inanimatum alloquitur animatum, et ~is quando nobis ut aliis loquimur *Ps.*-Gros. *Gram.* 74.

Pentetost- v. Pentecoste. **penthasillabus** v. pentasyllabus. **Penthatheuch-** v. Pentateuchus. **Penthecost-** v. Pentecostalis, Pentecoste. **penthememeris** v. penthemimeres.

penthemimeres, -is [LL < πενθημιμερής = *that consists of five halves*], (metr., w. ref. to caesura) that occurs after two and a half feet, penthemimeric. **b** (as sb. f.) penthemimeric caesura, caesura that occurs at the middle of the third foot of a line of verse. **c** portion of a line of verse that consists of two and a half feet, half of a pentameter.

quae est caesura pentimemeris [v. l. pintimemeris] et qualiter interpretatur? pentimemeris Latine semiquinaria dicitur Aldh. *Met.* 10 p. 95; pentimimeres [v. l. pentemimere septemimeres] caesura fit quotiens post duos pedes syllaba remanens partem terminat orationis Bonif. *Met.* 110. **b** quibus indesinenter secundum poeticae traditionis disciplinam cola vel commata seu pentimemerin et eptimemerin annectere progressis binis aut ternis pedibus procuravi Aldh. *Met.* 6; hujuscemodi versum pentimemere vel eptimemere carentem modernus usus in exametro dactilico non libenter admittit *Ib.* 10 p. 93; pentimemeris in versu heroico dicitur ubi post duos pedes sequitur sillaba quae partem orationis terminet *Ib.* 10 p. 95; et si non post duos vel tres pedes syllaba superfuerit, quod pentimemerim et eptimemerim [v. l. penthemimerim et hephthemimerim] vocant, ratus haberi versus nequit Bede *AM* 116; penthemimeren esse, cum duos pedes sequitur syllaba, quae partem terminat orationis Bonif. *Met.* 112; sola nobis pentimemeris est relicta, de hoc .. vehementer admiror quod adeo audaces sumus in pentimemerim [v. l. pentemenerium] incidisse quam auctores adeo vitaverunt Gerv. Melkley *AV* 208. **c** cum universi qui hoc metro [sc. pentametro] usi sunt versum omnem in medio diviserint, quem duabus pentimemeris [vv. ll. pentememiris, penthememeris] constare voluerint, quarum prior dactylum sive spondeum licenter in utraque regione recipit, posterior solum dactylum in utraque Bede *AM* 110.

penti v. Pentecoste.

penticium, ~ia, ~ias [ME, AN *pentis, pentice* < appendicium, ~ia]

1 structure appended to a wall of a building, pentice, penthouse, usu. w. sloping roof or lodge, to provide sheltered access; **b** (spec. erected over doorway or gateway); **c** (as sheltered walkway between different parts of a building); **d** (for a merchant); **e** (for workmen).

1211 in turri reparanda, bordis, clavis emptis ad idem, et mercede carpentarii; camera, ~io contra regem reparandis, xvij s. ix d. *Pipe Wint.* 171; **1286** in servicio .. carpentariorum qui fecerunt fenestras et chiverell' ad ~ium *KR Ac* 461/27 A3; **1291** L. de H. districtus est .. super eo quod levavit unum ~ium super cayam juxta solarium P. de T. *Law Merch.* I 43; **1300** dicunt quod quatuor coci sedentes in vico Pontis habent ~ios suos factos de rosco nimis prope ignem ad magnum periculum ville *Ib.* I 75; **1327** W. de C.. . et populares homines de Cantuaria .. convenerunt, et inter se ordinaverunt quod .. omnia ~ia et fenestras prioris et conventus ecclesie .. et omnes molendinos suos .. demollirent et ad terram prosternerent *Lit. Cant.* I 220; **1357** totum maeremium dicte aule simul cum uno ~io retro altum scannum et unum aliud ~um pro panetria et botelria *Pat* 251 m. 2; **1419** ordinacio quod ~ia vel alia aisiamenta, per tenentem ad terminum vite vel annorum, per claves ferri vel ligni, et ad meremium, attachiatum, non amoveantur *MGL* I 666; s**1429** venerunt in pentisium domini abbatis tenentes de Aldenham Amund. I 37; **1515** in solutis pro *le bordynge* pentisii elemosinarie, vj d. *Comp. Swith.* 461. **b** **1289** in j dressor' et j ~ia faciendis ante hostium aule versus coquinam ante hostium lardar' *Ac. Swinfield* 34; **1306** in stipendio fabri facientis ~ias circa dictam portam de ferro [sc. curtilagii] domine, iij d. *MinAc* 856/15 m. 1; **1325** in stipendiis iij carpentariorum .. removencium ~ium ultra hostium coquine et porcheam ante hostium aule .. et ea de novo cum dicto meremio reticienciurn *Ib.* 1147/23 m. 3; **1330** domus rectorie: est ibi una aula competens, cum camera, camino, et garderopa; ~ia, tamen, ad ingressum camere .. est fracta *Reg. Exon.* 578. **c** **1325** in meremio sarrando pro quodam pendicio faciendo inter aulam domini et coquinam, xij s. iiij d. (*Michelmersh*) *Ac. Man. Wint.*; **1344** inhibemus ne staciones fiant in ~io, quod se extendit in longitudine ante domus fratrum versus regiam viam . . . si quis fratrum voluerit habere colloquium cum aliquo fratre, transeat ordinate per dictum ~ium unusquisque alter ad alterum *G. S. Alb.* II 505; aliam coquinam .. reformavit, et ~ium deinde usque ad magnas portas construxit, quod de capella extra portas fecerat amoveri *Meaux* III 229; c**1440** in reparacione camere inter capellam et aulam abbatis situate, cum factura ~ii, sive de ambulatorii, ducentis ad eandem, xxxvj li. xiij s. iiij d. (*Expense Abbatis*) Amund. II 260. **d** **1285** intencio eorum fuit quod quedam ~iee extra predictum murum facte essent, sub quibus ~iis aliqui possent sedere pro pluvia ad mercimonia sua vendenda *SelCKB* I 150. **e** **1316** cum .. Guillelmus .. partem dicte placee ad opus .. patris nostri pro moneta sua ibidem operanda et quodam ~io ultra operarios dicte monete similiter levando durante dicta operacione concessisset *RGasc* IV 1616.

2 Pentice Court at Chester.

1288 [*in full court at the Pentice*] ~ium *Cal. CourtR Chester* 154; **1289** coram vicecomitibus civitatis Cestr' apud ~ium *Ib.* 156; **1398** coram majore vel vicecomitibus in curia nostra ~ii vel portmoti civitatis predicte [sc. Cestr'] *Enr. Chester* 71 r. 9; c**1500** liberi sunt .. de sectis chirarum, pendiciarum, hundredorum, portmotorum *PRO Chester* 38/26/9/29.

penticonus [πέντε + εἰκών *or* κῶνος], (her.) mullet, star (sts. of five points).

nec crediderim Peytonorum familiam .. symbolum suum zebellinum cruce imbricata aurea aliunde fabricatam, quam ex Uffordorum clypeo, regiuncule comitum, ~o argenteo priori quarte ad differentiam ascripto Spelman *Asp.* 49; ~um maculam vocant heraldi eumque pro gutta sumunt instar stelle disperse *Ib.* 116.

Penticost- v. Pentecoste. **penticotarchus, penticotharcus** v. pentecontarchus. **pentifolium** v. pentafolium. **pentimemer-, pentimimer-** v. penthemimeres. **pentio** v. pensio. **pentisium** v. penticium. **pentius** v. penitus. **pentodactilius** v. pentadactylus. **pentomen** v. peritome. **penu** v. 2 penus. **penucell-** v. penuncell-. **penucul-** v. penicul-. **penula** v. paenula, pennula.

penuncellus, ~a, ~um [ML; AN *penuncel*, ME, OF *penoncel*, AN, ME *pencel*], small banner or pennon, pencel, often bearing the arms or insignia of a king, noble, knight, or local administrative unit; **b** (attached to spear or lance); **c** (on trumpet or clarion); **d** (on a ship); **e** (on wall of fortification); **f** (as standard borne before village, town, or parish mil. levy); **g** (raised as indication of hostile intent); **h** (used to mark place or item as under royal protection.)

1218 pro centum paribus coopertorum .. certum loricis .. xx et vj paribus caligarum ferrearum et octo baneriis et duodecim ~uncellis de armis suis *Cl* 369b; **1224** computate Willelmo Joynier .. xxviij s. quos posuit .. in iiij capitibus cendal' ad ~encellos [v. l. ~ecellos] faciendos .. et iiij s. quos posuit .. in reparacione xij ~encellorum [v. l. ~ecellorum] nostrorum *Cl* 609b (vv. ll. ib. 634a); **1277** quod .. Hugoni de O. in servicium regis eunti duas coopertura ferreas et .. unam loricam .. unum par mustelar' ferreorum, unum par quissettorum et quatuor ~ecellas .. secum ducere permittant *Cl* 94 m. 11; **1290** de isto instauro habet G. P. in custodia .. canabum, ij ollas eneas, baneria, et ~ecella *Doc. Scot.* I 192; **1300** pro .. factura diversorum armorum, vexillorum, et ~ocellorum *AcWardr* 355; **1322** in *carde* et *cendal* pro eorum ponecellis et filo cum talliacione xij d. *Rec. Leic.* I 340; **1388** tria vexilla, viz. domini imperatoris Romani, S. Edwardi, et S. Edmundi, cum aliis xliij diversorum regum, ducum, atque comitum, et totidem ~isellis *Arch.* LII 226; venit de Londoniis R. de W.. . deferens ante eum vexillum, sive ~cellum, displicatum, de armis Sancti Georgii *G. S. Alb.* III 304; ~ucella, parvum vexillum *a penselle WW*. **b** propius accedentibus fuit videre galeas .. variis undique ornatas et refertas armaturis, ventilantibus ad auram innumeris ordine decoro signis et ~uncellis in hastilium summitatibus *Itin. Ric.* II 13; **1349** ad faciendum DCCC ~uncell' pro lanceis armigerorum et aliorum hominum ad arma regis de armis S. Georgii

(*KR Ac*) *Arch.* XXXI 33; **1391** pro iij virgis taffate .. pro *pensels* lancearum domini .. ij s. vj d.; et pro iij virgis taffate de blodeo .. pro portatoribus eorundem ~sellorum, ij s. iiij d. *Ac. H. Derby* 35. **c 1349** ad faciend' v ~uncell' pro tubis et clarionibus pro factis suis bellicis de armis suis quartellis vapulat' cum auro (*KR Ac*) *Arch.* XXXI 36. **d 1290** pro organis, baneriis de armis regis et ~cellis cum cindone, serico et card' emptis, et pro nave depingenda .. xl li. iiij s. v d. *Doc. Scot.* I 140; **1349** ad faciendum iiij^{xx}vj ~uncell' pro navibus regis de armis S. Georgii (*KR Ac*) *Arch.* XXXI 33. **e** erectis circumquaque per muros castri vexillis et ~ecillis innumeris *Ps.*-RISH. 556. **f c1216** in qualibet parrochia fiat unum ~uncellum, et aldermannus suam habeat baneriam, et homines de singulis parochiis, cum ~uncellis suis, sequantur baneriam aldermanni sui (*Doc. Lond.*) *EHR* XVII 728; **1250** serjantia Roberti filii Alani de Wotton', pro qua debuit portare ~esellum in exercitu regis ante pedites hundredi de Wotton', alienata in parte *Fees* 1216; **1276** N. R. tenet .. duas virgas terre in serjancia de domino rege pro quibus debuit portare coram peditaneis de hundredo de Wotton' .. unum ~etellum *Hund.* II 34a; **1276** T. B. tenuit .. dimidiam carucatam terra in serjanciam pro qua portavit ~tellum ut predictus N. *Ib.*; **1355** J. M. centenarius, armatus .. cum hasta et *baner*; Th. de H. vyntenarius, armatus cum hasta et pyncell' *Arch. Soc. Norf* XIV 297; J. de B. vintenarius, armatus ut infra et cum lancea cum pyncell' *Ib.* 300. **g 1275** venerunt cum equis, armis ferro copertis, cum magna multitudine gentium armatarum cum lanceis et ~ocellis *Hund.* I 189b; discurrerunt [sc. communes] per diversa loca, aliqui armati, aliqui inermes, diversa genera defensabilium deferentes, cum vexillis et pincellis displicatis incedentes ac depredantes *V. Ric. II* 24; cum ipsi manifeste prodicionis notum devitare non possent, quippe qui vexilla et ~nicellos erigentes, tali modo cum armata manu WALS. *HA* I 459 (cf. *DuC* V 187: ~icellos). **h** nos volentes dictos T. & A. ab oppressionibus indebitis preservare .. mandamus quod .. ~ocellas nostras in locis et bonis ipsorum T. & A. in signum protectionis et salve gardie memorate .. apponatis *Reg. Brev. Orig.* 26b.

penuria [CL], **~ium**

1 shortage, lack, want, need; **b** (w. gen.); **c** (as etym. gl.).

iniquorum terrae imbres adimens aetherales, ac si fortissimo ~ii clustello tribus annis sexque mensibus obseratos GILDAS *EB* 71; sunt .. in ~ia parci, in copia superflui GIR. *DK* II 5; si discoloratio faciei fiat .. ex indigestione, rectificetur cum cibis digestibilibus, bono vino, salsis, pigmentis, et hoc modo ~ia restauratur GILB. III 169v. 2. **b** locus iste pene ininhabitabilis est, propter aquae ~iam *V. Cuthb.* III 3; **1088** vide ne pro ~ia recti amplius inde clamorem audiam *Regesta* I p. 131; **a1189** (1268) et nisi feceris, justicia mea errans faciat, ne amplius inde clamorem audiam pro pennuria recti *CalCh* II 95; adepto postea regno nullam consequeretur infamiam pro ~ia regiam discernendi et provulgandi sententiam G. FONT. *Inf. S. Edm.* 40; **c1162** hoc fieri faciat ne pro ~ia redditus ad terminum predictum clamorem inde audiam *Regesta Scot.* 211; quandoque contingit quod habemus ~iam dictionum compositarum, possumus tamen per expressum simile satis aptam dictionem invenire GERV. MELKLEY *AV* 90; dum quelibet corporalis passio per eterne salutis desiderium superatur, omnis rei familiaris ~ia pro certa spe celestis glorie gratanter accipitur *Spec. Incl.* 4. 1; est .. in desertis illis magna ~ia [ME: *defaut*] aquarum *Itin. Mand.* 44. **c a1290** ~ia est pena proveniens ab extra quasi pene urens, quia carebat scientia adquisita *Theol. Ox.* 27.

2 state of being short (of material or spiritual means), poverty, penury. **b** difficulty, straits.

abundare et ~iam pati *Ps.*-BEDE *Collect.* 292; postulet coram amico qui ~iam suam [AS: *his wædle*] predicat *Prov. Durh.* 5; de ~ia cordis mei locutus sum, loquar ex abundantia fidei mee J. FORD *Serm.* 120. 8. **b** quis tam immanes unquam sustinuit exactores? quis consimili contritus est penuria? *Itin. Ric.* IV 18 p. 264; cum viderit eos durescere, sinit bella insurgere et docet eos preliari et ~iam pati *AncrR* 79.

penuriosus [CL penuria+-osus], **a** characterized by scarcity (w. ref. to agricultural productivity). **b** poor, penurious (spec. w. ref. to money and luxuries).

a transit annus iste nec plene frugifer nec ~us RISH. 195 (=WALS. *HA* I 80). **b s1455** populi illi plus sunt ~i quam pecuniosi, majorem habentes abundantiam orobi et hordei, siliginis et frumenti, quam aut ostri, aut hebeni, aut eboris, muricis, auri, vel argenti *Reg. Whet.* I 171.

1 penus v. penis.

2 penus, ~um [CL], **~u**

1 food, provisions, stores. **b** storeroom, cellar. **c** (transf. & fig.).

cellarius .. qui .. clamitaret non posse ~um tot expensis sufficere W. MALM. *GR* III 293; quando ministro pēnum, diadema parum probo Pēnum SERLO WILT. II 90. **b** Diogenes, cui pera ~u, cui dolia sedes GOSC. *Lib. Confort.* 74; mancipiisque domus locuples sit et unguine promus, / glande nemus plenum farre meroque penum R. CANT. *Malch. Ep. pref.* 20; de castro tuceta ferunt pinguemque ferinam, / panem de nostro dant sibi, Petre, †pena [l. penu] L. DURH. *Dial.* II 488; quorum cura penum solet evacuare bibendo, / et bona marsupiis publica tecta latent J. SAL. *Enth. Phil.* 1591; **11..** ~u, *celier* .. poenum, *celier* (*Cambridge, Trinity Coll. MS R. 9. 17*) *Teaching Latin* I 26; ecce penum subeunt [sc. mures] .. / .. / blanda penu clauso parcit fortuna timori WALT. ANGL. *Fab.* XII 7, 15; hoc ~um, *celer Gl. AN Glasg.* f. 20rc; loco inferioris sedis fecit ~um cum pantaria *Hist. Durh.* 11; hoc ~u, indeclinabile, A. *a seler WW*; hoc ~us, hoc dispensorium, *a spenyse WW*; dum in ede paterna lusitans aliquando versaretur sola .. illa fortuitu ad hostium cellarii sive subterranei cujusdam ~u devenit *Mir. Hen. VI* II 55. **c** felix lingua, que de abundanti ~u conscientie tam secura verba .. auderet effundere W. MALM. *GP* IV 148; ipsius et reliquas in partes ire potenter, / ipsarum penum vir penetrare potes L. DURH. *Dial.* IV 32; ut suo tempore proferat natura de largo ~u copiosam fetui nutriendo ubertatem RIC. MED. *Anat.* 228; tu virtutis es exemplum, / Dei penus, Dei templum / et gazofilacium WALT. WIMB. *Virgo* 125; novenus celicum conventus ordinis / panem de penore mendicat virginis *Id. Carm.* 124.

2 (in gl.) cutting edge.

nomina pertinencia ad pistrinum: .. Hec sindula, A. *blade*, hoc manubrium, A. *hefte*, hoc ~um, A. *egge WW*.

penygeld- v. peninggeld-.

penyhenna [ME *penihenne*], 'penny-hen', hen that costs one penny.

1338 in v^{xx}vij ~is emptis in B. per bursarium et celerarium, viij s. xj d. *Ac. Durh.* 33.

Peohta [AS *Peohtas pl.*], Pict.

s710 bellum .. adversus ~as ÆTHELW. II 12.

peon v. paean. **peonia** v. paeonia. **peonicus** v. paeonicus.

pepa [? cf. 1 pepo], (bot.; *~e spermate*) bindweed (*Convolvulus arvensis*).

~e spermate, corrigiola idem, A. *berebynde Alph.* 142.

pepansis [πέπανσις], ripening, maturation.

semina .. animalium optesi sive ~i non determinari nemo phisicus ignorat ALF. ANGL. *Cor* 12. 4; quemadmodum in ovo galline ex pinguedine et superfluitate sine semine galli producto nihil est coagulatum, nec quod possit facere ~im, i. sil'e in natura vel quod potens sit gignare GILB. VII 283. 1; videmus .. in fructiferis amaris, in quibus humidum non est sufficienter digestum, per calidum solis digerere, que est ~is, quod postea adhibita ad ignem efficiuntur dulcia per digestionem, que est epsesis vel opthesis et assatio *Ps.*-GROS. *Summa* 514.

pepanum [cf. πέπανος=*ripe*], (bot.) germ of a seed.

posuit natura farinosam substantiam circa ~um in faba vero in extremitate et amigdal'. semper ęnim juxta ~um, i. filium nature, constituitur aqueum, i. medullare, prohibens ~um ab arefactione GILB. VII 283. 1.

pepanus [? cf. pepanum], (bot.) ? lungwort (*Pulmonaria officinalis*), or ? crosswort (*Galium cruciata*).

~us, pulmenaria idem *Alph.* 142.

peparium, part of a ship, ? handspike.

1294 pro *wyndase* et *wyndase stockes* xv s. vj d... pro ij ~iis xiij d. ob. .. pro j m ferri, xxxvij s. j d. (*KR Ac* 5/2 m. 2) *Mariner's Mirror* XIV 229.

pepe v. 2 pepo. **peper** v. piper. **peperere, peperire** v. 2 parere. **pepe spermate** v. proserpinaca. **pepilion-** v. populeon. **pepillare** v. paupulare.

pepinum [cf. pepissa], umbles, edible parts of the offal of a deer.

þe nowmbils of a dere, burbilia, ~um *CathA.*

pepissa [cf. pepinum], fat flesh, fatty bit of meat (as dist. from haunch or sim.).

hec ~a, *fat fleyche WW.*

pepla v. peplus.

peplalis [CL peplum+-alis], made in the form of or that functions as a veil.

cum clamidatus eas, utrosque clamis tegat armos; / non sit peplalis ulli vestis clamidalis D. BEC. 154.

peplare [cf. CL peplus < πέπλος], to veil, to conceal or hide the face by means of a veil, mask, or sim. **b** (med.) to bandage, cover with a bandage or mask. **c** (eccl.) to veil, bestow a nun's veil upon, admit into monastic life as a nun.

si sit peplata [sc. tua conjux], non sint peplata labella / famine dum fruitur, nisi fetor ab ore procellet D. BEC. 2253; de nocte ~ati cum gladiis et fustibus irruerunt MAP *NC* I 25 f. 21. **b** facta predicta stupha illiniatur facies et ~etur et in crastino ut predictum est lavetur GILB. VII 342. 2. **c 1516** viduas .. castitatem vovere volentes .. ~are .. possit *Reg. Heref.* 231; **a1531** ad recipiendum .. continentie votum et castitatis promissum dicte Margerie, ac in signum hujusmodi continentie et castitatis promisso perpetuo servando eandem Margeriam velandam seu ~andam .. vobis committimus potestatem *Antiq. Warw.* 895b (ed. 1730).

peplox v. peplus. **peplum** v. peplus.

peplus, ~um [CL < πέπλος], **~a**

1 piece of woven cloth or fabric; **b** (eccl., as cover for altar, statue, or sim.); **c** (as banner or pennon).

lacero .. ~o, *toslitenum webbe GlP* 251; ipsa .. , in derisum Anglorum, cum ~a pulcerrima locum ubi lapis machinamenti tetigit murum castri extergebat, omnibus videntibus *Plusc.* IX 35. **b** albanturque suis lustrata altaria peplis FRITH. 452; **1220** hec sunt ornamenta .. duo panni linei ante altare .. magna .. penularia vestimentorum .. ~um sericum et vexillum de rubeo serico *Reg. S. Osm.* I 282; tria ~a ad Mariolam cooperiendam linea *Ib.* 291; **1222** ~um unum de serico rubeo .. ~a alba de serico v .. ~a iij linea ad ymagines .. offertorium unum de serico albo et alia v linea .. viij paria corporalium cum forellis v *Ib.* II 131; **1378** respondebant .. de ij s. v d. de j ~a serica de legato J. T. vendita *Ac. Churchw. Glast.* 94; **1436** ornamenta magni altaris .. sex sudoria cum duabus casulis .. unum ~um de serico pro episcopo .. unum *napkyn* pro domino episcopo *Reg. Aberd.* II 139. **c** fraxineo nunc verberat aëra peplo J. EXON. *BT* VI 583.

2 cloak, robe; **b** (transf. & fig.); **c** (as accoutrement of Minerva, orig. the robe put on the statue of Athena at the Panathenaic Festival in Athens); **d** (eccl., of monastic habit).

primitus in terra proprio de corpore peplum / .. produxi frondibus altis ALDH. *Aen.* 77 (*Ficulnea*) 4; **757** hanc miseram vitam .. vitiis superbie .. ceterisque quasi nigerrimo ~o contectam et sine lumine remansisse aeternae claritatis BONIF. *Ep.* 115; undique bissini comptus velamine pepli WULF. *Swith.* I 10; in camino .. astitit, flammeas minas et fumea volumina ~o suo summovens W. MALM. *GR* III 286; **1300** j ~um cum tena pro iiij d. *Rec. Leic.* I 364; **1460** per solucionem factam .. pro .. octo ulnis tele late pro linthiaminibus et peblis *ExchScot* VII 36. **b** armigeri dura cordis compagine fingor, / cujus et hirsuti extat circumstantia pepli TATWINE *Aen.* 30 (*De ense et vagina*) 2; solque nitebit glorie singularis, / quem peplum noctis latere non recondet J. HOWD. *Cant.* 218. **c** falso .. Minerve ~o velavit Affroditem MAP *NC* IV 11 f. 52v. **d** monachi sacris ~is sua membra revincti J. HERD *Hist. IV Regum* 102.

3 head-dress, wimple, veil, kerchief (usu. worn by women); **b** (eccl., as head-dress of nun) veil, wimple.

11.. hoc ~um, *wimple WW Sup.* 45; illi collatis viribus eam violentius arripiunt, ~oque capiti sublato brachia .. constringunt T. MON. *Will.* VI 6; mulieres .. ~o candido et amplo, more Parthico, in coronam per gradus erecto capita velant GIR. *DK* I 11; nunc ~o [*gl.*: *wimple*] intemperiem aeris excipiat, nunc corrolla, nunc coracalla, vel crinali, vel reticulo comarum discurrentium libertatem refrenat NECKAM *Ut.* 101; quidam homines usurpant sibi officia mulierum, qui vendunt .. ~a [*gl.*: G. *wimple*] et flammeola GARL. *Dict.* 129; mulier hec, que jam propinquante dominica ~a sua laverat *Mir. Hen. VI* III 109 p. 194. **b** ut ignobiles nuptias respueret .. ~um sacrate professionis index gestavit W. MALM. *GR* V 418; in capite uti poteritis pepl[o] [ME: *wimpelles*] *AncrR* 171; decernimus ut moniales et cetere mulieres divino cultui dedicate velum vel ~um sericum non habeant, nec in velo acus argenteas vel aureas audeant deportare LYNDW. 205; hic .. ponitur ~um pro pannis lineis quos moniales gerunt sub mento *Ib.* 205bP; c**1500** amicilium dicitur fascia capitis, sc. ~um, *a bende or a fyllet*, i. mitra virginalis (*Ortus Vocabulorum*) *CathA* 27 n. 7.

4 (bot.) wartwort, spurge (*Euphorbia spp.*).

~ox frutex est plena lacrima alba, folia minuta habet, sicut ruta sed laciora, omnis enim frutex communiter obrotunda est et in terram spansa, nascitur in ortis et inter vites *Alph.* 142; ~os .. *is called in English of some wartwurt .. also pety spurge* (LYTE *Dodoens* 363) *OED* v. *spurge*.

5 (conf. w. *pappus* < πάππος=*down on a seed*) kind of thistle.

~um est nomen equivocum ad vittas mulierum, G. *guynpel*, et ad quoddam genus cardonis in cujus summitate nascuntur fila quasi folia subtilissima que qualibet levi impulsu volant per aera *Alph.* 142.

1 pepo, ~on [CL pepon < πέπων], melon; **b** (w. ref. to *Num.* xi 5).

non querit a Domino ~ones, non delicias .. sed simpliciter panes GIR. *GE* II 22; ~ones, i. *melones SB* 33; ~o in cibis lenis est, detracta cute ac semine abjecto esui datur, stomachi compescit ardores, caro ~onis comesta diuretica est *Alph.* 142. **b** c**1167** corrupti ~onibus et alliis Egyptiorum, malunt servire J. SAL. *Ep.* 215 (200); inter Egyptios .. ollas carnium et alia sapiebat et ~ones H. BOS. *Hom.* 1409; postquam exivistis de Egypto hujus seculi, iterum affectatis allia et ~ones Egypti P. BLOIS *Serm.* 711C; corde siquidem reversi in Egiptum, manna celicum nauseantes, ~ones et allia suspirabant AD. EYNS. *Hug.* II 11.

2 pepo, ~e cf. πέπων=*ripe, softened*], sort of soup, pottage, custard, or sim., mortrel, mortress, charlet.

charlettee, dyschmete, ~o .. , *kylwarbi PP* 77; hoc ~e, A. *mortrus*; .. hoc ~e, *moteryls*; .. ~o, A. *mortreuus WW*; *mortrws*, ~o, peponum *CathA*.

peponum, ~us [cf. 2 pepo], mortress, 'blancmange'.

morterews, dyschmete, ~um *PP*; *blawemanger*, ~us; .. *mortrws*, pepo, ~um *CathA*.

pepoudrus [AN *pepoudrous*, ME *pepoudre dusty-footed*], traveller, itinerant merchant, pedlar (passing into surname).

1242 Willelmus Pepudrus [debet] dim. m. pro vino vendito *Pipe* 291.

pepsis [πέψις], digestion (of food and drink); **b** (spec.) digestion occurring in the stomach and intestines, 'first digestion' (of three in medieval physiology).

pisis est cibi et potus digestio *Gloss. Poems* 103 n. 19; ~is interpretatur degestio *Alph.* 144. **b** ~is .. ponitur similiter pro prima digestione, inde peptica degestio et anapeptica, i. recta degestio *Alph.* 144.

pepticus [CL < πεπτικός], that occurs in the stomach and intestines (w. ref. to second digestion).

pepsis interpretatur degestio et ponitur similiter pro prima digestione, inde ~a degestio et anapeptica, i. recta degestio *Alph.* 144.

pepudrus v. pepoudrus.

pepulus [cf. ME *bolas*, OF *beloce*]

1 (bot., as sb. f. or m.) bullace-tree, wild plum tree (*Prunus insititia*); **b** (by conf. w. *populus*) poplar.

hec sunt nomina silvestrium arborum .. populus, cum salice, et cum tremulo et tilia, ~us [*gl.*: *bulacir*] gerens pepula, que vulgus manducat GARL. *Dict.* 136; prunus, acer, pepulus, populus quoque, tilia, fagus R. MAIDSTONE *Conc.* 294; hec ~us, *a bolystre WW*; *a bulas tre*, ~us *CathA*. **b** hec ~us, A. *popultre WW*.

2 (as sb. n.) fruit of the bullace-tree, wild plum.

pepulus gerens ~a [*gl.*: †*speple* [l. sc. *peple*], A. *bolaces*; *purneles*], que vulgus manducat GARL. *Dict.* 136; hoc ~um, *a bolysse WW*; *a bulas*, ~um *CathA*.

per [CL]

1 (w. motion expr. or impl.): **a** through (a space, volume, or mass). **b** through, across, over (a surface, area, or geographic region); **c** (indicating mode of transport, *per terram*, *per aquam*, *per mare*; quots. may also be referred to sense 8a). **d** through, across (a barrier or boundary). **e** through (an aperture or opening). **f** through the midst of, among (a number of objects or persons).

a gelido per ossa tremore currente GILDAS *EB* 6; tunc transierunt filii Israhel per Mare Rubrum THEOD. *Laterc.* 2; cum volucrum turma quoque scando per aethera pennis ALDH. *Aen.* 16 (*Luligo*) 3; nec natura sinit celerem natare per amnem *Ib.* 38 (*Tippula*) 4; horrendum incussere metum per corda virorum *Id. VirgV* 2614. **b** per patriam .. fures magnopere insectantes GILDAS *EB* 27; fervidus ac si pullus .. per extensos scelerum campos inrevocabili furore raptatur *Ib.* 35; quae ducunt per civitatem plateae dicuntur *Comm. Cant.* I 88; pedibus spatior per squalida rura ALDH. *Aen.* 42 (*Strutio*) 4; a**786** usque in arborem .. et inde via recta per medium campum quae appellatur H. *Ch. Roff.* 15; **1283** quod aqueductum suum de fonte suo .. usque ad abbaciam possint deducere per terras suas et terras aliorum *Cart. Chester* 226. **c** **1364** in remissione facta Martino Litill .. qui lanam suam amisit per mare, xxx s. *ExchScot* 139; **1454** in uno pare molarum cum cariagio earundem ad dictum molendinum tam per aquam quam per terram, xxvij s. iij d. *Ac. Durh.* 191. **d** tradidit his caeli per sudum scandere limen ALDH. *VirgV pref.* 8; W. filius A. .. percussit R. *le teler* quodam pileto per mediam genam *PlCrGlouc* 34; **1283** quod aqueductum possint deducere .. per murum civitatis *Cart. Chester* 226; prerupta montium .. per que transituri erant Angli *Flor. Hist.* II 286; [caro decocta] exprimatur fortiter inter duos baculos per pannum et cum ista decoccione fiat .. usus gargarismi J. MIRFIELD *Brev.* 84. **e** haec domus .. resplendet luce serena / quam sol per vitreas illustret forte fenestras ALDH. *CE* 3. 67; cum per unum ostium ingrediens mox per aliud exierit BEDE *HE* II 13; **859** communi via per unam portam perfruendum intra villulam et extra villulam *CS* 497. **f** glescentium culmina tiliarum per florulenta ALDH. *Ep.* 5 p. 490; divina gratia .. / .. / currere per populos .. late infusa fideles / incipit *Mir. Nin.* 280; **1439** cum idem Willelmus per vos ex causa predicta declinaverit *Cl* 289 m. 26.

2 along (a linear route, course, boundary, *etc.*). **b** along, by, past. **c** (w. cardinal direction) towards or in the direction of the, -wards. **d** (*per medium*) along or in the middle.

Brittannia [est] .. vallata duorum ostiis nobilium fluminum .. veluti brachiis, per quae eidem olim transmarinae deliciae ratibus vehebantur GILDAS *EB* 3; peccaminum omni insulae ita incumbit nox, ut omnes paene a via recta avertat ac per invios impeditosque scelerum calles errare faciat *Ib.* 93; sic .. currens quemadmodum gigans per viam THEOD. *Laterc.* 19; naturali meatu per venas terrae de mari exeuntes *Comm. Cant.* II 15; graditur per publica strata ALDH. *VirgV* 2574; humida spumiferi spatior per litora ponti *Id. Aen.* 37 (*Cancer*) 2. **b** quociens fratres transeunt per altare, vel per reliquias, sive per ymaginem crucifixi vel beate Marie .. inclinare debent *Obs. Barnwell* 80. **c** **957** (14c) tunc iterum per austrum ad Maccanyngford [OE: *swa on Maccaniges forda suðweardne*] **d** **1373** injunctum est omnibus tenentibus ville quod nullus eorum permittant porcos subvertere solum de Dunwelmedowe nec teneant altam viam per medium *Hal. Durh.* 119.

3 (without sense of motion): **a** throughout (a space or volume). **b** throughout, all over (a surface, area, or geographic region). **c** throughout, in (each of several distinct locations). **d** (distributive) to each or every part or constituent of, throughout, among. **e** (w. ref. to written work) throughout. **f** (*per auras*, *per aethera*, w. ref. to bird or object suspended or floating) in the air, in mid-air.

a obscuratus est sol et erant tenebrae per universum THEOD. *Laterc.* 10; ventris .. viscera foeda / .. / quae cava per criptas complebant antra latrinae ALDH. *VirgV* 978. **b** legebam .. populum .. bestiis, ferro, igni per Arabiae deserta sparsim cecidisse GILDAS *EB* 1; usque ad persecutionem Diocletiani .. in qua subversae per totum mundum sunt ecclesiae *Ib.* 9; quem medici multum ruris per terga virentem / .. / .. quaesisse feruntur ALDH. *Aen.* 94 (*Ebulus*) 4; monstrorum .. genera .. in abditis mundi partibus per deserta et oceani insulas .. nutriri monstrantur *Lib. Monstr. prol.*; quietus erat de theloneo per totam Angliam *DB* I 1ra; parvos .. per ubera matrum / flentes .. perire sinunt GARL. *Tri. Eccl.* 111; ostia ecclesiarum omnium per Angliam et Walliam *Eul. Hist.* III 95. **c** c**747** adiciunt quod hoc scelus [sc. adulterii] .. cum sanctis monialibus .. per monasteria commissum sit BONIF. *Ep.* 73; s**747** ut per monasteria lectio sanctarum scripturarum frequentetur W. MALM. *GP* I 5; †**604** (12c) nobis est aptum semper inquirere, qualiter per loca sanctorum .. aliquid de portione terrae nostrae .. debeamus offerre *Ch. Roff.* 1; **1339** exp' domini prioris per maneria *Ac. Durh.* 535. **d** mellifluis escarum pasco saginis / nectare per populos tribuens alimenta ciborum ALDH. *Aen.* 91 (*Palma*) 11; haec terra per plures est divisa *DB* I 179va; nec opus est nobis .. tantum transcribito in nostrum libellum per suos locos tribus verbis abbatum nomina, ordinem, et annum Domini FERR. *Kinloss* 11. **e** justitiae .. solem .. / quem sacra per biblos descripsit littera lautos ALDH. *VirgV* 1032. **f** frigida .. suspendo metalla per auras ALDH. *Aen.* 25 (*Magnes Ferrifer*) 3; raucisono medium crepitare per aethera [vv. ll. aethra, aera] suescens *Ib.* 35 (*Nycticorax*) 5.

4 running along the length of, along, on. **b** at a position along the length or side of, along, by, beside. **c** (w. expr. of distance) throughout or all along a distance of. **d** (w. *distare* and expr. of distance) at a distance of, distant by; **e** (without *distare*). **f** (in. compar. expr.,) by (a distance of).

fingunt esse bestias .. quibus sub caninis capitibus equina dependet per cervices juba *Lib. Monstr.* II 13; **1251** siccum [sc. boscum] quod jacuit per terram *IMisc* 5/24. **b** c**1175** totam pasturam per fluvium Galche versus eos, sc. ab orientali parte sicut idem fluvius currit *Regesta Scot.* 175; **1274** de insula de Gereseye et Gerneseye et de aliis insulis .. per costeram Normannie *S. Jers.* II 3; **1344** molendina que sunt superius per eandem aquam posita non possunt molere dummodo aqua ibidem sic retinetur (*CoramR*) *Pub. Works* II 17; **1438** concessisse dicto Johanni unam cameram de illis duabus cameris supra magnam portam manerii sive mansi nostri predicti per regiam viam ibidem constructis *DCDurh. Reg.* III f. 229v. **c** **672** per tot tantaque telluris stadia lectionis opinio .. crebrescit ALDH. *Ep.* 5 p. 490; ab ipso usque ad Tyrrheni maris terminum per xviii milia passuum aquam tanto sanguine commixtam reddidisse fertur *Lib. Monstr.* I 3. **d** ad urbem Weisefordie, per milia passuum quasi duodecim a Banua distantem GIR. *EH* I 3; ecclesiam beati Nicholai, que per unum miliare a Veneciis distat DICETO *YH* I 421; in comitatu Northumbrie, qui distat a comitatu Westmorelandie per sexaginta leucas *State Tri. Ed. I* 82; **1299** in Lyndeseya, distante a Lincolnia .. per duodecim leucas *Lit. Cant.* I 27; in una magna foresta, distante ab hominum habitatione per longa spatia *Eul. Hist.* I 73; **1452** [ecclesia] de Wyttesham .. que distat per quatuordecim milliaria de Horsmundene *MunAcOx* 642. **e** 'vultur' .. per centum milia sentire potest cadavera *Comm. Cant.* I 356; avis .. cujus vox per mille passus auditur *Ps.-*BEDE *Collect.* 63; in quodam magno campo .. bene per tria miliaria a villa AD. USK 27. **f** magis elevatur corpus ejus [sc. geraf] perante quam a retro per tres vel quatuor pedes BRYGG *Itin.* 381.

5 (in temporal sense): **a** for the duration of; **b** (in assoc. w. *ante*, *post*, or sim., to indicate amount of time by which one event precedes or follows another). **c** in the course of, during. **d** on (a particular day of the week). **e** (w. ref. to recurring payments, commitments, etc.) per, by. **f** (in phr. *ciclo currente per*+numeral, w. *annos*

understood, to indicate year within nineteen-year Metonic cycle).

a per tres quadragesimas peniteat GILDAS *Pen.* 9; commoratus est cum eis per dies xl super terram postquam resurrexit a mortuis THEOD. *Laterc.* 11; lunaris globi rotunditas, quae .. per ter quinas dierum revolutiones usque ad perfectum pleniluni circulum crescit ALDH. *Met.* 3 p. 72; solis defectus .. per tres horas duravit R. NIGER *Chr. II* 109; **1253** dicunt .. quod habent suspeccionem quod H. N. .. per tres annos elapsos ivit cum arcubus et sagittis in parco de B. et in bosco de firma *SelPlForest* 109; s**1318** fatebatur .. quod in artem magicam per vij annos credidisset *Ann. Paul.* 283; c**1427** ejus .. precessores, predecessores, et antecessores, omnes et singulos pro tempore existentes per tempus cujus contrarii memoria hominum non existit, fuisse veros et legitimos possessores *FormOx* 463; **1542** concordatum est .. oportunum esse quibusdam de causis electionem socii vacantis differendam per annum *Deeds Balliol* 320. **b** **1219** obiit per plures annos ante matrem suam *Eyre Yorks* 92; postea .. per duos annos rediit ipse, et accessit ad dominum regem Johannem *PlCrGlouc* 85; c**1228** quasi per viij vel ix dies ante mortem suam reddidit monachis boscum illum *Feod. Durh.* 234; **1269** panem .. usque castrum .. cariari faciant ita quod sit ibi per duos dies ante festum [Natalis Domini] *Cl* 11; datam brevium, que est per quatuor dies antecedens diem qua inquisicio transisse debuerat *State Tri. Ed. I* 35; **1336** post aliquem terminum per xl dies *Feod. Durh.* 26 n. 2; **1430** Walterus Offyngton, qui pretenditur ipsam cartam fecisse, fuit mortuus ante datum ipsius carte per viij annos *Feod. Durh.* 37. **c** per xij menses sancta sanctorum ingressus est: semel .. secundo .. tercio *Comm. Cant.* II 20; oroma per noctem cernebat rite supernum ALDH. *VirgV* 1276; **1286** Robertus .. clericus .. tempore quo fuit scolaris universitatis Cantebrig' .. per adventus suos apud Cantebrigg' et familiares sui consueti fuerunt intrare warennam predictam cum leporariis suis *SelPlForest* 129; **1336** in redempcione facta pro barell' ferrat' et sportulis rehabendis de panetario et butelario regis quando presenta missa fuerunt domino regi per adventus suos apud Dunelm' *Ac. Durh.* 533; **1377** injunctum est omnibus .. qui cariare debent blada domini .. quod veniant cum saccis sanis .. et hoc per diem et non per noctem *Hal. Durh.* 140. **d** **1217** habeant .. mercatum suum .. singulis septimanis per diem Mercurii *Pat* 28; **1220** utrumque [sc. mercatum] fuit per diem Dominicam, quousque per Christianitatem remota fuerunt ad diem Sabbati *CurR* 268; **1252** concessimus .. eisdem .. quod .. habeant unum mercatum apud Malmesburiam .. singulis septimanis per diem Jovis *Reg. Malm.* I 342. **e** totum valet per annum c s. *DB* I 31rb; **1267** quantum Simon .. nobis per annum reddere consuevit pro eisdem comitatibus *Cl* 270; **1307** R. K. .. tenet duas acras .. terre et debet per annum iiij s. *Cust. Battle* 19; **1457** ad dividendum, ordinandum .. et assignandum .. [quot] bona, catalla, revenciones per annum terrarum, tenementorum, reddituum, et possessionum .. proprietarii et possessores eorundem portabunt et onerabuntur *Lit. Cant.* III 227. **f** **1214** anno quinto decimo regni Johannis regis Anglie, ciclo decem novali currente per decem et octo *AncD* B5129; **1240** confecta fuit hec carta anno Domini mccxl, ciclo lunari currente per sex (*MS BL Addit. 31826* f. 271r) J. NICHOLS, *History and Antiquities of County of Leicester* (1795–1815), vol. I pt. 2 *app.* p. 57.

6 through (a number of items) in succession, through. **b** (of a succession of groups or sim.) by. **c** (distributively) corresponding to. **d** (w. ref. to successive units by which payment is to be calculated) according to, by. **e** (*per bis, per ter, etc.*). **f** (w. adj. of numerical degree as adv. phr.) -fold.

quomodo in se consecrando ecclesia grados ejus per singulos commendaverit, id est per sex grada officii THEOD. *Laterc.* 19; per atavos et tritavos rursum singillatim ordinem genealogiae recapitulans ALDH. *Met.* 2 p. 68. **b** per turmas pariter precedent agmine denso ALDH. *VirgV* 2881; anno Domini 1355 erat maxima demencia predominans .. in tantum quod per centenos et millenos subito insanientes discurrerent et dementarentur *Meaux* III 111. **c** primus articulus illorum includit tres conclusiones principales, per triplicem primitatem; quelibet .. illarum trium conclusionum habet tres ex quibus dependet .. itaque in primo articulo sunt novem conclusiones, sed tres principales DUNS *Ord.* II 150. **d** **1375** recusant falcare per acram juxta formam ordinacionis inde edite set per diem, capiendo per diem iiij d. *SessPLincs* I 84. **e** ille crucis pingens per ter signacula sulcat ALDH. *VirgV* 821; per ter depotavi [v. l. deputavi] eum *V. Cuthb.* IV 7; **1232** per bis (v. bis 1c). **f** sic emundatum est ejus peccatum sicut Cain per septuplum in diluvio *Comm. Cant.* I 58.

7 (in oath) by; **b** (in adjuration or entreaty); **c** (in order or command).

per hoc et hoc, meo judicio amodo respondebitur, non Dei EADMER *HN* 116; per caput meum vobis assero quod hinc non egrediemini nisi cum vite vestre detrimento ORD. VIT. XIII 8 p. 16; "per oculos" inquit "Dei" .. quoniam usu pravo .. sic jurare consueverant, sicut et .. Henricus primus "per mortem Dei" GIR. *GE* I 54; nimis torvo vultu et verbis minacibus respondit, jurans per guttur Dei M. PAR. *Maj.* V 733; per hoc caput meum, tu perdes caput tuum *Eul. Hist. Cont.* 390; verbis, dicens, "*par le sang de Dieu tu as bien †chance* [l. *chante*]," quod est dictum "per sanguinem Dei tu bene cantasti" *Plusc.* VIII 12. **b** **671** quos obsecro et adjuro per clementiam Christi ALDH. *Ep.* 1 p. 478. **c** **867** praecipio .. successoribus meis .. per fidem S. Martini *CS* 516; c**1130** precipio per sanctam obedientiam ut fraternaliter et amicabiliter recipiatur *Ch. Westm.* 248A.

8 (indicating means or instrument) through the use of, by means of, by, with. **b** (indicating person through whose instrumentality a thing is accomplished or an obligation fulfilled) through the person of, through. **c** (w. monetary sum or equivalent) through or on payment of, by giving or rendering; **d** (of symbolic object representing a donation). **e** (w. item sold) in exchange for, for. **f** (leg., w. ref. to procedures of distraint or attachment) by or through seizure of. **g** (math. w. ref. to division of numbers) by. **h** (w. inf. or inf. phr. treated as substantive) by, through.

pagos vel provincias .. per retia perjurii mendaciique sui facinoroso regno adnectens GILDAS *EB* 13; renovatur .. per gratia[m] Creatoris THEOD. *Laterc.* 17; lignum crucis in quo sibi conjuncxit ecclesiam per sanguinem et aqua ex proprio latere *Ib.* 25; apud per D scribendum, caput per T, quia facit capitis BEDE *Orth.* 12; **739** illi .. qui baptizati sunt per diversitate et declinatione linguarum gentilitatis .. quod in nomine Trinitatis baptizati sunt, oportet eos per manus inpositionis et sacri crismatis confirmari *Ep. Bonif.* 45; in introitu portus de Dovere est unum molendinum, quod omnes pene naves confringit per magnam turbationem maris *DB* I 1ra; cepit Hengistum per nasale cassidis, atque totis viribus utens ipsum infra concives extraxit G. MON. VIII 6 [cf. M. PAR. *Maj.* I 221, *Flor. Hist.* I 244]; sunt iiij efficientes, unus in materia uniens partes, alter conjunctus materie et est instrumentum, tercius operans per instrumentum qui movet partes, quartus exemplar in motore secundum quod operatur; sic ergo ordinantur ob, per, propter, secundum *Ps.-*GROS. *Gram.* 55; ostia ecclesiarum omnium .. clausa sunt muris lapideis et per haias spinetas extra muros *Eul. Hist.* III 95. **b** ne contemnas .. misericordiam Dei hoc modo per prophetam a peccatis impios provocantis GILDAS *EB* 36; caput abscisum .. / quod regina ferox per natam fraude poposcit ALDH. *VirgV* 448; **798** (12c) rex inclitus Merciorum Athelbaldus .. ex eadem terra cespitem et cunctos libellos praememorati cenobii per .. Cuthbertum archiepiscopum misit *CS* 291; **1168** Dominus .. expediet causam suam non per eos de quibus spes habebatur, sed quocumque miraculo suo J. SAL. *Ep.* 235 (276 p. 586); **1284** Willielmus .. veniet in autumpno ad tres precarias, sc. ad primam per unum hominem, ad secundam per ij homines, ad tertiam cum tota familia *Cust. Battle* 59; veniunt predicti H. de la L. et N. de C. per Thomam le S. attornatum suum .. et .. per [eundem] Thomam attornatum suum retraxerunt se versus predictum W. *State Tri. Ed. I* 39; a**1294** juravit quod nunquam contra istam quietam clamacionem veniet per se vel per alium *Cart. Chester* 272; que [historie] postmodum .. a Cassiodoro senatore per Epiphanum scolasticum a Greco in Latinum translate *Flor. Hist.* I 206; **1354** que .. blada .. per servientes suos messuit et in garbis ligavit *SelCKB* VI 92. **c** c**1074** sacri ordines per pecuniam ab episcopis dantur LANFR. *Ep.* 38 (10); a**1160** testificatus sum vos non debere regi plusquam quatuor milites, et per tantum quieti estis et in rotulo scripti *Chr. Rams.* 312; c**1213** nobis vicaria per pensiunculam assignata GIR. *Ep.* 7 p. 250; **1248** debent .. in dictis molendinis bladum suum quiete molere per sextumdecimum granum *CalIMisc* I 16; **1279** S. N. petit societatem gildanorum .. et intravit per lx s. *Gild Merch.* II 289; **1284** potest secta illa redimi .. per xij d. *Deeds Balliol* 13; si nos bladum nostrum .. per denarios aut aliter sine prestatione bladi metere faceremus, decimam rectam ex integro solveremus *Meaux* I 428. **d** c**762** (12c) placuit michi hanc paginam .. una cum cespite terrae praedictae tradere tibi, per quam .. meis successoribus .. interdico ne aliter .. ullo tempore de eadem terra quippiam agere audeant *CS* 194; c**1097** hanc redditionem .. posuerunt super altare S. Petri uxor ipsius R. et U. frater ejusdem R. per duo candelabra argentea, unum turribulum, unum pallium, unum tapete *Ch. Westm.* 488. **e** c**750** si quis Christianus infantem suum .. pro aliquo pretio vendiderit .. si autem ipsum obtinere nequeat, tradat tantum pecuniae, quantum prius per ipsum acceperat, et redimat eum e servitute (*Ps.-*EGB. *Pen.*) *Conc.* I 138. **f** **1218** distringas omnes debitores subscriptos per terras et tenementa sua, quod sine dilacione reddant debita subscripta *Pat* 172; distringas .. recognitores .. per omnes terras et catalla sua *State Tri. Ed. I* 32; aliquando fit attachiamentum per bona partis defendentis, utpote in placitis de debitis et conventione, et quando implacitatur de rebus mobilibus *Quon. Attach.* 1. **g** unitas est discretio .. rei per se, secundum Jordanum de Nemore *Mens. & Disc.* (*Anon. IV*) 64. **h** hujus pueri nostri .. adesse per abesse festinant tempora DEVIZES f. 40; **1220** idem N. venit .. et respondit ita quod per narracionem narrare et responsum dare recuperavit idem W. seisinam suam *BNB* III 345; c**1242** desiderantes .. ut ad unum comprehendamus, non per confrui vobiscum vestris prosperis, sed per participare pro vestra salute vobiscum vestris adversis GROS. *Ep.* 101; **1262** licepit [*sic*] .. redditum distringere per predictam aquam resumere et predictum bedum vel stagnum infringere *Cart. Mont. S. Mich.* 35; per habere res temporales potest probari quod habens habet dominum earundem OCKHAM *Pol.* III 210; neque per habitare neque per justorum participare est quis civis W. BURLEY *Pol.* 277.

9 (indicating agent of pass. verbal form) through the agency of, by. **b** (without explicit pass. form) through, by, at the hands of; **c** (in subscription of letter, foll. by but occ. sep. syntactically from *scriptum*).

per vos virtutes Dei non annuntiantur GILDAS *EB* 107; aethereus per me decoratur Olimpus ALDH. *Aen.* 37 (*Cancer*) 4; quasi verax historicus simpliciter ea quae de illo sive per illum sunt gesta describens BEDE *HE* III 17; sub eisdem prepositis sunt iiij villae wastatae per regem Caraduech *DB* I 162ra; c**1169** concedo .. ei ut hee cause sint atacheate per unum hominem de feudo suo quem elegero *Regesta Scot.* 80; sunt iij preposiciones dicentes hec, sc. ob, per, et propter, ut 'langueo ob injuriam per te mihi illatam propter illam' *Ps.-*GROS. *Gram.* 55; cum, infinita convicia .. ingerente Xantippe, reticuisset, aqua per eam perfusus immunda, nil amplius respondit quam. . 'sciebam .. quod ista tonitrua pluvia sequeretur' W. BURLEY *Vit. Phil.* 116 (cf. J. WALEYS *Compend.* III 3 cap. 5); vino regis Ricardi sufficienter reperto et per eum ducem usitato AD. USK 27; quamvis non ignorem multa esse vetustatis monumenta nullis unquam per posteros conjecturis enodanda FERR. *Kinloss* 13. **b** presbiter sancte, ora pro me et .. sanus ero per te *Descr. Constant.* 261; de .. ejusdem [gentis] per advenas expugnationibus GIR. *TH intr.* p. 8; **1508** in plenam solucionem omnium summarum monete michi per prefatum Robertum debitarum *Cl* 375 m. 22*d*. **c** **1432** scriptum Oxon' festinanter .. penna volante per vestrum in omnibus J. Wo. *Cant. Coll. Ox.* III 88; scriptum Oxon' .. , et hoc velocissime, per J. Wa. *Ib.* 90; scriptum in crastino S. T. martiris. valete. per vestrum obedientem *Ib.* 92.

10 (indicating cause) as a result of, on account of, by reason of, because of, through; **b** (w. pass. verbal form); **c** (w. presumed instigator of action, or person by whose authority an action is carried out); **d** (*per hoc quod*) for the reason that, because.

delicta quae fiunt per ignorantiam, peccata quae fiunt opere et scientia *Comm. Cant.* I 376; sermo de his per multarum scripturarum auctoritatem .. paene ubique refulsit *Lib. Monstr. prol.*; princeps .. / perdidit aurati vitam per lucra metalli ALDH. *VirgV* 2608; 'tautvide' dactilus per sinalipham .. 'bendum est' spondeus per sinalipham ALDH. *Met.* 9 p. 79; dicitur .. Maius [sc. Ursa Major] 'Ursa' per excellentiam, vel 'Septentrio' per excellentiam, vel 'Plaustrum' vel 'Helice' *Natura Deorum* 28; c**1207** tam tenere regnum nostrum amore dileximus naturali, quod per compassionem portavimus casus regni prosperos et adversos *Conc.* I 521b; illos calumpniarunt per bonam racionem, quia fuerunt homines predicti Radulfi .. foventis partem adversam *State Tri. Ed. I* 41; **1307** Jacobus .. tenet per uxorem suam unam acram terre et unum cotagium *Cust. Battle* 24; cognosco ignem per fumum, quia alias ad presenciam ignis vidi fumum causari OCKHAM *Quodl.* 82; **1469** onerat se in primis de xxvij li. v s. per integras firmas baronie de L. . . et de xv li. de firmis de B. et B. *ExchScot* 644. **b** saepissime a poetis per sincopam vocalis 'U' exploditur ALDH. *PR* 125 p. 173; omnes . . vires usu venereo debilitantur, unde fingitur Venus nata per damnum ALB. LOND. *DG* 1. 7; a**1307** si cariaverint tres cariatas bladi, et impediti fuerint per pluviam amplius cariare, quieti erunt ipsa die de opere suo *Cust. Battle* 29; potest larga, cum sit de modo perfecto, imperfici per duplicem longam precedentem vel subsequentem, vel per valorem HAUBOYS 405. **c** xxiiij oves . . quae ibi reddebantur TRE Malgerius detinet per comitem *DB* I 86vb; **1217** mandamus vobis precipientes quod de firma ville de W., quam ad firmam habetis per patrem nostrum, respondentes sitis et intendentes domine regine . . matri nostre, que ei assignata fuit in dotem *Pat* 1; c**1228** Rogerus de W. . . vacante ecclesia illa . . ministravit in eadem . . per magistrum A. . . senescallum episcopi, et ex precepto ejusdem A., liberavit omnes obvenciones venientes ad dictam ecclesiam *Feod. Durh.* 261; **1250** bene defendit quod nec ipse nec aliquis per ipsum predictum W. . . verberaverunt *SelCWW* 74; **1252** si quis alteri offenderit celeratam justiciam per dominum regem unicuique exhiberent *Ib.* 27; **1252** custodiebat dictam abbaciam per dominum regem *Ib.* 30; **1274** dictus J., nec aliquis nomine suo nec per ipsum . . aliquod vastum faciet *SelPlJews* 80. **d** hanc terram deservivit R. erga G. de magnavilla per hoc quod ipse G. dixit ei quatinus rex sibi dederat servitium illius terrae *DB* II 97b.

11 in accordance with, as determined by, by. **b** (w. ref. to another's opinion, or in citing a supporting reference) according to. **c** (of units of measure in which a commodity is sold) by. **d** (*per quos* as sb., w. ref. to contents of an account roll as a whole) statement of account, statement. **e** (*per sic*, w. ref. to antecedent condition) on that condition or understanding. **f** (*per sic quod*, *per sic ut*) on the condition or understanding that.

ungebantur reges non per Deum, sed qui ceteris crudeliores exstarent GILDAS *EB* 21; qui saepe fornicaverit, primus canon judicavit x annos penitere, secundus canon vij, sed pro infirmitate hominis, per consilium dixerunt iij annos penitere THEOD. *Pen.* I 2. 18; exameter versus dactilicus per quot species variari decernitur? ALDH. *Met.* 10 p. 84; **957** (14c) eadem . . poena quasi per debitum primae praevaricationis ad operandam . . iniquitatem omnes jure constrinxit *CS* 995; **1217** illas [sc. naves] . . ad portum illum venire et inde recedere permittatis per rectas et debitas consuetudines *Pat* 9; **1284** magister S. Bartholomei London' terram de Donton' per cartam nostram tenet *Cust. Battle* 94; **1307** inveniet unum hominem . . ad falcandum pratum domini, qui potest falcare per estimationem j acram et dimidiam *Cust. Battle* 20; sunt qui et 'Kilflos' dicant, sed inepte etiam a nescio qua voce Hybernica, per quam putent hunc locum designari . . 'ecclesiam florum' FERR. *Kinloss* 13. **b** per penultimam [sc. proposicionem] primi libri [sc. Euclidis], quod fit ex linea KB in seipsam valet quod fit ex KP in seipsam et PB in seipsam WALLINGF. *Quad.* 28; per te . . agnus paschalis fuit realiter Christus passus . . quia habitudinaliter NETTER *DAF* II 43. **c** **1160** per majus centum, **1294** per minus cent' (v. centum 1d); **13..** vinitarius vendat vinum . . per lagenas sive galones . . per quartas, per pintas (*Nominale*) *Neues Archiv* IV 339. **d** **1283** per quos Johannis servientis de manerio scolarium de Merton apud Ledder' (*Ac. Man.*) *Surrey Rec. Soc.* XXXVII 56; **1301** per quos de Maldon' (*Ib.*) *Ib.* 66; **1342** iidem onerant se de iiij^{xx}iiij li. . . per custumam . . lane . . pellium lanutarum . . et . . coreorum . . prout patet per le per quos *ExchScot* 492; **1343** iidem onerant se de xx li. . . receptis per costumam lane, coreorum, et pellium, prout patet le per quos *Ib.* 537; **1351** per quos Joh'is de Neuton, S. Mart' *Ac. Durh.* 551; **1355** per quos compot' Joh' de Neuton Mart' *Ib.* 555. **e** **1205** et per sic dat idem W. domino regi ij m., et M. dat eidem W. dimidiam m. *CurR* III 269; **1235** rogavit eum esse in servicio suo et de familia sua et per sic daret ei predictam [terram] pro homagio et servicio suo *CurR* XV 1365. **f** **1196** concordati sunt per sic de ecclesia de K. quod . . abbas et conventus concesserunt . . eidem Th. . . advocationem et presentationem predicte ecclesie *CurR* I 16; **1199** finis ille factus fuit per sic ut predictus A. quietus esset de retto pro quo dicebatur captus cum quibusdam utlagatis *Pipe* 177; **1204** offert domino regi xl s. per sic ut per juratam inquiratur utrum alium ingressum habuit in terram illam quam per custodiam *CurR* III 242; **1217** centum libras quas homines de Wigornia promiserunt . . regi Anglie, patri nostro, per sic quod muri Wigornie non prosternerentur *Pat* 10; **1219** concedit . . ei finem illum per sic quod inquisitum sit per legales homines . . que servitia pater suus et antecessores sui . . fecerunt *CurR* VIII 150; **1230** Judei habent respectum . . de residuo talliagii . . ultimo super eos assisi, per sic quod tunc reddent tres partes tocius residui sub pena dupli nisi tunc solverint *LTR Mem* 11 m. 6d.; **1287** dampna penitus relaxavit eidem Hamoni per sic quod dicti duo solidi eidem fuissent soluti *Law Merch.* I 13.

12 (indicating quality or attendant circumstance of an action) with, in.

porrecta . . dextra per signa salutis ALDH. *VirgV* 867; c**1092** volo ut per magnum honorem illam [sc. terram] teneat *Regesta* p. 134.

13 (used where a different prep. would be expected): **a** (for *ad* or *in*); **b** (for *pro*); **c** (for *super*).

a responso accepto ab angelo per somnio THEOD. *Laterc.* 6 [cf. *Matth.* ii 12: in somnis]; utque viam superant, jussis limphisque salutis / pandit iter populis caeli per regna vocandis BEDE *CuthbV* 310; **1265** ad videndum defectus dicti castri et per quantum possint reparari *Cl* 20; **1374** injunctum est . . quod inquirant per quantum tenementum Willelmi F. potest reparari. . . W. F. juratur facere pro tenemento suo . . quod tenetur facere de jure *Hal. Durh.* 125; **1394** allocatur per plenam solucionem factam domine regine . . cc li. . . et domino comiti de C. in plenam solucionem . . c li. *ExchScot* 342. **b** **1327** eidem . . per sex libras galange, quinque libras canelle, de quibus respondebit, xvij s. *ExchScot* I 66; **1342** domine M. F. per unam peciam panni . . iiij li. xiij s. iiij d. . . et Thome de N. per dimidiam peciam panni, de mandato regis . . xxv s. *Ib.* 509. **c** **1419** lego decanis ibidem [sc. ecclesie Herefordensis] successoribus meis imperpetuum duos libros meos vocatos Januensis in dominicalibus et in opere quadragesimali, prestita caucione per eos capitulo Herefordensi . . quod eos faciant liberari successoribus meis hujusmodi si cedant vel decedant *Reg. Cant.* II 163.

14 (combined w. advs. without change of meaning).

licet . . possemus jure . . statim eidem ecclesie de persona idonea providisse, volentes . . ad presens vobis deferre de gracia speciali, sicut per alias intendimus, magistrum E. de N. . . vobis recommendamus ad dictam ecclesiam presentandum *Reg. Cant.* I 385; hec est finalis concordia . . facta . . coram ballivo et baronibus . . ad illum idem audiendum requisitis, eo quod predicta Julia . . nequit per aliter . . accedere causa sui langoris et impotencie *Reg. Rough* 106.

15 (*per se*): **a** by oneself or itself, alone, apart from others, separate(ly), individually; **b** in and of itself, apart from other considerations. **c** by one's or its own means, on one's or its own, independent(ly). **d** (usu. w. *habere*, of land or land-rights) in or by one's own right, in one's own name, independent(ly); **e** as an inherent part of itself, inherently. **f** (phil., esp. as contrasted w. *per accidens*) by intrinsic or inherent nature or quality, inherent(ly), intrinsic(ally), essentially, 'by definition'. **g** specifically, as (more) narrowly defined; **h** by virtue of itself.

a **1167** lx s. numero in Wallop, et in civitate Wintonie quat' xx li. blanc' de quibus comp' debet reddi per se *Pipe* 175; **1168** laborat . . ut ipse rex et archiepiscopus . . per se ipsos de pace sua adinvicem tractent J. SAL. *Ep.* 235 (276 p. 588); **1219** ipsa . . cognoscit quod revera abbas predictus tenet terram in S., set terra sua est de diversa baronia et baronia per se, et terra de S. quam idem R. tenet de alia baronia et vocatur terra sua S. Breus', et nichil petit de terra abbatis nisi de terra ipsius R. tantum *CurR* VIII 12; puncta materialia . . duplici acceptione accipiuntur, uno modo per se et absolute sine sermone adjuncto, alio modo cum sermone adjuncto *Mens. & Disc.* (*Anon. IV*) 40; c**1250** troparium in uno volumine per se *Vis. S. Paul.* 14; **1260** assarta que facta fuerint post ultimum regardum factum post principium secundi anni coronacionis predicti regis scribantur per se, et illa que postea facta fuerint per se *Cl* 140; sciendum quod tallagia et dona amicorum, perquisiciones curie, et auxilia nativorum debent per se poni *FormMan* 14; **1303** anulus auri cum parvo saphiro per se in uno bastone *DocExch* 280; **1342** frontella ad omnia altaria deficiunt . . campanile ruinosum et male coopertum, manuale per se deficit . . fenestre in navi ecclesie sine vitro, ordinale per se deficit (*Vis. Totnes*) *EHR* XXVI 117; **1343** bene liquere potest quod hic est burgus per se et villa per se *Cart. Ciren.* I 130 p. 112; vidit Deus . . cuncta que fecerat, et erant singula per se bona, sed in universitate erant valde bona *Eul. Hist.* I 12; **1397** j par de *strayls* debilium . . j *strail* per se *Ac. Durh.* 214; **1404** dantes et concedentes eisdem procuratoribus nostris, et eorum utrique per se et in solidum, potestatem generalem et mandatum speciale *Foed.* VIII 356. **b** **1292** licet capcionem per se non moleste geramus, vobis mandamus quatinus vos . . prefatam ballivam restituatis eidem *RGasc* III 43b. **c** movet in semetipso et per se bullit *Comm. Cant.* III 135; etiam laicis in hiis gratia affluebat, excepto quod per se litteras atramento deformatas legere nesciebant AD. EYNS. *Hug.* I 10 p. 32; si quis fuerit sapiens, juxta regulas supradictas posset invenire reliqua necessaria per se *Mens. & Disc.* (*Anon. IV*) 49; de singulis ejusdem satis patet per se una cum consideratione ipsius ejusdem modi intellectualis *Ib.* 55; a**1294** (v. 8b supra); **1313** investimus eundem B. recipientem de omnibus et singulis supradictis, dantes eidem B. liberam potestatem quod, per se vel alium seu alios, possessionem corporalem et quasi omnium predictorum exnunc adipisci et intrare libere valeat *RGasc* 973. **d** nec potest dare et vendere terras sine concessu abbatis ad faldam etiam omnes excepto uno qui faldam habet per se *DB* II 356b; c**1228** requisitus utrum prior et monachi aliquando habuerunt forestarium cum forestariis episcopi, vel per se, in bosco illo . . dicit quod non, nisi in proprio bosco *Feod. Durh.* 257; a**1248** debet . . arare unam acram et ad garsherth' si per se carucam habeat *Doc. Bec* 97; **1293** [sutores] capiunt de apprenticiis suis ij s., et de hiis qui exerceant officium sutoris per se dant x s. predicte gilde *Leet Norw.* 43. **e** **1236** una virgata . . q[ue] non h[abe]t nemus suum sine redditu sicud alia; et jugum unum . . quod habet denam suam per se *Cust. Battle* 133. **f** cum . . constet quia illa [sc. natura vel substantia vel essentia] est per seipsam quidquid est, et omnia alia sunt per illam id quod sunt, quomodo est ipsa per se? quod enim dicitur esse per aliquid, videtur esse aut per efficiens aut per materiam aut per aliquod aliud adjumentum, velut per instrumentum ANSELM (*Mon.* 6) I 18–19; responde mihi, divisio seu separatio corporis et anime utrum erit per se aut accidens? NECKAM *NR* II 173; licet malum sit per se privatio boni, non tamen bonum est per se species mali; sicut per accidens essentialiter refertur ad per se, sed per se non ex intentione refertur [ad] per accidens GROS. *Quaest. Theol.* 198; causa . . efficiens dividitur in universalem et particularem . . item est efficiens propinquus et remotus . . item est efficiens per se et per accidens *Ps.*-GROS. *Gram.* 55; est efficiens per se et per accidens, per se ut inferens ex proposito dolorem, per accidens ut ille a quo dolor contrahitur non ab eo per intencionem illatus *Ib.* 55; 'per se' uno modo accipitur quando predictum non connotat vel significat aliquid quin aliquid consimile connotetur vel detur intelligi per subjectum; et ideo, quando subjectum est mere absolutum et nihil connotat vel dat intelligere aliquid, et predicatum est connotativum et aliquid dat aliquid aliud intelligere, tunc talis proposicio non dicitur esse 'per se' OCKHAM *Sacr. Alt.* 464; sic . . quod teneatur sentencia de per se existentia substancie, habentis in se actum et potenciam, ex quibus componitur; nec est possibile accidencia manere per se vel vacuum existere, ut patet post WYCL. *Ente Praed.* 41. **g** intelligatur . . in his que dicta sunt 'disserere' velut ab oratorio dicendi genere et poetico separatum, 'disputare' autem ab his et a per se disserendo BALSH. *AD rec.* 2 9n; dicendi aliquid artis sumi oportebit . .; utendum autem eo in per se disserendo frequentissime, in disputando aliquando *Ib.* 114. **h** aureola non debetur per se virtuti morali, sed debetur habenti determinatam integritatem . . quia sibi debetur aureola OCKHAM *Quodl.* 104.

16 (*per accidens*, phil., dist. from *per se*) by accident, by virtue of non-inherent or non-essential circumstance.

NECKAM *NR* II 173; GROS. *Quaest. Theol.* 198; *Ps.*-GROS. *Gram.* 55; *ib.* (v. 15f supra).

1 pera [CL < πήρα], bag or satchel for carrying provisions, etc., usu. worn slung over the shoulder, scrip; **b** (fig.); **c** (*mus in ~a*, as prov. expr.); **d** (w. ref. to *I Reg.* xvii 40); **e** (as pilgrim's scrip or wallet); **f** (in title of book); **g** (spec. as book-satchel); **h** (as money-bag); **i** (in gl., w. prob. conf. between ME *scrype* and *strype* strip, ornamental article of attire worn about the neck and upper part of the chest.

ego [sc. sutor] emo cutes et pelles . . et facio ex eis ~as [OE: *pusan*] et marsupia ÆLF. *Coll.* 97; ille . . exponit suam causam, et testem de ~a profert cartam GOSC. *Edith* 287; injeci manum meam in ~am quam portavi cuteam, in qua scriptum domini pape continebatur BRAKELOND f. 134; hec ~a, *escrippe Gl. AN Ox.* 344; **s1201** in orationibus intentis accepit oblatam de ~a sua et super scapulam suam posuit *Ann. Wint.* 75; hic Diogenes .. utebatur propter frigus duplici pallio, et ~am habuit pro cellario W. BURLEY *Vit. Phil.* 194. **b** **800** hos quinque panes et duos pisciculos .. de apostolicae fidei ~a prolatos, vestrae .. auctoritati direxi, domine mi David ALCUIN *Ep.* 203; ave, vivi panis pera WALT. WIMB. *Virgo* 101. **c** mus in ~a, ignis in sinu, serpens in gremio, hostes in ostio, male suos remunerant hospites GIR. *EH* I 15; *Id. SD* 28, WALT. ANGL. *Fab.* 10. 11, **s1251** (v. mus 1b); suos .. hospites male remunerant serpens in sinu, ignis in gremio, mus in ~a P. BLOIS *Ep.* 18. 68C; **1282** retributionem .. quam, juxta vulgare proverbium, mus in ~a, serpens in gremio, ignis in sinu, suis consueverunt hospitibus exhibere PECKHAM *Ep.* 324. **d** David .. quinque lapides in ~am misisse sed uno Goliam stravisse memoratur BEDE *Sam.* 652; **1166** David nunquid non stravit Allophilum lapidibus de torrente congestis in ~am pastoralem J. SAL. *Ep.* 193 (187 p. 234); jugiter duos [sc. lapides] habeat in ~a, hoc est dilectionem Dei et proximi sive scientiam Veteris et Novi Testamenti, et tribus Goliath sternat fidei Trinitatis auctoritate R. NIGER *Mil.* I 16; in infirmitatibus nostris, quas .. collegisti de torrente mortalitatis nostre et reposuisti eas tibi in ~a tua pastorali J. FORD *Serm.* 9. 2; reges ad instar David .. unctos oleo et egenos tamen ac nihil preter pastoralem ~am habentes *Ib.* 19. **e** pene papatum Romanum absens a civibus mercatus fuerat, ~as peregrinorum epistolis et nummis infartiens W. MALM. *GR* III 277; sub specie peregrinorum ~as et baculos portantes .. in Apuliam abierunt ORD. VIT. III 5 p. 88; peregrinus .. panes sibi hordeaceos comparabat, quos in ~a sua reponere consuerit R. COLD. *Godr.* 40; quidam peregrinus .. bellum pro ea arripuit eo pacto, quod si .. moreretur, baculum ejus et ~am privatim in camera sua custodiret *G. Roman.* 321; panis qui est .. corpus Christi est infinitum inperfeccius in natura quam .. minuta cujuscunque abjecti panis extrahendi de ~a pauperis peregrini WYCL. *Apost.* 81; presumptuose vij peregrinos se esse, cum suis ~is et baculis .. asserebant *Meaux* III 49. **f** **1395** libri Anselmi: .. tractatus extractus de ~a Peregrini, ex procuracione fratris T. Rome sacra pagina professoris *Catal. Durh.* 71. **g** educens .. librum de tribus ~is ex pelle rubricata confectis R. COLD. *Cuthb.* 91. **h** ante litem enodetur / judicique demonstretur / pera feta cominus; / qui contendit sine pera / blas et bos est et chimera, / truncus, caper, asinus WALT. WIMB. *Van.* 25. **i** hec ~a, A. *strype WW.*

2 pera [AN *pere* < CL petra]

1 stone (for building).

1339 ad portand' calc' et ~as ad manus cementariorum *KR Ac* 462/15 m. 2; ad portand' ~as et morteram ad manus cementariorum *Ib.* m. 4.

2 pier (of bridge), one of the vertical supports of the horizontal span.

tercia ~a pertinet .. ad episcopum civitatis ejusdem, et duas virgatas et dimidiam plancas ponere, et iij sulivas supponere (*Text. Roff.* f. 164v) *CS* 1321; **1275** constabularii Roff' tenuerunt quendam ~am pontis Roffe ad valorem xl m. ad magnum dampnum tocius proprie communie *Hund.* I 221a; **c1308** predictus M. et heredes sui .. reparabunt et sustinebunt pontem Sinolphi usque ad ~am versus aquilonem .. propriis sumptibus eorum *RR K's Lynn* I 14; **a1331** episcopus .. debet facere primam ~am de ponte .. et debet invenire tres *sullives*, et debet plantare tres virgatas super pontem .. ; secunda ~a debet habere tres *sullives*, et debet plantare unam virgatam, et hoc debent homines de G. (*DCCant.*) *HMC Rep.* IX 1 app. p. 76; **1341** J. de L. .. dicit quod predicta ~a est ita diruta et confracta quod nullus, ob defectum predictarum villarum .. que ad reparacionem et sustentacionem illius ~e tenentur .. , pontem illum transire potest (*Coram R*) *Pub. Works* I 206; **1343** tenentes episcopi Roff' .. faciant warfam et tam opus ligneum quam terreum usque ad secundam ~am, et sic vocatur illa parcella prima ~a pontis predicti *IMisc* 149/24.

3 pier in harbour, mole, breakwater, structure that provides sheltered anchorage.

1391 concessimus vobis in auxilium construccionis cujusdam ~e per vos jam noviter pro salvacione et defensione navium et batellorum *Pat* 332 m. 44.

perabripere [CL per- + abripere], to snatch away completely.

cum omnes inimicorum conatus aurae ~erent W. MALM. *Mir. Mariae* 231.

perabsis v. paropsis.

perabsurdus [CL], absurd or ridiculous.

nonne ~um est, ex hac vanissima pietate de amoris ejus qualitate capere conjecturam AILR. *Spec. Car.* II 17. 565c.

peracceptus [CL per-+acceptus, *p. ppl. of* accipere], completely acceptable, welcome.

1419 illum, suarum consideracione virtutum .. , habemus speciali benivolencia ~um *Cop. Pri. S. Andr.* 25.

peraccoticum v. paregoreticus.

peracerare [cf. 2 acerare, CL aceratus], to cleanse thoroughly or completely.

to clense, acerare .. ~are *CathA.*

peracerbe [cf. CL peracerbus], very painfully, in great distress or bitterness.

princeps gravate ac ~e tulit, prestantem dignitate virum in discrimen adduci REDMAN *Hen. V* 15.

perachimenos v. parochemenos.

peracquietare [per-+acquietare], to acquit, discharge, or redeem completely (person of debt, tax, or sim.).

1214 precip[imus tibi quatinus omnes Judeos .. qui nondum ~averunt se de tallagio apud Bristoll' super eos posito, vel qui statim se inde acquietare noluerint, ad castrum de Bristoll' .. sine dilatione remittas *Cl* 139a.

peracrusticus v. paracrusticus.

peractio [CL], completion, fulfilment, thorough enactment.

post ~onem [sc. libidinis] aculeus penitentie mentem pungit W. DONC. *Aph. Phil.* 7. 6 (=ALB. LOND. *DG* 14. 5); **1425** penetenciam .. idem frater W. .. nullo modo peregit, sed a ~one ejusdem .. se contumaciter absentavit *Reg. Cant.* III 124.

peracutus [CL], very pointed or sharp. **b** (of edged implement) that has a very keen edge, very sharp. **c** (of disease) very acute or virulent.

volens descendere de alto, cecidit super veru ferreum calidum ~um, prout mater sua superius deposuit *Canon. S. Osm.* 62. **b** testa .. capitis ita fuit gladio vorante decisa, quasi videretur foramen illud novaculi ~i verbere vel precisionis secamine abrasa R. COLD. *Osw.* 51 p. 380. **c** ~a febre vexabatur W. CANT. *Mir. Thom.*.

peradapsis [cf. CL paropsis, daps, dapis], (Scot.) dish, platter.

1460 pro focalibus ad brasiandum, xxiiij cipheis ligneis, xxiiij scopis ligneis, vj duodenis ~ium et discorum ligneorum, v botis et pipis, emptis .. pro dicta provisione *ExchScot* VI 657.

peradversari [CL per-+adversari], to oppose strongly, be quite hostile towards.

~aris profecto mihi edepol in objurganda gnata LIV. *Op.* 180.

peraeque [CL], equally in all ways or in every respect.

que .. nature sunt, ~e sunt omnium; que officii, singulorum J. SAL. *Pol.* 389D; nulla accio competit cum ista nisi sit eque famosa .. quare ergo non competat actio furti, cum ~e famosa sit, cum hac actione nulla ratio est VAC. *Lib. paup.* 54.

peraffinare [per-+ML affinare], to refine precious metal.

1300 in nigris operibus et cineribus et aliis exitum dicte minere tangentibus ~andis et perficiendis *Pipe* 145; **1338** cum .. licentiam dederimus .. quod .. dictam minam auri et argenti .. purgare et ~are .. possint .. ita quod totum argentum sic purgatum et ~atum ad cunea nostra .. deferatur *Foed.* V 71.

peraffinatio [peraffinare+-tio], refining (of precious metal).

1338 assignavimus ipsum clericum nostrum ad supervidendum .. purgacionem et ~onem auri et argenti predictorum *Foed.* V 71.

peragere [CL]

1 to drive through to the end, complete, finish, accomplish, carry out, make, do; **b** (w. inf.). **c** to perform, enact (a ceremony, rite, or play). **d** (in abl. absol., indicating completion or accomplishment of an antecedent event, task, or undertaking). **e** (intr.) to take action, act.

quidquid in nativitate .. quidquid in passione .. in sacramento .. sanctae ecclesiae gesta sunt adque [v. l. atque] in augmento filiorum Dei ~acta sunt THEOD. *Laterc.* 22; eo quod .. majorem hujus itineris ~agendi notitiam haberet BEDE *HE* IV 1; **749** (12c) hujus scedulae scriptio Dominicae Incarnationis anno dccxlviiij, indictione secunda in loco celebre cujus vocabulum est Godmundeslaech, xxxiij anno Aedelbaldi regis ~acta est *CS* 178; perfecte, ut decuit, postquam jam cuncta peregit / ordinis injuncti munera sacra sibi / .. / extremum etatis clauserat ipse diem *Epigr. Milredi* 810; **815** ~acta est .. haec donatio anno Dominicae Incarnationis DCCCXV *CS* 353; **1105** non tibi displiceat quod eorum iter, quos Romam ad negotium meum ~agendum dirigere decrevi, tam diu detinui *Ep. Anselm.* 367; **†1083** (12c) rex .. ad hoc ~agendum licentiam dedit, immo propere ut ~agerem michi precepit *Ch. Durh.* 3; sic ubi nos sine morte mori tot fata perurgent / triste procella furens pene peregit opus L. DURH. *Dial.* III 178; pingitur .. Amor .. nudus, quia turpitudo a nudis ~agitur ALB. LOND. *DG* 11. 18; **1221** pons ille jam ~actus est preter quandam arcam *SelPlCrown* 114; **1526** culpabiles .. tribus diebus pro qualibet vice penam ~agant levis culpe (*Reg. Linc.*) *EHR* III 715. **b** vir Dei, precibus regiis devinctus, Bathensem ecclesiam divinis cultibus instituendam invisere ~egit OSB. *V. Dunst.* 20. **c** da nobis ita Dominice passionis sacramenta ~agere [*gl.*: *ðerhdoa*] ut indulgentiam percipere mereamur *Rit. Durh.* 23; presul prefatum Rogerium aliosque cxx sacerdotes ordinavit, et in crastinum benedictionem abbatis super illum Rotomagi ~egit ORD. VIT. XI 30 p. 272; **c1180** quatinus .. ob hoc beneficium festivitatem B. regis Edwardi et devotius celebrent et honorabilius ~agant *Ch. Westm.* 302; usque ad extremam communionem a sacerdote cuncta rite ~acta suscepit GIR. *TH* II 19; nec .. histrioni ut placeat ~agenda est fabula, modo in quocumque fuerit actu probetur *Id. GE* II 8 p. 206; ~egit urgencia solempnia S. Georgii *G. Hen. V* 18; **c1565** omnes collegiorum prefecti, singuli item scholares .. dum sacra publice ~aguntur, superpelliciis et capitiis .. utentur *StatOx* 387. **d** ~acto itinere .. Crugland pervenit FELIX *Guthl.* 27; fraternis salutationibus ~actis, sese alterutrum haustibus evangelici nectaris circumfundere coeperunt *Ib.* 46; ~acto capitulo, pulsata tabula .. loquantur in claustro LANFR. *Const.* 88; divisione .. ~aucta, si .. utrum bene an male facta sit probare placuerit, singulas denominationes ejus cum unoquoque divisorum diligenter multiplica THURKILL *Abac.* f. 61v; ~acta .. synodo T. MON. *Will.* II 4 p. 72; **1261** salvis .. dicto H. et suis heredibus appruamentis .. tempore suo et in tempore patris sui .. ~actis *Cart. Cockersand* 148; ~actis sacris solemniis Quadragesimalibus et Paschalibus .. obsidiones .. regalem solicitarent animum *Ps.*-ELMH. *Hen. V* 61; **14..** his ~actis, descendat chorus processionaliter ad locum *Drama* I 141. **e** proceres .. quia neque regem neque ducem exaltare volebant .. de concordia inter eos ~agebant *Meaux* I 134.

2 to pass, spend, complete (a period of time); **b** (in abl. absol.).

alii [dicunt] autem eum [Adam] septem annos ~egisse in paradiso praeter xl dies *Comm. Cant.* I 44; cum aetatis suae xxiiij annum ~egisset FELIX *Guthl.* 19; terminat hic Februus cum talia fine peractus *Kal. M. A.* I 400; **c1190** usque ad terminum triginta trium annorum ~actum *Regesta Scot.* 319 (=*Kelso* 261). **b** in primo conjugio presbiter debet .. benedicere ambos, et postea abstineant se ab aecclesia xxx diebus, quibus ~actis peniteant xl diebus THEOD. *Pen.* I 14. 1; rursum .. ~acto tempore aliquanto, evenit .. ecclesiam ignibus consumi BEDE *HE* III 17; exigebat ut, hoc spatio [sc. quattuor annorum] ~acto, solverent ludos Jovi Olympico ABBO *QG* 20 (43).

peragoniticum v. paregoreticus.

peragrare [CL], **~ari**

1 (intr.) to travel or journey; **b** (transf.).

786 inde ~antes pervenimus ad aulam Offe regis Merchiorum (*Syn.*) ALCUIN *Ep.* 3 p. 20; nostram .. parvitatem .. admonentes, quemadmodum trans mare in gentem Anglorum ~are debuissemus *Ib.*; cum rex more juvenili, venatus gratia per nemora frequenter, cum suis ad hoc convocatis venatoribus et canibus sagacibus, expeditus ~asset *V. II Off.* 6. **b** precipimus ut omnis homo . . det cyricsceattum et rectam decimam suam sicut in diebus antecessorum nostrorum stetit, quando melius stetit, hoc est, sicut aratrum ~abit per decimam acram (*Quad.*) *GAS* 261; si quis hanc decimam dare nolit, sicut omnium nostrum commune est institutum, hoc est, decima acra sicut aratrum ~abit [AS: *ealswa seo sulh hit gegað*] (*Ib.*) *Ib.* 292.

2 (trans.) to travel throughout, to traverse. **b** (transf. & fig.); **c** to travel to (several distinct locations). **d** to travel through or across, to cross. **e** (astr.) to pass through, traverse (a region of the heavens).

postquam paene totum orbem cum bellis ~asset [Hercules] . . sese moriturum flammis ad devorandum involvit *Lib. Monstr.* I 12 p. 158; ~ata insula tota, quaquaversum Anglorum gentes morabantur BEDE *HE* IV 4; quadam die, dum abbas more solito ~aret monasterium WULF. *Æthelwold* 14; preter alia quibus presulatum ornabat, etiam hoc habebat, diocesim sedulo ~are W. MALM. *Wulfst.* I 15; cum . . bonus vir ille et sanctus B., Cantuariensis archiepiscopus, Walliam olim ob crucis obsequium, nos quoque cum ipso tunc ducendo, ~asset GIR. *SD* 52; Plato . . Egyptum ~avit et scripturas sanctas, que per lxx interpretes illuc erant delatae, videre potuit R. MARSTON *QD* 85. **b** nam superos ego pulso polos et rura peragro ALDH. *Aen.* 2 (*Ventus*) 4; anguis . . irata cibo potuque carens agros scintillantibus ~avit oculis *Lib. Monstr.* III 5 p. 266; de quo tempore baptismatis spiritus immundus . . loca inaquosa ~et, i. corda fidelium . . insidiator exploret BEDE *Luke* 478; astriferumque polum et sublime peragro tribunal HWÆTBERHT *Aen.* 40 (*De Pisce*) 4; quaerens germanam rura peragro BONIF. *Aen.* (*Veritas* 4) 77; 799 Hipocratis campos nonne esset pollice pluris / cum pueris Flacco jam peragrare suis, / quam radio Arati caeli describere signa? ALCUIN *Ep.* 171. **c** ecclesias et monasteria regionis illius longe lateque ~ando, verbum Dei predicabat *Chr. Witham* 498. **d** [Orionem] ferunt eum juga ~asse montium *Lib. Monstr.* I 56 p. 212. **e** philosophi . . quantum istarum portionum singuli planete singulis temporibus ~ent determinare intenderunt ADEL. *Elk.* 3; hanc [sc. Venerem] perhibent Arabes gemmas generare micantes / dum peragrat Pisces *V. Merl.* 804; annus Saturni sub xxx anni, Jovis xij, quia tot annis ~ant zodiacum et sic pro tarditate aut velocitate quisque dicitur habere annum suum S. LANGTON *Gl. Hist. Schol.* 42.

3 to perambulate, walk the boundaries of (a unit of land to establish or confirm them; also absol.)

c1142 per rectas divisas sicut ego et . . barones mei mecum ~avimus *Reg. Newbattle* 18; c1142 per illas divisas sicut pater meus cum baronibus in carta sua nominatis ~avit et sicut ego ipse postea illas ~avi *Ib.* 19; c1145 sciatis me concessisse . . Cragam sicut pater meus et ego . . et multi alii ~avimus et divisimus inter canonicos ecclesie S. Crucis et predictum Uviet *Regesta Scot.* 29 (=*Kelso* 241); abbas . . se . . in presentia justiciarum apud Wintoniam exhibuit, hominibus secum adductis qui . . tenementum de B. ~averant et ejus metas designaverant *Chr. Battle* f. 88.

peragratio [CL], action of travelling through or over, traverse; **b** (astr.).

peragro, -as, unde ~io OSB. GLOUC. *Deriv.* 31; via . . Maris Rubri et ~one deserti impletis R. NIGER *Mil.* I *prol.* p. 93. **b** certam celi regionem . . quam sol . . annua ~one transcurrit ALB. LOND. *DG* 8. 11.

peragrator [CL peragrare + -tor], one who travels, journeys, or wanders.

agro, agras . . componitur peragro, -as, unde ~or, peragratus, peragratio, peregre adverbium, i. ad peregrinandum OSB. GLOUC. *Deriv.* 31.

peragratrix [LL], one who travels, journeys, or wanders (f.).

~ix, femina vaga, circuitrix, vagatrix OSB. GLOUC. *Deriv.* 483.

peragratus [CL peragrare + -tus], (act of) travelling or journeying.

peragro, -as unde peragrator, ~us, peragratio OSB. GLOUC. *Deriv.* 31.

peragrum [cf. peragrare], ? passageway, accessway, pentice.

1466 unam schopam cum uno ~o, que quidam schopa jacet in le Northend de Dundalke inter terram dicti Cristofori tam ex parte australi quam boreali, et dictum ~um jacet juxta altum vicum de le Casteltown ex parte australi usque rivolum ville dicte ville de Dundalke ex parte boriali *MS Dublin, Nat. Libr. Deed 15906.*

peralbus [CL =*very white*], very light or pale.

febris continua, dulcedo oris, rubedo ~a oculorum, inflatio venarum, et totius habitudinis repletio GILB. VI 239v. 2.

peralenchus v. parelenchus.

perallocare [per- + allocare], to credit or allow in full.

1275 ~atur in remanenti compoti sui, in secundo rotulo compotorum *Pipe* r. 21d.

peralogismus, peraloysmus v. paralogismus.

peraltus [CL per- + altus], very high, tall, or deep.

sint fossis, vallis circumdata castra peraltis D. BEC. 72.

peramabilis [CL per- + amabilis], thoroughly or entirely loved, very loveable.

moribus egregius, populo peramabilis omni, / vita fuit cui cum conjuge casta satis ALCUIN *WillV* 33. 15; 1309 dum a sponso celesti, qui Christus est, curam universalis ecclesie, et inclite sponse sue, . . insufficiencio nostre commissam advertimus *Reg. Cant.* II 1031; 1363 ad penuriam studencium in famosa et ~i universitate Oxonie . . mentis intuitum dirigimus *Lit. Cant.* II 445.

peramare [CL], to be very fond of, to love completely or very much.

perseverancia vero actualis sit peramacio, et ipsum perseverare finaliter ~are BRADW. *CD* 506D; miles quidam . . appellabat illud multum grave [sc. Multgrefe] quando audivit illud in construendo, quia nunquam dictum Petrum ~avit *Meaux* I 106; c1415 carissime domine et mi frater corditer ~ande *FormOx* 433.

peramarus [CL per- + amarus], very bitter or harsh, completely distressing.

Joachim, quem vulnerat cura peramara GARL. *Epith.* IV *Summa* 38.

peramatio [CL per- + amatio], complete or perfect love.

BRADW. *CD* 506D (v. peramare).

perambiguus [CL per- + ambiguus], very uncertain or doubtful.

quid in hac miseriarum summa sperandum, ~um est OSB. BAWDSEY clxviii.

perambilare v. perambulare.

perambire [CL per- + ambire], to surround or encircle completely, to lie or be situated all the way around.

quum . . omnia regna gentium que oceanum hoc ~iunt potenter subjecisset BYRHT. *V. Ecgwini* 395 (*recte* 385); cujus dalmati[c]e fines extremos limbus deauratus, instar aurifraxii alicujus, undique ~iendo circumluit R. COLD. *Cuthb.* 42.

perambulare [CL]

1 (intr.) to walk or roam about.

moris . . caecorum est, cum in luce ~ant, tunc in tenebris errare putant FELIX *Guthl. prol.*

2 (trans.) to go through or across, walk or roam throughout, traverse. **b** to walk completely, walk through to the end.

etiam si mulier una cum recens nato parvulo vellet totam ~are insulam a mari ad mare, nullo se ledente valeret BEDE *HE* II 16; s1006 [Daci] ~averunt Hamtunescyre et Berscyre usque ad Redinges H. HUNT. *HA* VI 3; tu qui perambulas celorum culmina WALT. WIMB. *Carm.* 376; rochus est justiciarius ~ans totam terram directa . . linea J. WALEYS *Schak.* 464. **b** nulla . . tanta maturatione ~atur peregrinatio GIR. *GE* II 8.

3 to perambulate, walk the boundaries of a unit of land to establish or confirm them. **b** (p. ppl. as sb. f.) perambulation.

c1130 precipio tibi quod ~es divisas inter C., terram abbatis de R. et terram regis Scotie, et unicuique eorum quod suum est juste habere fac *Cart. Rams.* I 247; c1145 cum tota terra quam ego ei aumentavi et dedi, sicut ministri mei et probi homines ~averunt et tradiderunt A. abbati *Ch. Edinburgh* 4; c1163 dedi eis quandam terram cum bosco juxta Sunderland Holm . . sicut ~atum est et signis signatum, sc. . . per quercus crucibus signatas *Cart. Sallay* 222; a1189 iuxta ipsum nemus de S. usque ad viam de S. que est divisa inter nemus de S. et A., et in circuitu sicut est perambulatum et fossatum *Danelaw* 97; c1212 sicut mete apparent, quas homines mei fecerunt, quando ~averunt alam terrarum inter me et illum *Ch. Chester* 351; in qua continebatur quod viginti quatuor de villa S. Albani magis fideles electi ~arent ville limites, et antiquas metas, fideliter consideratas et notatas, presentarent *G. S. Alb.* II 165; per divisas quas ego ipse eis ~avi *Feod. Durh.* 10 n. 1. **b** 1218 eligant xij de legalioribus et discretioribus militibus . . ad faciendum ~atam . . inter partes illas que deafforestande sunt et illas que foreste permanebunt *Pat* 162; 1220 mandavimus . . quod bailliam suam arcius custodiat non permittens aliquem . . de bosco suo succidere vel vendere occasione ~ate ibidem facte donec perambulacio illa a nobis . . fuerit accepta *Cl* 417a.

4 (w. ref. to deed or action) to 'walk through', rehearse.

1195 appellat Hamon parastrum suum quod ipse hoc factum perambulavit et prelocutus fuit et quod hoc malum et hoc dampnum ei contingatur per Adam *CurR RC* I 57.

perambulatio [ML]

1 perambulation, walking of the boundaries of a unit of land to establish or confirm them. **b** written record of a perambulation.

c1175 habeant pasturam suam . . in foresta ita bene et plenarie sicut M. rex . . illam eis perambulare fecit, et sicut ego per . . probos homines meos, qui predicte ~oni interfuerunt, illam ~onem eis feci recitare *Reg. Glasg.* 29 (=[1179] *Regesta Scot.* 215); 1185 villata de P. debet ij m. pro ~one pasture *Pipe* 186; 1198 dies datus est . . de placito ~onis et divisarum terre ad audiendum recordum et judicium suum *CurR* I 51; si . . non fuerit manifesta quia forte convicti sunt de finibus agrorum . . fiat inde ~o et sic terminetur negotium BRACTON f. 168v; 1259 W. de B. et R. de G. posuerunt se coram rege in ~onem faciendam inter terram predicti W. . . et terram predicti R. . . et mandatum est vicecomiti Norhumbr' quod, assumptis secum xij legalibus et discretis hominibus de comitatu suo, in propria persona sua accedat ad terras predictas et predictam faciat ~onem *Cl* 469; ~o . . foreste commissa est per Angliam tribus episcopis, totidem comitibus, baronibusque in eodem numero WALS. *HA* I 78. **b** 1259 veluti in magna assisa et in ~onibus et ubi in cartis . . fuerint testes nominati *StRealm* I 10; quibusdam copiis chartarum libertatum et ~one eorum limitum in totius regni bina perturbacione, tempore abbatis H. et Th. AMUND. I 426 *app.*

2 area of land enclosed within the bounds of a perambulation, dist. from purlieu or puralé bordering it, in which a limited form of forest law still applied.

1344 quod R. le B. . . est communis malefactor de venacione domini regis effugans feras a foresta in ~onem, et sic effugatis feris facit stabilias inter forestam et ~onem *KR Forest Proc.* 281 m. 7; 1370 Th. de L. jam decem et octo annis elapsis fecit quandam ~onem citra forestam de Wychewode, elargando bundas predictas et dicit quod predictus hamelettus est infra *les pural[ees]* ejusdem foreste *Cart. Eynsham* II 107.

perambulator [ML], one who perambulates the boundaries of a unit of land.

1201 dies datus est . . de quadam perambulacione facienda . . idem dies datus est viij ~oribus qui venerunt *CurR* I 414; 1219 isti predicti ~ores dicunt . . quod Henricus . . afforestavit totam Hunt' *KR Forest Proc.* 38 m. 1; 1222 per quos fiunt divise [sc. terre] quasi ~ores essent *Cl* 497b; 1227 milites ~ores de perambulatione foreste facta . . inter partes comitatus . . que deafforestande erant et partes que foresta remanere debebant . . recognoverunt quod ipsi in perambulatione illa erga nos transgressi fuerunt *Pat* 109; 1228 diligenter . . inquiras qui fuerint ~ores predicte perambulacionis *Cl* 90; **1300** isti ~ores dicunt super sacramentum suum quod rex Henricus . . afforestavit omnes boscos et gravettas comitatus Hunt' *Cart. Rams.* II 300.

perambulatorius [ML], suitable or fit for travelling on, accessible for travel. **b** (as sb. n.) alley, lane, path.

que via peditibus et equestris ~ia adhuc restat manifesta *Meaux* II 30. **b 1409** de quadam via sive quodam ~io pro persona et parochianis ejusdem ecclesie in processionibus suis circumeundo ecclesiam predictam antiquitus habito et usitato inter finem orientalem ejusdem ecclesie et liberum tenementum ipsius Nicholai *Cl* 258 m. 13.

perambulus [CL perambulare + -us], that goes about, that travels widely, wide-ranging (in quots. transf.). **b** (fig.) that wanders or strays, uncertain, inconstant. **c** (as sb. m.) itinerant or peripatetic preacher.

quod sic decrevit rex fama perambula crevit, / per mundum totum scelus hoc erit amodo notum GOWER *CT* 120; potencie . . a vi matrem tuam ecclesiam . . Scoticanam . . opprimere niteris BOWER VIII 26. **b** fert ut luna suam fortuna perambula speram, / decrescit subito, crescit et illa cito GOWER *VC* II 151. **c** quis predicat ista, nisi subversos fidei, emulus evangelice paupertatis, et ~us antichristi R. MAIDSTONE *PP* f. 163.

peramenator v. paramentor.

perample [LL], amply, fully, abundantly.

ut supra ostendimus, et infra ostendere perfectius et ~ius placet BYRHT. *Man.* 50; quo minus seculo et his seculi sunt . . intenditis, . . eo ~ius et perfectius soli Deo intendere potestis AD. SCOT *QEC* 822B; **1333** propter fructus multiplices, quos ex tam periti tamque fidelis patris industria . . credimus provenire ~ius *Conc.* II 568b; s**1340** semper in nos ~ius persecucio sua crevit W. GUISB. *Cont.* 352; s**1345** cumulavit ~ius mala malis W. GUISB. *Cont.* 417 [=AD. MUR. *Chr.* 165]; a**1400** si . . benevolentie brachium extenderitis . . vota multorum vos credimus ~ius excitare *Pri. Cold.* 77; studeat Anglia . . in hympnis, confessione, et canticis ~ius et perfeccius quam prius confiteri G. HEN. V 14.

perampliare [CL per- + ampliare], to increase or enlarge greatly.

patris sui opera bona ~avit G. RIC. I 76.

peramplus [CL], very large, great, or ample.

ut data facultate non pateret stare templa quamvis spectata, nisi sc. fuissent ad votum meum inclita, magnifica, precelsa, ~a, perlucida, et perpulchra GOSC. *Lib. Confort.* 93; erat . . Dermitius vir stature grandis et corpore ~o GIR. *EH* I 6; S. Ghilebertus abstulit monialibus . . capillos, detonsos usque ad carnem, abstulit et aspectum oculorum vagantem et ~am velaminis obductionem J. GODARD *Ep.* 233.

perangaria v. parangaria.   **perangariare** v. parangariare.

perangustiare [CL per- + LL angustiare], to straiten, subject to hardship.

Christus . . permittit nos flagellari et ~iari propter defectus nostros G. ROMAN. 295.

peranimadvertere [CL per- + animadvertere], to observe, note carefully.

juxta dogma phisicorum novem locutionis formande instrumenta naturalia esse ~untur: guttur, lingua, palatum, duo labia, dentes quattuor anteriores W. DONC. *Aph. Phil.* 1, 11.

perannare [CL per- + annus + -are], to pass or spend a (full) year. **b** to live out or survive a (full) year. **c** (p. ppl. as adj.) fully a year old, yearling.

si michi dixeris aliud esse . . accepta securitate diutius esta manendi apud exteriores obedientias ~are ROB. BRIDL. *Dial.* 32. **b** s**1140** dictum est . . regem non ~aturum in regno W. MALM. *HN* 484. **c** viginti sex porci ~ati et viginti quatuor porcelli *Cart. Rams.* III 260; hoc fuit servitium unius cujusque virgate . . si pastus fuerit in nemore, dabit pro porco ~ato unum denarium, et pro hoggo unum obolum, et pro sue nihil *Ib.* 306.

perante [ML; al. div.]

1 (as adv., in space) before, in front.

magis elevatur corpus ejus [sc. *geraf*] ~e quam a retro per tres vel quatuor pedes BRYGG *Itin.* 381.

2 (in time) before, previously, formerly.

illa econtra illum etiam cum ~e ecclesiam redeundo transisset vidisse, re ipsa probavit T. MON. *Will.* VII 18; s**1320** erat ~e idem locus spelunca latronum, habitaculum immundicie et fornicacionis, ad quem erat quedam via per *le Kenile* cujus subterfugio adulteria et cetera talia facilius agebantur THORNE 2036; **1347** istud cotagium cum terra predicta fuit dimissa . . reddendo per annum v s. de novo redditu, quoniam nullum redditum reddiderunt ~e *Carte Nativ.* 561; Christus eligit capi in orto . . et ~e circuivit pedester per patrias evangelizans gratis hominibus regnum Dei WYCL. *Chr. & Antichr.* 684; ledunt nam jacula visa perante minus GOWER *VC* VII 1156; nec in locum aliquem, ubi sciebat illam ~e fuisse, per totum annum sequentem introire dedignabatur, preter in ecclesiam *V. Ric.* II 126.

3 (as prep.) before, in front of.

c**1169** concedo . . ei ut hee cause sint . . tractate et placitate per ante justicias meas *Regesta Scot.* 80.

perantea [ML; al. div.], (in time) before, previously, formerly; **b** (w. *in*); **c** (w. *donec*). **d** (w. day of week) immediately before.

1377 ubi per officiarios Pontivi, per tempus sufficiens ~ea, certificatum fuit pro dando succursu *Foed.* VII 164; que a tempore cujus memoria non existit ~ea non videbantur FAVENT 3; a**1400** easdem oves jam tarde, sicut per antea, in dampnis eorum captas . . abigi precepistis *Pri. Cold.* 83; per idem servitium . . quod pro ipsa Melsa ~ea reddi fuerat consuetum *Meaux* I 77; **1411** cujus meremium per W. C., olim elemosinarium, per antea adquisitum *Lit. Cant.* III 120; **1466** si forte . . idem J. F. et dictus J. P. . . concordare possent de et super bargania predicta inter ipsos ~ea mota *Paston Let.* 900; **1507** insultum fecit in Annam Archer uxorem Ricardi Roth ~ea existentis in officio superioraius *Lib. Kilken.* 132. **b 1441** lego . . servientibus meis . . certam pecunie summam pro tempore et bono servicio quibus inperantea impenderunt *Reg. Cant.* II 592. **c 1431** nec . . aliquis talis doctor seu bachalarius, qui semel anno aliquo predicaverit sermonem, sit per antea ad iterum predicandum artatus, donec singuli doctores et bachalarii hujusmodi ad conferendum prius fuerint premuniti *StatOx* 237. **d** die lune ~ea misit litteras amabiles . . ad Cestriam *Dieul.* f. 146v.

perantiquus [CL], very ancient.

jussus per visionem ~a . . loca in provincia Northanymbrorum discurrere, ossa sanctorum . . de terra levavit TURGOT *Bede* 66B; a**1350** prioritatem sue fundationis insinuant historie Britanice ~e *StatOx* 17.

perappositus [CL], very appropriate.

1078 quo factum est ut . . urbes hujusmodi novo episcoporum domicilio nobilitatae sint, id quod infra ~us magis perspicue indicabit locus *Conc.* I 367a.

perapsima v. peripsima.   **perapsis** v. paropsis.

†peraptum, *f. l.*

peraptum [l. papatum] . . *papelotes WW*.

perarare [CL], to plough completely, finish ploughing. **b** (fig.) to search thoroughly, 'scour'. **c** (fig.) to write fully or thoroughly, write up.

1285 habebit carucam domini qualibet altera die Sabbati ad terram suam propriam arandam donec ~averit (*Tangmere*) *Cust. Suss.* II 13. **b** frater . . ille per loca singula decucurrit, legatos clientes per universam civitatem curiose transmisit, et officinas singulas curiosa investigatione perlustrando ~avit R. COLD. *Cuthb.* 106. **c** multa que lapsa a memoria stylus non ~abit de eo persepe audierat F. MALM. *V. Aldh.* 68C; tempora jam primo . . perarata libello L. DURH. *Hypog.* 66.

perarea, ~ia v. perreria.   **perarium** v. perrarium.

peraridus [CL], completely dried up, very wizened or shrivelled.

sacerdos jam grandevus . . corpore . . toto . . premarcidus, et cute ossibus insidente ~us AD. EYNS. *Hug.* V 4.

perarius v. pirarius   **perarmenia** v. peri(h)ermenias.

†perasi, *f. l.*

pix Greca, i. colofonia idem et pix perasi [?l. cupressina, κυπαρισσίνη, brut(t)ia] *Alph.* 145 (cf. ib. 42: pix prescia, 146: pix purcia).

perasmus v. pirasmus.

perastutus [CL per- + astutus; cf. CL perastutulus], very clever or astute.

beata Katerina . . ~a scientiis artium et corroborata armis virtutum VINSAUF *AV* 3. 77.

peraudacitas [CL per- + audacitas], extreme or excessive boldness or daring.

terga in fugam verterunt, sed . . per audacitatem persequentium decipientes, iterum in proelium prodeunt et . . dominati sunt ASSER *Alf.* 42.

peraudire [CL], to hear completely, hear through to the end, hear out.

omnem sinistri rumoris nuncium . . eo quod tenebat . . percuciebat subito, et post primum . . ictum . . penitebat, et vel lesum vel illesum revocabat ut ~iret MAP *NC* II 11 f. 26v; **1268** hoc faciebant propter urgens negocium et ad ~iendum compotum magistrorum R. et W. . . quod necessario ante quam scaccarium predictum esset clausum oportuit ~iri *KR Mem* 42 m. 17d.; **1369** compoto predicto inaudiendo usque finem termini, quia compotus ille durante termino ~iri non potest, datus est dies prefato W. . . ad percomputandum in premissis *Admin. Ir.* 271.

peraugere v. peragere.   **peraugmasticus** v. paracmasticus.

perautumnare [per- + autumnare], to harvest completely or thoroughly, finish harvesting.

c**1230** a festo S. Petri ad Vincula quousque perautumpnatum fuerit singulis diebus . . dimidiam acram metere [debet] *Doc. Bec* 50; debet per totum autumpnum metere quousque perautumpnatum fuerit *Ib.* 57; **1284** [ij d. per diem] dum perautumpnaverint (*Great Tey*) *MinAc Essex.*

perautumpnare v. perautumnare.

peravidus [CL per- + avidus], avaricious, covetous, insatiable.

quadam nocte vidit visione notissima dormiendo quod jam mente ~a ambiebat vigilando B. V. *Dunst.* 23; postquam . . mors ~a venerandum Odam . . insatiabili voratu finierat *Ib.* 26.

perazitus v. parasitus.

perbarbarus [CL per- + barbarus], exceedingly uncultivated or uncivilized, completely barbarous.

c**800** luceat lux vestra in medio nationis ~ae [sc. Hibernorum] ALCUIN *Ep.* 287.

perbeatus [CL], very holy or blessed.

qui se nostri generis / gerens advocatum / fecit finem litibus, / finem perbeatum S. LANGTON *BVM* 2. 21; mihi intererit nihilominus innata tibi pietas, ~e presul CHAUNDLER *Apol.* f. 10.

Perberetos [*acephalic form of* Hyperbereteos < Ὑπερβερεταῖος], name of month in the Macedonian calendar (understood as Athenian).

mense Octobrio qui et ~eo secundum Athineos dicitur THEOD. *Laterc.* 8.

perbrevis [CL], very short or brief.

quia tempus ~e amodo mihi restat, et corpori meo solum superest sepulchrum *V. II Off.* 5.

1 perca [CL < πέρκη], kind of freshwater fish, perch.

~a autem videns lucium sibi imminere hirtis horret pinnis NECKAM *NR* II 33; lucius et perca, saxacilus, abbita, truta *Dieta* 56; hec ~a, A. *perche WW*.

2 perca, percus [CL pertica; cf. 2 percha]

1 (wooden) rod, pole, beam, perch.

1227 perrocis et mutis *Cal. Liberate* 55; **1288** W. B. . . invenit et habet unam ~am per jactum fluminis et non liberavit eam ballivis *Leet Norw.* 4; s**1389** adeo ut scopis et pertis mundarent locum de interfectis KNIGHTON 311.

2 perch, measure: **a** measuring line. **b** linear measure; **c** (spec.); **d** (square measure of land).

a **1205** per ~am et cordam (v. chorda 7a). **b** habet j leugam et dimidiam in longo et dimidiam et iij ~as in lato *DB* II 125b; habet . . xiij ~as et vj quarantenas in latum *Ib.* 182; **1218** quedam placea latitudinis dimidie acre et longitudinis v ~arum *Eyre Yorks* 23. c**1220** longitudine xl ~arum terre *Couch. Kirkstall* 195. **c** a**1187** novem acras terre lucrabilis . . per ~am xviij pedum *Danelaw* 156; **1192** concessi [terram] per ~um decem et octo pedum et dimidie *Couch. Kirkstall* 167; a**1224** duarum ~arum in longitudine et undecim in latitudine, ~a autem xx pedum *Cart. Cockersand* 115; **1226** quietum clamaverunt dicto R. comiti . . totum jus suum et clamium quod habuerunt in quingentis acris terre . . mensuratis per ~am viginti pedum *Ch. Chester* 417 p. 416; c**1158** sciatis etiam pro concessu et recognicione predicte terre se facturum mihi unam ~am in muro castelli (*Ch.*) *Eng. Feudalism* 275; a**1168** tenet . . j acram et j ~am infra nemus (*Ch.*) *EHR* XXXVII 232; ut sit . . unius longitudinis per ~am xx pedum *Ch. Gilb.* 63. **d** iiij xx acrae terrae et circa murum viij ~ae *DB* II 125b; **1190** concessisse . . duas ~as prati et dimidiam *Reg. Ant. Linc.* IV 13; c**1200** duas ~as terre que sunt in capite virgulti *P. Normanni Ch. Chester* 319 p. 320.

percaelare [CL per-+caelare], to carve, engrave.

diversa bestiarum . . sive ymaginum in ligno ipso videntur inseri, ~ari vel exarari R. COLD. *Cuthb.* 43.

percagium [1 perca+-agium], (right to) fee for catching fish.

1305 ad peticionem Juliane . . de ~io in aqua de Dyvelyn quod petit sibi concedi *Mem. Parl.* 427.

percalcare [LL]

1 to tread on.

me currentem contigit spinam percalcare, / que dum pedem transiit, cepi claudicare *Latin Stories* 154.

2 (leg.) to walk across or around (land, in order to establish or confirm boundaries).

1169 Stephanus ivit Lotgas. cum juratis regis ~avit terram de Lotgis circumquaque metas ponendo *Act. Hen. II* I 431.

percallide [CL per-+callide], very skilfully.

1401 ex suggestione fictissima ministrata ~e . . regi nostro *FormOx* 200.

percamen- v. pergamen-.   **percamnius** v. pergamenarius.

percantare [LL], to sing through (to the end).

~atis antiphonis, incipiant duo infantes litaniam. LANFR. *Const.* 98; pro penitentia singulis diebus centesimum octavum decimum psalmum ~aret ALEX. CANT. *Mir.* 46 (I) p. 253; semel per diem et semel per noctem illud [psalterium] ~are consuevit J. FORD *Wulf.* 50; quousque psalmos quinquaginta ~asset GIR. *GE* II 11; **1327** moventur super collistrigium quousque vespere . . ~entur *MGL* III 419; **1484** psalmum ipsum angelicum Te Deum laudamus ~avimus *DC Durh. Reg.* IV 237; quo finito reincipiatur antiphona a rectoribus chori et ~etur toto choro *Process. Sal.* 89.

percantatio [ML; CL per-+cantatio], singing through (to the end).

peracto officio ~onis portatur [mortuus] ad speluncam BELETH *RDO* 161. 163; intonuit ipse rex Te Deum laudamus ~ione devota et solemni *Ps.*-ELMH. *Hen. V* 79.

percaptura [CL per-+capere+-tura; cf. OF *percepcioun*] collection or receiving of rents.

1164 concessi . . fratribus illas duas acras liberas . . ab omnibus secularibus servitiis . . et omnes ~as quas fratres inceperunt versus me in faciendo passagium suum *Ambrosden* I 166.

percaria v. precarius.   **percariare** v. percarriare. **percarius** v. precarius.

percarriare [CL per-+1 carriare], to carry away completely.

c**1230** in autumpno . . cariare debet quousque percariatum fuerit (*Cust. Povington*) *Bec* 62; **1279** si bladum domini percarietur ante festum S. Michaelis, tunc faciet alia opera *Hund.* II 775a; **1285** usque percariantur *Cust. Suss.* II 24; **1321** *he must cart dung* . . quousque precariantur (l. percariantur) (*Ext. Goring* f. 52) *Cust. Suss.* III 62; **1390** inveniet j operarium . . pro fimis . . cariandis donec totaliter percarientur *Crawley* 290.

percarus [CL]

1 very dear, beloved: **a** (of person); **b** (of place).

a ~um hospitem . . apud se post moratum aliquamdiu W. POIT. I 46; civibus ammiratione fortitudinis et humilitatis ~us W. MALM. *GR* II 134; Athelwoldus . . Ethelstano ~us fuit *Id. GP* II 75. **b** cum subvenire maturaret Tedbaldus ~e urbi sue W. POIT. I 15.

2 very expensive, valuable.

ornamenta quae Bizantium ~a haberet in manum . . papae transmisit W. POIT. II 31; cibaria . . omnia ~a erant ORD. VIT. IX 9 p. 521.

3 very desirable.

in his denique non solum morari verum etiam mori desiderabile duxerim et ~um GIR. *PI pref.* 1 p. lix.

percata [CL perticata; cf. perchata], perch, measure: **a** (of length); **b** (spec.); **c** (square measure of land).

a c**1160** iste due culture . . computate sunt pro xx et una acre duodecim ~is minus *Danelaw* 181; c**1200** unum toftum . . habens in longitudine decem ~as et octo in latitudine *Ib.* 14; c**1230** dedisse . . unum toftum sex ~arum longitudinis et sex latitudinis *Inchaffray* 48; **1256** quinque ~as terre in latitudine *Mon. Hib. & Scot.* 72b; **1268** mesuagium . . continet in sua longitudine . . quinque parcatas et quinque pedes et in sua latitudine tres parcatas *Reg. S. Aug.* 568. **b** sciendum . . est totam istam terram mensuratam esse per ~am octodecim pedum *Ch. Gilb.* 69; c**1200** octo percatas prati . . quamlibet ~am de sexdecim pedibus *FormA* 250. **c** de una parcata terre *Ch. Gilb.* 6; **1189** (1318) duas ~as prati sub annuo censu quinque solidorum *CalCh* III 386; **1194** de dimidia hida terre et iij ~is *CurR RC* I 56; c**1200** concedo . . duas acras et dimidiam et ~am cum bosco *Couch. Kirkstall* 81; **1218** terciam partem unius ~e terre *EyreYork* 99; **1240** unde quinque parcate jacent a parte aquilonari dictorum molendinorum *Cart. Sallay* 441; c**1270** quarum duarum acrarum una acra preter unam parcatam *Cart. Glam.* 180; debet adjuvare cooperire grangiam supra trabes . . et claudere v pergatas de claustura *Reg. S. Aug.* 199; **1328** de octo parcatis prati (*Pat*) *MonA* VI 427a.

percatapsare [LL; per-+catapsare < καταψᾶν], to strike forcefully.

~at, valde decidit *GlC* P 350; ~are, valde decidere OSB. GLOUC. *Deriv.* 483.

percavere [CL per-+cavere], to take full precautions.

1257 de cura ejusdem ecclesie ~ere cupientes *Melrose* 320.

perceleber, ~ris [CL]

1 very distinguished, very famous: **a** (of person or group); **b** (of place or artefact); **c** (of act or abstr.).

a monachorum congregationem numero et religione ~rem instituit W. MALM. *GR* IV 339; abbas . . vir prudentie plurime et probitatis opinione ~ris *Chr. Rams.* 115; doctores . . sciencia ~res *Croyl. Cont. A* 108; **1492** universalis magistrorum regencium et non regencium ~ris congregacio *StatOx* 299; monachi aliquot ~res FERR. *Kinloss* 28. **b** Degsa lapis, in illis regionibus ~ris locus W. MALM. *GR* I 47; s**1250** cum thesaurus ille [sc. scrinium argenteum] ~ris in ecclesia exteriori . . locaretur *Plusc.* VII 15. **c** gloriam ~rem victoriamque . . insignem GIR. *PI* III 7; **1425** ad defensionem ~rem catholice fidei firmiter et feliciter consistere *Reg. Cant.* III 131.

2 (~re est) it is very well known.

que . . magnifice gesta sunt historicorum testimonio ~re est J. SAL. *Pol.* 706A.

percelebrare [CL = *to make thoroughly known*],

(eccl. & mon.) to perform, celebrate (through to the end).

dumque tertium ~atur [AS: *byþ gesungen*] responsorium, residui tres succedant *RegulC* 51; officio in honorem Dei ~ato . . surrexit EADMER *V. Osw.* 34; pre nimia vocis angustia missas ac cetera sacra sollempnia ipse ~are non poterat R. COLD. *Cuthb.* 120; episcopus . . officium diei ~avit EADMER *HN* p. 254; ~ata missa WALS. *HA* I 337.

perceler [CL], very rapid.

~er, i. valde celer OSB. GLOUC. *Deriv.* 118.

percella v. parcella.

percellentia [CL percellere+-ia], astonishment.

stonyynge or stonynge of mannys wytte, procellencia [v. l. percellencia], -ie, . . attonitus, -tus *PP*.

1 percellere [CL]

1 to strike, hit with force; **b** (of natural force); **c** (of sound).

binos et infra parvulos / Herodis ira perculit BEDE *Hymn.* 2. 5; ~it, ferit *GlC* P 320; quasi baculo ~ant BALD. CANT. *Sacr. Alt.* 739C; horum . . trium duo gladiis cecidere alienis, tertius . . proprio sed †pertulit [MS: perculit] ense GIR. *PI* I 4 p. 13; virgam e manica exeruit, semel et iterum ei caput ~uit [*sic*] *Arthur & Gorlagon* 8. **b** rutilo perculsi fulminis igne FRITH. 798; ingressus [sc. fulguris ictus] trabem maximam perculit ut fragmina in tota spargerentur aecclesia W. MALM. *GR* IV 323; Lachesis . . / . . intento percellit flamine vela J. EXON. *BT* III 191. **c** si ullatenus . . illic vitiosus sermo aures eruditi lectoris perculerit [MSS: perculserit] FELIX *Guthl. prol.*; nascitur extimplo clamor qui perculit astra G. AMIENS *Hast.* 191; dulcior erectam tua vox mihi perculit aurem, / finem quem cupimus, festa superna, canens L. DURH. *Dial.* IV 515.

2 to strike, punish: **a** (of divine punishment); **b** (eccl.); **c** (acad.).

a ultio quapropter funestum perculit hostem ALDH. *Aen.* 81. 8; pro hac temeritate expianda caelestis irae mucrone proles primogenita ~itur *Id. VirgP* 53. **b** perdat bonum quod accepit ac digne apostolica increpatione ~atur BEDE *Hom.* I 2. 27; **1151** donec condigne satisfaciant, anathematis sententia ~antur *Doc. Theob.* I p. 547; ~itur anathemate nec timet MAP *NC* IV 6 f. 49v; hanc penam iis qui digne ~untur infligit GIR. *GE* I 53; **1277** quicumque de incontinencia convincatur, pena temere exeuncium ~atur *Doc. Eng. Black Monks* 84; **1282** quos tamdiu censura ecclesiastica ~atis donec spiritu ducti sanioris consilii . . PECKHAM *Ep.* 374. **c** a**1380** pena . . bannicionis . . percellantur (v. detrectare 1b).

3 (fig.) to strike, lay low, afflict; **b** (illness); **c** (disaster or misfortune).

quo . . meruit Maria scelere / tante tristicie percelli vulnere WALT. WIMB. *Carm.* 269. **b** ecce repente fuit morbo perculsus acerbo ALCUIN *SS Ebor* 614; acre febre ~itur eaque diutius exagitatur GOSC. *Transl. Mild.* 29. **c** iste Britannos anxia clade perculerit W. MALM. *GR* I 33; Tripolitanorum finitimi eisdem ~ebantur infortuniis ORD. VIT. IX 14 p. 591.

4 to cause (person) to be affected by strong emotion, to strike (also w. abl. of cause); **b** (w. abl. of emotion, of joy, anguish, fear, or wonder).

tanta miraculorum caelestium novitate perculsus BEDE *HE* I 7 p. 21; perculit citissime hic rumor Danfrontinos W. POIT. I 19; perculsus nuntio Walkerius W. MALM. *GR.* III 271; cum ilico astantes migrando percellit *Ib.* V 443; **1166** nonne Teutonicus tirannus nominis sui fama nuper orbem perculerat J. SAL. *Ep.* 145 (168 p. 102); *stoynyn mannys wytte*, attono, stupefacio, ~o, -is *PP*. **b** ecce subito lux . . tanto eas stupore perculit . . canticum tremefactae intermitterent BEDE *HE* IV 7 p. 220; a**984** lictorum metu perculsi (Æ̵THELWOLD *Ch.*) *Conc. Syn.* 126; nimis dolore aggravati et angore perculsus W. MALM. *GR* II 111; gaudio ~untur corda fidelium *Found. Waltham* 10; reliqui timore perculsi fugerunt *Deorum Imag.* 22; **1361** reliqui [monachi] cum abbate nimio dolore perculsi, in fugam sunt conversi (*Chr. Abingd.*) *EHR* XXVI 733.

5 to strike a treaty (cf. *ferire*).

cum Sictrico rege . . victurum fedus perculit W. MALM. *GR* II 131; **1497** federa capitulaque . . treugarum per nostros suosque oratores . . et commissarios . . deputata facta et perculsa fuerint *RScot* 531a.

2 percellere [CL per-+cellere], to be pre-eminent.

omnipotens Deus . . principatum militiae multiplica ut . . super omnia regna ~ant EGB. *Pont.* 131.

percelsus [CL per-+celsus], very high, exalted.

1354 ~e genetricis Dei Marie *Lit. Cant.* II 319.

percenare [CL per-+cenare], to finish a meal.

priusquam ~averint aut potaverint fratres *Cust. Westm.* 48 (=*Cust. Cant.* 105);

percenarius v. parcenarius.

percensere [CL]

1 to decide, decree.

eodem modo quo lex publica fornicarios puniri ~uit EGB. *Dial.* 407; haec vero vindicta, quam de homicidiis presbiterorum ~uimus, maneat erga abbates, qui sunt sine ordine *Ib.* 409.

2 to review, consider (thoroughly).

†~it [l. ~et], considerat *GlC* P 233; restat Heliensis episcopatus a nobis ~endus W. MALM. *GP* IV 183; reliquos annos vite et regni H. regis breviter ~ere libet *Id. HN* 453.

3 to enumerate.

quae omnia ~ere, ne nimis fastidiosum et absurdum sit, non oportet BONIF. *AG* 495; ~uit, numeravit *GlC* P 304; quae hoc in loco ~ere longum est, ne fastidium legentibus procreent ASSER *Alf.* 81; ~ere, numerare OSB. GLOUC. *Deriv.* 483.

percepte [*p. ppl. of* CL percipere+-e], perceptibly.

gutte leves perforant cilicem sepe cadendo et leves ac secrete temptationes non ~e [ME: *ðe me nis war of*] corrumpunt cor *AncrR* 79.

perceptibilis [LL]

1 that can be perceived or comprehended, knowable (to); **b** (w. abl. of sense); **c** (as sb. n.).

nonne rectius, nonne naturalius, ad cursum eorum [sc. planetarum] notandum atque ad disciplinam ~ius foret si eodem circuitu cum aplano . . rotarentur? ADEL. *QN* 72; causas habet omnium rationum naturaliter sibi ~ium J. SAL. *Met.* 926D; ut . . inventioni vix pervia discenti facilius ~ia fiant et varietatis tam permixte inconfusa fiat cognitio BALSH. *AD rec. 2* 161. **b** athomi, corpora sunt vix ~ia aliquo sensu S. LANGTON *Gl. Hist. Schol.* 44; res . . brevissimas et longe distantes faciant apparere magnas et optime visu ~es GROS. 75; oritur dubitatio . . circa speciem visus et visibilis, an fiant . . in tempore sensibili et perceptibili . . . si in tempore fieret aliquo, hoc esset ~e sensu, sed non percipimus BACON. II 68. **c** dum eam [substantiam] variis proprietatibus et formis quasi suis quibusdam vestibus induit et suis sensuum ~ibus informat quo possit aptius humano ingenio comprehendi J. SAL. *Pol.* 438D; de beatorum pedum tuorum fluviis sanguineis vel minimum ~e distribuas mendicanti *Spec. Incl.* 3. 1.

2 able to perceive or understand; **b** (w. gen.).

sensus enim quibusdam ~ior ut linci et aquile visus ALF. ANGL. *Cor* 1.3. **b** eo quod ratio ~is sit sapientie AILR. *An.* I 38; intellectum, qui, ut ait Augustinus, quedam anime manus est, rerum capax et ~is objectorum J. SAL. *Met.* 840B; inter cetera membra solus oculus ~is est luminis P. BLOIS *Ep.* 243. 458B.

3 (~*is discipline*, w. ref. to Boethius *In Isag. Porph.* 9. 11), able to acquire or learn discipline.

homo enim est animal rationale, mortale, risus capax, discipline ~e W. DONC. *Aph. Phil.* 3; nova . . mancipia favorabilia visa sunt, eo quod sint magis ~ia discipline et ad ministerium aptiora P. BLOIS *Ep.* 101. 312C; rationis . . simul et discipline ~em capitis ad dispositionem E. THRIP. *SS* VIII 7.

perceptibilitas [LL]

1 capacity to be perceived or understood.

quod enim caret ~ate caret dimensione, cum omnis dimensio sit perceptibilis *Ps.-GROS. Summa* 312; prius

et posterius in tempore causatur a priori et posteriori in motu. prius autem et posterius in motu causatur ~ate mobilis et spatii, super quod est motus PECKHAM *QA* 139.

2 ability to perceive or understand, acquire or learn (in quot., ~*as disciplinae*, susceptibility to teaching, ability to learn discipline).

Porphirius ~atem discipline idemque Macrobius docibilitatem appellat W. DONC. *Aph. Phil.* 3. 19.

perceptibiliter [LL perceptibilis+-ter], perceptibly.

ad minus ~iter *Quaest. Salern.* R 25; ut . . ecclesia . . ~iter quateretur *Ps.-ELMH. Hen.* V 42 (v. distantia 1a); cibus . . parvus ~iter corpus non nutrit GASCOIGNE *Loci* 93.

perceptio [CL]

1 (act of) receiving, taking, acquiring; **b** (food); **c** (revenue). **d** tax, duty.

litterarum presentium ~onem mandamus ut . . ad matris ecclesie ultionem . . accingamini W. MALM. *GR* V 431; plangens quod ambitionem suam . . in ecclesie . . ~one non satiaverat GIR. *Symb.* 22 p. 263; ordinavit . . tresdecim petras casei pro equali porcione percipiendas in manerio de Eye . . ita quod singulis annis ~o inter custodem ecclesie . . et custodem manerii . . plenarie tallietur WHITTLESEY 162; a**1400** pro atrocibus injuriis monasterio nostro Dunelmensi . . irrogatis super precipiti ~one et dampnifica detentione domus nostre de C[oldingham] *Pri. Cold.* 78. **b** num absque cibi ~one tanto tempore mansisti? BEDE *CuthbP* 37 p. 276; ut quis in cibi potusque ~one infra crapulam et ebrietatem sese contineat AILR. *Spec. Car.* III 32. 605. **c 1287** ad ~onem dictarum decimarum *Cart. Blyth.* 467; **1328** cum ~one fructuum remanente integre *Reg. Aberbr.* I 317; **1365** super ~one . . decimarum *Cart. Mont. S. Mich.* 11 p. 11; rex extendit manus suas ad ~onem rerum et reddituum subditorum suorum *Quadr. Reg. Spec.* 32 (cf. BACON V 44). **d 1327** collectores . . ~onis duorum solidorum de singulis doliis vini *LTR Mem* r. 68.

2 receiving, partaking (of the sacraments); **b** (baptism); **c** (Eucharist); **d** (ordination).

per fontem regenerationis perque fidem ac ~onem sacramentorum BEDE *Cant.* 1102; pro ~one crismatis nummos dari, similiter pro baptismo et communione WYCL. *Sim.* 80. **b** est . . alia unctio qua . . neophyti unguntur in pectore et inter scapulas in ~onem baptismi GIR. *GE* I 4. **c** dominici corporis et sanguinis ~one BEDE *HE* III 3 p. 210; a**1081** omnibus aetatibus plurimum expedire tam viventes quam morientes Dominici corporis et sanguinis ~one sese munire LANFR. *Ep.* 33 (49); si hora ~onis cognoverit sacerdos vinum . . non esse appositum *Cust. West.* 215; a cujus sacramenti ~one . . per septennium . . abstinuerat OXNEAD *Chr.* 103; **1504** hec . . salutaris sacramenti ~o *StatOx* 315. **d** episcopatus . . gradu . . , cujus ~onem ipse non parum . . horrebat BEDE *CuthbP* 22.

3 (of abstr.).

fructus . . laborum qui pro Domino temporaliter fiunt, ~o est . . sempiternae salutis BEDE *Cant.* 1218; sese . . ad implorandam Dei clementiam pro aeternae vitae ~one convertebat *Id. Tob.* 926; petere autem hujusmodi gaudium est non verbis tantummodo patriae caelestis introitum flagitare sed et digna operatione pro ejus ~one certare *Id. Hom.* II 12. 165; a ~one hujusmodi lectionis durior etas illum compescebat ORD. VIT. IV 7 p. 215; sensus . . est ~o impressionis ALF. ANGL. *Cor.* 35; est . . affectio motus quidam naturalis qui est in homine vel ex consanguinitate vel ex affinitate vel ex bonorum ~one T. CHOBHAM *Praed.* 189.

4 perception (by sense or intellect), awareness (w. gen.).

ostendit se . . ipsam deitatis cognitionem nobis adsequendam proponere. in hujus . . ~one sapientiae summa est ~o beatitudinis BEDE *Prov.* 945; percipit in ea inmutationes in ea repositas que sunt similitudines rerum extra, et per illarum similitudinum ~onem venit in cognitionem rei prius ignote J. BLUND *An.* 375; prima percepta evidenter includunt ~onem istius veritatis DUNS *Ord.* III 139; si agnus fugeret lupum propter ~onem nocivi conceptam ab estimativa *Ib.* III 44.

perceptivitas [ML perceptivus+-tas], perceptivity, ability to perceive.

omnis namque potencia perceptiva . . sicut est entitatis determinate, finite, et certe, ita videtur capacitatis, activitatis, et ~atis determinate, finite et certe BRADW. *CD* 458D.

perceptivus [ML], that perceives, percipient, perceptive (of); **b** (w. gen. object).

est sciendum quod delectacio cujuscunque virtutis seu potencie ~e causatur ex conveniencia . . objecti delectabilis BRADW. *CD* 454B; per illam consideracionem probatur intellectus cujuslibet entis distincte ~us non esse organicus WYCL. *Log.* II 142. **b** auditus est sensus sonorum ~us GILB. III 144. 2; visus est tenebre ~us DUNS *Metaph.* I 3. p. 5.

perceptor [LL], one who receives or takes; **b** (revenue).

hylaritas serena datoris plus affectando delectat animum ~oris quam multitudo muneris R. COLD. *Cuthb.* 107. **b 1403** a ~oribus fructuum *Conc.* III 276a; neque ~or neque deforciator reditus illius *Entries* 73b; **1543** fructuum . . perceptores (v. intromissor).

perceptum v. percipere. **percetum** v. persicus.

1 percha, 1 perchia, ~ius [ME, OF *perche* < L *perca*], kind of freshwater fish, perch.

fercula mensentur, roche, percheque, lupique D. BEC. 2602; desunt eis nobiles aliarum regionum, et dulcis aque generosi pisces, lucii viz. et ~ii GIR. *TH* I 9; dat atter lacus perchios, trutas *Ps.-MAP Poems* 143; **1233** mandatum est vicecomiti N. quod in vivario regis de C. faciat habere . . x parvos lucios et c rochias et ~ias ad vivariam suum de S. instaurandum *Cl* 207; ~ie GILB. I 36. 2, ~ia GAD. 10v. 1 (v. darsus); pisces . . fluviales, ut lucii, ~e, darsi GILB. VI 260v. 2; **1250** ~as (v. lucius 1a); **1252** duo milia rochiarum et ~iarum . . poni faciat in vivarium . . regis *Cl* 51; ~iis *Fleta* 164 (v. brema a); *a perche*, quidam piscis, ~eus CathA.

2 percha, 2 perchia [ME, OF *perche* < CL pertica; cf. 2 perca]

1 (wooden) rod, pole, beam, perch; **b** as horizontal support for candles.

1180 pro perchis apportand' de Buro ad Cadomum ad pannos et aves regis *RScacNorm* I 1; **1337** aula. in xviij lib. candelarum . . unde . . j lib. ad cameram domini J. C., j lib. pro parchiis *Ac. Ep. Bath.* 102.

2 main trunk of a stag's horn, beam.

1220 sumerant arcum suum cum sagitta sanguinolenta et ~ias cervi sanguinolentas cum corio et quadam portione venationis *RL* I 83; **1225** quod omnes ~ias de cervo quas penes se habet de foresta nostra . . habere faciat P. C. balistario ad nuces balistarum faciendas *Cl* II 50a.

3 perch, measure: **a** (of length); **b** (spec.); **c** (square measure of land).

a 1243 unam acram prati . . que jacet in occidentali parte per septem ~ias et in orientali parte per quinque ~ias *Arch. Bridgw.* I 3; locum aptum, de octo ~iis in longum, et de sex ~iis in latum *FormA* 299. **b 1232** dedit eidem Gervasio x acras terre bosci cum ~ia xviij pedum mensuratas habendas et tenendas sibi et heredibus suis *BNB* II 673. **c c1230** septemdecim acras terre et tertiam partem unius ~ie (Ch.) Dryburgh 119; de terra arabili prudens et operosus, de carucata, bovata, virgata, ~a, acra, roda, et dimidia roda, pede, pollice, cubito et palma KNIGHTON I 140.

perchata, ~iata [AN *perchet* < CL perticata], perch, measure: **a** (of length); **b** (of square measure of land).

a s1180 in duabus ~is muri reficiendi castri de Mol. *RScacNorm* I 104; **12**. . habens in fronte quinquaginta pedes et in longum triginta ~iatas *Reg. S. Thom. Dublin* 204. **b 1300** tenent xij acras et ~iatam *Reg. S. Aug.* 105.

perchetus v. proicere. **percheus** v. 1 percha. **perchia** v. 1–2 percha. **perchiata** v. perchata. **perchius** v. 1 percha. **perciados** v. perdicialis.

percida [περκιδ-], kind of fish, perch.

ad gurgites . . irretiuntur . . luceoli, ~ae, rocee, burbuces *Lib. Eli.* II 105.

percidere [CL per-+cadere], to fall.

10. . ~entes, cadentes *WW*.

perciere [CL]

1 to stir into action, motivate, excite (in quots., p. ppl. w. abl. of circumstance or emotion).

ira percitus in Kineardum insiluit W. MALM. *GR* I 42 p. 42; precipiti furore percitus, crinem antistitis involat *Ib.* V 439; exemplo vicinorum percitus ORD. VIT. III 5 p. 69; hac celesti visitatione perciti AILR. *Spec. Car.* II 9. 554; rex ~us illuc adventans .. castellum .. obsedit *G. Steph.* 31.

2 (p. ppl. *percitus* as adj.) swift, speedy.

~us, *hraed* GlC P 208; ~a, velocissima *ofstige* GlP 275; ~us, valde citus OSB. GLOUC. *Deriv.* 467.

percillium v. psyllium.

percinere [CL per-+canere], to sing through (to the end).

ad divinas laudes ~endas reliquos fratres excitare consuevit FERR. *Kinloss* 71.

percingere [CL per-+cingere], to encircle, surround entirely.

966 hiis metis rus istud ~itur *Ch. Burton* 21; ad mammas .. tuas zona aurea ~aris R. NIGER *Mil.* III 36.

percipere [CL]

1 to receive, take, acquire; **b** (food); **c** (revenue, profit, reward; also transf. & fig.). **d** (p. ppl. as sb. n.). **e** (*Percipe*, as name of writ).

798 libellos quos .. injuste ~ceperat *CS* 291; negat se praeceptum vel sigillum regis de hac re unquam ~cepisse *DB* I 32; homo fatuus .. victualium et vestitus necessaria ex regis munificentia ~cipiebat J. FURNESS *Kentig.* 45 p. 241; ordinavit .. tresdecim petras casei pro equali porcione ~cipiendas in manerio WHITTLESEY 162. **b** p675 nec ad mensam ciborum fercula pro caritatis gratia .. ~cipere dignentur ALDH. *Ep.* 4; aspidem .. de caverna sua egressam a mensa ejus annonam ~cipere solitam BEDE *Ep. Cath.* 28; unum ovum .. cum parvo lacte .. ~cipiebat *Id. HE* III 23 p. 175; jubent abstinere a cibis quos Deus creavit ad ~cipiendum cum gratiarum actione fidelibus AILR. *Spec. Carit.* III 77. 605; 1307 ~cipiet de domino utroque die tres repastus *Cust. Battle* 20. **c** multiplicate pio percepta talenta labore, / maxima quod summo capiatis praemia caelo ALCUIN *Carm.* 10. 7; cum Dominus commisit nobis oves suas custodiendas, volumus ~cipere mercedem custodie et oves non custodire T. CHOBHAM *Serm.* 18. 66vb; 1228 vidit eum ~cipere obvenciones ad ecclesiam provenientes *Feod. Durh.* 277; noueritis nos .. concessisse .. decem libras cere nomine annue pensionis ~cipiendas et recipiendas annuatim *Dign. Dec.* 40 p. 55; s1346 rex ~cepit in manu sua omnes proventus et emolumenta AD. MUR. app. 245; percipiant doni cameratores ibi bini / aurum sunt proni sibi sumere vasaque vini (*Vers. Exch.*) *EHR* XXXVI 62; 1460 redditum octo boschellorum avenarum .. ~cipiendum annuatim de omnibus .. liberis tenentibus *Paston Let.* 57 I p. 94. **d** 1259 quod de omnibus inde perceptis .. compotum eis reddent et eadem precepta eis plene restituant .. *Cl* 471; 1333 ab eo exactis de remanenti compoti sui in memorandis anni precedentis inter precepta [*sic*] de termino Pasche in quinque particulis ob causa ibidem annotatas *LTR Mem* 105 m. 67*d*.; 1393 sic .. quod ~ceptum pro labore celebrationis annualis predicti circa reparacionem .. domorum .. convertatur *Lit. Cant.* III 16. **e** debet v m. pro habendo quodam ~e *Pipe* 209.

2 to receive, partake of (sacrament); **b** (w. ref. to baptism); **c** (w. ref. to Eucharist).

qui .. fidei sacramentis quae ~ceperunt bona quoque opera perseveranter adjungunt BEDE *Ep. Cath.* 71. **b** baptismatis sacramentum ~ceptura ALDH. *VirgP* 44. **c** ~cepto viatico sacrosanctae communionis BEDE *HE* IV 21 p. 256; os vestrum mundum conservetur ad ~cipiendam eucharistiam BALD. CANT. *Serm.* 6. 4. 413; 12 .. reverenter ad minus in Pascha eucharistie sacramentum ~cipiant *Conc. Scot.* II 32; ~cipit sanguinem, quo ~cepto, accipit unam locionem qua ~cepta .. *Ord. Cartus.* 102.

3 (abstr., esp. spiritual gift or reward).

~cepturus in excelso nova gaudia victor ALDH. *VirgV* 796; justi debita justitiae suae praemia ~cipiant BEDE *Ep. Cath.* 83; ex quo tempore fidem Christi ~ceperunt *Id. HE* pref. p. 7; ~cepta ejus benedictione *Ib.* IV 3 p. 209; confidat quia indubitatae sospitatis

remedium ~cipiat GOSC. *Transl. Aug.* 27D; Æthelwoldus de hac mortali vita erat exiturus et laborum suorum premia a Deo ~cepturus WULF. *Æthelwold* 41.

4 to perceive (by sense), to see, hear, **b** (w. sense as subj.); **c** (w. abl. of sense). **d** to notice, become aware of.

expositus .. his quae a patre verba ~ceperat, redit ad docendam auditorem suum sapientiam BEDE *Prov.* 955; quem .. comites adequitare ~cipiunt W. POIT. I 33; per vim sensualem ~cipit colores, sonos, odores, sapores AILR. *An.* III 9; quicquid auditu ~cipitur sonus dicitur BART. ANGL. XIX 132; una vox non ~cipitur ab alia propter concordantiam GARL. *Mus. Mens.* 9. 6; 1270 quia ipsi malefactores ~cepti erant tunc de pluribus hominibus, ipse parcarius exclamavit eos ad cautelam *SelPlForest* 55. **b** tactus .. dolorem quoque ~cipit et voluptatem J. SAL. *Pol.* 437A. **c** quia sensu ~cipi non possunt, nisi hae res quae sunt et quarum imagines animo formamus ALCUIN *Gram.* 956B; omnia .. quae de illo scribere proposui, aut ipse cum eo conversando vidi aut ab iis qui videre .. ipse auditu ~cepi *V. Gund.* 1; vel audire auribus, vel tactu attrectare, vel olfactu ~cipere AILR. *Anim.* I 10; nec oculis cernitur nec aure ~cipitur nec faucibus sapit *Id. Serm.* 21. 11. 354. **d** vina .. transmarina, ratione commercii, tam abunde terram replent, ut vix propaginis proventus naturalis in aliquo defectum ~cipias GIR. *TH* I 6; *aparcever* .. ~cipere, animadvertere, comprehendere *Gl. AN Ox.* f. 153v.

5 to perceive (by intellect), to get to know, understand, realize, learn; **b** (w. *quod*).

expletum est sectum millarium aetatis hujus mundi aetuam quamvis contradicant qui hoc ~ere nolunt THEOD. *Laterc.* 24; quod .. necessaria ratione veraciter esse colligitur, id in nullam deduci debet dubitationem etiam si ratio quomodo sit non ~cipitur ANSELM (*CurD* I 25) II 96; cujus magisterio prima ~cipiens rudimenta ORD. VIT. V 1 p. 301; intellectu eam ~cipiet et verba sapientium .. intelligentia capiet ANDR. S. VICT. *Sal.* 12; excitat [sc. natura] .. ingenium ad res aliquas ~cipiendas .. ; ratio que ~cepta .. sunt studio diligenti examinat J. SAL. *Met.* 838B; quam .. artem habebimus ad intelligendas omnes fallacias diaboli et ad ~cipienda sophismata ejus T. CHOBHAM *Praed.* 205; consideraverunt quod .. Hugo ulterius inde responderet ac idem Hugo .. consideracionem ~cipiens iniquam, petiit inde billam vel quod predicta exceptio irrotularetur *State Tri. Ed. I* 78. **b** 1313 A. ~cipiebat quod .. H. ballivus suus magnam summam pecuniam tradidit cuidam W. custodiendam *Eyre Kent* I 95; rex, ~cipiens ex communi querela quod justiciarii sui .. fuerunt annexi magnatibus terre AD. MUR. app. 245.

6 to perceive (by faith).

cognitio per fidem tanto certius scientia dicitur, quanto frequentius in sacra scriptura sciri referuntur que sola fide ~cipiuntur BALD. CANT. *Commend. Fid.* 584; que .. fide conspiciuntur, non apparentia dicuntur, quamvis fide ~cipiantur, ea videlicet ratione quod nec sensu nec ratione comprehenduntur *Ib.* 585.

7 ? *f. l.*

nobiles .. et inferioris ordinis seculares auxiliatrices nobis manus perceperunt [? l. porrexerunt] CHAUNCY *Passio* 152.

percisis v. phthisis. **percitus** v. perciere, persicus.

perclamare [CL dub.], to call loudly, shout.

accedens ad aurem ejus, ~ans paterna lingua et dixit "Vicine, propino tibi" *Spec. Laic.* 29.

perclare [CL per-+clare], very brightly.

tanquam aurora surgente ~e diescat GIR. *TH* II 25.

perclarere, ~escere [LL], to be or become very clear or apparent.

ut .. sacrae scripturae testimonium per te expletum indubitanter ~eat (*Lit. Papae*) BEDE *HE* II p. 106; quot commoditates .. in regno .. viguerunt .. oculata fide ~uit (*Lit. Papae*) RIC. HEX. *Stand.* f. 39.

perclinare [cf. CL per-+inclinare], to influence, persuade, induce.

1379 ~averunt Willelmum Love [et alios] .. qui falsam conspiracionem fecerunt inter se *SessPEssex* 172.

percludere [LL], to enclose completely.

1234 nullum [cervum] ceperunt in foresta [regis];

sed revera invenerunt quendam cervum in parco Simonis de Monte Forte, qui fere perclusus est, et ipsum fugaverunt usque ad .. predictum locum quem .. credunt esse extra forestam *CurR* XV 1108; 1250 Willelmus manucepit quod claudere faciet de die in diem quousque fuerit perclusum, et si .. averia .. intrent parcum illum .. averia .. extra fugabunt sine detrimento *SelCWW* 73.

perclusorium v. praeclusorium.

percogitare [ML < CL per-+cogitare], to think thoroughly, consider carefully, take thought.

956 studio divino [v. l. divini] cultus promovemus [v. l. promovemur] pro venerabilium locorum semper ~are stabilitate (*Lit. Papae*) *Conc.* I 223a; nos philosophantes Christiani nescimus de tanta morum sapientia ~are; nec tam eleganter persuadere BACON *Maj.* II 322.

percognitio [CL per-+cognitio], thorough enquiry, inquest, or (?) *f. l.*

1176 si dominus feodi negat heredibus defuncti saisinam ejusdem defuncti quam exigunt, justitie domini regis faciant inde fieri ~onem [? l. recognitionem] per xij legales homines, qualem saisinam defunctus inde habuit die qua fuit vivus et mortuus: et sicut recognitum fuerit, ita heredibus ejus restituant (*Assize Northampton*) *SelCh* 180.

percolare [CL], to filter through, cause to percolate.

~a aquam per pannum lineum; massam .. non solutam, que in panno remansit, pone in chemia RIPLEY 160.

percolere [CL], to venerate intensely.

ut Petrus Christi sic hic vestigia Petri / percolit, aequoreis numquam timefactus in undis FRITH. 1201.

percolligere [CL per-+colligere], to collect completely.

1299 donec bladum domini fuerit percollectum *RB Worc.* 247.

percolus [cf. percolare], pierced (in order to filter or strain).

9 .. percola, *þurhsticced WW*.

percomburere [LL], to burn completely (in quot., p. ppl.).

titio extractus ex igne semiustulatus, non ~atus ALCUIN *Haer.* 8.

percomenum v. pergamenum.

percommodus [CL], very convenient, thoroughly advantageous.

~a, *suaenlic* GlC P 203; exercitium natandi ~um est J. SAL. *Pol.* 596A.

percomplere [LL], to accomplish completely, to carry out thoroughly.

1235 ad predicta omnia ~enda .. curabimus laborare *TreatyR* 19; consenserunt ista premissa pro eorum modulo ~ere *Chr. Westm.* p. 208.

percomputare [CL per-+computare], to render an account in full, to complete an account.

1298 quia nullus vicecomes reddens hic compotum .. debeat .. summam compoti .. fieri petere quousque ~averit de omnibus summonitionibus scaccarii comitatum suum contingentibus (*MemR*) *Hist. Exch.* 649; 1327 computavit usque finem termini, et, quia non potuit ~are hoc termino, adjornatur usque crastinum S. Hillarii ad ~andum *KRMem* 103 m. 190*d*.; 1333 M. R. de H. qui habuit diem .. ad ~andum .. venit hic ... et quia non potuit ~are ante finem hujus termini adjornatur *LTR Mem* 105 m. 85*d*.; 1381 fuit in computando toto termino et quia non potuit ~are durante termino adjornatur *Ib.* 153 m. 5.

perconsulere [ML < CL per-+consulere], to consult earnestly.

consilio tibi cum sit opus, perconsule canos / mente viros D. BEC. 794.

percontari, 1 percunctari [CL], **percontare, percunctare** [LL]

1 to sound out, investigate, examine, seek after; **b** (w. indir. qu.); **c** (w. ref. to fishing).

imas / percontare [*gl.*: interrogare] volens nevo sine criminis iras FRITH. 620; exprimat proprios sententiarum affectus modo simpliciter indicantis .. modo miserantis, modo percunctantis, modo voce interrogantis ROB. BRIDL. *Dial.* 108. **b** quibus sanctorum operum meritis .. accendi valeret, studiose percunctari [AS *gl.*: asmeagian] sollicitus coepit *RegulC* 1. **c** *to proule for fish*, ~ari LEVINS *Manip.* 218.

2 to investigate by asking, inquire, ask a question; **b** (w. indir. qu.); **c** (as true pass.).

percunctor, -aris, i. interrogare OSB. GLOUC. *Deriv.* 135. percuntari desinas LIV. *Op.* 8. **b** forte quilibet .. perquirat et ~etur cur septinariae supputationis calculus .. septuplo perplexa revolutione replicetur ALDH. *Met.* 4; regi .. percunctanti quis esset, Samson respondit ORD. VIT. IV 11 p. 249; utrum illam sibi pertranseuntem vidisset percunctabatur R. COLD. *Godr.* 133; hanc quum parentes ad sanctum Macarium duxissent, et ille quid vellent ~aretur, dixerunt, 'equa hec .. filia nostra fuit' ALB. LOND. *DG* 4. 7; percunctatur ubinam posset nocte illa congruentius inter vicinos hospitari COGGESH. *Visio* 5. **c** percunctatus quid ita vultuosus adventaret .. inquit .. W. MALM. *GR* III 204.

3 to ask (someone): **a** (acc. foll. by indir. qu.); **b** (acc. foll. by *super* & acc. or *de* & abl.); **c** (*ad* & acc. foll. by *de* & abl.); **d** (*ab* & abl.).

a princeps .. percunctatur [*gl.*: scisatabatur, interrogavit, *befran*] .. praesulem utrum filii sui veraciter essent ALDH. *VirgP* 33; abbas advocatum militem an sane mentis sit percunctatur GOSC. *Transl. Mild.* 19; redeuntes percunctatur Haroldus quid rerum apportent W. MALM. *GR* III 239; **s964** hominem percunctatus quid sub involucro ferret TORIGNI *Access. Sig.* 16. **b** consequenter ab eodem regno ~antur, utrum videlicet .. in praesenti restituendum an in futuro sanctis reservandum credere debeant BEDE *Acts* 941; **798** Aegyptiacum puerum percunctare de minutandis .. supputationibus ALCUIN *Ep.* 149; cum .. nec amplius super hoc sermone iste eum percunctari auderet AD. EYNS. *Hug.* V 18; uni eorum de hoc eum ~anti serio sic dicebat *V. Edm. Rich P* 1788C; ita se super hoc ~antibus respondebat *Ib.* 1799B. **c** at illi de puero ad pueros diligenter percunctabantur et cunctantes matrem si patrem haberet NEN. *HB* 183. **d** cum ingenti dolore quid filie sue acciderat a viro Dei percunctantur *Medit. Farne* 44v.

4 to inquire about, ask something (w. acc.); **b** (foll. by *ab* & abl. of person).

percunctatur ardenter nomina gentis provinciae ac regis illorum GOSC. *Aug. Maj.* 52; causam .. commotionis percunctatus, responsum accepit W. MALM. *GR* III 264. **b** plura ab eo percunctari non audebat R. COLD. *Cuthb.* 38.

percontatio, 1 percunctatio [CL], (act of) inquiry, question; **b** (dist. from *interrogatio*).

que cum adulescentuli secreta crebris percunctationibus elicuisset W. MALM. *GP* III 100; percunctationum alia simplex est ut 'cujus filius sit posthumus', alia duplex ut 'quis quando posthumi fuerit pater' BALSH. *AD rec. 2* 157; 'quo abiit dilectus tuus, o pulcherrima mulierum .. ?' copiosaque dilecti sui laudatio in cordibus egerit filiarum Jerusalem, ex hac illarum percunctatione facile adverti potest J. FORD. *Serm.* 40. 1; putas .. quod .. capitulum albis induti ingressi sumus? qua ille percunctatione stupefactus AD. EYNS. *Visio* 13. **b** inter .. percunctationem et interrogationem hoc interest, quod ad percunctationem multa responderi possunt, ad interrogationem vero aut non aut etiam ROB. BRIDL. *Dial.* 108; interrogationum etaim genera duo similiter internoscenda esse: alterum disciplinale, alterum electivum; horum .. primum 'percunctatio', secundum .. 'interrogatio' appellabatur BALSH. *AD rec. 2* 127.

percontative, percunctative [LL], in the manner of an inquiry, by means of a question.

eorum .. que disciplinaliter et ~e interrogantur decem sunt genera BALSH. *AD rec. 2* 130; videtur etiam a distinctis omnibus aliud ~e querendorum genus esse, ut cum queritur 'cur aliquid sit' *Ib.* 151.

percontativus, percunctativus [LL], that re-

lates to a question, expressed by means of a question.

communi .. nomine apellari poterunt que si queruntur seorsum ~a BALSH. *AD rec. 2* 131; sunt .. eorum que elective interrogantur genera duo; alia .. dictis disciplinalibus, que et ~a vocamus *Ib.* 134.

percontator [CL], **percunctator** [LL], one who inquires, questioner.

non percunctator, non improbus esto locutor D. BEC. 633.

percontatrix, percunctatrix [LL], one who inquires, questioner (f.).

superior percunctatrix .. exposuit .. qualiter hec eadem audierit ab ipsa sancta Editha GOSC. *Edith* 299.

percontumax [CL], very perverse, thoroughly harmful.

~ax, valde injuriosus OSB. GLOUC. *Deriv.* 475.

percorrigere [CL per-+corrigere], to correct thoroughly.

1155 qui ~endi [sc. malignantium excessus] potestatem a Domino acceperunt J. SAL. *Ep.* 61.

percreb(r)escere [CL], to be widely diffused, spread abroad. **b** (of rumour).

c**705** cujus strepitus per diversa terrarum spatia .. longe lateque ~ruit ALDH. *Ep.* 9 p. 501; quorum gemens ob verbera / vox in Rama percrebuit BEDE *Hymn.* 2. 8; ~uit, *mere weard GlC* P 204; quod cum ~uisset, ingenti gaudio civitas replebatur W. S. ALB. *V. Alb. & Amphib.* 33. **b** p**675** rumor ecclesiae fidei contrarius longe lateque ~ruit ALDH. *Ep.* 4 p. 482; rumorem sanctitatis illius in ea quoque insula longe lateque ~ruisse ferebat BEDE *HE* III 13 p. 152; ejus fama ~uit R. COLD. *Godr.* 62; **1240** fama enim ~ruit quod convocabitur concilium *Conc. Syn.* 288; fama volatilis jam ubique ~ruit R. BURY *Phil.* 8. 119; **1439** inter subjectos nobis populos quidam minus grati ~uere rumores BEKYNTON I 65.

percrebro [LL], very frequently.

1356 contingentibus vacacionum [sc. archiepiscopatus] temporibus quandoque immo ~ius *Lit. Cant.* II 338.

percrepare, ~ere [CL], to be noised abroad; **b** (impers. w. *quod*).

jam de eo sermo circumquaque ~uerat *V. Thom. A* 56. **b** cum ergo in civitate ~uisset quod Jesus secundum prophetiam in asino ibi adventaret HON. *Spec. Eccl.* 917C; jam enim apud universos ~uerat quod ipsa die esset occidendus *V. Thom. A.* 44.

percribrare [CL], to pass carefully through a sieve, to sift.

cribro, -as, quod componitur ~o, -as OSB. GLOUC. *Deriv.* 133.

percudere [CL per-+cudere], to strike forcefully.

quot homines habuit ab adversario suo, tunc cum tot hominibus ~et palmas adversariorum suorum *Ludus Angl.* 163.

perculus v. particula.

1 percunctari v. percontari.

2 percunctari [CL per-+2 cunctari], to delay, hesitate.

ille nichil ~atus filium suum obsidem misit ORD. VIT. IX 9 p. 536; *demorer, morari*, ~ari *Gl. AN Ox.* f. 154v.

1 percunctatio v. percontatio.

2 percunctatio [CL per-+cunctatio], delay, hesitation.

s**1249** eo mortuo rex .. procuravit ut eadem ecclesia fratri suo .. sine aliqua daretur ~one M. PAR. *Maj.* V 91.

percunctative, percunctativus, percunctator, percunctatrix, percuntari v. percont-.

percupere [CL], to desire strongly.

hec alteri narranda relinquens .. transire ~io *Enc. Emmae* I 5; non surdus divine legis auditor, totis men-

tis corporisque viribus fieri Domini ~iebat imitator *V. Neot. A* 2.

percurator v. procurator. **percuricia** v. 2 perire.

percurrere [CL]

1 to travel through (also transf. & fig.): **a** (area, path, or sim.); **b** (period of time). **c** to move over **d** to traverse (the mind).

per circuitum mundi terminos evangelii fama ~at BEDE *Acts* 941; cujus celeberrima sanctitatis opinio plurimas ~ens provincias ORD. VIT. VI 9 p. 64; exterius .. habitu gestuque monstrant quales interius conscientias habeant et qualiter per artum callem ad Deum ~ant *Ib.* VIII 10. p. 325. **b** 9**58** conditor orbis qui diem Titanis splendidissimi radiis flagrantibus lustrando ~it CS 1041; qui .. istam viam tenent et omnes istos dies bene ~unt .. superbia et vanitate temptantur AILR. *Serm.* 33. 27. **c** in visu michi B. Cuthbertus astitit, qui manu sua singula mea membra explorando de infirmitate mea ~ens, mox evigilantem ab omni infirmitate sanum reddidit *Feod. Durh.* lxxvii. **d** triplex modus cogitationum nequam; .. tertius earum quae naturali motu mentem ~entes non tamen hanc ad patranda vitia inliciant BEDE *Hom.* II 12. 167.

2 (w. ref. to written text) to travel over with the eyes, run through, skim.

absurdum .. arbitror si te pertaesum sit affabiliter investigando .. ~ere quod me pertaesum non fuit difficulter commentando .. digerere ALDH. *PR* 143 p. 203; aliorum scripta ~entes invenimus scaphas vocari naviculas BEDE *Retr.* 1031; gestabat libellum in quo diurni cursus psalmi continebantur, ut si quando vacaret, arriperet et vigilanti oculo ~eret W. MALM. *GR* II 123; ne occupationem vestram terreat operis hujus tanta prolixitas, capitula .. primo ~ite et eorum inspectione quid legendum quidve sit negligendum discernite AILR. *Spec. Carit. pref.* 5; librum quem .. ad minus intelligentes instruendos frequentius ~isti, juvenis componere incepi OSB. GLOUC. *Deriv. pref.* 275; T. MON. *Will. prol.* p. 8 (v. discretio 6); diversarum textus historiarum ~endo translegimus R. COLD. *Osw. pref.* p. 329.

3 to run through (in thought or word) so as to expound or learn, review; **b** (in order).

cur .. diversarum rerum ratiocinationes conglobans ad instiganda vestri pectoris praecordia stridente calamo ~am ALDH. *Ep.* 9 p. 502; Orientalium Anglorum et Orientalium Saxonum principatum .. ~et [sc. stilus] W. MALM. *GR* I 97; mira velocitate divina et humana diligenter ~ens studia ORD. VIT. VI 9 p. 51; si virtutes ejus ~ere velim, in magni voluminis librum hec una excrescet materia J. SAL. *Met.* 946A; mundum universum .. mente ~ere GIR. *TH intr.* p. 7; annus michi deficeret antequam ~erem breviter narrando sanctorum opera miranda P. CORNW. *Disp.* 149; dixi me prius loca queque penalia michi ostensa summatim percursurum, quam speciales aliquorum retexerem cruciatus AD. EYNS. *Visio* 19. **b** Arator .. ipsum ex ordine librum heroico carmine ~ens BEDE *Acts* 937; per ordinem ecclesiastici ritus omnia evangelia tractando ~imus ÆLF. *CH praef. I* 2.

4 to go through, undergo.

debitam peccatoribus penam pro peccatoribus ~eret GOSC. *Lib. Confort.* 52.

percurribilis [cf. per-+currere 9], (of money) of legal tender, current.

1253 d m. .. crucesignatorum ~ium (v. crucesignare 1 c).

percursor [CL per-+cursor], one who runs across or over.

ut percursor [v. l. percussor] per Egiptum transiens signatas domos sanguine cerneret et flagellum non inferret *Eccl. & Synag.* 107; pontificalis equus est quodam lumine cecus, / segnis et antiquus, morsor, percursor iniquus *Ps.-*MAP 85.

percursus [per-+cursus 1–2], right to pass over land not one's own in hunting or driving animals to pasture.

1109 calumpniabantur .. ~um ad venandum in silvis S. Cuthberti *Regesta app.* 64; **1189** (1461) habeant ~um per totam forestam nostram cum porcis suis, et sint quieti de pannagio et de expeditatione canum *CalPat* 58; **1199** habeat ~um suum, sc. quod liceat ei persequi feram quocunque fugiet, sive in forestam nostram sive alias donec capta fuerit *RChart* I 12a; **1206** per quem boscum pitanciarius habebit ~um tempore glandis ad porcas *Chr. Evesham* 214; **1230** si exierint in warennam nostrum, libere . . suum habeant ~um ad lepores fugatos in warenna sua et fugientes in warennam nostrum capiendos *Cl* 280; **1274** episcopus Wygorn' inclusit boscum de Snede cum fossis et hayes et inde fecit parcum ubi dominus rex et omnes liberi patrie solebant de jure habere chacias suas et ~um eorum, ubi nunc excluduntur *Hund.* I 168a; **1279** H. S. levavit quemdam parcum apud M. . . ubi domini A. semper currere potuerunt . . cum canibus suis . . ad exheredacionem dicti heredis de parcurso suo xij d. *PQW* 752b; cum N. . . boscum suum . . totum fere inclusisset, in quo abbates Glastonie chaciam suam cum canibus suis et ~um cum porcis in bosco suo de Baltenesberge agistatis habere solebant DOMERH. *Glast.* 532.

percurvus [CL per-+curvus], very bent, curled up (in quot., of person).

vir . . coram sepulchro viri Dei procidens . . nervos extendens, nunc ~us, modo acclinis, aliquando resupinus totus jacuit R. COLD. *Godr.* 514.

percus v. 2 parcus. **percussa** v. percussura.

percussere, ~ire [*back formation from* percussus *p. ppl. of* percutere], to strike.

1311 quicumque alium percusserit . . in quinque solidis . . puniatur . . . si tamen sanguinis effusio intervenerit in viginti solidis ~iens, si clamor factus fuerit, pro justicia puniatur *Reg. Gasc. A* I 151; **1368** cultello . . extracto ad ~endum Johannem (v. extrahere 1b).

percussio [CL]

1 beating, hitting, striking; **b** (metal or coin); **c** (w. ref. to thunderbolt); **d** (med., w. ref. to lancing).

~o . . et agentis est et patientis. unde et actio dici potest et passio ANSELM (*Ver.* 8) I 187; trabem . . fortiter percussit . . ac de sonitu tante ~onis exterriti custodes . . ORD. VIT. VI 10 p. 130; aer subtilis est et lapis poros habet in quibus aer ex ~one subtiliatus subintrat *Quaest. Salern.* B 88; quo fictilis vasis testa infirmior duriori visa est ~one confringi J. FORD *Serm.* 52. 4; grando . . in primo tactu sue ~onis mollescit et liquescit T. CHOBHAM *Serm.* 23. 90vb; Pictagoras . . adinvenit consonantias musicas ex ~onibus malleorum GROS. *Hexaem. proem.* 10; transiens . . per fabrorum officinas, suavem . . ex ~one quattuor malleorum super incudem audivit sonum ODINGTON *Mus.* 63. **b** vidistis umquam aurificem ex lammina auri argenti solis ~onibus imaginem speciosam formasse EADMER *V. Anselmi* I 22; ferrum . . putribile est et cedit ~oni *Quaest. Salern.* B 139; formam non apparet in denario nisi per ~onem T. CHOBHAM *Serm.* 3. 14vb. **c** effugentur ignita jacula inimici, ~o fulminum, impetus lapidum, lesio tempestatum EGB. *Pont.* 119; cur venti nubium tonitrualibus / Christum non vindicant percussionibus WALT. WIMB. *Carm.* 494. **d** eligitur purgatio et diminutio sanguinis et proprie manus luna existente in signo igneo vel aereo, excepto signo Geminorum . . quod tunc geminari solet ~o lanceole (M. SCOT *Intr.*) *Med. Sci.* 289.

2 blow, beating, kick delivered with the intention of hurting or wounding; **b** (w. ref. to snake bite).

pede suo percussit in caput. cujus dolore ~onis in paucis diebus defunctus est *V. Greg.* p. 104; requisivit . . monachum quis ipsum acro virgulae ictu temere percussisset. at ille, "nullus . . te quiescentem aliquo ~onis tactu . . contigerat" B. *V. Dunst.* 20; ad aspectum hominis lacrimosi ita divinitus attriti . . contremuit . . cor presbiteri, sentientis se digniorem ~one GOSC. *Transl. Mild.* 21 p. 184; interdum . . craneo illeso ex ~one fit tumor quod cognoscitur signis contrariis GILB. II 85. 1; sedeat et capiat disciplinam . . et recipiet septem ~ones et non plures nec pauciores *Cust. Cant.* 355; s**1389** ex ~one equi . . lesus fuit in tibia *Plusc.* X 10. **b 1313** ut . . a serpentinis ~onibus sanarentur *Conc.* II 423a.

3 knock, blow, stroke, clap (to produce sound or sensation); **b** (of hand); **c** (of bell or clock); **d** (of mus. instrument); **e** (mus.) beat. **f** (med.) pulse.

pontifex super liminare ostii cum baculo ter percutit . . . trina . . ~o terna potestas in celo, in terra, in inferno accipitur HON. *GA* 591A; signo . . audito a priore facto, id est modica ~one, erigat se *Instr. Nov.* f. 376b; *a knocke*, ictus, percutio LEVINS *Manip.* 158. **b** factoque signo per ~onem manuum *Ord. Ebor.* I 29; si in ~one manus reperiatur tale signum ·Λ· mortales inimicos significat J. FOXTON *Cosm.* 46 f. 22r. **c 1405** post nonam ~onem in nocte *Doc. Bev.* 15; **1416** circa ~onem horologii nonam (*Cl*) *Foed.* IX 386. **d** dum . . bene tensum [sc. timpanum] percutitur et fortiter sonat, quod si mollius inveniatur, cedit et quasi ~o ipsa tepescit, unde aer debiliter collisus debilem sonum reddit *Quaest. Salern.* Ba 1; quicquid auditu percutitur sonus dicitur, ut fragor arborum, . . et ~ones organorum BART. ANGL. XIX 132 p. 1253. **e** quemadmodum ars musice completur per adjunctionem sonorum secundum proportionem communicantem eos inter acuitatem et gravitatem per circulos casuum virtutum temporum que sunt inter eorum ~ones *Ps.*-RIC. *Anat.* 24. **f** tertius [sc. pulsus] qui secundum ~onem [TREVISA: *smytinge*] majorem vel minorem dividitur in ordinatum et non ordinatum BART. ANGL. III 23.

4 (fig.): **a** (w. ref. to divine punishment); **b** (excommunication); **c** (illness); **d** (tribulation).

pro peccatis nostris . . divina ~o super nos descendit ORD. VIT. VI 10 p. 97; c**1166** peccatis meis exigentibus evenit ut his et flagellis acerbioribus feriar et tamen causam ~onis ignorem J. SAL. *Ep.* 154 (156); prima Egypti ~o est aque in sanguinem conversio S. LANGTON *Serm.* I 2; hic dicitur de numero plagarum, i.e. ~onum DOCKING 106. **b** scelerosos . . anathematis ~one usque ad emendationem multavit ORD. VIT. XII 21 p. 391. **c** infirmitate percussus est, ut nihil in omnibus membris esset quod ab hac ~one intactum remaneret OSB. *Mir. Dunst.* 4. **d** pluribus . . modis erumnarum Normannie gravior adhuc imminet ~o ORD. VIT. XIII 28 p. 79.

percussionalis [LL], relating to or worked by percussion.

instrumenta . . ~ia ut acetabula et cymbala BACON *Tert.* 230.

percussire v. percussere.

percussivus [percussus *p. ppl. of* percutere+ -ivus], related to or characterized by striking.

est membrorum ~um secundum hunc modum GILB. VII 341. 2.

percussor [CL]

1 one who strikes or deals a blow to: **a** stamper (of object or artefact). **b** attacker, murderer (of person). **c** (w. ref. to a form of tilting). **d** (in sexual sense, perh. masturbator or fellator).

a 1313 Johanni le Skippere fabro ~ori operanti . . circa idem *KR Ac* 468/20 f. 3. **b** pupillam ~oris [*gl.*: tortoris, carnificis] evulsam . . incolomem restituit ALDH. *VirgP* 36 p. 282; si quis ab altissima montis specula . . ~orem notet, prius actum rei visu quam auditu arguet ADEL. *QN* 68; s**1119** rex ~orem suum . . gladio repercussit H. HUNT. *HA* VII 31; ~ori tyranni non quidem pena sed palma promittitur GIR. *PI* I 16; ~or ejus mox divinam sensit ultionem WALS. *HA* I 461. **c** si . . lancea . . fortiter percusserit, in . . amnem dejicitur . . . ut eripiant ~orem flumine absorptum W. FITZST. *Prol.* 15. **d** immundos, paticos, percussores fuge molles [*gl.*: molles sunt qui voluntarie semetipsos proprio spermate coinquinant] D. BEC. 541.

2 clapper of bell.

1318 emendant' percussor' campane *Fabr. Exon.* 94.

percussorius [LL], related to or characterized by beating or striking. **b** (as sb. n.) instrument used in weaving to beat the weft, slay.

qui negat percutere seu percussionem esse aliquid, negat eam posse sentiri: quare et habet consequenter negare omnem castigacionem ~iam parvulorum que per magistros grammaticos fieri consuerit BRADW. *CD* 530D. **b** ~ium, *slege* ÆLF. *Gl. Sup.* 188.

percussum v. percutere 9.

percussura [LL]

1 beating, blow, striking; **b** (of coin).

1209 viscera cujusdam cervi inventa fuerunt subtus molendinum R. filii A. de S. et perticha similiter. et erat una percussura in perticha ac si esset facta de quadam securi *SelPlForest* 6. **b** in ~a auri vestri imaginem facere Caesaris BEDE *Templ.* 791; nummisma . . quod est nummi ~a ALCUIN *Orth.* 2339; habentes singuli ~am proprii numismatis W. NEWB. *HA* I 22; **1279** rex Anglie . . inquit quod propter monetam suam cudendam de novo nolebat quod pecunia veteris ~e . . extra regnum Anglie ad cambiendum . . transferretur (*Rep. Collectoris*) *EHR* XXXII 85; **1292** injunctum . . est eis . . ne ullam . . pecuniam reciperent retonsam vel adulterinam sed integram et justi ponderis et regis Anglorum legalis ~e pacatilem *Ann. Osney* 333; habentes singuli ~am proprii numismatis TREVET *Ann.* 25.

2 blow, wound (to person).

quem . . tantus terror expulit ut quasi verberum ac telorum plagis ageretur . . qui sciscitantibus miratoribus numquam se talem ~am tulisse respondit GOSC. *Lib. Mild.* 9; s**1176** atroces injurias, insultus acerrimos, ~us enormes . . refudit DICETO *YH* 405; habens vero barberius lanceolam in manu opposuit eam sibi in ore, quam cum sic teneret cecidit super pedem imperatoris et imperator fuit in culpa. illa cum carnem tetigisset exivit sanguis cum dolore et inde secutus est tumor. videns barberius casum et percuss[ur]am dixit . . (M. SCOT *Intr.*) *Med. Sci.* 289.

3 (fig.) affliction.

lex . . omnis lepre et lepre ~re vestigium PETRUS *Dial.* 594A.

percutare v. percutere.

percutere [CL]

1 to beat, hit, strike; **b** (with destructive intent); **c** to strike (coin), stamp with a device (in quot., w. *de* & abl.). **d** to beat, flap (wing).

adamas . . quantum ~cutietur nullomodo in illum aliquod signum ~cutientis videri poterit *Comm. Cant.* 295 p. 354; Moysi ~cutienti virga de petra aquam sitienti populo dedit *V. Cuthb.* III 3; insonuit percussis cudo metallis malleus, . . / jam coenam fratrum peditans culdarios ornat ÆTHELWULF *Abb.* 303; fulmine ictus, ~cussus, *ligbæres GlH* F 961; recordatus crudum se allec comedisse, ~cusso pectore, peccatum ingemuit quod crudam carnem contra legem absumpsisset W. MALM. *GP* I 65; resonabant enee cassides tanquam ~cusse incudes ORD. VIT. IX 10 p. 560; permentarius pellem quam ~cutit ALEX. BATH *Mor.* III 36 p. 150; hec intelligantur mallei Pythagore simul ~cussi ODINGTON *Mus.* 74. **b** crucem que super pulpitum turris stabat ~cussit, confregit, et dejecit ORD. VIT. V 3 p. 307; unus ex nautis ferreum . . malleum arripuit, marmoreum pavimentum ~cussit et fregit *Ib.* VII 12 p. 210. **c** is aureus erat de lancee cuspide ~cussus que . . Domini Salvatoris perforavit latus. hujus intinctione aquam sanctificatam muliercule direxit W. MALM. *Wulfst.* II 9; a**1272** operarii bene ~cutiant platas . . nulla plata ~cutiatur . . nisi . . (v. cuneus 3b). **d** alas ~cuciunt [ME: *beateð*] sed pedes non elevantur a terra *AncrR* 41.

2 to beat, hit, strike (person; also absol.); **b** (w. weapon or sim. specified); **c** (*pede ~ere*) to kick; **d** (in dubbing a knight); **e** (transf. & fig.).

inceperat ~cutere conservos suos, manducans et bibens cum ebriis GILDAS *EB* 96; evenit enim ut aliquis innocentem injuste ~cutiat, unde ipse juste ~cuti mereatur. si tamen ~cussus vindicare se non debet et ~cutit ~cutientem se, injuste hoc facit ANSELM (*CurD* 1) II 57; si aliquis ~cusserit episcopum, non tantum injuriatur episcopo sed toti ecclesie T. CHOBHAM *Praed.* 232; non solum tenetur ille qui ~cutit et occidit, verum etiam ille qui precipit ~cutere et occidere BRACTON f. 121; **1282** Matilda Dalle in misericordia quia ~cussit maritum suum *CourtR A. Stratton* 72; Petrus . . ~cutiens reprehensus fuit a Christo, et post nunquam ~cussit OCKHAM *Pol.* II 816. **b** quis . . fullonis vecte cerebro ~cussus . . corporaliter interiit GILDAS *EB* 73; Julianus . . machera crudeliter ~cussus . . occubuit ALDH. *VirgP* 36; idoli custos, succensus in ira / pontificis . . caput gladio percussit acuto ALCUIN *WillV* 14. 4; Turchus in collo Christiani pugno ~cussus, bizantinos evomeret W. MALM. *GR* IV 380; Rufus rex Anglorum in venatione sagitta ~cussus obiit ORD. VIT. III 14 p. 187; quando flagellaverunt eum et arundine ~cutiebant caput ejus AILR. *Serm.* 11. 20. 275; J. C. ~cussit R. B. cum gladio super capud & idem R. repercussit J. cum furca ferri super capud *Eyre Kent* I 68; **1464** minatus est ~cutare deponentem pugno *Reg. Heref.* 96. **c** pede suo ~cutit in caput *V. Greg.* p. 104; matrem . . suam . . pede procaciter ~cussit ORD. VIT. III 14 p. 147; **1221** ita eum ~cussit cum pede suo quod in prisona illa obiit *SelPlCrown* 104; aries . . dextro pede ~cutiat taurum super testiculos ejus magnos BRADW. *AM* 97. **d** cum gladio percussit in collo *Pol. Poems* I 110 (v. colaphizare c). **e** ideo bis ~cussit quia bis dicturi erant "crucifige, crucifige" *Comm. Cant.* I 433; **e** merito languet amore sponsa cum gladio spiritus ~cussa ac vulnerata BEDE *Cant.* 1160; non .. querere quomodo animam occidas cum gladio iniquitatis eam ~cucias T. CHOBHAM *Serm.* 10. 44va.

3 (of animal) to strike, wound; **b** (of snake). **c** (p. ppl. as sb. n.) snake bite.

Carlomannum .. aprorum venationem agentem, singularis congressione horrendo dente dilacerans miserabili funere ~cussit ASSER *Alf.* 68; Karlomannus .. in Euvelino saltu .. a fero singulari ~cussus est W. MALM. *GR* II 110; quod non vexati a demone, quod non ~cussi a bestiis, quod precipitio non necati AILR. *Inst. Inclus.* 32; morsum canis patiens vel cum alio pecude ~cussus J. FOXTON *Cosm.* 64. 1. **b** 'dipsas', genus serpentis est quod si ~cusserit hominem erit insatialibilis potu dum moritur *Comm. Cant.* I 467; qui serpentes corsia nuncupantur .. et ab eis ~cussus cito moritur tumens *Lib. Monstr.* III 6; quibusdam a serpente ~cussis BEDE *HE* I 1 p. 13. **c** locium suum quisquis biberit ~cussum vipere sanat *Alph.* 104.

4 to strike (so as to produce a sound): **a** (door; in quot., internal acc. w. *ictus*); **b** (bell or clock); **c** (mus. instrument); **d** (table); **e** to give a signal for (w. acc. or *ad* & acc.).

a in janua tres ictus ~cute *G. Roman.* 427. **b** aliquando solus auditus, ut cum hominem delectat ad aurem suam diu nolam ~cutere, quia eam audit dulciter sonare *Simil. Anselmi* 14; cum .. tintinabulum ~cutitur, aer motus movet alium usque ad summitatem, ubi si inveniat foramina angusta, inde exiens sonum reddit jocundum *Quaest. Salern.* Ba 1. **c** lyram ~cutiebat *Lib. Monstr.* I 5+; aliquando auditus et tactus, ut cum aliquem nimis delectat citharam resonantem audire et eandem ~cutiendo tangere *Simil. Anselmi* 15. **d** tunc prior jussu abbatus ~cutiat tabulam tribus ictibus, et inclinantes .. adorent Christum LANFR. *Const.* p. 108; et cum ~cutitur mensa, evacuabunt cyphos *Cust. Cant.* 7. **e** stantes versus altare usque ~cuciatur oracio *Cust. Cant.* 7; priusquam ~cuciatur ad potum *Ib.* 8; quando cantatur Sanctus de missa, prior in choro ~cuciet unam oracionem; et sedebunt super misericordias dicendo Pater noster *Ib.* 15.

5 (fig.) to strike down (w. affliction). **b** to punish (w. excommunication); **c** (w. illness or plague).

postquam †Faraonem [l. Faraone] ~cusso et cum suis satellitibus eum inter fluctus altoque pelago demersit THEOD. *Laterc.* 21; mors .. / .. puellas speciosas / aliquando percutit WALT. WIMB. *Van.* 144. **b** excommunicatione qua suffectus abbas ~cussus fuerat ORD. VIT. III 5 p. 85; anathemate ~cussi extra ecclesiam penas luerent *Ib.* X 12 p. 68; presbiteros diocesis sue .. anathemate ~cusserunt nisi regis in expeditionem .. festinarent *Ib.* XII 19 p. 366. **c** bis quinis Memphitica regna .. plagarum afflictionibus crudeliter ~cussisse .. describitur ALDH. *VirgP* 4; cecitate malignum ~cussit magum *V. Greg.* p. 81; ~cussus est ejusdem clade pestis .. scolasticus BEDE *HE* III 13 p. 152; ~cutitur juvenis currenti peste per artus ALCUIN *SS Ebor* 1615; subita infirmitate in precordiis ~cussus est et post paucos dies .. defunctus est ORD. VIT. IV 16 p. 288; ~cutit .. Dominus aliquando ut sanet R. NIGER *Mil.* III 34; ~cusserat enim eos Deus eciam alia insanabili plaga *G. Hen. V* 13.

6 to affect sharply, shock, dismay.

plurima percutiens funere corda suo / occidit BONIF. *Carm.* 7. 12; luit .. penas ausus temerarii .. maxima parte regni mutilatus. qua injuria ~cussus vivendi finem fecit W. MALM. *GR* II 147; nuntio egri .. avunculi ~cussus *Ib.* III 115 p. 248; tristi ~cutitur nuntio ANDR. S. VICT. *Dan.* 17.

7 (in idiomatic expressions): **a** (*duellum ~ere*) to enter on a judicial combat. **b** (*foedus ~ere* or sim.) to enter into a treaty, to make peace.

a c**1147** fuit duellum .. ~cussum in curia dicti comitis [Leicestr'] in viridi pastura supra domum Godwyni *Cart. S. Fridesw.* II 326; **1219** de predictis vij carucatis terre fuit duellum invadiatum et ~cussum *Eyre Yorks* 27; si .. ante duellum ~cussum appellatum mori contigerit, sic cadit appellum BRACTON f. 139; **1220** ~cussa fuerunt duella .. inter Hobbe .. probatorem, et Walterum .. victum, et Thomam .. victorem, et dictum Hobbe, victum, de apello latrocinii *Pat* 226; a**1270** duellum .. quod in curia domini regis .. fuerat vadiatum, armatum, et ~cussum *Meaux* II 99; **1368** duello .. inter eos ~cusso (v. duellum 3b). **b** concordie indulsit fedusque cum Cnutone ~cussit W. MALM. *GR* II 180; **1508** pro perpetua pace et amicicia .. ineunda et ~cutienda *Spons. Mariae* 3.

8 (*~ere super* & acc.) to abut upon.

c**1230** tendit usque ad magnam aquam de A. et fordales ejusdem prati, que ~cutiunt ex una parte super pratum hospitalis *Cart. Pontefr.* II 433.

9 (p. ppl. as sb. n.) injury.

~um a mercurio, vel a malignitate mercurii, loco inuncto ista aqua et oleo benedicto curatur *RBOssory HMC* 255.

percutio v. percussio, percutere.

perda [ML; cf. CL perdere, AN *perde*], loss.

12.. proviso quod illi qui predictas res vendiderint emptas vel appreciatas carius vel vilius quam eas emerant de lucro vel ~a fideliter computare non omittant *Ac. Beaulieu* 48.

perdebitus [ML < CL per-+debitus, *p. ppl. of* debere], absolutely due.

1494 penasque a sacris canonibus in hac parte constitutas et ordinatas ex jure ~as subeat et perimpleat *DCCant. Reg. S* f. 400a.

perdele, *s. dub.*

prodele [v. l. perdele] R. HOWD. II 272 (v. endele).

perdelectabilis [CL per-+delectabilis], very delightful, agreeable.

manus Gallicana .. magis legibilis et aspectui ~is *Croyl.* 85.

perdensus [CL], very closely packed.

corpus suum ab ascellis usque ad renes ~o circuitu de pilis tortis .. perstrinxit *V. Edm. Rich B.* 617.

perdere [CL]

1 to destroy. **b** to kill. **c** (fig.) to spoil, corrupt; **d** (p. ppl.) spoiled, corrupted, wicked.

si originalem mundum propter scelera diluvio ~ens, Noe justum servavit BEDE *Ep. Cath.* 75; cum cuncta .. ferro flammaque ~eret *Id. HE* III 17 p. 160; Apollo, id est ~ens sive exterminans ALB. LOND. *DG* 8. 1; *destrure*, destruere, ~ere *Gl. AN Ox.* f. 154v. **b** ~itis militibus sive auxiliis interemtus BEDE *HE* III 24 p. 178; auctorem sceleris, multos inter latitantem / longe perspiciens, perdere currit eum G. AMIENS. *Hast.* 516. **c** non aciem cordis scabra rubigine perdunt ALDH. *VirgV* 2767; subintroductus aliquis astu diaboli aperte abduxit et ~idit incautam *V. Chris. Marky.* 35. **d** lubrici mores ~itorum hominum W. MALM. *GR* I 71; gens ignava et Dei contemptrix que ~itis moribus patriam pessumdet *Ib.* I 80; ipsos .. misit Christus evangelizare .. ut .. ~itos homines predicatione sancta pertraherent ad lumen vite de profunditate vitiorum ORD. VIT. II 2 p. 226.

2 (theol.) to destroy spiritually, condemn to perdition. **b** (opp. to *salvare* or sim.); **c** (p. ppl. as adj.); **d** (of fallen angel). **e** (p. ppl. as sb. m.).

se priscis idolatriae sordibus polluendum ~endumque restituit BEDE *HE* III 1 p. 127; Xristicolas passim perdens per tetra venena BONIF. *Aen.* (*Luxoria* 3) 296; oportuit Christum satisfacere ut hominem ~itum liberaret T. CHOBHAM *Serm.* 6. 30vb. **b** docebit quomodo crux dividat inter eos qui morte ~endi sunt et eos qui ad vitam sunt servandi BALD. CANT. *Serm.* 8. 28; multi de gentibus sunt salvati et multi ex Israel ~iti GROS. *Cess. Leg.* I 8 p. 39; ad minus ~endum et plus salvandum *Laws Romney Marsh* 15. **c** Deus .. redemit nos cum ~iti essemus T. CHOBHAM *Praed.* 134; s**1223** homo ~itus .. jam habet perfidie sue preambulam heresiarcham quam heretici Albigenses papam suum appellant M. PAR. *Maj.* III 78; **1314** propter quod gerunt se in posterum .. velud homines ~iti (*KR Eccl.*) *EHR* V 109. **d** non .. decet Deum hominem peccantem sine satisfactione ad restaurationem angelorum assumere ~itorum ANSELM (*CurD* I 19) II 84. **e** si non te cunctorum ~itorum infaustus pater .. rapuisset GILDAS *EB* 34; numerum ~itorum te adjecto multiplices BEDE *Prov.* 957; infernus locus sc. ille quicumque sit ubi ~itorum anime recipiuntur ANDR. S. VICT. *Sal.* 80; de massa ~itorum ad fidem estis electi AILR. *Serm.* 28. 4.

3 to lose (a possession), to be deprived of, forfeit; **b** (part of body or its functions; also fig.). **c** (p. ppl. as sb. n.) loss.

uno .. ~ito denario maestos et ad unum inquisitum laetos GILDAS *EB* 66; qui sapientia [v. l. sapientiam] se existimant habere et scientiam ~dederunt THEOD. *Laterc.* 4; erat gratia Spiritus Sancti prophetalis quam in peccato ~didit *Comm. Cant.* I 32; stultitia nascitur et homo ~it sapientiam, ~it divitias *Ps.-BEDE Collect.* 63; alter evangelista ovem ~itam ait in montibus, alter .. in deserto *V. Greg.* p. 106; gratiam remunerationis quae bene ministrantibus repromittitur ~et BEDE *Prov.* 998; pauperibus tribuens devoto pectore gazas, / quas terris perdens, sibimet condebat Olympo ALCUIN *SS Ebor* 1257; qui .. cum murmuracione tribuit et rem et meritum ~it T. CHOBHAM *Serm.* 14. 52vb; si aliquis serviens .. sine dolo vel fraude ~iderit aliquid de bonis nostris (*Test. Hen. V*) *EHR* XCVI 96; **1433** postea vero .. appellacionibus suis .. renunciaverunt, caucionesque suas .. universitati ~iderunt *StatOx* 255. **b** elefanciosus dicitur qui ~it aliquod membrum et fit paene totum corpus emortuum *Comm. Cant.* III 13; se .. ~itas dudum vires recepisse sentiens BEDE *HE* V 4 p. 287; velut emoriens sensum penitus motumque omnem ~idi *Ib.* 6 p. 290; nullum falsarium, quin pugnum ~eret, impure abire permittens W. MALM. *GR* V 399; paterfamilias .. oculorum lumen per annum ~idit ORD. VIT. IV 15 p. 278; ea foris factura, de qua calumpniatus erat, non ~at neque vitam neque membra neque omnino aliquid suorum rerum amittat *Ch. Westm.* 272 (v. et. 4b infra); quia vino de facili leditur et ~it caput, linguam, et pedes HOLCOT *Wisd.* 76. **c** **1168** pro ~itis eorundem de eodem termino lxvj s. et viij d. *Pipe* 199; **1176** in liberatione militum et ~itis et servientium equitum et peditum in castello regis de Oreford .. *Pipe* 61; **1267** concessit .. Rogerus .. quod, licet in solucione .. pecunie .. primo termino satisfecerint et in solutione termini secundi defecerint quod prima solucio pro nulla habeatur, et quod omnia que .. Johannes de .. manerio perceperit .. Rogero .. ~ita existant *Cl* 391.

4 (abstr.); **b** (*vitam ~ere*).

dum Judas .. / culmen apostolici celsum perdebat honoris ALDH. *CE* 5. 6; maluit purpureum sanguinem fundere quam pretiosam pudicitiam ~ere *Id. VirgP* 42; neque .. industria mea .. pacem quam ~ideram recuperare valui BEDE *Cant.* 1217; si peccamus mox libertate ~ita servi efficimur peccati *Id. Ep. Cath.* 53; quam miser ego tunc qui meam pudicitiam ~idi AILR. *Inst. Inclus.* 32. **b** sic .. princeps .. / perdidit aurati vitam per lucra metalli ALDH. *VirgV* 2608; c**950** (12c) caveamus ne ~amus vitam perpetuam *CS* 894; a**1155** non ~at .. vitam (v. 3b supra).

5 (w. ref. to object or abstr.) to lose, be deprived of (an attribute); **b** (gram.).

dicto citius perdebat flamma vigorem ALDH. *VirgV* 1754. **b** 'trans' praepositio interdum N et S ~it, ut 'traductus' ALDH. *PR* 140 p. 198; illa .. que per sincopam ~unt unam litteram semper servant .. in eadem syllaba accentum ABBO *QG* 3 (7).

6 to suffer loss of, to be deprived of a person (by death).

omne genus hominum cuculum conplangat ubique, / perditus est, cuculus, heu, perit ecce meus ALCUIN *Carm.* 57. 12; dum frater fratrem germanum perdit amatum *Ib.* 57. 43; ibi duos filios .. nepotemque suum .. ~idit [sc. Guillelmus primus] ORD. VIT. X 14 p. 83.

7 to allow to escape.

si quis in domo regis pugnet .. et capiatur ... si ~atur (aufugiat) et item .. capiatur, redimat se precio nativitatis sue (*Quad.*) *GAS* 55; si canis hominem .. mordeat, in prima culpa reddantur sex solidi ... si in his forisfactis .. canis ~atur, procedat tamen haec emendatio (*Inst. Cnuti*) *Ib.* 63; si weregildo-fur capiatur et ipsa die ~ant eum qui ceperant illum (*Quad.*) *Ib.* 121.

8 to throw away (also fig.).

qui sacrificium ~it feris vel avibus devorandum, si casu, ebdomadas jejunat THEOD. *Pen.* I 12. 8; fidem suam .. amore pecuniae ~ere BEDE *HE* II 12 p. 110.

9 (*ludum ~ere* or sim.) to lose a game (also ellipt.). **b** to lose something in a game.

duo leccatores ludebant ad hasardum. .. unus vero ~ens blasphemavit B. Virginem *Latin Stories* 66; cum .. ~idisset ad taxillos *Ib.* 76; si ~eret ludum ad pilam, tunc in loco pecunie quam .. ~idit, dedit socio suo .. litteras sigillatas indulgenciarum concessarum a papa Eugenio GASCOIGNE *Loci* 126; jocum ~ent in eventu et pro ludo luctum lucrabuntur STRECCHE *Hen. V* 150; ego tecum convadeo duo milia coronarum .. si ~idero fideliter tibi persolvendarum *Ib.* 165. **b** sua sepius

~it ludendo in aleis Osb. Glouc. *Deriv.* 50; in quo turniamento . . vix x equi fuerunt ~iti vel lucrati Ad. Mur. *Chr.* 124.

10 to waste, make bad use of; **b** (time); **c** (*operam ~ere*).

non perdit pietas quicquid largire videtur Alcuin *Carm.* 62. 33; si quando opus habuisset . . militibus, multa ~ebat in Britones, fidem perfide nationis nummis suis mutuatus W. Malm. *GR* V 402; insipiens frustra vexatur et ocia perdit Ord. Vit. XI *prol.* p. 160; per unum peccatum potes omnes istos labores ~ere Ailr. *Serm.* 22. 6. 317; ~idi viagium meum in defectu Thome Danvers W. Worc. *Itin.* 254. **b** priusquam . . tempus omne paenitendi . . ~eret Bede *HE* V 13 p. 311; multum tempus elusit et ~idit W. Malm. *GP* I 68; frementes quod, jam quindecim diebus Saracenicis bellis intenti, tanti temporis spatium ~idissent *Id. GR* IV 380; ad reparandum . . tempora ~ita Gir. *SD* 70. **c** ne studiosos rerum fraudare videar, leve judicato in describendo concilii textu operam ~ere W. Malm. *GP* I 63; sed perdunt operam . . / dum lucris congrua non habent recia Walt. Wimb. *Palpo* 3.

11 (leg.) to lose (plea). **b** (*~ens esse*) to be the loser.

si agenfria venire nolit ad ordalium videndum . . ~at placitum suum (*Quad.*) GAS 230. **b** juravimus quod non queremus arte qualibet vel ingenio quod idem sanctus et conventus ~entes sint in aliquo de prescriptis villis aut pertinenciis earum *Feod. Durh.* 127; **1220** si finis predictus staret, . . abbas esset ~ens de servitio suo *CurR* VIII 311; **1237** ~entes sumus quod cunei illi non itinerant (v. cuneus 3b); **1243** pro aliqua defalta quam . . fecerit . . in nullo sit ~ens *RGasc* I 209b; **1265** propter absenciam suam ad diem illum non ponatur in defaltam, nec in aliquo sit ~ens *Cl* 114.

12 (p. ppl. as sb. n.; in quot., *in ~itum ire* to be lost).

nec memoria Godefridi prioris . . ire debet in ~itum W. Malm. *GR* V 444.

perdetrare v. perpetrare.

perdibilitas [LL perdibilis + -tas], capacity for being destroyed or lost.

alioquin Judas non esset dictus a Christo filius perditionis certe, sed filius ~atis omnimode Netter *DAF* I 95.

perdica v. 1 pertica. **perdicalis** v. perdicialis.

perdicarius, -iarius [perdix + -arius]

1 one who keeps or hunts partridges, partridger.

1232 in expensa perdicinarii episcopi per v dies *Pipe Wint.* B1/15; braconarii, bernarii . . perdicarii *AcWardr* 317.

2 (w. ref. to dog) used for hunting partridges.

falconarii hos [canes] phasianarios, hos ~ios, vocare solent Caius *Can.* f. 4b.

perdicere [LL], to say right through, to finish saying.

necdum eam quam statim . . coeperant Dominicam Orationem ~dixerant cum subito . . coeli serenitas tota redit Eadmer *V. Anselmi* II 68; cum sorores dixerint horas, quamvis bis Pater Noster ~dixerint, potest aliqua absens ad horam ingredi. si plures ~dixerint, non ingrediatur, sed per se debitum hore persolvat *Inst. Sempr.* lxxxviii*; hac ergo oracione ~dicta *Cust. Cant.* 426.

perdiciad- v. perdicialis.

perdicialis [CL perdicium < περδίκιον + -alis]

1 (**herba ~is** or ellipt.) pellitory (*Parietaria diffusa* or *officinalis*).

herba perdicalis, i.e. *dolhrune Leechdoms* I 34; **10 . .** perdicalis, *homorwyrt WW*; elixione, i. . . perdicalis seu peritaria vel paritaria *Gl. Laud.* 612; †perdiciadi [l. perdiciali], i. paritaria *Ib.* 1132; perdicalis, i. *dolhrune Ib.* 1146; perdiciados, *wodebynde MS Cambridge Univ. Libr. Dd. 11.* 45 f. 112; perciados, *paritori, stonehoue* . . †periciados [?l. perdicialis], †vitrago [l. nitrago] *MS BL Sloane 2479* f. 102; †pediciados [l. perdicialis], herba muralis, perdicalis, *perytory, hemerwort MS BL Sloane 3545* f. 8v; paritaria, †perniciades [l. perdiciades] vitreola, nitrago, herba muralis idem.

G. et A., *paritarie Alph.* 134; †perdiciadis [l. perdicialis], i. paritaria *Ib.* 141.

2 (?) knotgrass (*Polygonum aviculare*).

esdra . . cum succo ~is, i. centinodie soluta Gilb. VII 357v. 1.

perdiciados v. perdicialis. **perdiciarius** v. perdicarius. **perdicias** v. perdicialis. **perdicinarius** v. perdicarius.

perdicinus [CL perdix + -inus], of partridge.

neque des ei . . carnes gallinaceas et fasianos et ~as Gad. 82. 2.

perdictio v. perditio.

perdifficilis [CL], very difficult.

carnalem hereticorum sensum ~em ad corrigendum Bede *Sam.* 700; grandis est similitudo et in discernendis aut nulla aut ~is scientia Rob. Bridl. *Dial.* 143; quoniam causa perdificilis est, ipsam temere aggredi aut prepropere nos non condecet T. Mon. *Will.* II 14.

perdilectus [CL per- + dilectus *p. ppl. of* diligere], greatly loved.

~is patribus . . J. . . et M., sociis vestris Ad. Marsh *Ep.* 169; **1404** fratrem . . suum antea ~um . . sub oblivionis umbraculo preterire *Conc.* III 278a.

perdilla v. paradella.

perdissuadere [CL per- + dissuadere], to discourage thoroughly, forbid completely.

quia de perjurio plurimum timetur, omnino juracio ~etur Peckham *Def. Mend.* 354.

perdiscere [CL], to learn thoroughly, to become fully acquainted with.

has, rogo, litterulas nostri perdiscite nati Alcuin *Carm.* 76. 9; in quo spatio psalterium quod in Saxonia ceperat perdidicit G. Font. *Inf. S. Edm.* 5; juvenis . . cum Rodberto de Bruis, ut militaria rudimenta ~eret, constitutus R. Cold. *Cuthb.* 114; cepit documenta secularis providentie . . ~ere *Id. Godr.* 11; Pytagoras . . Babiloniam ad ~endum siderum motus . . profectus W. Burley *Vit. Phil.* 66.

perdite [CL]

1 in a desperate or hopeless manner.

tu dicis "huc accedite, / qui laboratis perdite / et ego vos reficiam" J. Howd. *Cyth.* 118. 2.

2 in a reckless manner, (in quots., *~e vivere*).

747 ne aliquis . . tam negligenter tamque ~evivat (*Syn. Clovesho* 22) *Conc. HS* III 370; divina clementia . . tepide vel ~e viventes provocat ad salutem Ailr. *Spec. Carit.* II 8. 554; mors peccatorum dicitur pessima, quia eo usque ~e vivendo in malitiam perficiunt *Id. Serm.* 7. 7. 246; peccatores, etsi credunt, quia ~e vivunt, non habent partem in resurrectione prima Bald. Cant. *Serm.* 2. 5. 430; volens . . redimere dies meos quos perdidi, quia perniciose et ~e vixi P. Blois *Ep.* 139. 414B.

perditio [LL]

1 destruction, ruin (of person or place); death (of person); **b** (w. ref. to financial ruin).

exitium, i. periculum, mors, perdictio *GlH* E 506; longe a loco ~onis inventi sunt sicuti fluctus cotidie sevientes eos asportaverunt Ord. Vit. XII 26 p. 420; **s1179** sequetur . . vere motus mirabilis et destruentur loca consueta ~oni Torigni *Chr.* 284; olim in tempore Noe diluvio / fertur mortalium facta perdicio Walt. Wimb. *Carm.* 174; **s1330** inde oriebatur occasio ~onis . . comitis *Ann. Paul.* 349; rex . . cujus subitanea mors et ~o tam dolorosa . . fuit . . regno Scocie *Plusc.* VII 32. **b** fateor vos esse . . ecclesie mee fundatorem, que nunc in ~onis puncto et exheredacionis consistit periculo *Croyl. Cont.* B 491.

2 (theol.) spiritual death or destruction; **b** (opp. to *salus, beatitudo,* or sim.). **c** *aeterna ~o* or sim.) eternal damnation); **d** (*filius ~onis* (w. ref. to *Joh.* xvii 12). **e** (*esse in ~one*) to be damned.

1071 timendum est . . ne ejus corporalis incommoditas multis animabus causa ~onis existat Lanfr. *Ep.* 2; deputatus est cum sua pecunia ad ~onem R. Niger *Chr.* I 20; **1376** a fidei prefate recta semita abducens

(*Bulla Papae*) *Ziz.* 243. **b** nec . . remedium sospitatis fomitem nutriat ~onis [*gl.*: i. interitus] Aldh. *VirgP* 13; quo . . viventibus . . causam salutis sua ~one relinqueret Bede *HE* V 14 p. 315; ille qui homines . . de via mortis et ~onis ad viam vite et beatitudinis . . reducturus Anselm (*CurD* II 11) II 111; per immanem hostium rabiem intentatur ad ~onem, ad salvationem disponatur per salvivificam [*sic*] presulum sanctimoniam Ad. Marsh *Ep.* 8 p. 90. **c** ne forte nos . . ira [sc. Dei] corripiat et vel temporalibus damnis juste saeviens affligat vel ad perpetuam ~onem districtius examinans tollat Bede *HE* IV 25 p. 266; **795** quam jocunda est beatitudo aeterna et quam misera ~o sempiterna Alcuin *Ep.* 37; prudentia carnis mors est que momentanee voluptatis pretio de ~one negotiatur eterna J. Ford *Serm.* 23. 6; ut mors mihi fiat, et eterna ~o, si in morte fratris tui culpabilis existo *Eul. Hist. Annot.* II 195. **d** forte sic a filio ~onis subtrahere te poteris Alch. *Ep.* 298; **930** filius ~onis dicitur (v. filius 7b); medicamentum . . pro salute animarum . . filii ~onis ad cumulum sue damnationis instigante Sathana usurpaverunt Ord. Vit. XI 11 p. 208. **e** s33 pecunia tua tecum sit in ~one, quoniam donum Dei existimasti pecunia possideri M. Par. *Maj.* I 96.

3 loss (of possession), forfeiture; **b** (of part of body or its functions); **c** (*sub poena ~onis*); **d** (dist. from *lucrum*, with ref. to business accounts); **e** (of abstr.).

tunc xviij car[ucae], hominum modo vij, et hec ~o fuit . . per mortem bestiarum *DB* II 1b; tua ambitio et fratris tui datio indiscreta est bonorum tuorum justa ~o Alex. Cant. *Mir.* 32 (I) p. 223; Normannos cum magno pudore et divitiarum ~one fortiter de Anglia expulerunt *Eul. Hist.* III 159; summa debiti ita . . excredit quod omnia que habebat in periculo future ~onis erant *Meaux* I 174; **s1455** propter ~onem ducatus Normannie *Reg. Whet.* I 161; propter . . thesaurorum suorum ~onem Wals. *HA* I 167. **b** de morte . . vel proditione vel ~one alicujus membri respondeant *G. Hen.* II 79; **1199** dampnati . . ad membrorum ~onem *RChart* 18b; causa ~onis vocis *Quaest. Salern.* B 284; **1331** dampnati . . ad membrorum ~onem *PQW* 32b. **c** †833 nullus . . ministrorum meorum ultra illum insequi audeat . . sub poena ~onis dextri pedis *Croyl.* 8; **1398** sub pena . . ~onis vj s. viij d. communitati *Doc. Bev.* 42; a1407 sub pena ~onis salarii *StatOx* 196; **1412** preceptum est illud reparare citra proximam curiam sub pena ~onis ejusdem [sc. tenementi] *Banstead* II 92; volumus . . quod capitaneus vel magister prisonarium recipiens de suo soldario ad lanceam . . . infra octo dies nobis . . fideliter representet sub pena ~onis partis sue Upton 142. **d** 1327 W. et W. pistorum . . in lucro et ~one participancium *MGL* III 411. **e** qui de ~one fame ninium contristatur . . non est dignus regno Dei Ockham *Dial.* 738.

4 losing, loss (of object or abstr.).

ejus [sc. aque] corpulentia causa est ut sine ~one sic frigiditas possit ab ea separari *Quaest. Salern.* B 301; visus spirituum ~one obtenebratur Neckam *NR* II 153 p. 236; acquisicio vel ~o nominis Bradw. *CD* 753E (v. deperditio).

5 unprofitable use, waste (in quots., *temporis ~o*).

cum nec discrecio vigeat in vobis . . nec quicquam nisi . . temporis ~o Gir. *SD* 60; rimatus sum viscera terre et inveni ibi vanitatem et temporis ~onem Bacon IX 1.

perditor [CL]

1 one who or that which destroys, destroyer, (also w. gen); **b** (theol.); **c** (w. ref. to Satan).

quid est gelu? persecutor herbarum, ~or [v. l. perditio] foliorum Alcuin *Didasc.* 977C; ~ores et destructores malorum . . laudantur Andr. S. Vict. *Sal.* 48; pacis et patrie ~orem [MS: perlitorem] G. Steph. I 30. **b** salvatorem te vocat mundus, non ~onem Bald. Cant. *Serm.* 3. 14. 521. **c** ad insidiatorem et ~orem tuum daemonem te . . contulisti Anselm (*Medit.* 2) III 81; diabolus ~or animarum Hon. *Spec. Eccl.* 1042B.

2 one who loses.

perdidit alterum suorum calcarium . . . . . rem perditam . . in via publica, qua ~or transiturus erat, exponens W. Cant. *Mir. Thom.* III 28.

perditrix [LL], one who destroys, destroyer (f.), **b** (as adj.) destructive.

fornicatio sordidatrix mentis meae ~ix animae meae Anselm (*Medit.* 2) III 80; quorum erat perditrix Eva per astuta / serpentis molimina cadens in errorem *Medit. Farne* 53r. **b** ad immunitatem vite sue tam perditricis, tam flagitiose . . AD. MARSH *Ep.* 247. 31.

perdius [CL]

1 (adj.) that continues throughout the day.

~a et pernocti diligentia ROBERTSON *Rolloc* 9.

2 (as adv.) throughout the day.

~us et pernox equitans W. POIT. I 17; stare solitus Socrates dicitur . . ~us atque pernox DICETO *Chr.* I 46; quod pernox perdius in fata properat WALT. WIMB. *Sim.* 90.

perdives [CL], very rich. **b** (as sb. m.) very rich man.

possessiones . . priori et conventui nostra donatione, vel . . laicorum ~itum largitione . . concessas, . . propriis duximus exprimendas vocabulis *Feod. Durh.* lv. **b** s**465** ibi . . ~es [AS: *þegn*] nomine Uuipped ex parte Hengest occiditur *AS Chr.*

perdix [CL], partridge; **b** (as noisy bird); **c** (passing into surname).

~ix, avis quaedam *GlC* P 377; **799** ~ices per campos currentes ALCUIN *Ep.* 181; galline campestres . . ~icibus tam in quantitate quam colore persimiles GIR. *TH* I 14; ~icibus mos est ova perdita per alterius matris damna sarcire NECKAM *NR* I 44; hic ~ix, *perdris Gl. AN Glasg.* f. 151va; **1272** alaudis et †predicibus [l. perdicibus] xij s. *Ac. Wellingb.* 13; ~ix habens pullos suos, sciens venatorem appropinquare nido . . fingit se posse non volare *G. Roman.* 336; **1480** pro iiij ~icebus xvj d. . . item pro ij fesanciis xvj d. *Ac. Chamb. Cant.* 136a. **b** ~ices cacabant ALDH. *PR* 131; ceu garrula perdix FRITH. 606. **c** liberatum Rogero ~ici garcioni R. W. eunti ad patriam suam . . xij d. *Househ. Henr.* 406.

perdocere [CL]

1 to instruct thoroughly, inform; **b** (w. acc. & inf.); **c** (w. indir. qu.).

pastor curans mitissimus agnos / lingua perdocuit, manibus baptismate tinxit FRITH. 902; cum adhuc majora, Spiritu Sancto ~ente, . . invenisset *V. Rob. Knaresb.* 11. **b** plurimos . . legitimum paschae tempus observare ~uit BEDE *HE* V 15 p. 316; hec omnia ineffabilibus Dei mysteriis . . et non humanis viribus aut incertis casibus accidisse ~eam *Eul. Hist.* I 298. **c** quantum a timore inimici libera esset sua anima ~uit BEDE *Retr.* 1013; quam sit autem necessaria exterioris hominis afflictio manifestissime ~emur . . apostolo ita pronuntiante AILR. *Spec. Carit.* II 6. 16. **1168** si perfecte vis instrui, disce vel nunc quod te hactenus arbitror ignorare: te mulieres fidelissime ~ebunt quanta sint prohibiti amoris incendia J. SAL. *Ep.* 249 (273).

2 (w. artefact or abstr. as subject) to inform, teach clearly; **b** (w. acc. of thing taught); **c** (w. acc. & inf.).

si vellet lector inspicere, posset uberius pagina ~ere LUCIAN *Chester* 67. **b** evangelica veritas ista ~uit H. READING (I) *Haeret.* I 2. **c** ratio jam firmamentum . . ~uit esse compositum PETRUS *Dial.* 556; quod . . evenire quotidianis experimentis ~emur AILR. *Spec. Carit.* II 14. 560.

3 (p. ppl.) learned, skilled.

modis ut noceat est [Satan] mille perdoctus J. HOWD. *Cant.* 165.

perdocilis [CL per+docilis], very teachable, apt at learning.

~is, aptus ad docendum OSB. GLOUC. *Deriv.* 483.

perdomare [CL]

1 to subdue thoroughly, overcome. **b** to subjugate (people or nation); **c** (place or territory).

1167 si ecclesia Romana voluerit . . eum facile ~abit J. SAL. *Ep.* 201 (234 p. 432); tocius orbis portenta ~uit MAP *NC* II 17 f. 28v; illos [sc. centauros] Hercules virtute sua ~uit *Natura Deorum* 133. **b** gentes . . ~uit ac tributarias fecit BEDE *HE* II 5 p. 90; dux . . ad ~andum quos devicit proficiscitur W. POIT. II 27 (=ORD. VIT. III 14 p. 153); finitimas gentes rebelles ~uit R. NIGER *Chr. I* 67; Pictorum atque Scottorum gentes . . ~uit ELMH. *Cant.* 141; quis strenue magis quam Semiramis . . gentes ferro ~uit FORTESCUE *NLN* II 15. **c** Willelmus . . Angliam veniens, armis provintiam ~uit W. MALM. *GP* I 23; tauri feroces tyranni extiterunt qui cuncta orbis regna ~uerunt HON. *Spec. Eccl.* 1063C; urbe quidem capta quam rumor clamitat Acron, / perdomitaque Iope GARL. *Epith.* IV 92.

2 to subdue (flesh) by mortification.

carnem suam ~uit R. COLD. *Godr.* 131.

perdominari [LL], to prevail continuously, be thoroughly predominant.

non pineatum, nec humorem ~antem GILB. VI 269. 1.

perdomitor [LL], subduer, conqueror.

~or, calcator *gewyldend GlP* 211.

perdona, ~um [AN *perdone* < perdonare], remission of an obligation, due, or penalty.

in thesauro xlvj li. ij s. vj d. et in perdonis . . viij s. *Pipe* 49; **1155** in ~is per breve regis Reginaldo de S. W. xj li. *Ib.* 5; **1170** in redditis sive in ~is *SelCh* 177; quippe similis est donorum et ~orum regis ratio ut, sicut dona ejus revocari vel repeti non debent, sic nec regis dimissa que vulgo perdonata dicuntur nequeunt in irritum devocari *Dial. Scac.* I 8F; **1180** in ~is eisdem pro paupertate sua xvij s. iv d. per breve regis *RScacNorm* I 64; ponunt se in misericordiam. ~um pro paupertate *PlCrGlouc* 108; **1231** de ~a pro Ada E. rex perdonavit Ade E. xxv marcas . . que ab eo exigebantur . . de prestito facto Th. E, patri ejus *Cl* 473; **1252** in ~is per conventum de firma de Clive xv li. pro dampnis sc. illatis per salsam apud Clive *DCCant Reg. H* f. 174a.

perdonantia [AN *perdonance*], remission of an obligation, due, or penalty.

1441 volo eciam quod pauperes tenentes mei habeant remissionem et ~am de firma sua de xl marcis *Reg. Cant.* II 582; **1493** domino regi pro carta perdonencie de terris nuper emptis in Essexia *Reg. Merton* I 171.

perdonare [LL; cf. OF *pardoner*], **~ari**

1 to grant, confer; **b** (land; also w. remission of payment); **c** (abstr.).

746 unius navis vectigal . . concedo ita ut cuicunque volueris haeredum successorum tuorum . . hoc ipsum de tuo jure ~are liberam habeas potestatem *E. Ch. S. Paul.* 7; **793** gratias age ei, qui . . tam sublimes . . tibi ~avit parentes ALCUIN *Ep.* 15; **793** patriam . . quam nobis sua misericordissima pietate ~are dignatus est *Ib.* 17; **1364** quas . . donaciones . . episcopus . . concedit, ~at, confirmat, et ratificat *Reg. Heref.* 16. **b** **690** concedo . . terram . . cum omnibus utensilibus in ipsa quantitate sicut principes a regibus antiquitus ~atum possederunt *Ch. Minster-in-Thanet* 42; **697** terram . . abbatissae Eabbe in propriam possessionem atque monachilem regulam perhennitter ~avi . . *Ib.* 46; **987** quandam telluris particulam . . libenter concedens ~abo *Ch. Burton* 25; xv hidae geldaverunt. de his ~avit rex E. Ednodo v hidas ut dicit scira *DB* I 164ra. **c** **793** quis vobis omnes ~avit honores ALCUIN *Ep.* 18; nobis vero sanctissimo Wilbrordi non infima ~avit auxilia, sed praeclara et gloriosa contulit suffragia *Id. WillP* 32.

2 to remit (payment); **b** (w. dat. of person excused from payment). **c** (*vitam ~are*) to remit forfeiture of life. **d** (p. ppl. as sb. n.) remitted payment.

dabit centum marcas auri . . nec novissimus quadrans ~abitur inde, quin ultra decuplum exigetur hoc justitium HERM. ARCH. 27; ~avit ter mille marcas argenti, quas rex sibi omni per conventionem debuit FL. WORC. II 52; suggeritur egro de salute anime sue cogitare . . repetendarum pecuniarum debita ~are EADMER *HN* p. 36; marescalli cura est taleas debitorum . . mittere seorsum in forulo suo, brevia quoque regia de computandis vel ~andis vel dandis hiis que exiguntur a vicecomite per summonitionem *Dial. Scac.* I 5G; tributum redditum fuit . . usque ad adventum Havelok qui . . nupsit veram heredem Britannie . . et tunc ~atum [v. l. condonatum] est *Eul. Hist.* II 239; s**1376** rex remisit ei culpam, non ~ans pecuniam *Chr. Angl.* 77; **1495** subsidium in relevamen monasterii pardonatur pro nova rastura *Ac. Durh.* 194. **b** burgenses dederunt xx naves regi . . pro eo quod eis ~averat saccam et socam *DB* I 1ra; redditus domini sui, sc. . . *heregeat* ~etur uxori ejus vel heredibus (*Inst. Cnuti*) *GAS* 365; quod gratiant omnes misericorditer te . . super dono quod forisfactis hominibus concessisti: hoc est, quod ~atur omnibus forisfactum de quocumque furto . . eo tenore ut semper deinceps ab omni malo quiescant (*Quad.*) *GAS* 170; quantula . . simplicitas ut libram argenti quam cotidie in stipendio accipiebat, regi pro uno equo ~aret W. MALM. *GR* III 251; **1275** ipsorum egestati pie conpacientes ~amus eis redditum dicte marce auri annue *BBC* 283; **1408** ei pardono totam annuitatem suam, quam michi reddere debet certis annis *Wills N. Country* 6; **1452** volo ~ari Johanni W. . . de parte majoris summe per eundem mihi debite *Test. Ebor.* III 128; **1581** finis inde ei ~atur *Banstead* II 109. **c** vitae suae in culpa sit, nisi regem requirat, et ei vitam ~are velit [AS *his feorh forgitan wolde*] (*Quad.*) *GAS* 174. **d** regis dimissa, que vulgo ~ata dicuntur, nequeunt in irritum devocari *Dial. Scac.* I 8F.

3 to remit (a duty), to allow (a duty) to remain unperformed.

nec ei ~etur aliquod prejuramentum (*Inst. Cnuti*) *GAS* 327; nec ~etur ei aliquod juramentum (*Ps.-Cnut*) *Ib.* 622.

4 to excuse (someone) from payment, to pardon.

1203 Matillis in misericordia. pauper est. misericordia ~atur *CurR* II 295; villata . . concelavit mortem et ideo in misericordia; ~atur pro negligentia *PlCrGlouc* 75; **1285** Hugo in misericordia ~atur per justiciarios *DocCOx* 225; **1440** volo quod . . qui tenent de me annuatim xx sol. et infra, viz. pro uno tantum termino ante obitum meum debito, nichil de eis inde levetur vel capiatur; sed omnino est mea voluntas, ut inde singuli ~entur *FormA* 433.

5 (leg., *actionem perdonare* or sim.) to promise immunity from a criminal charge (w. dat. of indir. obj.).

1285 pardonavimus eidem Willelmo actionem nobis erga ipsum competentem occasione predicta *DocCOx* 209; remisimus et pardonavimus . . Nicholao omnimodam accionem quam erga ipsum habuimus *State Tri. Ed. I* 84; **1313** rex . . ~avit ei sectam pacis sue que ad ipsum pertinet *Eyre Kent* I 78; mulieres recognoverunt quod non fuit culpabilis de morte illa; nec voluerunt sequi versus eum. ita quod . . rex ~avit ei sectam suam *MGL* I 96; **1333** sciatis quod pro bono servitio quod Johannes . . impendit ~avimus ei sectam pacis nostre *RScot* 254b; **1501** pardonavimus eidem R. T. sectam pacis nostre que ad nos versus ipsum R. pertinet pro morte predicta *Entries* 56b.

6 to renounce (a feeling), refrain from (a certain form of behaviour; also w. dat. of indir. obj.).

milites . . indulgentiam . . de morte nepotis ejus quem nuper occiderant . . postulantes. . . percunctantibus . . quare tam crudeli pene subjici deberent, respondetur: propterea quod vos, furoris igne succensi, mortem vestri germani noluistis ~are (*V. Dunst.*) *NLA* I 293; s**1170** ~avit ei et omnibus qui cum eo erant in exilio, iram et malivolentiam suam *G. Hen. II* 9; **1174** rex filius ejus similiter pardonavit omnibus tam clericis quam laicis . . omnem malevolentiam suam *Foed.* I 37; ~avit eis omnem malevolentiam quam ipse versus eos habuit *SelPlCrown* 39.

7 to pardon (an offence or sin); **b** (w. dat.). **c** (w. *ab* & abl.).

non deberet in litteris regiis contineri quod talem utlagariam . . ~aret que nulla est quia illud quod non est, ~are non potest BRACTON f. 127; omnes transgressiones . . remittimus et ~amus *Leg. Ant. Lond.* 81; si in carta perdonacionis contineatur quod rex talem utlagariam remisit vel ~averit . . *Fleta* 42; **1606** pardonavimus . . falsam . . contrafacturam magni sigilli nostri Anglie *Pat* 1654 m. 15. **b** regmine nempe meo perdono piacula terris BONIF. *Aen.* (*Misericordia* 9) 92; set quiquid tunc actum fuit postea ei pardonavit et plagam et totum *PlCrGlouc* 34; comitatus recordatur quod . . rex ~avit ei mortem et quod hoc fecit se defendendo *Ib.* 86; **1234** recepimus eum in gratiam nostram, pardonando ei fugam et utlagariam *RL* I 440; **1298** ~avimus venerabili patri . . episcopo et hominibus suis transgressionem quam fecerunt capiendo sine licencia nostra unum damum in foresta nostra *Reg. Carl.* 114; s**1437** rex . . ~avit et relaxavit Willelmo . . abbati . . omnimodas . . transgressiones AMUND. II 142; ~amus, remittimus, et relaxamus . . Thome Hussey . . feloniam et felonicam interfeccionem prefati Johannis . . per ipsum Thomam Hussey factam *Pat* 1235 m. 23. **c** **1458** literas patentes . . de generali perdonacione; vigore quarum posset sibi ~ari ab omnibus escapiis sive forisfacturis *Reg. Whet.* I 290.

perdonarius [LL perdonare + -ius], (*frater ~ius*) mendicant friar licensed to grant pardons, pardoner.

1362 fratribus ~iis vj s. viij d. *Test. Karl.* 60.

perdonatio [cf. LL perdonare + -tio, ME, AN *pardon*]

1 grant.

697 terram . . perhenniter perdonavi . . . . . quam ~onem cum signo crucis ornatam omnium praesantium manus adfirmant *CS* 96.

2 remission of payment; **b** (w. gen. or *de* & abl.).

1451 nullam acquietanciam, solucionem, ~onem, relaxacionem . . in exoneracionem dictarum novem librarum *FormA* 333; **1467** perdonavit . . viginti libras . . . regina . . ~onem, remissionem . . domini regis . . majori, vicecomiti . . et hominibus ville . . acceptavit (*TRBK*) *JRL Bull.* L 468. **b 1266** de . . debitis . . prorogacionem, ~onem . . *Cl* 277; **1308** de charta . . ~onis omnium debitorum *G. S. Alb.* II 31; **1336** virtute cujusdam generalis ~onis de omnibus debitis *Ib.* 344.

3 remission of legal consequence of crime.

literas nostras patentes de ~one secte pacis nostre super homicidiis (*Lit. regis*) B. COTTON *HA* 236.

4 pardon (of sin or crime); **b** (w. gen. or *de* & abl.).

1286 de iiij s. de pardonatione *Doc. Scot.* I 29; si in carta ~onis contineatur quod rex talem utlagariam remisit vel perdonaverit *Fleta* 42; **1345** accusatis . . seu convictis ~ones facere pro voluntate sua *PQW* 818b; s**1397** hii importunis clamoribus petierunt ut charte ~onum inprimis annullarentur WALS. *YN* 376; s**1397** rex fecit proclamari graciam omnibus . . citra festum sancti Hillari literas sue ~onis prosequantur AD. USK 10; s**1417** gavisurum ~onis titulo, si nihil tale committat de cetero WALS. *HA* II 321; s**1437** per quasdam alias litteras suas patentes de generali ~one sua AMUND. II 142. **b 1202** salva ~one predicte utlagarie *Pat* I 6b; **1217** David . . habet litteras patentes de ~one fuge quam fecit, et utlagerie in eum promulgate *Pat* 130; **1333** litere de pardonacione criminum pro duobus aut tribus millibus reorum *RScot* 254b; s**1318** rex comiti Lancastrie et omnibus cartam pardonacionis omnium querelarum et calumpniarum quas habere poterit versus eosdem, tam pro morte Petri de Gavastone . . quam de . . aliis transgressionibus *G. Ed. II Bridl.* 56; ~o civium de omnibus transgressionibus *MGL* I 137 (v. finis 11f); **1453** de quodam fine xij li. . . pro pardonacione habenda de transgressione quam fecit (*DL Ac. Var.*) *JRL Bull.* XL 398; carta ~onis de utlagaria *Reg. Brev. Orig.* 141r.

perdonencia v. perdonantia.

perdonista [perdonare + -ista], pardoner.

s**1428** circa istud festum interfectus fuit ~a apud Sanctum Albanum *Chr. S. Alb.* 31.

perdonum v. perdona.

perdotare [CL], to endow thoroughly (in quot., p. ppl.).

dummodo universalis ecclesia per nostras [*sic*] ortodoxe fidei antecessores suis temporalibus actenus extitit ~ata *Dictamen* 344.

perdriarius [OF *perdrior* + -arius]

1 one who keeps or catches partridges.

1279 mandamus . . quatinus invenias victualia ~iis nostris . . quamdiu moram fecerint in balliva tua *Reg. Ebor.* 266; **1310** Ricardo pagio ~ii iij s. vij s. viij d. Philippo parcario de N. vj s. viij d. *Ac. Exec. Ep. Exon.* 35.

2 (*canis ~ius*) hunting dog that catches partridges.

1280 nobis provideatis in partibus transmarinus de duobus canibus ~iis seu cucheris *Reg. Ebor.* 262.

perdrica v. perdrix.

perdricare, ~iare [ME, OF *perdriz* + -are, -iare], to catch partridges.

1290 pertriciario regis . . ad pertricandum ibidem *KR Ac* 352/20 m. 1; **1290** ad partriciandum *Ib.*; **1291** partriciario regine . . ad pertricandum *Ib.* 26 m. 2;

1303 Laurencio . . perdricario pro uno furetto et uno magno rethi, duabus *hahys* et uno tonello emptis . . ad venandum et ~andum *Ib.* 363/18 f. 5.

perdricarius, ~iarius [cf. perdricare, ~iare, ME *perdriche*, OF *perdriz* < CL perdix + -arius], one who keeps or catches partridges.

1286 pro diversis hospiciis pro bernario et ~iario domine regine . . v s. vj d. *Rec. Wardr.* 666; **1287** Radulpho perdrizario pro eodem *TR Bk* 201 p. 81; **1287** Ricardo furretario et Radulfo le Forester partricario . . vj s. x d. *KR Ac* 351/24 m. 5; **1290** Radulfo pertricario regis eunti versus partes S. Severi ad capiend' perdices *Ib.* 352/20 m. 1; **1290** Radulfo pertricario regis *Chanc. Misc.* 4/5 f. 28; **1291** Johanni partricario regine . . quia ivit in Cant' ad pertricandum, v s. *KR Ac* 352/26 m. 2; **1295** Johanni ~ario regis . . super putura canis et falconis suorum *Prests* 193; **1303** Laurencio de Lynleye ~ario pro uno furetto et uno magno rethi . . ad venandum et perdricandum *KR Ac* 363/18 f. 5.

perdricia, ~ies, ~ium v. perdrix.

perdrix [ME, OF *perdriz* < CL perdix], partridge.

1242 in x braonibus cum capitibus et c ~icibus emptis *Pipe* 259 (cf. ib. (*Chanc.*): perdricis); pertrix, *pertris Teaching Latin* II 89; **1271** ne de cetero poterat . . in predicta warenna cum canibus curere neque fesantos nec ~icias capere *AncD* A 306; **1275** clamat habere liberam chaciam in foresta domini regis de Schyrewode ad capiend' wlpes, lepores et ~icies *Hund.* II 315a; **1285** ingenium . . ad alaudas et ~icia capienda *PQW* 249b; **1293** in x pertric' et alaudis iij s. ij d. *Ac. Wellingb.* 62; **1392** pro viij partricibus *Ac. H. Derby* 212; **1395** in xxiiij ~icibus et aliis silvestribus *Test. Ebor.* III 8.

perdrizarius v. perdricarius.

perduca [cf. perducere, esperduta], (metal) rod.

1281 in j garba, xj gaddis acer' emptis, xvj d. in iiij ~is empt', x d. *MinAc* 893/11.

perducere [CL]

1 to bring, convey, lead (a person) to a place or person; **b** (w. ref. to heaven); **c** (fig.).

ut ipse eum ~eret Brittaniam BEDE *HE* IV 1 p. 202; de oppressione inimicorum eripuisti et in nova signa et in multa mirabilia eos perduxisti *Cerne* 150; ~tus est ergo vir Dei . . ad sedem suam episcopalem WULF. *Æthelwold* 41; quem . . ad fores monasterii festinanter perduxit GOSC. *Edith* 302; a quibus honorifice stipatus . . ~aris in tuam regionem ORD. VIT. X 24 p. 152; ducatu cujusdam viatoris vix ~ti sunt Lundoniam *Found. Waltham* 24; s**1255** Edwardus . . usque ad regiam Westmonasterialem cum magna pompa . . est ~tus M. PAR. *Maj.* V 527; sic ad hosteleriam ~tus est electus ad prandium WHITTLESEY *Cont.* 235. **b** Philippus me . . laetum ad Regem ~at *Ps.*-BEDE *Collect.* 383; sacerdos / plures perducens ad caeli regna falanges ALDH. *VirgV* 676; dominus . . ad vitam aeternam perduxit BEDE *Cant.* 1153; Dominus servum suum de seculi hujus sollicitudinibus . . ad aeterne retributionis mercede[m] ~ere . . volebat HUGEB. *Wynn.* 9; pastor . . vitam perductus ad almam / corpora deseruit ÆTHELWULF *Abb.* 575; presenti de miseria / perduc nos ad supera LEDREDE *Carm.* 37. 55. **c** stella que nos ~it ad Jesum sancta scriptura est AILR. *Serm.* 4. 32. 233.

2 to convey (inanim. obj. or abstr.).

lapidem quem in media via . . non ~entes reliquerunt *V. Cuthb.* III 2; rumor . . spargitur per curiales et ~itur usque ad principis aures EADMER *V. Dunst.* 6; classis . . ad Massiliam . . ~itur DEVIZES f. 28v.

3 to bring (a person) to knowledge, faith, or sim.).

gentem Anglorum ad agnitionem veritatis ~ebant BEDE *HE* II 1 p. 78; principes ejusdem gentis ad fidem veritatis perduxit ORD. VIT. III 15 p. 160.

4 to bring something to a conclusion, fulfilment, or sim.; **b** (w. *ad* & acc.); **c** (*ad effectum ~ere*).

perficere. nam perseverare in scribendo aliquid dicimus 'perscribere', in ducendo '~ere' ANSELM (*Casus Diab.* 3) I 238. **b** nimium tarde inceptis ad perfectum finem non ~tis ASSER *Alf.* 91; a**984** ad finem usque coeptum tantae bonitatis initium Christo

juvante ~entes (ÆTHELWOLD *Ch.*) *Conc. Syn.* 128; orationem meam ad suum finem ~ere ANSELM (*Gram.* 1) I 145; de re quam ad summam ~ere nolit W. MALM. *GP* I 50 p. 92. **c** ut iniquitatis affectum facilius perduxerint ad effectum GIR. *TH* III 21 (v. effectus 1a); virtus . . qua quod recte voluerit ad effectum ~at ALB. LOND. *DG* 6. 9; s**1255** res feliciter ~itur ad effectum M. PAR. *Maj.* 516; s**1270** ad effectum ~ere nequivit (v. efficere 2b); quod ipsa tantum unius noctis spacio ad effectum perduxit *Latin Stories* 89.

5 to bring, lead (to a spec. condition).

percussus . . languore atque ad extrema ~tus BEDE *HE* V 14 p. 314; **1157** discordia . . ad pacis concordia ~ta sit *Doc. Theob.* 11; volens eum [sc. nativum] ad libertatem ~i a villenagio suo GLANV. V 5 (v. dominus 1b); agriculturae operam impendens . . usque ad maciem ~tus est ALB. LOND. *DG* 7. 3; molle . . corpus citius ~itur ad maturitatem quam durum *Quaest. Salern.* P 23; pectina asinum . . numquam ~es asinum ad bonum equum O. CHERITON *Fab.* 22; fecerat juramentum quod fluvium . . ad talem statum ~eret [ME: *bryngyn*] quod mulier ibi transire posset genibus non undatis *Itin. Mand.* 32.

6 to continue, extend temporally. **b** to pass (a period of time).

feminae . . non amplius quam ad annum octavum ~unt vitam *Lib. Monstr.* I 27; plena veritate describi qui cum patrum generationes ab Abraham usque ad Joseph virum Mariae perduxisset BEDE *Hom.* I 5. 31; hic a primo regni Nabuchodonosor anno lxx desolationis annos numerare cepit et usque ad suum secundum perduxit hoc modo ANDR. S. VICT. *Dan.* 98. **b** illum diem novissimum pariter in hoc seculo ~entes HUGEB. *Wynn.* 9; noctem perducit et unam / excubiis ardente fide WULF. *Swith.* I 1487.

7 (w. *ut* or *ad hoc ut* & subj.) to bring to a situation, such that.

cum nos ratio inevitabilis perduxerit ad hoc ut necesse sit divinam et humanam naturam in unam convenire personam ANSELM (*CurD* II 9) II 106; in te me ducat, perveniamque precor! / [sc. Christus] ducat, et oh utinam perducat ut ipse beato, / nostre fine spei, te [sc. Deum] sine fine fruar L. DURH. *Dial.* IV 315; in secundo adventu ejus ~et nos ad hoc ut possimus videre illum AILR. *Serm.* I 11. 211.

perductio [CL], act of bringing or conveying (to fulfilment or conclusion).

circa ~ionem materie istius usque ad conclusionem *Reg. Whet.* I 430.

perductor [CL], one who brings or leads (in quot., *ad effectum*).

mirabilis enim tanquam incantator erat et omnium aggressuum suorum quantum-libet horribilium semper ad effectum mira machinatione ~or GIR. *Spec.* III 12 p. 206.

perduellio [CL]

1 (act of) treason.

Pendam regem Mertiorum' . . illud ~onum seminarium' exitio dedit W. MALM. *GR* I 50; sed nec amicos Absalon amicitie virtus excusat, qui ~oni prebentes assensum, contra patriam arma tulerunt AILR. *Spir. Amicit.* II 40. 675.

2 struggle, battle.

antequam vestem eternam suscipiamus, inter motus rationis et sensus longa precedet ~o [*gl.: batalye*] NECKAM *Ut.* 107.

perduellis [CL]

1 enemy.

~is, hostis *GlC* P 288; si . . aliquid molitur amicus aut in patrem aut in patriam . . non amicitia ledetur si ~is et inimicus prodatur AILR. *Spir. Amicit.* III 41. 684.

2 fighter.

~is, pugil OSB. GLOUC. *Deriv.* 470.

3 (as adj.) hostile, rebellious.

~es, i. valde rebelles, *wiperwyrd GlP* 318.

perduellium [LL], intensely or completely fought battle, war.

~um, *þorhgefeht GlC* P 205; ~um bellum dicitur *Ib.* P 218.

perdulum v. dieperdulum.

perdurabilis [LL], that lasts or endures.

ut vetus error . . in futuros ~ior annos porrigeretur ORD. VIT. IV 6 p. 211; eviternus . . i. ~is OSB. GLOUC. *Deriv.* 186.

perdurare [CL]

1 to continue in a condition, last (usu. for spec. period of time); **b** (of person); **c** (of abstr.). **d** (pr. ppl. as adj.) that continues, that endures.

fanum rex . . usque ad suum tempus ~asse . . testabatur BEDE *HE* II 15 p. 116; incipiat persolvere mihi xlvj marcas argenti, quamdiu substantia illius domini ~averit (*Leg. Will.*) *GAS* 487; vehemens ventus . . tota die usque nonam ~ans ORD. VIT. XIII 18 p. 48; s**1255** eclipsis . . fere quatuor horis ~avit M. PAR. *Maj.* V 503; ~at prelium quamdiu durat perseverancia BACON V 152 (v. durabilitas). **b** ex duobus unus factus sedem episcopalem apud Elmham accepit et usque adventum Normannorum in Angliam ~avit ELMH. *Cant.* 167; cum ea [sc. regina] non tempore multo ~avit quin iterum divorcium celebravit *Plusc.* IX 46. **c** omnis . . illius progenies diu ~ans odium habuerunt ORD. VIT. III 3 p. 52; magna . . dissensione diu ~ante . . subjectorum animos . . inquietavit *Ib.* p. 61; annos circa triginta . . Norwagiensium pompa . . in Hibernia ~avit GIR. *TH* III 43 p. 186; aliqua pena dampnatorum hic incipiet et ~abit in eternum T. CHOBHAM *Praed.* 115. **d** virtus omnipotens . . / perdurans bonitas GARL. *Poems* 1. 2.

2 (w. nom. pred.).

tres . . filios qui pagani ~averant . . heredes reliquit BEDE *HE* II 5 p. 91; contigit . . ut [uranus] hactenus incorruptae ~ent *Ib.* III 6 p. 138; ecclesias Anglorum . . ab . . labe immunes ~are desiderans *Ib.* IV 17 (15) p. 238; si apud homines infamiam incurris, infamis ~abis PULL. *CM* 208; qui post mortem patris pagani ~averant ELMH. *Cant.* 142.

3 to persist, carry on; **b** (w. *in* & abl.) to persist (in a spec. state or activity), persevere; **c** (inanim.).

olim reddidit vj libras, sed ~are non potuit *DB* I 16va. **b** volentes in pristinis ~are criminibus ÆLF. *EC* 36; in amicitia perseverans, in odio ~ans RIC. HEX. *Stand.* f. 37; perduellis, -is, i. ille pugil qui perseveranter ~at in bello OSB. GLOUC. *Deriv.* 64; quidam in sua ~antes insania J. SAL. *Met.* 830B; multi . . habent virtutes qui non habent perseverantiam quia non ~ant in virtutibus usque ad finem T. CHOBHAM *Praed.* 244; rationali creature aliquamdiu in legis naturalis observantia sine illectu temptacionis ~anti GROS. *Cess. Leg.* I 5 p. 24; **1316** in hujusmodi rebellione pertinaciter ~antes *Reg. Malm.* II 416. **c 1261** si dictum indultum in suo robore ~aret *Dign. Dec.* 37.

4 (tr.) to continue, prolong.

1408 schismate ~ato *Conc.* III 306b.

pereatus v. 3 perlatus. **pereclitari** v. periclitari. **perecordium** v. praecordium.

peredere [CL], to devour, consume completely: **a** (of flame); **b** (of wasting disease).

a cum . . [flamma] ipsa ejus foramina ingrediens . . ~eret BEDE *HE* III 17 p. 160. **b** sensim languoris tabe peresa / pontificis summi plectuntur membra dolore *Mir. Nin.* 258; et sensu demptos et morbi tabe peresos FRITH. 1320.

peredeta v. peridotus.

peredia [CL], excessive eating, gluttony.

hec ~ia, -e, i. edendi superfluitas OSB. GLOUC. *Deriv.* 184; *excesse off etynge*, ~ia *PP*.

peredixon v. peridexion. **peredum** v. perreium.

perefficax [CL per-+efficax], very effective, (in quot., *causa ~ax*) valid reason.

causas . . ~aces proposui, quibus obsistentibus fieri nequit . . ut ad ipsius . . assistentiam accedam AD. MARSH *Ep.* 188 p. 334.

pereffluere [LL]

1 to overflow (in quot., transf.), abound. **b** to behave in an excessive manner.

quantacumque rerum desiderabilium opulentia ~at, stultus est . . si te non diligit BALD. CANT. *Serm.* 15. 49. 554. **b** cum Lucifer in celo conditus tumultuando et ~endo dixit, "in celum conscendam . . " GROS. *Hexaem.* IV 11 p. 132.

2 to flow away entirely, slip away, disappear (*cf. Hebr.* ii 1).

1166 se . . omni . . turpitudini exponentes non nisi fluxa, cum quibus et ipsi ~ant, consectantur J. SAL. *Ep.* 175 (176 p. 172); ne . . in deliciis suis sponsa effluat atque ~at, necesse habet omni hora super illum inniti J. FORD *Serm.* 100. 7; fluit et vita nostra, immo effluit. absit ut in penis ~at! NECKAM *NR* II 16 p. 138.

peregenus [CL per-+egenus], very needy.

ut probet ipse Deus opulentos, sic peregenos; / primates, inopes, majores atque minores, / posset, si vellet, eque fecisse beatos D. BEC. 251.

peregratio v. peregrinatio.

peregre [CL]

1 abroad, in foreign parts; **b** (esp. in phr. *~e proficisci* or sim.) to foreign parts (also w. *in*).

ipse autem ~e fuit BEDE *Luke* 575 (cf. *Luc.* xx 9); in providendis . . domi et militie et ~e necessariis H. CANTOR f. 8v (v. curialiter 1a). **b** ut . . ~e [*gl.*: longe, *wraclice*, *æpeodelice*] proficiscantur ALDH. *VirgP* 6; quos . . in patria neglegentes reddidit . . in ~e . . ad obsequium sui creatoris adduxit BEDE *Ezra* 823; quum . . nihil inter compatriotas viriliter egisset, mari ~e delatus . . sibi . . nomen maximum comparavit ALB. LOND. *DG* 6. 25; ~e profectus servorum dominus . . ipsorum sollicitudini supposuit bona sua J. MASON *Ep.* 213; pater profectus est ~e, tu domi sedes G. *Roman.* 294; **1358** Willielmus de Keth marescallus Scotie veniendo ~e in Anglia morando et ad propria redeundo *RScot* 823b.

2 on pilgrimage, as a pilgrim; **b** (w. ref. to Crusade).

ad limina apostolorum Romam venire temptavit. . . ut ~e proficiscendi autumnale sibi deficeret tempus formidaret WILLIB. *Bonif.* 5; penitentia motus ad sanctum Jacobum ~e profectus est ORD. VIT. XIII 30 p. 81; rex Francie Lodowicus proficiscit ~e Cantuariam *Eul. Hist.* III 75; dux Exonie . . tunc temporis Eboracum ~e proficiscens *Ps.*-ELMH. *Hen.V* 60; **1445** ad Sanguinem Sanctum de Wylsnake ~e . . adivit *Lit. Cant.* III 191; apud Rechemadour in Galliis ymaginem ejusdem [sc. BVM] et ecclesiam ~e visitare promittendo *Plusc.* VI 24; perigre ad Sanctum Thomam Cantuariensem profecta est *Ib.* VII 11. **b** tunc Stephanus Blesencium comes . . crucem Domini sumpsit et ~e perrexit ORD. VIT. IX 4 p. 480; de illustribus athletis, qui ~e profecti sunt et in Oriente contra ethnicos . . dimicantes gloriose triumpharunt *Ib.* X 20 p. 117.

peregregius [CL], very excellent, entirely outstanding.

prehonorande et ~e doctor *Pri. Cold.* 173; ~os . . viros . . omni plenitudine sciencie et eximia virtutum probitate preclaros *Mir. Hen. VI* I prol. p. 4.

peregri [CL], abroad (in quot. *de ~i*).

de ~i patriam bona referret *Hist. Abb. Jarrow* 12.

peregrinagium [CL peregrinus+-agium; cf. OF *pelerinage*], pilgrimage.

1424 promisit et juravit quod ibit in peregrinagio ad Sanctum Antonium, ad Jerusalem et ad S. Jacobum *Reg. Cant.* 281.

peregrinalis [CL peregrinus+-alis], of pilgrimage or exile (in quot., w. ref. to mortal life).

in hujus vite ~is transitu G. S. *Alb.* I 215.

peregrinaliter [peregrinalis+-ter], on pilgrimage.

ita ut ecclesia Lincolniensis . . a ~iter eam adeuntibus honoraretur M. PAR. *Abbr.* 318 (=*Flor. Hist.* II 373).

peregrinari [CL], ~are

1 to travel to foreign places or beyond one's native environment, to go into exile; **b** (transf. of bee); **c** (*ad inferos ~ari*) to die. **d** (fig.) to wander, digress.

de eorum [Judaeorum] ~one . . dicit ccxv armos eos in Aegypto fuisse *Comm. Cant.* I 103; c**800** nec sic anxia ~antis mater filii spectat adventum ALCUIN *Ep.* 227; Uticenses . . monachi qui cum corpore sancto ~ari sunt . . benignum apud externos hospites affectu invenerunt ORD. VIT. VI 10 p. 105; c**1155** tali condicione quod ~antes et nuncii ad me venientes et a me redeuntes . . transeant in eadem navi sine precio *Regesta Scot.* 118 p. 184; ~or, -aris, verb. depon., i. exulare OSB. GLOUC. *Deriv.* 32; paucis exul peregrinat in armis J. EXON. *BT* I 82; **1468** Willelmo . . et Willelmo . . nostre Cantuariensis ecclesie monachis, sacre theologie professoribus cum in Italia ~averunt (*Lit. Ch. Ch.*) *Camd. Soc.* NS VII xxxviii. **b** si . . cogente ~andi [*gl.*: exulandi, vagandi] necessitate externa quaerere regna maluerit ALDH. *VirgP* 6. **c** s**1217** corruens in terram . . in summo rancore et superbia ad inferos ~avit M. PAR. *Maj.* III 22. **d** frequenter in digressionibus ~atur narratio W. MALM. *GR* IV 358; felix in exilium mens peregrinatur P. BLOIS *Carm.* 5. 4. 1; tota peregrinat complexio, totus in ignes / ignis et humor abit H. AVR. *Hugh* 1148.

2 (w. ref. to life on earth as exile from heaven); **b** (*~ari a Domino*, w. ref. to *II Cor.* v 6).

reges . . terrae dicit ad distinctionem eorum quibus in terra ~antibus regnum servatur in caelis BEDE *Retract.* 125; coelestia vocat praesentem Christi ecclesiam, cujus pars est in coelis; pars secutura adhuc ~atur in terris LANFR. *Comment. Paul.* 394B; in terra positus, in celo mente habitavit / vixit in hoc mundo peregrinans corpore solo M. RIEVAULX (*Vers.*) 17. 6; tibi, miser homo, ~anti totus dies naturalis . . una dies est GIR. *GE* II 8 p. 204; per virtutes adquisitas in philosophia morali mortalis et ~ans hominum vita ad quoddam bonum humanum tanquam ad propriam finem ordinata est. J. BURY *Glad. Sal.* 608. **b** universalis ecclesia dum ~atur in terris a Domino BEDE *Cant.* 1142; **925** quamdiu . . sumus in corpore ~amus a Domino *Ch. Burton* 2; ~atur . . a te et hoc propter iniquitates suas ELMER CANT. *Quer.* 809C; peccator cum carnales voluptates diligit a Domino ~abitur G. *Roman.* 286; quicunque ambulat per fidem et non per spem ~atur a Domino OCKHAM *Dial.* 743.

3 to go on a pilgrimage or journey abroad for pious purpose; **b** (as penitent); **c** (as Crusader); **d** (pr. ppl. as sb. m.) pilgrim.

692 (14c) devota mente paratam ~ari coram Deo omnipotenti *CS* 79. multos . . accendit fervor ~andi, sepulchrum Salvatoris et sancta loca visendi ORD. VIT. X 20 p. 117; terram sanctam adiit ~ando M. PAR. *Maj.* I 203; s**1326** movebat se regina . . versus Sanctum Edmundum quasi ~ando *Ann. Paul.* 314; **1358** sciatis quod cum Thomas Macolagh . . infra regnum . . Anglie usque civitatem . . Cantuariam causa ~andi de licencia . . sit venturus suscepimus ipsum . . in proteccionem *RScot* 821a; **1423** vult quod dicti ministratores conducant idoneum capellam Romam ~ari pro anima sua *Reg. Cant.* II 272. **b** omnibus diebus vite sue ignominiosus ~ando penitent (*Leg. Hen.* 5. 17) *GAS* 550; **12** . . sacerdos . . qui malum exemplum dedit hominibus . . ~ando quindecim annos peniteat *Conc. Scot.* II 48; ea . . condicione quod . . rex Stephanus . . posset monachari aut perpetuo ~ari *Meaux* I 125 (=BROMPTON 1031). **c** multos minimum accendit fervor ~andi, et virtutem militiamque suam contra Turcos exercendi ORD. VIT. X 20 p. 117; s**1201** Innocentius papa crucesignatos mandat generaliter ~ari *Flor. Hist.* II 123; **1462** pro peregrinis crucesignatis ~antibus versus terram sanctam *Lit. Cant.* III 239. **d** sumptis in Jericho palmis quod insigne ~antium antiquitas instituit W. MALM. *GR* IV 374; s**1179** nomen ~antis assumens et habitum DICETO *YH* 433; a**1332** benedicciones ~ancium cum cruce et baculo *Libr. Cant. Dov.* 37.

4 to sojourn abroad, stay as a stranger.

cupiens in vicinia sanctorum locorum ~ari in terris quo familiarius a sanctis recipi mereretur in caelis BEDE *HE* V 7 p. 294; dumque ibi [Anselmus] ~aretur, contigit regem Willelmum diro infortunio interemptum esse H. CANTOR f. 3.

peregrinatim [*p. ppl.* of CL peregrinari+-im], by way of or on a pilgrimage.

1478 quia . . Scotorum princeps . . ~im ire Sancti Johannis reliquias visurus propediem duxerit . . *RScot* 455a.

peregrinatio [CL]

1 journey to foreign places or beyond one's native environment, exile; **b** (w. ref. to death); **c** (transf. & fig.).

collegam externae ~onis [*gl.*: i. exulationis; peregrinus longe a patria positus quasi alienigena] ALDH. *VirgP* 21; a**705** de transmarini .. itineris ~one (ÆTHELWALD) *Ep. Aldh.* 7 p. 497; ne tam periculosam .. ~onem adire deberent BEDE *HE* I 23 p. 43; ab Egypto et a Babylone et a carcere in Sacra Scriptura mysticas fieri ~ones Jerosolimam legimus R. NIGER *Mil.* I *prol.*; non sum adeo prodigus vite mee ut velim requiem pro labore, .. pro ~one patriam .. permutare P. BLOIS *Ep.* 46. 1338; Aristoteles .. peciit exilium ut iret in perpetuas ~ones BACON *CSTheol.* 33. **b** quid est mors? inevitabilis eventus, incerta ~o ALCUIN *Didasc.* 975. **c** tempore ~onis quod fuit ab Ascensione Christi et durabit usque ad consummationem seculi BELETH *RDO* 55. 61.

2 (w. ref. to life on earth as exile from heaven).

Christus .. intus .. est eis quos in caelesti patria praesens .. laetificat sed quasi foris est adhuc eis quos in hac ~one certantes occultus consolator adjuvat BEDE *Luke* 508; in hac mortali hujus ~onis vita WILLIB. *Bonif.* 8; post longevam ~onem, post longum orbitatis ac superni desiderii martirium, migravit ad beatam urbem sanctorum GOSC. *Edith* 274; quod viam currat regiam / ad lucis tue gloriam / nostra peregrinacio J. HOWD. *Cyth.* 110. 12; hec ecclesia .. majoris auctoritatis esse videtur quam quodcumque concilium generale vel ecclesia que nunc in hac ~one consistit OCKHAM *Pol.* III 66; ut quid sapientissimi Francie judices .. pro regni illius legibus addiscendis tot ~onis sue annos consumunt FORTESCUE *NLN* I 43.

3 pilgrimage or journey abroad for pious purpose; **b** (as penance); **c** (w. ref. to Crusade).

c**1120** si in ~onem porrexerit et redierit, habeat sicut nunc habet *Cart. Rams.* I 130; multis flentibus amicis sanctam ~onem pro Christo suscepit ORD. VIT. III 4 p. 64; **1215** in veniendo in ~onem usque Sanctum Thomam Cantuariensem *Pat* I 154b; **1317** item lego uni homini ad faciendam ~onem apud Sanctum Jacobum pro me et apud Rochemadur xl s. *Arch. Bridgw.* 80; s**1300** qui .. Romam .. , voto †peregrationis [l. peregrinacionis] humiliter accesserint WALS. *HA* I 80; die quo iter ~onis arripuit versus terram sanctam *Reg. Brev. Orig.* 224. **b** cum ~one perenni vij annos peniteat THEOD. *Pen.* I 2. 16; †**680** (10c) in divino servitio hujus ~onis quam vir venerandus diutius peregit pro relaxatione criminum *CS* 50. **c** Urbani pape jussu sanctam contra ethnicos ~onem arripuit ORD. VIT. VIII 14 p. 350; direxit .. Papa literas .. populis Christianam fidem profitentibus ut omnes ob subventionem terre Jerosolomitane ad sacre ~onis desiderium attenderent, remissionem omnium delictorum confessis indulgens G. COLD. *Durh.* 20; Christiani cruce signati etsi aliquando vincant, tamen facta ~one ad propria revertuntur, et indigene remanent BACON *Maj.* III 122.

4 sojourn abroad; **b** (w. ref. to life on earth). **c** place of sojourning, foreign part.

reversus ad dilectae locum ~onis BEDE *HE* V 9 p. 298; ~o, *ælðeodignes* ÆLF. *Gl. Sup.* 172; quid longe illius in Aegypto ~onis exilium J. FORD *Serm.* 25. 7. **b** virgo .. non cessat etiam loco terrene ~onis celitus prospicere GOSC. *Transl. Mild.* 33. **c** a**723** ut dirigat viam ejus in illas partes terrae et ~onem illam, in qua habitas *Ep. Bonif.* 14 p. 26; qui diu incoluit illam ~onem *Ib.*

peregrinator [CL], traveller.

peregrinus, -a, -um quasi pergens longius .. et inde ~ator OSB. GLOUC. *Deriv.* 32; hec peregrinator audax nec stultus amator, / talorum lusor, pacis turbo, joculator D. BEC. 47.

peregrinatus [LL], travel.

non circumveniant te conjugis .. / amplexus .. / levis contactus, simplex vultus, famulatus, / ad libitum peregrinatus D. BEC. 2079.

peregrine [LL], abroad, in or into foreign lands.

Francigena .. ei .. persuasit ut Angliam peteret ... puer .. ad ~e proficiscendum precinctus est DEVIZES f. 39r.

peregrinus [CL]

1 foreign, (from) outside one's native environment, strange; **b** (of person, also sb. m.). **c** (*repraesentatio ~orum*, w. ref. to *Luc.* xxiv 18) play performed on Easter Monday based on account of Christ's journey to Emmaus. **d** (of country or region) foreign, not native (also as sb. n. pl.). **e** (of plant) exotic.

Ebrea quam clamat peregrinis lingua loquelis ALDH. *CE* 4. 9. 6; docte peregrine transcurre rura sophie (JOHN THE OLD SAXON) *ASE* IX 82; exoticus .. i. ~us et ignotus OSB. GLOUC. *Deriv.* 190; ibo: sed accipitrem species probat altera nostrum, / que milvo satis est huic peregrina tuo L. DURH. *Dial.* II 156; dimisit caros suos amicos in terra ~a *AncrR* 92; caveat .. rex .. ne leges novas inconsultis regni proceribus condat vel inducat ~as FORTESCUE *NLN* I 24. **b** pro me tuo peregrino / preces funde Theodoro THEOD. *Pen.* (Verse Epil.); utque perēgrinis daret ornamenta procorum ALDH. *VirgV* 1802; **799** numquid aliquem ~um aestimare debes dum omnes in Christo sunt cives? ALCUIN *Ep.* 181; extorres, i. exules, ~i, *utlendan GlH* E 725; ~os, quorumque non novimus patriam et parentelam, Neptuni filios dicimus ALB. LOND. *DG* 5. 5; duo ~i hospitali fuerunt in horreo W. de P. et unus eorum occidit alium et fugit, nescitur quis fuit occisor vel occisus *PlCrGlouc* 10. **c** **1190** in nocte Natalis representacio pastorum fieri consuevit et in diluculo Pasche representacio resurreccionis dominice et representacio ~orum die lune in septimana Pasche *Stat. Linc.* II 15. **d** Ecgberct .. / liquerat patriam patriae caelestis amore / et peregrina petens Scotis jam maxima vitae / tunc exempla dabat ALCUIN *SS Ebor* 1015; sanctorum corpora .. a piis cultoribus ad ~a loca devehuntur ORD. VIT. III 1 p. 7; ad Anglorum .. fines cum omni gaudio pervenit ... noluit .. in domum paternam remeare, circuiens .. ~as Anglorum regiones R. COLD. *Godr.* 44. **e** res piper Albano satis est peregrina palato L. DURH. *Dial.* I 121; ~as arborum species .. otiosus cultor non exercet GIR. *TH* III 10.

2 who travels or resides in foreign parts, who lives in exile (also sb. m.); **b** (as pilgrim); **c** (as Crusader); **d** (w. ref. to life on earth, dist. from life *in caelesti patria*; *cf. Hebr.* xi 13); **e** (spir.; *~a Deo*; *cf.* II *Cor.* v 6).

vovit .. votum quia adeo ~us vivere vellet ut numquam in insulam in qua natus est, id est Brittaniam, rediret BEDE *HE* III 27 p. 193; supervenientibus ~is [*AS*: *wealligendum*] pauperibus .. abbas .. mandati exhibeat obsequium *RegulC* 63; fama hujus regis mihi a quodam ~o delata est ROB. ANGL. (I) *Alch.* 510B; **1180** ad susceptionem .. ~orum *Melrose* 121. **b** de ~is .. qui pro amore Dei et salute animarum suarum beatorum apostolorum limina desiderant adire (*Ep. Karoli Magni*) W. MALM. *GR* I 93; sepulchrum Christi Jerosolimis adiit et in reditu in Nicea urbe ~us obiens, eo sepultus in pace requiescit OSB. CLAR. *V. Ed. Conf.* 2; olim penitentes et capti et ~i usualiter intonsi erant longasque barbas gestabant ORD. VIT. VIII 10 p. 325; inde processit pedes Cantuarium tanquam ~us humilis, Deo et beato Thome de sua liberacione gracias agens W. GUISB. 127; spoliatores ~orum Sancti Petri aut fugavit aut penitus extinxit *Eul. Hist.* I 261; hic ~us, A. *a pylgrym WW*; eodem anno obiit dominus Alexander Lindsay ~us Jerosolomitanus apud insulam de Candey *Extr. Chr. Scot.* 194. **c** anno .. Domini mxcix Jerusalem gentilibus victis .. a sanctis ~is capta est ORD. VIT. I 24. p. 187. **d** cum presbyter adhuc ~am pro aeterna patria duceret vitam BEDE *HE* III 13 p. 152; juraque tunc tandem terrae peregrina reliquens / est patriae proprius caelesti redditus heres ALCUIN *SS Ebor* 1213; debemus .. ostendere in operibus nostris quod sumus advene et ~i in mundo AILR. *Inst. Inclus.* 11; sancti qui, licet sint in mundo, sunt tamen ibi tanquam ~i [ME: *pilgrimes*] et recte vivendo pergunt ad regnum celorum *AncrR* 135. **e** non .. capit in me dolor meus quamdiu ~us sum a Domino meo ANSELM (*Or.* 2) III 8.

3 (w. ref. to animal, as adj. or sb. m.): **a** (falcon). **b** (*mus ~us*) ermine.

a faleo ~us NECKAM *Ut.* 100; ~us, A. *an hobeye WW*. **b** pellibus ~orum murium ORD. VIT. IV 13 (v. mus 6).

4 (phil.) that comes from without, external.

sed corporalis [creatura] ex sui dignitate habet quod non recipit ~as impressiones vel etiam dissolutionem R. MARSTON *QD* 155; creature est ~a similitudo ejus DUNS *Ord.* III 12; corpus celeste .. non recipit ~as impressiones et per consequens nec operaciones vitales *Id. Sent.* II 8. 1. 1.

5 alien in character, foreign, inappropriate; **b** (w. *ab* & abl.).

1012 praefectum meum .. non cunctatus in propria domo ejus eo inscio perimere, quod nefarium et ~um opus est apud Christianos et gentiles *CD* 719. **b** quam sit ~um ab honestate doceat vos aliene gentis institutio W. MALM. *GR* I 80.

6 Peregrine, Pelegrin: **a** (as personal name); **b** (as surname).

a datae sunt nobis hae litterae a domno ~o, beati Herberti successore W. MALM. *GR* II 174. **b** **1374** magistro Raymundo Pelegrini nuncio pape in Anglia .. xiiij s. *Ac. Durh.* 547.

pereligere [CL per- + eligere], to select, choose.

alias mihi sanguisugae mea [*sic*] filias parit, sed predictas quatuor specialiter ~elegi que optata mihi sepius tropea reportant P. BLOIS *Serm.* 759D; Christi modestiam .. qui pauper in terris .. esse ~elegit GIR. *PI* I 13.

peremeollum v. penicillus.

pereminenter [CL per- + eminenter], outstandingly, excellently.

viro utique ~issime donis scientie et munere gratie supernis carismatibus delibuto (*Lit. Papae*) M. PAR. *Maj.* III 171.

peremplastica v. paremplasticus.

peremptare [*back-formation from* peremptus *p. ppl. of* perimere], to kill.

a**1155** fere .. que luporum morsu ~arentur *MonA* V 569a.

peremptio [LL], killing, destruction. **b** annulment.

ut imminente miserrima regis Eadmundi ~one declaratum est B. *V. Dunst.* 31; nam si ratio mentis ipsa est et hominis, restat ut perempto homine remaneat ipsa in mente: ~onem ergo fundamenti, ~io non sequitur fundati si tamen eadem duorum est ratio PULL. *Sent.* 737B; commodior eorum redemptio censenda videtur quam ~o GIR. *EH* I 14; propriorum ~one parvulorum E. THRIP. *SS* IV 14; carnis excruciacio vel ~o OCKHAM *Dial.* 544. **b** in ~onem patrum confessionis et abnegationem ejusdem Salvatoris nostri dispensationis *Conc.* I 53b.

peremptivus, deadly, destructive; **b** (w. gen.).

peremptivi radiis .. visus HANV. I 295 (v. interficus). **b** regis .. mors, sue gratissime juventutis ~a M. PAR. *Maj.* 354; s**1219** subsecuta est .. dira mortalitas hominum et equorum ~a *Id. Min.* II 239.

peremptor [CL], killer, destroyer; **b** (fig.).

nihil .. aliud prestolari poterat de fructu ventris sui quam ~orem J. FURNESS *Walth.* 74; inter omnia mala que a primis parentibus vel potius ~oribus nostris .. contraximus, nihil .. gravimus ingratitudine reprobatur P. BLOIS *Ep.* 235. 537C; eis .. consimiles fieri cupiebant, quos hostes et ~ores antea habuerant M. PAR. *Maj.* I 68. **b** in altero veritatis venditor, in altero vero ~or fuisse probatur. nam ubi pretium pro dicenda justitia accepit, veritatem vendidit, et quando ipsam ratione sua evertebat .. veritatem perimebat ALEX. CANT. *Mir.* 46 (II) p. 251.

peremptorie [LL], in a manner that allows no debate or delay, decisively; **b** (w. ref. to setting date or deadline); **c** (leg., w. ref. to summons); **d** (in phr., w. ref. to final summons, *primo, secundo, tercio, et ~ie* or sim.).

excipere poterit multis modis contra mulierem quare dotem habere non debeat ~ie vel quare ad tempus differi debeat actio et dotis exactio dilatorie BRACTON f. 301b; **1438** ~ie ac finaliter requirimus et rogamus BEKYNTON I 254. **b** **992** usque ad diem sibi ~ie praefixum [sc. moriendi] *Chr. Rams.* 106; venit interea Dominice dies Ascensionis, qui fuerat a rege Francorum et legato Galligenis cruce signatis ~ie constitutus M. PAR. *Maj.* III 114. **c** eum citari faciens ~ie, ut die statuto .. respondeat de his, que sibi fuerint objecta A. TEWK. *Add. Thom.* 5; iste non venit vocatus ~ie, ergo contumax est W. DROGHEDA 29; c**1300** citetis ~ie coram nobis ad diem Martis post 'Invocavit me' R. de M. militem contra T. N. clericum *FormMan* 22; archiepiscopus fecit eos citari ~ie .. quod comparerent coram eo THORNE 1967; ~ie monere et citare curetis WALS. *HA* I 349; **1427** Willelmo .. peremptorie evocato .. et nullo modo comparente *FormOx*

462; per specialem mandatorem nostrum personaliter apprehensum citari et ~ie premoneri fecimus *Entries* 41. **d** **1218** Thomam de Cantinton .. semel, secundo et tercio edicto ~ie in jus vocari fecissemus *Reg. S. Thom. Dublin* 288; **1340** monentes .. Johannem primo, secundo, et tercio, ac ~ie ut de dicta pecunie summa terminis predictis dicto W. satisfaciat *FormOx* 124; te monemus primo, secundo, et tertio, ac ~ie quod prefatos clericos .. non graves *Ziz.* 310. **1394** primo, secundo, et tertio, ac ~ie requirimus .. *Comp. Swith.* 166; **1543** primo, secundo, tertio, et ~ie trina vice unico tamen contextu *Conc. Scot.* I cclv.

peremptorius [CL]

1 fatal, destructive; **b** (of fire, w. ref. to Plato *Timaeus* tr. Chalcidius 45B); **c** (w. gen.). **d** (as sb. n.) destroyer.

bonum est converti a malitia ad innocentiam, a gaudio ~io ad luctum salubrem. P. Blois *Serm.* 601A; si vehementer calidum habet [vim] desiccativam, ~iam *Quaest. Salern.* B 13; cuique malum imprecantur et vae peremptorium *Itin. Ric.* I 74; hoc malum ~ium, sc. desperacio Ad. Eyns. *Visio* 35. **b** ignis .. ~ius Adel. *QN* 74, J. Sal. *Pol.* 414C (v. mulcebris c); unde Plato de illo inquit 'est mulcebris, non ~ius' S. Langton *Gl. Hist. Schol.* 47. **c** vide quomodo mors beatitudinis principium est, laborum meta, ~ia vitiorum Ailr. *Inst. Inclus.* 33 p. 677; quidquid in curiis agitur fere ~ium est salutis P. Blois *Ep.* 139. 415B; optimus amicitie comes .. verecundia est, e diverso ~ia ejus est inverecundia *Id. Opusc.* 891C. **d** cum .. ~ium sit amicitie cupiditas, tanto certe facilius amicitia .. servatur, quanto animus ab illa peste purgatior invenitur Ailr. *Spir. Amicit.* III 101. 694.

2 that precludes all debate or delay, decisive, final (also leg.); **b** (w. *dies* or *terminus*); **c** (w. *edictum* or *citatio*, esp. w. ref. to final summons issued after three previous ones).

quibusdam asserentibus hoc contra canonum instituta extitisse .. nonnullis nimium clamantibus hoc verbum ~ium esse *Chr. Battle* f. 61v; ea que contra dignitates Cantuariensis ecclesie .. erant justa consideratione ~ia esse precepta sunt *Ib.* f. 77v; ratione vigenti easdem [sc. dignitates] a vobis ~ias judicatas defendendo *Ib.* f. 81; antequam ipse .. R. replicacionem fecit, preemptori' [l. peremptoriam] non fecerunt aliquam talem protestacionem, per quod de dicta protestacione petit exonerari *Mem. York* I 231. **b** **1161** citavi eum per duos prudentes viros .. prefigens ei diem ~ium in vigilia sancti Johannis Baptiste *Act. Hen. II* I 335; s**1170** instabat ~ius dies, ut sententia ulterius differri non posset J. Sal. *Thom.* 20; s**1226** rex Francorum .. omnibus cruce signatis diem statuerunt ~ium ut in Ascensione Domini apud Lugdunum cum equis et armis sub pena excommunicationis convenirent M. Par. *Min.* II 285; **1276** cum nos .. terminum ~ium vobis dederimus ad visitandum vos *Reg. Heref.* I 87; **1350** ad terminum nimis brevem et ~ium (v. abbreviatio a); **1388** quartus terminus ultimus et ~ius erit in festo Sancti Michaelis *Mem. York* II 4; **1450** ipsum in exilium condemnabant perpetuum: .. diem transfretacionis ~ium assignantes *Croyl.* 525. **c** principem .. ternis litteris aut uno edicto pro omnibus ~io citatum *Ep. H. Bos.* 1444A; hec .. per preambulos judicis nuntios esse perpende, omnesque ~ias citationes existima P. Blois *Serm.* 775A; ecce mors in januis est, edicto citatur dives ~io Neckam *NR* II 187; hujus igitur auctoritate mandati partes ad presenciam nostram prelatico edicto ~io vocari fecimus *Reg. S. Thom. Dublin* 372; c**1253** noveritis me .. vero edicto ~io legitimum spatium trium edictorum continente citasse N. rectorem ecclesie *Reg. Ant. Linc.* III 329; **1367** pro tercia et ~ia monicione *Reg. Paisley* 41; pro tercia .. monicione canonica ac ~ia *Ziz.* 112; **1309** ~io canonice monicionis edicto *Lit. Cant.* I 35.

3 (leg., w. *exceptio*) that demands dismissal (of a case).

1160 ~iam .. exceptionem opponentes *Ch. Sal.* 31; natura exceptionum tam dilatoriarum quam ~iarum, viz. ante visum terre factum et post Hengham *Magna pref.*; **1295** exceptiones ~ias *Conc.* II 210a.

4 (as sb. n., leg.) final summons.

1208 ~ium aliud contempnere similiter non formidans *Melrose* 101 p. 89; questio, an judex debeat punire in ~o primo. .. dicitur .. ~ium quia perimit dilationem ulteriorem nec patitur ulterius adversarii tergiversationem W. Drogheda 28; **1549** una cum oblatis contra personas testium et ~iis ac omnibus juribus, quibus uti voluerit in causa precedendum *Conc. Scot.* II 125.

5 (abl. sg. as adv.) peremptorily, decisively.

tunc enim, tanquam multis minoribus delictis equipollente statim uno punitur ~io Gir. *PI* I 10 p. 37.

peremptrix [LL], destructive (f., w. gen.).

invidia .. sui enim ipsius peremtrix est et aculeis propriis succumbit Neckam *NR* II 102; ad gentem ferocem et suorum judicum ~icem *Flor. Hist.* I 102.

peremt- v. perempt-. **perencera** v. pitanceria.

perendie [CL], (on) the day after tomorrow. **b** (on) the day before yesterday.

~e, post cras *GlC* P 265; perhendie sanctis condolebitis apostolis H. Los. *Serm.* 146; ~e, in alia die Osb. Glouc. *Deriv.* 467; cum pulsante eo ~e surgeres ut aperires dilecto tuo et pessulum aperires ostii tui J. Ford *Serm.* 40. 5; netum Attropos sororis medie / occabit forsitan cras aut perhendie Walt. Wimb. *Sim.* 91. **b** obiit .. non pridie sed ~e; nec diei lumen ejus spiritum urgebat obitum sed potius noctis incipientis exordium ejus spiritum compellebat ad exitum R. Cold. *Godr.* 142.

perendies [cf. perendie, in dies] from day to day, as the days proceed.

vir Dei .. corporis attactus languore et hoc perhendies [v. l. per dies] ingravescente *V. Neot. A* 10.

perendinalis [cf. LL perendinare+-alis], of temporary residence.

domestica maneria in suis locis ~ibus .. quasi a fundamentis reedificavit Bower VI 57.

perendinare [LL], **~ari**

1 to postpone, delay.

papa .. de omnibus quod ab utrisque audierat in crastinum ~ari judicium imperat Ord. Vit. XII 21 p. 270; procrastinare .. ~are Osb. Glouc. *Deriv.* 466.

2 to sojourn, stay, tarry; **b** (for a visit; also fut. ppl. as sb. m.) **c** (for rest); **d** (fig.).

cum .. dux in Roma ~aret diutius, uxorem suam .. premiserat *V. Ed. Conf.* f. 46v; per spacium mensis cum gente perendinat illic G. Amiens 623; apud amicos perhendinantes W. Malm. *GR* IV 353; nec ad aliquod mercatum faciendum nequit [sc. mercator] civi prevenire nec magis in urbe perhendinare poterit quam xl dies (*Lib. Lond.* 9.1) *GAS* 675; **1280** ne permitterentur prefate mulieres in claustro perhendinare ulterius Peckham *Ep.* 86; confrater noster pro residuo vite sue quoad vixerit in domo nostra de Baliscaok prehendinare *Reg. Kilmainham* 47 (cf. ib. 54: de perhendinacione sua); in Avallonis insula .. propter loci amenitatem ~ari proposuerat *Hist. Arthuri* 86; per dies xij cum rege Londoniis perhendinantes cum magno honore et muneribus ditati remearunt ad propria *Eul. Hist.* III 9; c**1395** ubicumque in burgo vel extra ~ari sive hospitari eum contigerat Bower XV 2; in regno Anglie, nullus perhendinat in alterius domo invito domino Fortescue *LLA* 36; dum ad officia et computa sua .. perhendinatur et moratur *Entries* 474. **b** s**1125** apostolice sedis cardinalis .. veniens in Angliam, ~avit per episcopatus et abbatias M. Par. *Maj.* II 151; ~aturus [*gl.*: *le homme a sougurner*] jupam habeat Neckam *Ut.* 98. **c** quasi resurgens a mortuis .. perendinavi sequenti die P. Blois *Ep.* 52 159A; progressi sumus inde versus Slopesburiam .. ubi et diebus aliquot recreandi respirandique gratia ~avimus Gir. *IK* II 12; apud cenobium Insulam nomine perhendinans donec sanitati redditus iter consuetum .. aggredi valeret *Canon G. Sempr.* f. 75v. perendinare, i. e. unum diem, vel plures in otium trahere Lyndw. 212c. **d** verum jam forte .. satis hic noster apud Withamenses ~avit stylus Ad. Eyns. *Hug.* IV 14.

3 (w. ref. to maintenance of domestic animals when staying away from home): **a** (of person w. animal); **b** (of animal); **c** (tr.) to house, maintain (an animal).

1205 Rogero de M. pernundinanti [*sic* MS] apud W. cum austurco nostro x solidos pre expensis *Cl* I 38a; **1263** in expensis Willelmi de H., prehendinantis cum falconibus .. regis .. viij li. xij s. vj d. .. in expensis garcionum prehendinancium cum equis .. regis .. iiij li. vij s. ob. *ExchScot* 8; in expensa duorum aucipitrum prehendinancium apud Fores per quatuordecem septimanas, xvj s. x d., cum reparacione mute unius *Ib.* 15; **1295** cuidam perhendinanti cum equis domini Edmundi patris regis vj d. *Comp. Worc.* I 30; **1314** cum mittamus dilectum valettum nostrum Merlinum .. cum quibusdam equis nostris ad partes marchie Scotie ad perhendinandum ibidem usque adventum nostrum *RScot* 116b; didicisti homines illos, licet in villa una per mensem aut duos perhindinaverint, nihil prorsus pro suis aut equorum suorum expensis solvisse Fortescue *LLA* 35. **b** **1263** rogantes quatinus equm illum una custode suo in domo vestra per unum mensem perhendinare et eis neccessaria invenire velitis *Cl* 311; **1266** in expensis septem catulorum et eorum matris prehendinancium iiij celdre x li. in expensis equorum domini regis prehendinancium apud Forfar usque diem hujus computi *ExchScot* 7; **1338** residuum precomputatus inter equos prehendinantes ibi ante adventum domini *Ac. Ep. Bath.* 153. **c** **1293** per servicium serjancie perhendinandi canes domini regis infirmos *IPM* 65(9); dimittat homines suos equos, aves, vel canes perhendinandos *Conc. Scot.* II 49; **1301** tribus garcionibus perhendinantibus equos regine, vj s. viij d. *Ac. Durh.* 502.

perendinarius [cf. LL perendinare+-ius], sojourner, lodger, one who has a right to lodge.

1318 de novem ~iis et pensionariis .. nobis omnino inofficiosis sumus onerati *Chanc. Misc.* 17/8/33.

perendinatio [cf. LL perendinare+-tio]

1 sojourn, stay.

hinc religiosorum et litteratorum frequens perhendinatio W. Malm. *GR* I 20; c**1159** marescallus meus quandiu moror Rothomagi habens unaquaque die ~onis mee apud R. de liberatione sex panes .. et unum sextarium vini *Act. Hen. II* I 349; post aliquante ~onis demorationem J. Furness *Walth.* 94; c**1285** ipsas [moniales] etiam a perhendinationibus in parentum suorm domibus compescendo *Conc. Syn.* 1122; c**1300** expense domini et familie sue in sua perhendinacione apud N. .. xxv li. ij s. *FormMan* 15; **1341** volumus .. quod homines illuc pro guerra venientes dum sint in exercitu hujusmodi vadia percipiant set cum exercitus dissolutus vadia .. pro tempore perhendinacionis non solvantur nisi .. sunt juxta ordinacionem capitanei *RScot* 612a; s**1345** ne diutinam in Anglia caparent ~onem Ad. Mur. *app.* 243; s**1459** ad .. monasterium .. ubi per diem integrum et duas noctes prehendinacionem faciens .. delectabatur *Reg. Whet.* I 332; cum rex in partibus moram traheret borealibus .. Scoti .. docti de regis male cauta perhendinacione Wals. *HA* I 166.

2 (w. ref. to maintenance of domestic animals away from home.)

1190 in ~one equorum .. et in omnibus expensis errundem equorum .. xv li. et xji s. *Pipe* 3; **1205** pro ~one et marescalcia equorum nostrorum et equorum hominum nostrorum et equorum regine uxoris nostre et hominum suorum *Cl* I 26a; **1414** valettis equorum perhendinationis nostre *CalPat* 170.

3 place in which one stays, lodging.

1240 alias sibi moram et perhendinationem provident *Ch. Sal.* 261; s**1324** rex Anglorum ignominiosos contemptus in depressione pauperum et religiosorum premeditatus, domos et elemosinarias eorum statuit prehendinaciones scurrarium et canum suorum *Flor. Hist.* III 230.

4 permission to stay or right to maintenance.

1219 ne .. ~ones, pensiones .. vendantur (v. cantaria 2a); c**1230** me .. remisisse .. consuetudinem annuam, quam a predicto priore et conventu exigere solebam, sc. perhendinacionem per tres quarentanas in anno in domo de spaldinge ad custum dicte domus *Ch. Chester* 427; **1230** concessimus eidem pro toto tempore vite sue perhendinacionem et sustentacionem honestam pro se, viz. armigero .. tribus garcionibus et tribus equis *Reg. Dunferm.* 229; G. vendicat ~onem unius dextrarii et unius garcionis ipsum custodientis infra abbaciam *Chr. Peterb.* 132; **1313** concessimus etiam eidem .. quociens ad monasterium nostrum venire voluerit .. honestam perhendinacionem in esculentis et poculentis *Reg. Aberbr.* I 291.

perendinator [LL perendinare+-tor], temporary resident, sojourner.

1292 Ricardo perhendinatori j marca *Comp. Worc.* 13; hic perhendinator, A. *a sogorner WW*; ~or, *a surgyon WW*.

perendinatrix [LL perendinare+-trix], temporary resident, sojourner (f.).

1364 mandatum .. abbatisse .. ad amovendas .. perhendinatrices a domo *Reg. Wint.* II 365.

perendinus [CL], (*dies ~us*) day after tomorrow.

die ~o, adest Don. Alvarus praefectus maris Asc-
HAM *Ep.* 351.

pereniter v. perenniter.

perennalis [ML < CL perennis + -alis], everlasting, eternal.

vite ~is Auctore AD. MARSH *Ep.* 247. 26; c**1340**
sedem in summo celo . . perhennalem *FormOx* 302.

perennare [LL], to make everlasting.

gestaque clara micant quae cantica nostra perhen-
nant GOSC. *Wulfh.* 17; pace perhennatur amor, ira pax
violatur D. BEC. 648; se . . perennavit GARL. *Mor. Scol.*
313; dumque sua speciale sibi probitate perhennat /
nomen et eternat perpetuale decus E. THRIP. *SS* V
15.

perennis [CL]

1 continually renewed; **b** (of source of water;
also transf. & fig.).

ligatum eum ferunt vulturi jecur ~e prebentem
ALB. LOND. *DG* 10. 9.   **b** fons ~is exortus est
BEDE *HE* I 7 p. 21; pontifex . . ex nativo silicis sinu
laticem produxit, qui perhennes rivos deducit ad hanc
diem W. MALM. *GP* I 19; quasi quedam derivatio
de perhenni fonte unde manant aque vise salientes in
vitam eternam BALD. CANT. *Serm.* 15. 4 546; adde his
calidorum fontium ~es liquores ad usus mortalium
splendidissime preparatos CHAUNDLER *Laud.* 113.

2 (of activity or state) constant, uninterrupted.

cum peregrinatione ~i vij annos peniteat THEOD.
Pen. I 2. 16; qui Philologie se asserat pervigilia labo-
rata et lucubrationum ~ium nescire pallorem J. SAL.
Met. 933D.

3 that lasts for many years, perpetual: **a** (of
abstr.); **b** (of imprisonment); **c** (w. ref. to Hor.
Carm. III 30).

856 quatinus . . in perhennem derelinquat hereditatem *CS* 491; illius [sc. ecclesie] prosperitas nobis
perhennis exultio W. MALM. *GR* I 88; tam apud suos
quam apud externos ~em sibi memoriam promeruit
ORD. VIT. IV 6 p. 207; ~is amicicie fedus cum eis
innecterent *Ib.* IX 10 p. 554; in . . ~em tam regni
quam regis honorem GIR. *EH* II 39; perhennem
de cetero sorciantur memoriam *Canon. G. Sempr.* f.
117v; ipsi nunc sit honor et gloria, lausque perhennis
STRECCHE *Hen.* V 161.   **b** rex . . ducem . . ~i
ergastulo mancipavit ORD. VIT. XI 37 p. 292; **1113**
Henricus posuit R. de B. in carcerem ~em TORIGNI
Chr. 95.   **c** perhennius ere novum ei cudere non
distuli monumentum OSB. CLAR. *V. Ed. Conf.* 30 p.
123; s**1386** si liceat laudare virum post fata perenni /
aere . . (*Vers.*) FLETE *Westm.* 137.

4 eternal, everlasting: **a** (w. ref. to eternal life,
of the world to come); **b** (of punishment). **c** (n.
pl. as sb.) eternal things.

a vitam ~em GILDAS *EB* 32 (v. deciduus 1b); illic
martiribus florescit vita perennis ALDH. *VirgV* 2887;
potest divina pietas . . ingressu te vitae ~is dignum
reddere BEDE *HE* III 13 p. 153; illi . . meliora parabat /
tradere regna Deus, luci sociata perenni ALCUIN *SS
Ebor* 225; animam ad ~e gaudium emisit ORD. VIT. IV
15 p. 277; ut a Christo . . ~em gloriam sibi vendicent
Ib. VI 8 p. 49; ad obtinenda ~ia bona quibus ardenter
inhiant *Ib.* XIII 45 p. 137; sperantes Dei adjutorio ad
vitam se posse pertingere perhennem *V. Edm. Rich B*
614; quique ejus infanciam vilibus voluit indui pannis,
preciosis perhennium vestimentorum induat ornamentis *Miss. Westm.* II 538.   **b** pro me nunc intercede, /
ne me contingant comae / flammae perennis poenae
Ps.-BEDE *Collect.* 384; tunc inimica seges igni tradenda
perenni FRITH. 648; **955** ni . . in futuro ~i cruciatu
prematur *CS* 903.   **c** sociati angelis gaudent in caelestibus, contemptis transitoriis inhiabant ~ibus ORD.
VIT. III 1 p. 1.

perennitas [CL], everlastingness, perpetuity;
b (w. gen.); **c** (*migrare ad vere lucis ~atem*) to
die.

perfectionem boni operis et beatae ~atis dona largitur BEDE *Ep. Cath.* 33; ?**745** (12c) indefecta perhen-
nitate (v. 1 indefectus) *Reg. Malm.* I 290; eedem . .
per tot secula durant ut . . cum ipsa videantur ~ate
contendere GIR. *TH* I 13 p. 40; desuper est majestatis
dignatio, intus est multitudo dulcedinis, ante est longi-
tudo ~atis J. FORD *Serm.* 13. 2.   **b** as gaudii animam

replens J. FORD *Serm.* 83. 9; acquisicio largitatis est
gloria regum et perhennitas regnorum BACON V 44
(=*Quadr. Reg. Spec.* 32: perpetuitas).   **c** migravit
ad verae lucis ~atem BYRHT. *HR* 45; Fridenbertus . .
migravit ad vere lucis perhennitatem AILR. *SS Hex*
13.

perenniter [LL]

continuously, without interruption.

cereus ante magnum altare . . ~iter ardens apposi-
tus est *Chr. Evesham* 102; quidam sit fluvius ~iter
fluens AD. SCOT *QEC* 14. 825C.

2 constantly, for ever, without end. **b** (of grant
or sim.) in perpetuity.

bestiam . . perpetuae ultionis animadversione ~iter
[*gl. i.* aeternaliter] multavit ALDH. *VirgP* 25 p. 258; **936**
archiepiscopus . . ac ministri . . perenniter agnoscant
(*Inscr. Evang.*) *CS* 711; esto mihi valens cunctis perhenniter horis ÆTHELW. *prol.*; quorum memoria . .
~iter extat memoratu dignissima GIR. *TH* II *pref.*;
1282 fatentes nos vestris beneplacitis esse ~iter obli-
gatos PECKHAM *Ep.* 376; s**1424** in Christo, eum divina
ac nostra benedictione, feliciter perhenniterque valete
AMUND. I 186.   **b** **956** privilegium . . postero . .
suo . . pereniter impertiat cum campis *CS* 926; ei
~iter concessit ORD. VIT. IV 16 p. 279; **1198** (1253)
ad elemosinas pauperum ipsius monasterii perhenniter
ad integrum sit concessum *CalCh* I 426; dedi perhenniter possidenda et monachorum usui profutura *Ch.
Str. Marc.* I 50; ~iter concessit, dedit, et confirmavit
. . insulam Croylandie *Croyl.* 2.

3 eternally, everlastingly (w. ref. to eternal
life); **b** (w. ref. to punishment).

c**790** quae autem non videntur, ~iter sunt manentia
CS 283; ut . . eum . . sicut cohaeredem et com-
participem regni caelestis quasi seipsos ~iter diligent
EADMER *Beat.* 15 p. 288; illud . . regnum est quod
~iter duraturum est; non illud quod transitorium est
ALB. LOND. *DG* 4. 6; **1300** salutem in eo cui servire
perhenniter est regnare *Reg. Carl.* I 145.   **b** eterno
igni cum Juda proditore perhenniter mancipatum W.
MALM. *GR* II 151.

perennitus [CL perennis+-itus], eternally.

725 regnante ~us Deo *CS* 144.

perentari [? *syncopated form of* perendinari], to
stay.

demorer . . percunctari, perentari perhendinare, *Gl.
AN Ox.* f. 154v.

perentela v. parentela.   **perera** v. perreia.

pererrare [CL]

1 to wander through or over (an area), traverse; **b** (body).

multis terris . . ~atis ac mari permenso GOSC. *Edith*
286; post longa terre spatia et ex magna parte ~atam
Britanniam *Id. Aug. Maj.* 85C; ~atis totius regni
finibus GIR. *TH* III 37; villa ~ata *Ps.*-ELMH. *Hen.*
V 44 (v. 1 diameter 3).   **b** tremore membra ~ante,
totus expallesceret W. MALM. *GP* IV 138; avis . . /
dilectosque sinus rostro crepitante pererrat H. AVR.
Hugh. 1128.

2 to go over in the mind, review.

non cogo in certos numerosum Protea vultus, / non
Venerem semper variam, moresque pererro / implicitos
J. EXON. *BT* II 445.

3 to be completely deluded.

si legitur filii Thou, id est amentis et †perrantis [l.
pererrantis] BEDE *Sam.* 502.

pereruditus [CL], very learned.

Thomas Sparke, homo ~us *Hist. Durh.* 16 p. 156.

peresse [CL per+1 esse], to exist continuously,
or ? *f. l.*

Pontius Pilatus . . dissolvit regnum Judaeorum et
constituens ei principem peresse [? l. praeesse] qualem
[cum]que voluisset THEOD. *Laterc.* 11.

pereta v. porreta.   **peretrum** v. pyrethrum.   **pere-
uncia** v. 2 perire.

perexcutere [LL], to cut off or remove completely.

si crus alicui perexcussum [cf. *Inst. Cnuti* absci-
datur] sit sub genu (*Quad.*) *GAS* 87.

perexiguus [CL], very small in size or amount,
negligible.

perexiguum, valde parvum *GlC* P 290; ut quem
admodum auro ~o vix grandis gemma capitur L.
DURH. *Hypog.* 64; transvexerunt illum in . . regionem
lucidissimam, in cujus comparatione prioris patrie lux
~a censebatur J. FURNESS *Walth.* 103; infelices et ~os
sumentes . . cibos J. SAL. *Pol.* 422A; talis cibi satis ~a
refectione jejunium solvit AD. EYNS. *Visio* 7; s**1277** in
ceteris Anglie partibus aut nulla aut ~a fuit tempestatis
illius pestilencia *Chr. Bury Cont. A* f. 165.

perexilis [CL], very slight, small or poor.

datur ei cenobium ~e, Abbendonia dictum W.
MALM. *GP* II 75 p. 166; erant enim pisces immen-
sae magnitudinis et ipse magister Johannes [Scotus
Erigena] corpore ~is *Ib.* V 240; attamen ~is amor
est qui nec bonum tribuit, nec malum tollit sed tantum imminuit PULL. *Sent.* 708C; ~es . . de induviis
netus tediose sumpsere OSB. GLOUC. *Deriv.* 3; hanelitum tandem licet ~em et precordialem motum vix ei
subesse deprehensum est AD. EYNS. *Visio* 2.

perexiliter [CL per-+exiliter], very meagrely.

transit annus . . ~ter fruges reddens WALS. *HA* I
124.

pereximius [CL per-+eximius], supremely excellent.

~a volumina omni veritate plena *Ps.*-GROS. *Summa*
283; ex quibus ~am ipsius prestantiam ac potenciam
licet agnoscere CHAUNDLER *Laud.* 113.

perexplicare [CL per-+explicare], to explain
fully.

quod tu minus eloqueris, alius ~at G. HOYLAND *Ascet.* 262B; non enim potest sermo, quantumvis diser-
tus, sensuum ~are secreta *Ib.* 266B.

perexstruere (-extr-) [CL per-+exstruere], to
finish building, to build completely.

eici fecit a terra quicquid Adelfundus injecerat,
mireque magnitudinis opus perextruxit MAP *NC* V f.
63.

perextra [CL per-+extra], on the outside.

dum foris est nigra, fieret si nigrior intra, / non ut
amica dei, feda rejecta foret; set dum casta manet, omnis nigredo perextra / mentem candoris signat habere
magis GOWER *VC* IV 645.

pereympa, *s. dub.*

1342 uni homini facienti cepum . . j s. x d. ob. in
xx pereympis empt. vs. . . uni portanti et fodienti vj
d. *Sacr. Ely* II 121.

perfacile [CL], with very little difficulty, very
easily.

linum autem fumigans . . ~lime potest extingui
PETRUS *Dial.* 95; istud autem et sine incitabulo ~e
conmovetur OSB. GLOUC. *Deriv.* 157; Pergama . . i.
muri Troie quia tam tali erant ut ~e possent homines
desuper pergere *Ib.* 462; ad que ~e, signante nota,
lectoris acies dirigatur GIR. *TH epil.* p. 204.

perfacilis [CL], very easy. **b** (~*e est* w. inf.) it is
very easy (to).

798 cujus rei subtilis ratio est sed vestrae sagacitati
~is ad intelligendum ALCUIN *Ep.* 148 p. 238; uno
prelio et ipso ~i W. MALM. *GR* III 245; graviores
partes . . ~i compendio elimasti [v. l. eliminasti] OSB.
GLOUC. *Deriv.* 61.   **b** et revera ~e est videre omne
quod natura mutabile est AILR. *Spec. Car.* I 13. 517B;
has quidem augustias evadere ~e foret NIC. S. ALB.
Concept. 111; quod in Capricorno mysticum requiritur,
oculis etiam deprehendere ~e est ALB. LOND. *DG* 8.
13.

perfalcare [CL per-+1 falcare], to mow completely.

1285 falcabit ij prata in Wodemed' . . per ij dies vel
iij usque ~etur (*Cust. Tangmere*) *Cust. Suss.* II 12.

perfalcatio [CL per-+ML falcatio], (act of)
complete mowing (in quot., pleonastically w.
plenus).

c**1230** debet habere . . quantum herbe erigere poterit

cum manubrio falcis singulis diebus usque ad plenam ~onem (*Cust. Wantage*) *Doc. Bec* 50.

perfallere [CL per-+fallere], to fail, lose all ability to act.

~ebant omnes morte ventura .. expertes cibi vitam traxerunt W. MALM. *Wulfst.* II 19.

perfamiliaris [CL], very intimate or familiar.

divinorum officiorum studiosa concelebratio, sacrae bibliothecae cultus ~is W. POIT. I 58.

perfari [CL per- + fari], to speak, utter, tell (fully).

ubi quanta .. holocausta .. profuderit quis digne ~ari [v. l. profari] sufficiat? CIREN. I 369.

perfastus [per-+2 fastus], excessive arrogance or pride.

quod .. claves iste specificantur ad excommunicaciones et absoluciones, Deus hujus seculi ~um .. introduxit NETTER *DAF* II f. 237ra.

perfecte [CL], to the fullest degree or extent, completely, thoroughly, perfectly: **a** (w. vb.). **b** (w. adj.).

a rimamini .. pectoris vestri profunda an sobrii sitis et ~e sacerdotalem gratiam .. conservetis GILDAS *EB* 106; in manibus perfectorum virorum qui sinere ac ~e in manibus exprimerent eum *Comm. Cant.* I 292; astrologiam et mechanicam in pubertatis principio ~e [*gl.*: plene] consummavit ALDH. *VirgP* 59 p. 320; quod de observatione Paschae minus ~e sapiebat BEDE *HE* III 17 p. 161; si ab hoc .. sacerdote baptizatus es, non es ~e baptizatus *Ib.* V 6 p. 291; **738** sic in metropolitano [*sic*] urbe ~e compleverunt *Ch. Roff.* 3; aut reprobi angeli ~e non restaurabuntur ANSELM (*Casus Diab.* 5) I 243; illustrisque viri faciem perfectĕ micantem FRITH. 112; quem si ~e legeris et ex acumine Grecum putabis et ex nitore Romanum jurabis W. MALM. *GP* V 196; linguam Scottorum ~e didicit R. COLD. *Osw.* 2 p. 341; desideravit plenius et perficudius [? l. perfeccius] imbui theologicis Sacre Scripture doctrinis *Offic. R. Rolle* xxiv; nesciunt ~e [ME: *parfitly*] loqui de Deo, precipue de Trinitate *Itin. Mand.* 142; ipsam planam musicam ~issime a predictis philosophis supponimus esse propalatam HAUBOYS 180. **b** ille solum ~e mundus est qui divino judicio mundus est BEDE *Ep. Cath.* 83; per vitrum quod ita sit ~e rubicundum ut .. ANSELM (*Ver.* 6) I 184; eos efficacius movencia sunt ~ius cognoscibilia secundum proporcionem DUNS *Ord.* III 63.

perfectialis v. praefectialis.

perfectibilis [ML=*that can bring to perfection*], (phil.) that can be brought to completeness or perfection, perfectible (sts. w. *a* & abl. or *per* & acc. to indicate agent of perfection). **b** (as sb. n.) perfectible thing.

anima est creata imperfecta et ~is a scientiis et virtutibus J. BLUND *An.* 323; quicquid est potentia sine actu est etiam in illo actu ~e. ergo si in Deo est posse sine actu, est ipso actu ~is GROS. 175; significare .. substanciam prout ipsa ~is est dupliciter est *Ps.*-GROS. *Gram.* 35; non est ~e ab aliqua istarum BACON VII 37; natura .. causat talem partem .. corporis .. ut esset ~is a tali potencia anime DUNS *Ord.* III 237; illa res a qua accipitur genus .. est potencialis et ~is ab illa re a qua accipitur differencia *Ib.* IV 201. **b** quoniam objectum perficit illud cuius est omnis perfectio est proportionata suo ~i PECKHAM *QA* 21; anima requirit corpus organicum ut primum ~e DUNS *Prim. Princ.* 784b; sicut diverse forme perficientes idem ~e .. nate sunt mediacius et immediacius perficere illud *Id. Ord.* III 61; esse .. omnem rem significat perfectam et imperfectam, quia significat totum et partes, permanencia et successiva, ~ia et perfectiones eorum OCKHAM *Pol.* II 588.

perfectibilitas [ML perfectibilis+CL -tas], capacity to be improved or brought to perfection, perfectibility.

ut predicatio sit fructuosa oportet quod sit sanctitas et ~as a parte predicantis J. WALEYS *Commun.* IV 4. 3 f. 107vb; cum est predicantis pura sanctitas et virtuosa ~as *Ib.* f. 108ra; non patet quia necessario sit imperfectum et perfectibile a producto licet ~as illa non sit racio agendi DUNS *Ord.* II 275.

perfectibiliter [ML perfectibilis+CL -ter], in a manner that brings to perfection, perfectly, thoroughly.

Augustinus qui sufficienter, ordinabiliter, et ~iter que necessaria sunt principibus enumeravit J. WALEYS *Commun.* I 3. 12 f. 28rb.

perfectio [CL]

1 (act of bringing to) completion (an activity or process); **b** (an artefact); **c** (a sum of money; w. ref. to making up because of deficit or shortfall).

dum reparator .. adveniret et perfectam penitentiam per numerum perfectionis Quadragensimae [*sic*] jejunium penitentibus demonstraret THEOD. *Laterc.* 13; senex et plenus in omni ~one dierum ALCUIN *WillP* 24; quanto magis et ille ad hujus nativitatis ~onem solus sufficit ANSELM (*Mon.* 40) I 57; incepti operis ~oni .. insistebat ORD. VIT. III 3 p. 47; videtur .. quod ~o senarii sit causa ~onis celi et terre quod falsum est quia nec ~o ejus est causa ~onis exameron, i. operum vj dierum nec ~o operum est causa ~onis senarii S. LANGTON *Gl. Hist. Schol.* 50; c**1230** debet oves lavare et tondere .. usque ad ~onem (*Cust. Ogbourne St. A.*) *Doc. Bec* 37; cum .. verbum significet substanciam et illam in motu ad ~onem *Ps.*-GROS. *Gram.* 46. **b** **1238** visores .. ~onis chemini (v. cheminea); **1357** in uno malleo ferr' et j *poleax*, iij *wharelwegges* faciendis de proprio ferro, cum ij petris de ferro fabri empt' ad ~onem eorundem, et calibe empt' pro eisdem *Ac. Durh.* 557; unum stillicidium illius post sui ~onem interficit .. cancrum in carne hominis RIPLEY 213. **c** **1219** vos defectum illius pecunie .. suppleatis, de vestro, si opus fuerit. nos enim id quod posueritis in ~onem dicte pecunie .. vobis reddi faciemus *Pat* 198.

2 (w. ref. to agent that brings completion or perfection).

anima rationalis .. est ubique in corpore et in singulis partibus, sed tamen non localiter sed ut forma et ~io corporis BACON *Tert.* 185.

3 (act of) carrying out, execution. **b** perpetration (of sin).

non restaret nisi desperacio, si non posterius sequatur in ~one curati officii contrita purgacio WYCL. *Sim.* 21. **b** in suggestione .. peccati si mens est, in delectatione fit nutrimentum, in consensu ~o BEDE *HE* I 27 p. 61.

4 (mus.) (sign of) condition of perfect value, perfection: **a** (of note or ligature); **b** (of mode).

a tres ligate ad invicem in principio et in posterum cum duabus .. et hoc totum cum proprietate et ~one GARL. *Mus. Mens.* 4. 2; quatuor ligatas conjunctim cum opposita proprietate et ~one *Mens. & Disc.* (*Anon. IV*) 38; computendur .. tres et tres pro ~one et si in fine due remaneant, tunc ultima brevis duo tempora habebit HAUDLO 96; tres breves se habent in ~one; ergo ~o habet xxvij minimas *Ib.* 114; figura .. habens in se tres quadrangulos longa triplex, i. trium ~onum nota, vocatur *Ib.* 116; preter divisiones .. notarum alie possent dari tam de ~one quam de imperfeccione WILL. 25; nulla ~o musicalis ternarium excedit. ~o est illud secundum quod aliquid dicitur perfectum. perfectum est quod est in tres partes divisibile *Mus. Mens.* (*Anon. VI*) 399a; de ~one et inperfeccione longarum .. brevium .. semibrevium WALS. *Mus. Mens.* 82. **b** omnis imperfecta figura, si sit cum proprietate, extenditur usque ad primam longam sequentem [v. l. extenditur quoad ~onem primi modi usque] GARL. *Mus. Mens.* 3. 16; numerus ~onis et imperfectionis differunt secundum diversitatem modorum supradictorum sex *Mens. & Disc.* (*Anon. IV*) 24.

5 complete excellence or faultlessness, perfection: **b** (of person) moral perfection; **c** (of faith or doctrine). **d** (of God).

ignis .. qui ascendit super cadavera praenotavit in sacrificiis perfectionem Deoque placabilem *Comm. Cant.* I 103; per centenarium magna ~o designatur *Ps.*-BEDE *Collect.* 293; ad hoc ut res aliqua perspicaciter videatur oportet adesse ~onem visus *Quaest. Salern. B* 172. **b** ad capessendam plene ~onem [*gl.*: plenitudinem; finem; *fulfre-mednysse*; perfectus, magnificus, excelsus, magnus, summus, prestantissimus, absolutus] ALDH. *VirgP* 15 p. 244; ad tantum ~onis fastigium et divinae contemplationis culmen *Ib.* 22 p. 253; quia necdum ad apostolicam illam ~onem adtingere potuit BEDE *Cant.* 1172; multos annos in Hibernia .. anachoreticam in magna ~one vitam egerat *Id. HE* V 9 p. 298; non tamen sunt tantae ~onis ut in regnum caelorum statim mereantur introduci *Ib.* 12 p. 308; quid .. stolidius fieri potest si mens ad ~onem festinare non contendat? *Ps.*-BEDE *Collect.* 119; ipse .. consulit ad ~onem nitentibus, ut omnia relinquant et se sequantur ANSELM (*Ep.* 161) IV 32; accitis .. tribus monachis quos .. ad id ~onis certamen promptiores cognoverat ORD. VIT. VI 9 p. 54. **c** vinum Christi, i. ~o doctrinae evangelicae BEDE *Cant.* 1085; est .. ~o Christiane religionis ut benefaciamus etiam hiis qui oderunt nos T. CHOBHAM *Praed.* 228. **d** si una sufficit voluntas .. ad ~onem Dei ANSELM (*Incarn. A* 11) I 290; iste ~ones omnes se habent absolute et representant absolutas ~ones Dei DUNS *Ord.* III 182.

6 (eccl. & mon.; w. ref. to monastic rule or discipline that leads to perfection).

redintegrando omnia monastici ordinis domicilia regulari ~oni competentia (*Reg. Hyde* p. 11) *Hants Rec. Soc.* (1892) 8.

perfectionabilis [CL perfectio+-bilis], (phil.) that can be brought to perfection, perfectible.

1301 si .. modi consequentes rem de se sunt perfectiones reales et non raciones ~es, igitur faciunt compositum et non sunt rationes *Quaest. Ox.* 345.

perfectionalis [CL perfectio+-alis], (phil.) of or concerned with perfection, perfectional.

videre potes quod Deus est mensura extrinseca et extra genus cujuslibet essencie create et sui esse, inquantum est in se habens non modo univoco, sed superexcellenter in infinitum raciones ~es cujuslibet essencie create et cujuslibet esse creati MIDDLETON *Sent.* II 42a; nisi quod una res includat .. plures raciones ~es DUNS *Sent.* II 6. 2. 9 p. 354a; generaliter loquendo proprietas ~is primi agentis est modus formaliter inexistens primo agenti necessario vel contingenter, eternaliter vel temporaliter, qui secundum se attestatur super perfeccione primi agentis, et non attestatur super imperfeccione ejusdem WYCL. *Quaest. Log.* 282; sunt gradus ~es in paupertate sicut in castitate NETTER *DAF* 440b.

perfectionaliter [ML], (phil.) perfectly, completely in a perfect or complete way.

aliquid ex omni parte ~iterque consumatum E. THRIP. *SS* IV 1; res creata et creabilis habet esse in essencia divina ~iter prout est omnium perfeccionum eminenter contentiva W. ALNWICK *QD* 16; ex hoc sic: arca in arte dupliciter potest intelligi: vel ~iter vel intelligibiliter *Ib.* 56; majoris perfeccionis est continere alia eminenter et ~iter quam representare illa intellectualiter *Ib.* 126; quia .. perfecciones omnium creaturarum continentur in divina essencia ~iter *Ib.* 369.

perfectiorare [CL perfectus + -ior + -are], (phil.) to make perfect.

licet oportet formam naturalem superadditam esse perfecciorem quam substrata forma sibi elementale, cum opus nature ~ando precedit WYCL. *Civ. Dom.* III 166.

perfectivus [LL]

1 that brings to completion or perfection, perfective (usu. w. obj. gen.).

unde non est differentia divisiva anime nec est ejus ~a, immo est concomitans differentiam ~am anime J. BLUND *An.* 39; c**1238** sacrorum principatuum ~is virtutibus comprehensus GROS. *Ep.* 57 p. 174; est autem caliditas crudorum et indigestorum maturativa et maturitatis in fructibus celerius ~a [TREVISA: *and makeþ fruyt ripe*] BART. ANGL. IV 1 p. 85; dum aliquid movetur tendit ad aliquid ~um sui motus BACON III 138; quecumque informantur formis ~is principiorum sunt principia *Ib.* VIII 17; contra equidem est dicendum quod lumen supernaturale est forma ~a luminis naturalis, que ordinata sunt ordinate concurrere ad perficiendum noticiam quam homo non sufficit attingere ex puro lumine naturali WYCL. *Dom. Div.* 89.

2 (gram.) that expresses completion of action: **a** (of case); **b** (of verb or verbal prefix, w. ref. to verbal aspect).

a genitivus partitivus est, dativus ~us, ablativus coruptivus est *Ps.*-GROS. *Gram.* 72. **b** 'ex' .. modo privativum est vel intentivum vel ~um ut exstirpo, extendo, expleo ALCUIN *Orth.* 2335; verba .. inchoativa, ~a, imitativa, frequentativa *Ps.*-GROS *Gram.* 51 (cf. ib. 46: ~um est .. verbi significare rem in motu prout ad nocionem est finiendam vel faciendam de substancia ejus).

perfector [CL], one who brings to completion or makes perfect.

Deus aecclesiae tuae redemptor atque ~or [AS: *perhendefæst'*] *Rit. Durh.* 30.

perfectorius [ML], that brings (to) perfection.

ut homines parentur et in illis sanctis nupciis contineantur sacramentis .. purgatoriis, illuminatoriis, et ~iis COLET *Sacr. Eccl.* 66.

perfectus [CL; *in quots., sts. assoc. w.* CL profectus], perfection.

cum quis .. confingit .. pro ~u benevolentie defectum invidentie AD. MARSH *Ep.* 247. 10 p. 448; **1252** [Anglorum ecclesia] tot oppressionibus atteritur et provisionibus laceratur quod .. genti ignote perfectibus ampla sua cedunt patrimonia GROS. *Ep.* 131 p. 443; domine fons bonorum cunctorumque Deus institutor perfectuum *Lib. Regal.* 18.

perfelix [ML], very fortunate, entirely happy.

1389 conservet Altissimus successus ~ices et tempora longiora *Dip. Corr. Ric. II* 65.

perferbere v. perfervere.

perferre [CL]

1 to carry or bring over, convey, deliver; **b** (news, rumour, or idea, also w. *quod* & subj.).

corpus .. ejus .. ~latum est in monasterium ipsius BEDE *HE* V 19 p. 322; machinas .. ad expugnandam urbem ~ferunt ORD. VIT. IX 16 p. 614; c**1155** littere .. apud cum qui ~ferendas acceperat aliquamdiu substiterunt ARNULF *Ep.* 12. **b** c**675** ~latum est mihi rumigerulis referentibus de vestrae caritatis industria quod transmarinum iter .. carpere .. decreverit ALDH. *Ep.* 3; haec quasi in sacculo sui pectoris recondita Brittanniamque ~lata *Hist. Abb. Jarrow* 6; opinio quae .. traditione majorum ad nos usque ~lata est BEDE *HE* II 1 p. 79; melliflua vitae precepta ~tulisti aceti et fellis amaritudinem labiis .. tetigisti *Nunnam.* 75; nondum rumor illuc ore nunciorum ~latus fueras ORD. VIT. XII 46 p. 486; postquam ad sedem apostolicam sunt ~lata OCKHAM *Pol.* III 263.

2 to carry out, execute.

si frater .. voluntatem hospitis ~feret *Cust. Cant.* 138 (v. custodia 2a).

3 to endure, (have to) put up with, suffer.

quod multos testes falsos ~tulit, sanctorum suorum contra impios testimonium confirmavit THEOD. *Laterc.* 20; insectationes .. aequanimiter ~ferebas [*gl.*: sustinebat, *forbær*] ALDH. *VirgP* 32 p. 274; quomodo primam temptationem disperationis a Satana ~tulit [vv. ll. ~tullit; ~tulerit] FELIX *Guthl.* 29 *cap.* p. 68; temporibus quoque ejus [sc. Hunni] terram dicunt siccitatem ~tulisse PETRUS *Dial.* 34; s**1146** ad carceris ~ferenda supplicia (v. cadaver b); et potuit voluit ~ferre martyrium *V. Edm. Rich P* 1822B; s**1326** non erat penitens .. in toto supplicio quod ~tulit *Ann. Paul.* 320; sepe propter solam presumpcionem violentam sentencia eciam diffinitiva ~fertur OCKHAM *Dial.* 454.

perfervere [LL], to be or become (very) hot.

locellum, in quo ut obdormiens .. decubuit, mira suavi odoris dulcedine circumquaque perferbuit R. COLD. *Cuthb.* 40 p. 84.

perfervidus [LL], (of person or person's character) very fervent, frenzied, or sim.

ira ~us W. MALM. *Wulfst.* I 8.

perficaciter v. pervicaciter.

perficere [CL]

1 to bring to completion or conclusion, to complete, finish (sts. contrasted w. *coepisse* or sim.); **b** (task or act); **c** (period of time); **d** (number); **e** (sum of money or sim., w. ref. to making up of deficit or shortfall); **f** (w. ref. to achieving or accomplishing); **g** (absol. or ellipt.).

basilicas sanctorum martyrum fundant, construunt, ~ficiunt GILDAS *EB* 12 (=BEDE *HE* I 8 p. 22); aurificum manibus vas hoc ego Cumma jubendo / abbas, divini nutus moderamine, supplex / argenti atque auri perfeci pondere multo *Epigr. Milredi* 814; terciam [orationem] que tandem sufficeret ~feci *V. Gund.* 14; c**1130** dixit nobis quoddam opus, sc. missale, apud vos incepisse et, antequam ad Malverniam rediret, sua voluntate ~ficeret *Ch. Westm.* 248A; **1209** in ~ficendo ostium et murum et j fenestram in eadem camera faciendam et eisdem dealbandis *Pipe Wint.* 54; **1311** vitri ~fecti *Fabr. Exon.* 56. **b** ~ficiens quod nullus ex filiis hominum tangit metrum nascendo per semine nisi solus Christus .. ut fient dies .. cclxxvi THEOD. *Laterc.* 12; ut nos intelligere potuissemus quod ipse 'in uno ictu oculi' ~fecit, nec cherubin ante hominem, sed simul omnia *Comm. Cant.* I 30; c**675** quod .. cogitarem .. adimplens ~ficere si .. temporum vicissitudo pateretur ALDH. *Ep.* 2; si qua corrigenda, si qua novitios essent docenda, praesens ipse ~ficeret *Hist. Abb. Jarrow* 11; nam Deus omnipotens poterit perficere cuncta *Mir. Nin.* 201; pactus es artis opus verbis aperire petitum: / reddere cepisti. perfice cepta, precor L. DURH. *Dial.* I 465; c**1230** die perfecte tonsionis [ovium] (*Cust. Combe*) *Doc. Bec* 41. **c** priusquam unum annum in monachatu ~ficeret .. ORD. VIT. III 12 p. 129; ut diis suis sollempnitates debitas peregissent .. residuum diei in ludis componendis ~ficere satagebant M. PAR. *Maj.* I 74. **d** octies .. v xl et octies ij xvj ~ficiunt THURKILL *Abac.* f. 57v; eosdem iiij quos superioribus detraximus restituentes predictum lxx annorum numerum ~ficiemus ANDR. S. VICT. *Dan.* 105. **e** c**1170** si autem contingat quod predictas sexcies viginti acras .. eis ~ficere non valeam totum quod ibidem defuerit, inter B. et B. eisdem integre ~ficiam *Feod. Durh.* 154; c**1192** quod deerit in ecclesiis istis de decem libris ~ficiam ei alibi *Regesta Scot.* 360; c**1212** que terra ~ficit dictas sexcies viginti acras et octo *Ch. Chester* 351; **1219** ~ficient ei quod habebit xij marcas redditus .. nomine dotis, unde .. prius non habuit nisi x marcas *CurR* VIII 119; **1220** reddemus .. centum marcas, et .. c marcas, et ad ~ficiendum ei illas quingentas marcas, recipiet quidquid proveniet interim de .. *Pat* 232; **1243** id quod ei defuerit de xx libratis terre in L., ~ficiatis ei in manerio de W., ita quod plenaria habeat xx libratas *RGasc* I 197b; c**1430** a sarto .. donec ~ficiantur eis lx acre terre *Feod. Durh.* 53a. **f** Juppiter .. recordatus est se nihil ~fecisse per diluvium de hominis correctione *Natura Deorum* 24. **g** in termini Paschalis observantia eos literis admonuit nec ~fecit GIR. *Invect.* 132; hi sunt ascensus sanctorum quando gradatim / incipiunt et perficiunt fiuntque beati GARL. *Myst. Eccl.* 81.

2 (mus.) to mark with the value of a perfect unit, to perfect, add half its value to an imperfect unit or prevent a perfect unit from being imperfected.

contingit longas ~fici ODINGTON *Mus.* 137 (v. imperficere 2); punctus perfeccionis postpositus proximam ~ficit notam precedentem HAUBOYS 196; dicitur perfeccio extrinseca quando nota ~ficitur per aliquid quo remoto non esset ~fecta *Fig.* 41.

3 to carry out, execute (order, sentence, will, or sim.). **b** to commit, perpetrate (crime, sin, or transgression); **c** (absol.), (acting as a substitute for a verb previously used to avoid its repetition) to do.

705 statutum est illis non communicandum si non tuum judicium in ordinatione episcoporum implere festinarent quod adhuc .. non ~ficiebant WEALDHERE *Ep.* 22; moris erat eidem .. antistiti opus evangelii magis ambulando per loca quam equitando ~ficere BEDE *HE* IV 3 p. 206; s**1199** denunciatum .. regi Scotorum ut veniret in Angliam eidem Johanni quod jus dictaret ~facturus M. PAR. *Min.* III 219 (cf. id. *Maj.* II 453: denunciaverunt quod in reditu suo in Anglia); **1272** Alicia .. pro felonia .. ad comburendum judicata et .. ballivus .. commissa .. ducenda usque ad certum locum ad judicium illud ~ficiendum *Cl* 504; eya! pergamus propere / mandatum hoc perficere *Med. Stage* II 317; prout eis jussum fuerat, omnia ~fecerunt STRECCHE *Hen. V* 166. **b** continuo Herodes dum [?l. cum] perficisset [*sic*] scelus, scatens vermibus, a Deo percussus animam reddidit THEOD. *Laterc.* 6; gravius est ~ficere malum quam facere BEDE *Prov.* 989; tunc peccatum cogoscitur ~fici *Id. HE* I 27 p. 61; innuit eum in ultimo sensu .. non ~fecisse peccatum W. MALM. *GR* V 443; excogitatum facinus .. ~ficere conati sunt ORD. VIT. XII 45 p. 478. **c** **1375** nolunt ducere et portare pisces predictos ad villas et fora, ut debent ~ficere *SessPLincs* I 224.

4 to bring to its highest point of development, to perfect.

cujus ut virtus .. in infirmitate ~ficeretur [cf. *II Cor.* xii 9] tacta est .. gravissimo corporis morbo BEDE *HE* IV 9 p. 222; per patientiam justi vita ~ficitur ANSELM (*Ep.* 53) III 67; Plato philosophiam ~fecisse laudatur J. SAL. *Met.* 859A; ita ~ficiet caritas naturam quod etiam naturaliter diliget homo Deum plus quam se T. CHOBHAM *Praed.* 198.

5 (w. ref. to promoting or elevating in social status) to make, appoint.

dominus rex ipsum Willelmum .. honorifice ~fecit in militem *MGL* II 463.

6 to bring about, to cause (to). **b** (as p. ppl.) perfective.

plenum .. Domine in nobis remedium tuae miserationis operare et tales nos esse ~fice ut propitius nos ubique fovere digneris EGB. *Pont.* 6. **b** primum hominem Deus altatem ~fectum nec non et intellectum adque rationem praeditum .. fincxit THEOD. *Laterc.* 17; thelioticon [i.e. τελειωτικόν] Graece, Latine ~fectum *Comm. Cant.* III 38.

7 (p. ppl. as adj.) brought to or that has reached completion or balance, complete, perfect: **a** (of number) that equals the sum of its aliquot parts. **b** (of age, w. ref. to maturity or sim.); **c** (mus.) perfect, marked with the value of a perfect unit, containing half again the value of a preceding imperfect unit. **d** (as sb. f.) perfect note.

a c**798** ~fectus numerus est qui partibus suis impletur nec diminutione frangitur, nec multiplicatione partium superabundat ut senarius numerus ALCUIN *Ep.* 133 p. 200; [sententia] quae angelos non esse factos in ~fecto numero existimat ANSELM (*CurD* I 18) II 78; numerus ~fectus est qui omnibus suis partibus quibus numeratur equalis est ADEL. *Elem.* VII *def.* 17; sunt .. ~fecti [TREVISA: *parfyte*] numeri intra denarium sex .. BART. ANGL. XIX 124; numerorum alius ~fectus alius diminutus, alius superfluus *Mens. & Disc.* (*Anon. IV*) 64. **b** anhelans perfecte [v. l. perfectae] aetatis pacatissimum fructum *V. Cuthb.* I 7; juxta historiam ~fecta aetas hominis BEDE *Acts* 953; **1417** volo quod predicti R. S., N., et W. invenient eidem R. S. clerico meo omnia sibi necessaria .. quousque fuerit ~fecte etatis *Reg. Cant.* II 103; **1559** subditos hujus regni, quam primum vigesimum primum aetatis annum compleverint, esse et censeri debere majores, aetatisque ~fectae *Conc. Scot.* II 172. **c** a parte finis .. quatuor sunt species [figurarum], quia quedam dicitur cum plica, quedam sine plica, quedam ~fecta circa finem, quedam imperfecta circa finem GARL. *Mus. Mens.* 2. 30; ~fectissimus is modus est qui modis omnibus mensurabilibus deservit HAUDLO 166; maxima [figura] est duplex, viz. ~fecta et imperfecta. ~fecta valet tres longas HOTHBY *Cant. Fig. Ve* 39; pause .. longe ~fecte *Ib.* 43. **d** de contentu longissimarum ~fectarum .. ~fecta longissima continet novem longas ~fectas WALS. *Mus. Mens.* 80–1.

8 (gram., of tense or verb) that denotes completed action: **a** (*perfectum* or *praeteritum perfectum*) perfect tense. **b** (*praeteritum plusquam perfectum*; *al. div.*) pluperfect tense.

a tertia .. conjugatione tam praeterito ~fecto quam imperfecto .. ut eruebant, eruerunt ALDH. *PR* 138 p. 192; aliquanta verba .. quae .. in omni praeterito ~fecto vel in omni praeterito plusquam perfecto vel in uno futuro modi tantum conjunctivi producuntur BEDE *AM* 2357; neutra passiva quae in praeterito ~fecto et plusquamperfecto passivi declinationem habent ALCUIN *Gram.* 875B; amo, amavi .. et .. illa verba quae in praeterito ~fecto v consonantem assumunt *Id. Orth.* 2330; de prima .. persona plurali preteriti ~fecti ABBO *QG* 15 (33); redemptor .. / hic est perfectum verbum cum nomine junctum H. AVR. *Poems* 103. 5 p. 58; divíditur preteritum in ~fectum et in inperfectum et in plusquamperfectum *Ps.*-GROS. *Gram.* 48. **b** verba similiter tempore praeterito plusquam perfecto his legibus subduntur ut amaverant, ligaverant ALDH. *PR* 127; BEDE *AM* 2357, ALCUIN *Gram.* 875B, *Ps.*-GROS. *Gram.* 48 (v. 9a supra); ubi numquam labitur absque / preterito presens plus quam perfecta venustas HANV. VI 21.

9 completely excellent, faultless, perfect: **a** (of God); **b** (alch., of the Sun); **c** (of person, also as sb., usu. to indicate one who is advanced in faith or virtue); **d** (of act or abstr.). **e** (*perfectum est* & inf.) it is perfect (to).

a ut ~fectum Deum innuant paulo minus minoratum ab angelis sub forma servi ABBO *QG* 22 (48); pariter . . ~fectus Pater per se est et ~fectus Filius per se est ANSELM (*Mon.* 44) I 60; supponatur quod Deus est summe ~fectus et bonus BRADW. *CD* 1C (v. deus 2). **b** sol . . igneus valdi lucens, celestis, autumnalis, supremus et plusquam ~fectus RIPLEY 149. **c** Christianus non mediocris sed ~fectus GILDAS *EB* 74; etiam ~fectorum [*gl.*: s. virorum] palpebrae graviter grossescunt ALDH. *VirgP* 22 p. 253; a ~fectioribus inchoat verbum ut . . perveniat ad eos quos imperfectos esse videbat corrigendos BEDE *Ep. Cath.* 11; quidam michi ~fectissimus adheserat amicus nomine Moyses PETRUS *Dial.* 3; purpurea ~fectorum AILR. *Serm.* 21. 36. 358; periculosum est neophytis . . exire in publicum et usurpare officia ~fectorum P. BLOIS *Ep.* 13. 39D. **d** illi majores sunt illo in Novo Testamento qui ~fectum habens baptismum *Comm. Cant.* III 24; quin potius ~fectae caritatis praecordia ALDH. *Met.* 4 p. 75; donec . . ad capienda ~fectiora et ad facienda sublimiora Dei praecepta sufficerent BEDE *HE* III 5 p. 137; ~fecta charitas foras mittit timorem *Ps.-*BEDE *Collect.* 210; corporis et animae ~fectam salutem ANSELM (*Ep.* 75) III 197; si fieret ~feccior intellectus secundum gradum talem DUNS *Ord.* III 294; propter . . omnium notatorum . . ~fectissimam instruccionem HAUBOYS 180. **e** ~feccius est omni deturpativo posse resistere BRADW. *CD* 168B (v. deturpativus).

10 (of artefact) of the highest quality. **b** (as sb. f.) piece of cloth (of the highest quality).

ut . . habeas ~fectam aquam vine pone vinum in circulatorio per centum dies RIPLEY 213. **b 1244** pannos optimos . . duas scarlettas rubeas, quatuor ~fectas de Provins, quatuor burnetas nigras *Cl* 261.

12 (as sb.) completion, perfection; (*ad* or *in perfectum*) to completion; (also as quasi-adv.) completely. **b** (abl. sg. as adv.) perfectly, completely.

Probus . . Gallias, barbaris jamdudum occupatas . . deletis tandem hostibus, ad ~fectum liberavit M. PAR. *Maj.* I 144; regnum . . Westsexie . . crescere usque in ~fectum non destitit B. COTTON *HA* 9; quousque inicium in laboribus laudabiliter duxerit ad ~fectum (*Ep.*) *Reg. Whet.* II 416. **b** futurum est, ut vivamus; ita ~fecto, ut et videamus AD. SCOT *Serm.* 120C.

perfidare [CL perfidus+-are], to betray, deceive.

deceivere, fallere, decipere . . ~are *Gl. AN Ox.* f. 154v.

perfides [cf. CL fides, perfida], treachery, perfidy.

s**1384** profectus est in Scociam ut Scotis ~ei penam inferret *V. Ric.* II 50.

perfidia [CL]

1 violation of faith or trust, treachery, perfidy.

ut ~iam cordis etiam nomine signet BEDE *Ep. Cath.* 124; ~ia, *treuleasnis GlC* P 202; **1100** quodsi ~iae vel sceleris convictus fuerit (*Ch. Coron.* 8.1) *GAS* 522; Radulfus de Guader metuens ~iam Normannorum ORD. VIT. XII 26 p. 410; ?c**1280** regnat et perfidia [AN: *tricherie*] (*De temporibus* 2) *Pol. Songs* 133; c**1298** o mundi perfidia! quis te non miratur? (*Dunbar* 149) *Ib.* 171.

2 (spec. as) treachery or hostility towards Christ or the Christian faith, heresy or sim.

Arriana ~ia GILDAS *EB* 12; Dominus . . qui et populum Judaicum a tenebris ~iae et gentilitatem ab idolatriae servitute redimeret BEDE *Tob.* 926D; contra ~iam Manichei *Id. Cant.* 1072; gaudeat se de ~ia transisse ad veram fidem ANSELM (*Ep.* 380) V 324; de Liberio papa, qui consensit ~ie Arriane OCKHAM *Dial.* 469.

perfidiosus [CL], faithless, treacherous.

perfidus, qui semper plangit [? l. frangit] fidem. ~us qui semper *GlC* P 369.

1 perfidus [CL]

1 faithless, treacherous, perfidious; (usu. spec. as) treacherous or hostile towards Christ or the Christian faith: **a** (of person or person's character); **b** (of institution); **c** (in gl.).

a persecutus a Herode, ~o regeque cruento THEOD. *Laterc.* 15; inter discrimina ~orum [*gl.* scelestium; *trywlasra*; impiorum, *wiþerwurdra*] militum ALDH. *VirgP* 7 p. 235; gentem Merciorum . . deseco capite ~o ad fidei Christianae gratiam convertit BEDE *HE* III 24 p. 179; rex Scottorum . . ~e animositatis . . homo W. MALM. *GR* II 131; ~us Judeus dum Dominum cruci affigit PULL. *CM* 220. **b** quid referam plausas quos perfida dat synagoga? GARL. *Tri. Eccl.* 112. **c** ~us qui semel plangit [? l frangit] fidem perfidiosus qui semper *GlC* P 368; ~a, *heynous* (*Gl.*) *Teaching Latin* I 78; *untrewe*, infidelis . . ~us, correpto -fi-; versus: perfidus est falsus, perfidus valde fidelis *CathA.*

2 (as sb. m.) faithless or treacherous person; usu. spec. as) enemy of Christ or the Christian faith, heretic, or sim.

ut protominister martyrque evangelicus hoc solum criminis habens quod viderit Deum quem ~i videre nequiverant GILDAS *EB* 73; nequaquam ~orum [*gl.*: sceleratorum; ~us quia fraudulentus est et sine fide] discrimina pertimescens ALDH. *VirgP* 35 p. 277; ut etiam temporalis interitus ultione sentirent ~i quod oblata sibi perpetuae salutis consilia spreverant BEDE *HE* II 2 p. 85; sustinere . . quod terram, a qua . . fidei cultus sumpsit initium . . subjaceat profanata superstitionibus ~orum AD. MARSH *Ep.* 246. 8 p. 434.

2 perfidus [CL per-+fidus; cf. et. CL perfidelis], very faithful, completely trustworthy.

trewe, fidelis . . ~us, producto -fi-; versus: perfidus est falsus, perfidus valde fidelis *CathA.*

perfigere [LL], to fix, affix.

955 (12c) ego . . cartulam cauterians signum crucis perfixi *CS* 905; figo . . et ~o, -is OSB. GLOUC. *Deriv.* 231.

perfindere [LL], to split, cleave (completely).

ingentem facile perfindit acumine cippum WULF. *Swith.* II 578; silvestris volucris pes / omnis perfissus, collum simul et caput ejus / cum pinnis et cum rostro longo peracuto D. BEC. 2672.

perfinire [LL], to bring to conclusion or completion, to finish.

ad ~iendam antiphonam B. *V. Dunst.* 23; antequam epistolam hanc ~ierim nuntiatum est . . H. HUNT. *CM* 19; **1273** compotus de operibus non ~itur eoquod nescitur quanta opera expendent in mulione in bertona faciendo *Ac. Stratton* 48; quod justiciarii . . placita ad unum diem adjornata ~iant *Fleta* 86; annuente Domino tuam debes peregrinacionem ~ire J. YONGE *Vis. Purg. Pat.* 5; opera . . que . . incepit, et . . sumptibus suis ~iverit *Reg. Whet.* I 476.

perflare [CL]

1 (intr. or absol., of wind) to blow (through) persistently; **b** (transf.).

proverbium illud antiquum: ~ant altissimi venti [cf. Ovid *Rem.* 369: altissima] *V. Edm. Rich C* 609; s**1254** illud mirabile illo anno accidit, viz. quod Aquilonaris vel Borealis ventus continue ~ans vernos flores . . suffocavit M. PAR. *Maj.* V 447. **b** senciebat sibilum aure tenuis ~antem J. FURNESS *Kentig.* 17 p. 188.

2 (trans.) to blow through, to sweep; **b** (w. ref. to *Job* xxxvii 17); **c** (w. ref. to *Cant.* iv 16); **d** (fig., also w. ref. to inspiring).

furenti grandine ac frigore nivium omnia ~ante BEDE *HE* V 12 p. 305; ventus . . significat superbiam quia ~ant altissima venti [cf. OVID *Rem.* V 369] et inter superbos semper sunt jurgia T. CHOBHAM *Serm.* 13. 502b; **13**.. summa petit livor, perflant altissima venti (*De studiis* 20) *Pol. Songs* 207. **b** iterum scriptum est: 'nonne vestimenta calida sunt cum perflata fuerit terra austro?'. austro terra ~atur cum Spiritus Sancti gratia cor repletur S. LANGTON *Serm.* 4. 33. **c** auster . . venit et hortum ~at ut ejus aromata defluant quia per adventum Sancti Spiritus . . mens hominum repletur BEDE *Cant.* 1232; venit auster estive fructificationis ~avit hortum Domini et in tota Anglia bono odore Christi fluxerunt aromata GOSC. *Transl. Mild.* 1; ortus deliciarum qui austro ~atur BALD. CANT. *Serm.* 17. 35. 508. **d** ne vento elationis animum ~andi aditum pandat BEDE *Tab.* 483; postquam illius sacro nardo sollerter eram ~atus et lubrico liquore olei delibutus BYRHT. *V. Ecgwini* 362; †**938** (12c) quisquam repertus fuerit diabolico ~atus anhelitu *CS* 729; prophete . . Spiritu Dei ~ati pronunciaverunt nobis M. PAR. *Maj.* I 84; flos in bruma plus vernavit / idolatras tum perflavit / congelans malitia GARL. *Poems* 5. 2b.

perflorere [LL], to flourish, be in full blossom (in quot., fig.).

c**1412** universitas . . que dudum celebri ~ebat honore *StatOx* 221.

perfloreus [CL per-+floreus]

1 full of flowers, flowery (fig.).

carismatum donamina / quibus dotatur area / animarum perflorea (ÆTHELWALD) *Carm. Aldh.* 2. 106.

2 in full blossom, blooming.

virentes acsi floscula / paradisi perflorea (ÆTHELWALD) *Carm. Aldh.* 2. 98.

perfluenter [cf. CL perfluere, perfluus], in a smoothly flowing manner.

968 ideo sic vobis mundanarum rerum patrimoniae sunt ~er ut cum aeternae patriae emolumantis nunquam fraudulemur (*Ch.*) *MonA* I 50a.

perfluidus [CL per-+fluidus], that flows freely (in quot. fig., of person); **b** (as sb. n.).

attende . . Gomorre cives et Sodome, non unum dico sed ad unum omnes luxu ~os MAP *NC* I 31 f. 23v. **b** Deus omnipotens temporum tenet perfluida . . continet universa H. READING (I) *Mem.* 1305B.

perfluosus [cf. CL perfluere, perfluus], that flows through (in quot., fig.).

a**1150** belli cupit instrumentum qui ludendo fingere / atque arte perfluosa prelium componere (*Vers. Wint.* 2) *Hist. Chess* 514.

perfluus [CL], that flows smoothly (in quots. fig.): **a** (in positive sense) liberal. **b** (in negative sense) prodigal.

a uxor . . Theodosii . . Placella . . adeo in caritatis operibus incomparabiliter ~a fuit, ut . . GIR. *PI* I 18 p. 92. **b** ut aqua diffusus et in omnem libidinem pronus ac ~us GIR. *Invect.* I 12 p. 121.

perfodere [CL]

1 to pierce through; **b** (w. ref. to *Num.* xxv 7).

vel bestiarum morsibus subactus . . vel scorpionum flagris perfossus BEDE *Ep. Cath.* 61; cecidit . . Hugo . . eminus ferreo hostili perfossus W. MALM. *GR* IV 329; equo ejusdem militari lancea perfosso GIR. *PI* III 25 p. 286. **b** de ipsaque [pugione] ita portavit eos perfossos in praesentiam populi *Comm. Cant.* I 447; legitur in libro Numerorum quod fornicante populo Israel cum Madianitis Phinees pugione ~it Zambri et Madianitidem coeuntes P. BLOIS *Ep.* 95. 301C; per Fineem qui pugione suo ~it dormientem cum muliere Madianitide in locis genitalibus T. CHOBHAM *Praed.* 256.

2 to dig or force a hole through (in order to break into) (cf. *Matth.* xxiv 43).

ne domus eadem ~iatur summopere invigilat ANSELM *Misc.* 356; AILR. *Serm.* (PL CXCV 423B); ne igitur tue consciencie domus in qua pater ipse familias thesauros virtutum congregas, ~iatur, summopere vigilandum est CHAUNDLER *Apol.* f. 30v; quoniam adest mors, fur illa que ~ere nititur domum tuam *Ib.* f. 35.

3 to dig or drill through (for quarrying).

1232 quod fratres predicatores manentes apud E. ~i faciant petram in quarrera juxta fossatum castri E. . . ad fabricam ecclesie sue *Cl* 101.

4 (absol.) to dig a way through.

ut . . in solo nostro proprio pro . . fossato dilatando ~amus *Meaux* I 80.

perfoliata [cf. ML perfolium], (bot.) thoroughwax (*Bupleurum perfoliatum* or *rotundi-folium*).

~a is an herbe wyth a leafe lyke a peare . . the Germans cal it *Durchwassz. it maye be called in Englische thorowwax, because the stalke waxeth thorowe the leaves* TURNER *Herb Names* H iiii (ed. p. 138).

perforabilis [ML], that can be pierced through or perforated.

imago se ~em reddidit, ac si esset caro GIR. *GE* I 30 p. 102.

perforale [CL perforare+-alis; cf. LL perforaculum], sort of sharp instrument, pricker, gimlet, or sim.

hoc ~e, *a persure WW*; *a parsoure*; ~e, terebellum *CathA*.

perforamen [ML], hole, perforation.

accipiamus vas perforatum habens multa ~ina in fundo BACON XIII 227.

perforare [CL]

1 to pierce through, perforate (usu. w. sharp instrument): **a** (person, part of body, or sim.); **b** (artefact); **c** (w. plant or animal as subj.); **d** (in fig. context or fig.).

a missili ~atus occubuit ORD. VIT. V 14 p. 422; in lege precipitur ut ~etur auris servi OSB. GLOUC. *Deriv*. 524; manus ejus et pedes clavis ~antur AILR. *Inst. Inclus*. 31 p. 670; ipse . . sagittis et lanceis est ~atus GIR. *SD* 16; sic Leviathan extrahis aduncatum, / sic ejus hamo guttura perforasti J. HOWD. *Cant*. 73; 'foderunt manus meas' . . non dixit '~arunt' quia . . sicut dicunt doctores ita clavi fuerunt obtusi quod carnem ejus foderunt et fregerunt magis [ME: *þurleden*] quam ~arunt AncrR 110. **b** sive scutum ~atur . . sive bone voluntatis scutum eripitur aut ~atur R. NIGER *Mil*. I 29; sicut plena vento vesicula detumescit si acu modica ~etur P. BLOIS *Ep*. 92. 290D; a1275 [annulus] habet in se saphirum magnum ~atum *Cart. Glouc*. I 171; Calcedonius debet ~ari et scetis ascelli et collo et brachiis suspendi . . crisolitus debet ~ari et in sinistro brachio suspendi *Sculp. Lap*. 451. **c** avis illa molem ipsam . . ~avit PETRUS *Dial*. 31; caprificus, herba que ~at mausolea OSB. GLOUC. *Deriv*. 145; teredones ex lignis que terendo rodunt et ~ant P. CORNW. *Disp*. 150. **d** c798 sermo Domini oculosus est et undique ~ari potest ALCUIN *Ep*. 136 p. 206; 949 noverint se cum Anna et Zafirra . . alterne anathematis macera ~andos *CS* 875; debent . . diligenter custodire silentium quod si ~atum fuerit et attritum statim ingreditur hostis per lites AILR. *Serm*. 17. 6. 295; ipsa anima doloribus ~atur T. CHOBHAM *Serm*. 21. 151ra.

2 to perforate (so as to gain access or sim.), to dig or drill (into): **a** (part of body); **b** (topographical feature); **c** (artefact, also in fig. context).

a percipitur craneum ~are volentibus attendere semilunium *Quaest. Salern*. N 3. **b** miracula . . inter que vidi montem ~atum ultra quem accole . . estimabant thesauros Octoviani reconditos W. MALM. *GR* II 170; **c** 799 cujus murus nequaquam debet insidiosis cuniculis cujuslibet perfidie alicubi ~ari ALCUIN *Ep*. 166 p. 268; murum et ante murale . . noctu ~averunt ubi miles . . cum equo suo transite posset GREG. *Mir. Rom*. 4 p. 14; s1184 duxerunt unam navem que dicitur *drumund*. in illa fuit talis machina quod per ipsam Sarraceni debebant . . ire et redire ultra muros . . . sed Deo dante quidam in aqua se dromundo subposuit eamque ~avit et ~atam submersit DICETO *YH* II 30; sicut . . ejus qui navem mercium vendendarum ~avit VAC. *Lib. paup*. 98; 1288 R. S. assuetus est transcendere muros noctanter et ~are parietes et alias fellonias facere *Leet Norw*. 7.

3 to provide with holes, make holes in.

1318 J. P. posuit fimum suum in communi venella et illam ~avit quod nemo fere ibidem potest meare *CBaron* 124.

4 to break through into, penetrate (vanguard, line of defence, or sim.).

cum demum ~ata et contrita erat vis illa anterior et ceteri cogebantur in fugam G. HEN. V 13 p. 90.

5 to (pierce cask so as to) draw (wine), to broach.

1276 vinum ~atum quotidie ad bibendum *RGasc* II 15a.

6 (her.) to perforate (charge) with a hole of different shape (from the charge itself); (also p. ppl. as adj.) pierced, voided.

portat de argento et caput scuti de azorio cum duabus maculis de auro ~atis BAD. AUR. 179; portat unam crucem rubeam ~atam in medio campo aureo. portat unam crucem nigram floridam patentem ~atam fimbriatam sive borduratam cum argento in campo aureo *Ib*. 192; de cruce plana ~ata UPTON 213 (*illustr. in marg.*); fusuli nunquam referiuntur ~ati neque losenge supradicte ~antur *Ib*. 251.

7 (p. ppl. as adj.): **a** (med.; of urine) divided into alternate light and dark, stippled. **b** (bot.; *herba ~ata* or as sb. f.) St. John's wort (*Hypericum perforatum*).

a [urinam] alii fenestratam dicunt, non nulli ~atam, alii virgulatam appellant GILB. VI 239. 1 (v. fenestratio 2); quam [urinam] alii fenestratam alii virgulatam, alii ~atam apellant *Ib*. 262v. 1 (v. fenestrare 2c). **b** ipsam . . herbam Greci ypericon, Latini herbam ~atam . . appellare solent AD. EYNS. *Hug*. V 8 (v. hypericum 1a); herba ~ate, origani, ungule cabaline GILB. II 98v. 2; septem . . sunt herbe qui dicuntur equipollere tyriace sc. herba ~ata, vice toxicum *Ib*. VII 350v. 1; herba sancti Johannis, herba ~ata idem, i. ypericon *SB* 23; ~ata, herba Sancti Johannis *SB* 33; *erbe Jone or seynt Jonis worte*, ~ata *PP*; herba Sancti Johannis, ypericon, scopa regea, triscalamus, herba ~ata, fuga demonum idem *Alph*. 78; herba ~ata, herba Sancti Johannis . . A. *Herbe Johnis or Saint Hohnis wort or wyld hopps MS BL Addit*. 27582 f. 42; hypericum, alii carion, alii androsaemon, appellant, nonnulli herbam ~atam, vulgus appellat *Seynt John's gyrs* TURNER *Herb*. B i v (ed. p. 50).

perforatio [CL]

1 (act of) making a hole, perforation.

1240 concessimus fratribus de ordine Predicatorum Karleoli murum civitatis . . ad conductum camerarum suarum ducendum extra civitatem perforare. et . . vobis mandamus quod predictam ~onem muri civitatis eosdem fratres facere permittatis *Cl* 227; Dominus . . quia nostri noluit oblivisci, fecit signa ~onis [ME: *þurlunge*] in nostri memoriam in ambabus suis manibus *AncrR* 156; 1378 in ~one unius fossati in spen' *Ac. Durh*. 586; manum et pedum ejus horribilis ~o et conclavacio ad patibulum UHTRED *Medit*. 197; 1529 pro una bigatura *ly evestone* . . item pro duabus de minoribus vj s. item ~one eorundem iiij s. *Cant. Coll. Ox*. II 260.

2 a perforation, aperture, hole.

flegma spiritualia nutriens cum sit levius superiora petit in vase in stomacho existens circa ~onem et spissiorem reddit urinam GILB. I 33 v. 1; quibus ut jussum fuerat completis, nec in ~one plantarum est mota nec infeccio vestimenti . . poteras apparere *NLA* II 39.

perforativus [ML], that pierces or perforates, perforative; **b** (alch., of mercury).

~us dolor accidit ex ventositate GILB. II 89. 2; utitur itaque virtute . . ~a, cujus est virtuti concavative obsequendo meatus ac poros aperire *Ps.*-GROS. *Summa* 525. **b** nihil tamen nisi argentum vivum agit in aurum, eo quod est commixtibile et ~um DASTIN *Ros*. 7.

perforator [ML], person who or instrument that perforates, bores, or pierces.

1297 pro iiij. perforator[ibus] ad tallias j. d. *KR Ac* 232 / 25; 1404 navem . . invenit . . exquisita malicia . . perforatum; talem vero ~orem . . dicit . . constare evidenter *Lit. Cant*. III 79; *a borer*, forator, ~or *CathA*; Persae . . quod ~orem oculi significat BOECE f. 269.

performare [LL *=to transform*], to carry out, bring to completion, bring about, perform. **b** to execute (will or sim.).

1291 legem terre perfurmavit et quod est ad pacem . . regis *RParl* I 67a; s1291 ut justicia fiat et ~etur exigentibus OXNEAD *Chr*. 282. **b** s1458 hoc nostrum laudum . . fractum aut non custoditum . . vel non ~atum *Reg. Whet*. I 306; 1538 ut . . executores mei . . ultimam voluntatem . . ~are et complere possint *FormA* 415.

performatio [ML], (act of) carrying out, execution, performance. **b** (act of) bringing to completion or bringing about (a sum of money).

s1456 ad executionem, sive ~onem, vestre . . voluntatis *Reg. Whet*. I 252; 1539 in complementum execucionis ~onis quarundam barganizacionis et convencionis *FormA* 215. **b** s1456 si . . possessiones sic retente nolunt attingere ad summam decem millium marcarum . . tunc regina aliter erit recompensata, ad plenam ~onem decem millium marcarum *Reg. Whet*. I 258.

perforniamentum [AN *parfournement*], (act of) bringing to completion or furnishing (completely).

1399 de expensis . . circa perfourniamentum unius [domus] . . pro cessionibus justiciariorum ad assisas . . tenendis *Ac. Foreign* 45 rot. B; in maeremio . . et plumbo empt' . . pro perfourniamento domus predicte *Ib*.

perfornire, ~**iare** [OF *parfornir*, *parforner*], **perfurnire** [AN *perfournir*], to bring to completion, to complete, finish: **a** (artefact); **b** (assignment, service, or sim., also w. ref. to carrying out).

a 1290 in eisdem fururis ~iendis, x s. *Ac. Swinfield* 114; in foruris ad supertunicas . . ~iandis *Ib*. 122; 1349 ad perfurniendum lectum predictum: xl uln' . . tele de Reyns [etc.] (*KR Ac*) *Arch*. XXXI 77. **b** 1166 canonici . . tenent . . x solidatas terre unde perfurnitur servitium W. de C. qui tenet feodum j militis *RBExch* 372; s1286 abbas de Burgo sancti Petri petiit ~ire judicium de dampnatis infra libertatem suam *Chr. Peterb*. 119; 1397 pro habendo aurum . . assignato pro opere predicto ~ando *KR Ac* 479/23.

perfornitio, ~**atio**, (act of bringing to) completion).

1342 pro ~acione unius furur' de Benre pro quadam clocha regis ij s. (*AcWardr*) *KR Ac* 389/14 m. 1; 1349 pro perfurnicacione c ventr[um] de m[ene]rer pur' (*KR Ac*) *Arch*. XXXI 9; perfurnicio dcccciiij^{xx}xvi bestiarum de *ermynes Ib*. 17; pro ~acione manicarum xl ventr[um] m[ene]rer pur' *Ib*. 18; pro perfournacione xxx ventr' *Ib*. 64.

perfossare [LL], to cause by stabbing.

vulnerum viginti et octo plage ~ate reperte sunt *Plusc*. XI 9 p. 390.

perfourn- v. perforn-.

perfovere [LL], to encourage. **b** to warm to, to consent to, bring oneself to (w. dat.).

~et, *hyrteþ GlS* 212. **b** aut cure subulci traderis aut adolescentis hujus connubio ~eris SIM. GLASG. *V. Kentig*. 1.

perfragilis [LL], very fragile.

s1100 rex . . ut barbaris nationibus timorem incuteret . . camelum percussit et caput belue tanquam res esset ~is, amputavit M. PAR. *Maj*. II 119.

perfrangere v. perfringere.

perfricare [CL], to rub (all over); **b** (fig.).

frico componitur ~o, -as OSB. GLOUC. *Deriv*. 238; denique sic me amica mordacitate corrodis, illo ut me sale leniter ~ari sentiam G. HOYLAND *Ep*. 289D. **b** 1159 aures michi . . dulciloquio ~uisti J. SAL. *Ep*. 60 (110 p. 179).

perfrigere [LL *gl*.; cf. et CL perfrigescere], to be or become (very) cold.

frigeo componitur . . ~eo OSB. GLOUC. *Deriv*. 228.

perfrigidus [CL], very cold.

Tratia . . Bistonio aquilone ~a W. MALM. *GR* IV 355.

perfringere [CL], **perfrangere** [LL]

1 to break (completely); **b** (fig.).

qui sarculum ~frangit GILDAS *Pen*. 26; ~fracto saxo ANDR. S. VICT. *Sal*. 14; frango componitur . . ~fringo OSB. GLOUC. *Deriv*. 223. **b** videbat se . . regias vires non posse ~fringere H. HUNT. *HA* VIII 5 (new ed. X 5).

2 (*pacem ~ere*) to commit breach of the peace.

quicumque alterutram [pacem ecclesie et pacem regis] ~fregerit [AS: *fulbrece*] de vita . . in misericordia regis sit (*Quad*.) *GAS* 280.

perfructio, **perfruitio** [LL], full enjoyment (usu. w. obj. gen.).

ut meminerit sibi . . desiderate quietis nec abnegatum . . gustum nec ~fruitionem aeternaliter datam BEDE *Cant*. 1154; ad ~fruitionem potioris . . exultationis invitat *Id. Luke* 527A; summi boni indeficiens ~fruitio PULL. *Sent*. 723B; istis vero quibus utendum est, tendentes ad beatitudinem adjuvamur, ut ad illarum que nos beatos faciunt ~fructionem pervenire fructionem ROB. BRIDL. *Dial*. 48; ceteris . . utendum est ut ad illarum quas eternas diximus ~fructionem

perfructio

pervenire possimus *Ib.* 49; in jugi ~fruitione dulcedinis sue J. FORD *Serm.* 13. 9; abbatibus . . perpetue salutis . . ~fruitionem *Reg. Malm.* II 368; quidam bonis concinentes in hoc Grecorum sentenciis, pronunciant ultra Oceanum degere, ubi eis reposita ~fruicio BRADW. *CD* 101E.

perfructus [cf. CL perfrui], full use or enjoyment.

s**1309** per . . provisiones . . reddituum, ~uum, et proventuum primi anni singulorum beneficiorum *Ann. Lond.* 163.

perfrui [CL], **~ere,** to use or enjoy fully (usu. w. abl.); **b** (w. acc.); **c** (ellipt. or absol.).

victoriae palma . . ~itur [*gl.*: utitur] ALDH. *VirgP* 2 p. 230; ejus ~amur sermone et sensu *V. Greg.* p. 75; angelica meruit visione ~i in qua admonitus est BEDE *HE* III 19 p. 164; **814** habere et ~ere . . pascuis, pratis, piscationibus *CS* 348; perfruitur magno rex victor longe triumpho FRITH. 549; virgo denuo in carcere recluditur, sed anima ejus . . amplexibus sui sponsi Christi ~itura celesti thalamo inducitur HON. *Spec. Eccl.* 862A; sponsa . . sponso suo eternaliter ~etur J. FORD *Serm.* 30. 7; constituit ut vestimenta ecclesiastica . . sacra debere esse et honesta quibus in aliis usibus nemo debet ~i quam ecclesiasticis *Eul. Hist.* III 261. **b 844** ut habeat eandem terram, ~at et possideat in diem illius *CS* 443; recompensationem ~atur cum gloria *Chr. Rams.* 184n; singultu lugubri et lacrimis singulis fratribus deosculatis et ejus benedictionem perfruitis conventus ad cellas reversus est *Chr. Witham* 505. **c 956** Ælfsige [*dat.*] xxv mansas . . in jure hereditario concedo ~ituro commite vita *CS* 942; quod illius mei spiritalis alumpni . . corporali presentia minime perfruor que aliquando ~enti erat ipsa vita dulcior ABBO *QG* (2); sic transire per bona temporalia contemnendo ut maneat in aeternis ~endo ANSELM (*Ep.* 36) III 143.

perfruitio v. perfructio.

perfuga [CL], fugitive, refugee.

illi . . acclamant regis captivum et ~am GOSC. *Transl. Mild.* 23 p. 190; Malcolmus omnes Anglorum ~as libenter recipiebat W. MALM. *GR* III 249.

perfugare [ML], to chase, hunt (animal).

1309 postquam ~averint [cuniculos] . . cum cane et baculo sine ingenio *PQW* 824b.

perfugere [CL], to take refuge, to escape.

eo interempto germani, ad terras sue potestatis profugientes [v. l. perfugientes], pacem turbaverunt W. MALM. *GR* III 252; contra eum qui omnino temptat videri ~ere J. SAL. *Met.* 915C.

perfugium [CL], (escape to or place of) refuge or shelter.

et ne ~io obirent classe armata . . in mari opposuerat insidias W. POIT. II 14. ~ium, locus refugii OSB. GLOUC. *Deriv.* 470; ~ium, auxilium, refugium *Ib.* 483.

perfulgere [LL], to shine or gleam (very) brightly (in quot., fig.).

dignare . . hoc . . altare . . benedicere ut Sancti Spiritus illustratione ~eat EGB. *Pont.* 41.

perfulgidus [LL], that shines very brightly, brilliant (also fig.).

lumen stelle perfulgidum / Jesu, lux vera mencium LEDREDE *Carm.* 38. 21; c**1550** totius religiositatis exemplar ~um *Mon. Francisc.* II 123.

perfunctio [CL], (act of) carrying out, execution.

quo facilius ad desiderate rei ~ionem valeat pervenire AILR. *Spec. Car.* III 9. 586A; in potestate terrene fastigio peccati ~ionem deliciis adquisisse . . confitetur *Chr. Rams.* 104.

perfunctor [cf. CL perfungi], one who carries out or executes (completely or successfully).

non viatoribus sed ~oribus . . perfectionem ordinatio divina reservavit GIR. *Ad S. Langton* 403.

perfunctorie [CL], in a careless, superficial, or routine manner, perfunctorily; **b** (in gl.).

illud vero ~ie non est praetereundum LANFR. *Corp. & Sang.* 418A; qui . . non ~ie . . esset litteratus W. MALM. *GP* V 270; ne ~ie seriei expositionis operam exibere videamur NECKAM *Sal.* 29; c**1213** nos a simili

beneficio . . jam fere per triennium ~ie quidem et frustratorie nimis elongavit GIR. *Ep.* 7 p. 252; quiescere debet anima fidelis sub hac umbra, non ~ie transire S. LANGTON *Serm.* 3. 10; si ~ie atque adulatorie res agatur, nihil aput Deum miserius WYCL. *Ver.* III 77. **b** ~iae [? l. ~ie], imaginarie *GlC* P 335.

perfunctorius [LL]

1 careless, superficial, routine, perfunctory: **a** (of person); **b** (of act or sim.).

a sepe illum duo millia . . uno die confirmasse non ~iis testibus approbatur W. MALM. *Wulfst.* II 14. **b** reges etiam, qui ~ia ceteros pompa preveniunt, ne potentatus insolescant, carnis infirmitatibus . . expositos utili penitus sollicitatione frequentat (*Quad. pref.* 6) *GAS* 543; laus perfunctorio prolata verbulo / cum vento volucri fugit cursiculo WALT. WIMB. *Carm.* 204.

2 routinely given, of short duration, temporary, transitory.

ille, cui alterius caritas servit, munus ~ium aliquod accipit, viz. honorem unum, prandium unum ALEX. CANT. *Dicta* 14 p. 160; forinsece administrationis renuntians officio, omne ~ie potestatis onus, ut secum quietior habitant, abjecit *Chr. Rams.* 177; omnis enim sub luna generis humani tam delectatio quam leticia fuit, est, et semper erit inanis et ~ia E. THRIP. *Collect. Stories* 217; ~ie indignationis Dei adversus impenitentiam Judeorum . . indicia J. SAL. *Pol.* 420C; hec vita tantum est ymaginaria / vana, volatilis et perfunctoria WALT. WIMB. *Sim.* 121.

perfundere [CL]

1 to pour out (completely).

qui perfunderit [v. l. funderit] calicem in fine solemnitatis, xxx dies peniteat EGB. *Pen.* 12. 7.

2 to overspread: **a** (w. light); **b** (w. loose solid, in quot. seeds).

a milites . . putentissimis [v. l. potentissimis] illum ~unt [*gl.*: circumfuderunt] lotii [*gl.*: urinae] nidoribus ALDH. *VirgP* 35 p. 279; Maria Magdalena caput Domini nardo ~ens [cf. *Marc.* xiv 3: effudit super caput ejus] BEDE *Cant.* 1163; omni quarta feria his ferventibus liquoribus ~ebantur COGGESH. *Visio* 29; cujus aquis . . si petram . . perfuderis GIR. *TH* II 8; granum terre commistum primo oportet ~i [TREVISA: *be shadde*] humiditate aquea et aerea BART. ANGL. IV 4; c**1400** defectus fenestrarum . . faciant reparari, ne stalli et ibi stantes pluviis vel nivibus ~antur *Stat. Linc.* II 355. **b** lux cuncta ea loca perfuderat BEDE *HE* V 12 p. 307; cum . . terram . . aratam tritici semine jam ~eret GIR. *TH* II 49.

3 to suffuse (w. light, colour, or other surface phenomenon); also w. light as subj.; **b** (transf. & fig.).

faciem purpureo colore perfusam gerit GREG. *Mir. Rom.* 12; nam dum eum [Constantinum] in anima salvare voluit, in toto corpore lepra perfudit. his a Silvestro papa . . baptizatur, mox a lepra mundatur HON. *Spec. Eccl.* 947A; integer et blando perfusus membra tepore L. DURH. *Hypog.* 70; faciem ejus . . ita post mortem rubor cum candore permixtus perfuderat TURGOT *Marg.* 13 p. 254; verecundia suo rubore genas ~it BALD. CANT. *Serm.* 13. 17. 471. **b** vij ecclesiarum novalia roscidis sacrorum dogmatum imbribus . . perfudit ALDH. *Met.* 2 p. 66; Spiritus Sancti est gratia perfusa BEDE *Cant.* 1121; nec multo post plene curatus vitali etiam unda perfusus [v. l. perfussus] sum *Id. HE* V 6 p. 291; dignare . . hoc . . altare coelesti sanctificatione ~ere . . ut Sancti Spiritus illustratione perfulgeat EGB. *Pont.* 41; tanto gaudio perfusus sum ut . . AILR. *Spir. Amicit.* III 82. 691; celesti more perfundor quando liquore / utor divino, certo vite duce vino NECKAM *Poems* 453; quidam . . in devotis precibus coram ymagine crucifixi . . tanta cordis dulcedine ~untur *Spec. Incl.* 4. 1 p. 128.

4 to spread over (in quot., lead sheets).

perficit inde pius prepulchri culmina templi / exterius tabulas perfundens tegmine plumbi ÆTHELWULF *Abb.* 144.

5 to make by casting; **b** (transf.).

hanc sibi campanam Dunstan perfundere jussit (*Vers.*) J. GLAST. 131. **b** qui sonitans dudum mundum perfuderat omnem ÆTHELWULF *Abb.* 638.

perfungi [CL], **~ere**

1 to carry through, function, play one's part; **b** (w. abl.); **c** (w. gen.).

~it, plus utitur *GlC* P 222; perfunctis, transactis *Ib.* P 270; ~o . . i. uti, perfunctus . . et hec perfunctio OSB. GLOUC. *Deriv.* 231. **b** veruntamen plus quam femineos animos anhelantem vita destituit, vix annua potestate perfunctam W. MALM. *GR* I 32; alii . . quattuor militari licentia perfuncti sunt ORD. VIT. III 12 p. 133; occulto Dei nutu gravem morbum subito incurrit . . et sic in papatu vix una tantum missa perfunctus est *Ib.* VIII 7 p. 306. **c** hic alta pace et multo tempore . . rerum perfunctus et novissime a subjectis occisus fortune rotam volvit W. MALM. *GR* I 79.

2 to render non-functional, finish one's part.

perflictio [? l. perfrictio], corpus a frigore perfunctum *GlC* P 243.

perfurare v. perfurrare.

perfurere [CL], to rage, be very wild.

~ere, valde furere OSB. GLOUC. *Deriv.* 483.

perfurmare v. performare. **perfurnatio, perfurnitio** v. perfornitio.

perfurrare [cf. 3 furrare < AN *furrer*, ME *furren*], to line (garment).

1463 [lego] j togam penulatam et perfuratam cum *bever Test. Ebor.* II 260.

perfusio [CL], (act of) pouring out or overspreading (with).

sicut lapidem a Jacob . . electum unguenti ~one ditasti EGB. *Pont.* 42; inconsuete lucis ~one stupidus AILR. *Ed. Conf.* 756C.

pergamenarius, pergamentarius [ML; cf. ME *pergemener, perchemener, parchmenter*, ME, AN *parcheminer*], of or connected with parchment, parchment-: **a** (as sb. m., also passing into surname) one who produces or deals in parchment, parchment-maker, parchmenter. **b** (as sb. f.) place in which parchment is made or kept, parchment-store.

a c**1157** in vico pargamenariorum *Doc. Theob.* 158; c**1170** hiis testibus . . Gileberto perkamenario *Danelaw* 198; **1178** Gille parcheminarius debet j m. *Pipe* 84; c**1205** xxij denarios redditus quam Hernaldus parchiminarius tenet pro homagio et servicio suo *Cart. Worc.* 341; c**1230** inter terram Simonis percamenarii . . *Cart. Osney* I 184; **1238** Adam de Walton', perchamenarius in Cattestrate, indictatus . . subtraxit se et non est inventus *Cl* 134; **1258** de R. Parcamenario iij s. *Rec. Leic.* I 44; **1279** et cotag' tradidit Nich' Percamenar' *Hund.* II 807b; **1286** pro iiij duodenis percamini emptis Agen' de quodam percamenario ibidem *Rec. Wardr.* 878; **1290** ~arii, luminatores, scriptores, barbitonsores *MunAcOx* 52; **1303** Waltero de D., pergamenar' Sarum, pro ix duodenis et dim. pergam' . . xj s. j d. *KR Ac* 363/18 f. 5; **1327** familia et servientes . . clericorum, percamenarii . . et alii . . qui sunt de robis *MunCOx* 55; **1355** cancellarius dicte universitatis [Oxonie] vel ejus vices gerens . . dictos ministros et scolarium servientes, . . scriptores, aluminatores, ~tarios ad quotas hujusmodi . . assideant *CalCh* V 146; **1556** taxare stacionarios, ~tarios, luminarios *MunAcOx* 174; **1359** de qualibet fenestra . . percamn[ar]iorum . . quadruntem *Doc. Bev.* 2. **b** ferrum operatum: in liberacione custodi percamenarie vj li. *Ac. Beaulieu* 266.

pergamenator [LL pergamenum+CL -tor], one who produces or deals in parchment, parchment-maker.

a**1296** de Radulpho percamenatore j d. *Carte Nativ.* 437.

pergameneus, ~ius [LL pergamenum + CL -eus, -ius], of parchment, parchment-.

†**955** (12c) ego . . cultui pergamineo consignaculum Christi adhibui *CS* 905; in quodam rotulo ~eo *Mod. Ten. Parl.* (*Hib.*) 384; **1441** cartam ~iam *Melrose* 557 p. 564.

pergamenum, pergamen [LL < περγαμηνόν; cf. CL Pergamenus < Περγαμηνός], **~a, pergamentum, perc(h)amenum, parc(h)amenum** [cf. ME, AN *parchemin, perchemin*, ME *parchement*], (leaf or sim. of) parchment; **b** (dist. acc. use); **c** (dist. acc. animal). **d** (*~o tradere* or sim.) to commit to parchment, to write down. **e** (in fig. context, w. ref. to written text or sim.).

perigamini, membrano *Gl. Leid.* 6. 15; nec in scedula nec in ullo ~o nec in nullo quaternione ÆLF. BATA 4. 3; sicut . . per incaustum parcamenum exterius deformatur ALEX. BATH *Mor.* II 8 p. 126; p1107 mittite nobis encaustum sive duas pells de pargomeneo [MS: pergomento] H. Los. *Ep.* 4 p. 6; 1211 expensa . . in parchamento per annum, iij d. *Pipe Wint.* 162; pro dimidia duodena percamenarum *Househ. Henry.* 411; 1292 pro percameno *Sacr. Ely* II 56; 1298 de parcamine, xviij pelles *Doc. Scot.* II 346; 1331 computat . . in clericis scribentibus, lx s. et in perchameno, xxvij s. ij d. ob. *ExchScot* 402; ~um, *A.* perchemin WW; hoc percaminum, perchement WW. **b** 1218 duas tabulas abbas . . factas de lineo panno vel de parcameno *Cl* 378b; ad emendum parchamenum pro libris scribendis (*Cust. Evesham*) *MonA* II 286; 1222 ad parcamenum emendum ad faciend' rotulos Scacarii nostri de Judaismo *Cl* I 517b; c1250 missale vetus . . de bona littera in debili percameno et male ligatum *Vis. S. Paul.* 16; discipuli . . Ypocratis . . depinxerunt formam ejus in ~o BACON V 165; 1288 pro ij pellibus percamini emptis ad compotum Johannis de B. xvj d. *KR Ac* 351/14 m. 5; 1290 pro pergamento et incauste pro eisdem compotis desuper scribendis *Chanc. Misc.* 4/5 f. 29v; 1296 in . . decem pellibus percamene pro quarrellis pennandis *Ac. Galley Newcastle* 185; 1298 in vj pellibus parkameni emptis pro libro capelle emendando vj d. *Rec. Elton* 67; 1416 pro pargameno pro rotulis scaccarii scribendis *ExchScot* 265; 1417 in soluto pro percomeno empto pro isto compoto inscribendo ij d. *Rect. Adderbury* 18; 1440 lego . . orologium divine sapiencie cum coopertura de pargameno *Test. Ebor.* II 79; 1453 in perchameno scripta *Melrose* 555 p. 560; 1475 cartam suam pergamino scriptam *Scot. Grey Friars* II 211; 1503 missale de parcamino . . missale de paupiro *Invent. Ch. Ch.* 132; 1511 missale *le print* ordinale de camino scriptum *Ib.* 159. **c** 1249 pro una duodena ~i vituli xx d. *DCCant. MS D. E. 1*; 1342 unum aliud par Decretorum . . in ~o vitulino (*Reg. Hemingby*) *DCSal.* f. 43; 1422 ~um ovinum vel vitulinum *Mem. York* II 128; 1510 unum *le cerkill* de ~o virgineo cum carecteribus et nominibus aliusque signis supersticiosis fabricasti (*Reg. Bainbridge*) *Arch. J.* XVI 73. **d** quae profetae, apostoli / doctiloqui oraculi / indiderunt pergamine / Almo inflati Flamine (ÆTHELWALD) *Carm. Aldh.* 2. 115; cum operi manum primo imposuissem et quam in cera dictaveram ~e magna ex parte tradidissem EADMER *V. Anselmi* II 72. **e** lacrime miserorum / sunt sceleris lavacrum, sunt pergamenta reorum H. HUNT. *HA* XI 165.

Pergameus [CL], of or connected with the citadel of Troy, or (by synecdoche) of Troy.

hii quia sunt diri nequeunt pietate poliri / hiis periere Tyri, Pergameique viri GARL. *Tri. Eccl.* 111.

Pergamum, ~us, ~a [CL: cf. Πέργαμος, Πέργαμον, τὰ Πέργαμα]

1 the citadel of Troy, **b** (generally) citadel, castle. **c** (in etym. gl.).

hoc ~um . . vel ut alii volunt pluraliter ~a . . i. muri Troje OSB. GLOUC. *Deriv.* 462; ~a: corpus et ne intelligas corpus animalium de quo non agitur hic BERN. *Comm. Aen.* 103; Pergămus ut mutet pergămus milite cincti [*gl.*: pergamus a pir quod est ignis et gamos, mulier, quasi per ignem et mulierem destructa H. AVR. *CG* f. 7. 25; ~a, *le mur de Troye* (*gl.*) *Teaching Latin* II 15. **b** aulica perspicuis penetravit pergama plantis FRITH. 64. **c** H. AVR. *CG* f. 7. 25 (v. a supra)

2 city in Mysia in Asia Minor.

mulieres sunt pulchrae ecclesiae Ephesi, Smyrnae, ~i . . BEDE *Cant.* 1173.

pergata v. percata.

pergenuare [LL *gl.*], to kneel or walk on one's knees.

~at, genibus pergit *GlC* P 344; ~are, geniculare, genuflectere vel cum genibus pergere OSB. GLOUC. *Deriv.* 483.

pergere [CL]

1 to make one's way, move (towards), proceed (also transf. or fig.); **b** (w. destination indicated); **c** (w. acc. or abl. to indicate road, distance, or

sim.). **d** (pr. ppl.) one who makes one's way, traveller.

et penitus numquam per terram pergo pedester ALDH. *Aen.* 100 (*Creatura*) 69; en promissa novo scribantur carmina versu! / garrula virgineas dipromat pagina laudes / colaque cum pedibus pergant et commata ternis *Id. VirgV* 47; a797 quod vero te nesciente perrexi, necessitas hoc fecit, non voluntas ALCUIN *Ep.* 58; pedes Dei hic possunt dici pauperes per quos et in quibus Dominus ~it inter nos in terris T. CHOBHAM *Serm.* 11. 47rb. **b** in Dominico Greci et Romani navigant et aequitant; panem non faciunt neque in curru ~unt nisi ad aecclesiam tantum THEOD. *Pen.* II 8. 1; hi . . qui haec viderant perrexerunt ad principem Theodosium *Comm. Cant.* III 115; Constantius statim ad ecclesiam perrexit [*Gl.*: venit, ambulavit] ALDH. *VirgP* 25 p. 259; quo proposuit perrexit FELIX *Guthl.* 43 p. 132; ut nemini opus sit interrogare quo vadam, videntibus cunctis quia ad caelos ~am BEDE *Hom.* II 11. 158; rex . . Romam de Brittania ~it *Id. HE* V 24 p. 355; perrexit idem sanctus . . Fresiam ALCUIN *WillP* 20; tunc ~amus sic ad latrinam propter necessitatem corporis nostri ÆLF. BATA 4. 1; haec terra non geldat nec ~it ad hund' *DB* I 175ra; quis in illius facti laudem digne ~at? W. MALM. *GR* IV 339; in communem perrexit sententiam recogitans illud proverbium . . *Id. GP* I 14 p. 22; nunc igitur quoniam sic tibi placet ad reliqua ~amus S. VICT. *Dan.* 60; cum versus scolas ~eret obdormivit in via *Canon. G. Sempr.* f. 141; 1200 porrexerunt ad donum predicti R. *CurR* I 221; s1189 R. rex Anglie et P. rex Francie crucem acceperunt ~amque ad Jerosolim' *Ann. Exon.* f. 11. **c** ecce salutem calicem per pocula mortis / accipiunt pariter pergentes tramite Christi ALDH. *VirgV* 887; in tabernaculis esse testantur in quibus iter hujus vitae ~ant et contra adversarios veritatis certamen agant BEDE *Ep. Cath.* 72; ~ens itinere suo pervenit ad vicum *Id. HE* 10 p. 147; statim paratis sociis perrexit viam suam ALCUIN *WillV* 20; perreximus duas dietas ad Thebas SÆWULF 59; ~entes itinera que ducunt ad Christum AILR. *Serm.* 4. 35. 233. **d** tum subito occurrit ~entibus inimica vis daemonum BEDE *HE* I 17 p. 34; quoddam castrum . . ubi omnes Tyberiadem ab Acharonte ~entes hospitantur SÆWULF 75.

2 (trans., assoc. w. or infl. by *peragere*) to proceed to a course of action. **b** (w. inf. or supine to indicate purpose).

legationem . . suam pergentes [cf. Valerius Maximus II 2. 5: legationem peregerunt] P. BLOIS *Ep.* 119. 351A (v. legatio 2b). **b** solitudinem invenire perrexit FELIX *Guthl.* 24; Romam ire perrexit W. MALM. *GR* I 54; imperator . . venatum ~ens solus ad oram silve devenit W. MALM. *GR* II 175; de moribus eorum in sequenti libro ~am dicere *Ib.* II 198; Normanni liberalitatem experiri ~ens, ad eum tunc ultra mare degentem navigavit *Ib.* III 251; confestim aulam concilii ~ebas ingredi *Id. GP* IV 143; tibi tueque . . satisfacere . . ~am pertinacitati E. THRIP. *SS* IV 10.

pergerere [CL per-+gerere], to bring to completion, carry out, perform.

tria pergessit insignia miracula BYRHT. *V. Osw.* 403; non enerviter sed viriliter cuncta pergessit *Ib.* 405.

pergirare v. pergyrare.

pergnarus [CL], very knowledgeable or wise.

aiunt monachum quendam provincie Eli ~um G. *Steph.* 47.

pergraecare [CL per- + graecari = to imitate Greek ways], to behave in a thoroughly Greek way, to indulge in feasting.

~are [*vv. ll.* pergregare, perprepare], epulis et potibus vacare OSB. GLOUC. *Deriv.* 470.

pergrandis [CL], very large or great: **a** (in size or extent); **b** (in number or importance). **c** (as sb. n.) great or very important thing.

a in insula stagni illius ~is, de quo Deruuentionis fluvii primordia erumpunt BEDE *HE* IV 27 p. 274; ne sit / peccatum pergrande mihi jejunia sacra / solvere WULF. *Swith.* II 764; vicum ~em et mercatoribus aptum ad utilitatem sanctimonialium effecit *V. Gund.* 36; ipse ~em lapidem in sanctuario statuit S. LANGTON *Serm.* 4. 8. **b** 811 in . . regali Lundaniae vicu concilium ~e collectum *CS* 335. **c** quanquam haud scio an inferioris virtutis sit cotidie exhibere facilia quam semel ostendare ~ia W. MALM. *GP* V 270 p. 431.

pergravare [ML], to oppress (heavily): **a** (w. illness or sim.); **b** (w. financial or legal hardship or sim.).

a dum senserit se nimia invalitudine praegravari [*v. l.* pergravari; AS: *beon gehefegudne*] *RegulC* 65; c1176 quod si infirmitate ~atus ad eos venero, in seculari habitu jaceo apud eos *Cart. Sallay* 54; qui de urina propria . . primitus ~atur *Spec. Laic.* 44 (*v.* erinaceus 1a); s1479 diversis infirmitatibus indies quasi ~atus et datentus *Reg. Whet.* II 193. **b** si judicem suspectum habuerit vel se sentiat pregravari [*v. l.* pergravari] (*Leg. Hen.* 5. 4) *GAS* 549; 1268 nolentes . . Johannem contra quietanciam nostram . . ~ari *Cl* 483; 1416 attentis gravibus oneribus quibus clerus nostre provincie hiis diebus diversimode ~atur *Reg. Cant.* III 434.

pergravis [CL], very harsh or severe.

1520 ad alias ~es penas (*Stat. S. Andr.*) *Conc. Scot.* I cclxxi.

pergregare v. pergraecare.

pergula [CL], **~um** [ML], **~us**

1 small dwelling, hut, or sim. (usu. attached to a larger building).

hoc ~um . . i. parvum tugurium OSB. GLOUC. *Deriv.* 462; ~um, parvum tugurium, casa, casella, domuncula *Ib.* 480; mapalia succendentes et ~as DICETO *YH* I 387; *logge yn a hylle*, progulum *PP; parclos*, pergulum . . vel locutorium *PP*.

2 enclosed space (for keeping animals), paddock, pinfold, or sim.

vitulos et subrumos ablactatos inclusos teneat in pergulo [*v. l.* pargulo; *gl.*: *en un close; parrok, enclos, closse*] NECKAM *Ut.* 102; *parroke or cowle* . . ~us *PP*; ~um, *A. a pyndfold* WW.

3 partitioned space.

nec pergunt pernoctandi causa ad grangiolam . . nisi cum ~is pluribus, clitellis, et mantellis subtilissime lane J. FURNESS *Walth.* 46; factum fuit ~um ligneum, id est pulpitum, in quo omnes . . episcopi ascenderunt *MonA* VI 28a.

pergustare [CL per-+gustare], to taste (completely; in quots., in fig. context or fig.).

dulcedinem celestis vite saltem raptim quamvis cum melodia se ~asse gloriatur ROLLE *IA* 214; dulcorem eterni mellis ~ans amorem dilectissimi sui semper sentire inardescit *Ib.* 226; 1410 desiderans meum filium de . . vestra . . doctrina . . guttam aliquam ~are *Form Ox* 418.

pergyrare, ~girare [LL], to go round or through, make a circuit of (area, territory, or sim.); **b** (of news or rumour) **c** to follow or complete (circular or circuitous route).

arrepta eadem laterna, ~gyret [AS: *abutan fare*] et ipse chorum *RegulC* 57; cursores mox provincie . . cunctam ~girant regionem *Enc. Emmae* I 3; rex castelli ambitum prudenter ~girans G. *Steph.* 23 p. 48; vidit eum . . ~girando aream ambulando ire sepius et redire R. COLD. *Cuthb.* 72 p. 148; manu forti Walliam ~girantes omnia devastabant *Dieul.* f. 146. **b** rumor novus Anglie partes pergiravit *Ps.-MAP* 180. **c** circuitu ~girato [*v. l.* peragrato; *gl.*: *environé*] ab occidentali domus fronte . . ad orientalem partem BALSH. *Ut.* 52.

perhabere [ML < CL per-+habere]

1 to own (completely or in perpetuity).

debet habere quinque acras ad ~endum [AS: *to habbanne*] (*Quad.*) *GAS* 446.

2 to carry out or conduct (fully).

1470 prematura deliberacione ~ita *Mon. Hib. & Scot.* 464b.

perhend- v. perend-. **perhenn-** v. perenn-.

perherciare [CL per-+herciare < OF *hercier*], to harrow completely.

c1230 debet . . herciare . . quamdiu aliquid remanet herciandum, donec ~iatum fuerit (*Cust. Povington*) *Doc. Bec* 62; cottarii . . debent . . terram plenarie ~iare *Reg. S. Aug.* 79.

perhibere [CL]

1 to present, afford.

sobrietas .. ~et mysterium et hominem constabilit *Ps.-*Bede *Collect.* 252; **c1450** item cupario pro vj circulis pro cado ~ito vij d. *DocCox* 326.

2 (*~ere testimonium*) to bear witness (that).

p**675** veritatis testimonium ~entes Aldh. *Ep.* 4 p. 483; magnum est testimonium hominis quod ~et de Filio Dei Bede *Ep. Cath.* 115; totus vicecomitatus testimonium ~et quod [hoc manerium] in abbatia fuit *DB* I 48rb; sic ipse dicit et idem peribet hoc testimonium *DB* II 424; a**1100** ibi comes de Mellent Robertus ~uit abbati et monachis ejus testimonium, quod tota parrochia .. *Regesta* 423 p. 137; testimonium ~uit veritati Gir. *TH* II 44; testimonium ~emus qui et dampna cum ceteris sustinuimus *Found. Waltham* 30; a**1350** promittet in virtute sacramenti prestiti quod fidele testimonium ~ebit *StatOx* 30; cui cum quidam de circumstantibus testimonium ~eret *Latin Stories* 113.

3 to assert, maintain, narrate, tell (that); **b** (w. acc. & inf.); **c** (w. *quod* & ind. or subj.); **d** (w. *de*). **e** to regard, consider.

homines .. qui, ut ~ent, barbam usque ad genua .. habent *Lib. Monstr.* I 18; ut una esse substantia trinitatis appareat non Domini Zebaoth sed Dominus Zebaoth esse ~etur *Ps.-*Bede *Collect.* 291; sanctus, ut ~ent, vir et reverendus W. Malm. *GP* III 115 p. 250. **b** sex enim diebus ~etur hic mundus perficeri a Deo Theod. *Laterc.* 23; postquam virgo virginem sancto puerperio peperit cujus principatus super umeros esse ~etur [v. l. peribetur; *gl.*: dicetur, *is sæd*] Aldh. *VirgP* 53 p. 310; Scylla .. in eo freto quod Italiam et Siciliam interluit fuisse ~etur *Lib. Monstr.* I 14; sunt homines quos Graecorum historiae ora non habere ~ent *Ib.* 21; se divinae servituti destinasse ~ebat [*gl.*: narrabat] Felix *Guthl.* 19; quem .. in principio temporum mundum creasse ~et Bede *Gen.* 13A; s**679** integra .. fide se suscepturum ~ens quod ex ore nostro .. previderit statuendum (*Conc.*) W. Malm. *GP* III 100 p. 229. **c** ~uere quod Eboracensis archiepiscopus ad dexteram Dorobernensis sedere debeat W. Malm. *GP* I 42 p. 67; omnis credentium multitudo credit ac ~et quod qui apostolice sedi jubente Deo presidet ligandi atque solvendi potestatem habet Ord. Vit. XII 21 p. 388; hac .. ratione ~ent mathematici quod singulorum numinum potestatibus connexi simus Alb. Lond. *DG* 6. 8. **d** ut nobis quoque eveniat quod de .. sancto Simeone ~et Evangelium Ailr. *Serm.* 34. 20. **e** Mercurius .. merito mortalis ~etur Alb. Lond. *DG* 9. 2; nunquam liber optimus factus peribetur / in eo si falsitas sepe recitetur *Qui majora cernitis* 19 p. 182.

perhiermenias v. peri(h)ermenias. **perhindinare** v. perendinare. **perhiodus** v. periodus. **perhiscelis** v. periscelis.

perhonestus [LL], very honourable or honest.

ars mea satis honesta .. quaestus ~us Liv. *Op.* 159.

perhorrescere [CL], **perhorrere** [LL]

1 to be or become (thoroughly) horrible or dreadful; (pr. ppl. as adj.) (thoroughly) horrible or dreadful, that inspires dread or horror.

ad castra que ~escens sauciabat inedia Ord. Vit. IX 9 p. 523.

2 (of storm) to rage (in a horrific manner).

s**1171** in nocte Natalis Domini tempestas valida ~uit *Flor. Hist.* II 83.

3 to be (thoroughly) horrified (at), to dread, fear greatly; **b** (w. acc.). **c** (w. inf.) to be thoroughly reluctant (to), be loath (to).

contuitu mirabili ~emus quia nec ipsum tempus .. nec ipsum querentibus quid sit .. revelare valemus H. Reading (I) *Dial.* VII 1242B. **b** alioquin et proscriptionem rerum .. insuper et capitale discrimen ~escit [*gl.*: *he ordered*] Aldh. *VirgP* 35 p. 277; quod .. scopulosas .. collisiones .. minime ~uerint [*gl.*: pertinescunt] *Ib.* 59 p. 321; non diabolum pertimescens sed mortem quae invidia diaboli intravit in orbem terrarum naturali carnis fragilitate ~escens Bede *Tab.* 928; **960** quam injustitiam ego ipse perhurrescens *CS* 1057; non balistam aut alias belli Machinas ~escit W. Cant. *V. Thom.* II 41; adnullacionem .. appropriationis, renitente .. capitulo .. ~entes, promisimus .. capitulo quod .. quatuor marcas annuatim eis solvere teneremur *Meaux* II 234. **c 933** si quis .. non ~escat machinari decretum sciat se .. cum Juda proditore .. periturum *CS* 694; qui Christi esse desiderant carnem cum vitiis .. crucifigere non ~escunt Ælnoth *Cnut* 26 p. 132b; nimium ~ebant per superbiam et injusticiam subire conflictus detestabiles Ord. Vit. IV 12 p. 257; nova servicii genera regi facere ~entes *Meaux* II 266.

4 (gdv.) that inspires (complete) dread or disgust, horrendous.

~enda periclitabantur eduliorum inopia Ord. Vit. IX 9 p. 529; s**1306** hujus antem caput super pontem Londoni .. super lanceam, cunctis nationibus ~endum spectaculum, est affixum *Flor. Hist.* III 134; hereses .. auribus fidelium ~endas .. hereticus in suis sermonibus publice docuit Ockham *Dial.* 972; s**1380** cernere ~endum spectaculum *Chr. Angl.* 265; virum .. ~endum Liv. *Op.* 75.

perhorridus [ML], (thoroughly) horrible or dreadful.

regio .. torrida et ~a Ord. Vit. IX 15 p. 600; videre .. puteum omni penarum genere plenum et ~um Gir. *GE* II 11 p. 223.

perhortari [ML], to exhort, urge, encourage (vehemently).

sancta comes faustos omnes comitata perhortor / perpetuam meritis caelo conprendere vitam Bonif. *Aen.* (*De Spe* 1) 52.

perhospitalis [CL per+hospitalis], very hospitable.

praedia recepta sunt vel ad ipsum commune bonum .. et ipsis sacerdotibus communia et aliis perhospitalia et apertissima P. Verg. *Invent.* VI 14.

perhostire [CL per-+hostire], to make (measure) completely level.

hostio componitur ~io, -is Osb. Glouc. *Deriv.* 272.

perhumilis [LL], very humble.

1350 corde ~i deprecor .. quod .. *FormOx* 324; **1383** serenissimo .. regi .. suus, si placeat, ~is Thomas *MunAcOx* 795; **1426** quicquid creatura ~is .. suo poterit Creatori (*Lit. Archiepiscopi*) *Conc.* III 472a; **1431** ~es oratores vestri *EpAcOx* 65.

perhurrescere v. perhorrescere.

peri [*περί*], around or about.

peri pgocias [l. *περὶ πτωχείας*], de paupertate *GlC* P 195; perteszoes teoricas [l. *περὶ τῆς ζωῆς θεωρικῆς or θεωρητικῆς*], de hac vita contemplativa *Ib.* P 196; pertes cratorias toyty [l. *περὶ τῆς κρατορίας τοῦ θεοῦ*], de potentia Dei *Ib.* P 198; peri doucratoros asporias [? *περὶ τοῦ κράτορος ἐμπειρίας or εὐπορίας*], de experientia Dei *Ib.* P 200; peritesyou [? l. *περὶ τῆς ζωῆς*], de hac vita *Ib.* P 237; peri tes zoes theoricas, [*περὶ τῆς ζωῆς θεωρικῆς or θεωρητικῆς*], i. de hac vit [l. vita] contemplativa *Gl. Leid.* 30. 13; peri pthocheas [*περὶ πτωχείας*], de paupertate *Ib.* 30. 91; composuit .. librum quem perifision merimnoi [*περὶ φύσεων or φύσεως μερισμοῦ*], i. de nature divisione titulavit W. Malm. *GP* V 240 p. 393; est .. periodus nomen Grecum et dicitur a pary quod est circum et odos quod est consonancia in cantu vel armonia T. Sutton *Gen. & Corrupt.* 188; pari, 'circum' vel 'de'. quando pro 'circum' dicitur parodisus [? l. periodus < *περίοδος*]; quando pro 'de' inde dicitur paritanoxon nosomacio [*περὶ τῶν ὀξέων νοσημάτων*], i. de acutis egritudinibus, et pariton hereseon [*περὶ τῶν αἱρέσεων*] medicorum i. de sectis eorum, et pariscion dermanion [*περὶ φυσικῶν δυνάμεων*], i. de naturalibus virtutibus *Alph.* 136; periplicis vel perificus [*περὶ πλήθους*] interpretatur de replecione ut in fine Tegni *Ib.* 139; pary quod est circum *Dictamen* 337 (v. periodus 3b).

peria v. perreia. **periarmenias** v. peri(h)ermenias.

peribolus, ~um [LL < *περίβολος, περίβολον*]

1 enclosed area, (peripheral) enclosure (usu. w. ref. to gallery or sim.); **b** (in the temple of Solomon); **c** (in church).

peribulus, in circuitu domus *GlC* P 249; ~um, *scire* Ælf. *Gl. Sup.* 184; perambulatorium .. ~um *PP.* **b** ~us, id est circumposita templo munitionum constructio Bede *Ezra* 853. **c** viribus ingenii reparare peribula [*gl.*: deambulatoria] templi Frith. 446; sic quoque nocte ferunt ut ad usque peribula templi / solivagus properaret (*Vers.*) B. *V. Dunst.* 4; quem .. defunctum in aquilonali climate ~i sepelierunt Ord. Vit. XII 30 p. 424.

2 (her.) voided escutcheon.

~us sepimentum est a scuti margine, cui aequaliter distat, circumductum, munimen auxiliumque significans. nunc simplex, alias duplex, quandoque triplex Spelman *Asp.* 106 (*illustr.* p. 107).

peribulatorium [cf. LL peribolus < *περίβολος*, LL deambulatorium], walk, gallery, or sim.

peribolum [v. l. peribolium], ~ium [v. l. perambulatorium], deambulatorium Osb. Glouc. *Deriv.* 477.

pericapis v. pericope.

pericardium [LL < *περικάρδιον*], (anat.) membrane around the heart, pericardium.

1576 *the pannicle or coffyn of the heart, called* ~ion. *OED s. v.* pericardium; **1578** pericardon *whiche is the involucre of the hart Ib.*

pericardon v. pericardium. **perichelides** v. periscelis. **perichenon, perichimenon** v. periclymenum. **periciados** v. perdicialis. **periclemena, ~on** v. periclymenum. **periclimenon, ~um** v. periclymeum. **periclinum** v. periclymenum.

periclitari [CL], **~are** [LL]

1 to be exposed to risk or danger, be in danger; **b** (w. abl. or prep. to indicate cause or source of danger); **c** (w. *de* & abl. to specify endangered area). **d** (pr. ppl. as sb.) one who is in danger.

peregrinans in Aegypto Abram ~atus est propter uxorem, sed periclitanti ne lederetur divina protectione subventum est Bede *Gen.* 140; **956** dum pereclitamur beneficiis refocillamur *CS* 965; rex ~ari famam suam metuens W. Malm. *GP* V 259 p. 413; **1166** si salutationis michi impertite spes eis dampnosa erat futura, malo, dum tamen caritas non ~etur, ut a periculosis desistant quam occasione mei ~entur J. Sal. *Ep.* 161 (159); jam plures in castris hostes habemus quam domesticos; undique ~amur exterius Gir. *EH* I 15 p. 253; Rachel apud Bethleem in partu filii sui Benjamin ~ata moritur Ad. Dore *Pictor* 152; latrones .. licet sepe ~entur, ab iniquitate tamen non desistunt Alb. Lond. *DG* 6. 5; quot gigantes ~ati sunt, immo irremediabiliter perierunt Uhtred *Medit.* 199. **b** quia hoc specialiter vitio totum paene genus ~atur humanum Bede *Prov.* 1010; **798** rogans ne sub tantae auctoritatis anathemate ~aretur *CS* 291; qui a sui praelati justa voluntate alienatur, proculdubio in proprie voluntatis studio ~atur Alex. Cant. *Dicta* 14 p. 163; perhorrenda ~abantur eduliorum inopia Ord. Vit. IX 9 p. 529; c**1153** ne .. nostro silentio servorum Dei innocentia .. ~ari aut contra justum .. debeat fatigari *Doc. Theob.* 37; messes et fructus regionis in qua fueris nulla tempestate ~obuntur *Sculp. Lap.* 452. **c** ut non modo de visu sed et de vita ~aretur Gosc. *Transl. Aug.* 23A. **d** ~anti Bede *Gen.* (v. 1a supra); ut .. ~antes hoc morbo a praesenti morte liberaret *Id. HE* IV 14 p. 233; dixit ergo 'expandit manus' sicut ~ans requirens adjutorem, vel in signum afflictionis maxime, sicut solent afflicti gravi morbo facere et mulieres parturientes Peckham *Exp. Thren.* 1. 48 p. 622b.

2 to be in danger of or suffer shipwreck: **a** (w. ship or merchandise as subj.); **b** (w. person as subj., also w. ref. to dying as a result of shipwreck). **c** (pr. ppl. as sb.) one who is in danger of shipwreck.

a uno foramine superstite per quod navis ~ari potest Alex. Bath *Mor.* I 43 p. 159; **1186** de x bizanciis de wrecco navis que ~ata est in insula de Sullia *Pipe* 149; **1225** eadem navis circa partes de Oreford' ~avit *Cl* 21b; subita tempestate exorta, omnes ~are ceperunt, et in majori parte summerse sunt M. Par. *Maj.* I 173; **1274** vina .. de wrecco navis de Rupe .. ~ate prope castrum de Homet (*Chanc. Misc.*) *S. Jers.* II 36; **1309** quedam navis .. ~avit in costera maris *PQW* 830a; **1337** [mercatores] quorum naves .. in aquam de Jay misse, ~abantur *ExchScot* 451; **1426** si contingat aliquas lanas vel pelles lanutas .. ~ari, capi supra mare per inimicos, vel per aliquod aliud infortunium .. perdi *FineR* 234 m. 19. **b** Guillelmus .. et Ricardus ut dictum est ~ati sunt filii regis Ord. Vit. XII 26 p. 418; quocumque cum illo perrexeris vel navigaveris sive in mari vel in fluminibus, nullo modo ~aberis *Sculp. Lap.* 453; nautis in mari ~antibus *Chr. Kirkstall* 122. **c** cum ipse, scafa ascensa, virtute remigum ~antes adisset, mutata in bonum omnia W. Malm. *GP* V 224 p. 378; ipse aliique multi .. in littore stabant et .. terribilem vociferationem ~antium audierunt Ord. Vit. XII 26 p. 415.

3 (spec.) to fail in ordeal.

1195 de catallis Herewardi citlagati .. de catallis Johannis S. fugitivi .. de [catallis] Tureward' ~ati *Pipe* 250.

4 to expose (one's property) to danger, to risk, to adventure.

1624 utrum illi migrarent in personis suis esse plantatores in plantacione predicta vel non migrarent sed ~arentur pecunias, bona vel catalla sua *Rec. Virginia Co.* IV 308.

periclitatio [CL=*experiment, test*], (exposure to) risk or danger (usu. w. obj. gen.); **b** (w. ref. to shipwreck).

in ducibus .. nimia obstinatio subitorum omnium est ~o Ord. Vit. IX 14 p. 584; similiter salus et ~o opposita Bacon VIII 81; s**1287** in ceteris villis mari contiguis damnosa fit hominum ~o cum predicta inundacio in profunda noctis obscuritate accidit advenisse Oxnead *Chr.* 270; optimus principatus simpliciter non est omnibus optimus, immo aliquibus est nocivus et nonnumquam inductivus corrupcionis et ~onis boni communis Ockham *Pol.* I 112; s**1387** de ~one regni que imminebat Wals. *HA* II 163. **b** bella .. caedes .. classiumque ~onem Æthelw. *prol.* p. 1; **1342** partim in expensis regine, redeuntis de foresta .. et ~one apud Leyth, j. *ExchScot* 513; absencia .. naute est causa ~onis navis Gascoigne *Loci* 21.

periclitator [CL periclitari+-tor], one who exposes to danger or imperils (in quot., w. obj. gen.). **b** one who exposes oneself to danger, adventurer.

superbus enim ut plurimum ~or efficitur populorum *Regim. Princ.* 57. **b** **1624** ~ores et plantatores A. *adventurers & planters* civitatis Londonie pro prima colonia in Virginia *Rec. Virginia Co.* IV 295.

periclymenum [CL < περικλύμενον], **~a,** (bot.) honeysuckle, woodbine (*Lonicera caprifolium* or *periclymenum*).

periclinum, i. matris silva vel ania *Gl. Laud.* 1126; cum succo cuscute vel scar' vel periclemene, i. cicoree vel centaur' Gilb. VI 239v. 1; caprifolium, oculus lucii, perichenon, mater silvana, volubilis major idem. G. *frestefoil*, A. *wodebynde* vel *honisocles*. respice in periclemenon et in pychemenon *Alph.* 29; matris silva. perichimenon, mellilotum .. G. *chevrefoil*, A. *honysocle* vel *wodebynde Ib.* 110; pichemenon, caprifolium idem *Ib.* 145; periclemenon, mater silvarum *MS BL Sloane 2479* f. 102v; *wodbin*, periclimenon Levins *Manip.* 134; *honysuckle* locusta .. periclimenum *Ib.* 185.

pericope [LL < περικοπή], passage, section, short lection (usu. of book of scripture); **b** (of story or sim.); **c** (in gl.).

quidam etiam Hebreorum totam hanc ~em super Isaia interpretantur (*Is.*) Andr. S. Vict. *Comm.* 287; tanquam si ad consodales suos .. illam elogii apostolici ~en audiatur clamare H. Bos. *Thom.* II 9 p. 174; hec parva particula est illa ~e de qua Hieronymus dicit Bacon *CSPhil.* 438; hanc .. ~em omnes theologi dicunt esse Threnos Jeremie quia ~e idem est quod pars parva seu particula *Id. Maj.* III 89. **b** hanc historie ~en ab ipsomet pontifice .. didici H. Bos. *Thom.* III 1 p. 182. **c** pericope [? assoc. w. περισκοπέω, περισκόπησις], visione *GlC* P 225; pericapis [? l. pericope], lectio *Ib.* P 235.

pericranium [LL < περικράνιον], (anat.) membrane that envelops the skull, pericranium.

1525 *that panicle that is named of Galienus* ~eum *OED s. v.* pericranium; **1541** *of what substaunce is the great pannacle that is called* ~ium? *Ib.*; membrana ossosum capitis orbem forinsecus obducens περικράνιον Graecis appellatur ... pendet et affuxa durae matris tunica D. Edw. *Anat.* C i.

periculari [CL=*to be in danger*], (of merchandise) to perish, be lost or wasted.

1373 allocantur computanti procarbonibus et allecibus, emptis ad opus regis, ~atis per naufragium, lv s. *ExchScot* 438.

periculose [CL], in a manner that involves risk or danger, dangerously, perilously.

749 sine ulla consideratione rationis ~e dissipata erant *CS* 178; **799** ut sanctum babtisma diligentissime exerceant quia in nullo loco ~ius erratur Alcuin *Ep.* 169; in qua glorificatione .. te superbia ~ius deludit Anselm *Misc.* 300; **1178** credunt suum crimen prorsus esse absconditum sed ~e falluntur P. Blois *Ep.* 15. 54C; vena mihi ~e incisa est, nervus quidam lesus D. Lond. *Ep.* 4; tanto ~ius peccat, quia .. T. Chobham *Praed.* 102.

periculositas [ML < CL periculosus+-tas], state or condition of being dangerous or risky, danger (of or from).

secundum ~atum variantur appellationes, ut secundum quod periculosior est egritudo nomine plurium litterarum nominetur Gilb. IV 177. 2; de ocii in tempore ~ate J. Waleys *V. Relig.* 2 f. 219vb; ex istis patet ~as in mundi divicis; ~as, dico, quoad corpus et quoad animam Wycl. *Civ. Dom.* I 158.

periculosus [CL]

1 that involves danger or uncertainty, dangerous, perilous; **b** (w. *ad* & acc. to indicate area of danger). **c** (*~um est* & inf.) it is dangerous or risky (to).

~a ac supervacua sacerdotibus doctrina est, quae pravis operibus obfuscatur Gildas *EB* 96; dum illi ~o [*gl.*: vacuo; *of frecenfulre*] saeculi naufragio .. ad portum coenubialis vitae festinantes Aldh. *VirgP* 10 p. 238; in novissimis diebus instabunt tempora ~a *Ps.-*Bede *Collect.* 163; **802** tam ~us tumultus in ecclesia Christi Alcuin *Ep.* 249 p. 402; quam ~a sunt tempora nostra! Bald. Cant. *Serm.* 6. 10. 415A; ut secundum quod ~ior est egritudo nomine plurium litterarum nominetur Gilb. IV 177. 2; alius est status infirmi ~us [ME: *dredful*] omnino alius et quasi contrarius *AncrR* 60; ~us transitus vocatus *lez shotes* jacet inter .. W. Worc. *Itin.* 76. **b** amarissimum habet saporem et ~um ad comedendum T. Chobham *Serm.* 7. 32rb. **c** quia ~um est cuidam de aliena conscientia judicare Bede *Prov.* 996; ~um est .. hujusmodi temptationem sponte appetere Bald. Cant. *Serm.* 3. 35. 524D.

2 (bot., as sb. f.) mandrake (*Mandragora*).

~a, mandragora *MS BL Sloane 2479* f. 102r.

periculum, periclum [CL]

1 text, experiment.

vidi .. corrigiam .. bufoni .. ~i causa cirumpositam Gir. *TH* I 31 p. 64.

2 danger, harm, risk; **b** (w. gen. to specify source or nature of danger); **c** (w. gen. to specify endangered object); **d** (w. *de* to specify endangered object).

ut .. imminens ab hoste ~um evadere possint Bede *Cant.* 1164; fugere non poterit, ~um declinare non poterit Alex. Cant. *Dicta* 14 p. 163; ista videns abii vitansque pericla Cumini / castellum liqui L. Durh. *Dial.* I 429. **b** enuntiare trucis belli ~a Gildas *EB* 1; post fluminum latronum genitum Judaeorum pseudapostolorum continua ~a *Ib.* 73; si populi strages et saeva pericla duelli / protinus auferret solita clementia Christi Aldh. *VirgV* 2087; quem .. ipsum jam in mortis ~o constitutum .. Hercules liberavit *Lib. Monstr.* I 36+; quia in ~o naufragii magis nautarum scientia qui erant gnari maris Bede *Acts* 992; non horrui maris ~um Abbo *QG* 19 (42); ~um .. rei empte et vendite illum .. respicit qui eam tenet Glanv. X 14; quomodo enarrabunt ~a bestiarum que sunt in mari? T. Chobham *Serm.* 19. 702a; **1534** sub pretaxate pene ~o *StatOx* 336. **c** nequaquam animae ~um [*gl.*: dispendium, discrimen] pertimescens si integer virginitatis status servaretur Aldh. *VirgP* 31 p. 270; virgines Deo dicatae .. texendis subtilioribus indumentis operam dant, quibus .. se ipsas .. in ~um sui status adornent Bede *HE* IV 23 p. 265; capite absoluto, capitis ~o liberatus et absolutus *GlC* C 216; **1153** super decem libras †forisfacturi [l. forisfacture] vel membrorum suorum ~um *Ch. Chester* 109; hoc .. testantur in ~o animarum suarum priorissa et magna pars conventus *Canon. G. Sempr.* f. 148v. **d** **1381** fecerunt *le fray* pacis .. per quod tenentes domini prioris fuerunt minati .. et in grave ~o de corporibus *Hal. Durh.* 171.

3 liability, responsibility.

1255 pro quinquaginta tonellis vini .. qui portari debent ad ballium nostrum in ~o nostro *RGasc* I *sup.* p. 50a; non compellant juratores dicere precise si sit disseisina vel non .. sed si sponte velint dicere .. admittatur eorum dictum sub suo ~o *Reg. Malm.* I 97; **1299** petit de gracia curie quod .. clericus suus .. veniat hic una secum responsurus .. et concessum est ei in sui ~o *SelCExchPl* 177; **1330** summa recepto [avene], xxx celdre. de quibus, clerico liberacionis, ~o computantis, ij celdras j ballam, de quibus respondebit *ExchScot* 326; **1433** nil respondet hic .. quia capellamus .. recepit eosdem ad ~um suum proprium *Ac.Durh.* 232; **1460** eidem .. per solucionem factam Laurencio D. .. pro firma domus avarie in S., sub ~o compotantis, *ExchScot* 2; **1462** super ~o compotancium *Ib.* 145; **1477** allocate compotanti per solucionem factam primi de R. .. de anno compoti et sub ~o compotantis xlvj s. viij d. *Ib.* 441; **1479** allocate compotanti sub ~o compotantis *Ib.* 576.

peridon v. periodus.

peridexion [LL < περιδέξιον], kind of mythical tree that grows in India.

arbor quedam est in partibus Indee que Grece dicitur peredixon, Latine vero circa-dexteram, cujus fructus dulcis est nimis O. Cheriton *Fab. add. B* 2.

peridion v. periodus. **peridon-** v. et. peridotus.

peridoneus [CL], very suitable or appropriate: **a** (of person); **b** (of word).

a erat discrete proceritatis .. membrorum habitudine commoda ~eus W. Malm. *GR* II 220; s**1140** Rotbertus filins Huberti, .. ad furta belli ~ens *Id. HN* 485. **b** luctatio crebra / formet ab informi massa peridonea verba Vinsauf *PN* 726.

peridotus, ~a [ME, OF *peridot*], sort of gem, peridot.

1204 cum iij saph' aquatic' .. et uno peridon' in hardilone *RChart* 134a; **1245** cum lapidibus ~is *Invent. S. Paul.* 473; **1245** duo ~i *Ib.* 479; lapidem preciosum qui vulgariter dicitur ~us et qui subviridis coloris est M. Par. *Maj.* VI 386; **1265** j aspis cum cassa et j anulus cum ~a et j saphirus (*Pipe* 113 m. 2*d.*) *OED s. v. peridot*; **1272** uno anulo cum ~a (*Pat*) *Foed.* I 879; **1300** unus anulus auri cum peredetis *AcWardr* 345; c**1400** unus annulus aureus cum lapide vocato ~us (*Invent. S. Alb.*) Amund. II *app.* p. 331; **1411** tres anuli cum paritotis *Lit. Cant.* III 113; c**1450** lapis qui dicitur ~os, sive pederotes (*Ch. S. Alb.*) *MonA* II 219b.

peridoyn v. periodus.

periergia [LL < περιεργία=*curiosity, officiousness*], diligence, (also personified).

jura dedere patres Romanum stemma regentes / testis adest hujus sanctae periergia sedis Frith. 1169; est ~ia que laborem circuit operis, Agrimnia vigilans diligentia que exercitium temperat, ne quid nimis J. Sal. *Met.* 926C.

periermen- v. perihermen-. **perif-** v. periph- **perifision** v. peri.

perigaeum [περίγειον=*perigee*], (her.) base of shield.

regiones [scuti] tres sunt: superior, media, inferior .. superiorem cephalicam voco .. mediam centricam, infirmam ~aei Spelman *Asp.* 77 (*illustr.*).

perignitus [CL per-+ignire], very fiery, filled with fire.

angelus .. ostendit ei vallem incredibiliter ~am flammas profundissimas emittendo J. Yonge *Vis. Purg. Pat.* 10.

perigre v. peregre. **perigrin-** v. peregrin-.

Perihermenias, ~iae [LL < περὶ ἑρμηνείας], (name of) treatise on interpretation, 'Perihermenias': **a** (by Aristotle); **b** (by Apuleius).

a ~iarum subtilitates ~iae dicuntur, quasi de interpretatione Alcuin *Didasc.* 972C; **10..** Boetius super Perhiermenias (*Catal. librorum*) *EHR* XXXII 389; liber Periermeniarum vel potius Periermenias J. Sal. *Met.* 899C; in Perarmeniis [περὶ ἑρμηνείας] ex subjecto et predicato Gilb. VI 244v. 1; hoc dicit Boecius in tercio libro commentarii super Periarmenias Bacon III 243; scribitur in libro primo Peryhermenyas *Ib.* VII 106; elenchus, problema, ~ias quod est genitivus casus pro quo male dicunt Periarmenias *Id. CSPhil.* 444; de quibus docetur fine libri Peryermenias *Id. CSTheol.* 37 (new ed. p. 52: ~ias); Categorias, ~ias .. infantili balbucie resonant impuberes et imberbes R. Bury *Phil.* 9. 154. **b** audiat .. cathegorias Aristotilis et librum Periarmenias .. et librum Periarmenias Apuleii Neckam *Sac.* 373.

perihodus v. periodus. **perilla** v. perla, 3 perlatus.

perillustrare [cf. CL perillustris], to honour (greatly).

1412 cum . . absurdum . . foret eum minori prerogativa dotari quem major ordinis dignitas ~et *StatOx* 218.

perilogismus v. paralogismus.

perimere [CL]

1 to destroy, deprive of life, kill; **b** (w. spec. instrument or circumstance of death). **c** (p. ppl. as sb.) one who has been killed.

utrumque rex . . impia manu sed justa ultione peremit BEDE *HE* III 1 p. 128; sed binorum alter mordet quemcumque perīmit TATWINE *Aen.* 23 (*De trina morte*) 5; peremptus est ab Anglis quod inciviliter in eos egisset W. MALM. *GR* I 97; Dido moritura . . se enim peremtura merito id fortune non nature ascribit vel fato ALB. LOND. *DG* 9. 10; c**1296** unus Anglus perimet Scoticos quam plures (*Dunbar* 199) *Pol. Songs* 175; ex barbis regum quos perimerat fecerat sibi pelliceum *Eul. Hist.* II 340; ubi perempto Gallorum populo, Deo judicante, videbatur prima sentencia fore lata *G. Hen. V* 17 p. 124. **b** Finees, Samuhel, Helias, et Petrus tardi fuerunt ad iram et tamen peccantes vel gladio vel verbo peremerunt BEDE *Ep. Cath.* 16; viribus invisis sanctos in calce perīmo BONIF. *Aen.* (*Superbia* 15) 265; nobilis occubuit crudeli strage peremptus ALCUIN *SS Ebor* 790; peccata mea, nequitiae meae, si habetis animam meam vestro veneno peremptam ANSELM (*Or.* 5) III 13; de illis . . quos gladius peremit non est numerus W. MALM. *GP* I 62; quem potest regulus visu perimere / quem potest noxius aer extinguere WALT. WIMB. *Carm.* 326; lapidem grandem . . emisit ad dominum ducem ~endum STRECCHE *Hen. V* 162. **c** Franci . . in castra centum capita peremptorum retulerunt ad consolationem suorum ORD. VIT. IX 9 p. 528.

2 (transf. or fig.): **a** to part from, do away with. **b** to cancel out, annul, neutralize.

a quicquid munditiam hominis ~it, sordidum . . est J. SAL. *Pol.* 569C; major caudam deprimit . . minor tractum ~it HAUBOYS 272; si omnes leges . . perempte essent omnes similiter viveremus W. BURLEY *Vit. Phil.* 146. **b** negatio iterata plerumque se ipsam ~it J. SAL. *Met.* 829B; sic obicit quod [pars et totum] posita se ponunt et perempta se ~unt BACON XI 223.

perimetrum [CL also perimetros < περίμετρος, περίμετρον], perimeter, circumference.

~um, *A. aboute mesure WW.*

perimmanis [ML; cf. CL per- + immanis], very savage or brutal.

insaniunt in has paganica praecepta ~ia *Miss. Ebor.* II 118.

perimpendere [ML]

1 to grant, bestow (generously or completely).

1421 vestre . . humanitatis beneficia, nostre quondam congregacionis fratribus . . pro jure Cantuariensis ecclesie, apud vos exilia pacientibus, perimpensa *Lit. Cant.* III 143.

2 to administer in full (medicine; in quot., in fig. context).

que sorori nocet, hoc amoris remedium perinpendit [ME: *underfeþ*] *AncrR* 94.

3 to fulfil entirely (promise or obligation).

1562 dictus tamen T. S. premissis non obstantibus ejus contractum et promissam predict' perinpendens *SelPlAdm* II 125.

4 to consider, to estimate, evaluate, observe carefully or thoroughly: **a** (person); **b** (thing).

a c**1350** item quod deputati' per dictum episcopum ad officia predicta et subrogati' eorum de culpis suis reprehensi per monachos perinpendunt eos pro eo quod dicunt se perpetuos esse sicut monachos (*Reg. Roff.*) *MS BL Cotton Faustina B. V* f. 54v. **b** que rex omnia perinpendens oblacione facta . . STRECCHE *Hen. V* 184.

perimplementum [CL per-+LL implementum]

1 supplement, supplementary part, (*~um hundredi*) special hundred court.

1297 hundredum de Appiltr' cum perinplemento: tenentes in dicto hundredo et in perinplemento ejusdem hundredi solvunt per annum *IPM* 81/17 (cf. *CalIPM* III 423 p. 300); **1297** [*Apeltre the hundred*] cum ~o *CalIPM* III 423 p. 306; **1314** ballivus ~i hundredi de Appeltr' (Derb.) *DLMinAc* 29/13r. 9; **1373** hundredum tentum apud Sutton' die Martis in septimana Pasche anno xlvij° . . *DLCourtR* 44/517r. 7d.; visus franciplegii hundredi Dappeltre tentum apud Mershton . . ~um . . *Ib.* 8d.

2 full performance, thorough fulfilment.

1413 volentesque quod post solucionem predicte summe . . sic faciend' ac perfeccionem et ~um omnium et singularum convencionum habitarum *RScot* 208b.

perimplere [LL]

1 to fill up completely (container).

1350 vascula . . cruore et sudore . . Jesu ~eta *Flor. Hist.* I 127; **1379** pro vino empto, ad ~endum diversa vasa vini, carcato usque Bute a villa de Blaknes *Exch Scot* 8.

2 to fill in around, pack (with earth).

1300 in *standard* perinplendo (*Ac. Monkton*) *DC Cant.*

3 to bring to completion, to complete, finish: **a** (artefact); **b** (period of time, act, or sim., also w. ref. to dying); **c** (sum of money or sim., usu. w. ref. to making up of deficit or shortfall).

a 1300 in burla empta ad harnesium ~enda et emendanda *Fabr. Exon.* 11; **1495** quod tres fenestre . . sint vitriate et ~ete *Test. Ebor.* II 53. **b** c**1210** usque ad tercium annum ~etum *Ch. Chester* 292; **1217** usque ad terminum duodecim annorum futurorum ~etum *Cart. Glam.* 357; si hujus peregrinacionis viam velis Dei cum adjutorio ~ere J. YONGE *Vis. Purg. Pat.* 5; **1472** Beverle ~evit residenciam suam die Martis *Stat. Linc.* II 816. **c 1153** si ville ille . . xxx libras annuatim non valuerint, . . predictus comes R. de propria hereditate sua ~ebit *Ch. Chester* 106 (cf. *CalCh* IV 108: ~eret); c**1200** ad Pentecosten . . ~ebunt mihi numerum quadringentarum ovium in faldis *Couch. Kirkstall* 167 p. 122.

4 to carry out, perform, fulfil thoroughly (order, duty, or sim.).

quod . . omnia ~eret ad votum W. GUISB. 324; fateor me presentis regule essentialia non debite ~esse [v. l. perimplisse] (*V. J. Bridl.*) *NLA* II 71; **1337** illa assignacio in defectu suo non fuerat ~eta *ExchScot* 435; porro Deus predestinat electos suos ad diversa ministeria ~enda ROLLE *IA* 206; si ista dicta . . ~eantur *Croyl. Cont. B.* 506; quicquid mihi dixeris paratus sum ~ero *Latin Stories* 116.

perimpletio [CL per-+LL impletio]

1 (act of) filling up.

1537 sol' diversis operariis operantibus pro ~one plaustrorum fimo hoc anno *Ac. Durh.* 699.

2 thorough implementation, full performance, complete fulfilment.

1449 si bona mea non sufficiant ad . . voluntatis mee ~onem *Test. Ebor.* II 243; **1543** ob non ~onem dicti contractus *Offic. S. Andr.* 85; **1577** pro ~one et observatione unius mee partis cujusdam contractus *Dryburgh* 305.

perimpletorius [LL perimplere+-torius], that fulfils or supplements, supplementary; (*curia ~ia*) supplementary court.

1575 Stoke Clymesland curia legalis domine regine cum visu fraunci plegii manerii predicti ibidem tenta octavo die Novembris . . curia ~ia domine regine manerii predicti ibidem tenta quinto die Decembris . . omnes decennarii et totum homagium ibidem ad hanc curiam comparuerunt secundum consuetudinem manerii *CourtR* 162/56.

perina v. perrinus.

perinanis, ? *f. l.*

quod terra, cum ratio exigere videatur quod sue gravitatis pondere—presertim cum nullis perinane [? l. per inane] quasi pendeat—sustentata adminiculis deorum ruere debeat ANDR. S. VICT. *Sal.* 99.

perinclitus [ML], very famous or renowned.

c**1300** ad perinclytum et preciosum martirem beatum Thomam *Lit. Cant.* I 11.

perinde [CL]

1 through or from that place.

c**1168** quadrige . . aliunde venientes et ~e transeuntes *Regesta Scot.* 64.

2 from that source, for that reason, thereby.

ad adnuntiandam vobis plenitudinem fidei Christianae sacerdotalem procuravimus sollicitudinem prorogare ut ~e Christi evangelium . . vestris . . sensibus inserentes salutis vestrae remedia propinentur BEDE *HE* II 10 p. 101; ut ~e . . jura teneas maritalis consortii *Ib.* II 11 p. 105; pulchre compositus ~eque hominibus acceptus et carus W. MALM. *Wulfst.* I 8. 2; **1220** si possent invenire in domo sua, ~e esset melius attaciandus *RL* I 83.

3 in the same manner or degree, also. **b** (in phr. *ac ~e* or foll. by *sicut*) in the same way as, and also. **c** (w. *ac si* & cl. w. subj.) just as if, in the same way as if.

quidam . . ex eis . . convivia in noctem ducere, ~eque potationibus ad lucem insistere W. MALM. *GP* II 76 p. 169; considerandum erit quo animo . . quid fiat . . ut ~e sciri poscit que sequatur actio et qua pena BRACTON 101v. **b** hec simul omnia in caritate et nonnisi in caritate simul omnia ac ~e in illa vera tranquillitas, vera suavitas AILR. *Spec. Car.* I 31. 535; si resisterem potestati ac ~e et Dei ordinationi AD. SCOT *QEC prol.* 801D; **1294** ita quod vobis ~e specialiter teneamur, sicut vobis pro bonis sensiciis nobis multocius impensis recognoscimus nos teneri *RGasc* III 239a. **c 1165** si quis sit quem animus meus conicit alios precessurum . . ~e habetur ac si Phaeton currus paternos usurpet J. SAL. *Ep.* 162 (137); cum . . dicitur quia in principio creavit Deus celum et terram, ~e est ac si dicatur 'Deus Pater eternaliter existens . .' NECKAM *NR* I 1 p. 4.

perindeus [cf. LL peridexion < περιδέξιον, indeus, CL Indicus], mythical tree said to grow in India.

~eus est arbor in India; fructus autem hujus arboris dulcis est totus et valde suavis; columbe autem delectantur in fructibus hujus arboris *Best.* 84 f. 45v.

perindustriosus [CL per-+LL industriosus], very diligent or assiduous.

1426 ~us et pervigil in exercicio commisse sibi cure *Conc.* III 476a.

perinfamis [CL], very notorious or disreputable (in quots., w. abl.).

vir apud suos sevitia immanis idemque foris ignavia ~is W. MALM. *GR* I 41; pretendens belli causam peregrinorum injuriam qua ille ~is erat *Ib.* IV 387.

perinformiter [CL per-+LL informiter], very irregularly or incorrectly.

si quantitas esset alia res deferens illas qualitates, ille qualitates non essent sine subjecto, sed essent in subjecto; immo nullo modo posset verificari commune dictum doctorum, et ~iter, ut videtur, determinacio ecclesie quod accidencia remanent in sacramento altaris sine subjecto OCKHAM *Sacr. Alt.* 110.

peringulare [CL per-+ML ingulare], to swallow entirely (fig.).

949 multis . . vitiorum prestrigiis mentes humanas incentor fraudulentus peringulando [v. l. perjugulando] deludit *CS* 880.

perinhumanus [CL per-+inhumanus], (completely) heartless or cruel.

malus est hic vir et ~us LIV. *Op.* 75.

perinpendere v. perimpendere.

perinsignis [CL], very renowned or distinguished (in quots., w. abl.).

qui pietate in Deum, probitate in patriam ~is magna morum sinceritate vitam cucurrit W. MALM. *GR* I 78;

is [sc. Lanfrancus] .. non adeo abjecta et obscura progenie oriundus erat, sed litteratura ~is *Id. GP* I 24 p. 37.

perinstruere [LL v. l.], to instruct, teach, train (thoroughly).

duplas merces .. accipiebat ab his qui fuerant male perinstructi SICCAV. *PN* 110.

perintrare [LL], to enter or penetrate (completely).

saucio loetiferis omnes cum mortibus intus / jam rabidi trino capitis sub dente perintro TATWINE *Aen.* 23 (*De trina morte*) 2.

perintus [CL per-+intus], entirely within or on the inside.

ista prophetia tantum fuit in occultis que ~us notantur (J. BRIDL.) *Pol. Poems* I 130.

perinum v. perrinus.

perio [LL s. dub.], district, region.

venerat infidus populus cunctasque per enses / trans Humbrum patrias submiserat ac regiones [v. l. periones] *V. Merl.* 1079.

periocha, ~e [LL < περιοχή], section (of text, usu. of book of scripture).

allegorice .. in hac ~a doctorem .. instruit BEDE *Prov.* 959; a**801** capitula singulis ~is cum numero adnotare ALCUIN *Ep.* 214; unde in ecclesia, perioca Parabolarum que sic incipit J. SAL. *Ep.* 143 (209 p. 332).

periodicalis [CL periodicus < περιοδικός + -alis], (med.) that recurs at regular intervals or exhibits recurring symptoms, intermittent, periodic.

[fluxus epaticus] est ut plurimum ~is GAD. 57. 1.

periodicus [CL < περιοδικός], (med.) that recurs at regular intervals or exhibits recurring symptoms, intermittent, periodic.

erunt .. duo dies cretici, quarti et peryodoci in hac septimana, quartus sc. et septimus BACON IX 204; nisi in febre ~a longa GAD. 13. 2; fluxus stomacalis .. non est ~us et non habet horas in quibus crescat et decrescat *Ib.* 57. 1.

periodoia v. periodus.

periodus, perihodus [CL < περίοδος]

1 circular movement. **b** circuit.

II .. ~as, circuitus *WW.* **b** periodoias [l. περιόδους] .. circutus [l. circuitus] *GlC* P 197; periodoyn, actus Pauli *Ib.* P 199; ~us .. dicitur a pary quod est circum, et oda, quod est via *Dictamen* 337.

2 course or extent of time; **b** (w. ref. to recurring period usu. determined by astronomical cycle or sim.). **c** (med.) period of illness, time during which a disease runs its course or reaches its peak.

quilibet motus habet proprium tempus tanquam propriam ~um et mensuram BACON III 163; **1281** trium hebdomadarum post Pascha ~o revoluta *Conc.* II 50b; dum virtus elicuerit actum non est in ejus potestate ipsum dimittere quandocunque vult, sed habet naturalem ~um WYCL. *Act.* 12; iterum assumendo perpetuum pro ~o *Id. Ver.* II 134; **1488** quando .. confectus senio .. presentis vite ~um adesse sibi videret extremum *Reg. Whet.* I 473. **b** altera .. est racio ut omnis dies cum nocte sua .. indifferens ostendatur in dimensione temporati sensibili secundum ~um reversionis sue ad ortum GROS. *Hexaem.* II 11. 2; arbor .. sit que pluribus solis ~is permanens de eodem stipite pluries fructificat *Ib.* IV 28. 2; non intelligendum est .. unam solis ~um secundum accessionem et recessionem esse simpliciter idem quod annum *Ib.* IV 28. 3; graves infirmitates que generantur ex caliditate vel ex ~is [*gl.*: hic sumitur pro motibus circularibus nam periodus Grece est circuitus Latine] et ex cursu lune cognoscuntur BACON V 98. **c** tertiana vera non transit ~os vij eodem modo de necessitate RIC. MED. *Signa* 37; dies pocionis seu medicine sunt septem et dies peryodi [*gl.*: i. septimane, in morbis acutis quorum ultima dies est dies crisis, peryodus vero est crisis] sunt septem BACON V 140; sic per tres dies aufert ~um fe[bris] GAD. 13. 2.

3 (gram. of rhet.): **a** complete sentence, period. **b** (sign that marks) conclusion or end of sentence or verse. **c** section of prose or verse. **d** (in gl.).

a tam notariorum caracteres quam grammaticorum ~os [*gl.*: intellectus, sensus, clausula, figuras, *loca, fulle cwedas, clysincga*] colo et commate sequestratim distinctas [v. l. distinctos] affabiliter instruendo ALDH. *VirgP* 32 p. 272; plena autem sententia ~us est. interpretatur colon membrum, comma incisio, ~us clausula sive circuitus BEDE *AM* 118; **754** perfectis litterarum .. dulcissimis ac nimium placabilibus perhiodis *Ep. Bonif.* 114 p. 246; perhiodas, sententias *GlC* P 300. **b** distinctio *is todal and* ~os *is clysing oþþe geendung þæs ferses* ÆLF. *Gram.* 291; ut sit colon membrum, coma articulus, ~us circuitus qui sermonis sententiam claudit J. SAL. *Met.* 850C; colon esse ubi vulgariter punctum dicimus .. coma ubi quasi divisione media partimur versum, ~um que sermonis cum integritate concludit *Ib.* 850D; comma habet pausationem parum flexam, colon vero elevatam, ~us perfecte descendit BACON *Tert.* 248; ~us secundum Albertum .. dicitur a pary quod est circum et oda quod est cantus .. et est punctus cum virgula inferius ducta .. et talis distinccio vocatur finitiva *Dictamen* 337. **c** c**801** quare centesimus decimusque octavus psalmus viginti duobus ~is divideretur ALCUIN *Ep.* 243 p. 389. **d** periodoias [? l. περιόδους], contextus *GlC* P 197; periddon [? periodon] contextum *Ib.* P 236; peridion, contextum idest unius sensus *Gl. Leid.* 30. 9.

4 (alch.).

~us, est celsa, vel musculus vitae, pulsus per universum corpus discurrens *LC* 258b.

periousios [περιούσιος], especial, particular.

epyuision [l. ἐπιούσιον], perision [l. περιούσιον], exiareton [l. ἐξαίρετον], precipuum *Gl. Leid.* 29. 51.

Peripatetice [περιπατητική], Peripatetic (Aristotelian) school of philosophy.

peripitegi, genus philosophiae *GlC* P 354.

Peripateticus [CL < περιπατητικός]

1 (one) who disputes or debates while walking.

~us [v. l. Peripaticus], disputans in ambulando OSB. GLOUC. *Deriv.* 482.

2 of or belonging to the Aristotelian school of philosophy, Peripatetic. **b** (as sb. m.) follower of Aristotle or his school of philosophy, a Peripatetic, an Aristotelian; **c** (~us Palatinus) Peter Abelard (*v. et. Palatinus* 6); **d** (Anglus ~us Adam) Adam of Balsham.

campidoctor .. ~e discipline que pre ceteris in veritatis indagatione laborat J. SAL. *Met.* 915D; hanc .. in scolam ~am Aristotiles introducit *Ib.* 929D; ~i principatus preceptor AD. MARSH *Ep.* 116 p. 302; quedam .. secta que dicitur peripathetica asserit ipsum [Aristotelem] ascendisse ad empireum celum in columpna ignis BACON V 36. **b** universis sancte matris ecclesie omnibus viz. perypateticis ac per hoc aliis philosophico lacte nutritis PETRUS *Peripat.* 97; tam Stoicorum quam ~orum dogma J. SAL. *Met.* 906A; soli Parypathetici Aristoteli consentientes remanserunt in veritate philosophie BACON *CSTheol.* 33; laboriose considerantibus Aristotelem certum erit hoc esse de scola ~orum SICCAV. *PN* 50; primo apud Peripatheticos dicitur HOLCOT *Wisd.* 6; Paripatetici [v. l. Peripatetici] .. constituebant eam solum in virtute FORTESCUE *LLA* 4 p. 10. **c** contuli me ad ~um Palatinum qui tunc in monte Sancte Genovefe clarus doctor .. presidebat J. SAL. *Met.* 867B; in hac .. opinione deprehensus est ~us Palatinus Abelardus noster *Ib.* 874C; si me vixisse profitear florente ~o Palatino *Id. Pol.* 450C. **d** deridebat eos noster ille Anglus ~us Adam J. SAL. *Met.* 899A.

peripatiens [cf. περιπατεῖν, ? infl. by CL Peripateticus < περιπατητικός], one who walks up and down (while teaching or debating).

peripatthiens, ambulator *Gl. Leid.* 30. 1.

peripatisma v. peripetasma. **peripcema** v. perizoma.

peripetasma [CL < περιπέτασμα], curtain, hanging; **b** (in etym. gl.).

~a, *limbstefning* ÆLF. *Gl. Sup.* 191; ~a [vv. ll. peripatisma, peritatisma], cortina, anabatrum, auleum,

velum OSB. GLOUC. *Deriv.* 466. **b** cortine limbus est peripetasma vocatus GARL. *Syn.* 1584A.

peripheria [LL < περιφέρεια], (usu. geom.) periphery, circumference.

centri ad periferiam vel circumferentiam .. aliqua .. proportio est J. SAL. *Pol.* 532B; quanto periferia est minor, tanto angulus contingentie est major J. BLUND *An.* 103; rectangule magnitudines e distantia vise ~ie apparent BACON. *Maj.* II 114; sicut enim stans in centro circuli, per quemlibet semidiametrum potest exire ad proprium punctum ejus in ~ia situatum BRADW. *CD* 81B.

periphrasis [CL < περίφρασις], (rhet.) circumlocution, periphrasis.

perifrasis est circumlocutio, quae fit, ut aut brevitatem splendide describat et producet, aut fœditatem circuitu evitet BEDE *ST* 157; visio capitis super stratum peryfrasis est spolnii ANDR. S. VICT. *Dan.* 40; per has ~es tempora totius anni ostendit ALB. LOND. *DG* 10. 5; hic perifrasis consideranda que circumlocutio interpretatur est .. circumlocutio quasi quedam rei descriptio GERV. MELKLEY *AV* 66; perifrasis quando parva sentencia magnam habet circumlocucionem *Ps.-GROS. Gram.* 74; tropus et perifrasis scema nominatur / sarcasmos et tropico flore venustatur *Qui majora cernitis* 21.

periphrasticus [ML < περιφραστικός; cf. et. LL periphrasticos < περιφραστικῶς =by periphrasis, periphrastically], (of or connected with) periphrasis, circumlocution.

perifrasticus, circumlocutio *GlC* P 299.

peripitegi v. peripatetice.

peripleumonia [LL < περιπλευμονία], inflammation of the lungs, pneumonia. **b** (in gl., understood as) a spitting of blood.

de febre concomitante apostemata ut pleuresim et ~iam GILB. I 3v. 2; philonium .. tussim cum mulsa emundans ~ie cum ydromelle valet *Ib.* IV 189. 2; ~ia et pleuresis sunt apostemata pectoris. sed ~ia pulmonis, pleuresis autem diafragmatis et costarum *Ib.* IV 189v. 1; paralisis, emorroide, ~ia et pleuresis BACON IX 124; ~ia, quod est apostema pulmonis, et dicitur a peri juxta et pulmo GAD. 25v. 1; paripleumonia sive paripleumonion apostema calidum pulmonis est *SB* 33. **b** ~ia, *blothrœcung* ÆLF. *Gl.* 113.

peripleumonicus [cf. CL peripleumoniacus < περιπλευμονικός], one who suffers from inflammation of the lungs.

queritur quare pleuretici et ~i maxime vinum appetant *Quaest. Salern.* B 273; dyadragagantum .. valet tussientibus .. suspiriosis, ~is, pleureticis GILB. IV 184. 2.

peripleuronicus [cf. CL peropleumoni(a)cus < περιπλευμονικός, CL pleurīticus < πλευριτικός], one who suffers from inflammation of the lungs.

infera magna .. stomatius, peripleuronicis, empicis, et cardiacis probata GILB. I 35v. 1.

peripneumonia [LL < περιπνευμονία], inflammation of the lungs, pneumonia.

in apostematibus ut in pleuresi et ~ia sputum RIC. MED. *Signa* 35.

peripsema, ~ima [LL < περίψημα] a scraping, an offscouring, refuse, scum; **b** (transf. or fig.; of person, also w. ref. to *I Cor* iv 13); **c** (in gl. or list of words).

contempta mundi blandimenta velut quisquiliatum ~ema [*gl.*: purgamenta, *feormunga, orfyrmþa*] respuens ALDH. *VirgP* 10 p. 238; ut spurca sterquilinia ut projecta ~ema [*gl.*: purgamenta, *eswepa*] contempsit *Ib.* 44 p. 269; contempsit mundum felix cum flore virentem / arida ceu paleae projecta peripsēma sordent *Id. VirgV* 2057; **931** infima quasi ~ema [*corr. to* ~ima] quisquiliarum abiciens *CS* 677; respuenda velut ~ima doctrina eorum BYRHT. *Man.* 40; velut quisquiliarum ~ema aporians *Id. V. Osw.* 417; s**974** transitoria quasi ~ima quisquiliarum abjicies (*Ch.*) *Chr. Rams.* 182n; qua de re infima quasi ~ima quisquiliarum abiciens *Lib. Eli.* II 77 p. 145. **b** aporior nunc ut per ipsima [l. peripsima], sed tunc angelos judicabo *Trop. Wint.* 28; tanquam purgamentum hujus mundi factus sum, omnium ~ema usque adhuc AD. SCOT *TGC* 828C; cum gens nostra omnium mundi gentium fuerit effecta ~ema [vv. ll. ~ima, peritissima] in rebus bellicis *Itin.*

Ric. IV 22 p. 279; qui vera loquitur et purgit vicium / fex et peripsima censetur omnium WALT. WIMB. *Palpo* 22; **s1249** ac si esset . . omnium abjectorum peripsima vel perfidus parricida M. PAR. *Maj.* V 63; pauperes spiritu sed in fine ditissimi, mundi ~a et sal terre R. BURY *Phil.* 6. 83; qui, tanquam purgamenta hujus mundi omnium peripsima, stulti esse voluerunt ut essent sapientes (*NLA prol.*) CAPGR. *Hen.* 198. **c** ~ima, purgamentum vel quisquilea *Gl. Leid.* 35. 195; **10 . .** ~ema, *geswæpa WW*; peripsima, G. *parun de pumme* HALES *Exoticon* 320; hec perima, hec ~ima, . . hoc perapsima, *a paryng WW*.

peripsimare [cf. LL peripsema, peripsima+-are], to pare, trim by cutting, scraping, or sim.

scindendo carnes conviva peripsimet [*gl.*: peripsimet id est in suo loco per semet ipsas ponat] illas D. BEC. 932; *paare ffrut* ~o *PP*; pipsimo [l. peripsimo], -as, *to pare a thynge WW*; parare, ~are *CathA*.

peripsius v. perissius.

peripulmonia [cf. LL peripleumonia, CL pulmo], inflammation of the lungs, pneumonia.

in quibusdam apostematibus, in pleuresi, ~ia, quia ibi vehemens fit dolor *Quaest. Salern.* N 37.

perire [CL]

1 to go through or around (so as to visit or inspect).

c1141 sciatis me dedisse . . C. . . cum suis rectis divisis . . sicut W. de G. et D. vicecomes et R. . . ~iverunt et circuierunt *E. Ch. Scot.* 134 p. 101; **c1144** terram et boscum de G. sicut pater meus rex David et ego et R. abbas ejusdem ecclesie ~ivimus et circuivimus *Regesta Scot.* 41; †**a1153** (1385) terram . . sicut R. de G. camerarius meus, T. vicecomes et R. clericus ea vice †proiverunt [*sic* MS: l. periverunt] quando eam metiti sunt pro quatuor carucatis terre et dimidiam *Ib.* 19; **1290** in expensis J. de Foxl' et J. Coci ~euntium de Wenloc usque Persor' ij s. *Doc. W. Abb. Westm.* 187.

2 to vanish, disappear (also w. abstr. or non-material subj.); **b** (w. ref. to going astray or erring).

~eat de terra memoria eorum qui eum vel Deum vel hominem esse verum denegant BEDE *Ep. Cath.* 114; et stipulante Deo pulse perire tenebrae *Mir. Nin.* 147; ~iit jam omnis illa contradictio sed utinam sic a moribus sicut ~iit a vocibus AILR. *Serm.* 10. 28. 263; unde Dominus per prophetam: 'domus indisciplinata ~ibit de populo' OSB. GLOUC. *Deriv.* 443; miraculum grande et stupendum dicit quod ~iit sapientia ab eis et intellectus absconditus est ab eis BALD. CANT. *Commend. Fid.* 101. 2. 636. **b** apprehendite disciplinam, ne ~eatis de via justa, . . WULF. *Æthelwold* 17 (=ÆLF. *Æthelwold* 13).

3 to be destroyed, die, perish (also w. abl. or *ab* & abl. to indicate cause or agent of death); **b** (in curse or imprecation); **c** (of plant).

nullus de viventibus adhuc totius familiae tuae pestilentia ~ibit *V. Cuthb.* IV 6; veneno ~iit BEDE *HE* IV 21 p. 255; in illa fuga diversis generibus mortis multi ~iere ORD. VIT. IV 3 p. 174; quum incaluissent mero litesque consererent, Britones a Saxonibus ~ierunt SILGRAVE 12; **1281** periculose vagari posse forsitan et ~ire *Reg. Ebor.* 6; hac [femina] Priamus, Priamique domus, Paris, Hector, Achilles / Ajax, Esonides, totaque Troia perit J. LOND. *Brutus* 131. **b c1211** ~eat ergo palefridus ille et non ~eat sed resipiscat ascensor ejus GIR. *Ep.* 6 p. 216; ~eant ergo viri virulenti et devoratores ac parricide cuculi! ~eant pessimi et ingrati imitatores Joab sanguinarii! ~eant etiam Neroniani discipuli in necem erudiencium et perniciem nati! *Id. SD* 118. **c** dum in annona depressa ~itura olera penitus extirpare nituntur B. *V. Dunst.* 1; iste flos ad modicum frigus ~iit et ad minimum estum marcescit T. CHOBHAM *Serm.* 23. 91va.

4 to die (w. ref. to eternal life).

si qui propter ejus imperitiam vel desidiam . . ~ierint, in die judicii de ejusdem manibus . . animae exquirantur GILDAS *EB* 110; viri justi divitiis annis multis fruentur, iniqui autem ~ient breviter BEDE *Prov.* 980; ut oboedire inciperent Domino Jesu Christo qui per inoboedientiam protoplasti ~ierant BEDE *Ep. Cath.* 42; **918** ne homo penitus ~iret quem ipse creavit *CS* 661; **932** sciat se . . aeterna confusione edacibus ineffabilium tormentorum flammia ~iturum *CS* 689; Petrus . . ter negavit te sed non timeat quia non ~ibit AD. SCOT *TGC* 828A.

5 to perish: **a** (of thing); **b** (of act or abstr.); **c** (pr. ppl. as sb.) thing that perishes. **d** (fut. ppl. as sb. n. pl.) things doomed to perish.

de ipsis [hominibus de Cain generatis] et pro ipsis dicitur mundum ~isse *Comm. Cant.* I 67; quia illam terram et illos caelos qui diluvio ~ierunt et post diluvium repositi sunt igni ultimo perdendos asseverat BEDE *Ep. Cath.* 81; sic ~iit pene totus mundus *Ps.*-BEDE *Collect.* 379; ut post ~euntia regna mererentur coelestia consequi GOSC. *Aug. Maj.* 48A; mallem totum mundum ~ire quam me solum a Christo separari AILR. *Spec. Car.* III 37. 615B; fastidit cibum spiritualem, cibum qui non ~it [cf. *Joh.* vi 27] BALD. CANT. *Serm.* 3. 54. 528; que contra naturam creantur statim ~eunt ALB. LOND. *DG* 6. 25; **1344** opus fabrice multociens tardabatur et ~iet hiis de causis *Fabr. York* 163; **1351** de Wynwykholm nichil quia ~iit per inundacionem aquarum *Rec. Elton* 367. **b** defuncti hominis justi non ~iet spes, gloria autem impiorum ~ibit BEDE *Prov.* 972A; pro certo non est simplex bonum cujus voluntate ~it summum bonum ANSELM (*Mon.* 18) I 33; ergo si tu disipueris, ~ire estimas sapientiam? AILR. *Spec. Car.* I 6. 510; ars perit aurige, nantis vigor, omnia navi, / spes nobis L. DURH. *Dial.* III 173; omnis appetendi conatus ~it ex desperatione consequendi GIR. *TH intr.* p. 5; ita ~ibit doctrina Anselmi Monologion DUNS *Ord.* III 25. **c** horum . . extimplo perit memoria dum †percuricia [MS: pereuncia] sequuntur, caducis innituntur et gloriam . . in lingua ponunt aliena STUDLEY 1. **d** ut pro terrenis caelestia, pro ~ituris aeterna, pro falsis vera . . exspectetis et . . capiatis ANSELM (*Ep.* 36) III 144.

6 (leg.) to fail (in ordeal or in one's defence).

1166 idem vicecomes reddit computum de catallis fugitivorum et eorum qui ~ierunt in judicio aque *Pipe* 5; **1168** in custamento j militis suspensi. et juisii j hominis qui ~iit et suspensus fuit viij s. *Pipe* 188; **1214** purget se aqua quod non fuit consenciens. ~iit et suspensus est *SelPlCrown* 116; **1219** juratores et iiij villate . . testantur quod ipse culpabilis fuit de morte uxoris sue. consideratum est quod ~iit et suspensus est *Eyre Yorks* 306.

7 (trans.) to cause to be destroyed or perish, to bring to decay or destruction.

1315 totum cumulum [*sic*] . . aule discaetum fuit et ~itum (v. cumulus 6).

periscelis [CL < περισκελίς]

1 leg-band, anklet, garter, or sim. **b** (*ordo ~idis* or ellipt.) Order of the Garter; (*eques ~idis* or *ordinis ~idis*) knight of the Order of the Garter.

in pede periscellides apellantur facti de auro vel argento *Comm. Cant.* I 451; discriminalia capitum et ~ides [*gl.*: *hosebendas*] crurum ALDH. *VirgP* 52 p. 308; perscelides, armillas in pedibus *GlC* P 303; ~idus, crurum ornatus *Ib.* P 330; priscelli [l. periscelides], feminarum crurum ornamenta *Ib.* P 705; ~idas, armillas de tibiis *Gl. Leid.* 13. 8; ~ides, *scangbendas* ÆLF. *Gl.* 152; **11 . .** perhiscelides, ornamenta crurum *WW*; lunule, crurum etiam hec perichelides [*gl.*: *bavis, boez d'or, terçuur*] BALSH. *Ut.* 53; multum . . erratur circa hoc nomen ~is, idos, quod est ornamentum crurium non brachiorum, et scribitur . . in antiquis libris Latinorum per 'sc' BACON *Gram. Gk.* 75. **b 1458** catechismus ordinis Equitum ~idis Anglicane *Reg. Whet.* II 300; **1536** W. F., equite ~idis *Conc.* III 803b; Garterii sive ~idis equites nominavit CAMD. *Br.* 250 (v. garterium b); vir pugnacissimus Joannes Chandos ~idis eques primarius SPELMAN *Asp.* 107.

2 a arm-band, bracelet, or sim. **b** (generally) ornament.

a dextrocherium, torques, periscediles [v. l. perisediles]; quod est ornamentum brachiorum est enim peri circum delos brachium] OSB. GLOUC. *Deriv.* 175; ambiant torques aurei lacertos, brachia perinchelides NECKAM *NR* II 188 p. 334; *a broche* . . torques corpus habet, humeros armilla, morile / colla, perichelides brachia [cf. *Medulla*: perichelis, ornamentum mulieris circa brachia et crura] (*Vers.*) *CathA* 45a. **b** lunula, genus monilium quod etiam ~is [vv. ll. ~ides, perischelides, perichelides] dicitur OSB. GLOUC. *Deriv.* 324; lunula, luna, †nychelides [l. perichelides], torques et inaures GARL. *Syn.* 1587C; et plur. hee pericelidos, *urnement a femme Gl. AN Glasg.* f. 21rc; hec perichelis, -dis, *ornement de femme Gl. AN Ox.* 366.

periscum, periscus v. Persicus. **perision** v. periousios.

perispomene [LL < περισπωμένη], (gram.) (mark of) circumflex accent.

pistomine [l. perispomene], circumfexus [*sic*] *GlC Interp. Nom.* 259.

perissius [cf. περισσός], odd, not even.

alii sunt arcii, i. pares, alii sunt peripsii, i. impares BACON IX 203; respondet Galenus eos [dies] esse peripsios *Ib.* 205.

perissologia [LL < περισσολογία], (rhet.) excessive talk or verbiage, wordiness.

ubi videtur esse ~ia, sc. vitium superfluitatis [v. l. ~ia superflua locutio] GERV. MELKLEY *AV* 3; si circumloquitur multis sermonibus quod unico verbo possit concludi . . dicitur perizologia *Ps.*-GROS. *Gram.* 69.

perissologicus [LL perissologia < περισσολογία+-ĭcus < -ικός], characterized by excessive talk or verbiage, wordy.

erit . . in communibus ecliptica opusculi hujus traditio, in privatis vero ~a ut prosit rudibus garrulitas intellecta GERV. MELKLEY *AV* 2.

perissologus [ML < περισσολόγος], (one) who speaks wordily.

~os, i. superflue loquens GERV. MELKLEY *AV* 3n.

perisson v. persion.

peristerion, ~eon [LL < περιστέριον, περιστερεών; CL peristereos], **~ia,** kind of plant, usu. vervain (*Verbena officinalis*).

herba ~ion *þæt ys* berbena *Leechdoms* I 28; ~ion, berbeana *Gl. Durh.* 304; beretria, i. perestereon *Gl. Laud.* 249; diosatin, i. ~eon *Ib.* 491; pisteron [i.e. peristeron], i. vervena *Ib.* 1135; ~ia, i. *fen lectere Ib.* 1161; ~eon, i. columbaria vel ~ia *Ib.* 1184; ~ion, i. vervena *SB* 33; columbina . . respice in ~on. columbaria, ~eon, verbena idem G. *verveyne*, A. *fleguurt*, bona herba veneris *Alph.* 43; gerabotonum quod multi ~ion aut verbenam dicunt, G. *vervayne*, A. *flegheuurt Ib.* 74; ~on vel ~ion vel pisteron, verbena, recia, columbina vel columbaria idem *Ib.* 142; ~on, ~ion, A. *verveyne MS BL Addit.* 27582 f. 39r.

peristroma [CL < περίστρωμα], cover for bed or wall. **b** sort of fabric, arras.

perstromata, pertegmina *GlC* P 301; **1487** ~ata (*Ac. Gonville Hall*) *Arch. Hist. Camb.* III 360. **b 1553** de . . uno pulvino ~atis pro cathedra cum tergo correi, Anglice *one cusshyn of arrys for a cheyre with a backe of lether Pat* 852 m. 28.

peritare [? CL], to die (frequentative).

a ~o, ~as i. perire verbum frequentativum OSB. GLOUC. *Deriv.* 189.

peritatisma v. peripetasma.

perite [CL], in a knowledgeable manner, expertly, skilfully.

peritus . . unde ~e, ~ius, ~issime adverbia OSB. GLOUC. *Deriv.* 464.

perites v. pyrites.

perithymia [cf. περίθυμος=*very angry*], intense anger or irritation.

scrophule ex perithimia fiunt in collo cum difficultate glutiendi GILB. IV 177v. 1.

peritia [CL], knowledge that results from experience, skill, expertise; **b** (w. quasi-subj. gen. to indicate knowledgeable person); **c** (w. obj. gen.).

tantae ~iae vir *Hist. Abb. Jarrow* 5; aliqua excerpta scribere curavi quae hebitudo gentis Britanniae dejecerat quia nullam ~iam habuerunt NEN. *HB* 143; cedo illi qui plus noverit in ista ~ia satis quam ego *Ib.* 144; hanc ~iam [vv. ll. genealogiam, experitiam] inveni ex traditione veterum *Ib.* 161; **9 . .** ~iam, *gleawnesse WW*; Scotia . . in musica ~ia longe prevalet GIR. *TH* III 11 p. 155. **b** quamvis enim valde multi sint praeter prudentiam vestram, de quorum multum proficere imperitus possim ~ia, et quorum subjacere censurae mea me cogat imperitia ANSELM (*Mon.*) I 5; quod ille Mauritii ~iam cum in litteris tum in civilibus negotiis magni pensaret W. MALM. *GR* V 434; si eorum ignarus recte scribit aut loquitur, ~e ejus ascribendum non est J. SAL. *Met.* 848C; non formido judicium qui et de equitate cause et judicis ~ia et sinceritate confido *Ib.* 857B; **1250** nisi ipsius conversacio vel ~ia publice nota habeatur *StatCantab* 199; **1281** de cujus eminenti ~ia, diligencia, et constancia presertim confidimus *Reg. Ebor.* 6. **c** frustra latentium rerum ~iam [*gl.*: prudentiam, dissertitudinem, doctrinam] applaudunt ALDH. *VirgP* 44 p. 297; 'sine litteris' dicit non quod litteras nescirent sed quod grammaticae artis ~iam non haberent BEDE *Retract.* 1008; piscandi ~ia genti nulla nisi ad anguillas tantum inerat *Id. HE* IV 13 p. 231; didicit . . inibi liberalem grammaticae artis ~iam WULF. *Æthelwold* 9; **1159** cum Aurelianensibus qui multarum rerum ~iam et usum habent J. SAL. *Ep.* (110 p. 176); consecuti estis . . vere architecture ~iam et agriculture noticiam R. COLD. *Osw. pref.* p. 329; ~iam habent legis divine T. CHOBHAM *Praed.* 79.

Peritios [LL < *Περίτιος*], Greek (or Macedonian) month (February).

de mensibus Graecorum . . vocatur . . apud eos . . Februarius ~ios BEDE *TR* 14 p. 210; Hebraice Sabath . . Grec' Penitios [l. Peritios] . . Sax' *Solmonaþ Miss. R. Jum.* 10.

peritome [LL < *περιτομή*], (in gl.) circumcision.

pentomen [l. peritome], circusio [? l. circumcisio] *GlC* P 365.

peritonaeon, ~um [LL; CL *as adj.* < *περιτόναιος*]

1 (anat.) double serous membrane that lines the cavity of the abdomen, peritoneum.

super ventrem et pectinem et ~eon et lumbos GILB. V 230v. 1; ragadie sepe in ipso circulo qui et ~eon dicitur creantur *Ib.* 231. 1; inferior venter . . a prima cute ad ~aeum Graecio *ἐπιγάστριον*, barbaris mirach appellatur D. EDW. *Anat.* A 3; ~aeum nervosa pars est, tactu mollis . . totum ventrem occupans *Ib.* A 3v.

2 perineum.

prope ~eon [*gl.*: circuitus cunium, A. *a wiulbon* et G. appellatur *cercele de cul*] in muliere est valva ventris que dicitur vulva GARL. *Dict.* 121; ~eon dicitur a peri, quod est juxta, et tono, -as, quasi juxta tonantem; quia est juxta anum, sc. inter virgam et anum GAD. 25v. 2; Serap' . . vocat siphac peritomeon *Ib.* 32. 1; paritoneon, est locus inter anum et pudenda *SB* 33; piconeon vel piriconeon [v. l. pitoneon, pericoreon], i. locus inter anum et virgam virilem *Alph.* 145.

peritoria v. parietarius. **peritraria** v. parietarius. **perituma** v. paristhmia.

peritus [CL]

1 who has knowledge that results from experience, knowledgeable, experienced, skilled; **b** (w. gen. to indicate area of knowledge or experience); **c** (w. *in* & abl.); **d** (w. abl.); **e** (w. inf.).

derelinquunt oves . . et non habent verba pastoris ~i GILDAS *EB* 92; sub ~issimo [*gl.*: doctissimo, *getyddestum*] quodam agonitheta ALDH. *VirgP* 2 p. 230; gnarus, ~us, doctus *GlC* G 137; Pollux et Castor, qui ~issimi et probissimi imperatores fuerunt in Grecia ALB. LOND. *DG* 15. 3; ego sum ~issimus astronomus *Latin Stories* 98. **b** cum etiam legis ~os Pharisaeos et sacerdotes . . suam revocabat ad gratiam BEDE *Prov.* 943; admonere curavimus . . Lucam . . medicinae artis fuisse ~issimum *Id. Acts* 938; Graecae pariter et Latinae linguae ~issimus *Id. HE* IV 1 p. 202; ad audiendum eum qui cantandi erant ~i confluebant *Ib.* IV 16 241. **c** qui sis omnium Anglorum in Romanis legibus ~issimus W. MALM. *GP* III 103; quattuor . . secum duxit . . monachos . . promptos et utiles librarios et in divino cultu ~issimos ORD. VIT. IV 18 p. 294; ad philosophiam in qua ~issimus erat J. SAL. *Met.* 851C; in variis linguis ~issimus fuerat GIR. *TH* III 7; Titanus . . peritus in arte divinandi *Natura Deorum* 7; legiste et alii qui sunt ~i in consiliis dandis T. CHOBHAM *Praed.* 219; **s1340** quem ~iorem in arte navali . . reputavit AD. MUR. *Chr.* 107. **d** instituit vitam divina lege peritam GREG. ELI. *Æthelwold* 5. 6; arte qua ~us erat negotium confitiens W. MALM. *GP* I 54. **e** quorum unus . . obscenos . . gestus imitari ~us W. MALM. *GP* V 275; hec gens terra marique preliari ~a erat ORD. VIT. IV 5 p. 191.

2 (as sb. m.) one who has knowledge that results from experience, knowledgeable or skilled person, an expert; **b** (*juris* or *in jure ~us*) legal expert, lawyer, or sim.

c790 rex cum multorum ~orum affirmatione *CS* 258; sic mihi ~issimi Scottorum nuntiarerunt NEN. *HB* 156; **956** hoc audito et prelibato a multis ~ioribus *CS* 971; **10..** ~orum, *witena WW*; id cum sepe in illa funeris pompa fieret, ~i qui aderant voluerunt intelligi quid esset angelorum contio W. MALM. *GP* III 109 p. 244; cum scribimus ydiotis et minus ~is GERV. MELKLEY *AV* 217; **s1345** cum prelatis, comitibus, proceribus, et aliis ~is AD. MUR. *Chr.* 161. **b** licet . . varii juris ~i varios tractatus composuerint subtiles pariter et diffusos L. SOMERCOTE 27; **1460** fiat per decretum parliamenti diminucio juris ~orum ac legis atturnatorum Suffolchie et Norffolchie *Paston Let.* 611; **1484** per nos deliberacione cum in jure ~is habita *Dign. Dec.* 69 p. 76.

perizoma [LL < *περίζωμα*], girdle, loincloth, (pl.) breeches; **b** (w. ref. to *Gen.* iii 7); **c** (in fig. context or fig.).

p754 sicut mos est apud nos habendi caligas et peripcemata [l. perizomata], orarium et coculam *Ep. Bonif.* 114 p. 247; ~ata, minores bragas *GlC* P 241; ~ata vel campestria vel succinctoria, *wædbrec* ÆLF. *Gl.* 125; ~ata, i. campestria, . . desunt mihi ÆLF. BATA 4. 29; ab alia pertica dependeant . . ~a [*gl.*: *braes, brays, rochet*; v. l. perizona *gl.*: *rochetis*], . . pallium NECKAM *Ut.* 101; hec ~ata, *quissel de brais Gl. AN Glasg.* f. 21rc; res eadem femoralia sunt, perizomata, brache GARL. *Syn.* 1583A; perisoma, G. *bracce* HALES *Exoticon* 320; instita, capicium, perysomaque, [ME: *braygurdylle*], collobiumque (*Vers.*) *WW*; hoc lumbare, A. *brekgyrdylle*; hoc ~a, idem *WW*; hoc ~a, *a breke WW*; *breke*, hacce, femorale ~a, saraballa, *CathA.* **b** protoplasti illi fecerunt sibi ~ata AD. SCOT *Serm.* 169B; veteris Ade ~ata preferentes P. BLOIS *Ep.* 14. 46C; Adam et Eva de foliis ficus ~ata facientes tegunt sibi pudenda AD. DORE *Pictor* 155; pro verecundia nuditatis factis ~atibus M. PAR. *Maj.* I 3; Adam et Eva consuerunt folia ficus et fecerunt sibi ~ata [ME: *wrigeles*] *AncrR* 123; **s1305** qui pudenda hominis que Deus celari voluit faciens eis ~ata . . discooperuit RISH. 226 (=*Flor. Hist.* III 321). **c** infirmus animus . . facit ~ata, simulans se, hac sola de causa, quod inest potestati, culmen honoris querere AD. SCOT *OP* 572B; erubescentia . . nuditatis operimentum quesivit et complosit ~ata J. GODARD *Ep.* 231; **s1341** fucatum zelum vulpine calliditatis fuco [v. l. fuit] ~ate palliatum AVESB. f. 96v (=WALS. *HA* I 245).

perizona v. perizoma.

perizonium [cf. LL perizoma < *περίζωμα*, CL zona < *ζώνη* + -ium], girdle or sim.

a corse, ~ium LEVINS *Manip.* 172.

perizorium v. persorium.

perjacere [CL=*to throw the whole distance*; *in quots. assoc. w.* perjactare, parget(t)are], to cover or decorate with plaster or sim., to daub, parget.

1290 in capella ~enda et dealbanda *MinAc* 1070/9 r. A3; ~io, A. *to perjette WW*.

perjactare [ML < CL per- + jactare]

1 to lay (so as to cover or decorate).

1297 item magistro cementario . . ~anti plumbum super platam cameram et . . ~anti ultra longam aleam et ultra magnam turrim . . *Ac. Cornw* 134.

2 to cover or decorate with plaster or sim., to daub, parget; **b** (dist. from *dealbare*).

1237 [*pargetting*] parjactand' [*of the wall*] (*KR Ac* 476/3) *Building in Eng.* 191; **1251** magnam turrim perjectari de libero mortario *Liberate* 28 m. 18; **1285** qui ~avit . . orriolum ante cameram domini regis (v. 2 oriolum); **1286** qui ~avit longam cameram juxta turrim (v. daubator); **1323** [*to parget*] ~are [*the walls of the castle*] (*Cl* 141 m. 39) *CalCl* 16; quod grangia ~etur propter mures *Cart. Glouc.* III 220. **b 1244** turrim castri de Corf' morterio ubi defectus fuerit ~ari et exterius per totam dealbari faciat *Liberate* 20 m. 13.

perjactatio [CL per- + jactatio], (act of) pargetting or plastering; **b** (dist. from *dealbatio*).

c1326 [*in pargetting or plastering*] ~one [*the hall and chamber*] *Rec. Leic.* I 354. **b 1345** pro dealbacione et ~one parietum capelle (v. dealbatio).

perjactator [CL per- + jactator], one who daubs or pargets, pargetter.

1401 solut' perjectatoribus facientibus muros terreos predictos (*Rot. Cust. Operum*) *Ac. Coll. Wint.*

perjerare v. perjurare. **perjocundus** v. perjucundus.

perjucundus [CL], very pleasant, completely agreeable.

litterae ~a . . recitata relectio ANSELM (*Ep.* 384) V 327; illud adjiciens ~um tibi fore, si amici raritatem colloquii pagina compensaret prolixior G. HOYLAND *Ascet.* 251D; amisso fratre cujus antea societate perjocunda fruebantur *Mir. Hen. VI* III 114 p. 207.

perjugulare [CL per- + jugulare], to destroy completely (fig.).

949 mentes humanas ~ando (v. peringulare).

perjurare, perjerare, pejerare [CL]

1 to swear falsely, commit perjury (also w. *in*, *per*, or quasi-trans. w. acc.; to indicate guarantor of oath); **b** (pleonastically, w. *fallaciter*). **c** (pr. ppl. as sb.) one who swears falsely, perjurer.

crebro jurantes sed ~jurantes GILDAS *EB* 27; ille sub judicium reatus decidit qui etsi numquam ~jerat crebrius tamen quam opus est verum dejerat BEDE *Ep. Cath.* 39; ne frequenter vera jurando aliquando etiam in perjurium decidatis sed eo longius a ~jerandi vitio stetis *Ib.*; illo videlicet judicio sub quo decidit Herodes ut vel ~jurare vel ob perjurium cavendum dum aliud necesse haberet patrare flagitium *Id. Hom.* II 23. 239; sicut mentiri non potest qui non loquitur, sic pejerare non potest qui jurare non appetit *Ps.-*BEDE *Collect.* 268; in Deo . . ~jurantis EDDI 27 (v. 1c infra); voluit pejerare, sicut diximus, sed non permisit sanctus quoniam vindicta erat juxta elapsa coelitus quam non speravit ille stultus BYRHT. *V. Ecgwini* 393 (*recte* 383); Victoria . . filia Stygis, quia Jovi se exposuit, meruit a Jove quod per suam matrem jurarent superi, et qui eam pejeraret nectare, potu sc. divino, et ambrosia, celesti herba, careret *Natura Deorum* 17; in Deum pejerare convincitur. sic igitur perjurio et idolatria tenetur R. MELUN *DP* 3 p. 4; ita ut sacramenta super hec . . et prestare vereantur et pejerare GIR. *TH* III 33; 'non accipies in vanum nomen Domini', i. non ~jurabis per nomen Domini P. BLOIS *Ep. Sup.* 28. 37; **c1208** iste jurat se facturum veniale si tamen aliquis juraverit se facturum mortale. numquid tenetur pejerare P. BLOIS *Ep. Sup.* 53. 7; parati congredi in duello cum fratribus, parati etiam ~jurare pro peccatis super quibus accusantur T. CHOBHAM *Praed.* 88; **s1217** per ocularium galee, caput ejus [sc. comitis Perticensis] perforando, cerebrum effudit et merito, quia per cerebrum Dei sepe pejeravit M. PAR. *Maj.* III 22; quia qui semel convictus est de perjurio presumitur quod iterum velit pejorare [v. l. pejerare] BRACTON 292b (v. convincere 6b); ipse nempe Stigandus ingenita mentis duricia nihil de proprio admittere volens ~avit per omnem sanctum se nummum non habere KNIGHTON I 61. **b** sub tribus testibus fallaciter ~jurantibus [*gl.*: perjurus quod perpere jurat, i. male; valde jurantibus] ALDH. *VirgP* 32 p. 271. **c** eisdem cladibus quibus ~antes [*gl.*: male jurantes; valde jurantes, *þa manswериendan*] devotabant crudeliter percussit ALDH. *VirgP* 32 p. 272; Creator regnum et vitam in Deo suo ~jurantis . . destruat EDDI 27.

2 (refl. or pass.) to perjure oneself, be perjured.

1221 nequiter et in felonia et in pace . . regis voluit se ~are ut auferret ei catalla sua *PlCrGlouc* 6; qui se ~are voluit pro catallis suis ei auferendis *Ib.*; si servus cogatur a domino perjurare uterque est ~juratus *Fleta* 335; juret se fore pejeratum . . nam qui jurat esse pejeratum bene jurat pejerans hoc solum quod tunc bene jurat ROG. SWYN. *Insol.* 53 p. 198; **s1453** qui se sic ~at, gravius in se peccat quam . . *Reg. Whet.* I 122.

3 (in gl. understood as) to swear intensely or zealously.

~antibus [*gl.*: valde jurantibus] ALDH. *VirgP* 32 p. 271 (v. 1b & 1c supra).

4 to swear in (as juror), (p. ppl. as sb. m.) juror, juryman.

si se purgaret ad perjuratos duodenos / de convicinis (*De morte Edwardi III*) *Pol. Poems* I 220.

5 to swear to, vouch for (*cf. jurare* 7).

c1220 [*in the saltmarsh*] inter terras ~atas et Capenesse *Doc. Robertsbr.* 73.

perjuratio [ML], **pejeratio** [LL], (act of) false swearing, breach of oath, perjury.

perjuro .. unde .. ~o Osb. Glouc. *Deriv.* 282. contra Petri cathedram .. publica per regnum pejeratio Gir. *EH* II 31 p. 375.

perjurator [ML], one who has broken an oath, perjurer.

non regnaverunt in diebus suis ~ores .. sicut nunc Capgr. *Hen.* 172.

perjurium [CL], (act of) false swearing, breach of oath, perjury.

contra Romanum statum per retia ~ii mendaciique Gildas *EB* 13; quis [v. l. qui] ~ium facit in aecclesia xj annos peniteat Theod. *Pen.* I 6. 1; appetitus turpis lucri et perjuria inepta Aldh. *VirgV* 2578; ne frequenter vera jurando aliquando etiam in ~ium decidatis Bede *Ep. Cath.* 39; fecisti ~ium pro cupiditate .. aut coactus Bonif. *Pen.* 431; pro capitalibus [criminibus], i. adulteriis, homicidiis, ~iis, fornicariis et similibus Egb. *Pen.* 1; **9** .. ~ia, *manswara WW*; ut in reos parjurii manum suam mitteret O. Cheriton *Fab.* 85.

perjurus [CL]

1 (as adj.) who has deliberately broken an oath, perjured.

10 .. ~us, *forsworen WW*;

frater meus ~is lecatoribus ea tradiderat Ord. Vit. XII 24 p. 401; per testes falsissimos et ~os Gir. *SD* 100.

2 (as sb.) one who has deliberately broken an oath, oath-breaker, perjurer: **a** (m.); **b** (f., in quot., in fig. context).

a fures .. ~os, luxuriosos .. punit Deus Bede *Ep. Cath.* 33; molles, sodomita [v. l. sodomitae], maledici, ~i Egb. *Pen.* 1; **1280** compertum est quod est ~us, quia juratus .. quod cartas de Stallynburghe, statim cum fuerit installatus restitueret et adhuc non restituit *Reg. Ebor.* 23; postea ~us pecuniam promissam non solvit Trevet *Troades* 4; rex debet .. patricidas et ~os non sinere vivere Ockham *Pol.* I 25. **b** tu .. anima mea perfida Deo, ~a Dei, adultera Christi Anselm (*Medit.* 2) III 81.

perkamen- v. pergamen-.

perla [ML], **~us, perilla, perula**

1 pearl; **b** (dist. acc. origin or size); **c** (dist. from *margarita*). **d** (used in or as medicine).

1225 assignavi .. pixidem unam de auro cum ~liis (*Test.*) *Cl* 71a; ut ~la rotunda postea in xij diebus sequentibus formantur membra principalia M. Scot. *Phys.* 8 f. 122a; **1240** quod fieri faciat amictum decentem et ~ulis ornatum *Cl* 179; **1240** quod fieri faciatis duas paruras de largo aurifrigio ad quandam albam cum ~lis *Cl* 255; **s1258** erat quidam lapis preciosus, qui dicitur vulgariter ~la M. Par. *Maj.* V 489 (cf. *id. Min.* III 344); **1269** samitum .. brudatum largissime et operatum cum ~ulis optime *Cl* 69; **1295** brachium S. Osite .. anterius habet laminam trihoriatam cum aymallis et ~lis *Vis. S. Paul.* 314b; adquisivit ~illas et lapides preciosos .. pro una mitra (*Reg.*) *MonA* II 7n; **1420** deficiunt unum antilopum et quinque ~ule (*Pat*) *Foed.* IX 908; **1424** unum frontale et unum superfrontale .. operata cum ~ulis sive margaritis *Reg. Cant.* II 299. **b 1332** pro xxiiij nucheis firmaculis auri cum rubinis .. grossis ~leis orientalibus (*KR Ac* 386/ 7 f. 11*d.*) *Arch.* LXXVII 137 (plate p. 121); **1340** j corona auri .. cum j grosso ~lo orientali *AcWardr TR Bk 203* p. 321 (new ed. p. 408); dedit .. restimentum de rubeo velveto, auro et serico et magnis parlis *Hist. Durh.* 2 p. 134; **1387** filla viginti tria ~larum grossarum .. ~le septingente .. *Foed.* VII 562; **1439** lego .. patri meo universos et singulos ~los quas habeo cujuscumque sortis existant tam majoris sc. quam minoris *Reg. Cant.* II 564. **c** fecerat .. albam .. praestantissimam auro, gemmis, margaritis, ac ~ulis Angligenis a summo contextam Gosc. *Edith* 79; **1245** mitra .. de ~ulis et margaritis albis *Invent. S. Paul.* 473; ~la, ~la alba, margarita, A. *perle MS BL Addit.* 27582 f. 31r. **d** parle marine in testa rudi combuste Gilb. II 80v. 1; sulphuris, perle marine, radic' cardonis albi *Ib.* II 112v. 2; parla marina, os sepie *Ib.* VII 330v. 1; per assumptionem rerum purificantium sanguinem cujusmodi sunt mirabolani conditi, ~le vel succus sicut camphora Bacon IX 123.

2 pearl-like artefact, (~*la vitrea*) glass bead.

1322 item xvj de aliis ~lis vitreis et viridibus *IMisc* 87/25.

3 (med.) disease of the eye.

tela et pannus et ~la et macula diffunduntur in oculis .. ~la est directe coram pupilla in centro; et aliquid de pupilla in circuitu remanet illius infeccionis non infectum; et vocatur kevilla in oculo, Anglice †*piri* [l. *pin*], Gallice *espingle* Gad. 108v. 1.

perlabi [CL]

1 to slip, slide.

hi .. [in glacie] ~untur W. Fitzst. *Thom. prol.* 17 (v. distantia 1a).

2 to slide or slip through, traverse: **a** (of heavenly body); **b** (of river); **c** (of fame or rumour).

a singula signa sol tricenis diebus ac denis horis ac semisse .. ~itur Bede *TR* 16. **b** fluvius .. Tiberis qui urbem ~itur Greg. *Mir. Rom.* 18; urbes et castra que Sabrina ~itur Gir. *DK* II 8 p. 221. **c** fama .. obitus ejus circumquaque ~itur Eadmer *V. Osw.* 37 p. 39; continuoque fama boni, totum perlapsa orbem W. Malm. *GR* IV 348.

3 to slip through to, reach (in quot., of rumour); **b** (w. *ad*).

extemplo fama mali tanti principum ~itur aures W. Malm. *GR* I 42. **b** tumor .. paulatim .. ad viscerum interiora perlapsus est Bede *CuthbP* 8 (v. detumescere 2); rumor facti ad regem cito ~itur W. Malm. *GR* IV 306; nescis quanta fama tui nominis ad nostras aures ~itur Free *Ep.* 54.

4 (of time) to slip by, pass.

aliquantulo perlapso tempore R. Cold. *Cuthb.* 26 p. 57.

perlaetus [CL], very joyful or happy.

letus componitur ~us, i. valde letus Osb. Glouc. *Deriv.* 322.

perlatio [CL], (act of) delivering, delivery (in quot., of verdict).

1428 ad sentencie ~onem contra eundem dominum R. processit et sentenciam tulit sub hac forma .. *Reg. Cant.* III 204.

perlator [LL], one who carries over or delivers, bearer.

scripta, qua ~ores ad .. papam adduxerunt Bede *HE* II 19 p. 123.

1 perlatus v. perferre.

2 perlatus [CL per-+ 2 latus], very broad or wide.

s1405 capa latissima, ymmo ~issima (v. fimbria 2a).

3 perlatus [cf. ML perla], adorned with pearls.

1207 quatuor mantilia ad altare unde duo sunt †pereata [l. perlata] *Cl* 89a; pro ij zonis †perillis [MS: perill', i.e. perillatis] *Houesh. Henry* 406.

perlaudare [ML < CL per-+ laudare], to praise or commend greatly.

c1300 dies suo in dominio et officio, ac partibus propriis suis ~ande senectutis dies .. finivit (*Chr. Wigmore*) *MonA* VI 349a.

perlavare [LL], **a** to wash over. **b** to wash completely.

a ita flevit largiter ut flumina lacrimarum ipsam manum ~arent *V. Chris. Marky.* 14. **b c1230** debet oves lavare .. donec perlote fuerint (*Cust. Porington*) *Doc. Bec* 62; interfectorum .. capita .. fecit .. a iiij mulieribus perlota .. in stipitibus prefigi *Obsess. Durh.* 1.

perlectitare [CL per-+ lectitare], to read through (repeatedly).

1525 Platonis item non omnia scripta solum ~asse, sed etiam inde morum et animi stabilem constantemque contra omnes .. casus .. tranquillitatem parasse Lupset *Ep.* 316.

1 perlector v. pelletarius.

2 perlector [CL per-+ lector; cf. CL perlegere], one who reads through, reader.

nec meminisse pigeat talia memorie committere que quisquis si diligens ~or animadverterit speculum in

parte habere poterit adversitates .. facilius evitandi Favent 1.

perlegere [CL]

1 to read through (aloud or to oneself); **b** (dist. from *legere*) to read completely, to finish reading. **c** to learn by reading through.

787 in conspectu concilii clara voce singula capitula perlecta sunt *CS* 250 p. 348; versiculos paucos studiosa perlege mente Alcuin *Carm.* 111. 2; qua [epistola] coram Romano senatu perlecta Ord. Vit. III 7 p. 99; Porphirium ~isti J. Sal. *Met.* 891D; ab omni pagina quam bajulaverit recedit doctior. instat enim et adheret litere nec habet aliquam invisam nisi pervisam aut neclectam nisi perlectam Map *NC* III 3 f. 41; Jeronimus in uno anno totam bibliotecam historice et allegorice et tropice perlegit T. Chobham *Serm.* 8. 34vb; c**1380** jurent se unam collacionem vel unum de libris infra nominatis ~isse *StatOx* 45. **b** si incipit legere, antequam ~erit unam paginam surgit et .. in aliam partem claustri discedit Ailr. *Serm.* 43. 25; lege igitur pacienter et cum ~eris .. *Chr. Dale* 1; legatur breve librorum anni preteriti, et qui cognoverit se non ~isse librum quem receperat, prostratus petat veniam *Cust. Norw.* 67. **c** quem nomerum .. sub Zorobabil .. contigisse ~itur Theod. *Laterc.* 12.

2 (acad.; intr. or absol.) to read through a text, lecture.

1565 in schola theologica ab hora prima pomeridiana usque ad secundam publice ~et, atque in his .. leccionibus quamcumque partem Galeni volet, sibi sumet explicandam *StatOx* 379.

perlĕvis [CL], very light or easy to perform or accomplish, (~*e est* w. *ut* & subj.) it is very easy (to).

quia majores nostri quatuor primas [virtutes] in ea regnasse docuerunt, certas appendices in ejus animo conquadrasse ~e fuit ut ostenderent Eadmer *Virt.* 580D (=W. Malm. *Mir. Mariae* 112).

perliberalis [CL], very generous (to).

Brihtwoldus Glastonie .. nostro .. monasterio ~is W. Malm. *GP* II 83 p. 182; pauperibus dapsili animo ~is *Id. Mir. Mariae* 188; totas redditus .. expendebat egenis ~is *Hist. Durh.* 16 p. 156.

perligare [CL per-+ ligare], to tie or bind completely, entangle, intertwine.

perplexa, ~ata *GlC* P 267.

perlimare [CL], to file down (so as to smoothe or reduce in size).

possumus autem opere liniari decenter coxam cum suis lateribus ~are Wallingf. *Rect.* 408.

perlinere [CL]

1 to smear all over (also fig.).

quod inmundi[s] sputaminibus perlinitur .. nostras facies extersit obprobrium Theod. *Laterc.* 20; quando Dominus murra et aloe perlitus linteis involutus est [cf. *Joh.* xix 38–40] Bede *Cant.* 1097; mala / .. / vipero ut dudum saeve perlita veneno Bonif. *Aen. prol.* 15; adfuit Joseph beatus corpus myrrae perlitum lintheo rude ligatum cum dolore condidit *Cerne* 169; regio lugubres unguento perlinis, / per quod diluvium doloris exaret J. Howd. *Cant.* 19; nunc autem ceditur Jhesus atrociter / et sputo perlitus contemptibiliter Walt. Wimb. *Carm.* 506; felix qui didicit dulci mendacio / melleque perlito placere labio *Id. Palpo* 130.

2 (in gl.; understood as) to deprive of life, kill, murder.

~o .. quod aliquando dicitur pro occidere Osb. Glouc. *Deriv.* 301.

perlingere [ML], to lick thoroughly (fig.).

Prisciani regulas .. de cunis erepti et celeriter ablactati ~unt R. Bury *Phil.* 9. 154.

perlio [cf. ME *purlin*, OF *porloigne*], horizontal beam, purlin.

1448 item in ~onebus emptis ad idem opus *Ac. Churchw. Som* 183.

perlitor [cf. CL perlinere, per-+ litor = *plasterer*,

dauber], (understood as) one who kills or murders, killer, murderer.

perlino . . quod aliquando dicitur pro occidere et inde hic ~or . . i. occisor Osb. Glouc. *Deriv.* 301.

perlocutorium [CL per-+LL locutorium], (mon.) parlour.

super aliud cotagium, unum ~ium, et unam coquinam *DCDurh. Reg. III* f. 310.

perlogista v. paralogista.

perlonge [CL = *a very long way off*], for a very long time.

s**1315** ~e ad curiam Romanam perhendinavit *Ann. Lond.* 237.

perlongus [CL], very long: **a** (in linear extent); **b** (in time). **c** (~*um est* w. inf.) it is too long or tedious (to).

a habebant Hibernico more comas ~as et flavas Gir. *TH* III 26 p. 170. **b** quamlibet ergo brevis mora sit, gravis esse putatur / et perlonga nimis quia differtur quod amatur Nig. *Laur.* 1950; opere pretium fuit et cure egregium aliquod mundo memoriale relinquere, famamque sui ~am facere Gir. *TH Intr.* p. 3; eciam in ipsius domine absencia, que aliquando ~a fuerat Blakman *Hen. VI* 7. **c** 798 quae, quantae vel qualescumque recesserunt ~um est intendere modo *CS* 292; quos nominatim proferre ~um est Ord. Vit. VII 16 p. 251; hec et plura que referre ~um est *V. Edm. Rich B* 624; **1443** quorum nomina ~um esse enarrare *Paston Let.* 871 p. 516.

perloqui [LL *gl.*]

1 (trans.) to speak, discuss, or sim. at length or to the end; **b** (p. ppl. as true passive).

1102 rogamus itaque ut quod agis agas, quod loqueris ~aris (*Lit. Papae*) Eadmer *HN* p. 154. **b** hoc totum perlocutum fuit in predicto parliamento *Leg. Ant. Lond.* 21.

2 to say or declare in vain.

qui se vel suum hominem in placito defenderit contra calumpniis totum illud sit perlocutum [AS: *hæbbe þæt eall forspecen*], et tamen calumpnianti satisfaciat juxta decretum centenarii (*Cons. Cnuti* 27) *GAS* 331 (*Inst. Cnuti*: pro nichilo habeantur illae calumniae).

perlucere [CL], to shine through, to shine clearly (also fig.).

lanternis, vasa lampadis ~entia *Gl. Leid.* 29. 14; o veniat, veniat lux mundi, Phebus obumbrans / umbraque perlucens, ignis et igne carens Garl. *Epith.* I 334; Virgo lactatrix, genetrix pudica / leta spes, vernans via, sol obumbrans / umbra perlucens, inarata tellus / perdita reddis *Id. Poems* 2. 4; per quam mare fusum refunditur / quod motricem lunam exsequitur / que perlucet cum sol obicitur J. Howd. *Ph.* 15; **1314** in quo virtutum et graciarum dona multiplicia ~ebant *Reg. Durh.* II 1040.

perlucibilis [cf. CL perlucere], that can transmit light, very bright (in quot., fig.).

~e fecit sibi obscurum quodlibet *V. Edm. Rich P* 1790B.

perlucide [LL], in a very clear or eloquent manner, very lucidly.

1449 succincte ac ~e omnibus explicavit *Reg. Whet.* I 153.

perlucidus [CL]

1 (very) bright or shining, radiant (w. ref. to emitting or reflecting light).

spiritalis luminis lampadem ~am (*Miss. New Minster* f. 102) *HBS* XCIII 104; facies suas vitreo quodam unguento liniebant unde et easdem tam luridas habebant et ~as, ut . . Gir. *DK* I 11 p. 186; tamquam lucernam ~am super candelabrum ponentes J. Furness *Walth.* 20; s**1264** cometes . . versus occidentem comam ~am protrahebat *Meaux* II 124; mercurius ascendet . . ad culmen vasis et ibi se colligit in massam duram et pellucidam ad instar aluminis de rupe Ripley 207.

2 able to transmit light, (very) translucent or pellucid.

omnique cristallo et vitro erunt ~iora omnia Gosc.

Lib. Confort. 110; valli mons prominet . . quasi congelato vitro totus ~us ubi colligitur quod quidam nitrum quidam salis gemmam vocant W. Malm. *GR* IV 377.

3 (fig.) bright, splendid, excellent: **a** (of person); **b** (of artefact).

a vidit . . virginem, inestimabili decore ~am Gosc. *Transl. Mild.* 20. **b** vidit tria feretra perpulcra, ~a, cuncta terrena tranantia J. Furness *Walth.* 99.

4 (very) clear to the perception or understanding, very clearly or eloquently expressed.

in quibus . . omnibus patet allegoriae sensus ~us Bede *Tab.* 434; in qua pagina ~us ille tractatus subscribitur Adel. *ED* 21.

5 (of eye) able to see very clearly.

accipitres . . quorum primum genus est corpore magnum, domabile multum, oculis variis ~is . . Upton 188.

perlucrari [CL per-+lucrari], to earn, gain.

c**1418** quod . . sufficientes in studiis expensas posses viriliter ~ari *FormOx* 434.

perluctare [CL per-+luctare], to struggle (fiercely or intensely).

c**1510** extraneo . . pro uno *lez dagar* variaverunt et ~averunt *Sanct. Durh.* 108.

perludere [ML], to perform completely, to finish performing.

1414 ludo predicto nondum perluso (*CourtR*) *REED Devon* 83.

perluere [CL], to wash completely; **b** (skin).

prolutus, dilutus, ablutus, lotus, perlutus Osb. Glouc. *Deriv.* 467. **b 1257** de lxxiij pellibus pellutis, multonum, ovium, matricium, et hoggastrorum mortuorum ante tonsionem venditis *Crawley* 214. **1258** de xlvj pellibus pelluctis multonum, matricium, ovium, et hoggastrorum mortuorum de morina ante tonsionem venditis *Ib.* 223; **1258** idem reddunt compotum de xlvj pellibus pellutis *Ib.* 229.

perlur- v. parlaria, parluraria.   **perlus** v. perla.

perlustrare [CL], ~**ari** [*infl. by* CL lustrari]

1 to roam, traverse, move through or round; **b** (astr.); **c** (intr. or absol.) **d** (~*ans judex*) itinerant justice, justice in eyre.

unaquaque tribus Israhel singulos apostolos . . quasi duodecim lapides vivos . . reddederunt et sic totum mundum tanquam menses totius annis [*sic*] . . ~averunt Theod. *Laterc.* 18; itaque Theodorus ~ans universa ordinabat locis oportunis episcopos Bede *HE* IV 2 p. 205; auream aquilam ex ore avolasse que pennarum plausu diu civitatem ~ans . . celum subisse W. Malm. *GP* II 75 p. 166; ipsi . . basilicas Christi frequentabant pauperumque Christianorum domata ~abant Ord. Vit. X 23 p. 138; leo fortissimus bestiarum ~at nemora silvarum Hon. *Spec. Eccl.* 915C; multas . . ~avi regiones Sim. Glasg. *V. Kentig. prol.* p. 243; s**1265** marchisii . . ~antur provincias ultra Sabrinam et citra *Flor. Hist.* II 502. **b** sicut annus tempus . . inceptum quo sol ~at zodiacum Balsh. *AD rec.* 2 176. **c** Octembrem libra perfundet lampide mensem / possidet hunc Phebus ter denis additur assis / pene soror Phoeba perlustrat totque diebus *Kal. M. A.* I 415; nonnullos . . ex tribus partibus ~antes in fugam miserunt G. *Steph.* 9 p. 16; falcones . . a falcando quia in falcis modum circueundo ~ant Gir. *TH* I 12 p. 38. **d** a justiciis errantibus quos nos deambulatorios vel ~antes judices nominamus *Dial. Scac.* I 8D.

2 to traverse with the eyes, scan, explore (carefully or thoroughly).

scripta ~ans Bede *Sam.* 500; praecipiens ut accensis luminaribus diligenter omnia ~arent Alex. Cant. *Mir.* 51 p. 264; amodo libet alios codices ~are Ord. Vit. II 2 p. 226; omnibus vigili mente ~atis non video qua lege digniter preesse valeam illorum cuneo *Ib.* IV 7 p. 227; universam . . multiplicitatem eorum que †fueriunt [l. fuerunt] et erunt presentario intuitu divinus ~at oculus Pull. *Sent.* 714D; ab illa ineffabili contemplationis eminentia qua celestium mysteriorum secreta purissimis oculis ~abat Ailr. *Spec. Car.* III 37. 616; velocissima canum vestigia ~anti oculorum acie clarius videre R. Cold. *Godr.* 50.

3 to illuminate (entirely), brighten (also fig.).

jam tempus est ut se veritas luculentis rationis optutibus omnibus semetipsam ~et in faciem Theod. *Laterc.* 1; a quo processit praesentis machina mundi / cui secreta patent ex alto culmine cuncta / quique abstrusa suo perlustrat lumine [v. l. limina] tetra Aldh. *VirgV* 1681; duodecim horas . . quinta decima luna ~at Bede *TR* 24; cum . . eum ~averit invicta constans et sequenda auctoritas Eadmer *V. Dunst.* 23; ergo quid egisti vaga sidera sepe vaganti / lumine perlustrans? dicere, Petre, pudet L. Durh. *Dial.* IV 124; turmas electas evehet in excelsa, / quas sui vultus radio perlustrabit J. Howd. *Cant.* 138; s**1252** quasi sol cujus radii rectissimi sunt et opaca ~antes M. Par. *Maj.* V 276; **1477** virtutum celebrisque sapiencie fama quibus . . luminum Pater . . cetum vestrum . . ~avit *Reg. Whet.* II 172.

perlustratio [ML < CL perlustrare+-tio]

1 (act of) roaming or traversing; **b** (w. obj. gen.).

tam salubriter in tali ~one [sc. orbis Christiani provinciarum] tempora consumentem *V. Har.* 7 f. 12. **b** post latam maris ~onem repertus et revectus W. Cant. *Mir. Thom.* VI 146.

2 (act of) shining, radiance.

qui tantorum miraculorum ~one mirifica . . nostrum sanctum decoravit (*V. J. Bridl.*) *NLA* II 75.

perlustrator [LL]

1 one who roams or traverses, traveller.

c**1399** dux, perlustrator constans sis an dominator / et fac tractari falsos et decapitari *Pol. Poems* I 367.

2 one who examines, scans or surveys (carefully or thoroughly).

O Thoma Christi ~or lateris per illa sancta te rogamus vulnera Ord. Vit. II 8 p. 321.

3 one who illuminates or brightens (entirely).

dum principalis ~or etheree mansionis tam flagrantis pectoris solaciosum hospicium sibi thalamum dedicavit (*V. J. Bridl.*) *NLA* II 67.

perlustratrix [cf. perlustrare], one who roams or travels (f.).

peragratrix, femina vaga . . vagatrix, orbiculatrix, ~ix Osb. Glouc. *Deriv.* 483.

perma v. i parma.

permadefieri [CL], to be or become completely sodden (with drink), to be completely drunk.

to be dronkyn . . madefio, per- *CathA*.

permadescere [CL], **permadere**, to be completely sodden (with drink), to be completely drunk.

1483 *to be dronkyn*, deebriare, madere, per-, re-, madescere, madefio, per-, re- *CathA*.

permagnifice [ML < CL per-+magnifico], in a thoroughly magnificent or splendid manner.

s**1304** splendide et ~e administrare que necessaria essent pro jocunditate tanti fasti *Flor. Hist.* III 120; testis ego sum quod ~e stabis si venire in animo est Free *Ep.* 61.

permagnificus [LL], very sumptuous or lavish.

ut cum quodam tempore ~as . . regi epulas parasset *Hist. Abb. Jarrow* 34; Fuldense cenobium . . prediis ditatum ~is W. Malm. *GR* II 192; quibus villa ~a data procuravit ut . . *Id. GP* I 44 p. 72.

permagnus [CL], very great or large.

lapis ~us ab alto aere irruit B. *V. Dunst.* 8; magnus componitur quammagnus et ~us ambo pro valde magnus Osb. Glouc. *Deriv.* 333.

permalus [LL], very bad or evil.

forcifer [? l. furcifer], ~us *GlC* F 275.

permandare [CL per-+mandare], to ask or command (persistently).

quem tua per populos, terras, per regna, per urbes / mens pia permandet semper amare Deum Alcuin *Carm.* 82. 6.

permanducare [LL], to finish eating, to eat completely.

ita tamen quod cum dicti garciones hospitum ~averunt, dimittunt pagios suos ad hospicium venire ut nichil dictis pagiis liceat ad stabulum deportare *Ac. Beaulieu* 273.

permanenter [LL], in a long- or ever-lasting manner, permanently.

c**1168** precipio ut ipsi terram illam .. habeant ad commune aisiamentum burgi illius ~er *Regesta Scot.* 102; sic Deus adimplevit et non solvit corpus celi .. et ~er conservat Gros. *Cess. Leg.* I 10 p. 64; ut eosdem .. stabiliatis ~er Ad. Marsh *Ep.* 246. 7 p. 429.

permanentia [LL *gl.*], continued existence or duration, permanence; **b** (w. *aeterna, constans,* or sim.).

ex natura deorum veniente non esset possibile ut generetur ignis habens diuturnitatem ~ie Gros. 37; qua propter oportet populum et urbem et sanctuarium habere ~iam sub extensione temporis istarum lxx ebdomadarum *Id. Cess. Leg.* II 8 p. 113; concedat, oro .. Dei .. predestinatio .. regi .. longitudinem ~ie Ad. Marsh *Ep.* 152; si obiciatur de ~ia secte Mahometi, respondeo: . Domino volente, finietur Duns *Ord.* I 77; ad designandum hujus honoris ~iam (J. Bridl.) *Pol. Poems* I 139; s**1423** de accessu officiariorum ad chorum et de ~ia eorum ibidem Amund. I 102 *tit.* **b** videntes .. modum quemdam simplicitatis in creature, et constantis ~ie Kilwardby, *Quomodo Deus* 118; status non videtur esse nisi stabilis ~ia, firmata legibus sapiencie Duns *Ord.* III 113; debes scire, quod corpus celeste .. non indiget virtute movente in loco semper tantum, sed eciam virtute largiente in se, et sua substancia ~iam eternam Bradw. *CD* 149D.

permanere [CL]

1 to remain, continue to be or exist: **a** (in a certain place); **b** (in assoc. w. a certain person or among certain people); **c** (in a certain condition or frame of mind).

a aliquot itaque diebus illic [sc. in insula] ~ens Felix *Guthl.* 26; usque ad obitum suum in Gallia ~sit Ord. Vit. VIII 26 p. 438; postmodum in Greciam ad Alexium imperatorem secessit sed nusquam tutus diu ~ere potuit *Ib.* IX 15 p. 598; **1362** pro expensis Thome comitis de Anegus, in custodia ipsius Johannis ~entis infra castrum de Dunbretane, xl li. *Exch Scot* 115; c**1465** aderere dominis .. qui ibidem ad costus colegii ~erent et morarentur et collegium distruerent *Paston Let.* 61; **1515** presentibus Willelmo March ~ente in Darlyngton et .. *Sanct. Durh.* 189. **b** aestimatur anima ipsius in ea usque ad diem judicii permansura *Comm. Cant.* III 115; ut stabiliter in eo [qui semper manet] ~eam Bede *Acts* 949; apostolorum erat in fide socius sed eorum consilio ~ens apud Judaeos *Ib.* 956; nec stabilitatem habent mentis qua inter doctos donec erudiantur ~eant *Id. Ep. Cath.* 84; **799** si fuissent ex nobis ~serunt [cf. *I Joh.* ii 19: ~sissent] utique nobiscum Alcuin *Ep.* 183 p. 308. **c** erat virgo ante partum et post partum virgo ~sit *Comm. Cant.* III 92; Lucas .. illibatae castitatis comes pudicissimus ~sisse [*gl.*: perseverasse] memoratur Aldh. *VirgP* 24 p. 256; esse Dei est aeternum hunc atque incommutabilem ~ere Bede *Ep. Cath.* 99A; ad vesperam usque quietus et quasi mortuus ~ens *Id. HE* V 6 p. 290; frater .. perduxit cecum, qui pernox ibidem in oratione ~sit Wulf. *Æthelwold* 42; Filius .. Dei homo factus id quod fuit ~sit et quod non erat assumpsit Ord. Vit. I 2 p. 7; ut nunquam in eodem statu ~eant sed ut fumus evanescat J. Sal. *Met.* 938B; c**1212** quamdiu in clericali habitu ~sero me in hac donatione fidelem ~surum juravi *Ib.*; virgo ~sit [ME: *wes meiden*] *AncrR* 54. **d** non ~entem in doctrina Christi Deum non habere dicit, ~entem autem in doctrina ejus filium et patrem dicit habere Bede *Ep. Cath.* 122.

2 to remain in existence, endure, survive. **b** (pr. ppl. or fut. ppl. as adj.) permanent, (ever-lasting).

quae .. usque ad persecutionem Diocletiani .. ~sere Gildas *EB* 9; in quo usque hodie instituta ab ipso regularis vitae vestigia ~ent Bede *HE* IV 3 p. 207; [Dominus] cujus regnum sine fine ~et Gosc. *Transl. Mild.* 6 p. 163; †**948** (12c) ut .. percipere merear regnum absque termino ~surum *CS* 860; stat .. lex et ~et Gros. *Cess. Leg.* I 2 p. 13. **b** neque ullo vitae ~entis intuitu ea quae in imis labuntur exsuperare et calcare satagit Bede *Prov.* 1032; cur .. ea quae .. salubria sunt et ~sura oblivioni traditis? Ord. Vit. VIII 13 p. 343; intendit .. a rerum caducarum et transi-

toriarum ad stabilium et ~entium amorem auditorum hujus operis animos avocare Andr. S. Vict. *Sol.* 93; **1161** dedisse in ~entem elemosinam (v. elemosina 3a) veram patriam et ~entem .. affectare Gir. *TH* I 12 p. 36; **1200** concedimus .. in elemosinam omni tempore ~suram xl acras terre *RChart* 43a; [Domine] laus vera, vite gloria permanentis J. Howd. *Cant.* 192; duplex est genus rerum: unum viz. cujus esse est esse ~ens et aliud cujus esse est esse transiens, verbi gratia: substancia corporis celi habet esse ~ens Gros. *Cess. Leg.* I 10 p. 64.

3 (gdv.) that is to remain for ever, permanent; **b** (as sb. n.).

c**958** terras has apud Tauntune ecclesiae episcopatus assigno ~endas [ME: *to the chyrche of the byshopriche abyde*] *CS* 654; **961** vite perpetue ~endam in Christo salutem (*Lit. Papae*) W. Malm. *GP* I 39; quapropter, si suo committat arbitrio, libenter se quod opportunitas siverit ut cognato et amico dare; si vero in exactione ~endum putaverit, omnino negare *Id. GR* V 403; c**1156** hanc .. concessionem ratam habemus, confirmamus et auctoritate qua preminemus perpetuo ~endam decernimus *Doc. Theob.* 276. **b** c**1380** pro .. inimicorum Anglorum .. expulsione et .. ~endorum subvencione *Conc. Scot.* I cclviii.

permanicare [CL per-+2 manicare], to tie up, fasten, manacle (completely).

submanicatus, ~atus, ligatus Osb. Glouc. *Deriv.* 567.

permannus v. parmenus.

permansibilis [ML], that can last (long), lasting.

fulgor ornamenti ~is Bede *Luke* 584.

permansio [CL], (act of) remaining or staying, stay, sojourn (in place or condition).

pericula, labores, temptationes pro ista ~one sustineo Bede *Ep. Cath.* 96; pertinacia .. est in re inhonesta et stulta et temeraria ~o T. Chobham *Praed.* 238; **1554** de ~one in Italia, de reditu in patriam Ascham *Ep.* 278.

permansivus [ML], that remains in existence, lasting.

quod est utilius quia diucius ~um Wycl. *Apost.* 32.

permansorius [LL permansor+-ius], that lasts or endures.

benedicamus Dominum non transitoria sed ~ia laude Alcuin *Exeg.* 638A.

permanus v. parmenus.

permaturare [CL], to bring to complete ripeness or maturity (in quot., fig.).

1296 sperantes .. statum ecclesie .. ibidem ita ~ari, quod indignacionem regiam .. mitigare poterimus (*Lit. Pri. Cant.*) *Conc.* II 225 a-b.

permaxime [cf. LL permaximus, CL per-+maxime], to a very great degree or extent, particularly, especially.

legis caerimonias vino comparatas multa documenta probant sed ~e illud quod .. Bede *Cant.* 1140D; semper quidem sacerdotem oportet memoriam patrum in pectore suo ferre, sed ~e tunc quando .. ad altare ascendit *Id. Tab.* 474; **1171** ~e desideraverat dissolvi et esse cum Christo et tunc ~e suspirabat exire de corpore mortis hujus P. Blois *Ep.* 27. 93B; dolendum fore ~e censeo Ad. Marsh *Ep.* 143 p. 274; grandis tumor excrescens membra illa pudenda etsi dextra ~e turgida valde fecit et rigida *Mir. Hen. VI* I 19.

permaximus [LL], very great or large: **a** (in size or extent); **b** (in amount or number); **c** (in degree, scope, or intensity).

a est .. sinus maris ~us qui antiquitus gentem Brettonum a Pictis secernebat Bede *HE* I 1 p. 13; [monasterium] quod ~a gronna .. circumcingitur Asser *Alf.* 92; edifitium ~um .. incepit et perfecit W. Malm. *GR* IV 321; quomodo .. salmonem ~um ceperit R. Cold. *Godr.* 119 *tit.* p. 127; construxit ~am ecclesiam (*Ord. Exon.* f. 203) *HBS* LXIII 426; **14..** (s**1090**) Willelmus Rufus rex Novam Aulam Londonie ~am incepit et perfecit *Eul. Hist.* III 55. **b** pecuniam ~am pauperibus offerentes .. ut episcopus in negocio isto amicum se ostendat *Proc. A. Kyteler* 29; s**1450** gravibus et ~is .. expensis *Reg. Whet.* I 150. **c** mi-

raculum ~um Bede *Gen.* 149; non absque dolore ~o *id. Sam.* 699; viderunt lucem caelitus emissam fuisse ~am *Id. HE* III 8 p. 143; immaniter seviunt bellorum tempestates ~e Ord. Vit. X 20 p. 121; ut .. equus .. velocitatem perciperet ~am *Chr. Evesham* 58; s**1183** factum fuit in Terra Sancta bellum ~um *Meaux* I 235.

permeabilis [LL], that can be passed through, crossed, or traversed.

immensas aquarum voragines ~es faciebat M. Par. *Maj.* I 56; s**1110** exsiccata est Tamisia .. et pueris ~is erat *Eul. Hist.* I 268.

permeare [CL], to pass through, traverse; **b** (in fig. context or fig.); **c** (in gl.).

oppida commissi verum dum marchio regni / permeat, illecebras explens pompose caducas Frith. 904; quo Celtica permeet arva *Ib.* 1229; est [abbatia Miceleniensis] .. aditu difficilis ~aturque estate pede vel equo, hieme nusquam W. Malm. *GP* II 93; pallidus argenti scrutator viscera terre / permeat L. Durh. *Dial.* II 172; [fluvius] civitatem .. lateraliter ~ans Gir. *TH* I 7 p. 31. **b** artis ergo viam sine deviis ~are volenti exemplariter hic innotescant dicta Balsh. *AD rec. 2* 18 p. 13 n; aliqui .. preponerent mathematicam ut per habilitationem mentis in certis demonstrationibus et ordinatis facilius ~arentur postea alie Kilwardby *OS* 640. **c** meo componuntur .. ~eo -as, transeo -as, et ab istis verbalia Osb. Glouc. *Deriv.* 342.

permensio [LL], exact or complete measurement.

si autem differencie ~o numerorum multitudinem equaliter excedat .. Odington *Mus.* 55.

permentarius v. parmentarius. **permenus** v. parmenus.

permerdare [CL per-+ML merdare], to cover completely with excrement (in fig. context).

sic ~atus alium ~at, et omnis mundus existit quasi ~atus *Correct. Alch.* 14 p. 399.

permetere [LL], to reap or harvest completely.

1345 in residuo bladorum domini ~endo, vertendo, ligando, et coadunando ad tascham preter id quod custumarii fecerunt (*Pipe Wint.*) *Econ. HR 2nd. ser.* XII 399; **1347** in bladis domini ~endis preter hoc quod custumarii fecerunt *Ib.* 401.

permetiri [CL]

1 to measure exactly (also p. ppl. *s. pass.*).

si duos numeros eorum differencia integre fuerit permensa, in eadem proporcione erunt numeri illi in qua et numeri eorum quociens, ut e et ev Odington *Mus.* 54.

2 (*iter ~iri* or sim.) to travel through, traverse (w. p. ppl. *s. pass.*).

situm est id castellum in rupe mari contigua quae naturaliter acuta undique ad hoc ferramentis elaborate incisa, in speciem muri directissima altitudine, quantum sagittae jactus ~iri potest, consurgit W. Poit. II 27; multis terris sacrisque oratoriis pererratis ac mari permenso Gosc. *Edith* 286; viam .. permensus urbem introiit W. Malm. *GP* III 104 p. 236; multorum .. annorum iter permensus .. Angliam tandem annavigavit *Ib.* IV 181 p. 319; s**1141** celeriter igitur permensa via, Briston veniens, reginam absolvit *Id. HN* 57.

3 to consider or estimate (carefully).

Willelmus, illius loci abbas tertius, rem deformem esse permensus longam sustulit invidiam et inde levatum [corpus] ante majus altare locavit W. Malm. *GR* II 178.

permicare [LL], to shine very brightly.

1433 ~antes .. luminis radios *EpAcOx* 99.

permingere [CL =to urinate all over], to fill by urinating into.

qui bovinum corium perminxerunt et plenum sepelierunt ex quo post novem menses natus est Orion Alb. Lond. *DG* 15. 8.

perminimus [LL; cf. CL perparvus], very small, minute.

in angulo cujusdam ~e insule R. Cold. *Cuthb.* 102 p. 226.

permirabilis [LL], completely wonderful or remarkable.

possum. . tibi rem referre novam ~em BEDE *CuthbP* 38; corpus illud tantis virtutum meritis ~e R. COLD. *Cuthb.* 41 p. 86; illud tamen pre omnibus erat ~e *Id. Godr.* 24; quod in hoc tempore extat ~e *Ib.* 59.

permirandus [CL], completely wonderful or remarkable.

tria precipue opera Dei ~anda comperimus R. COLD. *Godr.* 114; permirandum etenim ingenium / sola regis illius inperium *Drama* II 279.

permirificus [CL per-+mirificus], completely wonderful or remarkable.

sicut cedrus incorruptibilis floret . . in Libano ~e sanctitatis R. COLD. *Cuthb.* 47 p. 94; miracula ~a, sancta, et sapida *Id. Godr.* 3 p. 3.

permiscere [CL]

1 to mix or blend thoroughly (usu. w. dat. to indicate added ingredient or sim.); **b** (w. *cum*); **c** (abstr. or non-material thing).

lucem tenebris permixtam tenent BEDE *Cant.* 1234; in facie pelagi fluvialis labitur unda / qua sedare sitim navita semper solet / nec permisceri salsis se sustinet undis / nativus superest hinc calor, inde sapor NECKAM *DS* III 327; quique sputo proprio / permiscendo lutum / ceco lumen homini / reddidit acutum S. LANGTON *BVM* 1. 34; dicebat philosophus elementa omnia permixta sicut fex permiscetur vino in musto *Id. Gl. Hist. Schol.* 40; sicut difficile est aquam separare a vino per minima ei permixtam T. CHOBHAM *Serm.* 18. 67rb; quando [aqua] ~etur corporibus siccis . . terminatur ab eis T. SUTTON *Gen. & Corrupt.* 172. **b** hec est area habens grana permixta cum paleis [cf. *Jer.* xxiii 28] BALD. CANT. *Serm.* 15. 34. 551. **c** gaudia permisceet lacrimis, "sit gloria", dicens WULF. *Swith.* I 830; intenti satagant, permiscet at aspera blandis *Ib.* I 1396; permixta . . in hoc viro vitia erant cum virtutibus ORD. VIT. IV 7 p. 222; multa . . laudabilia ~ebat illicitis actibus *Ib.* VIII 1 p. 266; si . . more disputantium vera et falsa ~et J. CORNW. *Eul.* 3 p. 264; quia animus permixtus mundo multum inquinatur T. CHOBHAM *Serm.* 18. 67rb; quia veritatibus suis multa falsa ~ent DUNS *Ord.* II 237.

2 (w. ref. to diluting).

caupo, qui vinum ~et ad perdendum *Gl. Leid.* 12. 45.

3 to combine thoroughly, produce by mixing: **a** (colour); **b** (form).

a luculentus color, castitatis candore et verecundie rubore permixtus BALD. CANT. *Serm.* 13. 19. 472A. **b** leopardi . . qui atrocissimarum binae formae ferarum permixtam habent horrendi corporis formam *Lib. Monstr.* II 18; forme . . tales sunt quarum una intercipitur ab alia per totum motum et ~etur eidem SICCAV. *PN* 49.

4 to mix, mingle (persons or group of people), to bring together.

ingens ubi regia pubes / consulibus permixta aderat, creberque satelles / processerit WULF. *Swith.* I 1278; plures via hipocrite . . ~entur ut lolium tritico ORD. VIT. VIII 26 p. 435; quomodo . . permixte sunt tribus cum in lege preceptum sit ne tribus ~erentur R. MELUN *Paul.* 305; hic patet quod tribus ~ebantur quia Caleph fuit de tribu Levi S. LANGTON *Chron.* 79.

5 to put together indiscriminately, mix up, confound.

1165 ut nichil ordine tractaretur set omnia stolido ~erentur errore ARNULF *Ep.* 42; ut . . inventioni via pervia discenti facilius perceptibilia fiant et varietatis tam permixte inconfusa fiat cognitio BALSH. *AD rec. 2* 161; cum prescripta officia hodie valde permixta sint et minus ab invicem aperte distincta GIR. *PI* I 19 p. 111.

6 (p. ppl. as adj.) that consists of more than one element, composite.

secunda regula est de Domini uno et permixto corpore [cf. Tichonius Afer, *Septem Scripturae Sacrae Regularum sive Clavium Epitome* 397–8] T. CHOBHAM *Praed.* 12.

7 (in gl.).

onocentaurus, asino permixtum *GlC* O177.

permiscuus [ML], mixed, (greatly) varied.

permisceo . . unde . . ~uus OSB. GLOUC. *Deriv.* 346; permisticus [v. l. permiscuus], misticus [v. l. mixticius] *Ib.* 471.

permiserabilis [CL per-+miserabilis], completely miserable or wretched.

in . . die afflictionis ~i R. COLD. *Cuthb.* 55 p. 113; vitam ducendo ~em vix subsisto *Id. Godr.* 155.

permissarius [CL permissus *p. ppl. of* permittere+-arius], given by permission.

pro peccato . . sub jugo diaboli detenebatur homo. unde et diabolus potestatem in eum habuit ~am et tanquam carcerarius vel tortor R. MELUN *Paul.* 66.

permissibilis [CL per-+LL missibilis], **permittibilis,** allowable, permissible; **b** (w. *quod* or *ut* & subj.).

s**1299** ne dicerent aliqui hoc forte non esse permittibile W. GUISB. 331. **b** vix est permissibile quod heredes vivere permittantur *Fleta* 31; s**1454** est . . permittibile . . ut . . vaces interdum negocio . . impermittibile tamen . . ut . . vix unicum . . denarium . . de bonis ecclesie possideamus (*Processus*) *Reg. Whet* I 132.

permissio [CL]

1 (act of) leaving (untended or unattended to).

1509 relaxavimus eidem episcopo . . omnimodas prostraciones, abrupciones, sive ~ones cadendi aliquarum domorum (*Pat*) *Foed.* XIII 244.

2 permission, leave; **b** (w. subj. gen.).

divina ~one Coventrensis ecclesie humilis minister *Canon. G. Sempr.* f. 122v; naturam locutionis quattuor genera circumsistunt. quedam sunt prohibitionis, quedam ~onis, quedam precepti, quedam consilii. prohibitiones consistunt in vitiis, ~ones in figuris . . precepta in grammatica, consilia in rhetorica GERV. MELKLEY *AV* 2; ad hoc dicendum quod ~o est signum beneplaciti Dei conjuncti GROS. *Quaest. Theol.* 202. **b** abbas potest . . cum ~one episcopi locum suum derelinquere THEOD. *Pen.* II 6. 1; armis provintiam perdomuit cum et Dei ~o suffragaretur W. MALM. *GP* I 23 p. 36; regis adepta ~one ad suos ovans repatriavit ORD. VIT. VIII 3 p. 283; potest dici quod hoc fuit ~o Moysi, non preceptum T. CHOBHAM *Praed.* 229; **1253** idem W. habuit averia sua in W. sicut ei placuit ex ~one dicti Normani *SelPlForest* 25; omnes semper pura Dei ~one sunt tales et nullus ejus volucione seu eleccione BRADW. *CD* 293C.

permissive [ML permissivus+-e], by permission.

data erat etiam lex ~e sicut datus erat libellus repudii, id est permissus ad duriciam cordis eorum GROS. *Cess. Leg.* IV 8 p. 196; **1284** dum in officio steteris ~e, observare tibi precipimus fideliter que sequuntur PECKHAM *Ep.* 503 p. 646; quilibet conceptus simplicier simplex . . est imperfeccior positive quam verbum albi . . tamen est perfeccior ~e quia abstrahit a limitacione DUNS *Ord.* III 34; item dicere Deum tradere homines in peccata que eciam sunt pene precedencium peccatorum tantummodo ~e, fuit error Juliani heretici Pelagiani BRADW. *CD* 564B; de blasphemia, mendacio, furto . . et cetera. talia enim dicitur Deum velle esse ~e, approbando sua convertibilia et non illa WYCL. *Log.* II 157; **1423** Deus non vult voluntate beneplaciti sed ~e solum, reges et principes . . bonos dominari civiliter super servos suos *Ziz.* 413; **1430** communitas ville tenet ibidem j domum vocatam Gyldhous ~e ex gracia prioris *Feod. Durh.* 44.

permissivus [ML]

1 that permits or allows.

omnis malus actus voluntatis . . fit a Deo ~o quod non potest intelligi de faccione tantummodo ~a, quia sic efficit deformitatem quamlibet cujuscunque BRADW. *CD* 564B.

2 that is (or can be) allowed or permitted.

quod actus carnalis . . extra matrimonium . . est licitus et ~us *Conc.* III 248a.

permissus [CL], permission, authorization (of or by, usu. w. subj. gen.); **b** (w. obj. gen.).

ut non nisi ipsius qui signavit ~u aperiantur et jussu BEDE *Cant.* 1211; perscrutato . . scrinio ~u . . pontificis

permistio v. permixtio.

permittere [CL]

1 to leave, let go of, set aside; **b** (w. ref. to neglect or sim.).

1270 quia . . L. profecturus est versus terram Jerosolom [*sic*] . . justiciarii requirunt . . A. ut . . ~at accionem . . versus . . L. . . per biennium vel triennium . . ad quorum instanciam . . A. versus . . L. ad presens ~it *JustIt* 618r. 19d.; D. rogavit eum ut ~eret ipsum in pace et sic intravit in hospicium suum *SelCCoron* 89; **1326** quatinus ceteris negociis permissis personaliter intersitis generali capitulo *Reg. Aberbr.* I 314. **b** Herodotus, qui secreta confinia Germanie nullatenus permisit inscrutata *Eul. Hist.* II 73; **1374** ~it . . quendam pontem apud Smythefeldbarr' ruinosum, quem manutenere tenetur ad grave nocumentum (*CoramR*) *Pub. Works* II 52; c**1541** ~it tenementum suum preruinosum, ideo [in misericordiam] *Comp. Swith.* 143.

2 to hand over, commit, entrust.

numquam . . Turchus pede conserto martem audet sed pulsus loco longe tendit nervos et ~it vulnera ventis [cf. Lucan *Bellum Civile* VIII 384: et quo fere velint permittere volnera ventis] W. MALM. *GR* IV 347; **1469** alique tenure . . permisse fuere in manus domini et postea dimisse per dominum pro certis redditibus (v. bondagium a).

3 to admit.

qui prius manducat, ad hoc osculum non ~itur THEOD. *Pen.* II 1. 2.

4 to allow, grant, permit (to); **b** (w. acc. & inf. or sim.); **c** (w. dat. & inf.); **d** (w. acc. or noun cl.); **e** (w. *ad* & gd.); **f** (absol. or ellipt.). **g** (impers.) it is allowed.

957 (14c) Christus . . hiis [sc. hominibus] vitam post hanc mortem resurgendo ~ens *CS* 995; quoniam idem comes promisit mihi se conaturum, ut rex papae praeceptis oboediat, permisi ei introitum ecclesiae a quo detinebatur ANSELM (*Ep.* 364) V 307; libera juvenco facultas eundi vel redeundi ~ebatur ORD. VIT. VI 10 p. 110; hunc precipit quod necessarium est nunc ~it quod illicitum non est BALD. CANT. *Serm.* 22. 29. 543; dimidium mali permisit ne totum perderet bonum GROS. *Cess. Leg.* IV 8 p. 197; hoc bene ~itur et licentiatur ab auctoribus primis et invenitur in organo GARL. *Mus. Mens.* 11. 15. **b** hunc Innocentius papa nec post penitentiam clericum fieri canonum auctoritate adserit ~i THEOD. *Pen.* I 5. 2; Numerianum Augustum interfectorum cruore contaminatum non permisit [*gl.:* concessit] basilicae sacrarium . . pollutis pedibus profanare ALDH. *VirgP* 33 p. 274; Redemptor noster diabolum infidelibus tantum dominari ~it BEDE *Tob.* 931A; nec aliquem terram suam predari permisit ORD. VIT. V 10 p. 387; quod . . ~erent Sarracenos in ecclesiis nostris predicare T. CHOBHAM *Praed.* 86; c**1270** quatinus non ~eret monachos Cestrie a civibus . . molestari *Cart. Chester* 37 p. 212; ~e me dormire quia sompno gravatus sum *Latin Stories* 25. **c** ut quem . . redimere voluisti, non ~as illi adversitatibus maculari EGB. *Pont.* 94; **874** (11c) et ~o ipse Edrede dare Lullan et Sigeþryþe . . partem terrae ejusdem *CS* 538; permisit . . ei concilia congregare W. MALM. *GP* I 42 p. 66; nundinas . . ipsis erigere permisit ORD. VIT. VI 7 p. 41; permisit vobis mala facere ne faceretis pejora GROS. *Cess. Leg.* IV 8 p. 197. **d** si ad vos venerit, ~o ut eum suscipiatis ANSELM (*Ep.* 97) III 224; si . . permiserit, ut vos mihi de rebus nostris mittere possitis, sicut mando et mandabo *Id.* (*Ep.* 316) V 244; ~unt tamen immo et precipiunt ut congarriam eis J. SAL. *Met.* 862C; maris conditor . . ministerium tuum [sc. S. Petri] mirabiliter permittavit [*sic*] ut succederet tibi pro captura piscium conversio populorum LUCIAN *Chester* 51; permissum est in ecclesia quod viri litterati, quamvis non sint sacerdotes nec forte diaconi, predicent verbum Dei in ecclesiis T. CHOBHAM *Praed.* 59; numquam ~et Deus quod fidem adhibeant falsis predicationibus *Ib.* 84; "~e me," inquit "ut oculum sanum medicinali arte confirmem" *Latin Stories* 92. **e** **1265** quod ~at Johannem le Naper et Ricardum de

Dichel' venatores regis ad capiendas in foresta . . xx damas ad opus regis *Cl* 12; **1272** mandatum est custodi parci . . quod in parco . . ~at Johannem . . ad capiendum . . sex damos ad opus regis *Cl* 520. **f** daemones . . Deo ~ente obscure et vere fecerunt *Comm. Cant.* II 18; ut penitus aliter in proposito divinae religionis vivere nequiret quam propriae appellationis dignitas et caelestis eulogiae praerogativa ~eret [*gl*.: concederet, liceret, licentiam daret, *forgeaf*] ALDH. *VirgP* 30 p. 268; hac ratione permisit eos dare libellum repudii quia melius judicavit ~ente lege matrimonia solvi quam odio compellente homicidium fieri GROS. *Cess. Leg.* IV 8 p. 197. **g** declinant vitium quia prohibetur sed non nulli figuris utuntur quia ~itur J. SAL. *Met.* 848C.

5 (leg., in name of writ).

in 'Quod ~at' potest habere visum et non vocare ad warantum HENGHAM *Magna* 37; **c1290** hanc pasturam dictus abbas per breve quod dicitur 'Quod ~at' judicialiter recuperavit *Cart. Chester* 661 p. 365.

permittibilis v. permissibilis.

permixtim [ML < CL per-+mixtim], in a mixed or intermingled way.

in omnibus furtis aut solus . . aut plures, servi vel liberi, divisim vel ~im (*Leg. Hen.* 59. 22) *GAS* 580; ~im, mixtim OSB. GLOUC. *Deriv.* 471; de singulis vitiis aliquid ad detestationes eorum ~im et specialiter aliquid dicemus T. CHOBHAM *Praed.* 158; accedent omnes fratres ~im sicut sunt in ordine priores, ad osculandum eum *Cust. Westm.* 8 (=*Cust. Cant.* 71); sicut monachi nostri ordinis, inter fratres ~im in refectorio reficiebant *Ib.* 87.

permixtio [CL]

1 thorough mixture or blending.

~o grani et palee et zizanie et tritici S. EASTON *Psalm.* 19; elementa non sunt . . manencia absque ~one in suis locis T. SUTTON *Gen. & Corrupt.* 194.

2 (complete or perfect) combination.

una [forma] intercipitur ab alia . . et permiscetur eidem ita quod una quasi videtur exire ab alia, sive a ~one sui cum alia SICCAV. *PN* 49.

3 (act of) bringing together (of persons or group of people); **b** (~o carnalis) sexual intercourse.

ut ostendat sanctam Dei civitatem . . a ~one et pressura civitatis diaboli . . immunem esse non posse BEDE *Ep. Cath.* 67; ubi est sapientium et stultorum ~o AILR. *Spir. Amicit.* III 80. 690; quomodo ergo permixte sunt tribus cum in lege preceptum sit ne tribus permiscerentur, sed dicimus quod preceptum illud de tribuum ~one ad tempus datum fuit R. MELUN *Paul.* 305; hic patet quod tribus permiscebantur quia Caleph fuit de tribu Juda . . et hoc bene licuit quia in tali ~one non miscebantur sortes S. LANGTON *Chron.* 79. **b** queratur quare ~one carnali perfici conjugium dicat VAC. *Mat.* 17.

4 (act of) mixing up, confusion.

ne dum Eutychetis foveam declinare et ~onem duarum naturarum cavere videamini ALCUIN *Dogm.* 136C; figura sardismos, quae linguarum . . ~one formatur *Gl. Leid.* 28. 85; nam que diversarum specierum permistione generantur, ut mulus PULL. *Sent.* 718C; vides Deum hominem non permistionem passum, sed persona unum H. READING (I) *Mem.* 1321B.

permixtive [permixtivus + -e], in an intermingled way, mixedly.

aliter tres festinantes . . et tres mediocres . . et quandoque ~e per festinantes et mediocres *Mens. & Disc.* (*Anon. IV*) 85.

permixtivus [CL permixtus *p. ppl. of* permiscere+-ivus], thoroughly mixed.

potus . . ~us debet accipi in prandio, sc. modicum comedere et modicum bibere ut fiat debita permixtio GAD. 92. 2.

permixtura [LL], complete mixture.

opus enim . . majus est et crebrescentium cotidie malorum innovatione profusum exaggerationibus, permutationibus, ~is, ex oppositis, ex adjunctis, rerum circumstanciis, contingentium modis (*Quad. dedic.* 4) *GAS* 529.

permodice [LL], very moderately, in a very moderate degree.

suavitate divinae illustrationis quam raptim jam et ~e senserat plenius satiari BEDE *Cant.* 1158.

permodicitas [CL per-+LL modicitas], littleness, insignificance, (~as mea) my littleness (as expression of humility).

~atis mee littera serenitati vestre transmissa AD. MARSH *Ep.* 105 p. 236.

permodicus [CL]

1 very moderate or small: **a** (in size or extent); **b** (in amount or number); **c** (in length or duration); **d** (in strength or intensity); **e** (in degree, scope, or scale).

a maxima permodica emensus mox caerula lintre ALDH. *VirgV* 2805; vermiculus ligni . . ~us apparet BEDE *Kings* 721; monasteriolum ~um *Id. HE* IV 13 p. 231; illius manicae cecidere solo tenus ambae / quae fuerant tam permodico sinuamine strictae WULF. *Swith.* II 1133; panis paximatius et ~us si quando inveniebatur bizanteo comparabatur ORD. VIT. IX 10 p. 551; in rupe marina apparet rima ~a GIR. *IK* I 6 p. 66. **b** **c740** cinnamomi permodia zenia [MS *corr. to* permodica xenia] *Ep. Bonif.* 49 p. 80; potus vero ejus erat aqua ~us et ipse tamen raro, nisi pre nimia sitis ariditate gustatus R. COLD. *Godr.* 72. **c** noctem . . totam in . . exultatione . . pervigil ducebat, nisi vicissim sompnus ~us impediret M. PAR. *Maj.* I 335; facto . . ~o intervallo . . puerulus . . monile rursus evomuit *Mir. Hen. VI* III 113. **d** cujus visionis quia gustus omnis quamvis ~us sompnus ~us sponsam Christi non modicum delectat apte subditur: . . BEDE *Cant.* 1117 A; sicut lucerna ~a in radio solis nihil luminis proferre videtur AILR. *Serm.* 10 (*PL*) 401B; effundebantur . . fragrantia miri odoris tanta . . ut is, quem antea degustans quasi maximum rebar, jam mihi odor ~us videretur M. PAR. *Maj.* I 316. **e** cum et ipsi legali observantiae ~ae sit laudis BEDE *Cant.* 1141D; **c1165** res exhilis est, causa ~a G. FOLIOT *Ep.* 196.

2 (as sb. n.) very small amount or quantity.

ne tunc quidem nisi panis ~um et unum ovum gallinacium . . percipiebat BEDE *HE* 23 p. 175; et quia permodicum sapit haec quae volvitur aetas / de variis signis et de virtutibus illis WULF. *Swith.* I 371; turtur . . dicitur quod est avis felle carens et nihil vel ~um habens colere *Quaest. Salern.* B 292.

3 (internal acc. as adv.) very little.

sacerdos quidam ecclesie de Comnor que ~um ab egregia universitate distat Oxonie *Mir. Hen. VI* V 154.

permolestus [CL], very burdensome or annoying.

quod clavis configitur ut acoleum mortis quod nobis fuerat ~um, significaret esse distructum THEOD. *Laterc.* 20; **c775** libros cosmografiorum necdum nobis ad manum venerunt nec alia apud nos exemplaria nisi picturis et litteris ~a *Ep. Bonif.* 124 p. 261.

permollire [cf. LL permollis, to soften completely (fig.).

1410 negocium . . per paratas precaminum incudes et ictus incudeos sepissime ~itur *FormOx* 426.

permonere [ML < CL per-+monere], to warn, advise (vehemently or insistently): **a** (w. *de*); **b** (w. inf.); **c** (w. *ut* & subj.).

a a quodam de proditione in eam concitata secrete permonita G. *Steph.* 62 p. 124. **b** itidem facere ~eo B. *V. Dunst.* 1 p. 4. **c** ~etur . . ab . . apostolo Jacobo, ut qui petit postulet in fide AD. MARSH *Ep.* 247. 10 p. 448.

permori [LL], to reach the absolute moment of death.

ponitur inter duorum sanctorum corpora leprosus fere ~tuus R. NIGER *Chr.* II 152 (cf. W. MALM. *GR* II 121: premortuus).

permotare v. permutare. **permotatio** v. permutatio.

permotiare [CL per-+motiare < AN *motier*], to explain thoroughly (word by word or in detail).

1277 (v. motiare); **1280** non debet ad legem venire eo quod incipit mociare et non ~iat, eo quod non nomi-

navit villam nec pratum nec locum *Hund. Highworth* 134; **1284** idem respondens non ~iavit *Ib.* 249.

permovere [CL]

1 to (cause to) move or shift (a person or his attitude).

obduratio . . mentis que nec virtute verborum . . nec virtute signorum ad fidem ~etur BALD. CANT. *Commend. Fid.* 21. 588; jam tandem ad hoc inductive permoti sunt ut sicut convenientia dicitur convenientium habitudo BALSH. *AD rec. 2* 44 p. 30n.

2 to incite, prompt, urge in an effective or forceful manner.

ut non doctor etiam eximius aliqua aut jactantiae culpa non numquam ~eatur aut irae BEDE *Cant.* 1156; **c956** studio divini cultus ~emur pro venerabilium locorum semper percogitare stabilitate *CS* 915; concupiscentia . . movet animam ut sentiat quod prius non sentiebat: cum vero mota sentit et permota consentit a sua dignitate degenerat BALD. CANT. *Serm.* 3. 47. 527.

3 to affect emotionally.

hujuscemodi sollicitudine permotus recolat et reminiscatur ALDH. *Met.* 4 p. 74; hac permoti oratione, cum ille extremum efflasset spiritum W. MALM. *GR* II 203; mentes convivantium ~it ampliorem effusus in risum *Ib.* II 225; defunctus . . et . . sepultus est. inde Rodbertus filius ejus permotus est et meliori militia exerceri nisus est ORD. VIT. III 2 p. 41; memini me nonnumquam usque ad effusionem lacrimarum fuisse permotum AILR. *Spec. Car.* II 17. 51. 565; omnes . . hac visione permoti dederunt Deo gloriam *V. Edm. Rich P* 1820D.

4 to bring about, initiate, raise.

turbulentis tempestatibus quas a Cenomannensibus et Normannis permotas esse diximus fomes . . et causa fuit Rodbertus regis filius ORD. VIT. IV 19 p. 294.

5 (in gl.).

perculsus, permotus *GlC* P 193.

permulcere [CL]

1 to stroke, caress gently (all over); **b** (fig.) to soothe.

crines suavissimis odoribus involvit . . infundit, ~et GOSC. *Lib. Confort.* 101. **b** matris orbata viscera consolatione ~et letissima GOSC. *Edith* 98; ita . . vitam unius cujusque conversi et inchoatio blanda ~et, et aspera medietas probat, et plena postea perfectio roborat ANSELM *Misc.* 307; **c1167** ubi carnem in veritate nature permanentem spiritualis implebit vigor et exultatio angelica ~ebit J. SAL. *Ep.* 170 (206); ad presens aures ~eat brevicula distinctio RIC. ANGL. *Summa* 41 p. 108.

2 to calm, pacify, appease (completely).

permulserit, placuerit [?l. placaverit] *GlC* P 318; feritatem tuam adeo permulsit et fregit ut . . *V. Birini* 20.

3 to please, charm, beguile completely; **b** (w. inf. or *ut* & subj.) to induce (to).

promulserit [l. permulserit], *liðercade GlC* P 594; alimentis educatur et garrulitate puerili ~etur BERN. *Comm. Aen.* 13; cepit intentius ab ea inquirere nunc terroribus pulsans, nunc blandimentis ~ens, quis eam gravidasset J. FURNESS *Kentig.* 1 p. 164. **b** permulcentque, nefas!, perverso fasmate regem / spernere singraphas furtivis rebus adeptas FRITH. 814; **s1135** mercede fuit permulsus ut castellum sibi traderet, thesauros aperiret G. *Steph.* 4 p. 8.

permulgare [LL *gl.*], to make widely known or manifest (? assoc. w. CL *promulgare*).

tanta perversitas . . per eum reliquis presulibus . . ~ata est ORD. VIT. XIII 32 p. 93.

permultus [CL]

1 (pl.) very many.

cynnomomum, arborem boni saporis cujus corticem ducunt [?l. manducant] permultos [?l. permultae] gentes *GlC* C 982; post permultos annos, circiter ducentos, assumptus fuit de feretro, et propter metum Danorum et barbarorum absconsus in domo capitulari *Eul. Hist.* I 227.

2 (n. sg. acc. as adv.) greatly, very much.

philosophus Aristotelicis ~um armatus argumentis BEDE *Sam.* 706.

permundare [LL], to make completely clean or tidy, to cleanse thoroughly: **a** (w. ref. to *Matth.* iii 12); **b** (from leprosy); **c** (fig.).

a vetustus ille dierum tenens ventilabrum in manu sua, ~abit aream BELETH *RDO* 55. 61D; quando ventilabro ~abitur area ELMH. *Cant.* 208. **b** et nobis apparuit tanquam transformatus / sic ad unguem faciem totam permundatus [leprosus] W. CANT. *Mir. Thom.* VI 164. **c** de levibus .. peccatis .. purgatorii ignis .. baptismate ~emur BEDE *Luke* 356B; inquinamenta .. subsequenti bonarum cogitationum et actuum permundet instantia *Id. Mark* 199; offerant .. conscientiam puram et .. ab omni nequitiae commixtione ~atam *Id. Tab.* 463; omnipotens Genitor, plasmat qui corpora cuncta / ac mentes hominum spinis permundat ademptis ÆTHELWULF *Abb.* 61; nosque ita permundet digni mereamur ut istum / .. / .. in ecclesiam transfere WULF. *Swith.* I 874.

permundatio [ML], (act of) cleansing thoroughly (also in fig. contexts).

ut .. per venas occultae inspirationis sedula sui ~one faciant in exemplum beati patriarchae Isaac BEDE *Cant.* 1150A; aditum .. in se aquis viventibus, id est donis caelestibus, per venas occultae inspirationis sedula sui ~one faciant *Ib.*; absque igne tamen aqua declaratur nonnunquam spiritualium ~o sordium PULL. *Sent.* 843A.

permundus [CL = *very clean*], (of metal) completely free from admixture or impurity, fine, of excellent quality.

cujus erat vagina auri radiante metallo / predita decocti, permundi sculptaque mole / argenti nimia WULF. *Swith.* I 280.

permutabilis [LL], that can be made different, changeable.

quia aque penitentiales stabiles esse debent et non ~es T. CHOBHAM *Serm.* 1. 5rb; cum ergo quinta essentia, que est impermutabilis secundum se, sit ~is per humiliationem sui ad inferiora, quare eodem modo ea que ~ia sunt secundum se non possunt fieri incorruptibilia per sublimationem? GROS. 36.

permutare [CL]

1 to give or receive in exchange (for), to exchange (for) (usu. w. *pro* to indicate object acquired by exchange and *cum* to indicate partner or sim.): **a** (land or money); **b** (abstr.).

a nec liceat .. has terras pro auro vel argento ~are *Chr. Rams.* 67; **1265** cum .. M. .. terram .. ~averit cum P. .. pro quadam alia terra *Cl* 156; **1291** de decem et octo solidis .. annui redditus quos habemus in parochiis .. quos .. Oto .. a nobis decem et octo solidis .. peciit ~ari *RGasc* III 5a; **1380** pro licenc' ~andi j ac' ter' cum J. Dauson pro j ac' ter' in Wermouth que .. permutacio cedere possit in comod' dom' *Hal. Durh.* 162. **b** c**1173** pro peregrinatione patriam, vitam pro morte, delicias pro angustiis ~are P. BLOIS *Ep.* 46. 133B; **1426** falsum pro vero quis non tremeret ~are? *Conc.* III 478a.

2 to replace, substitute, change.

1168 ut aut ~et episcopatum .. aut desistat a persecutione juris sui J. SAL. *Ep.* 240 (238); atthomi ~ant ordinem et situm et figuram T. SUTTON *Gen. & Corrupt.* 77.

3 to interchange, transpose.

proportio ergo linee H ad lineam T sicut proportio linee U ad lineam Z. cum igitur ~abitur, erit proportio linee Z ad lineam T sicut proportio linee U ad lineam H ADEL. *Elem.* XIV 10.

4 to make (completely) different, change; **b** (w. *ad* or *in* & acc. to indicate direction or result of change).

quarto, amissione ultimae consonantis tempus permotatur [vv. ll. praemotatur, praemutatur]. in λέων ... Grece, Latine 'leo' TATWINE *Ars* 17 p. 9; †**777** (12c) si quis .. hoc [donum] infringere mente subdola per aliqua machinamenta ~are conatus fuerit .. *CS* 222; quocunque modo saccum concidi permittat Dominus, non ~ent extrinseci casus interiorem hominem MAP *NC* IV 13 f. 55. **b** gentilitas quae in sponsam erat Christi donante ipso ~anda BEDE *Cant.* 1119; felix medicamentum quod .. filii perditionis .. longo usu

.. in consuetudinem ~averunt ORD. VIT. XI 11 p. 208; omnes pene [versus] vel in alium ordinem vel in novam formam ~avi L. DURH. *Hypog.* 64; nam in tali permutacione debet fieri permutacio primi ad tercium et secundi ad quartum. hic autem ~at primum ad quartum et secundum ad tertium R. MARSTON *QD* 19.

permutatim [LL], in an interchangeable or reciprocal manner, reciprocally. **b** (in singing) antiphonally.

sit numerus AB pars numeri GD sitque numerus HZ eadem pars numeri 'H'T. dico quia ~im erit pars aut partes que AB in HZ eadem pars aut partes GD in 'H'T ADEL. *Elem.* VII 9; in qua proportione se habet ymaginatio ad ymaginabile in eadem proportione se habet sensus ad sensibile; ergo ~im in qua proportione se habet sensibile ad ymaginabile in eadem proportione se habet sensus ad ymaginationem J. BLUND *An.* 349; ergo ~im, sicut se habet [vis] cognoscitiva ad concupiscere, ita concupiscibilis ad cognoscere GROS. 266; sicut se habet nominativus prime vel secunde persone ad verbum prime vel secunde, sic nominativus tercie ad verbum tercie et e contrario; ergo ~im, sicut se habet nominativus prime vel secunde ad verbum tercie, sic nominativus tercie ad verbum prime vel secunde BACON XV 4; sicut se habet instans ad tempus sic se habet punctus ad lineam ergo ~im sicut instans ad punctum sic tempus ad lineam *Id. Tert.* 151; sed secundum premissa C est equale D, quare et A [est equale] B vel sic, sicut A ad C, ita B et D, quare et ~im, sicut A ad B, ita C ad D BRADW. *CD* 133D. **b** psallentes ~im sicut in choro *Cust. Cant.* 333.

permutatio [CL] **1** (act of) giving or receiving in exchange (for), (reciprocal) exchange; **b** (w. *inter*).

1265 tota terra que fuit ipsius Philippi .. per ~onem predictam ad ipsum Michaelem revertetur *Cl* 156; c**1310** quas mihi dederint in ~one octo acrarum et dimidie *Reg. Paisley* 102; **1380** pro licenc' permutandi j ac' ter' cum J. Dauson pro j ac' ter' in Wermouth que .. ~o cedere possit in comod' dom' *Hal. Durh.* 162; in ~onem terrarum, tenementorum, et reddituum que seu quos .. abbas et conventus .. concesserunt eidem priori et capitulo THORNE 1945. **b** certificatorium .. de et super expedicione ~onis facte inter dominos J. D. ecclesie parochialis de S. Cant' diocesis et J. G. ecclesie parochialis de E. Sar' diocesis rectores *Reg. Cant.* I 129.

2 interchange, (rhet.) hypallage, interchange of elements in which the natural order is reversed.

hypallage, i. ~o quoties in alium intellectum verba quae dicta sunt transferuntur *Gl. Leid.* 28. 44.

3 substitution, replacement.

1508 et sol' pro ccccxij uln' panni lenei empt' in ~onem omnium liniamentorum de le *napre* burs' *Ac. Durh.* 659.

4 (act of) making or becoming (completely) different, (complete or arbitrary) change; **b** (w. *ab* to indicate agent of change). **c** (w. *ad* to indicate direction or result of change).

qui fortuitas praeteritorum ~ones [*gl.*: vicissitudines; *awendennessa*] temporum tenaci memoriae textu tradiderunt ALDH. *VirgP* 4 p. 232; sepe namque temporum ~one necessitas legem frangit EGB. *Dial.* 409; opus .. majus est et crebrescentium cotidie malorum innovatione profusum exaggerationibus, ~onibus, permixturis, ex oppositis, ex adjunctis (*Quad. dedic.* 4) *GAS* 529; consideratis rerum ~onibus et temporum opportunitatibus ORD. VIT. IV 13 p. 258; tantane ~o monachi substantiam destruit? que est igitur dispensatio que si de loci stabilitate fiat, monachum destruet? AILR. *Spec. Car.* III 35. 610A; omissis multis regum ac regni ~onibus per regulos .. e latere venientes GERV. TILB. II 20 p. 945; lignum .. magis ignescit et in quandam ignis substantiam non caloris solum sed et coloris ~one transfertur J. FORD *Serm.* 107. 9. **b** ubi dicitur quod simplex et naturalis generacio est ~o ab his virtutibus SICCAV. *PN* 50. **c** in tali ~one debet fieri ~o primi ad tercium et secundi ad quartum. hic autem permutat primum ad quartum et secundum ad tercium R. MARSTON *QD* 19.

5 (in gl.).

exallage, permotatio *GlC* E 466; exallege, permotatio *Gl. Leid.* 28. 29.

permutative [CL per- + ML mutativus + -e], in

an interchangeable or reciprocal manner, reciprocally.

sicut se habet instans ad tempus sic punctus ad lineam. ergo ~e, sicut se habet instans ad punctum sic tempus ad lineam BACON *Maj.* II 70; item sicut se habet essentia ad esse, sic potentia ad agere ~e sic se habet essentia ad potentiam, sicut esse ad agere MIDDLETON *Sent.* I 52a.

perna [CL]

1 leg (esp. the thigh).

mei gibrae pernas omnes libera [AS: *mines lichoman leower ealne gefria*] (LAIDCENN MAC BÁITH *Lorica*) *Cerne* 86.

2 leg as joint, ham (also dist. as ~*a porci* or sim.).

c**930** detur ei .. una ~a vel unus aries *Conc. Syn.* I 48; tu furaris .. pergamenum et caseos et panes .. et ~as et aves et pisces ÆLF. *BATA* 4. 31 p. 61; hic petaso, i. ~a porci OSB. GLOUC. *Deriv.* 419; **1173** pro baconibus et ~is, xxvij s. et vj d. *Pipe* 13; muniantur .. vino, ~is [v. l. perniis; *gl.*: pernis], baconibus NECKAM *Ut.* 104; de cibis. caro suilla, *car de porc* .. hec ~a, *perne* Gl. AN Glasg. f. 20vb; **1275** ubi H. et E. habuerunt j ~am porci .. ad vendendum *SelPlMan* 142; **1308** de j bacone ad dim' pirna rec' de remanentibus (*Ac. Combe*) *Doc. Bec* 170; **1340** in precio clxj baconum, j ~e, j cassi multonis *AcWardr TRBk 203* f. 25v p. 57; **13** .. †maccerarius [MS: macerrarius] habeat salsas carnes et recentes, bovinas, caprinas, porcinas, agninas, edulinas, vitulinas, porcellinas, iterum habeat bacones, †perrias [l. pernas] sive †petafulsus [l. petasiunculos] (*Nominale*) *Neues Archiv* IV 340; **1457** lego .. dimidium ~e, de carnibus porcinis *Wills Richm.* 4.

3 (flitch or side of) bacon.

~a, *flicci* GlC P 250; ~a, *flicci* Gl. Leid. 47. 13; **10** .. de suibus .. ~a, *flicce WW*; c**1420** rex fecit capi et colligi .. pluria milia quarteriorum frumenti et parnas baconum plurimas absque numero pro suis victualibus secum ducendis in partes transmarinas (*Chr.*) *EHR* XXIX 512; ~a, A. *a flycche WW*; hec †perra [l. perna], *a flyk WW*; *a flyke* of bacon; ~a *CathA*.

4 mussel shaped like a ham.

e geminis nascor per ponti caerula concis ALDH. *Aen.* 17 (*Perna*) tit.

pernarium [cf. CL pernarius = *dealer in hams*], garment that covers or protects the legs, (pair of) leggings, or sim.

custos pelliparie liberat .. conversis ~ia, lumbaria, et auricularia *Ac. Beaulieu* 225.

pernecabilis [cf. CL perniciabilis, LL pernecare], pernicious, destructive, deadly, lethal; **b** (in moral context).

mustela .. licet adeo ~es spiritus habeat ut basiliscus. *Quaest. Salern.* B 107; unde ipsius [basilisci] qualitates ~es res sibi oppositas inficiendo corrumpunt *Ib.* B 108; est cholera habens ~es qualitates *Ib.* Ba 11; in aspide .. licet calidissimus sit, non tamen adeo ~es sunt qualitates *Ib.* N 61. **b** pestes ecclesie ~es AD. MARSH *Ep.* 1 p. 79; **1253** non est .. alterum genus peccati .. humano generi tam ~e GROS. *Ep.* 128 p. 434.

pernecabiliter [CL per- + ML necabilis + -ter], fatally, lethally.

quos secularis excecatio .. ~iter deformavit AD. MARSH *Ep.* 77 p. 190.

pernecare [LL], to kill, destroy completely.

Herodes, contra suum judicium, sine causa parvorum innocentum crimine pressum infantum pernegavit exercitum THEOD. *Laterc.* 15; neco componitur ~o .. i. occidere unde pernectus vel pernecatus et pernicies .. i. mors, interitus OSB. GLOUC. *Deriv.* 371.

pernecessarius [CL], most necessary or useful, essential (usu. w. dat. to indicate person concerned); **b** (w. supine); **c** (~*ium est* & inf.) it is essential (to).

benivolentia tunc operis tam ~ii vobis patrocinantibus veniam apud eam facinoris mei imploret THEOD. *Pen. pref.*; c**804** iste est hymnus sacratissimus et pulcherrimus et cunctis ~ius credentibus ALCUIN *Ep.* 308 p. 473; eos .. novo regi in novis regni dispositionibus ~ios .. ostendit EADMER *HN* p. 14; c**1155** hec philosophia tibi jam decrepito ~ia esset P. BLOIS *Ep.*

6. 18C; lima ~ia est in officina fabrorum BALD. CANT. *Serm.* 14. 31. 447B; ~ius nempe jam reditus tuus, cum jam omnia sterilia ac frigida sint apud nos J. FORD *Serm.* 62. 10. **b** dicens hoc sibi inquisitu et scitu ~ium J. SAL. *Pol.* 752B. **c 849** (11c) ~ium est litterarum serie decreta nostra omnia firmiter commendare *CS* 455.

1 pernegare v. pernecare.

2 pernegare [CL]

1 to deny completely (usu. leg.).

si ad illum hominem pecunia vocetur, qui prius abjuraverat . . ~et [AS: *oþswerige, swerige*] secundum modum wite et pretium pecunie (*Quad.*) *GAS* 105; plegium potest homo . . ~are [AS: *oþsacan*, v. l. purgare] si sciat quod rectum faciat (*Ib.*) *Ib.* 107; persolvat ipsum furem . . vel ita ~et [AS: *hine be þam ladige*] (*Ib.*) *Ib.* 151; si quis ministrum altaris occidat utlaga sit . . nisi digna satisfactione peniteat . . vel werelada ~et (*Leg. Hen.* 66) *Ib.* 585; si quis ordinatorum aliquem verberibus . . affligat emendet ei . . vel plena lada ~et (*Ib.* 66. 3) *Ib.* 585; **c1175** coram . . rege requisitus suam esse constantissime ~avit ARNULF *Ep.* 101.

2 to refuse persistently, go on refusing.

quelibet negat, nulla ~at MAP *NC* IV 3 f. 46v; et si forte negat, non pernegat illa roganti D. BEC. 2067.

pernella [CL perna+-ella], (little leg of) ham.

1278 dicunt quod ipse noctanter . . asportavit predictas res et dim. pernell' *Gaol Del.* 35B m. 53*d*.

perneo v. pernio.

pernere [CL], to spin completely.

neo, -es, -vi, -tum, -tu, i. filare . . componitur ~eo OSB. GLOUC. *Deriv.* 381.

pernescire [ML < CL per-+nescire], to be completely ignorant (of), to know not at all (w. indir. qu.).

~iens quid ageretur AD. MARSH *Ep.* 143 p. 270.

pernicia [cf. CL pernicies (*false etym.*), pernio < perna], chilblain or inflammation of the hands.

ad pormones [? l. perniones], id est ad infirmitatem manuum. *wyþ sare handa þæt Greccas hataþ* pormones [? l. perniones] et *on Leden* ~iam *man hyt hæt Leechdoms* III 112.

perniciades v. perdicialis.

1 pernicies [CL], pernicio [LL], ~ium

1 physical destruction, death. **b** (transf. or fig.) ruin, undoing.

~iem, mortem *cwylm GlP* 1039; ~iem, i. cladem *Gl. Bodl.* 91; tota . . die ad multorum milium ~iem . . acerrime pugnatum est ORD. VIT. III 14 p. 147; maluit illic occumbere quam furore irati regis pro ~ie prolis oppetere *Ib.* XII 26 p. 414; unde filii Heli merita adversione intereunt ipsi quoque in ~iem [cf. *I Reg.* iv 11] PULL. *Sent.* 769D; ad Stygis introitus perniciique lacus GARL. *Tri. Eccl.* 53. **b** eademque egenis et paene nihil habentibus distribui in ~iem nostram non sinimus GILDAS *EB* 42; p**675** est . . altera crudelior animarum ~ies ALDH. *Ep.* 4 p. 483; murmurans contra Dominum populus serpentium morsibus sternebatur ut ex ordine flagelli exterioris agnosceret quantam intus ~iem murmurando pateretur BEDE *Hom.* II 18. 201; blasphemando in suam vertisse †pernioiem [l. perniciem] *Id. Sam.* 711; **802** silentium in sacerdote ~ies est populi ALCUIN *Ep.* 255; **1126** non immemor detrimentum et ~iem sancte ecclesie respice *Ep. Anselm. Bur.* 97; dulcis pernicies est assentacio / deludens mentium stultos prestigio WALT. WIMB. *Palpo* 117; quam vulgus imperitum multis concessit in ~ionem propriam judicio Dei justo BACON *Maj.* III 4.

2 pernicious or deleterious action, effect, or property.

ubi Tiberis influens mane sevas exhalat nebulas quarum ~ie omnes milites ejus preter decem interisse W. MALM. *GR* IV 373; vermium hujusmodi . . quot species, tot ~ies, quot colores, tot dolores, quot varietates, tot adversitates GIR. *TH* I 36; propter exempli tamen ~iem tam detestabilis et tam pravi et indelebilem tanti scandali notam ac mendam *Id. Ep.* 4 p. 182; vir dolorum passus perniciem J. HOWD. *Ph.* 888.

2 pernicies [assoc. w. CL pernix, pernicitas], quickness, swiftness.

pernities, velocitas *Gl. Leid.* 48. 31; *wightnesse*, alacritas . . ~ies, pernicitas *CathA*.

perniciose [CL], in a deleterious or pernicious manner, perniciously: **a** (w. ref. to physical destruction). **b** (w. ref. to ruin or undoing).

a pugnatum est . . perniciose et horribiliter utrinque H. HUNT. *HA* II 25; Picti . . et Scoti . . nec eam [borealem partem Britannie] . . aggrediebantur nec numquam ~ose repulsi tempore non pauco ab invasione cessabant *Ib.* V *prol.*; usque in pulsum brachii subito ~e punctus est ORD. VIT. XII 45 p. 481; qualiter Helena Barker . . sese ~issime jugularat *Mir. Hen. VI* III 112 *tit.* **b** quam ~e doceatur et que fuerint de generibus et speciebus opiniones modernorum J. SAL. *Met.* 874A *tit.*; ut qui omnia fere pernoverant ~issime errarent in maximis *Id. Pol.* 638A; volens . . redimere dies meos quos perdidi quia ~e et perdite vixi P. BLOIS *Ep.* 139. 414B; gratie ipsius Auctorem . . iterum vendere cum Juda, vel etiam pejus et ~ius, non veremur? GIR. *GE* II 24 p. 282; de rege H. secundo et filiis suis ~e nimis erga patrem agentibus *Id. SD* 10; si papa efficiatur hereticus maxime publice, gravius, ~ius et periculosius toti Christianitati peccat OCKHAM *Pol.* III 81.

perniciositas [ML < CL perniciosus+-tas], state or condition of being deleterious or pernicious, perniciousness.

iracundia cavenda est principibus propter ejus ~atem et turpitudinem J. WALEYS *Commun.* I 3. 11 f. 26ra; item cavenda est [ociositas] racione ~atis *Id. V. Relig.* 2 f. 220va.

perniciosus [CL], pernicious, deleterious, deadly: **a** (of person); **b** (of illness or sim.); **c** (of act, abstr., or sim.). **d** (~*um est* w. inf. or sim.) it is deadly (to).

a male cogitans homo multo damno affligetur et si ~us fuerit BEDE *Prov.* 994D; [homo] sibi ~us, aliis inquietus BALD. CANT. *Serm.* 10. 26. 497; palpo dolosus, perniciosus prestigiator WALT. WIMB. *Scel.* 126. **b** eodem morbo quo et ego, sed loco ~iore, fere per septennium laboraverat W. CANT. *Mir. Thom.* II 24; squinancia cum febre acutissima ~issima est J. MIRFIELD *Brev.* 62. **c** quo utique nihil ei usquam ~ius nihilque amarius factum est GILDAS *EB* 23; pulchrum . . et ~um [gl.: pestiferum, mortiferum, *cwyldfulle*] cernentibus spectaculum praestat ALDH. *VirgP* 17 p. 246; potest et ita accipi quod retem dicat ~am . . doctrinam BEDE *Prov.* 941; ut . . inimici sui vires sibimet ~as adaugeat ORD. VIT. VI 10 p. 94; omnis . . talium in communi cohabitatio ~a est et pestem fundit ROB. BRIDL. *Dial.* 145; quod ipse effectus experientia ~issima demonstravit R. MELUN *Sent.* II 2; obsecrat ne tam pertitiosa [? l. perniciosa] jactura laboris et affectus, quo ipsam adierat, fieret merces *Mir. Fridesw.* 47; quo quidem nullus error ~ior est J. SAL. *Met.* 943C; Hugonis . . de Laci mors ~a GIR. *TH* II 27. **e** sunt quidam quibus inter multos vivere ~um est AILR. *Inst. Inclus.* 2 p. 637; tanta tibut miracula que perlongum foret enarrare ~um tamen omnia preterire sub silentio *V. Edm. Rich* B 623.

pernicitas [CL], quickness, swiftness, velocity.

capreoli . . et ~ate pedum et oculorum acie plurimum valent BEDE *Cant.* 1135; ~as, felocitas [l. velocitas] *GlC* P 263; erant . . omnes tantae velocitatis ut despectui eis essent equitantium ~ates *Enc. Emmae* II 4; ~ate a rege directi nuntii concitatus W. MALM. *GP* I 48 p. 80; **c1167** Asael velocitate cervos . . anteibat et ~ate currendi capreis prevolabat [cf. *II Reg.* ii 18] J. SAL. *Ep.* 194 (188 p. 252).

perniciter [CL], swiftly, quickly, speedily.

defunctorum cadavera quos letale virus crudeli mortis exitio ~iter [gl.: velociter, mortaliter, *hwæt*] prostravit ALDH. *VirgP* 23 p. 255; ~iter, velociter *GlC* P 227; currere ~iter volo ÆLF. BATA 4. 6; multimoda fuge latibula ~issime adierunt G. *Steph.* 62 p. 124; †c**690** (12c) Domini nostri Salvatoris et S. Petri substantia sibimet ipsi ~iter populare persentiet *CS* 89; actutum, cito, ~iter, ocius, ilico, extemplo, protinus OSB. GLOUC. *Deriv.* 49; pigriore in primis, pernicius postmodum predis insistunt GIR. *TH* I 12 p. 37; ~iter ecclesiam suam . . adiit *Chr. Battle* f. 13v.

pernio [CL], chilblain (on the foot or the hand).

prinionis, ungulis scabosos *GlC* P 704; ad pormones [? l. perniones], id est ad infirmitatem manuum. *wyþ sare handa þæt Greccas hataþ* pormones [? l. perniones] et *on Leden* perniciam *man hyt hæt Leechdoms* III 112; ~o sive mula, i. tumida quod interpretatur hiemale secundum Oribasium, apostema est quod fit in talo et in yeme maxime propter frigus et dicitur ~o a pernicie, A. *heke* vel *moule Alph.* 144; *a mowle*, ~o *CathA*; hec podegra, hic perneo, *a mowlle WW*.

perniti [LL *gl.*], to endeavour, strive (persistently).

to be abowteward, . . niti, ~i, inniti *CathA*.

pernitidus [cf. CL per-+nitidus, pernitere], very bright or radiant, glittering, glossy.

fontibus lucidis . . ~isque rivis leni murmure serpentibus GILDAS *EB* 3; ~is, valde nitidis *GlC* P 373.

perniveus [CL per-+niveus], (of colour) that resembles snow, very white or bright.

pulchre picta perniveo / colore atque croceo (ÆTHELWALD) *Carm. Aldh.* 2. 159.

1 pernix [CL], quick, swift, agile; **b** (pred.). **c** (of letter) dispatched swiftly or urgently.

plus pernix aquilis, Zephyri velocior alis ALDH. *Aen.* 100 (*Creatura*) 35; pernicibus [gl.: velocibus vel alacris, *swiftum*] pupillarum obtutibus *Id. VirgP* 2 p. 229; mente sagaci . . et cursu ~ici BEDE *Cant.* 1135A; sic Romana petunt pernicibus atria plantis FRITH. 732; ad locum quendam pernici cursu festinavit WALTH. *Ep.* f. 79 p. 98; cum . . lynceo acumine conspiciant, ~ici velocitate se deorsum mittunt GIR. *TH* I 16; hirundo . . fuge pristine non inmemor ~icibus utitur alis NECKAM *NR* I 52 p. 103. **b** nam superas quondam pernix auras penetrabam TATWINE *Aen.* 6 (*De penna*) 2 p. 173; fultus sic pretiis sanctorum ex artubus almis / relliquiis, pernix reduces supramemorati / convertit gressus cara ad habitacula patris FRITH. 163; qui in tentoriis erant ~ices et irrequieti aufugiebant ORD. VIT. IX 10 p. 560. **c** sentiens . . morbum perrepere ad vitalia superstites liberos, monachum et monacham, ~icibus invitavit epistolis W. MALM. *GR* II 204.

2 pernix [ML], harmful, pernicious.

~ix aliquando pro dampnosus [v. l. dampnoso] et tunc habet mediam genitivi sillabam brevem; quando vero pro celer dicitur tunc habet longam OSB. GLOUC. *Deriv.* 468; cum pernice [gl.: veloci] pede, cum pugno pernice [gl.: nocivuo] pugnes H. AVR. *CG* f. 8v. 10; *noyous*; amarus, angustus, anxius, contrarius, fastidiosus, feralis, gravis, infestus, inquietus, molestus, nocivus, nocens, nocuus, noxius, ~ix, perniciosus, tidiosus *CathA*; *wicked*, austerus . . execrabilis . . crudelis, impius . . ~ix, medio correpto, perniciosus *Ib.*

pernobilis [CL], very famous or noble: **a** (of person); **b** (of lineage or line of succession).

a inter quam (turrim) templique sacram pernobilis aulam / corpore vir Domini [sanctus] requievit humatus WULF. *Swith.* I 450. **b** erat . . iste de ~i progenie primi regis Northanhimbrorum R. COLD. *Osw.* 26.

pernocere [ML < CL per-+nocere], to harm greatly.

noceo componitur ~eo, i. valde noceo OSB. GLOUC. *Deriv.* 371.

pernocivus [CL per-+nocivus], very harmful or injurious.

1268 ut ad talia divertere [sc. ministeria] sibi valde ~um . . dignoscatur *Conc.* II 16a.

pernoctamen [CL pernoctare+-men], (act of) staying awake.

nictamen, vigilamen, ~en, excubamen OSB. GLOUC. *Deriv.* 383.

pernoctanter [LL]

1 by staying awake (during the night).

~er, adverbium, i. vigilanter OSB. GLOUC. *Deriv.* 371.

2 by night.

cum sua acie ~er circa partes Londonie affluxerat FAVENT 8.

pernoctare [CL], ~ari

1 to spend the night; **b** (w. ref. to staying awake or holding vigil); **c** (spec. as *sub diem*).

s1147 in insula . . predicta cum ~assemus, summo mane velificare incepimus Osb. Bawdsey cliii; **1217** si porci alicujus liberi hominis una nocte ~averint in foresta nostra, non inde occasionetur ita quod aliquid de suo perdat *SelPlForest* cxxxvi; **1236** in domo ipsius Hugonis . . ~abatur *BNB* III 184; **1251** visi fuerunt . . ad domum domini Henrici de Den et ibi ~averunt *SelPlForest* 100; **1370** omnes . . de collegio ad continuam residenciam volumus obligari, ita quod extra collegium †provocitari [l. pernoctari] nequeant nisi . . licenciam meruerint obtinere *Lit. Cant.* II 503; si biduum . . tecum . . una ~arer Liv. *Op.* 160. **b** aedificata est ecclesia supra . . lapidem, nec aliquis potuit ibi ~are postea multo tempore *Comm. Cant.* I 258; qui si discederet inde / a tumulo sancti, nec pernoctaret ibidem Wulf. *Swith.* I 727; cum inibi causa orationis ~arent ecce suavissimi soporis felicem obtexit pausatio puerum B. *V. Dunst.* 3; binis noctibus ante sanctum corpus in orationibus ~avit Ord. Vit. III 13 p. 142; ~o, -as, i. vigilare Osb. Glouc. *Deriv.* 371; cum candela ~aturus ibi in oratione *Canon. G. Sempr.* f. 146; cum ~asset circa tumulum martiris sanitatem recepit *Mir. Montf.* 70. **c** sepe quidam ~abat orans in ecclesiis et mane in curia primus aderat ad mensam domini G. Crispin *Herl.* 13 p. 187.

2 (trans.) to put up or place for the night: **a** (person); **b** (animal).

a 1478 applicui apud villam Cheverelle . . ubi quidam homo vocatus Philippus Pur' ~avit me sua curtesia W. Worc. *Itin.* 36. **b 1372** compertum est per jur' quod bidentes domini de Ketton depasti fuerunt noctanter blada R. del N. . . et Willelmus Shephird qui eos habuit in custodia juravit quod eas ~avit apud le Garthway juxta manerium *Hal. Durh.* 116.

pernoctatio [LL], (act of) spending the night or staying for the night.

1253 non faciant ex malicia . . per eorum frequentem ~ionem et moram assiduam *Reg. Newbattle* 200 p. 159.

pernoctescere [CL per-+noctescere], to become (completely) dark.

lux pupille latricis luminis / pernoctescit nube caliginis J. Howd. *Ph.* 773.

pernocuus [CL per-+nocuus], very harmful, (~*um est* w. inf.) it is very harmful (to).

pro eo quod perlongum et ~um foret vota singulorum singillatim inquirere *Cap. Aug.* 199.

pernoscere [CL]

1 to (get to) know completely or thoroughly; **b** (contrasted w. *noscere*; also pleonastically w. *plene*).

929 (12c) emendet regi suam overhyrnessam si ~atur hoc in veritate et si non possit reicere . . nominentur . . tot homines quot ~untur esse credibiles *CS* 1340; nam e prudentibus neminem liberali eruditum ingenio propemodum ~is qui tam deformi facundia in scribendis prologis ut ego, videatur abuti B. *V. Dunst.* 1; abdita queque et que latenter agebantur ~ebat Ord. Vit. XI 23 p. 239; publicitus ab omnibus floccipendor quia qui me pernosse desudet vix inter tot milia vel unum reperies Osb. Glouc. *Deriv.* 3; nisi aut ab acceptissimo studio omnino cessavero aut vos de ~endis Latinitatis studiis, quod absit, subtraxero *Ib.* 386; ut qui omnia fere pernoverant perniciosissime errarent in maximis J. Sal. *Pol.* 638A. **b** vel etiam acciderint sicut ex parte nosti plene ~ere posses Rob. Bridl. *Dial.* 145.

2 (p. ppl.) (very) widely or well known.

prenosco . . pernosco . . et ab istis prenotus et pernotus, i. valde notus Osb. Glouc. *Deriv.* 374.

pernoscitare [CL pernoscere+-itare], to (get to) know completely or very well (in quot., w. indir. qu. & subj.).

s1290 quid . . super hoc ipso negocio futuris temporibus fuerit eventurum nemo presencium poterit ~are *Ann. Osney* 324.

1 pernotare [LL], to mark very distinctly, (p.

ppl. as adj.) very well known; **b** (w. infamy or sim.).

servans populum tuum agni sanguine ~atum Egb. *Pont.* 130. **b 1461** crimina propter que . . apud bonos et graves personas . . ~atus existit *Mon. Hib. & Scot.* 431b.

2 pernotare v. praenotare.

pernox [CL], who or that continues throughout the night; (in quots. pred.) throughout the night, all night long: **a** (of person, usu. w. ref. to staying awake); **b** (of the moon).

a ~ox, pervigilans *GlC* P 273; excubiis pernox gaudens instare secretis / corpus perspicuis castum purgabat in undis Frith. 564; ~ox . . in oratione permansit Wulf. *Æthelwold* 42; aliquando perdius et ~ox equitans W. Poit. I 17; ubi ~ox in montibus solus oraverat R. Cold. *Godr.* 40; et in illa meridiali [porta] ~ox excubat Map *NC* III 4 f. 42; quod pernox perdius in fata properat Walt. Wimb. *Sim.* 90. **b** ubi ~ox luna candet exquire Bede *TR* 24; cum serenior nox est et luna ~ox tunc largior ros arva perfundit Gros. *Hexaem.* V 22. 3 p. 182.

pernundinari [CL per-+nundinari; assoc. w. LL perendinare], to stay for the duration of a fair.

Rogero . . ~anti apud W. cum austurco nostro x solidos pro expensis *Cl* I 38a.

1 pero v. 2 paro.

2 pero [CL]

1 thick boot of raw hide.

~o, *himming GlC* P 306; trita legant frontem pillea, pero pedem J. Sal. *Enth. Pol.* 1; corio crudo consutis barbaris pro calciamine ~onibus utentes Gir. *DK* I 8; ~o, -onis, *bote Teaching Latin* I 380; cum ~one tamen agiluque per agmina cursu / dum quidam volitant vulnera nulla timent Garl. *Tri. Eccl.* 61; ~one, i. A. *riveling GlSid* f. 146va; hic piro, *riveling Gl. AN Glasg.* f. 21rb; ~o, -ronis, hic, quoddam calciamentum rusticorum amplum et altum, quod alio nomine dicitur culponeus, A. *cokeres WW*.

2 woollen cloth.

hic ~o, -ri, A. *wolyng WW*.

3 (in list of words).

de moloso: . . ~ones Aldh. *PR* 118.

perobliquus [CL per-+obliquus], slanting, oblique.

cruked, . . ~us *CathA*.

perobstruere [CL per-+obstruere], to block or obstruct completely.

jam . . †per obstrusis [l. perobstrusis] cavernarum rivulis novam . . se veritas prodat ex utero Theod. *Laterc.* 1.

perobtinere [CL per-+obtinere], to obtain, or ?*f. l.*

s1217 absolucione a legato . . perobtenta [? l. preobtenta], Franciam remeavit *Meaux* I 399.

perochialis v. paroecialis.

perodi [CL]

1 (dep.) to hate intensely, loathe, detest.

quis ~osus est consilium malignantium et cum impiis non sedit? Gildas *EB* 69; perosus et exosus cum sint participia sine origine verbi, non enim ~odi vel exodi dicitur Andr. S. Vict. *Sal.* 20.

2 (p. ppl.): **a** (*s. act.*) who has hated, hating. **b** (*s. pass.*) hated.

a ~osus, qui odit *GlC* P 231; a puero . . monachus, sed . . pannos illos ~osus . . Scottiam . . contendit W. Malm. *GR* IV 334; mundum ~osus desiderioque flagrans celesti Ord. Vit. IV 16 p. 287; Daniel seculi curas ~osus in lecto quiescat, castitatemque conatu toto custodiat Pull. *Sent.* 932A; c1158 Gallicanam ~osus incontinentiam Arnulf *Ep.* 15. **b** ~ossum, odiosum *GlC* P 223; ~ossus, abhominatus *Gl. Leid.* 6. 26; suspectos habuit zelo et mordente perosos Wulf. *Swith.* I 172; clericos ~osos habuit Byrht. *V. Osw.* 425; quumque ~osa via invalidum lassabundum redderet virum *Id. V. Ecgwini* 375 (*recte* 365); qui ~osus coelo

ac terrae vitam finiit male Herm. Arch. 2; famina sordida, turpia sint tibi gesta perosa D. Bec. 2830.

peronatus [CL], shod in a thick boot of raw hide.

~us, peronibus calciatus Osb. Glouc. *Deriv.* 480; ~us incedens, fasciis pectus et preduro tectus corio J. Sal. *Pol.* 598D; qui modo primor est in regum domibus, / cum in sandapila ligatis pedibus / supinus ponitur, nonne siccoribus / et peronatis est par aratoribus? Walt. Wimb. *Sim.* 108.

peronellus v. paronellus.   **peronus** v. 2 paro.

perones [cf. LL perona < περόνη], (understood as) pain.

~es interpretatur dolor *Alph.* 139.

peropacus [LL], very dark.

tandem vero inter densas ac ~as tenebras lux exilis emicuit (*Chr. Bury*) *EHR* LVIII 76.

perope v. pompa.

peropportune [CL], very favourably, most opportunely.

id adeo peroportune in ecclesia Christi . . posse fieri W. Malm. *GP* V 266.

peropportunus [CL], very opportune.

accessit clericorum glorie regalis liberalitas ut daret sancto predium amplitudine et vicinitate peroportunum W. Malm. *GR* II 147 (=*GP* V 251); casulam unam ~am et unam mediocrem et unum vestimentum nobile et unum mediocre et unam tunicam optimam ecclesie dedit H. Albus 131.

peroptabilis [CL per-+optabilis], very desirable.

valeat ~is sanitatis vestre sospitas Ad. Marsh *Ep.* 168.

peroptare [LL], to desire greatly: **a** (w. acc.); **b** (w. inf. or acc. & inf.); **c** (p. ppl. as adj.) greatly desired.

a s**1237** ad quem cum pervenerint, sistent cursum et percipient quod ~ant M. Par. *Maj.* III 449; **1265** vestrum summo cordis affectu ~amus adventum *Cl* 67; c**1415** divinum talentum quod debemus . . ~are *FormOx* 432; s**1452** nullatenus . . prodesse vobis poterimus, quemadmodum visceraliter ~amus *Reg. Whet.* I 22. **b** eo . . celerius celebrabat quo illud peragere et consummare devotius ~abat H. Bos. *Thom.* III 13; **1255** fedus quod inter prefatos liberos nostros iniri non poterit, modo alio fieri ~atis *RL* II 109; **1318** discordantes . . ad unitatis fedus . . reducere ~amus *FormOx* 41; s**1216** talionem . . hostibus reddere ~ans, furore repletus . . terras hostium suorum direptioni dedit terras *Meaux* I 397; congressum cum Anglorum rege habere ~ans *Plusc.* VII 4. **c 1254** spem concepimus ~atam ex litteris *RGasc* I 321b.

peroptime [ML < CL per-+optime]

1 in the best manner, very well.

1120 tante . . discretionis persone fretus consilio bonum propositum ~e ad boni operis effectum . . non dubito me posse perducere (*Lit. Regis Scotiae*) Eadmer *HN* 330; [arcam] seris ferreis undique ~e conclusam premunierat R. Cold. *Cuthb.* 129; castella sua ~e munire ceperunt M. Par. *Maj.* III 2; in istis placitis vadiavit Willielmus Bream magnam legem et complevit eam ~e *Leg. Ant. Lond.* 10; adde l folia auri et simul terantur ~e Bacon IX 176; ad celebrandum hanc eleccionem per se valet ~e lex scripture Wycl. *Sim.* 49. recordor istorum ~e Ailr. *An.* II 2;

2 most clearly, very accurately.

illum quem non dubito gestarum rerum veritatem quam ~e novit relaturum fideliter H. Bos. *Ep.* 10. 1435A; vos tamen . . ~e nostis quod ad talem citacionem non habebatis necesse comparere Gros. *Ep.* 91 p. 285; **1444** sapiencie vestre ~e noscitur quam . . *Lit. Cant.* III 187; s**1461** comiti . . cui ~e notus fuerat *Reg. Whet.* I 393; multitudinis exultacio non modica ~e patefecit *Mir. Hen. VI* I 1 p. 17.

3 especially, in the highest degree.

ac si ~e litteratus esset R. Cold. *Godr.* 170; c**1211** virum . . in multis bene et maxime in promotionis articulo ~e meritum Gir. *Ep.* 6 p. 224; **1440** per omnia benemerito ~e contentamur Bekynton I 79.

peroptimus [LL]

1 (of person) most competent or skilful.

ab advocatis et causarum patronis utrinque ~is GIR. *EH* II 31; juvenis quidem sed miles ~us *Hist. Meriadoci* 359; curet episcopus . . quod is primo ~us, minores vero . . et boni et religiosi et diligentes habeantur LIV. *Op.* 358.

2 best, noblest, most distinguished.

c**1212** compareremus simul cum nepote nostro ~o, Willelmo de Barri GIR. *Ep.* 5 p. 192; dominus Johannes de Bulmer miles strenuus et vicinus ~us W. GUISB. 331.

3 best, most valuable, of highest quality: **a** (of animal); **b** (of land or place); **c** (of artefact).

a ille . . salmon ~us est R. COLD. *Godr.* 151. **b** decem acras ~e terre adquisivit H. ALBUS 129; Damiata civitas paganorum ~a a Christianis capta est *Eul. Hist.* I 277. **c** colliriis usus ~is HERM. ARCH. 26; quum . . pane ~o et aliis cibis delicatissimis reficerentur *Chr. Evesham* 237; **1245** capa . . de viridi samito ~o *Invent. S. Paul.* 475; **1295** de ~a litera (v. evangelistarium); tapetum peroptimum *Invent. Ch. Ch.* 44.

4 most appropriate, favourable, or advantageous.

quicquid Henricus fecerat . . comparatione deteriorum visum est ~um H. HUNT. *HA* VIII 1.

perorare [CL]

1 to ask, beseech earnestly (also fig.).

1244 celsitudinem vestram . . ~amus quatenus . . *RL* II 34; s**1460** ~are . . quatinus . . dignaretur . . advocare . . taliter apud suum Dominum, quatinus . . *Reg. Whet.* I 358.

2 to pray continuously. **b** (tr.) to say completely, to pray from beginning to end.

ad sepulchrum Domini accessit . . et fusis multis lacrimis ~avit DICETO *Chr.* 164; mulier nocte precedente ad sepulchrum Sancti Swithuni ~ans confortabatur *NLA* II 529 (=CIREN. II 255). **b** duos psalmos prostrati solo oratorii ~emus [AS: *uton gebiddan*] devoti *RegulC* 35; presul timore simulato indutias petens loquendi quod reliquum fuerat excommunicationis fidenter ~avit W. MALM. *GR* V 439.

3 to discourse, orate, state in a speech.

testatur apostoli sermo qui in eorundem Atheniensium curia ~ans dicit 'pertransiens . . simulacra inveni . . ' BEDE *Cant.* 1118; ~ans *GlC* D 583, *GlH* D 607 (v. dissertare); ~ans, adloquens *GlC* P 302 (=*Gl. Leid.* 35. 109); c**930** veridico affatu illa apostolica ~at oratio dicens 'nichil intulimus in hunc mundum' *CS* 701; quia Carisius ~aturus erat, cujus eloquentiam omnes tunc temporis maxime admirabantur R. MELUN *Sent.* I 27; inter alia . . que de Cuthberto nostro sacro a primevo puero ~avit Muriadach regem patrem illius dixit *Cuthb. Hib. pref.*; tune es presbyter quem . . conicio me vidisse cujusdam Edmundi mandata ~antem? CIREN. I 354.

4 (rhet. & leg.) to argue a case to the end. **b** (tr.) to plead (a cause).

idcirco, judices, quia veram causam habebam, breviter ~avi ALCUIN *Rhet.* 32; silebat . . pontifex . . ~antis ampullas et adulantum fumos prudenter attendens W. MALM. *GP* I 58; inde satis constare potest quia si qua perorem / nullus ad hoc prece vel precio me compulit H. AVR. *Poems* 127. 23; quia dialectica interrogatione et responsione interpositis intercise ratiocinatur, sed rhetorica continue sua media ponit donec ~averit KILWARDBY *OS* 616. **b** is omnes intendens eloquentie vires causam regis ~abat W. MALM. *GP* I 58; postquam supradicta perceleri dirivandi forma ~avit Grammatica, compendiosum facere exordiens prohemium [ait] OSB. GLOUC. *Deriv.* 330; in causis ~andis et decidendis . . facultas J. SAL. *Thom.* 5; advocatus . . quantumcumque voluerit ~et RIC. ANGL. *Summa* 27 p. 35.

5 to deliver the final part of a speech, to conclude; **b** (tr.).

haec ~ante Uilfrido, dixit rex . . BEDE *HE* III 25 p. 188; gratia dans, orat. rapiens mihi dona, perorat L. DURH. *Dial.* III 503. **b** data benedictione monacho, minime facunde viro sed Normannice lingue sciolo rem ~ans obtinuit W. MALM. *GR* III 303; hiis perhoratis Christina respondit *V. Chris. Marky.* 16.

6 to ask successfully, to persuade.

ecce accurrit ille et ~avit ubi tu deficiebas ANSELM (*Or.* 12) III 49; multis in hanc partem orant sermonibus nec ~ant GIR. *TH* I 6; dum Moyses orat manus hic erecta perorat [*gl.*: impetrat] GARL. *Mor. Scol.* 505.

peroratio [CL]

1 final part of a speech.

oratio rhetorica . . habet sex partes, sc. prooemium sive exordium, narrationem, partitionem sive divisionem, confirmationem, confutationem sive reprehensionem, conclusionem sive ~onem KILWARDBY *OS* 589.

2 eloquence or oratorical art.

licet vero ~onis verba non habeam quibus tanti patris facta Tulliano digna stylo commemorem FOLC. *V. J. Bev. prol.* p. 262.

perorator [ML < CL per-+orator], one who pleads a cause, advocate; **b** (w. ref. to Speaker of Parliament).

si forte ~or vel superadjecerit aliquid vel omiserit, emendari liceat ei (*Leg. Hen.* 46.5) *GAS* 570; abbatem . . a quo Stigandus . . uti callidus ~or extorsit terram *Chr. Abingd.* I 462; neve perorator videar conductus, egestas / quam patior prohibere potest H. AVR. *Poems* 127. 15. **b** s**1376** dominus Petrus de la Mare, horum omnium ~or . . carceri adjudicatur WALS. *YN* 323.

peroratorius [CL per-+oratorius], thoroughly oratorical.

Christianorum ac succedentium Norwici Judeorum coram rege Stephano disceptationem supposui ~iam T. MON. *Will. prol.* p. 7.

perordinare [LL], to dispose completely, to order thoroughly.

Herwardus . . ad bellum . . cuncta strenuissime ~avit G. *Herw.* f. 322b.

peroriri [CL per-+oriri], to rise through (astr. space).

quarta equinoctialis . . ~itur SACROB. *Sph.* 3 (v. conterminalis a); cum hora sit spatium temporis quo medietas signi ~itur, in qualibet die artificiali, similiter in nocte, xij sunt hore naturales *Ib.*; est una hora nihil aliud quam tantum tempus in quanto ~iuntur XV gradus de zodiaco ROB. ANGL. (II) 179.

perornanter [per-+ornanter], with adornment.

polite . . splendide, fulgide, fulgenter, ~er OSB. GLOUC. *Deriv.* 474.

perornare [CL]

1 to equip completely, to fit out, supply with; **b** (absol.).

textrinum opus diversis imaginum thoracibus ~ent [*gl.*: i. componant] ALDH. *VirgP* 15; celebritas . . Sancti Gregorii . . qui . . domum Dei dictis et scripturis ~avit HON. *Spec. Eccl.* 899B; apostoli . . et doctores . . nitore vite et sonoritate doctrine ecclesiam ~averunt *Ib.* 1100C; hac [lege musice] instrumenta . . vocis articulate vel inarticulate substantiam . . quadam cultus venustate ~ant J. SAL. *Pol.* 401B; †a**976** (14c) quod [sc. Westmynstre] acceptum praefatus dominus variis ~avit donariis *CS* 1263. **b** non pecunia set voluntas pia apud Deum ~at PULL. *CM* 214.

2 to attire fully, dress completely.

habitudo corporea membratim ac particulatim ~etur ALDH. *VirgP* 58; cecus erat quidam uxorem habens ~atam *Latin Stories* 78.

3 to adorn, decorate completely; **b** (fig.).

fragor . . gemmarum qui [*sic*] limbo tornatili dextraria manuum ~averat [*sic*] . . personabat R. COLD. *Cuthb.* 68 p. 140; vitam beati Godrici et diversis . . coloribus illuminando ~are studiosius cepit *Id. Godr.* 594; mundis ecclesie pannis immunda perornat / membra GARL. *Tri. Eccl.* 114; post refectionem incipet sacrista ornare ecclesiam ut cicius ~etur in crastino *Cust. Norw.* 90; s**1392** erat . . pons London' et cetere strate emincenciores . . civitatis . . lucide ~ate *Chr. Westm.* p. 208; sponsa Dei perornata [*gl.*: perfecte ornata] GARL. *SM* 19. **b** profecto insinuans quod sol justitie, in tenebris mortis exortus, purpura sui sanguinis mundum ~are instituit HON. *Spec. Eccl.* 816a; in Deo nulla letatur imago, nisi quam ~at Dei similitudo H. READING (I) *Dial.* VII 1237A.

4 to adorn with words, to make eloquent or decorated.

et si compositis verbis non utar, ut illis / metra perornentur GOWER *VC* II *prol.* 22.

5 to enhance.

sicut aurum gemma decoratur, ita amor dilectione ~atur HON. *GA* 609D.

perornatio [ML < CL per-+ornatio]

1 complete adornment, beautification, decoration: **a** (of book); **b** (of building).

a vitam . . Albani de Latino in vulgare nostrum . . traductam . . circa paracionem, ~onemque expendisse fertur . . ultra summam trium librarum *Reg. Whet.* I 427. **b** fieri fecit pro ea [sc. camera] . . satis decentes ~ones *MonA* II 199a; s**1438** erexit capellulam circa cujus erectionem et ~onem pro celebracioni ultra septuaginta quatuor libras legitur expendisse AMUND. II 198.

2 (rhet.) ornamentation, eloquence.

~onis rethorice dicta non habeam *Meaux* III 237.

perose [cf. CL perosus *p. ppl. of* perodi], with great detestation, hatefully.

talem te †faciem [l. faciam] qualem te esse Palestine mulieres te ~e desiderant ANDR. S. VICT. *Ezech.* 77; osus componitur . . exose et ~e adverbia OSB. GLOUC. *Deriv.* 388; odiosice, odiose, ~e, exose, odibiliter *Ib.* 399.

perosus v. perodi.

perpacare [CL], **perpagare** [per-+pagare], to pay completely, to pay in full: **a** (person); **b** (sum of money).

a **1283** pro quadam pecunie summa . . de qua me teneo ~pagatam *Cart. Blyth* 447; **1297** ut . . Philippus . . sit ~pagatus *RGasc* III cxcii; **1305** teneo me bene et plene ~pacatum *Melrose* 354; c**1320** teneo me bene et plene ~pacatum *Ib.* 411. **b** **1202** ita quod singulis annis ei ~pacetur feodum illud ad scaccarium Pasche *Pat* I 7b; **1290** xl s. non patet. iste particule non computantur . . nec ~pacantur *Doc. Scot.* I 141; summa omnium particularum . . . non ~pacatum *Ib.*; xvj d. . . sit ~pacatum in vigilia Sancti Michaelis *Reg. S. Aug.* 59.

perpacatio [CL per-+pacatio], **perpagatio** [cf. perpagare], complete payment, payment in full: **a** (for commodity); **b** (of sum of money).

a **1286** in ~pacacione duorum runcinorum *Rec. Wardr.* 83; **1291** Ricardo de Stowe, in ~onem pro factura crucis Lyncolnie x m. *Manners* 126. **b** **1263** preter illas v m. et x m. et dim. . . de ~pacacione predictarum xj li. xvij s. iiij d. xxx s. et viij d. restant reddendi *Cl* 194; **1267** in ~pacacionem quinquaginta marcarum *Cl* 302; **1274** in parpacacionem duorum milium marcarum *IssueR* 30; **1289** habere faciatis Baldango . . ccxxxix li. . . in ~pacacionem omnium vadiorum et debitorum in quibus eidem B. tenebamur *RGasc* II 478a; **1292** per manus vestras in ~pacacionem vadiorum que debebantur eidem *RScot* 14a; **1295** in ~pacacionem sexaginta marcarum *Mon. Francisc* II 62; in ~pacacionem et plenam solucionem omnium debitorum G. S. *Alb.* II 338; **1299** in solucionem et ~pagacionem arreragii *Reg. Wint.* 540.

perparce [CL], with great parsimony, very stingily.

est quoque 'per' confirmativum. Terentius: tu quoque ~e ALCUIN *Gram.* 888A; parco . . componitur . . perparcus, i. ultra modum parcus, et inde ~e adverbium OSB. GLOUC. *Deriv.* 419; ~e, nimis stricte *Ib.* 471.

perparum [LL], very little. **b** too little.

quoniam ~um scimus de signis mirabilibus LANTFR. *Swith. Ep.*; lectulo decubans vili cibum ~um gustasset *Chr. Battle* f. 50; vilis homuncio . . certe nihil aut ~um hujus dulcedinis degustavit AILR. *Spec. Car.* I 18. 51. **b** EM: quinquaginta ducentorque dabo . . LO: nec plus facies? EM: non. LO: ~um LIV. *Op.* 82.

perparvus [CL], very small.

Babylonem typice Roman dicit, viz. propter confusionem multiplicis idolatriae in cujus medio sancta ecclesia jam rudis et ~a fulgebat BEDE *Ep. Cath.* 67; codicem protulerunt . . illi ~um, isti enormem *Id. HE* V 13 p. 313; **985** pro temporalis vitae ~issimis, justitiae gratia Christo sibique famulantibus, collatis muneribus *CD* 648 (=*CD* 650).

perpassio [CL per-+passio], great enjoyment.

ex malis propriis sive alienis oritur passio, ex alienis compassio, ex bonis propriis ~o, ex alienis invidie detractio . . . si autem movetur animus ex prosperis ad letitiam, fit ~io, id est quedam procul a passione commotio J. SAL. *SS* 950A-B.

perpatescere [LL], to become completely apparent, very evident.

hec . . Dei viro summa erat opera, ne cui forte investigatori ejus ~eret notitia *V. Neot. A* 2.

perpati [CL per-+pati; cf. perpeti], to suffer greatly, endure.

melius centum adire locos quam centum ~i [AS: *geþolie*] contumelias *Prov. Durh.* 25.

perpatule [CL per-+LL patule], manifestly, completely openly.

pateo . . quod componitur perpatulus, i. valde patulus, unde ~e adverbium OSB. GLOUC. *Deriv.* 437.

perpatulus [ML < CL per-+patulus]

1 completely open.

ut ore ~o praedicaret B. *V. Dunst.* 30; ~us, valde patens OSB. GLOUC. *Deriv.* 476; *opyn'* . . patulus quod semper patet, ~us *CathA.*

2 perfectly apparent.

1488 titulus avite celle de Romburgth ~us *ObitR Durh.* 88.

perpaucus [CL *pl. only*]

1 very few: **a** (in number); **b** (as sb. m.) very few men. **c** (as sb. n.) very few things.

a monachicam cum ~is sociis vitam agebat BEDE *HE* IV 21 p. 253; ~is annis abbatissae fungebatur officio ASSER *Alf.* 15; quod ~is novimus convenire proprietatibus R. MELUN *Sent.* II 212; primus . . adventus ejus ~is justis innotuit AILR. *Serm.* I. 209; aliqua secundum hujus littere inceptionem, licet ~a, depromamus OSB. GLOUC. *Deriv.* 629; vir ille, et vir revera virilis animi, virque virorum ~orum GIR. *SD* 10. **b** ~i . . fide pertingunt BEDE *Cant.* 1109; a**976** aecclesiam Dei raro et ~i frequentare volebant *CS* 1159; ?**1075** cum multi de te perversa dicant et ~i sint qui verbis detrahentium . . contradicant . . LANFR. *Ep.* 58 (37); quamplures perierunt, ~i quippe . . ad litus illesi pervenerunt SÆWULF 63; aggrediar . . novis quibusdam et que vel nullis hactenus edita sunt vel ~is enucleata lectoris animum excitare GIR. *TH intr.* p. 7; in hoc bello . . ~i ceciderunt STRECCHE *Hen. V* 153. **c** de plurimis sancti miraculis ~a decerpsi LANTFR. *Swith. Ep.*

2 (in sg.) very little (in amount).

vir breviloquus et sermone ~o sed ornato GIR. *EH* I 43.

perpavare [CL per- + ML pavare], to pave completely, pave over.

1242 ad . . aleam a camera nostra usque ad capellam regine nostre ~andam *Liberate* 16 m. 4.

perpedata [CL per-+ML pedata], (?) completely measured length or weight (i.e. in accordance with a defined standard).

1317 pro c ~is petre de Reygate *KR Ac* 468/20 f. 13; batillario pro cariagio eorundem ducent' perpedat' de Lambhithe ad palac' *Ib.* f. 14.

perpedire [cf. CL per-+impedire, praepedire], to impede thoroughly, to hamper completely.

in multis periculis . . perdicionis imperii Romani, in cujus fine multum ~iens et alios impedies seductione domesticorum M. SCOT *Proph. pref.* 155; **1306** Rogerus ex hac causa ~itus fuit per multum tempus (*CoramR* r. 55) *Doc. Ir.* 230; expedit et monacho rasum caput esse rotundo, / ne coma perpediat pendula quando bibit GOWER *VC* IV 136.

perpen' v. parpenus.

perpendere [CL]

1 to determine the weight of, weigh (completely or carefully). **b** ? to cost, be costly for (*v. quot., and cf.* 2 *pendere* 3).

~sa, librata *awegen GlP* 450. **b** ne . . more diurnitas dispendiose ipsos ~disset, infessatis laboribus cum eorum exercitibus usque in unum pratum juxta villam de W. . . eos insectati sunt FAVENT 11.

2 to weigh in the mind, assess, judge. **b** to consider, think about (also absol.) **c** (math.) to reckon, calculate, work out.

extant . . pro quibusdam culpis modi penitentie in canonibus inpositi, juxta quos cetere ~dende sunt culpe ÆLF. *EC* 35; equitate rei ~sa, religioni et justitie . . episcopi qua decebat sententia satisfecit W. MALM. *HN* 456; quo mihi concesso ~dere, tibi primum et eis in te per consequens benedixi *V. Edm. Rich C* 594; rex noster hoc satis ~dens . . guerram imperat proclamari G. *Hen. V* 19 p. 136. **b** ~de . . quomodo Rubrum Mare virga divisum est, quomodo ex petrae duritia percussione virge unda emanavit *Ps.-Bede Collect.* 290; undique . . , si ~dis, sunt tibi semite rationis et diffugii clause PETRUS *Dial.* 57; si nimorum numeros distantias secundum ordinem semper uno auctas ~dat BALSH. *AD rec. 2* 43n.; appellationum . . novitatem non horrebit appellatorum tam frequentem usum quam necessariam disciplinam ~dens *Ib.* 147; s**1258** nam inbescillitatis proprie conscii, dum infirmati diatim nos ~damus in negocio accionis, prudentes metuimus ne quid fratrum profectibus ex nostro possit deperire defectu *Ann. Durh.* 13; **1292** nos, de hujusmodi litteris nostris non ~dentes, dictam preposituram cuidam valletto . . postea per alias nostras concessimus tenendam *RGasc* III 39b. **c** duodecim . . in xxx ducti non amplius quam ccclx producunt, annus vero . . ccclxv dies et quartam continet; hac . . summa ~sa [v. l. habita] ab Octobre usque ad mensem presentem computandum et ADEL. *Elk.* 5.

3 to reckon as the result of consideration. **b** to judge on the basis of evidence. **c** to come to understand, learn (on the basis of information received). **d** to come to realize, perceive. **e** to come to recognize, notice. **f** to perceive (with the senses).

a**1180** quam difficile sit, aut potius impossibile, facile ~dit prudentia vestra J. SAL. *Ep.* 143 (209) p. 318; sicut quidam ex verbis vestris . . in [me] jaculatis ~derunt GIR. *RG* III 5; quia vos sepe ad iras provocarim evidenter invenio; quod tamen inde penitendum michi sit non ~do AD. EYNS. *Hug.* V 16 p. 189; Amor . . / . . vis agnoscere / quis est quem sic exsuperas? / vere, si vis perpendere, / vitam, que tibi vivere / dat, tam acerbe laceras J. HOWD. *Cyth.* 129. 4; **1324** utile ~dimus res absconditas . . conducere in lucem *MGL* II 277; nunc magis quam ante ~do quod ad cognoscendum quis sit censendus catholicus, oportet quis sit hereticus reputandus OCKHAM *Dial.* 437; nihil inquius in humanis ~ditur quam quod ea que geruntur justissime malignorum obloquiis pervertuntur R. BURY *Phil.* 18. 229; unum bene scio, quod de ejus morte neminem ad tunc dolere ~di AD. USK 27. **b** quibus diligenter auditis et plene intellectis, evidenter ~dimus ac dilucide . . moniales . . in sue assertionis probacione penitus defecisse *Dryburgh* 78; **1202** ex inquisitione quam nobis misistis . . bene ~dimus ecclesiam illam esse capellam pertinentem ad matricem ecclesiae de S. *FormA* 371; **1231** sicut ex literis . . Willelmi . . plenius ~dimus *Pat* 412; debet . . ejus significacionem ex aliis scripture locis ~dere GROS. *Cess. Leg.* I 10 p. 52; **12 . .** per veraciter ~derem totam terram . . injuste fuisse alienatam *Feod. Durh.* 129; quanto papalibus ac regalibus munimentis, cum bullarum ac cartarum signis et chirographis ~ditur roboratum ELMH. *Cant.* 310. **c** **1108** dixerunt se ~disse ex litteris quas benignitas vestra michi miserat, et ex aliis que audierant, quod Cantuariensis ecclesia subjeccionem nostre requirebat H. CANTOR f. 5 [=*Ep. Anselm.* 453]; quibus auditis, statim R. per dentis casum comitis mortem prudenter significatam ~dit GIR. *EH* II 14; s**1257** omnes . . nobiles quos ad parlamentum convocaverat rex . . contramandati sunt. per quod ~debatur quod infecto negotio nuntii vacui redierunt M. PAR. *Maj.* V 660; **1262** literas vestras nobis transmissas benigne recepimus . . ex quarum tenore ~dimus quod vestre non exstitit voluntatis excercitum ducere in regnum Scocie *Cl* 165. **d** de negligenciis . . in verbis ante consecracionem et post, si ~dat se sacerdos omisisse aliquid, redeat et dicat et peniteat, quia graviter peccavit *Cust. Westm.* 217; **1268** cum frater dicti abbatis qui ibidem conmorabatur ~dit quod dicti inimici vi intrati fuerunt evasit ultra muros dicte grangie *JustIt* 618 r. 12*d.*; **1269** cum . . ~disset . . J. fatuam . . fe-

cisse conventionem . . non obstante fidei datione a . . conventione resilivit *JustIt* 1/1201 m. 18*d.* **e** in vivo homine veritas hominis esse dicitur, in picto vero similitudo sive imago illius veritatis: . . in iis . . que in ejus comparatione quodam modo non sunt, et tamen per illud et secundum illud facta sunt aliquid, imitatio aliqua summe illius essentie ~datur ANSELM (*Mon.* 31) I 49; ut . . numerus cereorum . . nullatenus minuatur, sed . . pocius . . multiplicetur, ita . . ut nullus . . ingredi . . queat, quin a priore . . ~di possit et clara luce intueri *Cust. Westm.* 135; pudenter eum abige quam cito eum ~dis [ME: *sonse þu under3etest him*] *AncrR* 112; **1384** si quisquam . . aliquam discordiam inter confratres ~derit suscitatam, ipsos ad pacem . . studeat revocare *Gild Camb.* 72. **f** nuces . . non . . sonoriter dentibus frangent, sed cum suis nipulis privatim aperiant, ne vox lectoris ob talem sonitum minus clare ab aliquo ~datur *Cust. Westm.* 117; c**1319** post mortem suam . . ossa apparuerunt absque cuta et carne, quod in vita sua nunquam potuit ~di *Conc.* II 488b.

4 (intr.) to be appended or attached to.

a**1189** (**1285**) sicut eam in dominio suo habebat, exceptis bervicis que ~debant illi manerio *MonA* VI 1027b [=*Act. Hen. II* II 293: †birvitis que appendebant].

5 (p. ppl. as adj.) weighed in the mind, considered, careful.

vestre strenuitatis pia sedulitas tanto ~siore favore prosequetur, quanto dilectioni ferventiori redemptori rependere satagit quod redemptus accepit AD. MARSH *Ep.* 173.

6 (as sb. f., bot.) haselwort, asarabacca (*Asarum europaeum*).

1580 an hearbe called haselwort, or cabaret, ~sa . . bacchar (BARET *Alv.* H 208) *OED s.v. cabaret* 2.

perpendicularis [CL]

1 situated at a right angle to a line or plane, perpendicular.

quando recta linea supra rectam lineam steterit duoque anguli utrobique fuerint equales, eorum uterque rectus erit lineaque linee superstans sive perpendicularis est . . ut inequales GROS. 61; si corpus secundum fuerit densius primo radii cadentes ad angulos inequales, sc. qui radii non sunt ~es, declinant in superficie corporis secundi a recto incessu BACON *Tert.* 110; divisa . . linea AB in 4 partes equales. sit una ejus quarta AE, medietas quoque linee AC sit AF, a quibus terminis F et E ducantur ~es seu equidistantes super opposita latera WALLINGF. *Rect.* 406.

2 direct, straight, perpendicular to the earth's surface, vertical.

in meride est illis umbra ~is, cum sol sit supra caput eorum SACROB. *Sph.* 105; radii eciam solares quanto inferius descendunt . . tanto sunt ~iores DOCKING 117.

perpendicularitas [CL perpendicularis+-tas], perpendicularity.

de ~ate . . linearum BACON *Maj.* II 36.

perpendiculariter [ML < CL perpendicularis + -ter]

1 at a right angle, perpendicularly.

virtus veniens ad corpus densum aut cadit ad angulos equales sive ~iter aut ad inequales GROS. 62; erit earum maxima profunditas linea ducta a puncto C medio inter B et D in arcu BCD ~iter usque ad rectam BD *Id. Hexaem.* IV 5; linea . . continuans polos duos mundi, cum transeat per centrum omnium equidistantium equatori et super ipsos sit ~iter . . BACON IX 194; preparabimus . . columpnam . . ligneam vel eream . . ad supportandum ~iter instrumentum super planiciem orizontis WALLINGF. *Rect.* 410; ostendit per altitudinem solis et umbram hominis ac eciam cujuscumque rei ~iter erecte que sit hora de *clok* N. LYNN *Kal.* 61.

2 directly, straight up or down, vertically.

s**1244** per . . funem se dimisit ~iter a summitate ipsius turris M. PAR. *Maj.* IV 296; descendit . . quidam nervus directe et ~iter per medium punctum ipsius diafragmatis *Ps.*-Ric. *Anat.* 41 p. 27; qui est in puteo profundo videt stellas ~iter sibi superpositas Peckham *Persp.* I 8; perfecta ascendendo est illa quando ultimus punctus stat ~iter supra penultimam Garl. *Mus. Mens.* 2.

perpendiculum [CL]

1 plumb-line; **b** (w. ref. to *Is.* xxxiv 11). **c** mason's rule, carpenter's square.

~o [*gl.*: ~um est plumbum cum quo equatur maceries] Aldh. *VirgP* 33; simmetriis perpendiculo perfecte libratis / ecclesiam statuit Frith. 461; ~um, *wealles rihtungþred* Ælf. *Gl.* 150; in Deo sane numerum, mensuram, et pondus .. absque ~i motione H. Reading (I) *Dial.* VII 1234C; erigitur altitudo muri .. secundum legem amussis et ~i [*gl.*: ~um est plumbum cementarii, quod descendens deorsum rectificat parietis assensum] Neckam *NR* II 172; trullam et ~um [Trevisa: *honginge plomettes*] et alias mensuras operariorum instrumenta visu [v. l. usi] sunt habere [angeli] Bart. Angl. II 4; hoc ~um, *a plomet WW*. **b** ~um, *pundur GlC* P 264; ~um quippe etiam in terra perditionis extendendum prophetat Isaias J. Ford *Serm.* 49. 6. **c** hec regula, *a mason rewle*; hoc ~um idem *WW*; *a sware*, quadra .. *a swyre*, amussis, ~um *CathA.*

2 vertical plane or line, perpendicular. **b** perpendicular part.

eum de trabis dampno lusissent ... illi, ~o apposito, signum et emendationem experti letum erubere W. Malm. *GP* V 216; reperturum est .. profundissimum maris in ~o spacium stadiorum quindecim *Eul. Hist.* II 2. **b** nobile guttur / in cujus perpendiculo latet hamus amoris H. Avr. *Hugh* 197.

3 artefact fixed at a right angle. **b** (spec.) pothook.

~o [*gl.*: ~um est quod semper adpenditur] Aldh. *VirgP* 33. **b** hoc ~um, li, i. illud unde lebetes feruntur et suspenduntur a trabe Osb. Glouc. *Deriv.* 446; *a kylpe of a caldron'*, ~um *CathA.*

4 (fig.) rule, guide to correctness.

si .. prius haec mediocria metricae definitionis regulis minime caruerint tripertitamque sillabarum differentiam juxta ~um scandendi rite servaverint Aldh. *Met.* 6; tripertita heroici exametri ~a *Ib.* 10; ut a catholicae fidei ~o [*gl.*: i. a rectitudine vel memoria] ad tortas simulacrorum caeremonias vergeretur *Id. VirgP* 33; dum cupidus gestit normam aequiperare magistri / et similare sui jam perpendicula patris *Id. VirgV* 802; magis ex subitaneo furore quam ex ~o equitatis et justitiae emanare credidit Oxnead *Chr.* 115.

perpensare [CL], to weigh thoroughly, to estimate carefully, determine.

turbatam esse provinciam gentilium incursione perspiciens, nec ibidem diuturnum monasterialem ordinem ~ans, ad Galliarum litora dimissis ordinatisque omnibus navigavit *V. Furs.* 308; sentencie quas amoris impetus inlibrate deliberationis trutina non sinit ~ari J. Godard *Ep.* 220.

perpense [LL], with consideration, carefully.

artus informat catuli perpensius ursa, / bestia crudelis, officiosa parens Neckam *DS* IX 103; **1300** super hiis diligenti solicitudine ~ius conferentes quid magis deceat et expediat eventum *Reg. Cant.* 377; o commilitones optimi, servate titulos laudis vestre, et expugnato nocivo vermiculo, honor vester ~ius augeatur *Flor. Hist.* III 317.

perpensio [CL perpendere + -sio], consideration, deliberation.

1534 post maturam et sedulam examinationem, ac varias ea de re non uno tempore collocutiones diligenti .. scripturarum collatione et ~one .. eruimus *Conc.* III 771a; ego rursus provoco ad diligentem ~onem Gardiner *CC* 761 (*recte* 763).

perpent' v. parpenus. **perpera** v. 1–2 perperus.

perperam [CL], wrongly, incorrectly: **a** by mistake, in error. **b** by mischance, by misfortune. **c** by malice, viciously; **d** (w. ref. to *I Cor.* xiii 4).

a audacter agis, perperam tua membra coinquinas *Ps.*-Bede *Collect.* 382; ne quis .. fraudulentam [l. fraudulentum] ignorantiae piaculum ~am incurrat *CS* 111; Theodorus .. cujus statuta. etsi ~am acta, enervare illa sedes non omnino voluit W. Malm. *GP* I 1; quintus [liber] .. docet quando recte positum sit et quando sit ~am assignatum J. Sal. *Met.* 906B. **b** denique constat juxta prophetae vaticinium quod ab aquilone venit omne malum, sicut plus aequo didicere, ~am passi adversos jactus cadentis tesserae qui aquilonalium gentium experti sunt sevitiam Abbo *Edm.* 5. **c** ~am, vitiose *GlC* P 238; ~am, prave *Ib.* P 322; infelici exitu ~am agens occisus est Asser *Alf.* 54; omnia prius ~am attemptata remittit Map *NC* V 4 f. 216; si nobis ipsis more beluarum vivere ~am studeamus Vac. *Lib. paup. prol.* p. 1; cur prius obviam furi non veneram / mercari Dominum, quem quamvis perperam / venalem faceret? Walt. Wimb. *Carm.* 460; s**1335** Christi ecclesia .. in speluncam latronum ~am commutatur Bower XIII 29 p. 98. **d** non agit ~am Ailr. *Comp.* 2; non agit ~am, id est perverse T. Chobham *Praed.* 184.

perpere [LL], wrongly, incorrectly.

duo magnates .. ~e agentes, urbes quasdam in Marchia capiunt (J. Bridl.) *Pol. Poems* I 133.

1 perperus [CL]

1 (as adj.) wrong-headed, incorrect, perverse.

~a, erratica *GlC* P 277; ~a, sine causa *Gl. Leid.* 35. 217.

2 (as sb. f.) incorrectness, perversity, evil.

~a, malum *GlC* P 328; ~a, causa vel pravitas *Gl. Leid.* 29. 43; **1167** absit .. ut cito ~am sentiam de amico J. Sal. *Ep.* 188 (193); abcedat veritas que mordet perperam, / que lingue virgulam vertit in viperam Walt. Wimb. *Palpo* 124.

3 (as sb. m. or f.) perverse or evil person.

an forte clamas ~is evidentiam, sed nondum audiris ad plenam notitiam? G. Hoyland *Ascet.* 274C.

2 perperus, ~a, ~um [*aphaeretic form of* ὑπέρπυρον=*very fiery, shimmering*], Byzantine gold coin of twenty-four carats.

s**1179** nec pacem cum eo facere poterat donec daret ei duodecim millia ~orum *G. Hen. II* I 243; [Soldanus de Yconio] singulis diebus pro tributo mittit ei [regi Tartarorum] mille ~os aureos M. Par. *Maj.* VI 114; **1292** summa tocius monete ~orum cciij[xx]ix perper', xxij tar' *KR Ac* 308/15 m. 4; in ea [Alexandria] .. doubla de auro xxviij [Venetos grossos valet] et ~a, que non est purum aurum, xij s. Sim. *Itin.* 38.

1 perpes [CL]

1 that lasts through time, that endures, continuous, constant: **a** (of person); **b** (of plant or natural phenomenon); **c** (of act or abstr.).

a c**804** Karolo vestrae salutis ~es amicus Albinus Alcuin *Ep.* 306; ne pertinax et ~es contradictor inveniar Gir. *JS* VI 323. **b** [lilium] ~eti candore conspicuum Gir. *Rem. pref.* p. 4; Jordanis ~etem meatum in proprium fontem retorsit J. Furness *Kentig.* 8 p. 176. **c** post ~etem sollicitudinem omnium ecclesiarum Gildas *EB* 73; **634** ut vestram dilectionem .. ~i stabilitate confirmet (*Lit. Papae*) Bede *HE* II 17 p. 121; quatenus hic scelerum detur indulgentia perpes Aldh. *CE* 1. 17; ~es aquaeductuum decursus *Id. VirgP* 9; conloquium perpes reticere memento / absolvar donec vinclis et carcere carnis Bede *CuthbV* 534; a**800** quid sit inter aeternum et sempiternum et perpetuum et inmortale ... perpetuum .. videtur dirivatum esse ex eo quod est ~es et significare quod .. semper eodem modo perstat quo est Alcuin *Ep.* 163; impensis propriis roduntur perpete cura D. Bec. 1807; jugis cura, perpes angor / me salutis avidum / vetant esse validum P. Blois *Carm.* 11. 3. 17.

2 eternal: **a** (of light, fire, or supernatural phenomenon); **b** (of kingdom of heaven or its signs); **c** (of act or abstr.).

a tam sceleratorum sint ~eti immortales igni animae quam sanctorum laetitiae Gildas *EB* 32; †**680** (10c) sitque laus utentibus / luxque perpes credentibus *CS* 50; quid strides, peritura seges, aut sulphure Averni / perpete torreris Frith. 955. **b** quos rex peremit impius / pius sed auctor colligit / secum beatos collocans / in luce regni perpetis Bede *Hymn.* 2. 3. 4; celebrationem .. praecipuae sollemnitatis sub figura coronae ~etis agere perdocuit *Id. HE* V 22 p. 347; semper ei sit gloria perpes in aevum Wulf. *Brev.* 98; tuta ubi libertas, ubi pax et perpes habundat *Ib.* 695; tibi [Christe] laus, tibi gloria, honur ~es et inperium sit in secula seculorum *Found. Waltham* 12. **c** sed pacis jugiter perpes concordia regnat Aldh. *VirgV* 1672; c**975** (12c) festinemus ubi perhennis felicitas .. ~eti viget tripudio *CS* 1319; exhinc subveniat digna precatio / in sublime tuis perpete servulis Wulf. *Poems* 166; delectationes .. que in futuro seculo .. administrabuntur ~etes sunt et rationabiles Eadmer *Beat.* 6.

3 (abl. as adv.) constantly.

"heus" inquit "hospes, mecum sis perpete sospes" Frith. 113; nobis ut perpete Christus / prestet Wulf. *Brev.* 233.

2 perpes v. praepes.

perpessicius [CL perpeti + -icius], (one) who endures frequently.

†persictius [? l. perpessicius], qui frequenter aliquid patitur *GlC* P 367.

perpessio [CL], continuous endurance, endurance to the end; **b** (w. ref. to Cicero *Inv.* II 54).

in equanimi tolerantia adversitatum et considerata propessione [? l. perpessione] labiorum [v. l. labrorum] Andr. S. Vict. *Sal.* 89; absque detrimenti ~one H. Reading (I) *Haeret.* 1272B; vitiorum .. consortio non careant in ~one tormentorum W. S. Alb. *V. Alb. & Amphib.* 42; tria sunt negligenti consequencia: .. infernalium penarum ~o timenda *Spec. Laic.* 56; perpecione diutina subjectus sic populus .. in subiicientium dominium consencierunt Fortescue LLA 12. **b** fortitudo quid est? considerata periculorum susceptio et laborum ~o W. Donc. *Aph. Phil.* 3. 22; est .. fortitudo considerata periculorum susceptio et laborum ~o Bern. *Comm. Aen.* 26; in fortitudine que est considerata periculorum suscepcio et laborum ~o Gros. *Hexaem.* IV 29 p. 152.

perpessivus [ML; cf. CL perpessicius], that endures much, that suffers constantly.

sufferynge, ~us *CathA.*

perpeti [CL], to undergo to the the full, to endure to the end: **a** (physical pain or injury, w. obj. in acc. or cause in abl.); **b** (hardship or adversity); **c** (*s. pass.*).

a quanta .. Julianus .. martirizando ~pessus sit [*gl.*: sustinuit, passus] Aldh. *VirgP* 36 p. 282; puer .. laceratus dente molosi / atque venenato perpessus vulnera rictu *Id. VirgV* 1479; tormenta plagasque ~pessus Bede *HE* II 6 p. 93; omnia tormenta, quae prius a malignis spiritibus ~pessus est, tamquam non ipse pateretur [v. l. passus fuisset], obliviscebatur Felix *Guthl.* 31 p. 104; **937** si quis .. nostram donationem infringere temptaverit, ~pessus sit gelidis glatiarum flatibus *CS* 714; vir .. cui nomen erat Ælfhelmus, qui casu lumen amittens oculorum caecitatem multis ~pessus est annis Wulf. *Æthelwold* 42; constat .. nobis multos .. in vitalibus abrasionem ~pessos, minime sensisse J. Furness *Kentig.* 1 p. 163. **b** squaloris nausiam ~petitur Aldh. *VirgP* 36 p. 283; **798** justitia .. in .. Christo persecutionem usque ad mortem ~pessa est Alcuin *Ep.* 159; ex ea .. die huc usque ignoratur quid injurii, quid mali, quid angoris, quidve fastidii meum ~pessum sit cardian B. *Ep.* 387; quanta vel qualia S. Atheluuoldus ~pessus sit pro monachis et cum monachis Ælf. *Æthelwold* 26 (=Wulf. *Æthelwold* 37: sustinuerit); **1325** fatigacionibusque laboriosis et angustiis, quas in custodia tibi commissa †propessus [MS: perpessus] es hactenus *Pri. Cold.* 15. **c** auditis laboribus et angustiis in itinere ab eo ~pessis .. Dominic *V. Ecgwini* I 7; propter dedecus ei factum ~pessamque repulsam quod non susciperet .. Gir. *RG* I 6; s**1236** ne exorta contentione letitia nuptialis nubilaretur .. multa ad horam ~pessa sunt que in tempore oportuno fuerant determinanda M. Par. *Maj.* III 338; s**1272** laborem tanto tempore infatigabiliter ~pessum *Ann. Durh.* 17; c**1404** ut .. talem in ecclesia .. statum obtineat qui quadriennii ~pessam injuriam honorifice redimat aut refundat *FormOx* 200.

perpetim [LL]

1 continuously, constantly; **b** (in diplomatic context, w. ref. to possession in perpetuity).

ut .. Neoti pignus hic ~im conservaturum alias minime transferretur *V. Neot. A* 18; quamlibet ~im ejus sit plangenda mors *Chr. Battle* f. 35; sic et adhuc et ~im dici potest quod .. Gir. *JS* 7 p. 330; quod .. ecclesie luminaria ~im conservanda augeret Ad. Eyns. *Visio* 47; suprascriptis .. ~im intellecto [*sic*] quidem ad indefessam strenuitatem .. constringuntur Ad. Marsh *Ep.* 44. **b** **940** (14c) terram .. / .. / perhenniter perfruendam / perpendant nunc perpetimque *CS* 751; c**1023** quinque cassaturas ~im concedo *CD* 736; **1077** sint ~im .. liberi (*Ch.*) *Chr.*

Rams. 203; †**969** (13c) liceat ipsi . . ~ius possidere *CS* 1264; †**974** (1334) liceat . . ~im possidere *CS* 1311 p. 644 (cf. *CS* 1310, *Chr. Rams.* 187 n. 9).

2 eternally.

Sanctus Spiritus . . cras se vestris mentibus vobiscum ~im habitaturus infundat EGB. *Pont.* 70; illum quem perpetim turbe seraphice / collaudant WALT. WIMB. *Carm.* 472.

perpetio v. perpessio.

perpetra [cf. CL perpetrare, LL perpetrator], rowel of spur, goad.

a rowelle of a spore, ~a, stimulus *CathA.*

perpetralis v. perpetrare.

perpetrare [CL]

1 to obtain by request.

veniam indulgentiae ~averunt [v. l. impetraverunt] *V. Cuthb.* II 6; quod a fratribus deposcens non ~asset [v. l. impetrasset] *Ib.* III 4; ~ata [v. l. percepta] pace . . reversi sunt *Ib.* III 5; ~are, i. requere *Teaching Latin* I 111.

2 (leg.) to obtain by petition, suit, or sim.

1319 istos articulos communitas civitatis Londoniarum cum magna instantia ~arunt et obtinuerunt (*Lib. Cust.*) *MGL* II 268.

3 to purchase, buy.

c**690** terram . . quam aliquando Irminredus possidebat . . nunc ~avi *Ch. Minster-in-Thanet* 43; **1373** domina Philippa . . ~avit manerium de Werk' in Tyndale . . de Johanne Darci . . habendum sibi et heredibus suis imperpetuum *Chanc. Misc.* 203/23.

4 to bring (task or activity) to a conclusion, to perform completely.

8 . . ora[te] pro anim[a . .] Cyniba[. .] hoc opu[s . . p]erpe[trar]at [a]d glor[i]am Domin[i] *AS Inscr.* 68; non . . est . . difficile plurima celestium virtutum operamina ~are R. COLD. *Cuthb.* 38; quid et quantum fecisti tantum dolere et satisfactionem ~are *G. Roman.* 366; **1344** tantas melodias tam grandi gaudio eis ibidem ~averunt sicut Deus de celo descendisset *SelCKB* VI 37.

5 to commit, execute, perpetrate: **a** (crime); **b** (sin); **c** (absol. w. *contra*) to transgress against.

a tetram donec perpetret funere mortem ALDH. *VirgV* 1558; ut redimat se a ~ato homicidio EGB. *Dial.* 408; quidam monachus sub ejus magisterio degebat qui daemoniaco instinctu furti reatum ~avit WULF. *Æthelwold* 33; homicidia ~are PETRUS *Dial.* 33; **1315** omnes . . querelas contra pacem . . ~atas *Bury St. Edm.* 186; **1316** si contigerit ipsos regnum nostrum invadere et facinora hujusmodi more solito †perdetrare [l. perpetrare] *RScot* 160a; **1368** punicio transgressorum . . et excessuum aliorum infra burgos et villas mercatorias partium ipsarum commissorum et ~atorum ad vos et officium . . pertineant et pertinere debeant *Ib.* 919a; **1544** aut eorum aliquem occasione intrusionum et ingressuum . . factos, habitos, sive †perpretatos [l. perpetratos] *Dign. Dec.* 121 p. 216; **1566** pro certis injuriis . . versus eundem comitem et suos †perpetralis [l. perpetratis] possessionem castri predicti liberavit eidem comiti in pignus *ActPCIr.* 181. **b** si adulterium ~averit cum illa . . THEOD. *Pen.* I 9. 5; c**798** erubescis homini in salutem tuam ostendere quod non erubescis cum homine in perditionem tuam ~are ALCUIN *Ep.* 138 p. 217; in ipso peccato quod contra Deum ~at GIR. *SD* 102. **c** anima peccatrix . . intendit se precipitare quociens contra divinum preceptum ~at *G. Roman.* 281; Christianus querit mortem Christi quociens contra ejus preceptum ~at *Ib.* 285.

perpetratio [LL]

1 act of bringing to a conclusion, complete performance.

licet non defuerit . . signorum ~o quae per eum divina peregit clementia ALCUIN *Hag.* 687B; post confessionis suae ~onem BYRHT. *V. Osw.* 474; post multorum ~onem miraculorum ORD. VIT. III 2 p. 17; de predicatione ad miraculorum ~onem, de miraculorum ~one ad passionem AD. SCOT *Serm.* 32. 294C.

2 commission, execution, perpetration: **a** (of crime); **b** (of sin).

a in homicidii ~one GIR. *EH* I 35; in . . ~one spoliationis *Found. Waltham* 23; retrotrahitur tempus ad ~onem felonie BRACTON f. 130; s**1378** eos impedisse a tanti sceleris ~one WALS. *HA* I 378; a tempore ~onis felonie predicte *Reg. Brev. Orig.* f. 292v. **b** singulis quibusque fidelium vel de peccati ~one maerentibus vel communi saeculi hujus afflictione laborantibus BEDE *Hom.* II 11. 159; c**798** filiam . . revocat a peccati ~one ALCUIN *Ep.* 138 p. 219; tempore tentationis ante ~onem culpe numquam Dei misericordia debet cogitari ALEX. CANT. *Dicta* I p. 115; psalmus excurritur quinquagesimus, commissorum pristinam ~onem revocans ad memoriam DICETO *YH* 109; penes duo attenditur ordo prohibitionum, sc. penes magnitudinem peccati prohibiti et penes pronitatem ad ~onem DOCKING 106.

perpetrator [LL]

1 purchaser, buyer.

de nullis, ut arbitror, tam parva spes est habenda salvacionis, quemadmodum de istis quos vulgus terre ~ores [ME: *purchesurs*] appellant ROLLE *IA* 231.

2 one who brings (task or activity) to a conclusion, completer, performer.

S. Bernardus . . multorum . . miraculorum ~or *Meaux* I 157.

3 committer, executor, perpetrator: **a** (of crime); **b** (of sin).

principales ~ores feloniarum *Reg. Brev. Orig.* f. 270. **b** s**1245** sacrilegii . . ~orem M. PAR. *Maj.* IV 452; hujusmodi turpitudinis [sc. incestus] ~ores majoris excommunicationis sententia innodamus *Conc.* II 58b; **1301** facinorosos tante nequicie ~ores *Reg. Cant.* II 723;

perpetualis [CL]

1 that has a beginning but not an end, of unlimited duration, continuous, enduring, permanent; **b** (in diplomatic context w. ref. to agreement, donation, or possession).

deprecor orans / idem quatinus haud omittat criminis ergo / perpetuali infaustum subdi segnitiei OSW. *Vers.* 13. **b** c**690** terram . . ~i donatione redegi *Ch. Minster-in-Thanet* 43; **704** possidendum ~e jure tradidimus *CS* 111; †**691** (12c) ~i in Domino sanxione firmavit *CS* 89.

2 eternal.

restituentur perpetualia premia facto OSW. *Vers.* 19; memoria quorum [justorum] fuerit aeternalis, non dubium quin non similium fore debeat taciturnalis, quoniam silentio claudentur ~i, carcere clausi stigiali HERM. ARCH. prol. p. 26.

perpetualiter [LL]

1 without interruption in time, without limit, continuously, permanently; **b** (in diplomatic context w. ref. to donation or possession).

suis . . in posterum ~iter patronum crederent WILLIB. *Bonif.* 8 p. 54; ubi et rex et pontifex cum omnibus successoribus suis ~iter requiescerent GOSC. *Transl. Aug.* 43A; Odo Dorcasinum castrum teneret . . Tegulensi castro . . ~iter persistente W. JUM. V 12 (=DICETO *Abbr. Norm.* 256); recludi proponens eum ~iter incarcerare OXNEAD *Chr.* 230; s**1354** firmiter et ~iter obligarent se WALS. *HA* I 278. **b** c**693** ~iter trado . . terram *CS* 81; **811** ut . . fratres nostri feliciter et ~iter . . fruerentur . . illis *CS* 332; c**1022** ad ipsum [sc. monasterium] quicquid potuit rerum et possessionum ~iter contulit *Chr. Peterb.* app. 182; a**1163** ut ipsi habeant et possideant terram de K. ~iter *Regesta Scot.* 125; Suocham . . liberam huic ecclesie ~iter concessit *Chr. Evesham* 85; s**1377** aliquid posse cuicumque persone sive ecclesie dare ~iter *Chr. Angl.* 116.

2 forever, eternally.

716 caelestis Hierusalem in qua istae ~iter sanctae gaudebunt animae BONIF. *Ep.* 10 p. 12; **796** major est erubescentia animam tuam ~iter perire quam impios viros praesentialiter deserere ALCUIN *Ep.* 109; **954** ut . . futurae beatitudinis felicitatem ~iter adipisci mereantur *Reg. Malm.* I 297; homo . . ~iter celestem possessurus est amoenitatem LANTFR. *Swith.* pref.

perpetuare [CL]

1 to make permanent or lasting: **b** (in diplo-

---

matic context w. ref. to agreement, donation, or tenure); **c** (w. ref. to memorial).

preminet et famule regina theorica vite / complexu sponsi sabbata perpetuans GOSC. *Edith* 69; **1166** timeo ne ~etur eorum servitus J. SAL. *Ep.* 175 (176 p. 170); **1169** infamiam . . que . . nisi precaveritis . . ~abitur in sempiternum *Ib.* 302 (295); Wlstani vitam ~ande virtutis obtentu miracula etiam que adhuc calente memoria vidimus SENATUS *Wulfst.* 68. **b** **1184** ut autem conventio ista ~etur sigilli nostri auctoritate et sigilli hospitalis S. Bartholomei testimonio roboratur *Ch. Westm.* 293; **1377** nunquam postea predictus W. de S. aliquem alium statum nisi ad terminum vite optinuit nec ~avit *Chanc. Misc.* 215/9 m. 2; rex . . annuebat quod prius collata et ~ata ad usus converterent preordinatos juxta . . discretionem ejusdem *Tract. Peterb. & Ramsey* 172. **c** multis veterum studio didicimus illustrium virorum . . vitamque describere styloque illorum . . ~are memoriam AILR. *Ed. Conf.* 737B; cum . . mecum . . volverem quid ad honorem . . Cuthberti stili memoria ~arem . . *Cuthb. Hib. pref.*; illius igitur memoriam ~are volentes, hoc epitafio decorarunt sepultam *V. Edm. Rich C* 595.

2 to perpetuate by propagation.

de his fantasticis . . casibus qui manent et bona se successione ~ant MAP *NC* II 13 f. 27v; ~are suam speciem nec potest ~ari in uno individuo propter naturam talis materie W. MACCLESFIELD *Quaest.* f. 21rb; homo, qui in individuo ~ari nequit, ~ari naturaliter appetit in specie sua FORTESCUE *LLA* 39.

3 (p. ppl. as sb. m.) perpetual curate.

1377 dominus N. Fybbes vicarius ibidem xij d., dominus Johannes Peres ~atus ibidem xij d., dominus Thomas Mey ~atus ibidem xij d. *MS PRO E. 179 4/1.*

perpetuatio [ML]

1 act of making permanent or lasting; **b** (w. ref. to tenure).

1285 scriptum . . matris mee . . de feofacione et ~one domus scolarium de Balliolo . . suo sigillo signatum *Deeds Balliol* 10; a**1290** processus . . contra vos latas . . in forma juris revocaremus, quia tamen de ipsius cause processu et ~one jurisdictionis nostre . . nullatenus . . fieri poterat . . *Ann. Durh.* 129; **1294** decernimus ut presentes litere . . a data ipsarum ~onem accipiant (*Lit. Papae*) B. COTTON *HA* 265; cum . . religiosis fiet ecclesiarum parrochialium appropriacio, pretactorum malorum firma est ~o (GROS.) WYCL. *Sim.* 88; s**1433** sigillumque habet commune ac omnia alia que requiruntur ad ~onem sue dignitatis AMUND. I 332; pro ~one et preservacione pro nunc calencium ignium [sc. amoris] *Reg. Whet.* II 412. **b** si ergo vides quod ecclesiasticus quantum ad ~onem, quantum ad defensionem et quantum ad amissionem temporalium plus insudat, quam facit pro spiritualibus, quis dubitat quin eis magis afficitur? WYCL. *Eccl.* 49.

2 propagation, perpetuation.

fructus . . ventris est . . vitae postremo ~o J. FORD *Serm.* 71. 7; o misericors animarum purificacio et pura ~o RIPLEY 7.

perpetue [CL]

1 without interruption in time, continuously, permanently; **b** (in diplomatic context w. ref. to possession).

1362 in sancta religione ~e conversari *Lit. Cant.* II 414; Islandiam, ubi mare ~e congelatur *Eul. Hist.* II 80. **b** s**974** patrocinio . . ~e valituro *Chr. Rams.* 44.

2 for ever, eternally.

ne dum corporibus momentanee providetur, animabus ~e noceatur AD. MARSH *Ep.* 43; credimus nos fore mansuros corporaliter in celo et ~e BACON *Maj.* I 180.

perpetuitas [CL]

1 continuity in time, uninterrupted duration; **b** (in diplomatic context w. ref. to agreement, donation, or tenure).

dies quippe et nox non vicissitudinem temporis proprie sed ~atem typice significat BEDE *Hom.* I 10. 53; lampas sua indeficienti ~ate resplendeat GOSC. *Edith* (II) 49; gloria . . literarum beneficio firmum ~atis robur obtineat GIR. *TH pref.* p. 21; nec . . ~atem exsilii consentirent P. BLOIS *Ep.* 10. 29B; collata perspicacitas racionis, collata ~as vite CHAUNDLER *Apol.* f. 12a. **b 1232** ut presens scriptum ~atis robur optineat *Ch. Chester* 310.

2 (eccl.) perpetual benefice, grant in perpetuity, stipend for a lifetime.

capellano quodam in ea vicarii officium exequente sed nichil in ea ~atis habente *Chr. Battle* f. 122; c**1215** clerici ~atem habent (v. capellaria); **1295** a datu literarum earundem inciperent et ~atem reciperent *Reg. North.* 115; praedicte annue ~ates, allocaciones, et amissiones, ad summam cxxxvj librarum *Meaux* III 98n; s**1477** ~as concessa domino N. B. . . in prioratu de Tynemutha *Reg. Whet.* II 165; cantaria in eadem ecclesia . . valet in pecuniis numeratis collectis ex devotione parochianorum in Alresford . . iij li. vj s. viij d. . . vacat, quia non est ~as set devotio parochianorum *Val. Eccl.* II 9b.

3 (phil.) perpetuity.

sicut anima rationalis potest separari a corpore habens ~atem essendi, et ita anima vegetabilis et sensibilis similiter J. BLUND *An.* 38; cum . . aliquid attribuitur sabatizacioni, utpote ~as aut sempiternitas . . deb[e]t auditor discutere utrum illa attribucio conveniat hystorico pocius an spiritali signato GROS. *Cess. Leg.* I 10 p. 52; quia continuatio seu ~as motus non provenit nisi a motore non modo simpliciter sc. nec per se nec per accidens SICCAV. *PN* 174; determinat modum . . ~atis generacionis T. SUTTON *Gen. & Corrupt.* 183.

4 eternity.

hoc nimirum numero [quinquagesimo] ~as futurae quietis ostenditur BEDE *Hom.* II 17. 195; pereuntibus autem ~atem, ut dixi, pene ~as importat culpe PULL. *Sent.* 703B; fortitudo ad judiciorum Dei immutabilem spectat ~atem J. FORD *Serm.* 60. 11.

perpetuitus [? CL], that endures, (*pro* ~*o*) in perpetuity.

promittentes bona fide et in verbo regio nos ratum gratum et firmum pro ~o habitur' totum *RScot* 418b.

perpetuus [CL]

1 that has unbroken expanse, continuous in space.

loca . . sunt ~a atque fixa BRADW. *AM* 3.

2 that has a beginning but not an end, continuous, enduring, permanent: **a** (of personal act, work, or condition); **b** (of natural phenomenon); **c** (of officer, office, or institution); **d** (in diplomatic context w. ref. to possession); **e** (of period of time).

a ~am Deo viduitatis castimoniam promittentem GILDAS *EB* 32; quis eorum carissimum discipulum . . etsi non ~a lepra . . saltim expulsione multavit *Ib.* 72; sine periculo ~ae puritatis et dispendio castitatis ALDH. *VirgP* 7; jure ~o *Ib.* 12; [regina] ~a . . mansit virginitatis integritate gloriosa BEDE *HE* IV 19 p. 243; ~o opere G. MON. VIII 10 (v. chorea 2c); sue precellentis dignitatis meritis ~e recordacionis stilo in tabellis memorie et fame circumsone immatriculandum registro Ps.-ELMH. *Hen. V* 64 p. 180. **b** limpida perpetui cernentes lumina Phoebi ALDH. *CE* 4. 8. 9; viscera perpetui si roris repleat haustu *Id. Aen. prol.* 31. **c** c**1213** administratoris generalis et ~i super hiis sollicitari nichil interesse GIR. *Ep.* 7 p. 248; audit . . discipulus sabatizacionem esse pactum sempiternum et signum ~um GROS. *Cess. Leg.* I 10 p. 52; **1275** ipse W. non fuit ~us set ad voluntatem abbatis potuit amoveri *SelPlMan* 148; T. STUBBS *Chr. Ebor.* 402 etc. (v. cantaria 2b); **1446** in . . capellaniis ~is, c**1520** vicarios ~os (v. capellania). **d** a**776** Mildrede pontifici ~a hereditate trado in possessionem *CS* 219; c**1130** huic ergo loco concessit dari dominus abbas H. . . duo ~a beneficia *Ch. Westm.* 249; in ~am elemosynam RIC. HEX. *Hist. Hex.* I 1 (v. elemosyna 3a); ad ~am feodi firmam pro lx s *Meaux* II 29. **e 1217** quod fides et constancia vestra ad laudem et gloriam nominis vestri ~is temporibus commendentur *Pat* 22; **1219** ut ad obsequia et condignas devociones vobis diebus ~is artius teneamur obligati *Ib.* 211; invictum ac per graciam Dei ~is temporibus ad vincendum Anglorum regem Eduardum OCKHAM *Pol.* I 229; **1470** ut annis singulis ~is temporibus . . anniversario die . . ipsius nomen recitetur *Lit. Cant.* III xxxii; **1534** teneantur reddere fidelem compotum de biennio in biennium ~is temporibus *StatOx* 337.

3 eternal: **a** (of heaven or hell or its signs); **b** (phil., of world or abstr.).

a non est ibi [in paradiso] frigus, non aestas, sed ~a aeris temperies *Comm. Cant.* II 9; virginibus . . Aldhelmus . . optabilem ~ae [*gl.*: aeterne] prosperitatis salutem ALDH. *VirgP dedic.* p. 229; lucida perpetuae qui pandit limina vitae *Id. VirgV* 571; dolorem . . ac mortem ~a salute ac vita mutavit BEDE *HE* IV 19 p. 245; in essentialiter Bono salutis ~e munus ABBO *QG* 1; ad ~e vite fructum . . accedunt GIR. *TH* I 13. **b** a**800** quid sit inter aeternum et sempiternum et ~um et inmortale ALCUIN *Ep.* 163; an mundus sit ~us an non BALSH. *AD rec. 2* 166; an justitia sit constans et ~a voluntas jus suum cuique tribuens *Ib.* 173; require aliunde differentiam inter ~um, sempiternum, temporale sive perhenne, et eternum S. LANGTON *Gl. Hist. Schol.* 45; veritas . . non-eterna aut est ~a aut non-~a . . non-~a vero alia est de contingenti, alia autem est necessaria per accidens Ps.-GROS. *Summa* 294; motus localis ~us est causa ~e generacionis T. SUTTON *Gen. & Corrupt.* 184.

4 (*in, ad* or *per* ~*um, pro* ~*o*): **a** in perpetuity. **b** for ever, eternally.

a 679 terram . . teneas . . in ~um *CS* 45; Magna Reynes . . modo appropriatur monachis de Stratford per ~um *Val. Norw.* 355; dominus Benedictus . . ad ~um fratribus mandat, quod . . RIC. ARMAGH *Def. Cur.* 1396 (*recte* 1296); **1364** facta fuit finalis concordia . . . ita . . quod illud negocium dormiret pro ~o sine aliqua continuacione *Reg. Malm.* II 421; **1428** pro ~o abjurare *Heresy Tri. Norw.* 54; s**1454** pro perjuro reputari pro ~o inter . . confratres meos *Reg. Whet.* I 134. **b** justi autem in ~um vivent et apud Deum est merces illorum GILDAS *EB* 62; **673** regnante in ~um Jesu Christo (*Syn.*) BEDE *HE* IV 5.

5 (as sb. n.) lifetime, life.

1265 ita quod . . Johannes suo ~o reddat ballivo . . unum denarium per annum *Cl* 23; **1266** concedo ut de cetero singulis annis toto meo ~o possideatis . . decem marcas . . *Kelso* 232; sub ~is *Fleta* 6 (v. custodia 2c); **1313** noveritis me teneri . . ad prestandum . . toto meo ~o fidele servicum *Reg. Aberbr.* I 292; **1327** si infra dictum tempus parere recusaverit pro suo ~o inhabilis . . habeatur *StatOx* 130; **1342** ad solvendum . . singulis annis pro meo ~o . . pensionem *Reg. Aberbr.* II 15; apud nos pro suo ~o habens exhibicionem *Meaux* II 29.

6 (abl. as adv.) continuously, permanently, without interruption in time.

monachum . . ~o vovisti GILDAS *EB* 34; necesse est ut in suis sanctis Dominus requiescat et ipsi in eum ~o ad omni [*sic*] fluctuationem quiescant THEOD. *Laterc.* 24; observare tempus Paschae cum universa mea gente ~o volo BEDE *HE* V 21; rex . . constituit . . monasterium ac Dei famulis regalibus donis †~a [l. ~o] reddidit copiosum GOSC. *Transl. Aug.* 36C; s**1126** feminam dolens non concipere, dum et ~o sterilem fore timeret . . W. MALM. *HN* 451; dum vos ~o infamem reddidit GIR. *SD* 78; **1317** pro . . presbyteris . . ~o celebraturis (v. capellania); s**1189** totum feodum . . ~o quitavit *Plusc.* VI 33.

7 (sb. f. as given name) Perpetua.

Perpetua magna nonis invecta migravit *Kal. M. A.* I 401; **1340** die Dominica ante festum ~e et Felicitatis *KR Ac* 350/18 m. 5.

perpexus [? LL < CL per-+pexus], thoroughly combed, (in quot. transf.) thoroughly arranged, adorned, eloquent.

in hoc adjectivo '~a' per 'pexionem' designamus ornatum, sicut cum dicitur 'verba habes ~a', i. e. ornata VINSAUF *AV* II 3. 7.

perpiger [CL per-+piger], thoroughly slothful, very sluggish.

piger componitur ~er, i. valde piger OSB. GLOUC. *Deriv.* 440.

perpingere [CL per-+pingere], to paint completely.

in muro . . capellae Sanctae Mariae conspicitur imago ipsius Dei genitricis ~picta exterius SÆWULF 66; **1239** mandamus vobis quod cameram regine nostre ~pingi . . faciatis *Liberate* 13 m. 20; **1249** quod garderobam camere regis apud Westmonasterium ~pingi faciat sicut pictura illius inchoatur *Cl* 203.

perpinguis [LL]

1 very fat.

pinguis componitur ~is, i. valde pinguis OSB. GLOUC. *Deriv.* 452; perpingues volucres dentur, quas educat aer D. BEC. 2568.

2 very luxuriant, rich.

opulentam, ~em *GlC* P 199.

perpitius v. propitius.

perplacere [CL], to be thoroughly pleasing or agreeable; **b** (w. dat.); **c** (w. inf.). **d** (p. ppl. *perplacitus*) thoroughly pleasing, completely agreeable.

placet componitur . . ~et, i. valde placet OSB. GLOUC. *Deriv.* 443; ~et, inquam, timebam enim ne te teneret . . hereticus CRICKLADE *Spec. Fid.* III 5; cum ei absque negocio placere posset, eo solo ~et quo inde Wigano nocere potest MAP *NC* IV 15 f. 56v. **b** instrue nostros / et tecum discat qui tibi perplaceat ALCUIN *Carm.* 31. 10; ~et mihi ista distinctio AILR. *Spir. Amicit.* III 114. 697; ~et mihi *Id. An.* II 40. **c** †**709** (12c) insignire ~et quod volumus . . partem terrae concedere *CS* 124. **d** quia . . fuerat . . facilis . . ~ite parat cedere persuasioni E. THRIP. *SS* III 17.

perplacitare [CL per-+2 placitare], to hear (leg. case) to the end, to complete (proceedings).

1269 vobis mandamus quod . . placita comitatus ejusdem ~etis *Cl* 39; **1278** omnia brevia . . que in banco predicto pendent et nondum ~ata sunt *Cl* 95 m. 2; **1286** omnia placita que non fuerint ~ata in itinere predicto *PQW* 84b; in . . modica domo . . ubi ~averunt placita corone *MGL* II 409; **1330** visis recordo et processu . . que coram vobis . . adjornari fecimus ibidem ~anda *Cl* 149 m. 18.

perplacitum [CL per-+placitum], (leg.) completed plea.

s**1381** omnia talia ~a fuere . . terminata WALS. *HA* I 473.

1 perplectere [CL per-+1 plectere]

1 to embrace (in quot., fig.).

duo sunt mala; . . / . . perplectitur [v. l. complectitur] illud et istud, / non detestatur VINSAUF *PN* 1292.

2 to grasp (fig.), apprehend.

illi regis maliciam ~entes eidem nullatenus consensierunt GOWER *CT* I 62 *marg.*

3 (p. ppl. *perplexus*), entangled, entwined, mixed up; **b** (fig., of person).

~us, involutus *GlC* P 254; ~a, perligata *Ib.* P 267; interfectorum . . capita, elegantiora crinibus . . ~is *Obsess. Durh.* 1; certat perplexis navita remis / quis prior, et junctis configunt ictibus era J. EXON. *BT* IV 318. **b 1229** episcopus . . pluribus . . debitis ~us *Pat* 271; ne fidejussor existas, ne advocatus litium fias, neve in aliqua occupacione prorsus inveniaris mundani negocii occasione ~us OCKHAM *Pol.* I 23.

4 complicated, intricate, hard to sort out. **b** (of word or text) baffling, cryptic. **c** (as sb. n.) something complicated, difficult, or intricate.

671 quod . . multo artius et ~ius est, centena . . metrorum genera pedestri regula discernere ALDH. *Ep.* I p. 476; animadverte . . ~am metricae artis subtilitatem *Id. PR* 136; erat . . ingenio acer et quibusdam ~is questionibus involverat animum EADMER *V. Anselm.* I 34 p. 60; ex perversione, cum ab ordine perturbatior et ex transpositione ~ior complexio quam ad de quo dicatur prompte comperiendum BALSH. *AD* 96; necessitates . . hominis . . tam inextricabiles et ~e ut . . expediri nullatenus possint BALD. CANT. *Serm.* 20. 5. 517; Hebrei et Jeronimus dicunt quod hec questio ~a est S. LANGTON *Chron.* 176. **b** Anselmus . . ~a prophetarum dicta . . enodavit ORD. VIT. IV 10 p. 245. **c** vinacia quippe sunt tegumenta verborum, figurarum involucra, similitudinum enigmata, sententiarum ~a J. FORD *Serm.* 81. 6.

5 confused, perplexed. **b** (as sb. m.) confused man, perplexed person.

cum nescimus enim perplexi quid faciamus / auxilium mittunt celitus ista duo WALT. ANGL. *Fab. prol.* 15; ~us ergo quam fugerem cum altera fuerit inevitabilis cylla sc. aut carybdis presumptuosus aliis videri malui quam ingratus tibi *Spec. Laic. prol.*; diu ~us, quid inde faceret nesciebat. *MGL* I 529. **b** ad ~orum omnium consuetum refugium dulcis Jesu matrem . . me converti CONWAY *Def. Mend.* 1410 (recte 1310).

2 perplectere [CL per-+2 plectere], to beat, punish.

feriantes . . gravi ultione ~ere consuevit R. COLD. *Cuthb.* 108 p. 243.

perplene [CL per-+plene], completely, entirely, fully.

1452 litteris tuis . . receptis . . salubre consilium . . ~e intellexi *Cant. Coll. Ox.* III 103.

perplenus [CL per-+plenus], entirely filled, completely full.

per te, mater salvatoris serena / celestis gratie perplena, / destruuntur vitia *Anal. Hymn.* XXXIV 127. 1b.

perplere [CL per-+plere], to fulfil completely, to complete entirely.

Dunstanus . . perpletis [v. l. completis] psalmodiis regressus est B. *V. Dunst.* 11.

perplexare [cf. CL perplexari = *to twist*], to entangle.

cupido / . . cujus radicibus omnis / perplexatur humus HANV. V 317.

perplexe [CL], in a complicated or confusing manner.

blattio, -tis . . i. ~e et impedite loqui OSB. GLOUC. *Deriv.* 68.

perplexio [LL], complexity, confusion.

sompnus . . / . . quod in astrictis rerum perplexio nodis / torserat evolvit HANV. III 203; sacramenti neglecta est religio, et multiplex exinde rerum facta est ~o *Chr. Battle* f. 95.

perplexionare [LL perplexio+-are], to involve in complexity or confusion, to perplex.

s**1440** licet abbas per aliquantulum temporis staret infra se paulisper ~atus AMUND. II 239.

perplexitas [LL]

1 complexity.

10 . . †perplexitans [l. perplexitas], *manifealdnes WW*; propter ~atem quarundam quaestionum solvendam W. MALM. *GP* V 240 (=M. PAR. *Maj.* I 416); quantum . . laboris . . pertulerint, nec ipsa prolixitas audire nec ~as permittit expedire *Chr. Rams.* 72; **1267** tenemur variis . . negociorum tractatibus et eorum ~atibus *Cl* 387; **1319** causam tantis ~atibus irretitam *FormOx* 53; s**1381** istius dubie ~atis obscuritatem gesta sequencia declarabunt WALS. *HA* II 46.

2 perplexity.

proterve gentis . . multitudo . . nostros tanta affecerunt ~ate quod qua parte esset cavendum ambigerent *Itin. Ric.* I 35 p. 83; **1303** ex . . ~ate per opiniones varias probabiliter hesitatur *Reg. Cant.* 655; allegaciones prescripte me fere ad ~atem inducunt OCKHAM *Dial.* 518.

1 perplexus v. 1 perplectere.

2 perplexus [cf. perplectere, amplexus], act of complete coiling round, embrace.

[draco] haustu, ~u, et verbere letifero mortalia ingerit discrimina AD. MARSH *Ep.* 92 p. 213.

perplicar [cf. 1 perplectere 2–3], garter.

hoc perplicar, A. *gartere WW*.

perplicare [CL per-+plicare]

1 to flex, twine, coil; (p. ppl. *perplicitus*) entwined, entangled.

forsan Aristeus si me constringere nodis / perplicitis vellet NECKAM *DS* IV 771.

2 (mus.) to supply with a plica (that applies to all the notes in a ligature).

duplex . . longa ascendendo et descendendo plicari potest. . . et si sit in fine ligature et ascendendo et descendendo ~ari potest. . . ille magne longe que

---

mensuram excedunt unius longe duplicis nunquam ~antur neque ligantur HAUDLO 154.

perplicitus v. perplicare.

perpluries [CL per-+LL pluries], very many times.

s**1192** licet id pluries et ~ies requisisset R. HOWD. III 194; **1311** sentencia . . per sedem apostolicam ~ies confirmata (*Syn. Ebor.*) *Conc.* II 414b.

perplurimus [ML < CL per-+plurimus]

1 very many, most numerous: **a** (of person or animal); **b** (of object, act, or abstr.).

a cum cunctis gentis suae nobilibus ac plebe ~a BEDE *HE* II 14 p. 113; **838** praesidente Ceolnotho . . ceterisque ~is episcopis *CS* 421; contigit . . congros, aliosque marinos pisces ~os, trans rupes maris altissimas . . projectos a multis reperiri GIR. *IK* I 13. **b 801** quamvis tardius implerem [promissionem] propter occupationes ~as ALCUIN *Ep.* 214; **825** episcopus his aliisque rebus ~is inhonoratus fuisset *CS* 384; ~a . . monasteria . . permaneant ASSER *Alf.* 93; munera ~a concessit BYRHT. *V. Osw.* 410; quin potius intimo pectoris archivo arcana sibi ~a, nulli vel minima exposita vel exponenda reservaret? GIR. *TH* I 13 p. 44; **1460** consideret discrecio vestra . . ~a exempla de . . morte . . lamentanda *Paston Let.* 617.

2 greatest amount or degree of, most.

quasi singulari ac ~a eruditione jactamus quasi non sint perplures etiam nobis multo doctiores BEDE *Hom.* I 19. 66.

3 (as sb. m.) greatest number of men, most people.

infortunium episcopo . . ~i reputant . . . multi quoque . . regali insolentiae deputant ASSER *Alf.* 12; Anglorum . . quamquam ~i interficerentur, numerus eorum non adeo minuebatur *Enc. Emmae* II 13.

4 (as sb. n.) very great number of things.

sunt enim revera in libro . . ~a que . . a fide catholicorum abhorrentia videantur W. MALM. *GP* V 240 (cf. M. PAR. *Maj.* I 417); emergebant . . regi . . adversa ~a AD. EYNS. *Hug.* II 7 p. 72.

5 (n. as adv.) to the greatest extent, most of all.

1433 viris industr' expertis et ~um necessariis prepropere nimium destituti *Deeds Balliol* 302.

perplus [ML < CL per-+plus]

1 (in pl.) very many more, much more numerous: **a** (of person or animal); **b** (of object, act, or abstr.).

sancti in plebe Dei ~ures BEDE *Gen.* 38; aliique utriusque sexus ~ures *Id. HE* I 7 p. 22; constructo monasterio virginum Deo devotarum ~urium *Ib.* IV 17 p. 244; invenies alios perplures, lector, ibidem / egregios . . magistros ALCUIN *SS Ebor* 1557; ~ures ministri regis ASSER *Alf.* 42; cum . . contingat quod . . ponat ille, qui primo superoneraverit pasturam, ~ura averia, quam ad ipsum pertinet habenda *Reg. Malm.* I 79. **b** dona in diversis speciebus ~ura BEDE *HE* I 32 p. 67; ~ura catholicae observationis moderamina *Ib.* III 28 p. 195; alia ~ura ecclesiasticae castitati et paci contraria *Ib.* V 18 p. 321; sunt . . alii ~ures errores PETRUS *Dial.* 5.

2 (as sb.) very great number (of people).

~ures instituere studuit ASSER *Alf.* 89; factum est ut ~ures ex discipulis ejus fierent . . abbates . . in gente Anglorum WULF. *Æthelwold* 31 (=ÆLF. *Æthelwold* 20).

perpolire [CL]

1 to polish completely; **b** (fig.).

lapis . . transeuntium pedibus superficie tenus ~itus GIR. *EH* I 38. **b** sicut isti ~iti erunt splendore sapientie, ita illi obscurati erunt horrore insipientie HON. *Eluc.* 1175C.

2 to put finishing touches on, to perfect: **a** (created object); **b** (literary work).

a sol et luna et sydera temporibus preficiuntur, sed per Spiritum Sanctum lucis nitore ~iuntur HON. *Spec. Eccl.* 959B. **b** quia vij libros qui agiografa, id est

---

Sacra Scriptura, appellantur, omni sapientia et scientia ~ivit HON. *Spec. Eccl.* 1101B.

perpolitio [CL], act of polishing completely, perfecting.

NECKAM *NR* II 172 (v. caementarius 1a).

perpontus v. perpungere.

perportare [ML < CL per-+portare; cf. AN *purporter*], to affirm, state, bear witness, purport.

1219 concedit cirographum et quod habent xvj acras de essarto et quicquid cirographum ~et *CurR* VIII 41.

perportum [cf. perportare, AN *purport*], statement, purport.

1236 secundum ~um cyrographi inter eos facti *BNB* III 225.

perpotiri [CL = *to gain complete possession (of)*], to enjoy fully.

718 Abraham . . angelorum presentiam suscipere meruit et venerando eorum conloquio ~iri (DANIEL EPISC. WINT.) *Ep. Bonif.* 11.

perpoynt' v parpenus. **perpoyntus** v. perpungere.

perpraeceps [CL per-+praeceps], headlong.

quotiens . . meipsum de alta rupe ~eps misere (*V. Cuthb.*) *NLA* I 225.

perpraeclarus [CL per-+praeclarus], outstanding, brilliant.

merita et opera ~a LEEKE 3.

perprestura v. purprestura. **perpretare** v. perpetrare.

perpretiare [per-+pretiare], to appraise thoroughly, to put an accurate value (upon).

1222 si decetero averia ipsius W. in parco illo inveniantur et pro escapio capiantur ea ~iari facias secundum consuetudinem foreste nostre per visum viridariorum nostrorum et precium eorum inbreviari *Cl* 527b.

perpretiosus [CL per-+pretiosus], very precious.

ipsaque armilla usque in presens ~is reliquiis in predicta provincia servatur (*De Situ Brecheniauc* 9) *VSB* 314.

perprius [CL per-+prius; al. div.], at an earlier time (than now), before, formerly, previously. **b** before something else occurs, in advance, beforehand.

1318 nec interfuisse interpellavit necessitas quia per prius hec et alia que sequentur per nos et mediatores alios laboriosis studiis ordinata . . in nostra presencia fuerunt conmunita *HMC Rep. Var. Coll.* I 269; sol . . luxit lucidius quam unquam per prius lucebat *Eul. Hist.* I 68; s**757** misit regi Francie Pippino cantum organicum, quod ~ius ibi non fuerat auditum *Ib.* I 236; qui ~ius videntes venerant pro martiris amore, postmodum ceci domum redierant STRECCHE *Hen.* V 149; **1448** interrogato . . Johanne . . an ~ius . . Isabella cum eo contraxit (*Court Bk*) *Eng. Clergy* 226; **1529** terre . . allegate fuerunt ~ius . . pertinere . . *Reg. Aberd.* I 393. **b 1427** togas vero meas stragulatas . ., furruris in eisdem . . ~ius extractis, volo disponi . . in forma sequenti *Reg. Cant.* II 403.

perprivatus [CL per-+privatus], completely private.

~atas et occultas meditaciones HOLCOT *Wisd.* 61.

perpromte v. perprompte.

perprompte [CL per- + prompte], very promptly.

perprompte compendiosam inveniat solutionem OSB. GLOUC. *Deriv.* 42; faciam, inquit Grammatica, ~e tantoque hunc avidius laborem exhauriam *Ib.* 182.

perpromptus [CL per- + promptus], very prompt.

promptus componitur ~us, i. valde promptus OSB. GLOUC. *Deriv.* 460.

perpropere [CL per-+propere], very quickly.

~e adverbium Osb. Glouc. *Deriv.* 434 (v. perproperus); **13..** incipiunt perpropere / terras et domos emere (*De Judicibus*) *Pol. Songs* 230; perge ~e, inquire locum illum *Mir. Hen. VI* I 9 p. 33.

perproperus [CL per-+properus], very quick, very hurried.

properus componitur ~us, i. valde properus, unde perpropere adverbium Osb. Glouc. *Deriv.* 434; ~us, valde velox *Ib.* 476; vix aliquid .. fuit ordinarium quod ~um fuerit vel precipitatum E. Thrip. *SS* I 2.

perproprius [CL per-+proprius], (as sb. n.) particular feature, specific property, peculiarity.

de hiis omnibus in libro nostro de ~iis philosophie secundo sufficienter dissertum recolo W. Dan. *Sent.* 100.

perprosternere [CL per-+prosternere], to cause to fall down, to make level with the ground.

1176 in custamento ~sternendi castelli de Legercestr' *Pipe* 179; **1417** prius reedificacionis unius orrei ibi jam ~strati *DC Linc MS A. 2. 30* f. 59b.

perprovidus [CL per-+providus], who exercises great foresight.

in armata militia strenuus, in togata ~us Gir. *EH* I 46.

perproximus [CL per-+proximus], very near.

vulgus non paucum .. prius auditui ~um persequente adversario Bede *Sam.* 711.

perprudens [ML < CL per-+prudens], entirely prudent.

~enti domino archonti Albrico .. B. .. Saxonum indigena .. gaudia B. *V. Dunst. prol.*; ~ens opilio *Ib.* 15.

perpulcer v. perpulcher.

perpulcher [CL], very beautiful: **a** (of person); **b** (of artefact); **c** (of act or abstr. or fig.).

a nascitur in senis virgo perpulchra Maria *Kal. M. A.* I 413. **b** protulit .. libellum ~rum sed vehementer modicum .. ac mihi ad legendum dedit Bede *HE* V 13 p. 312; domum capitularem ~ram .. construxit *Hist. Durh.* 5. **c** etsi folia verborum ~ra, si florem famae gignit odoriferum, non est arbor bona quae facit fructus malos Bede *Hom.* II 25. 435; chorus concinentium .. videbatur, quem .. pontifex .. perpulcriori spectaculo sectabatur R. Cold. *Cuthb.* 59 p. 118; ut in parvis corporibus perpulcram discant ministerii disciplinam J. Furness *V. Kentig.* 5 p. 170.

perpulchre [ML < CL per-+pulchre], very beautifully.

varietatis gratia perpulcre in panno purpurpeo emicat R. Cold. *Cuthb.* 42; duabus autem eminebat ecclesiis, quarum una .. virgineo dicatarum choro ~e ornabatur *Eul. Hist.* II 325.

perpulsatio [CL per-+pulsatio], (intermittent) ringing throughout (a period of time).

12.. in qualibet missa .. cum .. ~one campane dicantur preces *Conc. Scot.* II 56.

perpunctus v. perpungere.

perpungere [LL]

1 to pierce right through, to pierce completely.

propius accedentes lanceis ~erent et clavis gravissimis contunderent *Itin. Ric.* IV 18 p. 265.

2 (p. ppl. *perpunctus* as sb. m. or n.) pierced cloth, quilted substance (as padding for armour), doublet, pourpoint.

lorica quoque, tunica etiam linea multiplici consuta, lineis interioribus difficile penetrandis, acu operante artificialiter implicitis; unde et vulgo ~um [v. l. parpunctum] nuncupatur *Itin. Ric.* I 48; **1212** pro xl ~is traditis archidiacono Tanton' *Pipe* 45; **1214** Baldewinus Tyrel fuit in ea armatus lorica et parpuinto et capello ferreo in capite *CurR* VII 171; **1220** reddat .. unum capellum ferreum et unum ~um et unam lanceam *Ib.* VIII 306; **1236** per serjantiam eundi in equitaturam cum .. rege cum capello ferreo et lancia et ~o *Fees* 589; **1247** per servicium eundi cum .. rege in exercitum .. cum capello ferreo et lancea et parpunto *Ib.* 1396; **1279** solebant facere servicium domino regi in guerra per xl dies super custum suum cum perpoynto et lancea et chapell' de ferro *Hund.* II 749a; **1283** balistas, perpontos, capellos ferreos, et alias armaturas *RGasc* II 215a; **1304** armati ~is, loricis, capellis ferreis .. *Ib.* III clxxvii.

perpurgatio [CL per-+purgatio], complete clearance (of debt).

1297 integraliter recipimus in ~ionem solucionis pecunie predicte *Foed.* II 773.

perpurus [ML < CL per-+purus]

1 completely free from defilement, very pure.

jubilus cordis, puritasque mentalis, / actus perpurus, veritas humanata J. Howd. *Cant.* 245.

2 completely clear.

1282 essetis toti ecclesie Anglicane ~e claritatis speculum Peckham *Ep.* 308 p. 397.

perpusillus [CL]

1 very short (in stature).

1520 homuncio ~us (More) *Ep. Erasm.* IV 1087.

2 very little (in amount).

1517 Petro nobilem [sc. dedi] quod erat eam adducenti tabulam ~um, sed ille equi consulebat (More) *Ep. Erasm.* III 638.

perquerius v. parcarius.

perquirere [CL]

1 a to search diligently for. **b** to search thoroughly.

a feras insecuntur et ~unt [ME: *takyn*] ad comedendum *Itin. Mand.* 44; magna per Angliam commocio facta est, et amicorum ubi procuracio .. perquesita *Plusc.* VI 22. **b** s1011 cum .. totam civitatem perquisissent, reversi sunt ad naves suas *ASChr.*

2 to inquire diligently or persistently. **b** to inquire into, to ask about.

~entes subtilius, invenerunt quia .. Bede *HE* III 10; ~ens .. a quodam eorum comite, .. didicit .. R. Cold. *Cuthb.* 38. **b** nunc .. ipsa mundi consilia ~amus: quo tempore, qua aetate mundi adfuerit Christus .. in carne Theod. *Laterc.* 1; crebrius .. ~ere coepit quo loci .. corpora sua poni .. vellent Bede *HE* IV 7; causam remorationis ~erent Asser *Alf.* 79; studiosa .. intentione ~ere qualiter Deo potissimum posset placere *V. Gund.* 3.

3 to examine in detail. **b** to assay.

scrupulosus .. epistularem perscrutans rusticitatem ~at et percontetur cur .. Aldh. *Met.* 4; prophetarum dicta considero et ea diligenti examinatione ~o *Eccl. & Synag.* 77; talia .. demonstrabo que perquisivi, didici, oculis meis vidi, et manibus contrectavi Ripley 124. **b** **12..** ad predictum minerium querendum, fodiendum et ~endum, lavandum, purgandum, operandum *Couch. Furness* I 261.

4 to seek, ask for, request; **b** (w. acc. & inf.). **c** (w. acc. and dat.) to seek, try to obtain (for a person). **d** (refl.) to look out for oneself, look after one's own interest.

pagani .. totis viribus bellum ~unt Asser *Alf.* 36; nunquam sibi vitam ~at [AS: *gesecen*] (*Quad.*) *GAS* 205; si .. dignam emendationem sedulo ~at [*þingige*] (*Ib.*) *Ib.* 467; quicquid per artem suam lucrari poterat et avide ~ere in pauperum usus erogare moris habebat Gir. *GE* II 11 p. 220; ex perquisitione alterutrius partium transfertur etiam loquela, et tunc sufficit illam partem summoneri que hoc non perquisivit Glanv. VI 8; **1249** si comitatum .. pro falso juditio vel communi fine .. amerciari contigerit, dicti abbas .. aut alii eorum tenentes .. ex hoc nullatenus ~entur vel onerentur set .. sectarii .. plenarie respondeant *Cart. Beauchamp* 64. **b** illum .. in carcerem detrudi perquisierant R. Cold. *Cuthb.* 46 p. 92. **c** **1164** nec in eundo .. ~ent malum vel dampnum .. regi vel regno *Const. Clar.* 4. **d** **1198** Milo ~at sibi versus Walterum *CurR* I 41; **1200** ipse perquisivit se et permisit Edrico fratri suo tenere hereditatem *Ib.* 250; **1218** ~at se versus tenentes .. ~at se alio modo si voluerit *Eyre Yorks* 19; **1219** ~at se alio modo, si voluerit; et sit in misericordia pro injusta exaccione *CurR* VIII xi; **1241** quia .. Elyas non appellat ipsum nisi de feno asportato et bene potuit se perquisisse per breve domini regis si voluisset versus eum, ideo .. appellum nullum *Gaol Del.* 55 m. 25*d.*

5 to acquire (otherwise than by inheritance, usu. by purchase): **a** (money); **b** (service of person); **c** (livestock, land, or other property); **d** (office); **e** (writ, leg. instrument, or privilege).

si namum capiatur de alicujus pecunia pro alterius causa, ~at [AS: *begyte*] ille namum, pro quo captum est, vel de suo proprio restituat ei, cujus pecunia capta est (*Quad.*) *GAS* 377; **1275** ad quam pecuniam ~endam .. B. et sui sepius apud S. Botulphum et apud Norwyc' laboraverunt, nec aliquid hactenus de eadem pecunia habere potuerunt *SelPlMan* 152. **b** nominentur ei quinque vicinorum suorum, et ex illis v ~at [AS: *begite*] unum, qui cum eo juret, quod .. (*Quad.*) *GAS* 155; qui burgbotam .. supersederit, cxx solidos foris fecerit; aut nominentur ei xiiij, et ~at ex eis xj ad negandum (*Leg. Hen.* 13. 9) *Ib.* 558; promisit quod .. tantam pecuniam daret, unde .. cc milites ad defensionem terre Jerosolimitane per annum ~erentur Diceto *YH* 352. **c** **1139** ecclesias .. quas R. .. perquisivit et dedit *Ch. Sal.* 10; c**1180** si vero prefatus H. sex solidatas terre, quas prenominatus G. nobis injuste detinet, que spectant ad predictum molendinum, ~ere poterit *Ch. Westm.* 297; **1204** si ipse ~ere poterit landas ad parcum suum de R. *Cl* 1b; **1219** ~at primo manerium et postea advocacionem *BNB* II 47; dedit .. constabulario et marescallo suo omnia animalia perquisita in Wallia *Couch. Kirkstall* 335; Eosam cognatum male perquisiti regni dimisit heredes Silgrave 12; **1333** quod inquiratur si .. magister et fratres seu eorum predecessores post confectionem dicte carte .. aliqua tenementa seu redditus perquisierunt in civitate London *LTR Mem* 105 m. 43*d.*; **1409** pro custibus et expensis .. pro dicto forgeo ~endo ij s. (*Aud. Durh.*) *EHR* XIV 519. **d** perquisivit serjantiam .. pro lxxx libris Flete *Westm.* 116. **e** comites .. in terris proprii potentatus sui sacam et socnam habent .. in ceteris vero, per empcionem vel cambitionem vel quoquo modo perquisitis, socam et sacam habent in causis communibus et halimotis pertinentibus (*Leg. Hen.* 20. 2) *GAS* 560; **1217** nisi .. obsides versus .. Ludovicum ~ere possint pacem suam *Pat* 94; privilegium libertatum civitatis .. per predecessores perquisitum *Leg. Ant. Lond.* 36; **1431** cum nuper ego .. perquisivi breve de forma donacionis .. de tenementis supradictis *Cl* 281 m. 13*d.*

6 (pr. ppl. *perquirens* as sb. m.) one who acquires, buyer, purchaser.

feofet perquisitorem de .. tenementis .. ~ens maneat in possessione .. xl diebus *Reg. Rough* 269.

7 (p. ppl. *perquisitus* as sb. m. or n.) request.

1221 Pollardus rettatus fuit de .. uxore .. Arnardi ita quod per ~um ejusdem Arnaldi occisus fuit *PlCr Glouc* 70.

8 (as sb. f. or n.): **a** act of acquisition, procurement (usu. by purchase). **b** acquired possession, purchase. **c** profit, perquisite. **d** (*~us curiae* or sim.) profit that issues from court fees.

a **1242** dicit quod dicta terra fuit de ~a ipsius Jacobi *CurR* XVII 157; rem .. quam habet in presenti et in manu sua jure hereditario vel de ~a ex quocumque titulo Bracton f. 13b; tenementorum quedam .. tenentur in capite de corona, quedam vero de rege per escaetam vel per ~um *Fleta* 5; **1327** si vidue debent dotari de terris et tenementis venditis et alienatis per viros suos dum vixerint que quidem terre et tenementa sunt de hereditate seu de ~o ipsorum virorum *CBaron* 147; **1334** terras .. tam ea que sunt de hereditate vel ~o suo quam ea que tenuerunt ad vitam *RScot* 274a; nulla alia .. tenementa habuit .. de novo ~o preter illa *Meaux* III 28. **b** **1219** terra illa fuit ~um Radulfi et non hereditas .. descendens *BNB* II 42; in feodum ~orum, viz. sex acrarum perquisitarum de Nicholao Pauy *Reg. S. Aug.* 81; **1291** mesuagium nunquam fuit ~um dicte Matildis, set ~um cujusdam .. mariti ejusdem Juliane qui quidem W. fuit predicto mesuagio in plena curia seisitus *SelPlMan* 42. **c** **1205** c marcas argenti de ~is comitatuum tuorum *Cl* 33b; **1245** in facultatibus, oblationibus, seu quibuscunque bonis et ~is *Ch. Sal.* 298; **1272** ita quod .. nichil recepit [vicecomes] de placitis et prequisitis (l. perquisitis) *Cl* 493; **1285** de ~is et eschatis domini regis *PQW* 250a; **1295** ~a de attachiamentis foreste de E. *SelPlForest* xxx; **1297** de ~is molendinorum .. perquesita de molendinis *Rec. Elton* 53; consuetudines predicte valeant per annum cum omnibus exitibus, placitis, et ~is, x librarum *MGL* II 280. **d** **1276** r. c. .. de placitis et ~is curie per annum *Banstead* 306; **1306** ~a. .. de minutis ~is curie hoc anno *Crawley* 242; **1311** fines, amerciamenta, et perquisita curiarum de *Laghedays Cust. Battle* 157; **1326** amerciamenta, exitus, et ~a curiarum *Melrose* 361; **1537** de ~is libere curie nichil hoc anno *Ac. Durh.* 686; de ~is juris diccionum et synodalium de Houden et Houdenshyr nil hoc anno *Ib.*

9 (gdv. as sb. n.) profit, perquisite.

1253 de medietate omnium proventuum, escaetarum, placitorum curie de Langeford', releviorum et ceterorum perquirendorum de curia predicta *Reg. Ant. Linc.* III 287 no. 948.

perquisite [*p. ppl. of* CL perquirere + -e], in a thoroughly considered manner, in a diligently examined way.

ea ipsa que interrogantur responderi estimabunt hujusmodi ~ius et coherentius exemplariter considerantes AD. BALSH. *AD rec. 2* 128.

perquisitio [LL]

1 request, petition.

s**1176** comes Gloucestrie per ~onem regis constituit Johannem filium regis minimum heredem comitatus sui *G. Hen. II* I 124; si vero ex consensu et ~one utriusque partium simul existentium in curia loquela ipsa transferatur GLANV. VI 8; **1224** divorcium factum fuit inter predictum Arnulphum et predictam Aliciam ad ~onem et voluntatem ipsius Alicie *BNB* III 63.

2 acquisition (otherwise than by inheritance, usu. by purchase).

s**1177** ut ipse concederet filio suo emptiones et ~ones ipsius comitis *G. Hen. II* I 144; **1200** ~ones suas de terris et edificiis in villa sua possint dare aut vendere (*Dunwich*) *BBC* 67; **1208** negocium istud quod spectat ad juris nostri ~onem et corone nostre exaltacionem *Pat* 85a; a**1266** particulas terre . . quas dominus I. de S. de sua ~one in eadem villa . . habuit *Cart. Bilsington* 71; **1293** in novis perquisitis que ante ~onem non fuerunt de maneriis predictis *PQW* 360a; ge . . ~onibus, amissionibus, et infeodacionibus tenementorum *Meaux* I 1; **1426** [lego] omnia terras et tenementa que michi hereditarie descendebant post mortem J. L. patris mei, de ~one sua *Test. Ebor.* I 1.

3 profit, perquisite. **b** (~*o curiae* or sim.) profit that issues from court fees.

1168 r. c. de xiiij s. et viij d. de ~one foreste *Pipe* 175; **1170** r. c. de xxx li. de ~onibus maneriorum abbatie *Pipe* 13; c**1205** tertia parte ~onum suarum que ad predictum mesagium non pertinent *Ch. Westm.* 437; **1308** participet cum dicto G. de ~one sua contra statutum gilde *Rec. Leic.* I 253. **b 1441** de proficuis sive ~onibus curie ibidem *DL MinAc* 645/10461 r. 2*d*.; de ~onibus unius visus cum curia ibidem tent' *Ib.* r. 3*d*.; **1583** nobis . . reservatis omnibus . . ~onibus et proficuis curiarum *Pat* 1234 m. 15.

perquisitor [CL = *one who hunts for*], one who acquires (otherwise than by inheritance), buyer, purchaser.

1285 breve istud non tantum heredibus et propinquis in sanguine conceditur, immo eciam extraneis ~oribus *JustIt* 622 m. 21*d*.; si alius fuerit inde deforcians quam . . disseisitor vel ejus heres, sicut extraneus ~or . . *Mod. Comp. Brevia* 159; **1308** W. ~or etc. melioris condicionis in hoc casu esse non potest . . quam predictus W. feoffator *Year Bk.* 30; **1331** extraneus ~or de rev[er]sione predicti manerii *PQW* 44a; feofet ~orem *Reg. Rough* 269 (v. perquirere 8); **1433** licet idem ~or optulerit eidem episcopo racionabilem finem pro transgressione *Langley app.* 258; ut ~or possit ingredi post mortem tenentis ad terminum vite *Reg. Brev. Orig.* 252 marg.

perquisitrix, one who acquires, buyer, purchaser (f.)

1286 cum ipse habeat accionem petendi integre predicta tenementa de seisina predicte Alicie matris sue, cujus heres . . extranee ~icis predictorum tenementorum *JustIt* 67 m. 4; **1291** cum ipsa Dionisia ut extranea ~ix perquisivit predicta tenementa *PlRCP* 89 m. 119; **1299** cum predicta Matillis asserit se ~icem tenementorum suorum in predicta villa *Ib.* 129 m. 3*d*.; **1304** de quo quidem manerio conjuncta fuit ~ix et conjunctim feoffata cum . . viro suo *RParl* I 165b.

1 perquisitus v. perquirere.

2 perquisitus, act of acquisition, procurement (by purchase).

terra . . cum pertinenciis que . . habent de ~u apud H. *Reg. S. Aug.* 83.

perradere [LL], to shave completely, (mon.) to tonsure fully.

fratres . . qui minime ~untur, priusquam conventus ad horam regularem ecclesiam intret, possunt . . in summo silencio . . ibidem radi *Cust. West.* 173.

perradiare [CL per- + radiare], to shine through or upon.

lumen . . / . . / viscera perradians luce micante sibi ALCUIN *WillV* 34. 8.

perranda v. perrare. **perrantis** v. pererrare.

perrare [cf. AN *perre*, petrare], to pave with stone, or (? gdv. as sb. f.) structure made of stone, embankment or dam.

1180 in labruscandam capellam et parvam cameram de Valon' et in levandam calceiam et perrandam parvi vivarii Valon' *RScacNorm* I 31.

perraria v. perreria.

perrarium [perreium + -arium], rocky place, shingly beach.

1290 in una *brekka walle* juxta perarium bis componenda, que fracta fuit per inundacionem maris *MinAc* 1027/17 r. 6.

perraro [CL], very rarely.

te ~o oculis vidi meis ALCUIN *Moral.* 646D; ut ~o dictandi seu scribendi facultas detur LANFR. *Ep.* 16 (15); non solum autem, sed et illud nonnunquam, etsi ~o, vel tenuiter nobis experiri datum est AD. SCOT *QEC* 806D; sola vexantur acuta, eaque ~o GIR. *TH* I 33; **1258** peccata . . que usualiter contingunt . . , ea que ~o accidunt *Conc. Syn.* 594; **1279** hoc ~o faciat pro hospitibus reverendis PECKHAM *Ep.* 70 p. 84.

perrarus [CL], very rare, very exceptional.

alii . . licet regulares modos sequantur, tenues tamen et ~as partes ad minores imbuendos eliciunt OSB. GLOUC. *Deriv. pref.* 275; scito quia ~um est nec nisi paucissimis . . hodie . . contingit GIR. *GE* II 8; omnino ~um est ut hiis diebus . . ad plenum conservet . . justiciam AD. EYNS. *Visio* 30.

perrasmus v. pirasmus.

perreddere [CL per- + reddere], to render in full, complete.

1255 mandatum est baronibus de Scaccario quod attornatum quem loco suo attornare voluerit coram eis ad ~endum compotum suum . . loco ipsius J. ad hoc recipiant *Cl* 235; si servicium suum nondum ~iderit, poterit repetere voce suppressa; set nullatenus reddere debet *Cust. West.* 194 (= *Cust. Cant.* 235).

perredum v. perreium.

perreia [ME, AN *perreie* < 2 petraria], precious stone or stones (in a setting), jewellery.

1253 pro cxij smaragdit' et pro alia minuta peria *Liberate* 29 m. 10; **1286** in auro empto cum perrya *KR Ac* 372/11 m. 3; **1338** cum saphiris et perr' et aliis diversis jocalibus auri et argenti, precii saphiri et perr' et jocalium predictorum cl li. *Cl* 161 m. 18; **1383** quod ipse pereras et alia quamplurima bona . . vendicioni posuisse . . debuisset *Cl* 224 m. 20*d*.; **1425** unam paruram positam cum ~ia et armis Anglie *Foed.* X 346.

perreira v. perreria.

perreium [AN *perrei* < 2 petraria], rocky place, stony ground.

a**1172** unam masuram in ~io Deppe (v. buttagium); c**1185** totam decimam de peredo de Rigeburg' *Cart. Lewes* 42; de perredo de Rokeburg *Ib.* 44. c**1210** sex acras terre et dimidiam acram . . ex utraque parte perrei cum eodem perreo (*Broomhill*) *MS BL Lord Frederick Campbell Ch.* XXVI/9; c**1285** ex utraque parte perrei cum eodem perreo *Ib.* XXV/16.

perrepere [CL per- + repere], to creep or crawl through or right up to; **b** (of disease).

ille miserabilis . . querens remedium, ad sanctum . . ~sit GOSC. *Transl. Mild.* 24 p. 19; ut ad monumentum

.. reliquum salutis requireret, longo et anhelo nisu ~sit illuc *Id. Wulfh.* 11. **b** femina . . sentiens . . morbum ~sere ad vitalia W. MALM. *GR* II 204; colli tumorem i[n]commodum, qui ingravescens per dies, ~sit ad fauces *Id. Mir. Mariae* 148.

perreria [ME *perrerer* < OF *perrere* < 2 petraria], machine for hurling stones, catapult.

s**1173** statim fecit parari perrarias suas et alias machinas bellicas *G. Hen. II* I 57; s**1189** ingenia eorum et ~ie Christianorum retro fossata erant *G. Ric. I* 96 (= BROMPTON 1166: pararia); 'saxa grandia', machinam que vulgo perreira dicitur S. LANGTON *Chron.* 184; **1231** visores mangunellorum et ~iarum jungendarum in castro Hereford' *LTR Mem* 11 m. 12; vidi . . perareas [v. l. perrarias; *gl.*: *pereres*] sive tormenta, quarum una pessumdedit Simonem comitem Montisfortis GARL. *Dict.* 130; perariis suis et aliis machinis belli paratis BROMPTON 1087; perariis . . combustis *Ib.* 1097.

perreum v. perreium.

perrimari, ~**are** [CL per- + rimari], to search through, scrutinize, investigate completely.

quem [locum] fidelis animi sagaci industria ~antes, reperiunt thesaurum magnum *Pass. Æthelb.* 12; c**1415** ut . . scienciam valeam ~are (v. clerimonia c).

perrinus [OF *perrin* < LL petrinus]

1 stone-like, gem-like.

sicut gemma perspicue et perine claritatis R. COLD. *Osw.* 1 p. 338.

2 (as sb. m., f., or n.) structure made of stone.

1220 extensores ceperunt j molendinum et unum perreinum et j *wasse CurR* VIII 294; **1225** in †primo [l. perino] empto . . per preceptum domini episcopi super celar', xxvj s. viij d. in eodem perino reparando vj s. ij d. ob. *Pipe Wint.* B1/11 m. 15; **1283** predictas domos cooperiet et de vento et pluvia custodiet excepta magna perina, quam quidem perinam ego . . et . . filius meus salve cooperiemus *Arch. Soc. Bristol & Glouc.* LVIII 238; **12** . . de quadam domo ante illud ~um que fuit Symonis *Cart. Worc.* 410; **12** . . duodecim denarios annui redditus de ~o meo et selario sub eodem quod situm est apud Portesmues' intra domum W. P. et J. le B. percipiendos singulis annis (*Cart. Boxgrove* 120) *MS BL Cotton Claudius A VI* f. 114v.

perroca v. 2 perca. **perrochialis** v. paroecialis.

perrodere [CL], to gnaw through.

rodo . . componitur ~o OSB. GLOUC. *Deriv.* 502.

perrula v. paenula.

perrumpere [CL], to burst apart, break through (into or out of); **b** (transf., of light).

c**705** omnis . . exercitus consueta vestibula ~ens prisca cellarum claustra gratulabundus ingreditur ALDH. *Ep.* 9 p. 502; totam . . noctem in frangendo vel reserando ipsius mausoleo . . consumperunt, mane . . cryptulam ejus perrupuerunt GOSC. *Transl. Aug.* 23D; accedens trepide . . ad . . Melliti similiter perruptam et evacuatam cryptulam *Ib.* 26C; franguntur conclavia, ~untur penetralia *Id. Transl. Mild.* 18 p. 177. **b** perrupit densitatem carceris . . lucerna W. MALM. *GP* III 101 (v. dirigere 3f).

perrya v. perreia. **pers** v. pars.

Persa [CL], ~**us**

1 a native of Persia, a Persian.

didicit Herodes . . quod expeculatores venissent a partibus ~arum THEOD. *Laterc.* 5; ~i . . et Romani eunuchos non habuerunt nisi castratos *Comm. Cant.* I 206; sub Dario rege ~arum NEN. *HB* 145; Soldanus apud ~as qui apud Romanos Augustus W. MALM. *GR* IV 360; fecit . . Stephanum . . ~am crudelissimum, sacellarium ejus R. NIGER *Chr.* I 62; post Cosdroen regem ~arum *Itin. Ric.* I 5 p. 15.

2 (bot.) sweet marjoram (*Majorana hortensis*) or wild marjoram, oregano (*Origanum vulgare*).

~a, *majoran MS BL Addit.* 27582 f. 45; ~a, i. majorana *MS BL Royal 12. E. I* f. 99v; persa, majorana, cinibrium, samfucus, amaracus, *muchwort MS BL Sloane 282* f. 172ra; ~a, A. *majoran MS BL Addit.* 27582 f. 452; ~a, *majoran, muchwort MS Cambridge Univ. Libr. Dd. 11. 45* f. 112; amaracus, majorana, ~a, sansucus, colimbrum idem *Alph.* 7.

persaepe [CL], very often.

~e licet palpebrarum convolatibus innovati GILDAS *EB* 17; omnia scire rogati / caris . . persaepe fatentur amicis *Altercatio* 34; ex peccatis parentum filii ~e puniuntur PULL. *Sent.* 769C; ex divitiarum veneno ~e certamina . . oriuntur ALB. LOND. *DG* 4. 6; ?**1286** cum . . ex frequenti fratrum obloquio nos ~ius sollicitante satis intellexerimus *Ann. Durh.* 182; c**1485** ad patris mei auriculas . . persepius . . tetigi quod . . *FormOx* 432.

persarclare v. persarculare.

persarculare [CL per-+*sarculare], to finish hoeing or weeding.

c**1230** debet sarclare singulis diebus usque ad horam terciam . . usque persarclatum fuerit (*Cust. Wantage*) *Bec* 50.

persalutare [CL], to greet warmly.

1157 karissimum nostrum Thomam, prepositum vestrum, nomine meo ~ate J. SAL. *Ep.* 31.

persapidus [CL per-+sapidus], very tasty, extremely delicious.

c**1415** sciencie . . fructus ~us *FormOx* 433.

persatum v. persicus.

perscandere [CL per-+scandere], to climb all the way (fig.), to scan completely.

conversus gradiens rursum perscandat ab imo TATWINE *Aen. concl.* 4.

perscelis v. periscelis.

perscindere [CL], to cut through; **b** (w. river as subj.); **c** (fig.).

ambas aures suas abscissas, nares suas perscissas A. *slit and cut Entries* 360. **b** Cilicia a quodam Cilice nomen traxit . . . hanc Cydnus amnis ~it *Eul. Hist.* II 38. **c** omnia mentis claustra seris vitiorum obserata sua penetrabilitate ~ens AILR. *Spec. Car.* II 11. 555.

perscissio [CL per-+LL scissio], cutting through, slitting.

1585 ~onem (v. inustatio).

perscitor [cf. CL persciscere], one who is well-informed or learned.

nove legis . . in corde suo recondens sermones, sanctarum eximius factus est sciolus ~or scripturarum *NLA* II 559.

perscitus [CL per-+scitus], very clever or knowledgeable, skilled.

'~us puer', id est valde scitus ALCUIN *Gram.* 898A.

perscribere [CL]

1 to write completely, to finish writing.

presentem biblum jussit perscribere presul / Wintoniae GODEMAN 1; kartulam . . perscripsi (DUNST.) *CS* 880 (v. dictitare 2); †a**780** (11c) nomina . . infra perscripta *CS* 231; perseverare in scribendo aliquid dicimus '~ere', in ducendo 'perducere' ANSELM (*Casus Diab.* 3) I 238;

2 to write a detailed account of.

quod vero ascendisse ipsoque quadragesimo die perscrivitur [v. l. perscribitur] ut . . THEOD. *Laterc.* 22.

perscriptibilis v. praescriptibilis.

perscrutabilis [CL per-+LL scrutabilis], that can be thoroughly examined.

non potest ~is certitudo de facili explicari *Ps.-*ELMH. *Hen. V* 70.

perscrutabiliter, in a thoroughly examined manner.

oportet ~ius investigare GROS. *Cess. Leg.* IV 3 p. 165.

perscrutari [CL], ~are

1 to search, look carefully through or over: **a** (place); **b** (person).

a Gregorii . . epistulas, ~ato . . sanctae ecclesiae Romanae scrinio invenit BEDE *HE pref.* p. 6; Guthla-

cus . . estivis temporibus Crulanda ~ata, frates suos . . revisere profectus est ORD. VIT. IV 15 p. 270; arcem et regiam et murum . . munite, solliciteque ~amini aditusque servate *Ib.* X 24 p. 151; **1211** de xij d. de Roberto F. qui ~abatur terram alienam *Pipe Wint.* 79; **1338** in eisdem galeis . . super mare de mandato nostro eundo et idem mare ~ando ad hostes nostros ibidem inventos pro viribus expugnandos nostro nomine *Cl* 160 m. 3; ejusdem sedis scriniis . . ~atis ELMH. *Cant.* 312. **b** ipsi [mortui] ~abantur a predonibus ne cui forte intra gremium cibi aliquid resideret J. SAL. *Pol.* 423C.

2 to search out, look carefully for. **b** to seek to know (w. indir. qu.).

fures et falsarios latentes maxima diligentia ~ans, inventos puniens W. MALM. *GR* V 411; **1308** ~are faciatis in thesauraria vestra instrumenta antiqua tangencia materiam predictam *Lit. Cant.* III 364; **1329** privilegium Innocencii pape secundi et carta . . regis Henrici primi diligencius ~entur, quia in istis duobus munimentis totum fundamentum juris . . continetur *Ib.* I 296; **1443** pipas et alias machinas . . ~ari, mundari, et reparari *Foed.* XI 29; per singula castella arma bellica ~ari fecit et purgari STRECCHE *Hen.* V 150. **b** semper ~antes si quos invadere possint SÆWULF 63.

3 to examine carefully, peruse (a text).

a**796** pastoralem beati Gregorii papae saepissime ~are ALCUIN *Ep.* 39; documenta patrum laboriose ~ari cogor ORD. VIT. I 24 p. 153; mandata . . regis . . subdolus apertis . . litteris ~abatur *V. II Off.* 7.

4 to search out (information).

ne . . praeterita saeculorum exemplaria solummodo ~er et rimer ALDH. *Met.* 2 p. 65; curiositas est studium ~andi ea quae scire nulla est utilitas. hujus . . sedecim sunt genera *Simil. Anselmi* 26; si quis ejus facta seu dicta plenius ~ari voluerit, in prefati libro Edmari apud Beccum . . repperire poterit ORD. VIT. X 9 p. 56; latentes rerum causas propalare nequeo . . inscrutabilia quis ~ari potest *Ib.* XIII 16 p. 39; secreta philosophie et occultam sapientiam ~antes ALB. LOND. *DG* 8. 17.

5 to consider carefully; **b** (w. indir. qu.).

ex quodam . . testimonium libro . . cum intentus utrisque auribus audisset et intima mente sollicite ~aretur ASSER *Alf.* 88; optimates consultu ~ato responderunt ORD. VIT. X 8 p. 44; sollers . . princeps postquam commoditatem patrie ~atus suis consuluit *Ib.* XII 23 p. 296. **b** quantum numerus sibi inscriptus a denario numero distet ~are THURKILL *Abac.* f. 60; inito . . consilio . . quid agendum esset ~ati sunt ORD. VIT. VIII 11 p. 328; quid . . sit veritas posteritas ~abitur per Dei gratiam GROS. *Quaest. Theol.* 203; ~andum est an mixtio est T. SUTTON *Gen. & Corrupt.* 98.

perscrutatio [CL], **a** probing. **b** searching, investigation; **c** (w. sub. gen.); **d** (w. obj. gen.).

a mundificent dentes absque multa ~one et absque nocumento carnis rubee GAD. 119v. 1. **b** multimoda . . ~one historica subnixi R. COLD. *Osw.* 19; non oportet querere in qualibet scientia ~onem sicut in mathematicis SICCAV. *PN* 57; curiosa ~o . . in hac materia est non solum perempctoria, immo diabolica R. MAIDSTONE *PP* f. 162v. **c** sagacis ingenii ~o previa *Ps.-*ELMH. *Hen.* V 44. **d** subtilis in cogitationum et affectionum ~one [TREVISA: *sarchinge*] BART. ANGL. I 21; ad ~onem causarum BACON VIII 86.

perscrutativus [CL perscrutatio+-ivus], that searches or investigates thoroughly.

sicut impedimentum sciendi est odire sermones ~os, sic eciam est impedimentum proficiendi nihil velle admittere nisi quod assueti sumus audire R. MARSTON *QD* 395.

perscrutator [LL], examiner, searcher, investigator, enquirer; **b** (of dishonest or defective craftsmanship).

te ~orem conscientiarum nostrarum scimus ALCUIN *Liturg.* 453D; haec tu, intime coelestium arcanorum ~or, audire patuisti OSB. *V. Dunst.* 40 p. 119; sepe pius invenit pulsator quod temerarius non meretur ~or AD. SCOT *Serm.* 129A; naturalis historie diligens ~or GIR. *EH* II 32 p. 381; s**1253** scripturarum sedulus ~or diversarum M. PAR. *Maj.* V 407; omnes ~ores finis mundi, et licet essent sancti, fallebantur in conjectura sua HARCLAY *Adv.* 71. **b** facto scrutinio de . . falsis capellis, . . ~ores duxerunt hic in Gihalda . . quedam capella *MGL* III 433; c**1416** duos ~ores artis, dictos

sercheours ad scrutandum defectus tannatorum *Doc. Bev.* 116.

Perse [ME *percen eie as etym. gl.*], (the surname) Percy.

~e cognomentum illi indidisse, quod perforatorem oculi significat BOECE f. 269.

persecare [CL], to cut through, tear apart.

~are, laniare, discerpere OSB. GLOUC. *Deriv.* 483.

persecum v. persicus.

persecutio [CL]

1 chase, pursuit.

jam fugitantem instantius urgeamus . . et . . quid in nos adversum struxerit, accelerata in eum ~one, cassemus G. *Steph.* 105; cogente hostium ~one BOWER XII 11 (=*Plusc.* IX 8).

2 (leg.) prosecution (of case).

~o cause contra B. archiepiscopum GERV. CANT. *Imag.* 40; **1333** ulteriori persequssioni litis *Melrose* 446; Avinione . . causam suam declarando . . totum regnum Scocie sua ~one turbavit [s.c. regina] *Plusc.* IX 46.

3 persecution, attack, harassment (aimed at killing, injuring, causing difficulties or annoyance); **b** (w. subj. gen.); **c** (w. obj. gen., also transf.); **d** (w. ref. to *Matth.* v 10).

c**792** laetus de salute tua, sed tristis de tribulatione et ~onibus quas te pati a gente tua . . agnovi ALCUIN *Ep.* 63; aggrediuntur virum et socios furiatis mentibus incole . . . ~onis remoto turbine W. MALM. *GP* II 84; **1187** viri sapientis est . . in tribulationibus gaudere, in ~onibus consolari *Ep. Cant.* 51; se tantam a cruce ~onem perpessum fuisse GIR. *TH* II 46; adversum superbie tumorem continuas ~ones et exitiales molestias suscitare J. LOND. *Commend. Ed. I* 10; stragibus et ~onibus *Plusc.* VI *praef.* **b** doctrinam Christi . . dixit in qua requies . . fit in pace ecclesiae; sive diem judicii propter ~onem Antichristi *Comm. Cant.* III 114; si . . invidiae ~one carere vultis . . virtutibus renuntiate ANSELM (*Ep.* 63) III 179; Jesus in Bethleem a ~one Herodis requisitus Aegyptum petit ELMER CANT. *Ep.* 8. 15; s**1013** fugiens . . ~onem Sueinonis regis . . qui tunc temporis maximam partem hujus patrie cum maximo exercitu invaserat *Chr. Evesham* 81. **c** quid est gelu? ~o herbarum ALCUIN *Didasc.* 977C; si ~o corporis fugienda est . . quanto magis ~o animae? ANSELM (*Ep.* 162) IV 35; foris hostilis depredatio bonorum ecclesie . . ; intus, latens ~o Danielis *Chr. Rams.* 325; Deus . . ~ones bonorum . . permittit . . ut in celis coronentur (J. BRIDL.) *Pol. Poems* I 134. **d** pro justicia . . ~onem patitur LANFR. *Ep.* 52 (58); qua beatos fore qui pro justitia ~onem patiuntur Christus asseruit OSB. *V. Dunst.* 27; ~onem habeo propter justitiam ANSELM *Misc.* 325.

4 (w. ref. to religious persecution); **b** (w. subj. gen.); **c** (w. obj. gen.).

pauca . . de religione, de ~one, de sanctis martyribus . . dicere conamur GILDAS *EB* 2; imperantibus . . Valeriano et Gallieno cum fervor torridae ~onis . . incanduisset ALDH. *VirgP* 51; ubi turbo ~onis quievit, progressi in publicum fideles Christi . . renovant ecclesias BEDE *HE* I 8 p. 22; sub . . Trajano tertius impetus persequutionis ebullivit, qua . . Ignatius Antiochenus Rome bestiis objectus R. NIGER *Chr. I* 24; Albanus . . passus est tempore generalis ~onis, temporibus Diocletiani et Maximiani ELMH. *Cant.* 182. **b** exemplum vij fratrum qui Decii imperatoris ~onem fugerunt *Comm. Cant.* 115; in diebus ejus orta est Diocletiani imperatoris ~o G. MON. V 5. **c** surrexit ~o Christianorum et occidebantur . . multa milia martirum ÆLF. *Ep.* 2. 44; de ~onibus ecclesie DICETO *Chr.* I 3; s**71** . . de ~one Judeorum M. PAR. *Maj.* I 110; Origenes legitur hoc fecisse de seipso . . sicut legitur lib. vj ecclesiastice historie tempore ~onis ecclesie HOLCOT *Wisd.* 140.

persecutor [LL]

1 pursuer.

s**1141** sensim equitans, ne similis fuge profectio putaretur, admisit in se persequentium manus . . adeo supra fortunam eminere videbatur ut ~ores suos, nolo dicere hostes, ad reverentiam sui excitaret W. MALM. *HN* 506 p. 66.

2 (leg.) prosecutor.

Constantinus igitur legum persequutor creatus est imperator R. NIGER *Chr. I* 65.

3 one who mistreats or harasses, persecutor, enemy; **b** (w. obj. gen.).

~orum [v. l. persequutorum] suorum adversantiumque sibi hostium famosum excidium . . peregisset FELIX *Guthl.* 18; fratres meos crudelitas ~orum absorbuit AILR. *Ed. Conf.* 744C; **1169** qui . . ~orum molestias . . pro verbo Domini pertulerunt J. SAL. *Ep.* 302 (295 p. 678); omnia in Cantuariensi ecclesia confusa sunt dum fermentum pro frumento, pro pastore habeat ~orem GERV. CANT. *Imag.* 41; ~ores [ME: *wiþerwines*] nostri sunt diabolus, mundus et caro *AncrR* 67. **b** unusquisque invidus alterius ~or et oppressor et emulus R. COLD. *Cuthb.* 50; s**1183** factus est cum eis hostis et patris proprii ~or G. *Hen. II* 298; indefessus Henrici imperatoris ~or M. PAR. *Min.* I 37; **1336** ecclesiam Dei impugnancium expugnatorem validum, impiorum ~orem *Lit. Cant.* II 115; monasterii Croyland semper malevolus et molestissimus ~or *Croyl. Cont. B* 495.

4 (w. ref. to religious persecution); **b** (w. obj. gen.); **c** (w. ref. to St. Paul).

quanti ~orum rabidi furores, quantae e contrario sanctorum patientiae fuere GILDAS *EB* 9; tempestate ~orum, cum sancti martires . . cruentis carnificum mucronibus mactarentur ALDH. *VirgP* 34; dum . . is ex ~ore factus esset collega veritatis et fidei BEDE *HE* I 7 p. 20; quas inter angustias suis etiam persequutoribus paterna et fraterna caritate subveniret R. NIGER *Chr. I* 33; Nero . . jussit apprehendere Petrum . . . Petrus . . mox a ~oribus captus cruci addictus est M. PAR. *Maj.* I 109. **b** se ultro ~oribus fidei Christianum esse prodiderat BEDE *HE* I 7 p. 19; Diocletianum novimus ~orem Christianorum ABBO *QG* 20 (43); nisi forte ~orum ecclesie rabiem laudas J. SAL. *Pol.* 395C; factus est Christianorum ceteris ~oribus callidior ~or AD. SCOT *TT* 714C; Salahadinus . . Christiani nominis gravissimus ~or DICETO *YH* 422. **c** 793 de ~ore Saulo factus est Paulus praedicator ALCUIN *Ep.* 23; postquam ad fidem Christi venit, ecclesiae Dei non ~or sed praedicator egregius extitit ALEX. CANT. *Dicta* 16 p. 171; ut Saulus ~or dictus est Paulus apostolus *Natura Deorum* 3; de Paulo, prius ~ore, postea gentium doctore DUNS *Ord.* I 79.

5 one who attacks or seeks to destroy something (w. gen); **b** (w. ref. to *Matth.* xiii 24ff. and Lollard controversy).

quibus ~or peccati sede pelleretur W. MALM. *GR* III 267; pacis ~or et discordie amator T. MARLB. *Wistan* 327; a**1350** fame sue prodigi, et honoris proprii ~ores *StatOx* 152. **b** mitis sicut erat animi sic et verbi, sed strenuus lollii ~or *Ziz.* 3.

persecutorius [persecutor 2+-ius], (leg., *actio* ~*a*) action for recovery.

rei ~ia et penalis . . erit quelibet actio in rem. persequitur . . rem ipsam et penam propter injustam detentionem BRACTON f. 102b.

persecutrix [LL]

1 that pursues in order to destroy (f.).

proprietatem . . tenebrose obscurationis ~icem [TREVISA: *pursue*] et manifestatricem BART. ANGL. II 8 p. 28.

2 that persecutes (f.). **b** (as sb. f.) persecutress.

respondit . . columbina simplicitas electorum Christi principatui sinagoge ~icis BEDE *Sam.* 644. **b** regina, sed meretrix, sed prophetarum Domini impudentissima ~ix NECKAM *NR* II 180; s**1256** circumdegentium religiosorum et religiosarum ~ix fuerat indefessa M. PAR. *Maj.* V 554.

persedere [CL], to sit continuously.

ne pes deficiat ventris sub pondere pressus / quando bibit monachus persedet ipse prius GOWER *VC* IV 134.

persedulo v. persedulus.

persedulus [CL per-+sedulus], very diligent, zealous. **b** (abl. sg. as adv.) very diligently, zealously.

sedulus . . componitur ~us et quamsedulus OSB. GLOUC. *Deriv.* 553. **b** stili calamo stridulo / caraxante persedulo (ÆTHELWALD) *Carm. Aldh.* 2. 10.

perseicus [CL per+se+-icus], (phil.) that pertains to individual existence or an essential characteristic.

iste sunt utriusque aque proprietates ~e NETTER *DAF* II f. 114r. 2.

perseitas [CL per+se+-itas], (phil.) the condition of existing independently or being predicated essentially of a subject; perseity, self-subsistence.

licet posset conclusio primi argumenti distingui quod ibi esset alietas ~atis vel ~as alietatis DUNS *Ord.* II 370; eo quod negacio possit negare ~atem vel est ibi ~as negationis *Id. Metaph.* IV 4 p. 181b; alio modo dicitur ens per accidens prout 'per accidens' non privat ~atem in entitate rei secundum se *Ib.* VI 2 p. 326a; isto modo ~atis utitur philosophus sepe in dictis suis, ut I Physicorum, cum dicit quod immusicus per se fit musicus OCKHAM *Dub.* 529; si enim aliqua accio esset per se mala, tunc tota species illius accionis, in quantum hujusmodi, esset mala, quia ~as inest prime speciei vel generi, ut patet primo Posteriorum WYCL. *Ente* 203.

persellum [ME *perseli* < OF *perresil* < CL petroselinum < πετροσέλινον], parsley (*Petroselinum crispum*).

1413 in j lb' seminis parcell' in pulvere *Ac. Durh.* 610.

perseminare [CL per-+seminare], to sow completely, finish sowing.

c**1230** donec ordeum ~atum fuerit (*Cust. Blakenham*) *Bec* 93; terris . . ~atis *Fleta* 172; **1302** custumarii . . debent arrare domino . . usque ordeum ~atur viz. ad cibum domini *Suff Hund.* 68; **1326** in prebenda vj affrorum a v Decem' usque ad xi April' quo die ~averunt, vij qrs' vij buss' dim. (*Chilbolton*) *Ac. Man. Wint.*

persenilis [LL], very old.

vivente adhuc Narcisso, ejusdem urbis episcopo ~is aetatis BEDE *Chr.* 503.

persentire [CL], to feel strongly, perceive; **b** (w. acc. & inf.) to be keenly aware that, to realize that.

humani generis sunt rapaces si quos a somno excitati sibi vicinos persenserint *Lib. Monstr.* II 25; ac si lapsus equo nullum persenserit ictum WULF. *Swith.* II 809; seu vero misericordiam seu judicium erga se . . ~iat ANSELM (*Ep.* 37) III 147; vir . . novos . . persensit cruciatus W. DAN. *Ailred* 31 (v. arthriticus a); appropinquante . . vere, quia caloris beneficium ~iunt [sc. arbores], . . restaurantur D. MORLEY 144; et si in ea adulterium persenserit, eam a se rejecit et si potest necat *Spec. Laic.* 4. **b** ubi judex illum tormentis superari . . non posse persensit BEDE *HE* I 7 p. 20; cum caeleste adjutorium angelicae lucis adventasse persensisset FELIX *Guthl.* 29 p. 96; c**1100** [cecus] caput hominis esse persensit (v. dinotio); ubi ad cigneam etatis speciem pervenit mortemque sibi jam instare persensit DOMINIC *V. Ecgwini* I 17; barbam beata canitie niveam fide plenus extraxit, eam ac si viveret mento firmius inherere ~iens AILR. *Ed. Conf.* 782D; ~iens in se grassantis luxurie venena consurgere R. COLD. *Godr.* 27.

persentiscere [CL], to begin to feel or perceive completely.

persentio . . unde ~o, -is OSB. GLOUC. *Deriv.* 515; **1189** preces sanctitatis vestre michi prodesse ~am J. EXON. *Ep.* 2. 24.

perseptimanare [ML < CL per-+LL septimana+-are], to remain for a week.

vix in curia ~at *V. Ed. Conf.* f. 54v.

persequestrare v. prosequestrare.

persequi [CL]

1 to pursue (w. aggressive intent); **b** (w. animal as subj.).

classe . . parata piratas per mare fugientes ~ebantur ORD. VIT. VIII 3 p. 286; **1225** cum ipsi ~erentur dominum suum ut ipsum interficerent, idem N. fugit in ecclesiam *SelPlCrown* 116; **1255** propter noctis obscuritatem et bosci spissitudinem non potuerunt ~i, ita quod evaserunt *SelPlForest* 28; **1267** ad inimicos nostros hostiliter vagantes . . ~endos et capiendos *Cl* 288. **b** ut domini truculenter persequar hostes ALDH. *Aen.* 10 (*Molosus*) 2; instigo canes meos ut feras ~antur [AS: *hig ehton*] ÆLF. *Coll.* 92; accipitres et nisi . . promptiori quadam velocitate predas ~untur GIR. *TH* I 12.

2 to harass, persecute.

ipsi . . contra nos pugnant qui adversis nos imprecationibus ~untur BEDE *HE* II 2 p. 84; quem nunc persequeris, posthac devota sequeris FRITH. 690; c**1211** quos pre ceteris diligere deberent odio letali persecuntur GIR. *Ep.* 6 p. 224; quum Juno gravidam . . Latonam ~eretur AD. LOND. *DG* 8. 3; hunc [sc. papam] Crescencius patricius urbis in tantum †prosequi [l. persequi] cepit quod . . ipsum oporteret urbem relinquere *Eul. Hist.* I 254; Christianos volens †proseque [l. persequi] *Ib.* 342.

3 (w. ref. to religious persecution); **b** (s. pass.).

confessorem persecutoribus insectatum . . domo . . occuluit et se . . libenter ~endum dedit GILDAS *EB* 11; ibi . . Judaeus factus et circumcisus ~ebatur Christianos *Comm. Cant.* I 5; [Paulus] missus vero Damascum ad ~endum R. NIGER *Chr. I* 20; ad ~endos interficiendosque Christianos feralia dispersit edicta M. PAR. *Maj.* I 139; Judei quodam veritatis amore ~ebantur apostolos OCKHAM *Dial.* 751. **b** quod autem persecutus ab Herode, perfido regeque cruento, ut adimpleretur scriptura THEOD. *Laterc.* 15.

4 (fig.) to pursue (an undertaking), to seek to achieve. **b** (leg.) to prosecute.

relicto filio . . cum militibus ut inchoata paterna ~eretur W. MALM. *GR* III 262. **b** **1297** ~ebatur appellum suum versus eos usque ad quatuor comitatus *Eyre Kent* I 110.

5 (w. ref. to literary enterprise): to continue to give an account of, to recount in full.

ut propositum ~ar V. GREG. p. 91; que omnia singillatim, si erit otium, ~i meditamur W. MALM. *GR* I prol. quorum nuncupatim nomina et vitas ~i nec propositum est nec otium *Ib.* II 270; longum est . . si ~ar que hinc inde acta *Ib.* III 230.

6 (pr. ppl. as sb.) pursuer, persecutor.

inter minas ~entium suo semper docuit fidere praesidio BEDE *Cant.* 1093; tenebrosa nox fluminumque inundationes ~entes impediebant ORD. VIT. V p. 411; **1239** a ~ente defendere M. PAR. *Maj.* III 549; sic manus se ~entium . . evasit STRECCHE *Hen. V* 158.

persequibilis [CL per-+sequi+-bilis], that can or should be pursued or sought after.

principium quidem quemadmodum dictum est, motus, quod in operabilibus, ~e et fugibile, . . BRADW. *CD* 532A.

persequssio v. persecutio. **persequutio** v. persecutio. **persequutor** v. persecutor. **perseri** v. pseri.

perserpere [CL per-+serpere], to creep through.

hinc gelidus omnium membra pavor ~it, rigent comae OSB. *V. Dunst.* 4.

perserpinaca v. proserpinaca. **persetum** v. persicus. **perseudoterum** v. pseudothyrum.

1 Perseus [CL], Perseus, son of Zeus and Danae; **b** (as name of constellation).

cum ~us de monstro in armis triumphasset et caput Gorgonis super ligna posuisset WALS. *AD* 79. **b** Perseus, Andromeda . . / et pariles stelle R. CANT. *Malch.* V 36; aures magnatum siquis demulcet in aula, / sub lare privato Persius alter erit NECKAM *DS* I 453 p. 367.

2 perseus, persus [ML; ME, AN *pers* < persicus], (dark) blue; (as sb.) (dark) blue colour. **b** (as sb. m. or n.) (dark) blue cloth.

~eus, *blaewen* ÆLF. *Gl.* 163; **1259** ad colorem ejusdem lane faciendum nigriorem, ad similitudinem coloris ~i *Rec. Leic.* I 84; **1301** utantur . . vestibus . . unius coloris, utpote de ~eo *Reg. Wint.* I 129; **1309** pannos burneti, ~ei, et viridi [sic] coloris (*CoramR*) *Law Merch.* II 82; **1315** pannos de ~eo et medleto (*Ib.*) *Ib.* 87; **1328** mantellum cum duobus capiciis de ~o (*Invent.*) *Reg. Exon.* 566; **1349** in roba pro corpore regis de colore ~o in grano (*KR Ac*) *Arch.* XXXI 18; **13 . .** pannarius . . habeat . . burnetam nigram vel sanguineam, . . ~um, bluetam (*Nominale*) *Neues Archiv* IV 340. **b** **1265** pro j ~o comitisse retondendo xij d. *Manners* 10; **1287** unum tabbardum de ~o precii quinque solidorum (*CourtR St. Ives Fair*) *Law Merch.* I 21;

perseverabilis [LL]

1 (of person) able to persevere.

vos .. in sanctis operibus ~es reddat EGB. *Pont.* 72 (=*Rit. Durh.* 166, *Conc. Syn.* 409); te .. in fide recta ac bonis operibus ~em reddat *Rec. Coronation* 20.

2 that lasts, enduring; **b** (w. ref. to donation or bequest) that remains valid or in force.

~i virtute confirmet vos EGB. *Pont.* 89; cuncta eis bonis omnibus exuberans arrideat felicitas, laetitiae pleniter inditis ~is affluat jocunditas BYRHT. *HR* 3 p. 6; tres gradus alios .. pertransistis, sed in his adhuc omnibus statum necdum constantia ~em invenistis R. COLD. *Osw. pref.* p. 329. **b** **986** ruris .. particulam .. Vuenodero .. in jus ~e .. perfruendum .. concedo *Reg. Malm.* I 320; **1078** que vero hic subsecuntur conscripta .. eidem ecclesie sunt concessa et .. in dote ~i confirmata *Cart. Rams.* II 94; molendinum .. ecclesie in jus ~e concessit *Chr. Rams.* 54; †**974** (13c) jus hereditatis ~e (v. dotalicius 2b).

perseverabilitas [LL perseverabilis+-tas], durability, permanence.

accipe anulum, signaculum viz. sancte fidei .. per quam scias .. subditos coadunare et catholice fidei ~ati conectere *Rec. Coronation* 18.

perseverabiliter [LL perseverabilis+-ter], enduringly, in a lasting manner.

†**680** (12c) sicut et obnixe petisti hanc confirmationem ~iter cum coepiscopis .. subscribi *CS* 48.

perseveranter [CL]

1 steadfastly, with perseverance.

quicumque ejus promissa cupierit accipere dona, ~er debet instare precibus fraterna caritate conditis BEDE *Acts* 943; Humbertum virum fuisse religiosum, fide Christiana et sanctissimis operibus ~issime decoratum LANFR. *Corp. & Sang.* 409D; ~er dimicare in prelio Domini donec victoria potiatur ORD. VIT. IV 6 p. 205; quos constat ~er usque in finem veritatis esse discipulos AD. SCOT *QEC* 805C; facit proventum ut possitis ~er sustinere, ne deficiatis in lucta GIR. *GE* II 18; Esau non petiit ~er quando petiit benedictionem a patre T. CHOBHAM *Praed.* 169.

2 uninterruptedly, continuously.

1317 concordiam inter cunctos Cristi fideles ~ter existere .. cupientes *FormOx* 26.

perseverantia [CL]

1 steadfastness, persistence; **b** (w. gen.) resolute continuance in course of action, steadfast practice (usu. of virtue or sim.).

semper .. fideli ~iae occurrit respectus caelestis gratiae et recedentibus discipulis plus interim collatum est perseveranti Mariae GOSC. *Edith* 276; patientia sine ~ia inconstans est BALD. CANT. *Serm.* 2. 10. 431; absinthium veritatis .. in fructum producit ~ie utilitas MAP *NC* IV 4 f. 47; a**1212** quidam faciunt differentiam inter ~iam et perseverationem ut ~ia sit finalis et perseveratio quandoque sit non finalis P. BLOIS *Ep. Sup.* 60. 3; via .. longa in ~ia bona usque in finem *V. Edm. Rich B* 616; ligna .. proprie referuntur ad virtutes sitas in fortitudine .. utpote ad magnificenciam, fidenciam, pacienciam et ~iam GROS. *Hexaem.* IV 29 p. 152. **b** quae in sanctae virginitatis ~ia inflexibili mentis rigore .. duruerunt ALDH. *VirgP* 39; nos experti sumus te et fidei tuae valitudinem conperimus ~iamque patientae tuae invincibilem probantes variarum artium adversus te arma suscepimus FELIX *Guthl.* 30 p. 98; **1073** dilectissimo suo G. dilectissimus suus L. dilectionis ceptae felicem ~iam LANFR. *Ep.* 45 (20); integram inceptae religionis ~iam promittentes *V. Gund.* 6.

2 continued existence, permanence.

solent .. privilegia regum .. ~ie statum obtinere et contrahere firmitatem *Chr. Rams.* 69; locum, diem, et modum .. quibus .. concepta .. pacis forma jugiter duratura sortiatur ~iam AD. MARSH *Ep.* 92 p. 219; jugis regnum perseverantie J. HOWD. *Ph.* 893; ~ia, A. *long lestynge WW*.

perseverare [CL]

1 to persist or continue resolutely in a course of action; **b** (w. *in* & abl.); **c** (w. inf.); **d** (w. gd.).

~anti Mariae GOSC. *Edith* 276 (v. perseverantia 1a); contra cautelas diaboli ~are debetis *AncrR* 81 (v. cautela 3a). **b** cum ~arent pertinaciter in precibus ALDH. *VirgP* 36; in machinamento malitiae ~antes B. *V. Dunst.* 6; ~are in scribendo aliquid dicimus 'perscribere', in ducendo 'perducere' ANSELM (*Casus Diab.* 3) I 238; c**1154** rogamus .. quatinus in bono proposito vestro ~etis *Doc. Theob.* 88; **1368** J. cissori et G. barbitonsori utrique v m. et hoc si usque ad mortem meam in meis obsequiis ~ent (*Test. Episc.*) *Reg. Exon.* 1555. **c** negare ~avit W. MALM. *HN* 498 p. 57; si peccare ~amus .. non erit hic amplius nobis patronus ad justiciam BALD. CANT. *Serm.* 6. 22. 417. **d** instanter ~avit petendo pro capcione .. personarum pestiferarum *Proc. A. Kyteler* 26.

2 to endure, last, survive: **a** (w. inanim. subj.); **b** (w. person as subj.).

a s**572** cometa anno uno ~avit M. PAR. *Maj.* I 112. **b** ~avit vir iste Christianissimus .. ab Ethelstano rege .. usque ad nepotem ipsius .. Edgarum, quatuor sc. regum tempora complens *Chr. Rams.* 12.

3 to continue in a certain condition: **a** (w. inanim. subj.); **b** (w. person as subj.). **c** to continue to live, remain (absol. or w. *in* & abl.).

a **11..** Felix .. in villa B. ecclesiam .. edificavit, in qua .. episcopalem cathedram erexit, et in generacionum generacionibus matrem omnium ecclesiarum Estanglorum ~aturam confirmavit *EHR* XL 226; a**1236** ita .. quod quicquid terre inter .. stagnum et .. fossatum .. fuerit .. nobis ad sustentationem stagni .. imperpetuum ~et *Meaux* I 412; †**682** (13c) fixa et immobilis haec donatio ~et *CS* (=*Reg. Malm.* I 283: †preseveret). **b** eodem vultu, eodem animo ~abat *V. Cuthb.* III 7; cum ita sine cibo et potus .. quatriduo ~aret BEDE *HE* V 19 p. 328; cum rex celebem agens vitam, mente castus et corpore ~aret *V. II Off.* 6; eo vero inde apud Soisy translato, corpore gravabatur, sed mente sanior ~abat *V. Edm. Rich B* 623; **1391** sanus, illaris, ac incolumis Oxonie ~o *FormOx* 412. **c** c**1130** ut Deus omnium Redemptor omnes illorum animas in celis inter sanctorum consorcia ~are jubeat *Ch. Westm.* 249; juvenis .. qui adhuc vivit †perseveramus [? l. perseverans] in ecclesia Lincolniensi *Mir. Montf.* 71; **1416** lego mille marcas pauperibus scolaribus meis presentibus et futuris Oxonie in hospicio meo .. et sociis dicti hospicii ~antibus et ~aturis *Reg. Cant.* II 225.

4 (of abstr.) to last, continue; **b** (w. pred.). **c** to remain valid, in force (w. ref. to donation, practice, or sim.).

1223 per nos .. non stabit .. quin plena pax et firma dilectio firmetur et ~et *Pat* 389; portabis multas penas doloris que deinceps ~abunt usque ad mortem M. SCOT *Proph.* 156; si eadem sollicitudo circa temporalia que ante inerat ~et, ad perfeccionem nil valet conferre OCKHAM *Pol.* III 2; a**1350** quamdiu ~at principalitas. .. quamdiu principalitas durat *StatOx* 80; cujus affinitas in Norwegia ~at usque ad presens, et major amicitia inter regem Norwegie et regem Dacie adhuc continuatur KNIGHTON I 19. **b** altera [sc. vita] perseverat tam lucida laetaque semper HWÆTBERHT *Aen.* 24. 2; c**806** terra .. libera ~at sine aliquo gravidine *CS* 318; jus naturale absolutum .. non variatur, sed invariabile ~at OCKHAM *Dial.* 879. **c** **955** binarum usus .. ad ejus oracula monasterii prout antiquitus destinabatur indiscussus ~et *CS* 903; principibus .. hanc consentientibus donationem ut tam roborata ~et, quamdiu .. Christiana religio .. pervigeat *Reg. Malm.* I 298; c**1211** ut hec donatio perpetuo ~et .. has literas fieri facimus *FormA* 4; c**1252** volo quod omnia predicta sicut predictum est rata et inconcussa imperpetuum ~ent *Cart. Beauchamp* 63 p. 41; **1266** ita quod .. manucapcio .. in suo robore usque ad idem festum .. ~et *Cl* 257; s**855** annuum tributum .. quod usque hodie vocatur Petris Peni .. quod usque hodie ~at *Eul. Hist.* I 242.

5 (pr. ppl. as adj.) lasting, valid.

798 (12c) utque illius donacio ~ancior fieret *CS* 291 (=*Clovesho* 512); gravi ~antique conamine predam in alto non querunt GIR. *TH* I 12.

perseveratim [CL perseverare+-im], with persistence.

vestri presulatus opera salutaria ~im prosequentes diligentia AD. MARSH *Ep.* 31.

perseveratio [CL], persistence in a course of action, steadfastness.

a**1212** ~o quandoque sit non finalis P. BLOIS *Ep. Sup.* 60. 3 (v. perseverantia 1a); s**1427** W. Wawe .. ~one domini Johannis Rateclef, dictum sanctuarium egressus .. ducitur Londonias *Chr. S. Alb.* 14; **1439** nolo intermissione illa gloriam tuam imminuas aut mercedulam grate ~onis abicias BEKYNTON I 104.

perseverator [LL], one who endures or remains.

unus de ~oribus in penis eternis BACON V 56.

perseveratrix [CL perseverare, LL perseverator+-trix], that enables one to persevere or remain steadfast (f.).

quod genus est, Jude ~icem gratiam contulisse, Petro negasse PULL. *Sent.* 713A.

persicaria, ~ius [ML < CL persicus+-aria, -arius]

1 peach-tree.

~ius, *persoctreow* ÆLF. *Gl.* 138.

2 a (*~ia, ~ia minor*) arsesmart, willow weed (*Polygonum persicaria* or *hydropiper*). **b** (*~ia major*) dropwort (*Filipendula hexapetala*).

a succus absin', ~ie, foliorum persici GILB. 229. 1; confricabis .. dentes et gingivas cum curticibus ut olivarum, ~ie vel salvie BACON V 69; **12..** ~ia, i. *saucheneie*, i. *cronesantie WW*; ~ia minor, i. *colerage SB* 33; ~ia .. *culrage MS BL Sloane 2479* f. 102r; *culrache, smerthole* .. ~ia *PP*; ~ia .. A. *arssmerte Alph.* 46 (v. currago); ~ia, *culrage MS BL Royal 12E. 1* f. 99v; ~iam, Angli vocant *arsmert* aut *culerage* TURNER *Herb.* B iv v. **b** ~ia major, A. *dropwort MS BL Addit. 18752* f. 110r (=*MS BL Sloane 282* f. 172ra).

persiccus v. persicus. **persictius** v. perpessicius.

Persicus [CL < Περσικός]

1 Persian.

regio inter sinum maris rubri qui Persicus et eum qui Arabicus vocatur habet gentes multas BEDE *Nom. Act.* 1034; selenites est lapis ~us [TREVISA: *a stone of perse*] ut herba virens cujus color jaspidi similis BART. ANGL. XVI 92 p. 763.

2 (w. *arbor* or ellipt. as sb. m. or f.) peach tree. **b** (w. *malum* or ellipt. as sb. n.) peach. **c** (w. *nux*) walnut.

et siciens Bachi primevum pessicus [v. l. persicus] imbrem HANV. IV 43; aliquando fit stipes durus et non sicut in aliis ramus potest mutare nutrimentum, ut dum ~us inseritur nuci que dura est *Quaest. Salern.* P 60; nocte illa de fructu ~orum et novi pomacii .. nimis repletus M. PAR. *Min.* II 191; hec periscus, *pescher Gl. AN Ox.* 548; idem facit mel et extremitates ~orum arborum GAD. 126. 2; ~orum cibus inutilis est stomacho *Alph.* 143; ~us, A. *pescher tre MS BL Addit. 18752* f. 110; hec percitus, arbor quedam *WW*. **b** exemplum hujus rei sunt ~a, cerasa aut pruna *Quaest. Salern.* B 63; persica devita; sint tibi felle lita NECKAM *DS* VIII 90 p. 483; tincta veneno / pessica consumit, et lue ventris obit GARL. *Tri. Eccl.* 55; que facile corrumpuntur in stomacho, ut mora et ~a, melones, cucurbite BACON V 92; hoc periscum, *pesche Gl. AN Ox.* 549; ~is cum musto et pomacio ingurgitatus *Ann. Lond.* 20; ~a eustomacha sunt que ventrem mollunt *Alph.* 143. **c** nux .. quam ~am dicunt *Alph.* 31 (v. nux 2a).

3 a (w. *ignis*) erysipelas. **b** (w. *pix*) colophony.

heresipila alio nomine ignis persiccus vocatur, et aliquando prorumpit subito GILB. IV 205. 2; formica deambulativa .. vocatur ignis ~us vel infernalis ~us GAD. 25. 2; erisipela interpretatur .. ignis ~us *Alph.* 59 (v. erysipelas). **b** colophonia, i. pix greca vel pix †presia [v. l. persica] *Alph.* 42; pix †purcia [l. persica], respice in pix greca *Ib.* 146.

4 a colour of fabric, dark blue. **b** (as sb. n.) dark blue cloth.

1432 una capa de ~o cerico intext' bestiis, foliis, et floribus, cum paraturis aureis et ymag' ceric' .. item capa de cerico ~o intext' bestiis et volucribus aureis cum paraturis aureis *Reg. Glasg.* 333. **b** **1200** robbavit ei iij marcas et duo pallia uxoris sue et j capam de perseco et j tunicam de perseco *SelPlCrown* 38; **1200** j capam de persato et j tunicam de persato

CurR I 293; **1233** habeo vadium . . de W. de B. j persec' *Rec. Leic.* I 32; **1296** in uno panno et dim. perseti pro comite retondend' *DL Min Ac* 1/1 r. 12*d*.; **1300** j *pavilion* de ~o pro x s. *Rec. Leic.* I 370; lego . . unam capam de perceto *FormMan* 17; **1327** [lego] Johanni filio meo *tabard* meum de parseto *Fabr. York* 207n, **1329** pro tribus peciis cum dimidia de nigro ~o, emptis, et expensis circa funus domini regis *ExchScot* 176.

persidia v. sidia.

persignare [CL], to mark all over (in quot., fig.).

miris vita persignata *Offic. R. Rolle* xliii.

persignificare [CL per- + significare], to signify clearly.

cantor . . fratribus in tabula positis vel depositis ante vesperas ~abit *Obed. Abingd.* 374.

persignire v. praesignare.

persilium [AN *persil* < petroselinum], parsley.

propter ingruentiam sitis lingua lavetur . . cum ~o, lignoque radatur P. BLOIS *Ep.* 43. 128A; inveniet salgiam, mentam et ~ium *Cust. Swith.* 24; apium nostrates vocare solent *smallage*. Ruellus tamen Gallis suis dicit persilum vocari, quae res effecit ut aliquantisper dubitarem quinam hanc herbam Anglice interpreter, caeterum credo non esse nostrum persilum TURNER *Herb.* A ii v.

persillium v. psyllion.

persillum [CL], vessel that resembles a sphinx.

~um, vas picatum OSB. GLOUC. *Deriv.* 470.

persilotrum v. psilothrum. **persilum** v. persilium.

persimilis [CL], very similar; **b** (w. dat.).

moribus diversis, variaque natura, sola tamen animositate . . ~i GIR. *EH* I 4. **b** [pisces] thymallis . . ~es GIR. *TH* I 10; extraneum quemlibet seni illi ~em . . sequi . . curaretis *Id. SD* 54.

persion [πέρσιον], thorn-apple (*Datura stramonium*).

strignus manicon quam alii perisson dixerunt *Alph.* 176.

persistentia [LL]

1 persistence, perseverance, steadfastness.

si in fide sunt conditi, merito ~ie mutaverunt fidem visione PULL. *Sent.* 724A.

2 continuance.

1549 ad sustentationem et ~iam seminatorum verbi Divini . . . ad perpetuitatem sermocinantium . . et eorumdem sustentationem *Conc. Scot.* II 115.

persistere [LL]

1 (w. dat.) to stand firm by, remain loyal to.

injuncto ministerio jugiter ~entes BEDE *HE* II 8 p. 96; ad officium ducis belli pertinet militibus ~ere, commeatum dare UPTON 31.

2 to persist, persevere (w. a course of action or sim., esp. w. ref. to vice or virtue); **b** (w. *in* & abl.); **c** (w. inf.).

non resipuit super his Stigandus, sed perstitit W. MALM. *GP* I 23; **b** si ultra in peccato ~at GILDAS *Pen.* 17; solus in oratione ~ens noctem ducebat pervigilem BEDE *HE* V 6 p. 290; major pars facti penitens . . . at comites in incepto ~ere W. MALM. *GR* III 255; episcopo pertinaciter ~ente in suo sensu ORD. VIT. X 11 p. 63; si . . pertinax in temeritate ~eres E. THRIP. *SS* IV 16; alii melius dicunt quod perseverantia virtus, sed non est continuatio virtutum usque ad finem, immo propositum ~endi in virtutibus T. CHOBHAM *Praed.* 244. **c** perstitit ille negare W. MALM. *GP* III 100 p. 215.

3 to remain, stay. **b** to dwell. **c** to remain in a certain condition.

S. Bartholomaeus coram eo ~ens illum praeceptis spiritalibus confortare coepit FELIX *Guthl.* 29; si in abbatia bene positus repertus fuero ~am, si male discedam ORD. VIT. III 7 p. 98. **b 940** basileos . . Anglorum ceterarumque gentium in circuitu ~entium *CS* 749 (= *Ib.* 813 [**946**], 1176 [**966**]). **c** quod

tibi fui, hoc ~o ANSELM (*Ep.* 47) III 160; rigidus . . contra fratres suos ~ebat ORD. VIT. VIII 15 p. 350; **1164** unum pelliparium, unum sutorem dum in predictorum canonicorum perstiterint servitio, omnem libertatem habeant *Regesta Scot.* 243; considerantes quod sine omni motu ~eret GIR. *TH* II 12; si dicte acre terre . . unquam in possessione . . monachorum ~ebant, vel si possessa qualiter fuerunt alienata . . minime reperitur *Meaux* I 84.

4 (w. pers. or abstr. subj.) to remain in existence, last, endure. **b** (w. ref. to treaty or sim.).

967 quamdiu hic in mortali vita ~unt *CS* 1196, potencia absque amicis aut saltem obedientibus non videtur posse ~ere OCKHAM *Dial.* 885. **b 680** ut haec donatio mea in sua firmitate ~at *CS* 57; fedus . . inter consobrinos heredes nunc usque indissolubile ~it ORD. VIT. VIII 12 p. 335.

5 (w. *in* & abl.) to consist in.

reminiscatur quoque, efflagito, quia regnum Dei non in facundia verborum, sed in fidei constantia ~it FELIX *Guthl. prol.*

perso v. persona.

persolenter [LL persolere + -ter], assiduously, persistently.

~er, i. assidue OSB. GLOUC. *Deriv.* 536.

persolentia [LL persolere + -ia], assiduity, persistence.

hec ~ia, i. assiduitas OSB. GLOUC. *Deriv.* 536.

persolere [LL], to be thoroughly accustomed, to learn with assiduity.

componitur etiam soleo . . consoleo et ~eo, -es, et inde persolenter, i. assidue OSB. GLOUC. *Deriv.* 536; ~eo, assidue discere vel A. *to welwone WW.*

persolidus [LL], very firm, whole, unbroken.

is navis corruptelam vel fracturam ejusdem ~am prius recuperet (*Paraph.*) *GAS* 257 (v. corruptela 1a).

persolla [CL], insignificant or despicable person.

persolla, persona minor *GlC* P 345.

persolta [cf. *p. ppl.* of persolvere], repayment paid twice or in addition.

hec . . duplex et prudenter procurata solutio ab antiquis 'solta et ~a' vel 'prosolta' non immerito dicta est: primo enim, quod ablatum fuerat, ei solvitur at ob hoc 'solta' dicitur. deinceps pro laboris et sumptus impendio quod addicitur 'pro-' vel ~a nuncupatur *Dial. Scac.* II 10L; **1184** in ~a comiti W. de xx marcis quam comendaverat ad liberationem militum qui custodiunt castrum . . xiij li. vj s. *RScacNorm* I 111.

persolus [CL v. l.], persistent, assiduous.

~us, -a, -um, i. assiduus, unde Plautus 'ebriose et persole nuge' OSB. GLOUC. *Deriv.* 536.

persolutio [LL], (complete) payment; **b** (w. gen.); **c** (as compensation).

de aliis cc hidis habet ipse abbas summam et ~onem *DB* I 175va; **13 . .** cum omnibus placitis et ~onibus, eschaetis forisfactis et merchetis *Cart. Lennox* 19; **1367** cuilibet capienti . . in ~onem pro v diebus et dim. xvij d. *Ac. Durh.* 570. **b 1213** ad ~onem expensarum *Cl* I 152b; **1382** mille marcas . . Johanni de Nevill de Raby in ~onem ejusdem summe quam . . nuper solvit *RScot* 42a; **1413** ad plenam ~onem pensionis *Reg. Heref.* 84; c**1420** sine billa vel tallia in ~onem arreragiorum computi sui ejusdem anni *Househ. Ac.* II 608; **1453** in ~one feodi predicti pro eodem anno (*DL Ac. Var.*) *JRL Bull.* XL 103. **c** precipimus ut ipse infra tres noctes vicinis suis indicet, si ~onem velit habere (*Quad.*) *GAS* 180; hec emendantur wera, et ad emendationem veniat: . . ~o furti vel robarie (*Leg. Hen.* 12. 3) *Ib.* 558.

persolutor [LL], payer.

1254 constituimus nos, ad preces . . domini regis, principales debitores et ~ores . . debiti *RGasc* I 334b; constituerunt se debitores et ~ores predictis creditoribus *Ib.* I 348b.

persolvĕre [CL], -**ēre**

1 to untie, disengage.

ille ita inextricabiliter ad ferrum se tenet ac si inde teneatur. . . acriter utrinque decertant, hic pro vita servanda, hi pro fure ~endo GOSC. *Transl. Mild.* 23.

2 to pay, pay in full, repay, pay again or extra; **b** (sum of money, tax, or debt); **c** (w. indir. obj.). **d** (~*i de* & abl.) to receive payment of. **e** (~*i*, w. abl. of price, of purchase) to be bought for, to cost.

dependo, reddo, †persolaum [l. persolvam], dabo . . ic *agylde GlH* D 193; si quis robariam faciat, reddat et ~at (*Quad.*) *GAS* 353; si . . horum aliquis interfecerit, solvat dupliciter et ~at (*Ps.-Cnut*) *Ib.* 624; quodsi aliter fecerit, solvat et ~at (*Leg. Will.*) *Ib.* 487; c**1310** abbas de Seleby debebat sibi magnam summam pecunie de qua solvit multum sc. utrum ~erit necne ignorat *Tri. W. Langeton* 245. **b** nullum servitium reddit abbati nisi xxx sol' quos ~it in anno *DB* I 12va; omnium debita que secundum legem antiquam debemus sint persoluta, sc. elemosina pro aratris W. MALM. *GR* II 183; **1267** ad predictos terminos undecim libras . . ~ebunt *Cl* 382; omnibus aliis nostris debitis primo et ante omnia persolutis (*Test. Hen. V*) *EHR* XCVI 96. **c 948** centum librarum legalis thesauro meo heredum vel successorum meorum ~endarum *CS* 872; illi et filio . . tributa ~ens W. MALM. *GR* I 96; c**1155** vobis precipimus quatinus sinodales denarios . . W. priori Cantuariensi ~eretis *Doc. Theob.* 49; **1172** precipio quatinus ~atis Deo et ecclesiis . . rectas decimas vestras *Regesta Scot.* 132; s**1226** compulsi sunt . . cives regi ~ere cavillatorum consilio eandem pecunie summam M. PAR. *Maj.* III 121; **1461** quousque septingente marce eisdem . . plenarie persolute fuerint *Paston Let.* 640; ego tecum convadeo duo milia coronarum . . si perdidero . . tibi ~endarum STRECCHE *Hen. V* 165. **d 1254** quousque de predicto debito plenarie ~antur *RGasc* I 348b; de quo . . annuo redditu . . persoluti fuimus a toto tempore praedicto *FormA* 34. **e** cauda bovis ~itur solido uno, . . . oculus bovis ~itur quinque denariis *Text. Roff.* p. 47.

3 (transf. & fig.): **a** (debt or vow); **b** (*debitum naturae* ~*ere, mortem* ~*ere* or sim.) to die. **c** (thanks); **d** (penalty); **e** to pay for (a fault) by means of suffering, to atone for.

a nunc ~o debitum multo tempore antea exactum GILDAS *EB* 1; quasi quoddam reipublicae vectigal et fiscale tributum, orationum officia ~imus ALDH. *Met.* 2; rex inclitus Eadgar / promissum complevit opus, quae vovit et almo / pontifici studuit toto persolvere nisu WULF. *Swith.* II 3. **b** cum generale mortis naturae debitum suprema sorte ~erit ALDH. *VirgP* 24; **951** mortem minatam ~it *CS* 995; juxta morem universe carnis dilabor et commune debitum ~ere compellor ORD. VIT. V 19 p. 459; ut . . potius in domo ejus mortem suscipiendo ~eret quam in suo proprio domate finis exitum expectaret R. COLD. *Cuthb.* 134. **c** grates Christo ~ens FELIX *Guthl.* 33 p. 108; si grates studeas jugiter persolvere Christo WULF. *Swith.* I 261; dignas gratiarum actiones pro immensis . . benefitiis ~ere (*Lit. Papae*) W. MALM. *GR* I 58. **d** mortis penas predo ~it uterque GIR. *TH* II 29; licet non ~at hic plenam penam pro peccatis, tamen veniam habet per purgatorium T. CHOBHAM *Praed.* 36. **e** ~o, ic ðrowio *GlC* P 337.

4 to fulfil (a duty), carry out (a task).

fluvius, ministerio persoluto, devotione conpleta, . . reversus est ad naturam BEDE *HE* I 7 p. 21; persolvere cogor / jus TATWINE *Aen.* 203; a**796** juste a nobis pietatis opera ~enda sunt *CS* 275; **940** qui omnia naturae suae jura nutu creatoris ~ant *CS* 749; ad opus cotidianum domine ~endum W. MALM. *GR* II 159; inter hec ecclesiastica offitia non negligere sed cotidie mane omnia honeste ~ere *Ib.* V 408.

5 to perform, celebrate; **b** (funeral); **c** (eccl., liturgy).

et caesus cogor late persolvere planctum TATWINE *Aen.* 7 (*De tintinno*) 4. **b** patri . . defuncto funerea justa ~it W. MALM. *GR* I 50; presul defuncto exequias cum clericis suis ~it ORD. VIT. III 4 p. 67; si quis . . in fluvio pereat, post centum annos ultima ei ~untur ALB. LOND. *DG* 6. 3. **c** non cessi humanae imbecillitati quin omni die totum psalterium ~erem in holocaustum Domini GOSC. *Mir. Iv.* lxv; ipsi sinoda celebrent et cetera omnia Christianitatis officia ~ant *Feod. Durh.* xxxix; ut horas canonicas . . devotissime ~ant *Obs. Barnwell* 214; **1369** missas hujusmodi pro supradictis animabus dici faciet et ~i *Lit. Cant.* II 495; pro vivis familiaribus misse, psalmi, et Pater noster totidem ~antur *Mon. Francisc.* II 116; cetere misse privatim a sacerdotibus ceteris ~antur *Ord. Cartus.* 106.

6 to explain; **b** (w. indir. qu.).

priusquam de Laurentio aliqua ~am, in his que predicta sunt tria mihi videntur esse notanda GERV. CANT. *AP* 330. **b** ne cuncteris . . persolvere / quis sit sensus istius litere HIL. RONCE. 15. 135.

persona [CL *as f.*; ML *also as m.*]

1 a character (in drama). **b** person (in dialogue or literary text). **c** character or person assumed or represented. **d** (etym.).

a princeps / . . / personam Christi sponsali dramate sumens ALDH. *VirgV* 2141; dramaticon est vel activum in quo ~ae loquentes introducuntur . . ut se habent tragoediae et fabulae: drama enim Latine fabula dicitur BEDE *AM* 139; Dissenus [i.e. Dossenus], ~a parasitorum *GlC* D 307; [mutatio] ~arum *GlC* D 366, **10** . . (v. 2 drama); ludus super iconia S. Nicolai, ad quem he ~e sunt necessarie: ~a barbari . . , ~a iconie, quatuor vel sex latronum . . HIL. RONCE. 12 *pref.*; desiderio videndi ~as quarum officio . . transigebatur representatio *Mir. J. Bev. C* 329. **b** ALDH. *VirgP* 26 (v. frunisci); sub ~a conantis erigere mentem suam ad contemplandum Deum . . subditum scripsi opusculum ANSELM (*Prosl. proem.*) I 93. **c** post pauca . . dicens ex ~a Dei GILDAS *EB* 49; considera quid Salomon in gente tua sapientissimus in ~a Sapientie loquens dixerit *Eccl. & Synag.* 71; Isaias in ~a malignorum spirituum dicit ad fidelem animam S. LANGTON *Quaest.* 365; **1263** tenetur . . quilibet stacionarius sue ~e in equo providere (*Stat. S. Paul.*) *Med. Stage* I 355; veniant ad ingressum chori due persone nude pedes sub ~is apostolorum Johannis et Petri *Ib.* II 317. **d** persona . . dicitur quasi 'pars una' . . NECKAM *SS* II 1. 8.

2 part played by person in life, position, role. **b** one who fulfils a role, official, candidate for a position.

juvenis optimus, ac regis nomine ac ~a dignissimus BEDE *HE* III 21 p. 169; me non habere ~am standi in judicio quia excommunicatus eram *Chr. Evesham* 127. **b** prae omnibus tribunicae potestatis ~is et procerum magistratibus dignissimum ratus est ALDH. *VirgP* 48; **1071** ad pastorale officium satis utilis ~a extitit LANFR. *Ep.* 2; a**1161** non esse a proprio monasterio exeundum pro abbate eligendo dum modo ibi idonea posset inveniri ~a *Doc. Theob.* 1; inferius illud scaccarium suas habet ~as ratione quidem officiorum a se distinctas *Dial. Scac.* I 3A; **1556** in casu . . sue absentie provideat de aliqua idonea ~a . . qui ejus vices . . suppleat *StatOx* 364; s**1476** nominacionem . . ~e ydonie . . ad unam dictarum rectoriarum *Reg. Whet.* II 163.

3 individual, person (usu. as acting in some capacity); **b** (w. sb. or personal name in gen. or w. adj.). **c** (w. *sua* or sim.) one's self; **d** (dist. as secular or religious). **e** (w. ref. to social rank) personage . **f** (leg. w. ref. to person involved in legal case) particular individual; **g** (w. ref. to personal characteristics); **h** (w. ref. to actual presence of individual).

milia parvulorum in ~a unius infantis impius et crudelis mactavit THEOD. *Laterc.* 51; per anadiplum dicitur mutatione ~ae pro ~a, ut patrem pro fratre *Comm. Cant.* I 127; quod si aliter temptatum fuerit a qualibet ~a *CS* 97; patefecit . . qua discretione singulas quasque audientium instruere ~as . . debeant BEDE *HE* II 1 p. 76; **801** dilectis in Christo ~is Luciae et Columbae . . salutem ALCUIN *Ep.* 214; **867** alicujus perssonis homo diabolica temeritate instigatus *CS* 516; communis opinio non esse nisi xiiij, decem ad ecclesias, quattuor ad ~as J. SAL. *Ep.* 143 (209 p. 322); actionum . . divisio . . in rem . . in ~am BRACTON 101b (v. actio 4a); s**1309** nec non per indebitam et insolitam peticionem bonorum ~arum certarum disposicionum *Ann. Lond.* 163; publicus hostis, coram quo non essem de ~a securus OCKHAM *I. & P.* 2; **1453** de precio corticum . . venditorum diversis ~is *Ac. H. Buckingham* 19. **b** magis . . iconisma regale . . laudatur quam dispicabilis ~a pictoris veneratur ALDH. *VirgP* 60; per novem ordines angelorum et omnium sanctorum ~as *V. Cuthb.* III 6; **1214** loquela illa spectabat ad ~am domini regis *SelPlCrown* 67; **1258** tangentia ~am episcopi et successorum suorum *Cart. Beauchamp* 50; **1431** pro attendencia sua circa ~am regis *ActPC* IV 79; **1579** quatordecim solidos . . a parsona ipsius Anne Wattes . . ceperunt *Pat* 1176 m. 36. **c** meae contemptibilis ~ae . . reminisci dignetur ALDH. *VirgP* 59; nunc ad ea quae meam proprie attingunt ~am . . transibo OSB. *Mir. Dunst.* 25; **1219** dominus legatus ~am vestram vinculo excommunicacionis innodabit *Pat* 224; debet virtuose regere ~am suam *Plusc.* VII 18; **1549** E. ducis Somerseti . . gubernationis ~ae nostrae regiae *StatOx* 341. **d** **779** consentientibus religiosis ~is *Ch. Roff.* 10; **825** ecclesiasticarum vel saecularium ~um [*sic*] *CS* 384; **858** cum consensu . . divinorum . . ~arum (v. divinus 4c); **1136** ecclesiasticarum ~arum (v. ecclesiasticus 2a); c**1252** presbiter . . vel regularis ~a *Conc. Syn.* 643 (43); **1314** tam seculares quam regulares ~e ad missas . . sunt vocate (*KR Eccl.*) *EHR* V 109; comitantes honorabilium ~arum, tam spiritualium quam temporalium . . comitiva *Ps.*-ELMH. *Hen. V* 9. **e** necnon . . gloriosas illustrium puellarum ~as . . praeterire incommodum duxi ALDH. *VirgP* 46; nemo . . debet . . ad illum aspicere exceptis gravibus ~is quibus licet pro eum intercedere LANFR. *Const.* 174; nobilium honori ~arum . . digni habeantur *GAS* 249; **1164** consilio ~arum regni *Const. Clar.* 180; auctentice . . ~e *Dial. Scac.* I 7E etc. (v. authenticus 1e); **1311** quosdam alios qui grosse ~e nuncupantur *RGasc* IV app. I 20 p. 543; **1413** rex suscepit in salvum conductum . . W. D. cum certis ~is generosis usque ad numerum viginti ~arum in comitiva sua *RScot* 207a. **f** plenaria causa septem habet circumstantias . . . in ~a quaeritur quis fecerit ALCUIN *Rhet.* 6; ~is quidem has res adtributas putamus, nomen, naturam, victum, fortunam, habitum, affectionem, studia, consilia, facta, casus, orationes *Ib.* 24; iniqui . . sunt et malo digni judices qui de incognitis rebus judicare festinant et ~arum nomina magis quam rerum merita prosecuntur (*Quad.*) *GAS* 531; equum judicium est, ubi non ~a set opera considerantur (*Leg. Hen. I* 33. 7) *Ib.* 565; **1545** in casibus et ~is a jure permissis *Conc. Scot.* I cclxv; licet reo excipere tam contra dicta quam contra ~as hujusmodi testium *Praxis* 216. **g** scripsi haec de ~a et operibus viri praefati BEDE *HE* III 17 p. 161; speciose ~e homo W. MALM. *GR* IV 319; erat . . aliquantulum corpulentus, mediocris ~e ORD. VIT. VI 10 p. 126; **1164** quisquis sit in ~a, magnus est in regno Francorum J. SAL. *Ep.* 134 (136 p. 8); auditis . . objectionibus . . tam contra electionem . . quam in ~am electi M. PAR. *Maj.* III 170; ~a hominis variatur in corpore et dieta WYCL. *Ver.* III 241; ut statum sive formam istius . . non pretereamus, hominis ~a erat decentissima CIREN. II 212. **h** si ~am tuam in aliquo videris necessariam . . adesto negotiis J. SAL. *Ep.* 255 (267).

4 (in phr.): **a** (*~a media*) intermediary, go-between. **b** (*~a ad ~am*) person to person. **c** (*in propria ~a* or sim.) in one's own person, oneself. **d** (*~a secunda*, w. ref. to Eve as second created person) woman. **e** (*acceptio ~arum*, w. ref. to *Rom.* ii 11, *acceptor ~arum*, w. ref. to *Act.* x 34, *accipere ~am* w. ref. to *Deut.* x 17).

1345 ~as medias (v. medius 12); per mediam ~am tractando *Plusc.* IX 36; **1497** inter quos tanquam media ~a pro bono pacis interfuit . . regis et regine Hispanie orator *RScot* 526b. **b** ~a ad ~am *G. Hen. V* 9 (v. duellum 2c). **c** quod si . . in propria ~a gerere prohibebatur, hoc . . per vicarium faciebat impleri J. SAL. *Thom.* 11 p. 307; **1264** quod in propria ~a sua accedat ad . . tenementa *Cl* 83; a**1350** hanc formam complevisti in ~a tua *StatOx* 34; s**959** ut . . in propria ~a Deo servituri perpetuo facerent stationem *Ann. Wint.* 12. **d** *washeyl* et *drinkheyl* necnon persona secunda, / hec tria sunt vitia que comitantur eis [sc. Anglis] NIG. *SS* 1521; placet ut persona secunda / federe perpetuo sit mihi juncta comes *Ib.* 2436. **e** ut . . sine acceptione ~arum vera proponat W. MALM. *GP* I 6; **1167** confido . . quod tanti non erit apud vos acceptio ~arum . . ut aliquid committatis unde ledatur ecclesia J. SAL. *Ep.* 221 (229); **1268** ~am hominis accipit (v. accipere 4c); **1290**, **1293** etc. (v. 1 acceptor b).

5 (usu. in leg. context) human being or corporate body having rights or duties in law.

qui quidem dicuntur . . nihilominus liberi, quia licet faciant opera servilia, cum non faciunt ea ratione ~arum, sed ratione tenementorum BRACTON f. 7; ecclesia catholica . . est ~a imaginaria et representata OCKHAM *Pol.* III 189; ~a aggregata . . ~a simplex WYCL. *Sim.* 90.

6 (eccl.) beneficed person: **a** (in cathedral) prebend, canon. **b** (in parish church) parson, rector; **c** (as dist. from vicar).

1200 ipse et canonici sunt inde ~e et magister W . . est vicarius predicte ecclesie *CurR* I 298; quatuor sunt igitur ~e principales in ecclesia Sarum: decanus, cantor, cancellarius, thesaurarius *Offic. Sal.* 1; **1391** presentacio . . ~arum . . ~is in ecclesia . . Ebor' (v. benefellarius). **b** a**1157** concessi . . ecclesie beate Marie de Porestok et ~e ibidem Deo servienti *Ch. Sal.* 26; c**1168** Thome sacerdoti ejusdem ecclesie ~e *Regesta Scot.* 117; **1196** quis advocatus . . presentavit ~am ultimam . . ad ecclesiam de C. *CurR* I 24; ex more patrie ~am illum episcopo loci presentavit *Canon. G. Sempr.* f. 40; **1219** juratores dicunt quod . . Cecilia nunquam habuit terram illam . . set revera quidem perso amicus suus illam . . tenuit *Eyre Yorks* 160; c**1223** universi rectores ecclesiarum qui vulgariter dicuntur ~e *Conc. Syn.* 147; **1291** cognovit se esse latronem . . et appellat R. C . . de quadam roberia facta apud B. prope C. super ~am ecclesie ejusdem ville *SelCCoron* 127; in aliquibus locis rectores ecclesiarum vocentur persone LYNDW. 108; **1369** Thomas O., ~a sive precentor ecclesie Beate Marie Suthampton' *Pat* 280 m. 3. **c** c**1178** distributione . . bonorum inter ~am et vicarium qui ecclesie deserviret, meo . . arbitrio reservata ARNULF *Ep.* 136; c**1180** ~a siquidem vel vicarius monachorum de ecclesia de G. jura episcopalia de ipsa ecclesia reddet *Act. Hen. II* II 131; de vicariis qui ~is fide et juramento obligati sunt *G. Hen. II* I 87; **1200** W. cognovit esse vicarius predicte ecclesie et non ~am *CurR* I 325; **1204** ~as et vicarios instituere (*Lit. Papae*) *Chr. Evesham* 133; **1229** salva . . domino regi sextadecima de vicariis et ~is suis ecclesiarum predictarum *Cl* 171; **1254** recepimus tunc decimas omnium clericorum nostrorum tam vicariorum quam ~arum *Val. Norw.* 524.

7 person (of the Trinity); **b** (w. ref. to the personality of Christ).

quia tres ~as et tres subsistentias [v. l. substantias] unam cognuscitur [v. l. cognoscitur] esse Deitatem adque [v. l. atque] essentiam THEOD. *Laterc.* 22; p**675** sanctae Trinitatis unam essentiam . . et trinam ~arum subsistentiam . . confiteor ALDH. *Ep.* 4 p. 485; **680** unum Deum in tribus subsistentiis vel ~is consubstantialibus (*Conc.*) BEDE *HE* IV 15 p. 239; ut . . ~arum trinitas monstraretur, ter sanctus dicitur *Ps.*-BEDE *Collect.* 291; a**802** credo in . . Deum . . trinum ~is, unum subsistentia (*Professio*) *CS* 298; Christus, Filius Dei vivi, tertia Trinitatis divine ~a (*V. S. Paterni* 1) *VSB* 252; tres sunt ~e cum sit Deus unus et idem NIG. *Laur.* 1599; tanquam inter se deliberantes ~e aierunt "faciamus hominem" *Eul. Hist.* I 11. **b** Melchisedech . . pro sanctitate conversationis redemptoris tipice ~am praefigurans ALDH. *VirgP* 54; postquam divina potestas / Christi personam junxit clementer in unam / qui Deus est ac verus homo WULF. *Swith.* I 1379; quod Filius Dei in ~am suam assumpsit de Virgine ANSELM (*Orig. Pecc.* 8) II 149.

8 (gram.) person (in declension of noun and pronoun and in conjugation of verb); **b** (in legal or diplomatic context).

verba . . primae conjugationis . . conveniunt in secunda ~a numero singulari indicativo et imperativo modo ut 'amas', 'ama' ALDH. *PR* 115; ~e verborum sunt tres: prima, quae dicit, ut doceo; secundo, cui dicitur, ut doces; tertia, de qua dicitur, ut docet BONIF. *AG* 499; prima ~a dicitur quia maxima est et absoluta cognicio, secunda . . quia non est nisi quando prima ad ipsam et de ipsa sermocinatur, tercia vero dicitur quia per primam et secundam est *Ps.*-GROS. *Gram.* 43; in verbo personali semper duo intelliguntur; ~a verbi et res verbi, ut in hoc verbo 'lego' intelligitur ~a verbi, sc. 'ego' et res verbi, sc. 'lectio' VINSAUF *AV* II 2. 47 p. 280; oracio gramatica aut sit mediante verbo prime ~e vel secunde vel tercie BACON XV 1. **b** **1225** sicut . . in litteris directis . . Simoni, mutata tamen tercia ~a in secundam *Pat* 535; **1262** ponit breve istud totum in prima ~a *AncC* 7/143; **1342** nec in prima ~a sub nomine judicis . . sed in tertia ~a in actis redigant verum factum *Conc.* II 691b.

9 (as surname) Person, Parson.

1251 Alicia Hasting, Muriell ~a (*RChart*) *EHR* XVII 290; **1288** R. ~a habet quandam mensuram cervisie falsam et non sigillatam *Leet Norw.* 14.

personabilis [CL persona+-bilis], that has the status of a person, that can be personal, personable; **b** (theol.).

personable, ~is, -e LEVINS *Manip.* 3. **b** a**1290** an plures [persone] in divinis possint assumere unam naturam humanam ~em *Quaest. Ox.* 130.

personabiliter [CL], in an individual capacity, personally, in person.

quousque certis die et loco . . ~iter convenire valeatis AD. MARSH *Ep.* 21.

personacia [CL], large-leaved plant: **a** beet (*Beta*). **b** darnel (*Lolium*). **c** dock (*Rumex*). **d** water-lily (*Nymphaeacea*).

a herba ~ia, *pæt is bete Leechdoms* I 20; ~ia, *bete Gl. Durh.* 304; ~ia, i. *bete Gl. Laud.* 1144. **b** ~ia,

i. dardanum *Gl. Laud.* 1183; prosopus, i. ~ia vel dardanum vel millefolium *Ib.* 1238. **c** lappacium majus, ~ia idem *Alph.* 94. **d** *elfrone*, Latine ~ia, alii dicunt *flotwort MS BL Sloane 2527* f. 221; ~ia, i. *elfyone*, alii dicunt *flotwort MS BL Addit. 18752* f. 111; ~ia, *flokwort MS BL Harley 3388* f. 84.

personagium [CL persona+-agium], benefice, stipend upon which a prebend or canon of a cathedral or a parson or rector of a parish church lives; property or residence associated with benefice, parsonage.

? **1139** in augmentum prebendarum et personagiarum ipsius ecclesie *Ch. Sal.* 10; **1143** habuit .. partem meremii pro illo novo edificio quod ipse fecit in ~io de D. *MonA* V 435a; **1144** de vij vero portionibus que sunt altaris S. Andree, ipsis canonicis ij portiones dedimus et concessimus, que pertinent duobus ~iis que ipsi habent *E. Ch. Scot.* 162; **1279** Robertus Cyrek tenet de ~io libere iiij acras et reddit dicto rectori v s. *Hund.* II 344b; **1287** de tenentibus ~ii ecclesie *PQW* 9a; **1573** duas partes .. parsonagii sive rectorie de Fristoke .. in .. comitatu Devon *Pat* 1107 m. 35.

personalis [CL]

1 of or relating to an individual, personal; **b** (w. ref. to one's being present or to act performed in person); **c** (w. ref. to *Rom.* ii 11).

quod Adam comedebat, hoc natura exigebat; .. quod de ligno vetito comedit, non hoc voluntas naturalis, sed ~is ANSELM (*Orig. Pecc.* 23) II 165; siquidem homo homini conformis est in eo quod uterque est homo et si ~ibus proprietatibus differant J. SAL. *Met.* 885B; Hugo .. archiepiscopus .. ~em optinuit exemptionem DICETO *Chr.* 6; ~e delictum in genus plerumque redundat GIR. *TH* II 28; aut stat pro eodem significato, sc. primario, per comparationem ejus ad appellata, et est suppositio ~is, ut hic Sortes est homo SICCAV. *PN* 78; unde qui suspendit furem zelo vindicte propter gravamen ~e, facit quidem justum, sed non juste HOLCOT *Wisd.* 10; cui .. crederetur, si caput ecclesie hodie concedit michi aliquid, non cameraliter sed manifeste .. ; et cras, sine obice a me posito, aversa voluntate pape, propter affeccionem affinitatis, peccunie, vel sanguinis, aut aliam ~em, falsificat bullas atque sentenciam hodie confectas? WYCL. *Civ. Dom.* I 388; **1438** per beneficia ejusmodi ~ia posse .. inferre BEKYNTON I 253. **b** non obstante diligencia episcopi ~i *Proc. A. Kyteler* 20; s**1433** quod per meam ~em, aut alicujus mei procuratoris, comparicionem .. non est intencionis mee a dictis exemptionibus .. recedere AMUND. I 361; ejus ~i colloquio perfrui volebamus AVESB. 333; **1420** prestito .. fidelitatis et obediencie juramento ~i *Reg. Cant.* I 67; de regis .. ~i assistencia confisus *Plusc.* VII 6. **c** ut nulla foret apud eum ~is acceptio *Croyl. Cont. B* 496.

2 (leg.): **a** (*actio ~is* or sim.) action, concerned with claiming damages (usu. dist. from *realis* or *mixta*); **b** (*decima ~is*, usu. dist. from *praedialis*).

a **1221** conventio .. ~is fuit *Ch. Sal.* 113; **1228** compositio realis .. et non ~is, **1247** compositio non ~is sed more reali (v. compositio 4a); s**1204** in causis .. tam realibus quam ~ibus (v. 2 causa 1a); **12..** moveat questionem ~em, aut etiam realem *Conc. Scot.* II 20; **1353** acciones, querelas et demandas tam reales quam ~es quas habemus *Rec. Leic.* II 85; in .. causis .. realibus et ~ibus FORTESCUE *LLA* 25 (v. 2 causa 1b); **1587** in omnibus et singulis causis, querelis, accionibus realibus, ~ibus et mixtis *Pat* 1301 m. 14. **b** c**1250** decimarum ~ium; **1315** decimis .. predialibus et ~ibus, etc. (v. decimus 4e); jus percipiendi et habendi omnimodas decimas tam reales quam ~es de fundis, terris et agris *Reg. Brev. Orig.* 46; **1559** pro decimis .. sive ~ibus sive mixtis *Conc. Scot.* II 174.

3 (theol.): **a** (w. ref. to one of the persons of the Trinity); **b** (dist. from *essentialis*; also as sb. n.); **c** (w. ref. to the personality of Christ).

a ~es ille proprietates quibus inter se distinguuntur persone tres H. BOS. *LM* 1363B; Pater nimirum generat Filium, nec differt alter ab altero, nisi in ~i proprietate NECKAM *SS* I 3. 3. **b** scio quia hoc nomen 'Pater' est essentiale in illa oratione Dominica secundum quandam expositionem, et secundum hoc convenit toti Trinitati. secundum aliam est ~e, et soli persone ingenite convenit NECKAM *SS* I 2. 16; multas .. evitabis difficultates auctoritatum, si intellexeris quod hoc nomen 'ratio' sive 'ars', dictum de Deo, quandoque est essentiale et convenit toti Trinitati, quandoque est ~e et convenit soli Filio *Ib.* III 6. 12; theologia .. magis proprie est de ~ibus quam de essencialibus DUNS *Ord.* I 210; ad secundum dicitur quod illa que uniformiter respiciunt essenciam et personam, tantum sunt essencialia, si tantum conveniunt persone sunt precise ~ia *Ib.* II 40. **c** si quod de similitudine vestis dicitur advertunt, cur ab eo quod de ~i unione subditur faciem mentis advertunt? J. CORNW. *Eul.* 2; facta est assumptio humanitatis in unionem ~em BACON *Maj.* II 401.

4 (w. ref. to personal appearance) distinguished, dignified, stately.

a loci ejusdem antistite Petro, viro videlicet ~i et liberali GIR. *IK* I 13; in personam patris, qui vir procerus quidem et ~is erat, oculos conjecit *Id. SD* 40; literatus et eloquens et ~is stature BRAKELOND f. 124v; animadvertere incepi quod homo est .. ~is apparentie *Ib.* f. 160.

5 (gram.) personal.

quia hoc verbum 'est' .. sit ~e, habens suppositum BACON XV 78 (v. impersonalis a).

personalitas [LL]

1 personal quality, characteristic (w. ref. to status or personal worth).

quattuor monachos .. viros ~ate ac religione precipuos, secum in Angliam adduxit *Chr. Battle* f. 12; ~as [monachorum] idemptitatem parit W. DAN. *Ailred* 5 p. 12 (cf. †parilitas [MS: ~as] *NLA* II 546; v. identitas 2a); in decessorem .. ejus qui longe fuerat ~ate pariter ac generositate prestantior GIR. *Symb.* I 31 p. 319.

2 quality of personhood, personality (also theol.).

si vero altera ibi non esset natura, necessario, cum ~atem ibi esse constet .. persona ibi esset altera J. CORNW. *Eul.* 4; respondeo, quod persona non dicit quid commune univocum personis creatis, et increatis, nec tamen dicitur de illis pure equivoce, sed analogice, quia persona principaliter convenit personis increatis, sed ratio ~atis convenit personis creatis secundum quod habent aliquam habitudinem ad personas increatas MIDDLETON *Sent.* I 229; cum .. tota ~as hominis servatur in spiritu, patet quod deponens corpus pro fideli Domino qui non potest deficere, est securus de retribucione WYCL. *Civ. Dom.* 62; cum .. Deus sit necessario mercedis retributor, patet quod cavens a mendacio, cum ~as et virtutes servantur in anima, non exinde decidit, sed crescit in bono virtutis, cum in ista fide omnes martires passi sunt *Id. Ver.* II 26.

3 (gram.) personality: **a** (dist. as first, second, or third in declension of noun and pronoun and in conjugation of verb); **b** (dist. from impersonality).

a ea que tercie persone sunt ab actu tercie ~atis imponuntur *Ps.*-GROS. *Gram.* 44. **b** BACON XV 79 (v. impersonalitas).

4 (eccl.) benefice, ecclesiastical office, stipend or living.

volo .. omnibus fidelibus esse constans, me neminem alium autoritati .. episcopi presentasse de ~ate ecclesie de S., nisi priorem et fratres .. de T. *FormA* 248.

personaliter [CL]

1 in an individual capacity, personally. **b** (w. ref. to one's being present) in person; **c** (w. ref. to *Rom.* ii 11). **d** (w. ref. to *Joh.* vii 24) according to appearances.

quoniam .. ~iter peccaverunt, cum originaliter fortes et incorrupti haberent potestatem semper servandi sine difficultate justitiam ANSELM (*Orig. Pecc.* 2) II 141; anima .. non solum in corpore, cui ~iter unita est, vivit, sed quodam modo vitam et sensum extra se dividit, ad illos quibus se per amorem jungit BALD. CANT. *Serm.* 18. 29. 457. **b** nisi si quid ~iter et nominatim excipiatur W. MALM. *GP* I 41; c**1318** inter nos ~iter conversari J. MASON *Ep.* 30 p. 214; **1319** in .. parliamento nostro ~iter constitutus et de premissis in presencia .. Willelmi allocutus *Cl* 137 m. 18; ipso rege in sua acie prima ~iter incedente AVESB. f. 87; **1430** que nos .. facere possemus si ~iter interessemus *Conc. Scot.* I lxxxiii n; c**1480** dictis die et loco parsonaliter comparebimus *Reg. Whet.* II 230; **15..** in presenti parliamento .. parsonaliter interesse non valeo *FormA* 354. **c** vobis consulimus .. mandantes quatinus .. unicuique sine ~iter acceptione secundum Deum plenariam justiciam exhibeatis *Reg. S. Thom. Dublin* 380. **d** ~iter judicatis, veritatem attendite, et justum judicium judicate .. magni laboris est, non ~iter judicare, sed rectum judicium retinere (*Ps.*-BEDE *John*) *PL* XCII 729C.

2 (leg.): **a** (dist. fr. *hereditarie*); **b** (dist. fr. *realiter*).

a ratione dignitatis illius hec conferenda decernit, quibusdam hereditarie, quibusdam ~iter *Dial. Scac.* I 17. **b** ubi agitur realiter vel ~iter BRACTON f. 401b.

3 (theol.): **a** (w. ref. to a person of the Trinity); **b** (w. ref. to the personality of Christ).

a summe Deus clementiae / mundique factor machinae / unus potentialiter / trinusque personaliter [*gl. hadelice*] *AS Hymns* 29; Deus homo non est essentialiter, est tamen ~iter PULL. *Sent.* 649C; hoc .. nomen 'amor' quandoque tenetur essentialiter, quandoque ~iter: .. ~iter cum dicitur quod Spiritus Sanctus amor est Patris et Filii NECKAM *SS* I 5. 2; sed vocabulum potest teneri tam ~iter quam essentialiter. si tenetur ~iter, falsa est *Ib.* I 7. 5. **b** humanitas atque divinitas ~iter copulate (WYCL. *Conf.*) *Speculum* VIII 507.

1 personare [CL *as ppl.* < persona]

1 to endow with personality, to make into a person.

illud quod ~atur fit persona; igitur illud quod ~atur a pluribus personis fit plures persone OCKHAM *Quodl.* 339; 'personari' dupliciter accipitur: vel quia fit persona vel quia sustentatur a persona. primo modo, natura humana assumpta non ~atur, quia non fit persona; secundo modo, ~atur, quia sustentatur a persona *Ib.* 340; Christus autem solum ~atur per se primo ex divinitate, et non ex proprietatibus accidentalibus ut alia singularia WYCL. *Incarn.* 134.

2 to treat as an honoured person. **b** (p. ppl. as adj.) endowed with great personality, of high dignity, honoured.

Wilhelmus .. comes .. omnes comites Normannie contiguos publice ~abat *Croyl.* 68; **1416** ipsum .. tenentur attollere vocibus, laudibus ~are precipuis et specialibus honoribus venerari *Reg. Cant.* III 9. **b** indicit priori fratribusque ~atis HERM. ARCH. 22; literatus, eloquens et ~atus GRAYSTANES 25; s**1330** viro .. illiterato et minime ~ato (v. competenter b).

3 to provide with a benefice, to install (as prebend in a cathedral), induct as (parson in a parish church); (p. ppl. as sb. m.) beneficed person.

1222 prohibeant presbyteri .. laicis .. ne dent fidem sibi mutuo de matrimonio contrahendo, nisi .. coram publicis et pluribus ~atis ad hoc congregatis *Conc.* I 595b.

4 (gram.) to designate person (in conjugation of a verb).

actus ~atur .. a .. persona BACON XV 3 (v. numerare 7); actus .. ~ari .. posset per personam *Ib.* 11 (v. individuare).

2 personare [CL < sonus]

1 (intr.) to resound, ring, be noisy: **a** (w. music or instrument as subj.; also transf. & fig.); **b** (w. pers. as subj.); **c** (w. place as subj.); **d** (w. act or abstr. as subj.).

a videamus .. quid evangelica tuba mundo ~ans inordinatis sacerdotibus eloquatur GILDAS *EB* 92; audiat angelico dulces qua carmine laudes / Daviticoque sacrum personet ore melos BEDE *Hymn.* 15. 26; totum pariter cimbalorum ~abat classicum GOSC. *Transl. Mild.* 20; **1441** nullus .. inter principes Christianos .. omnium ore ~ancior habetur *EpAcOx* 203. **b** Huboldus .. musice artis peritus ad laudem Creatoris in ecclesia ~uit et de sancta Trinitate dulcem historiam cecinit ORD. VIT. I 24 p. 174; occisis omnibus .. per muros .. ~ant, passim discurrunt *Ib.* IX 9 p. 539. **c** quamquam castrum de Kaerdif .. excubarum multitudine ~aret GIR. *IK* I 56. **d** discursus .. ~uit GOSC. *Wulfh.* 2 (v. conclamare 1f); ~uit fama in regis aula FOLC. *V. Bot.* 402; una ex parte funebria ~abant DOMINIC *V. Ecgwini* I 17; dum .. clamor impugnantium .. undique ~aret ORD. VIT. III 13 p. 141; hinc dolor in tota personat hac patria *Ib.* VIII 3 p. 289.

2 (of musician) to make resounding music (w. abl. of instrument).

sacerdotes . . tubis ~antes et cor populi ad suavitatem supernae laudis accendentes BEDE *Ezra* 838.

3 (tr.) to sound forth, sing loudly.

cithara . . sine tactu . . jubilationis modulum alta voce ~aret B. *V. Dunst.* 12; hujus enim antiphonae melodiam concinendo ~uit *Ib.* 12.

4 to utter, relate. **b** (p. ppl. as adj.) uttered, related.

illud . . quod . . propheta ~at continuo terribili relatione ORD. VIT. VI 9 p. 58; tumultuans lingua non nisi ineptias ~abat T. MON. *Will.* VI 4; oraculum celeste concurrit quod non longe agentibus nuntiis viro cuidam sancto quid Rome egissent nescienti . . ~uit AILR. *Ed. Conf.* 752; multa sunt alia que non oportet iterare, sed de contentis in Anglia ~are, quot reges, . . et quot regna *Eul. Hist.* II 151. **b** a1565 quid ~atae nugae? *REED Cambridge* 241.

5 to mean, signify.

nomen . . ~at 'belli munus' FELIX *Guthl.* 10 (v. lingua 3d).

6 (intr.) to be in concord.

to accorde, . . consonare, concordare, convenire, congruere, . . , ~are *CathA*; acordynge, aptus . . ~ans, personus *Ib*.

personarius [CL persona+-arius, assoc. w. parcenarius], personally responsible for (in quots. w. *ad* & acc.).

1411 ordinatum est . . quod W. R. semper sit ~ius ad omnia acchata facienda *BB Wint.* 29; ordinatum est . . quod W. R. semper sit ~ius ad omnia que emenda sunt ad opus predictum una cum M. . . et J. Bailly *Ib*.

personatio [LL]

1 assignment or possession of personality (in quot., theol.).

non enim posset derelinqui non assumpta, nec post assumpcionem dimitti; quia tunc indubie, sicut incepcio humanitatis presupponeretur prioritate consequente assumpcionem, ita ~o creata, cum esse individuum racionalis nature sit esse personam WYCL. *Incarn.* 188.

2 (gram.) assignment or possession of person.

ante adventum appositi ad ipsum 'esse' numeratur et personatur a numeracione et ~one suppositi quod est ejus subjectum BACON XV 141; unde intelligendum quod duplex est composicio. una que est modus significandi in verbo, secundum quam actus inclinatur ad substanciam, et illa composicio communiter est in omni verbo personali; alia que a quibusdam vocatur ~o DUNS *Quaest. super Perihermenias* opus secundum qq. 5–6 n [11] (ed. Vives I 595).

personative [LL], (gram.) with regard to the designation of person.

significatio adverbiorum in hoc esse conprobatur . . ~e, ut mecum, tecum, secum BONIF. *AG* 528.

1 personatus v. 1 personare.

2 personatus v. 2 personare.

3 personatus [CL *as adj.=masked*]

1 character (in drama or sim.).

an poterit plebeius in regis ~um se transformans in comediis . . ? FORTESCUE *NLN* II 71; natalem . . heroum oratorumque . . turba . . observabat. . . tantus ~ibus illis decor, tum gestu, tum vultu, tum vestitu inerat ANDRÉ *Hen.* VII 104; 1581 [Pedantium] quem ego . . ~um in academico theatro spectandum exhibui *REED Cambridge* 295.

2 individual, person, personage. **b** (*in ~u*) in person.

precipiens ei sub terrifica comminatione, ut . . in ecclesia die proxima sollempni publicet visionem, nec vereatur faciem alicujus aut ~um sive comminationem aut derogationem COGGESH. *Visio* 9. **b** de Dovoria ivit apud Saltwode in ~u (*Hist. Roff.*) *Anglia Sacra* I 360.

3 (eccl.) benefice, ecclesiastical office, stipend

or living (in cathedral or parish church). **b** residence attached to benefice, parsonage.

sciant me concessisse monachis . . dominium . . et ~um *Cal. Doc. France* 1144; ~us . . introduxerunt quorum jure ad alium onera, ad alium referuntur emolumenta J. SAL. *Pol.* 678B; c1180 ~um sepedicte ecclesie . . retinebit *Act. Ep. Durham* 76A; nepos vester in diversis ecclesiis diversos adeptus est turpi commercio ~us P. BLOIS *Ep.* 120. 352B; officia que per diversos ~us in majoribus ecclesiis hodie sunt distributa GIR. *Symb.* I 223; s1225 ordinavimus . . totam ecclesiam . . cum omni jure, tam ~us quam patronatus ad eam pertinente *Reg. S. Osm.* II 26; 1229 precentoriam, cancellariam et alios ~us in vestra ecclesia ordinaverit *Dign. Dec.* 9; 1432 necnon de dignitatibus, ~ibus, officiis perpetuis, bonis, beneficiis (*Lit. Episcopi*) AMUND. I 303. **b** 1326 Johannes de Seint Liger miles moriebatur in ~u de Undele confessus et communicatus habens corpus infra diruptum et nullam habens plagam *SelCCoron* 68.

4 (gram.) person (in declension of noun and pronoun and in conjugation of verb).

cum sint in una substancia numero plura secundum que ipsa substancia nota est, que ~us dicuntur *Ps.-*Gros. *Gram.* 53.

personus [CL]

1 resounding.

qui quoniam . . superna . . bona desiderant, altum profecto et quasi clamore ~um est omne quod agunt BEDE *Gen.* 173.

2 concordant.

acordynge, aptus, . . personans, ~us *CathA*.

persorium [AN *persour*+-ium], piercer, drill.

1224 pro seris, knipulis et perizoriis *ReceiptR* 7 r. 13d. no. 4; 1290 pro uno virolo ad unum ~ium ejusdem [domine Alianore] *Chanc. Misc.* 4/5 f. 8; 13.. vinitarius habeat in cellario suo . . tabulum sive penetralium sive ~ium (*Nominale*) *Neues Archiv* IV 339.

perspeciosus [ML < CL per+speciosus], very appealing to the eyes, eye-catching, good-looking.

sepe tibi vestis novitas sit perspeciosa D. BEC. 2818.

perspectare [CL], to look into, examine carefully or thoroughly.

~ans, intuens *GlC* P 258.

perspecte [CL]

1 with clear discernment or thorough understanding, perspicaciously.

paucioribus intenti ad illa ~ius intelligenda *Ps.-*Gros. *Summa* 281.

2 (assoc. w. CL *perspicue*) clearly, visibly, manifestly (in quot., transf.).

potest dici . . quod ~issime adherent sibi tres persone in amore concordi NECKAM *SS* I prol. 9.

perspectim [ML], clearly, visibly.

~im, visibiliter OSB. GLOUC. *Deriv.* 469.

perspectio [LL], careful examination, thorough scrutiny.

s1458 libellulum . . leto oculo perspeximus, et, post ~onem . . effectum calami . . laudabamus *Reg. Whet.* I 312.

perspectivus [ML]

1 that pertains to the science of optics; **b** (*ars, sapientia,* or *scientia ~a*) optics (also as title of book). **c** (as sb. f.) optics; **d** (as title of book).

perspective, ~us, -a LEVINS *Manip.* 153. **b** sola . . ~a sapientia [v. l. MS *omits* sapientia] quam scribo non fieret ab aliquo infra annum BACON *Tert.* 14; jam potest congrue tangi ortus scientie ~e sive de visu et speculis quod in idem redit KILWARDBY *OS* 77; p1381 assumptum est principium artis ~e quod omne corporaliter visum videtur per pyramidem (WYNTERTON) *Ziz.* 236; p1440 Allocen' artis ~e (*Catal. Librorum*) *JRL Bull.* XVI 479. **c** ~a est scientia que erigitur super figuras visuales, et hec subalternat sibi scientiam que erigitur super figuras quas continent linee et

superficies radiose GROS. 72; relucet miranda potestas astronomie, alkimie, et ~e, et scientiarum experimentalium BACON IX 181; specialiter . . circa ~am queritur quare non ponitur quinta mathematica scientia KILWARDBY *OS* 116; nonne parvula ignis scintilla . . causat infinitos circulos luminosos . . in quibus . . infinite conclusiones geometrice et arithmetice continentur; sic et ~e alie infinite BRADW. *CD* 28B; 14.. ~a, algorismus, et principia geometrie (*Stat. Glasg.*) *EHR* XIV 251; 1549 auditores . . astronomiae, ~ae, ac linguae Grecae *StatOx* 344. **d** p1440 ~a Baconis (*Catal. Librorum*) *JRL Bull.* XVI 480.

2 (as sb. m.) student or theorist of optics, optician.

et ~i et phisici est speculatio de iride. sed ipsum 'quid' physici est scire, 'propter quid' vero ~i GROS. 72; adjunctis his principiis que sumit ~us a philosopho naturali *Ib.* 75; jubet ~o ut cum adjutorio geometrie fiant instrumenta BACON IX 184; naturales . . et ~i negotiantur circa hec certificanda sed in vanum *Id. Tert.* 43; certum est secundum ~os et experiencias quod lumen forte in talibus multa visibilia occultat WYCL. *Act.* 17;

perspergere [CL], to sprinkle, spread, scatter all over.

1556 haereseos . . semina in aures hominum . . persperserunt (v. cantilena 1).

perspex [LL *gl.*], perspicacious.

~icem, ingenium [? l. ingeniosum] *Gl. Leid.* 35.

persphaericus [CL per-+LL sphaericus < σφαιρικός], (entirely) spherical.

os [cruris] in medio consitum et omni rotunditate perspericum R. COLD. *Cuthb.* 100 p. 222.

perspicabilis [cf. CL perspicibilis=*clearly visible*], that sees or perceives clearly.

oblivionis ignorantia illius memorie perculos [? l. particulos] ~es obnubilando prevenit R. COLD. *Cuthb.* 36.

perspicacia [LL]

1 keenness of sight, sharpsightedness.

de visu corporali, in quo plura videntur simul, non tamen equali ~ia PECKHAM *QA* 69.

2 ability to perceive clearly, discernment, perspicacity.

tales enim librato diu multumque examine perpensaque et certanti animorum ~ia cum rex tum archiepiscopus promoverant ubicumque locorum W. MALM. *GP* I 18 p. 27; bruta nullam cogitationis ~iam habentia BERN. *Comm. Aen.* 39; quin anima . . ex innata sibi ~ia quasdam futurorum prefiguret imagines P. BLOIS *Ep.* 65. 195A.

3 watchfulness, vigilance.

custodientium perspicatiam [v. l. diligentiam] fugiendo luserunt W. MALM. *GR* II 134.

perspicacitas [LL]

1 ability to see clearly or accurately; (*~as luminum*) keenness of sight, sharpsightedness.

miranda sua fortis elephas pro fortitudine, linx luminum pro ~ate E. THRIP. *SS* VIII 6.

2 ability to perceive clearly, discernment, perspicacity; **b** (w. *vester* in title or form of address).

ardenter perscrutaretur sedula ~ate ORD. VIT. I p. 2; 1183 tam prophetico spiritu quam humane fuit rationis ~ate professus P. BLOIS *Ep.* 167. 462B; demon . . sciens interpretatur. sic autem dicitur propter scientie qua viget naturaliter ~atem [TREVISA: *scharpnes*] BART. ANGL. II 19 p. 41; in cujus industria deliberatione et ~ate sunt futura BACON VIII 124; Anglicana ~as, que antiquis perfusa luminaribus novos semper radios emittit veritatis R. BURY *Phil.* 8. 134; c1350 propter ingeniorum ~atem *StatOx* 43. **b** 1414 de vestre ~atis consiliis necessarium arbitramur ut . . BEKYNTON II 123.

3 (assoc. w. CL *perspicitas*): **a** transparency. **b** clarity of exposition, lucidity.

a elemento . . calidissimo et limpidissimo, viz. ethere, illud ales consectatur quod et calore abundat et ~ate ALB. LOND. *DG* 3. 4. **b** luculenta ~ate formam preficiendorum curandis animabus .. describens AD. MARSH *Ep.* 75 p. 183.

perspicaciter [LL]

1 in a sharpsighted manner, clearly.

a quodam fratre timide inspiciente proclamatur tumba vacua. ast aliorum cura ~ius intuita respondetur potius vere plena vera sancti corporis gleba GOSC. *Transl. Aug.* 37B; quero quare quedam illorum [brutorum] nocte quam luce ~ius videant ADEL. *QN* 12; eos .. se ~issime videre protestans *Mir. Fridesw.* 11; dexter femine redditur oculus et tenebris expulsis ~iter videndi redit acumen *Ib.* 59; sin autem ad ~ius intuendum oculorum aciem invitaveris GIR. *TH* II 38.

2 with clear discernment or complete understanding, perspicaciously.

c**1085** auditis utrinque causis .. ~ius quid fieri oporteat pervideri valebit LANFR. *Ep.* 59 (52); breviter perstrinxi ut ~ius intelligantur que dicenda restant COGGESH. *Visio* 12; novit et cunctis ~ius ille qui omnia novit GIR. *Invect.* I 2 p. 88; **1288** ~iter attendentes quod .. *FormOx* 357.

perspicari [ML], to see or perceive thoroughly; **b** (w. indir. qu. & subj.).

~ari, videre OSB. GLOUC. *Deriv.* 469; **1343** plenam et certam noticiam errorum et defectuum condicionumque personarum, experimento ~ati possidentes (*Lit. ad Papam*) W. GUISB. *Cont.* 402. **b** quid rerum gereretur limis ~abar OSB. GLOUC. *Deriv.* 1.

perspicator [ML < perspicari+-tor], one who examines or investigates thoroughly, investigator. **b** supervisor or sim.

materia vero priori modo intelligibilis .. de cujus anitate a quam plurimis ~oribus vehementer hesitatur *Ps.*-GROS. *Summa* 304. **b** **1345** ballivus, prepositus, j riperenus, j claviger, j tassator, et j ~or per totum tempus interfuerunt .. in stipendio .. j tassatoris et j ~oris v s. *Comp. Swith.* 150.

perspicax [CL]

1 who or that sees clearly, sharp-sighted: **a** (of person); **b** (of eye or eyesight). **c** (as sb. m.) sharp-sighted person.

a eloquens sermone, acie ~ax oculorum *V. II Off.* 10. **b** ~acissimis [v. l. ~acissimi] mundi cordis conspectibus ALDH. *Met.* 2 p. 65; oculo .. ~aci sanoque aere vix apparebit ADEL. *Elk.* 22. **c** baculus .. in aqua fractus videtur, etiam ~acissimis J. SAL. *Met.* 923B.

2 who or that perceives clearly or understands thoroughly (as a result of careful examination), perspicacious; **a** (of person: sts. w. abl. or *in* & abl. to specify perspicacity); **b** (w. abl. to specify faculty); **c** (w. *in* & abl. to specify field of operation); **d** (of mental faculty).

a ~aces astrologi qui secreta physice subtiliter rimati sunt ORD. VIT. III 11 p. 116; qui multo minus ~aces sumus quam fuerit Augustinus vel Jeronimus GROS. *Cess. Leg.* IV 3 p. 166; **b** erat .. ingenio ~ax *J.* SAL. *Thom.* 1; non sunt .. mulieres, ut viri, viribus robuste, ingenio ~aces et natura, corporibus agiles, animo audaces FORTESCUE *NLN* II 62. **c** strenuus in operibus bonis, ~ax in deprehendendis malorum insidiis BEDE *Prov.* 960; iste in responsis ~ax, brevis et commodus J. SAL. *Met.* 867D; quam ~ax in pronunciandis precise sentenciis *V. Edm. Rich C* 609. **d** cum .. veternus invisor mente ~aci comperiret quod .. B. *V. Dunst.* 16; sepe enim contingit .. ut quanto [anima] morti proximior est, tanto ~atiori mentis acumine plus solito recordetur et cuncta provideat PETRUS *Dial.* 49; utrum ad episcopatum eligeret Eyelwii ~acem industriam in seculo an Wlstani simplicem religionem in Deo W. MALM. *Wulfst.* I 11; licet enim quis ~acem habeat rationem anime J. SAL. *Met.* 861B; potens et ~ax mentis acies J. FORD *Serm.* 48. 9; habent intellectum magis abstrahentem et magis ~acem DUNS *Ord.* III 168.

3 (in gl., perh. assoc. w. *perspicuus*) clearly visible.

~ax, clarus OSB. GLOUC. *Deriv.* 469.

perspicere [CL]

1 to see through or very clearly; **b** (w. acc. & inf.); **c** (intr. or absol.) **d** (p. ppl. as sb. n. pl.) things seen or observed.

ut quilibet in ultima stans ecclesia omnes quinque ecclesias ~ere potest clarissime per ostium ad ostium SÆWULF 67; Agatha .. Anglum viderat et dilexerat sed Hibero conjungi nimis metuit quem nunquam perspexerat ORD. VIT. V 11 p. 392. **b** domum hanc tanta luce inpletam esse ~io ut vestra illa lucerna mihi .. esse videatur obscura BEDE *HE* IV 8 p. 221. **c** humanus plerumque fallitur intuitus sed Dei medullitus ~it oculus ORD. VIT. VIII 17 p. 370. **d** veraciter .. paginis annotare ut facilius ibidem perspecta possim ad mentem revocare ORD. VIT. I 4 p. 11.

2 to look at intensely.

quem judex vultu atrocissimo ~iens, ut diis offerret libamina imperavit *Flor. Hist.* I 171 (cf. M. PAR. *Maj.* I 150: vultu trucissimo perstringens vel respiciens).

3 to (examine carefully so as to) perceive, see, or understand thoroughly; **b** (w. acc. & inf.); **c** (w. indir. qu. & subj.); **d** (w. *quia* & ind.); **e** (w. *in* & acc.).

sit sanguis ejus super eum, i. vindicta ipsius peccati quodcumque aptum perspexerint *Comm. Cant.* I 385; ideo diversos versus metrorum .. catervatis congessimus quatenus his perspectis .. ALDH. *Met.* 9 p. 81; cum singuli quique fidelium perspectis patrum dictis atque actibus magis .. virtutibus fulgere contendant BEDE *Cant.* 1095; quia secreta mysteriorum spiritalium acute ~iunt *Ib.* 1130; postmodum historias Josephi diligentius .. ~iens vidi quod .. *Id. Retract.* 1022; perspecta .. difficultate expugnandi W. MALM. *GR* IV 360; in claustro monachorum diu sedit, esse eorum diligenter consideravit et perspecta religionis moderatione illos laudavit ORD. VIT. XI 43 p. 301. **b** jam nunc agnoscant increduli cum vos instanter .. illum sequi perspexerint BEDE *Ep. Cath.* 52; quos perfecte Deo servire perspexerint *Id. Prov.* 986; si aliquid boni in illo esse perspexero ALEX. CANT. *Dicta* 16 p. 171. **c** nos tamen quid magis in usu sit debemus ~ere ABBO *QG* 13 (31); cernitur unde flumen manat, et non ~itur fons unde nascatur ANSELM (*Prosl.* 9) I 107. **d** aperte ~iens quia non sunt condignae passiones hujus temporis ad futuram gloriam BEDE *Prov.* 997; jam ~iens quia mundus transibit .. et concupiscentia ejus [cf. *I Joh.* ii 17] ANSELM (*Ep.* 95) III 221. **e** **1488** ut excellens theologus in fontem Deitatis subtiliter perspexit *Reg. Whet.* I 454.

perspicientia [CL], clear perception, thorough discernment; **b** (w. obj. gen.).

asserit inferiora non regi per divine decreta providentie nec angelorum prodesse opem aut demonum in his aut in futuris aliquam esse ~iam J. SAL. *Met.* 932A. **b** ratio virtus aut mentis agitatio est que occupatur in ~ia veri J. SAL. *Met.* 942C.

perspicium, perspicius v. perspicuus.

perspicue [CL]

1 very clearly or visibly, in an easily perceivable manner.

indiscreto boni malique judicio carpebantur ita ut ~e .. effundi videretur contemptio GILDAS *EB* 21; 'an semper ~e exordieri debet orator?' 'aliquando ~e, aliquando per circuitionem ALCUIN *Rhet.* 21; **1072** ut ex hoc .. ~e cognoscatis quid .. LANFR. *Ep.* 3 (4 p. 54); est ea ab illis ~e internoscere tum paucis tum nullis notum BALSH. *AD rec.* 2 108; ex quibus exemplis ~e perpendi potest quam GIR. *SD* 34; ubi veritas non ~e et nude sed per figurarum enigmata quasi in speculo cernitur W. NEWB. *Serm.* 855.

2 in a sharp-sighted manner.

surgens .. puer [cecus] et ~e vidit *Mir. Wulfst.* I 30.

perspicuitas [CL]

1 transparency (also w. ref. to ability to reflect).

ut venientis umbram accipitris in aquarum ~ate praevidere BEDE *Cant.* 1164; neque .. ante Benedictum lapidei tabulatus domus in Britannia nisi perraro videbantur, neque ~ate vitri penetrata lucem edibus solaris jatiebat radius W. MALM. *GR* I 54; vinum .. in quo se admirari possit quisque usque ad fundum ciphi ~ate [*gl.: per clerté*] NECKAM *Ut.* 102; cristallus lapis cujus magna est firmitas magnaque ~as GROS. *Hexaem.* III 3. 3; licet non protendatur hec ~as per medium corporis sub actuali pervietate sicut in cristallo BACON XIV 68; certum est nullum corpus omnino carere ~ate .. hinc linces videre dicuntur per medium parietem PECKHAM *Persp.* I 51 p. 132.

2 visibility.

ita .. in oculo bene disposito recipitur aliqua species ejusdem racionis cum illa que est in medio ex hoc quod ipsum orga num est similis disposicionis cum medio propter ~atem utriusque DUNS *Ord.* III 284.

3 clarity to the understanding.

nam nature a carcere carnis libere ut taceam ~atem, quanto antiquior est, perspecto cujusque mundane etatis decursu, tanto ceteris animantibus prudentior PULL. *CM* 203; virtus .. sermonis optima est ~as et facilitas intelligendi J. SAL. *Met.* 849C.

4 (assoc. w. CL *perspicacitas*) keen vision, sharp-sightedness.

sicut patet quod in oculo leonis et cati sunt fulgor et ~as partes quedam ipsius organi R. MARSTON *QD* 259.

5 ability to perceive fully or understand thoroughly, perspicacity.

circa nonnulla rerum quae ~atem humanae mentis transcendunt (*Ps.*-BEDE *Prov.*) *PL* XCI 1053B.

perspicuus [CL]

1 that can be seen through, transparent. **b** (*~um speculum* or ellipt. as sb. n.) lens. **c** (as sb. n.) transparent medium.

delectatur .. sede illarum mentium quae se instar aquarum viventium ~as reddunt ac lucidas BEDE *Cant.* 1163; opera nautarum, qui olei aspergine ~um sibi profundum maris efficiunt *Id. TR* 5 p. 189; vitreus autem humor ad modum vitri purus est et ~us [TREVISA: *brigt as glas*] et Arabice dicitur gelados BART. ANGL. V 5 p. 129; licet aer ~us illuminatus actu in sua claritate diei et solis non videatur, tamen hoc non est solum propter naturam perspicui BACON XIV 33. **b** sic possunt figurari ~a specula, ut unum appareat multa .. et plures et quot volumus soles et lune appareant .. possunt etiam sic figurari ~a ut longissime posita appareant propinquissima BACON *NM* 534; et e converso ~a comburentia ante et retro *Ib.* 535. **c** color est lux incorporata ~o. ~i vero due sunt differentie: est enim ~um aut purum separatum a terrestreitate, aut impurum terrestreitatis admixtione GROS. 78; modo sunt principia sue partitionis, ut perspicium causa partitionis coloris, unde color est extremitas ~i in corpore terminato BACON VII 21; sicut istud est per se notum quod opacum interpositum inter ~um et lumen impedit multiplicacionem luminis ad tale ~um DUNS *Ord.* III 143; color autem rubeus est color medius ab extremis albedinis et nigredinis equidistans qui .. in superficie ~i resultat per incorporacionem dati luminis ignei atque puri BAD. AUR. 98; est autem color, ut dicit Philosophus in libro metheorum, extremitas ~i in corpore determinato rei corporalis visibilis .. lux est actus et perfeccio lucidi seu ~i UPTON 98; materia igitur ~i aut erit sicca per dominium, vel humida per dominium, vel mediocriter sicca vel humida *Ib.* 99.

2 clearly visible to the eye, conspicuous.

vertice perspicuam gemmis auroque coronam WULF. *Swith.* I 1341; corpus Joseph .. marmore candido tectum omnibusque transeuntibus ~um W. MALM. *GR* IV 377; cicatrix .. sanata .. miraculo sed curioso tamen ~a oculo *Id. GP* V 22 p. 373; ecce corpus meum ~um oculis AILR. *An.* I 24.

3 clear to the understanding, manifest, entirely perceptible.

quid illi .. ~um est .. vati post expletionem signi .. GILDAS *EB* 77; quod non apocryphum .. sed vera luce et lucida esset veritate ~um BEDE *Ep. Cath.* 129; ~a oratio est cui mox animus auditoris favet ut in honesto genere causae est ALCUIN *Rhet.* 21; c**960** non solum parabolis verum etiam evidenti et ~a re .. ostenderit *CS* 936; quod supra rationabili et ~a necessitate claruit ANSELM (*Mon.* 21) I 38; obitum Kenulfi .. ~a veritate suis nuntiavit W. MALM. *GP* I 20; hec appositio quam et si nequeamus tam facile ~is rationibus condemnare .. J. SAL. *Met.* 844A; premissa .. abbas et conventus firmiter asserebant, necnon apparebat perspicius [? l. perspicuis] indiciis et eventibus *RGasc* II 268b.

4 (*~um est*) it is entirely clear (that): **a** (w. acc. & inf.); **b** (w. indir. qu.); **c** (w. *quoniam* & ind.).

a ~um est eos Scripturarum sensum quaesisse non

verba BEDE *Retract.* 1007; quatuor igitur semel et terni ter et bini ter atque singuli semel xx esse ~um est *Alea Evang.* 174; ~um est .. scientiam dividendi vel multiplicandi nullam habere in animo imaginem AILR. *An.* II 10; quod .. ex causis pluribus evenire ~um est J. SAL. *Met.* 919D; ei dicentes nunc ~um esse presumpciones magistri Giraldi contra ipsum veras existere GIR. *SD* 114. **b 1166** quid timuerim immo quid timeam .. ~um erit ex litteris quas domino episcopo misi J. SAL. *Ep.* 168 (167) p. 94. **c** ~um est quoniam in eo quod Filius Dei in personam suam assumpsit de Virgine, nulla potuit esse peccati macula ANSELM (*Orig. Pecc.* 8) II 149.

5 very well known, famous.

perspicuae crucis en magnum dicamus honorem *Trop. Wint.* 22.

6 (clearly perceived as) appropriate, suitable.

locumque nactus est proposito suo ~um G. MON. I 17 (=*Eul. Hist.* II 219); hinc advertere ~um est quod .. AILR. *Spir. Amicit.* II 63. 677.

7 (assoc. w. *perspicax*, of person) who perceives clearly or understands thoroughly, perspicacious.

quamvis [ceteri] sint doctrina ~i B. *V. Dunst.* p. 3; sapiens et prudens vir et in omni scientia ~us ROB. ANGL. (I) *Alch.* 510b; patres sancti, qui linceis oculis perspicui Deum .. invenerunt M. PAR. *Maj.* I 83.

persplendēre [cf. ML persplendēre], to shine very brightly or brilliantly, be very visible or distinguished.

inde sumuntur Syrica / quae portabant, promiscua / quorum persplendit species (ÆTHELWALD) *Carm. Aldh.* 2. 151.

perssonis v. persona.

perstare [CL]

1 to stay on, remain (in place, also fig.).

summa magnanimitate in acie Christi ~antes GILDAS *EB* 10; astrologus stabat, perstabat queque notabat R. CANT. *Malch.* p. 170 l. 781; ille fortiter ut inexpugnabilis murus in fide ~itit ORD. VIT. V 7 p. 326; **s1452** tempus illud per quod a vinea istius ecclesie .. elongati perstetimus [*sic*] *Reg. Whet.* I 23.

2 to stay on resolutely, persist, endure (in certain activity, condition, or sim.); **b** (w. inf.) to continue resolutely (to). **c** (pr. ppl. as adj.) constant, permanent.

cum .. in assiduis orationibus .. ~aret FELIX *Guthl.* 36 p. 114; nihil in ipsius animo nisi caritas .. ~abat *Ib.* 51 p. 162; ubi invenerit .. hominem saltim unum in quo amor sanctus .. usque ad senium sine damno sui perstiterit vigoris BEDE *Cant.* 1067; ut .. his qui in incredulitate ~itissent confusio nasceretur *Id. Ep. Cath.* 58D; pauca .. militibus locutus quibus si ~arent, victoriam, si morerentur, gloriam promitteret W. MALM. *GR* IV 381; unde si primi homines ~itissent quales facti sunt PULL. *Sent.* 949A; tecum maximis in periculis sicut cum patre tuo ~itimus ORD. VIT. VIII p. 275. **b** usque dum sibi viva aqua responderet in altum fodere ~abat BEDE *Cant.* 1150. **c** in fide ~anti BEDE *Ezra* 825.

3 (in gl.).

~ant, *tioludun GlC* P 336.

perstillare [LL]

1 to drip copiously. **b** (of roof or sim.) to leak (usu. w. ref. to *Prov.* xix 13).

debetis omnia cooperire .. ne ~are aliquid possit *Comm. Cant.* I 362. **b** tecta .. ~antia mundas .. pluviae guttas accipiunt sed subjectis in domo sordidas reddunt BEDE *Prov.* 994; litigiosa mulier sicut tecta jugiter ~antia, i. guttas aquarum intrinsecus effundentia ANDR. S. VICT. *Sal.* 65; [domus] que per pigritiam humiliatur et decidit et per infirmitatem manuum, i. operationum, ~at *Ib.* 133; tecta jugiter ~ancia litigiosa mulier HOLCOT *Wisd.* 135.

2 (trans.) to shower copiously (in quot., in fig. context).

hunc [sc. sanctum], multarum nectare precum ~at, lacrimarum torrente irrorat GOSC. *Mir. Iv.* lxxxiii.

perstimulare [CL], to continue to incite, incite persistently.

si te perstimulet stilus hic stillatus in aure GOWER *VC* II *prol.* 19.

perstrenue [CL per-+strenue], with great energy or vigour, very strenuously.

~e, *fromlice GlC* P189.

perstrepere [CL]

1 to make a loud or continuous noise; **b** (of mus. instrument); **c** (transf.); **d** (w. *contra*). **e** (pr. ppl. as sb.) one who makes a loud noise.

haereticos .. quasi garrula voce ~entes ostendit BEDE *Acts* 983; vobis more anserum ~entibus LANTFR. *Swith.* 3; perstrepit et mugit, spumas cum sanguine sugit [sc. Saracenus] R. CANT. *Malch.* V 222; cumque adolescens imbres nimium ~entes formidaret ORD. VIT. XIII 16 p. 39; **1170** custodiis per litora dispositis .. ad nocendum et armatis ~entibus J. SAL. *Ep.* 300 (304 p. 720); cum cessasset per tracheam ebulliendo ~ere audita est in cloaca .. hec vox .. G. S. *Alb.* I 224. **b** merito .. eam [tibiam] nimio flatu ~entem omnis .. in arte musica doctus .. ridet ALB. LOND. *DG* 10. 7; tubeque, litui et buccine ~entes in multiplici melodia [cf. *Exod.* xix 16] G. *Hen. V* 15 p. 102. **c** sicut verbum prolatum insonat auribus hominum, sic cogitatio atque voluntas ~it et clamat in auribus Dei ALEX. CANT. *Dicta* 3 p. 122; seditiones et tumultus bellorum pene per universum orbem ~ebant ORD. VIT. IX 2 p. 461; porro ~ens rumor adventum regis prevenit *Ib.* X 8 p. 40; inconveniens .. erat oratio in qua hec verba conveniens et inconveniens, argumentum et ratio non ~ebant J. SAL. *Met.* 829A; ibi .. actiones ~ant et declamationes GIR. *IK* I 3 p. 41; **1282** fama celebri ~ente quam relatu suscepimus fidedigno PECKHAM *Ep.* 364 p. 480. **d** minaciter contra se et patrem suum ~entes *V. II Off.* 2. **e** excitatus .. ~entium vocibus .. W. MALM. *GR* I 4.

2 (trans.) to sing or utter very loudly.

talia dum crebra vociferatione ~eret, regina horrebat .. ad redivivum mortuum accedere GOSC. *Edith* 282; choreas ducens et cantilenas seculares ~ens ita sacerdotem impediebam ut .. W. MALM. *GR* II 174; Christus per mortem suam gloriam angelorum hominibus restituit, in qua sanctorum populus letabundus laudes ~it HON. *GA* 546C; in cimiterio choreas ducentes et seculares cantilenas ~entes *Flor. Hist.* I 531; multa .. contra sanctos Christi ore blasphemo ~ere non formidant R. MAIDSTONE *PP* f. 160 p. 135.

3 to call (upon) loudly, to shout at.

clamor ingens oritur totius populi Dunstanum iteratis vocibus ~entis OSB. *V. Dunst.* 26.

perstricte [LL], very succinctly or briefly.

nos ab ipso [Beda] omissa scripture ~e inserimus W. MALM. *GP* III 107 p. 239.

perstringere [CL]

1 to bind or fasten all over, constrict, tighten; **b** (faculty, also fig.); **c** (mental process).

quam turrim ipsam, de qua pretangitur, obsidionis cinctura ~ere intendebant *Ps.*-ELMH. *Hen.V* 63 p. 174. **b** panem misericordiae mendicat a te, Deus .. anima mea: cur lapide justitiae ~is ossa ejus? ANSELM (*Or.* 9) III 33; licet .. dubitatio animum pregravat, livor michi oculum ~at, eadem tamen supplosa in benivolentie redit animus ADEL. *QN* 31; ita juste composito ordine lapidum ut junctura ~at intuitum et totam maceriam unum mentiatur esse saxum W. MALM. *GR* V 408; rex .. Cnut summo timore perstrictus H. HUNT. *HA* VI 13; subtilioribus mercibus .. veluti prestigiis quibusdam ~unt oculos intuentium R. NIGER *Mil.* IV 28; diabolus .. fumo .. oculos ejus [hominis] ~it ne dolum advertat T. CHOBHAM *Praed.* 212. **c** fidei sacramenta, quod mortalibus inconcessum est, humanis conantur rationibus ~ere ÆLNOTH *Cnut* 10 p. 129 b; **c1319** quatinus .. fratres .. ex caritatis viscerosi complexibus ~atis *FormOx* 48.

2 to fix (with the eye), to look at sharply or intently.

omnes .. circumstantes vivido ~ens oculo W. MALM. *GR* IV 309; coniventis vultis letitia monachos cantantes ~ere *Id. GP* V 277; sancta mater .. minaci vultu oculorumque asperitate eum ~ens *Id. Mir. Mariae* 182; venit illa .. vivaci oculorum vigore Zosimam ~ens *Ib.* 216; quam [matronam] cum ille oculi vigore perstrinxisset .. *Id. Wulfst.* I 6; hunc vir Dei intuens urenti oculo perstrinxit J. FURNESS *Kentig.* 28 p. 211.

3 to bind (person) legally or morally, oblige completely.

in virtute obedientie imperative illum perstrinxit J. FURNESS *Walth.* 23; meipsum tue sanctitati .. perstrictum atque obligatum offerre *Cant. Coll. Ox.* III 139.

4 to bind (gift or charter with sign of security).

774 et hoc .. donum ad cumulum majoris firmitatis signo sanctae crucis Christi .. perstrinximus *CS* 213; **949** ego Eadred rex .. agiae crucis hanc cartulam notamine perstrinxi *CS* 880; **953** (13c) eo tenore hujus munificentie donum ~ens ut post obitum suum in perpetuum jus cuicumque voluerit heredi derelinquat *CS* 899.

5 to abbreviate, reduce.

nuntiantes sub .. perstricta brevitate quod .. AD. MARSH *Ep.* 64 p. 172.

6 to touch upon, describe, mention, or narrate (briefly); **b** (w. *de*); **c** (w. indir. qu.); **d** (intr. or absol.).

671 haec .. cursim pedetemptim perstrinximus non garrulo verbositatis strepitu illecti sed ut scias tanta rerum arcana examusim non posse intellegi nisi frequens .. meditatio fuerit adhibita ALDH. *Ep.* 1 p. 478; quantacumque .. stilo perstrinxero FELIX *Guthl. prol.* p. 64; multa memoratu digne .. e quibus hic aliqua breviter ~enda esse putavi BEDE *HE* V 12 p. 303; a**787** omnia ista quae longo sermone perstrinximus tu mente pervigili, quid melius agendo sit, pertracta *Ep. Bonif.* 137 p. 276; **1166** multa .. scribenda essent sed angustia temporis et necessariarum tumultus occupationum cogunt ut ea ~am potius quam exponam J. SAL. *Ep.* 184 (174 p. 138); ut brevius ~amus que possent amplius dilatari *Ps.*-ELMH. *Hen. V* 63 p. 175. **b** quia de superficie litterarum pauca perstrinximus jam nunc ad exinterandos allegoriae sensus stilum vertamus BEDE *Cant.* 1110; verum quia de habitu sacerdotali sequentes dicta patrum breviter ista perstrinximus *Id. Tab.* 485; auxilio Christi tamen et munimine freti / incipiamus adhuc aliquod perstringere verbum / de tali tantoque die WULF. *Brev.* 238; de illis .. breviter ~endum puto presertim cum ex non dissimili causa procedant ADEL. *QN* 31; pauca de te sancte Judoce libenter perstrinximus ORD. VIT. III 13 p. 143; de nominibus .. non inutile videtur pauca ~ere ALB. LOND. *DG* 8. 11. **c** praeoccupando ~itur ubi sit pugna peracta BEDE *Gen.* 146D; hoc tamen exiguum quod defero munus amoris / commendare tibi, magne pater, studui / in quo perstrinxi quae fecit rector Olimpi WULF. *Swith. pref.* 13; quomodo .. post triumphatos hostes .. Roman iverit .. nos in Regum Historia perstrinximus W. MALM. *GP* V 269; qualiter in rerum sibi commissarum regimine se habuerit ~amus *Chr. Battle* f. 120v. **d** qui numerus, sicut et supra perstrinximus, per T litteram Grece notantur BEDE *Gen.* 88A; ut in superioris anni gestis perstrinxi W. MALM. *HN* 506.

7 (assoc. w. CL *praestringere*) to eclipse, throw into the shade, overshadow.

quod in extremo natus orbis angulo doctrine corusco terras omnes perstrinxerit W. MALM. *GR* I 54; claritate religionis terras istas irradians etiam ipsa prestringit [vv. ll. restringit, perstringit] sidera *Ib.* II 163; sunt .. tanti apud Deum virginitatis pondera ut dignitate sua pretium terrarum vincens, ipsa ~at astra *Id. Mir. Mariae* 191; in quorum moribus amor divinus cum mundi odio ipsa etiam sidera emulatione sancta ~ere videbantur *Chr. Rams.* 41.

perstroma v. peristroma.

perstruere [CL], to build completely, to shape thoroughly (in quots., fig.).

qua sententia misericors miseram liberaret, mentesque fidelium ~eret, quatenus is qui reum judicat, reatum apud se nesciat PULL. *Sent.* 928C; summe Deus, perfunde tuo mox arida corda / rore; loqui da jure tuo; tu perstrue frontem *V. Ed. Conf. Metr.* 8.

perstudere [ML < CL per-+studere; cf. CL perstudiosus], to concentrate entirely, to concern oneself exclusively.

sic speculativa ~uit semita ut neminem agnosceret .. preter spirituales fratres *V. Neot. A* 2.

persuadere [CL]

1 (usu. w. dat. or acc. of person) to urge or admonish successfully, to persuade (someone); **b** (w. acc. to specify persuasion); **c** (w. inf.); **d** (w. acc. & inf.); **e** (w. *quod* or *quia* & ind. or subj.); **f** (w. *ut* or sim. & subj.); **g** (w. *ad* or *de*). **h** (pr. ppl. as adj.) persuasive.

si recesserit ab aecclesia catholica .. et alios persuaserit .. xij annos peniteat THEOD. *Pen.* I 5. 10; his blanditiis persuasus legatus reditum maturavit W. MALM. *GP* II 124; suis eum retinere temptantibus ~eri non potui *Ib.* IV 143; alii ex auditis minime persuasi H. BOS. *Thom.* IV 11 p. 356. **b** pro ceteris quae hominibus mala agenda ~ent judicandos esse significat BEDE *Ep. Cath.* 77; omnia que necessaria sunt ad ~endum aliquid humano animo T. CHOBHAM *Praed.* 123; intentio predicatoris .. ut ~eat hominibus honesta et sibi utilia *Ib.* 262; persuaserat adulescentulam hanc vitam [sc. religiosam], mala mente tamen semper LIV. *Op.* 164. **c** hujusmodi proverbium ponit ut auditores suos a prima aetate virtutibus studere ~eat BEDE *Prov.* 1002D; Theodas hic persuasit multis .. ripas Jordanis obsidere *Id. Acts* 956; ut regi .. ~eret .. sacramenta Christi .. suscipere *Id. HE* II 15 p. 115; unde mihimet persuasi detractorum aculeos equanimius tolerare J. SAL. *Met.* 823A; hic detestatus est esum carnium ~ens vesci frugibus GROS. *Hexaem. proem.* 10. **d** cum .. unum Deum esse ~eret tunc judicio ejus adstruxit per Christum nobis salutem datam BEDE *Acts* 980; forte persuasit eis .. demon corpus eis esse pro carcere AILR. *An.* I 61; animam esse incorpoream et immortalem satis mihi persuasum teneo *Ib.* III 2. **e** si .. nullum adjumentum de nihilo provenit ad aliquid: cui aut qualiter ~eatur quia ex nihilo aliquid efficiatur? ANSELM (*Mon.* 8) I 22; hoc .. dicebat cum ~ere conaretur quod in nullo eorum que dicturus erat falsus vel mendax inveniri posset ANDR. S. VICT. *Sal.* 95; persuasit nobis quia negocia nostra plurima .. facere tunc debuit GIR. *SD* 82; cum .. vellet Dominus ~ere simplicibus quod qui desiderat habitare in regno celorum prius debet premittere bona opera T. CHOBHAM *Praed.* 282; dico quod potest ~eri racionabiliter quod Deus est causa efficiens OCKHAM *Quodl.* 109. **f** qui .. bona operari meditantur hi facillime suis cordibus ~ent ut conspectui divinitatis se patefieri desiderent BEDE *Ep. Cath.* 104; persuasit .. rex .. Dunstanum .. quatenus orbatum patre pontificatum sub cura pastorali .. suscepisset B. *V. Dunst.* 19; ipse sibi benigne ~ebit ut benivolus sit W. MALM. *GR* III *prol.*; ~et .. ratio ut ea dicantur esse quorum exempla conspiciuntur in singularibus J. SAL. *Met.* 885D; persuasit .. nobis .. quatinus equos nostros ad vendendum in Walliam .. transmitteremus GIR. *SD* 84; debent .. predictatores .. ~ere fidelibus ne expectent hunc locum tormentorum T. CHOBHAM *Praed.* 36. **g** sortitur virgunculam quam .. ad pudicitiae praemia ~et [*gl.*: monet, pro persuadebat, *he tihte*] ALDH. *VirgP* 37 p. 285; se Christianum fieri velle confessus est .. persuasus maxime ad perrcipiendam fidem a filio regis BEDE *HE* III 21 p. 170; Socrates morum prescribit normam, Plato de omnibus ~et, Aristotiles argutias procurat J. SAL. *Met.* 906D; alta dans suspiria pro malis immensis / jam tunc imminentibus sine fictione / persuasis partibus de formacione / pacis *Carm. Lew.* 196. **h** s**1459** auditis utriusque partes racionibus, ipsasque pregnantes ~entesque esse intelligens *Reg. Whet.* I 355.

2 to urge successfully (course of action or practice).

haec protoplaustum pellexit fraude colonum / dirum persuadente scelus fautore malorum ALDH. *VirgV* 2682; posse sermonem .. elegantem .. facere ~ere dictione que vellet W. MALM. *GP* IV 139; 'verbum dulce satis dilectio, dulcior actus, / quem petis, en pariter suadet amare Deum' / suadet et hunc utinam persuadeat ipsa leporem L. DURH. *Dial.* IV 293; caro ~et suavia, mundus sollicitat ad vana T. CHOBHAM *Serm.* 5. 27ra; hunc articulum sepius tenui et persuasi et adhuc dictat mihi racio quod sit verus UHTRED *Contra Querelas* 334.

3 (in gl.).

~eo, *A. to egge or to tyse WW.*

persuadibilis v. persuasibilis.

persuasibilis [CL], **persuadibilis** [LL v. l.], persuasive, convincing; **b** (w. ref. to *I Cor.* ii 4). **c** (as sb. n. pl.) persuasive things or arguments.

latebat sub cupiditate ratio ~sibilis W. MALM. *GR* IV 366. **b** non in ~dibilibus humanae sapientiae verbis EGB. *Pont.* 2; c**1168** dum tamen innocentia de meritis operum quam de ~sibilibus humane sapientie verbis potius elucescat J. SAL. *Ep.* 248 (245); quomodo queso circumfixum Jesum in ~sibilibus annuncias humane sapiencie verbis J. BURY *Glad. Sal.* 607. **c** an rethorica sit ars fallendi .. an vis ~sibilia inveniendi BALSH. *AD rec.* 2 176.

persuasibiliter [CL], persuasively, convincingly.

quorum profecto vagitus jurisperitorum omni allegationum robore et nitore in auribus Domini Sabaoth delectabilius et ~ius [v. l. perviabilius] sonat H. BOS. *Thom.* IV 13 p. 365.

persuasio [CL]

1 (act of) persuading or urging, exhortation, persuasion; **b** (rhet.); **c** (w. subj. gen.); **d** (w. obj. gen. of person persuaded); **e** (w. obj. gen. of things urged); **f** (w. *ad*).

de pelice fraudulenta Samsonis quae subdola peliccatus ~one sinagogae tipum praetulit ALDH. *PR* 115 p. 158; beatus .. Jeronimus rescribit ei hanc epistulam .. ~onibus stimulans in ampliorem amorem scientie scripturarum GROS. *Hexaem. proem.* 2; **1265** quem .. ad partem suam ~onibus dolosis attraxit *Cl* 125; **1549** si quis .. ~onibus partes aut testes ad sophistice jurandum induxerit *Conc. Scot.* II 123. **b** dialectica probatione de eodem certi esse et tamen illud nolle: ideo necessaria est retorica ~o BERN. *Comm. Aen.* 31; propterea nonnumquam ~o ponitur finis rhetorice KILWARDBY *OS* 591. **c** portio plebis illa .. quae principum suorum ~one seducta Barabbam pro Domino elegit BEDE *Cant.* 1211; **811** cum persuassione amicorum *CS* 332; hoc quod ~one amicorum obtulerat ORD. VIT. III 3 p. 60; dum pravas eorum ~ones atque consilia incaute suscipiunt tartaree damnationis plagas incurrunt AILR. *Serm.* 28. 26. **d** ut dicamus quomodo debeat aliquis uti arte inveniendi in ~one alicujus honesti T. CHOBHAM *Praed.* 294. **e** exhortatio .. ad excussionem torporis caritatisque vegetationem virtutumque singularum excitationem spectat et ~onem J. FORD *Serm.* 85. 2. **f** Tullius .. fecit mirabilem ~onem ad credendum resurrectionem mortuorum T. CHOBHAM *Praed.* 109.

2 persuasive power, power of persuasion, attraction, or sim.

hanc [ymaginem] .. propter mirandam speciem et nescio quam magicam ~onem ter coactus sum revisere GREG. *Mir. Rom.* 12.

3 persuasive argument, discourse, or sim.

pars secunda hujus ~onis BACON *Maj.* III 36 *tit.*; preter istas tres raciones sunt alie ~ones. prima talis .. secunda ~o est quod .. tercia ~o est quia DUNS *Ord.* I 104.

4 (firm) belief, doctrine, or sim., persuasion.

versutiam nefariae ~onis refutare verbis BEDE *HE* I 17 p. 33; c**1381** his et aliis hujusmodi ~onibus .. scandalosis tocius regni communitatem .. commovere laborant *Ziz.* 294; exposuimus .. quid de omni parte ~onis Christianae sentiamus JEWEL *Apol.* Hij p. 46.

persuasivus [ML], that persuades, persuasive (w. obj. gen).

constat quod credibilior .. et magis ~a talium sit predicacio KNAPWELL *Quare* 312.

persuasor [LL], one who urges successfully or persuades, persuader, instigator, or sim.; **b** (w. obj. gen.).

suasor concordie .. et .. ad quod intenderet pro viribus eloquentie ~or W. MALM. *GR* V 407 (v. dissuasor); et suggerebatur ab astutissimo ~ore GROS. *Cess. Leg.* I 6 p. 31; ut animus id quod intendit ~or rapiatur BACON *Tert.* 304. **b** omnes tanti sceleris ~ores capti .. per varia tormenta morte turpissima periere ASSER *Alf.* 97 p. 85; matrimonii contrahendi suasor efficax factus est et ~or GIR. *EH* II 31 p. 375; ille ~or vobis magis efficax fuit solus et turpium .. quam veri amici vestri plurimi de die clara et laudabilium *Id. SD* 108.

persuasorie [ML], in a persuasive manner, persuasively.

quas .. non minus ~ie exposuisti ADEL. *ED* 16; persuadeo .. et inde persuasorius .. et ~ie adverbium OSB. GLOUC. *Deriv.* 520; verbo Domini .. ab archiepiscopo .. ~ie prolato GIR. *IK* II 2 p. 113; quicquid super hoc ab illo simulatorie vel ab aliis vere et suasorie, non autem ~ie, cantatum .. fuerat *Id. SD* 108; mandavit Francis ~rie, quatenus ad castra redirent *Itin. Ric.* V 6 p. 315.

persuasorius [LL], that urges persistently or exhorts successfully, persuasive, hortatory (usu. of document, speech, or sim.).

sunt et ~ia verba et dulcia doctrinae bonorum (*Ps.-*BEDE *Exeg. Psalm.*) *PL* XCIII 499B; species quinque: honestum, commendatorium vel ~ium; admirabile, alienatum; humile, neglectum (*Leg. Hen.* 4. 3) *GAS* 548; nichil ab apostolico nisi ~ias litteras .. obtinuit W. MALM. *GP* I 60 p. 114; hic .. modus [orationis] .. magis .. ~ius est quam urgens J. SAL. *Met.* 911D; s**1247** cum igitur ad hoc instarent mater ejus et fratres, et etiam carta papalis ~ia, quam adquisierant M. PAR. *Min.* III 22; non putavi .. utendum fore rationibus ~iis AD. MARSH *Ep.* 177.

persuasus [CL], persuasion, advice (w. subj. gen.).

amicorum ~u beatum Judocum adire decrevit ORD. VIT. III 13 p. 139; que ~u matris caput Johannis petit HON. *Spec. Eccl.* 997C; convertit sponsum ad fidem Christi. qui dum ejus ~u ab Urbano papa baptisma percipit .. *Ib.* 1029A.

persuavis [LL], very pleasant or delightful.

in canticum ~e interior natura vertitur ROLLE *IA* 257.

persudare [LL], to sweat all over.

sudo componitur .. persudo ~as OSB. GLOUC. *Deriv.* 542.

persudus [ML], very clear or pure.

~us, clarus, purus. Virgilius 'persudum rutilare vident' [Virgil *Aen.* VIII 529] OSB. GLOUC. *Deriv.* 469; sudus .. i. purus et mundus. et componitur ~us, i. valde purus *Ib.* 542.

persulcare [ML < CL per- + sulcare], to plough through; (transf.) to plough (the sea, in sailing).

cum jam oceani prope ~asset equora Angliam intraturus *Chr. Battle* f. 13v; **1440** ~ato jam pelago omni BEKYNTON I 193.

persultare [CL]

1 to leap or prance all over (in quot. intr.).

flagraque cum crepitu persultant caede cruenta / donec purpurpeo rorarent sanguine rivi ALDH. *VirgV* 1312.

2 to make a clamorous or continuous noise or sound. **b** to sing or utter loudly (also trans.).

licet .. musica sambucorum armonia ~ans [*gl.*: reboans, clamans, sonans, *hlydende*] insonuerit ALDH. *VirgP* 21 p. 252; talibus ymnisonis persultant vocibus omnes WULF. *Swith.* I 1022. **b** audiamus .. quid prophetica tuba ~et GILDAS *EB* 50; geminis concentibus 'Osanna' persultans [*gl.*: reclamans, *dre*] ALDH. *VirgP* 30 p. 269; ~are responsoriis antiphonisque reciprocis instruerem EDDI 47 p. 98; in tertia Dominica in Christo renati totum mundum in laudem Christi convocant et gratulando ~ant 'Jubilate Deo, omnis terra [cf. *Psalm.* lxvii 4] HON. *GA* 698D; regem Israel appellant, 'osanna' in laudem ejus magna voce ~ant *Id. Spec. Eccl.* 917C; dum angeli in laudem ejus 'gloria in excelsis' .. alta voce ~averunt *Ib.* 931B; de his diebus precinuit totum psalterium Spiritus Sanctus. insuper lex et prophete omnes ~averunt hec consono voce *Ib.* 966A.

persus v. Persa, 2 perseus. **perta** v. 2 perca.
pertactare v. pertractare.

pertaedere [CL]

1 to fill with weariness or disgust, (*pertaesus*) weary, tired (of), disgusted; **b** (w. gen.); **c** (w. acc.); **d** (w. abl.); **e** (w. *de*). **f** (as sb.) tired or weary person.

haec actutum prompta depromere non me pertaesum [v. l. pertessum] pigebit utpote paternitas, inormitas, iniquitas ALDH. *PR* 127 p. 175. **b** quia pertaesus in heremo populus Israhel itineris longi ac laboris murmuravit contra Dominum et Moysen BEDE *Hom.* II 18. 201; rex .. pertaesus barbarae loquellae *Id. HE* III 7 p. 140; longinque peregrinationis pertesi W. MALM. *GR* I 3; primum Arelatensi comiti nupta, mox illius pertesa, huic W. se conjunxit *Ib.* IV 388; s**1141** comes Gloecestrie .. pertesus more *Id. HN* 488 p. 47; interea uterque adolescentis parens secularis vite pertesus *Id. Wulfst.* I 2. **c** psalmodie pertesus longitudinem, . . soporatus est R. Cold. *Cuthb.* 37. **d 790** vere fateor moeroris languore post te me esse pertaesum et usque ad lacrimas absentia tua contristari Alcuin *Ep.* 9; tanta pertesus formidine Danorum princeps obsides exibit, sacramenta prebet Osb. Clar. *Ed. Conf.* 5 p. 76; pertesi omnes multitudine adventantium pauperis neglexere clamorem, insuper increpabant eum ut taceret Ailr. *Ed. Conf.* 764C; barbarie lingue pertesus . . subintroduxit . . alium episcopum Gerv. Cant. *AP* 336; vita pertessus, voluntario precipitio undis sese summersit M. Par. *Maj.* I 450. **e** tandem de ejus importunitate pertesus; *V. Edm. Rich P* 1783E. **f** si forte delectaret pertaesos terrenae habitationis Bede *Gen.* 124.

2 (*pertaesum est*) it is tiring, tedious, or sim.: **a** (w. dat. of person and gen. to specify source of weariness); **b** (w. acc. or abl.); **c** (w. inf.).

a religio undique circumspecta ablegaret et tedium; vita enim que nihil erat nisi obedientia, lababat, si sibi sui vel pertesum erat Pull. *Sent.* 746B. **b** absurdum . . arbitror si te pertaesum [v. l. pertessum] sit affabiliter investigando et ventilando percurrere quod me pertaesum [v. l. pertessum] non fuit difficulter commentando et coacervando digerere Aldh. *PR* 142 (143) p. 203. **c** residua canonicarum commentariola scripturarum . . universa singillatim commemorare pertensum [vv. ll. pertessum, pertesum; gl.: tediosum, satis longum, *æþyrdte, æhþrot, æþrette*] Aldh. *VirgP* 49 p. 303.

pertassare [CL per-+tassare; cf. OF *tasser*, ME *tassen*], to stack completely, to finish stacking.

1252 debet auxilium . . ad fenum levandum †aduvandum [l. adunandum] donec ~etur in curia *RBWorc.* 477; **1299** donec [fenum] sit percollectum et ~atum *Ib.* 306.

pertegmen [CL per-+tegmen; cf. CL pertegere = *to cover completely*], cover.

perstromata, ~ina *GlC* P 301.

pertemptare, pertentare [CL]

1 to probe fully, examine thoroughly. **b** to test or try severely, to tempt persistently (so as to influence or win over).

~ato . . sensim homine utrum ad redimendam regis amicitiam esset infractior W. Malm. *GP* I 49 p. 90; ~atis illorum et cognitis animis *Id. HN* 466 p. 21; erit . . hoc undique ~ando: quid ipso, quo ipsum, quid ipsius . . Balsh. *AD rec. 2* 112. **b** et nos quos intestine passiones vitiorum et cupiditatum ~ant suis responsis vincere docuit Gosc. *Lib. Confort.* 53; omnimodis eorum animos ~are nitebatur ut datis eis muneribus secum paciscerentur Ord. Vit. IX 14 p. 592; nec putes illum quem affectus mali undique pertentant, licet quodammodo affectum ideo affectibus prebere assensum Pull. *Sent.* 855C; hec [mulier], inquam, mentem sancti pertentat Hugonis H. Avr. *Hugh* 221.

2 to attempt (repeatedly), try hard (to). **b** to try out.

incultum pertemptat humum proscindere ferro / et sator edomitis anni spem credere glebis Bede *CuthbV* 414; si clarescentibus culpis a proprio episcopo ejectus in aecclesia alia ministrare ~averit . . Egb. *Dial.* 405; **887** (11c) si †quis [l. qui] . . hoc nostrum . . donum in aliqua corrumpenda fedare ~ent sciant se . . *CS* 547; blandiciis, humilitate, et aspera brevitate persuadere ~at Andr. S. Vict. *Dan.* 12; surculos pomiferos . . divellere, confringere et pessum dare ~arunt R. Cold. *Godr.* 87 p. 97; o serpens antique . . sororum mearum rectitudinem labefactare pertentas P. Blois *Serm.* 769A. **b** omnia pertemptabo ardendo viscera febre Bonif. *Aen.* (*Luxoria* 4) 297; omnia prius quam arma pertentans Gir. *EH* I 46 p. 303.

pertendere [CL]

1 to continue resolutely (towards), to press on (w. journey, course of action, or sim.).

ubi a servitute vanitatis libera, in pace Conditoris mens contemplativa ~at Gosc. *Lib. Confort.* 39; disposito . . apud regem consilio Romam ~it W. Malm. *GP* III 115 p. 251; an per mendacium . . ad adquirendam domini sui gratiam ~it? Andr. S. Vict. *Dan.* 24; Samaritanus autem per eandem viam ~ens [cf. *Luc.* x 33: iter faciens], miseri miseretur Hon. *Spec. Eccl.* 1059C; ad ejus abscessum ex hoc mundo . . ~emus Ad. Eyns. *Hug.* IV 14 p. 71; clericum . . ad para-

disi gaudia ex bone consciencie testimonio hillariter ~entem eodem in loco vidi *Id. Visio* 48.

2 (intr.) to extend, reach out (to) (in time or space, also transf. or fig.).

excitabat . . totum occidentem fama largitatis ejus, orientem usque ~ens [v. l. protendens] W. Malm. *GR* IV 314; erat certe plenum segnitiei et ignominie nescire saltem nomina principum nostre provintie cum ~at alias cognitio nostra ad tractus usque Indie *Id. GP* I *prol.* p. 4; Walterus successit . . ~it ad quintum annum Willelmi regis et tum indecoro exitu . . decessit *Ib.* IV 163 p. 300; columna ignea e celo ad navem ~ens navem recto cursu ad litus perduxit *Ib.* IV 184; hec pars corporis a genibus incipit et usque ad cavillam et pedes ~it Andr. S. Vict. *Dan.* 26.

3 (trans.) to extend, to stretch. **b** to stretch to the limit.

cum de mundi luminaribus radios suos terras usque ~at, tamen ejus radii per queque immunda diffusi non contaminantur Gros. *Hexaem.* II 10. 4. **b** cum castellum haberet pertensum et invalidum nec . . sufficienti munitione securum G. Steph. 17 p. 36.

pertener [ML < CL per-+tener], very tender.

ludos incepit perteneros Veneris (*Vers.*) *Latin Stories* 175.

pertenere [LL], to hold, retain, keep.

si quis virginem vel viduam ducere velit . . rectum est, ut . . promittat . . quod eo modo querat eam, ut secundum Dei rectum ~ere [v. l. pertinere; AS: *healdan wille*] velit, sicut sponsus debet legitimam sponsam (*Quad.*) *GAS* 443.

pertenotides v. parthenocidos.

pertenuis [CL]

1 very thin or fine; **b** (of beard or hair).

vir . . naso adunco ~i Bede *HE* II 16 p. 117; tenuis componitur . . ~is, i. valde tenuis Osb. Glouc. *Deriv.* 587; lapillum modica quantitate ~em R. Cold. *Cuthb.* 104 p. 232; bractea pertenuis faciem superenatat unde Neckam *DS* IV 580. **b** ~is cesaries W. Malm. *GR* V 439 p. 510; erat . . barba admodum ~i R. Cold. *Osw.* 50 p. 378.

2 present in very small quantity, very modest, simple, or meagre.

halitu tantum ~i quod [v. l. quia] viveret demonstrans Bede *HE.* V 19 p. 328; dietam . . oportet esse ~em, ptisanam scilicet, et micam panis ter in aquis . . ablutam P. Blois *Ep.* 43. 127B.

perterere [CL]

1 to grind thoroughly or finely.

ostrea quem metuit duris perterrita saxis Aldh. *Aen.* 37 (*Cancer*) 6; dum . . pertritas [v. l. percritas] et in olla subjecta decoctas saporis fastidiret panis oleati que preplacuere tortulas E. Thrip. *SS* II 11.

2 (fig.) to wear down, wear out, tire (person).

10.. pertritus, *getyrge WW*; pertritys, *getyrged WW*; **c1400** per mare, per terras tociens pertriverat hostes, / quod nec abhuc audent jure refferre minas (*Epitaph. Ed. III*) *Pol. Poems* I 219.

3 (p. ppl. as adj.) trite, very common.

res est enim non pertrita sed 'corvo rarior albo' [cf. Juvenal VII 202] W. Malm. *GR* I 49.

perterigoma v. pterygoma.

perterrefacere [CL], to frighten greatly, terrify thoroughly.

ad cujus imaginem ~factus, [ait] Osb. *Mir. Dunst.* 24 p. 157; qui . . tantum regem larvis et crepitaculis ~fieri posse crederent Jewel *Apol.* H i v.

perterrefieri v. perterrefacere.

perterrere [CL]

1 to frighten greatly, terrify thoroughly.

nequaquam concrepantibus tubis exinde ~itus Gildas *EB* 69; cumque toro foret Augustus perterritus alto / pallidus evigilat somni formidine captus Aldh. *VirgV* 617; populus . . multo . . timore ~itus est Bede *Cant.* 1093; operis . . immensitate ~itus *Id. Acts pref.* 937; Francigeni . . ~iti G. Herw. 328 (v. derelinquere

2a); mulier super hoc eventu anxia plurimum existens et ~ita Gir. *GE* I 11 p. 40.

2 (fig.) to frighten to death.

evitatus, ~itus *GlC* E 355.

perterrificare [CL per-+terrificare], to frighten greatly, terrify thoroughly.

sunt et ex tribus partibus composita, ut ~o Alcuin *Gram.* 878B.

perterritare [LL]

1 to frighten greatly.

exhilarat sua fama Friges, perterritat Argos *Brutus* 185; sanguinis insontis vindex perterritat illum J. Herd *Hist. IV Regum* 158.

2 to act in a terrifying way.

bachari, furere, limfari, stomachari, ~are [vv. ll. procerritare, procertare] Osb. Glouc. *Deriv.* 79.

perterritor [CL per-+territor], one who terrifies thoroughly.

quia fuerunt contumeliosi ~ores affligentur cum despeccione Holcot *Wisd.* 198.

pertexere [CL], to weave completely, to finish weaving; (transf.) to complete.

'loquela' [est] quando cum quadam eloquentia dictionis ordo protexitur [vv. ll. pertexitur, procedit, profertur] Bede *Orth.* 57.

1 pertica [CL], ~us

1 (wooden) rod, pole, stick, bar (dist. acc. use). **b** perch for a bird.

pilleum quo caput velabat procul quasi ~am unam a capite decussum projecit B. *V. Dunst.* 18; Jacobus . . cum ~is fullonum interfectus est [*PL*: Jacobus . . ~a fullonis interfectus] Beleth *RDO* 124. 131C; pellicia de peregrinis murium pellibus necnon et cuniculorum ~is appensa Gir. *RG* III 3 p. 94; quando es in domo coram marito, [vestimenta] induis vilia, super ~am ponis preciosa O. Cheriton *Fab.* 64A p. 237; **1259** custodi vinee regis habere faciat virgas et ~as ad reparacionem vinee regis *Cl* 366; **1292** in ~is pro una teuda, ix asper' *KR Ac* 308/13 m. 2; **1301** R. G. pro falsa ~a [*measuring rod*] quia minuta *Rec. Leic.* I 238; **1302** ~a, super quam ponuntur cerei et candele *Reg. Durh.* III 47; **1331** duo instrumenta ferrea cum longis ~is pro herbis extrahendis (*Invent. Pri. Cant.*) *Arch. J.* LIII 274; navigans contra impetum fluvii cum magna ~a *Latin Stories* 14; a metrod, partica Levins *Manip.* 155. **b** de arbore . . ~am ei fac Adel. *CA* 11 (v. excorticare 1a); **1163** pro ~is ad aves regis vj s. ix d. *Pipe* 71; quorum [accipitrum] duos . . super ~am exposuit W. Cant. *Mir. Thom.* VI 66 p. 467; psittacus . . dolorem simulans e ~a cui insidebat morienti similis cecidit Neckam *NR* I 37 p. 89; [accipitres] a suis dominis diligentur, in manibus gestantur, et super ~as [v. l. particas; Trevisa: *perchis*] reponuntur Bart. Angl. XII 2 p. 519; **1275** Johanni Merimar[io] . . pro xj pertic[is] ad falcones, ij s. iiij d. *KR Ac* 467/6/2 m. 1; Radulfo Merimar[io] pro ij partic[is], ij d. *Ib.*; nisus unus sedens in ~a [ME: *a perke*] *Itin. Mand.* 80.

2 a stem, stalk of apple. **b** (beam of) antler.

a partes fructuum . . hec ~a, *the sterte of a napulle WW.* **b** **1209** quidam cervus inventus fuit mortuus . . et habuit unam perticham fractam usque ad cerebrum *SelPlForest* 4; viscera . . cervi inventa fuerunt subtus molendinum . . et perticha similiter. et erat una percussura in perticha ac si esset facta de quadam securi *Ib.* 6; combure cervi ~am et testas ovorum Gilb. VII 296. 2.

3 linear measure, perch; **b** (defined). **c** (as square measure of land); **d** (of crop or sim. yielded by one perch of land); **e** (of forest).

sive stadium, sive jugerum, sive ~am . . partiri opus habes Bede *TR* 4 p. 185; aedificium situ pene rotundum, a muro usque ad murum mensura quattuor ferme sive quinque ~arum distentum *Id. CuthbP* 17; usque ad unam leugam et iij ~as et iij pedes *DB* I 2ra; silva l pertic' lg' [i. longitudine] et xl lat' [i. latitudine] *DB* I 78vb; **a1155** donasse . . quiquid de terra mea de K. muri ambitu curie . . continetur, viz. ~as in longitudine xxj in latitudine x *Doc. Theob.* C 4 p. 542. **b** **c1100** ~a passus duos [habet] id est pedes decem, ~as autem justa loca vel crassitudinem terrarum, prout provincialibus placuit, videmus dispositas, quasdam x pedes, quibusdam duos additos pedes; aliquas vero xv vel xvij pedum definitas. .. alii autem voluerunt ut ~a xlviij palmorum esset; quo ~a ad †manus [l. minus] xv pedes habet *Eng. Weights* 3–4; **1160** per ~am ejusdem ville *Danelaw* 151; c**1160** ~a est de xvj pedibus *Dom. S. Paul.* 130; c**1195** octo acras terre .. per ~am xviij pedum *Danelaw* 154; c**1196** noveritis me dedisse .. xxvij acras terre in Hevenwod de wasto meo cum omnibus pertinentiis suis per ~am viginti pedum *Cart. Brinkburn* 24; octo .. virgate unam hidam faciunt. wista .. quattuor virgatis constat. leuga .. Anglica duodecim *quarenteines* conficitur, quarenteina vero quadraginta ~is. ~a habet longitudinis sedecim pedes. acra habet in longitudine quadraginta ~as et quattuor in latitudine *Chr. Battle* f. 15; **1214** xxx acre bosci .. sed ad ~am xxvj pedum *CurR* VII 283; **1225** unam .. acram .. sc. ex parte *del north* per ~am viginti et quatuor pedum *Cart. Sallay* 380; **1228** rex dedit .. x acras bosci .. per ~am xviij pedum et dimidii *Cl* 13; **1229** rex .. concessit .. Rannulfo .. xij acras terre .. ad perdicam suam *Cl* 261; **1258** debet fieri eadem mensuracio per unam et eandem ~am, sc. xx pedum *Cl* 306. **c 762** (15c) terra .. extensas habens tres ~as *CS* 192; **938** (11c) dabo .. sex ~as ubi incolis vocit[at]ur Hrocastoc *CS* 723; **969** dedi .. duas mansas et unam ~am in discretis viz. locis *CS* 1231; habentes dim. car' et ij acras et j ~am prati *DB* I 276va; confirmavimus .. tres acras et unam perticham terre *Reg. Malm.* II 234; tres partice juxta Vernhale, una partica juxta .. *Ib.* 260. **d 1234** quando levat pratum domini, debet habere unam ~am feni, quod [*sic*] Anglice dicitur *soylon Cust. Glast.* 59. **e 1260** per ~am nostram de foresta mensurari faceretis .. xl acras .. *Cl* 22; per ~am regis de foresta *Cl* 213; **1315** lxiiij acras bosci .. per ~am de foresta *Cl* 132 m. 19.

4 (as place-name) Perche; **b** (passing into surname).

comitissa ~e W. MALM. *GR* V 419; convocatis proceribus ~i et Corbonie ORD. VIT. XIII 1 p. 1; Alencion .. et Nogentum in ~a .. et alia oppida .. perierunt *Ib.* 16 p. 41; **1203** de scutagio xix militum comitis de ~o *Pipe* 27. **b 1198** Galfridus de ~o *Pipe* 66.

5 (as name of comet).

~a autem grossum habet radium et cum diversis jungitur planetis, sed non cum sole *Ps.*-GROS. *Summa* 586.

2 pertica [cf. 1 perca, 1 percha], kind of freshwater fish, perch (*Perca fluvialis*).

1250 ubi major sit copia piscium cum ~is *Cl* 332; in piscibus ut patet in lucio et in ~a BACON IX 37; **1417** in j ~a et j anat' de *ryver* empt' iiij d. *Ac. Durh.* 55.

perticare [ML; cf. CL perticatus = *equipped with a pole*]

1 to shape like a pole, or to place (candle) on a candle-stick.

habebunt candelas viz. particatas et torcatas et minutam candelam secundum consuetudinem domus (*Cust. Bury St. E.* f. 118v) *HBS* XCIX 60.

2 to measure (land) in perches.

1225 sexties viginti acras terre .. ~atas pertica decem et octo pedum *DCDurh.* 2. 11. spec. 2; in hoc manerio sunt acre subscripte ad frumentum ~ate .. *Cust. Taunton* 94; **1289** perticam seu mensuram pertice, qua mensurando seu ~ando terras suas usi sunt *RGasc* II 400b.

perticasa v. perticata.

1 perticata v. perticare.

2 perticata [ML], linear measure, perch; **b** (defined); **c** (as square measure of land); **d** (defined).

833 distat ab ipsa aqua de Asendyk per tres ~as in ejus ripa australi *Conc.* I 177a; **1150** unam mansuram terre in L. que contineat xv ~as in longitudine et iiij ~as in latitudine *Fabr. York app.* p. 147; c**1210** habebit unumquodque burgagium xxiiij ~as in longitudine et iiij in latitudine (*Burton-on-Trent*) *BBC* 51; **1231** que .. placia continet .. in longitudine lxxj ~as *Cl* 11; **1314** processerunt usque ad ostium camere sue .. que est in messuagio suo .. et distat per quatuor perticasas a porta .. versus orientem *Eyre Kent* I 113; **1385** in vij ~is muri fact' ibidem *Cant. Coll. Ox.* II 127. **b 1284** ~a de xvj pedibus et dimidia THORNE 1940; **13..** sexdecim pedes et dimidia faciunt ~am regis *Eng. Weights* 9. **c** tres particatas terre .. fodere possint *Reg. Malm.* II 95; **1182** pro claudendis xl ~is circa parcum de W. *Pipe* 47; **1199** desunt de particione sua .. ij virgate terre et ix acre et sex ~e terre *CurR* I 70; ? c**1223** de .. dimidia ~a de marisco in S. *Ch. Chester* 413; debet quilibet burgensis .. pro ~a terre [in marg.: *ane ruid of land*] *Leg. IV Burg.* 1; c**1280** dedisse .. tres ~as jacentes in Bouh *Cart. Sallay* 139; **1353** viginti quatuor ~as prati *FormA* 165; croftum .. quatuor ~arum *Meaux* I 99; **1381** mensuratur ibidem per decem et octo pedes hominis . . . R. M. ij acras iij ~as, .. *Cart. Bilsington* 207. **d 1321** placeam terre .. continentem x ~as et dimidiam et quelibet ~a ad xvj pedes et dimidium in longitudine et xxiiij pedes in latitudine THORNE 2036; de mensuratione terre et de mensura unius particate terre. particata terre in baronia debet mensurari per sex ulnas que faciunt xviij pedes mediocres, hoc est neque de majoribus neque de minoribus. particata terre in burgo continet viginti pedes mediocres *APScot* I *app.* V p. 387a; **1378** boscus .. continet in se cdlix acras .. quarum quelibet acra continet in se quadraginta ~as et quelibet ~a in se viginti et quatuor pedes *IMisc* 215/4 m. 2.

perticul- v. particul-.

pertimescere [CL], **pertimere** [LL]

1 to fear greatly, to dread thoroughly; **b** (w. acc.); **c** (w. acc. & inf.); **d** (w. inf.); **e** (w. *ne* or sim. & subj.); **f** (w. *de*).

~escens ille dicit angelo BEDE *HE* III 19 p. 165. **b** ad piissimum patrem qui despicienti porcorum sordidos cibos ac ~escenti dirae famis mortem .. occidere consuevit vitulum filio [cf. *Luc.* XV 11–32] GILDAS *EB* 29; nec venenatos aspidum rictus .. puella ~escit [*gl.*: pro pertimescebat] ALDH. *VirgP* 47 p. 301; perversus .. jure .. judicium .. Domini ~escit BEDE *Hom.* I 24. 97 (v. discutere 4b); quem ~uerunt .. barbarae gentes BYRHT. *V. Ecgwini* 377 (*recte* 367); perfidie genus est, aliquid discernere jussum / et scelus est, aliquod pertimuisse scelus J. SAL. *Enth. Phil.* 1354. **c** ob metum irae et animadvertionis tuae quam me incautus incurrisse ~esco BEDE *Hab.* 1239A; **1321** regnum .. intestini belli discrimine naufragari ~escimus *Conc.* II 508a. **d** ut .. non ~escas libertatis aureae decenti nota inuri GILDAS *EB* 1 p. 27; vivere erubesco, mori ~esco ANSELM (*Medit.* 1) III 77; si hec omnia credis, cur non ~uisti tot animas baratro inmergere HON. *Spec. Eccl.* 892D; contemplacionis impetum .. interrumpere prorsus ~ui R. COLD. *Godr.* 195 p. 205; **1318** ante tante majestatis conspectum oculos levare ~uit *FormOx* 31; **1318** convocaciones solempnes .. facere ~entes *Ib.* 39: **1329** ardua .. negocia vobis scribere ~esco *Lit. Cant.* I 287; **1381** talia, que hereticam sonant pravitatem .. dogmatizare nullatenus ~escit *Conc.* III 152b. **e** ~escebant [*gl.*: timebant] magnopere ut .. futuris nepotum nepotibus .. fraudarentur ALDH. *VirgP* 36 p. 280; ne quid tibi contingat adversi .. vehementer ~esco W. S. ALB. *V. Alb. & Amphib.* 5; ~esce .. ne hiis consideracionibus elatum supra leges regis .. temere te extollas FORTESCUE *NLN* I 22. **f** nec oportet de erubescencia ~escere HOLCOT *Wisd.* 30.

2 to revere, hold in reverence.

cujus [s. Laurentii] celebritatis memoria cunctis est fidelibus .. ~enda R. COLD. *Cuthb.* 108 p. 243.

pertinacia [CL]

1 determination, obstinacy, stubbornness, (pl.) acts of stubbornness, stubborn views, attitudes, or sim.

p**675** nequaquam tyrannica freti ~ia ALDH. *Ep.* 4 p. 485; ne assumpta specie constantiae ~ia stultorum fallat BEDE *Cant.* 1194; ~ia ferventis zeli *Ib.* 1212; a**1078** quam pertinaci arrogantia et arroganti ~ia .. LANFR. *Ep.* 50 (46) p. 146; furensque pertinacia [v. l. partinacia] / doloris nescit aggerem J. HOWD. *Cyth.* 70. 8; schismaticorum ~iis .. hereticorum versutiis AD. MARSH *Ep.* 8 p. 88; heretici infamia juris .. sunt infames, quia eorum vie et ~ie sunt infames OCKHAM *Dial.* 588.

2 (? assoc. w. or error for *pertinentia*) sphere of authority, dependent area.

1072 de pertinentia [v. l. pertinatia] diocesis (v. pertinentia 2); c**1125** pro quodam crasso pisce in ~ia Brancestre capto *Chr. Rams.* 267 (= *Cart. Rams.* I 149).

pertinacitas [LL], obstinacy, stubbornness.

tibi tueque .. satisfacere .. ~ati E. THRIP. *SS* IV 10; viro commendabili .. suasit tandemque feminea ~ate .. persuasit *Ib.* X 9; firma .. ancillantis fidelitas non interpolataque fidelis in exibicione servicii ~as *Ib.* XI 15.

pertinaciter [CL], determinedly, obstinately, stubbornly.

~iter [*gl.*: procaciter, constanter vel dure, perseveranter] pertinacibus repugnantes in fronte duelli fortiter dimicemus ALDH. *VirgP* 11 p. 240; haec .. sub arbore crucis erat non hujus quidem se fidei humiliter mancipando sed hujus super se vindictam ~iter imprecando BEDE *Cant.* 1211; vestri doctores .. in quibusdam ~iter [v. l. pertinasciter] nobis obsistere conantur PETRUS *Dial.* 28; ne in ecclesia sepeliretur ~issime resistere W. MALM. *GP* III 118 p. 260; c**1213** inimicos nostros, presertim vero ~iter et irrevocabiliter in nos grassantes, exosos habemus GIR. *Ep.* 7 260; quicumque contra eam doctrinam erraverit ~iter .. est hereticus judicandus OCKHAM *Pol.* III 217; omnes defendentes ~iter oppositum illius sentencie sunt (WYCL. *Conf.*) *Speculum* VIII 507.

pertinax [CL]

1 who holds to a course of action, obstinate, stubborn, persistent, resolute; **b** (of person, group of people, or animal); **c** (transf. & fig.); **d** (of action or attitude). **e** (as sb.) obstinate or stubborn person.

~ax, *anwille GlP* 10. **b** mulier illa procax et ~ax [*gl.*: inpudenter tenens quasi pertinens] ALDH. *VirgP* 57 p. 317; **798** numquam fui Deo donante in errore meo ~ax ALCUIN *Ep.* 145 p. 232; ~aci ab hoste GIR. *TH* I 12 p. 38; falcones .. nisu ~aciores *Ib.*; iis omnibus convalescit fides catholica, erubescit ~ax genus Judaicum *V. Edm. Rich P* 1822A; examinandus est .. an paratus sit corrigi vel in sua opinione .. possit .. ~ax declarari OCKHAM *Pol.* III 51. **c** professus se .. demones .. vidisse flammam .. jaculantes, flammam adeo ~acem ut .. W. MALM. *GR* II 193; peccatum ~acem radicem infigit *Id. GP* V 276 p. 440. **d** quia easdem impetu ~aci .. profluentes asseverat BEDE *Cant.* 1150; a**1078** quam ~aci arrogantia et arroganti pertinacia LANFR. *Ep.* 50 (46) p. 146; quia ~ax duritia hoc non admittit .. GOSC. *Lib. Mild.* 1; ~aci Anglorum sevicia perterriti pedites pariter equitesque Britanni ORD. VIT. III 14 p. 147; amor voluptatis dulcis est; amor proprie voluntatis ~ax est BALD. CANT. *Serm.* 1. 10. 564; pertinnacis rebellionis cornua dilatabant [v. l. dilacerabant] *Ps.*-ELMH. *Hen. V* 55 p. 140. **e** pertinaciter ~acibus [*gl.*: violantibus, *anwillum*] repugnantes in fronte duelli fortiter dimicemus ALDH. *VirgP* 11 p. 240; si hoc ~acibus placet J. SAL. *Met.* 879B; ~acium improbitas AD. MARSH *Ep.* 30 p. 127 (v. dissensio).

2 (as cognomen of emperor Publius Helvius Pertinax).

Elius ~ax scelere Juliani legisperiti occiditur in palatio R. NIGER *Chr. II* 118; s**191** Helyus ~ax imperator a senatu creatus M. PAR. *Maj.* I 131.

pertinenter [LL], appropriately, properly with respect to the given facts, suitably.

c**1363** multe .. conclusiones absurdissime possunt inferri ~er ex isto modo loquendi *Ziz.* 86; Sigismundus imperator, rex Romanorum .. et cetera, ad stilum suum ~er STRECCHE *Hen. V* 155; **1549** pro iisdem ~er ad ipsum terminum fabricandis *Conc. Scot.* II 122.

pertinentia [LL]

1 pertinency, the fact of being relevant to or connected with.

1342 de eorum [sc. articulorum] ~ia et impertinencia disputetur *Conc.* II 692b; omnis namque transsumpcio notificat unum per aliud vel aliquam ~iam aut similitudinem inter illa BRADW. *CD* 565A; si .. A est pertinens B, quia sequitur ad B, per idem B est pertinens B, quia antecedit ad A, cum ~ia sit relacio equiparancie, eque fundabilis in antecedencia sicut in consequencia WYCL. *Log.* II 186.

2 sphere of authority, extent of prerogatives.

1072 inter archiepiscopum .. et episcopum .. de ~ia [v. l. pertinatia] diocesis eorum (*Lit. Papae*) W. MALM. *GR* III 297 (= *Conc.* I 326b).

3 (leg., of land or other property) appurtenance. **b** (in general) accessory, gear. **c** (w. ref. to supporting document) attachment.

a 814 (*endorsed* 11c) Kenulfus rex dedit Wlfredo .. Kingesculand cum ~iis suis de Blen' *CS* 348 p. 487; c**1125** dedit .. ecclesiam de D. cum omnibus ~iis suis

Cart. Chester 6 p. 48; c**1173** cum omnibus ~iis ad eandem ecclesiam .. pertinentibus *Regesta Scot.* 138; 'do tibi terram .. cum omnibus ~iis', .. poterit uxor .. post mortem viri sui jure dotis eciam ~iam ipsam cum aliis recte petere GLANV. VI 12; **1227** ad firmam villam nostram de Grimesby cum ~iis ad predictam firmam pertinentibus (*Grimsby*) *BBC* 305; pro .. terris nostris Anglie, Wallie, Wasconie et Hibernie cum suis ~iis BLANEFORD 134. **b** cum iiij equis et ~iis BRAKELOND f. 128; **1296** qui concesserunt .. viginti equos coopertos cum ~iis suis *MGL* II 76. **c 1419** in .. mittendo coram eo querelas cum suis ~iis *MGL* I 42.

pertinere [CL]

1 to relate or pertain (to), to have to do (with).

o didascalicos tropos est ut in eo scribat ~entia ad doctrinam *Comm. Cant.* I 16; climax tropus est ad principium et finem sententiae ~ens *Ib.* III 140; omnia .. nomina .. ad iambum ~entia acuto accentu pronuntiari .. suadet regula ALDH. *PR* 115 p. 159; exceptis quae ad carnis stimulos ~ent BEDE *Cant.* 1068A; navalis, res ad naves ~ens *GlC* N 35; nam non videtur credere in illam sive qui credit quod ad tendendum in illam non ~et sive qui per hoc quod credit non ad illam tendit ANSELM (*Mon.* 76) I 83; sex sunt modi de quibus, quantum ad numeros ~et, sufficienter diximus ROB. ANGL. (I) *Alg.* 76; ad oculos ~et visus, ad aures auditus W. DAN. *Sent.* 64 p. 317.

2 to be a concern to (a person), to concern, be the business of (usu. w. dat. or *ad* & acc.); **b** (w. inf. or gd.); **c** (w. *de*); **d** (w. indir. qu.)

locus .. quo armamenta reconduntur armamentarium nuncupatur. quod ad naucleros proretasque ~et ALDH. *PR* 140 p. 193; **1225** facturi inde quod justiciariis ~et secundum legem *Pat* 598. **b** non ad eum ~eat bene operari sed ad hoc potius ut nemo arbitretur meritis priorum bonorum operum se pervenisse ad donum justificationis BEDE *Ep. Cath.* 22; ad vicecomites etiam ~et .. cognoscere de melletis GLANV. I 2; **1221** recordatum est quod .. immo ad vicecomitem et ad coronatores ~et facere hujusmodi attachiamenta *SelPlCrown* 84; a**1380** si absens quis fuerit die quo ad eum pertinuerit disputasse .. *StatOx* 176; **1384** in quo casu .. Johannes .. nullo modo .. clamare potest habere succisionem arborum seu subbosci in solo suo proprio cum de communi jure sibi ~et ad habendum ut tenenti soli *PlRCP* 495 r. 205. **c 1218** nichil ad ipsum [sc. episcopum] ~et de Judeis nostris *Pat* 157; **1391** non boni pastores gregem suum cognoscentes, sed velut mercenarii, ad quos non ~et de ovibus *Conc.* III 216a. **d** sciscitabatur quid ad eum ~eret utrum ipse intus an foris noctem transigeret BEDE *HE* II 12 p. 108.

3 (of person) to belong to, be associated with.

clientes .. ad inferiorem gradum ~entes [*gl.*: *belimpedum, belimpendum*] ALDH. *VirgP* 13 p. 241; David .. ad filiorum Dei ~ebat societatem BEDE *Ep. Cath.* 119A.

4 (of property, right, or sim.) to belong, appertain (usu. w. dat. or *ad* & acc.); **b** (pr. ppl. as sb. n. pl.) appurtenances.

679 dono terram .. cum omnibus ad se ~entibus campis, pascuis, meriscis .. omnibus ut dictum est ad eandem terram ~entia *CS* 45; si reconciliavit, ad proprium virum ~et THEOD. *Pen.* II 12. 11; emit .. partem ejus [loci] .. a comite, ad cujus possessionem ~ebat BEDE *HE* IV p. 213; **762** particulam terrae juris mei .. concedo .. cum omnibus .. ad eam ~entibus rebus *Ch. Roff.* 5; Ilbertus vicecomes habet ad firmam suam de Arcenefeld consuetudines omnes mellis et ovium quae huic manerio ~ebant TRE *DB* I 179va; †c**1150** aecclesiam cum omnibus quae ei ~ent *Cart. Chester* 8 p. 57; **1202** appellum de pratis pastis non ~et ad coronam regis *SelPlCrown* 14; **1390** libri theologie ~entes collegio monachorum Dunelm' Oxon' studencium *FormOx* 241. **b** c**1070** manerium suum de Aldenham .. cum omnibus suis ~entibus, in bosco et plano, aquis et aquarum decursibus *Regesta* 53 p. 120; hoc manerium cum sibi ~entibus reddit lxv libras albas *DB* I 75rb; a**1159** cum omnibus ~entibus manerii (*Ch.*) *EHR* XXIV 310; **1283** quelibet dimidia hida debet invenire .. quatuor *cheveruns* et omnia ~encia in parietibus *Cust. Battle* 29; **1307** meremium, lapides et omnia ~encia cujusdam camere antique *Deeds Balliol* 119; concesserunt eciam .. alia ~encia .. manerii, viz. terras, tenementa, et redditus *Meaux* II 225.

5 to be related (to), be a blood-relative (of). **b** (pr. ppl. as sb.) a blood relative.

si non ~eat ei utrimque et aliorum inportunitate quorum consanguineus non est, cogatur eum reddere (*Leg. Hen.* 75. 5b) *GAS* 592; si alicui jure non creditur quod ei ~eat, judicio probet (*Ib.* 92. 13) *Ib.* 608; commonemus .. ut nemo .. uxoretur .. in dimissa cognati sui, qui intra sextum geniculum ~eat ei (*Quad.*) *Ib.* 290; bonum est etiam previdere, ut non ex aliqua consanguinitate sibi ~eant [AS: *þæt hy ðurh mæigsibbe to gelænge ne beon*] (*Ib.*) *Ib.* 445. **b** si quis cum ~ente sua jaceat [AS: *gif hwa sibleger gewyrce*], emendet hoc secundum cognitionis modum; .. non est equale; si quis cum sorore sua concumbat et fuerit de longe ~ens [AS: *feorr sibb*] (*Ib.*) *Ib.* 347.

6 to refer to.

ad hujus mulieris membra se ~ere signabat BEDE *Hom.* II 13. 156.

7 to befit, belong. **b** (pr. ppl. as adj.) appropriate, fitting, suitable.

due .. virtutes recte ~entes [ME: *þe limpeþ*] ad anachoritam *AncrR* 51. **b** ~encius esset querere cujusmodi Deus vult peccatum esse WYCL. *Ente* 260; que pena micior aut ~encior laico quam elemosinas suas subtrahere ab indigno *Id. Ver.* III 75.

pertingere [CL]

1 to arrive at, to extend to (a place): **a** (w. acc.); **b** (abl. absol.); **c** (w. *ad*, *in*, or *usque*).

a pauper et mendicus vix Antiochiam ~ens cum sex sociis intrat *Ib.* X 20 p. 129; sanguis profluus .. genua cruraque .. ~ebat GIR. *EH* II 17 p. 342; ambassiatores Karoli .. jam nunc regis 'ad huc' existentis Rothomagi pertigere [MS: pertingere] presenciam *Ps.*-ELMH. *Hen. V* 73 p. 208. **b** duabus portis Johannis et Petri .. utrumque pertactis LUCIAN *Chester* 53. **c** aliud [vestimentum] .. ~ens ad umbilicum *Comm. Cant.* I 295 p. 354; homines .. qui .. barbam usque ad genua ~entem habent *Lib. Monstr.* I 18; idcirco terrarum umbrae sidera usque non ~unt quia .. BEDE *Cant.* 1135; vestis est .. a pedibus usque ad umbilicum ~ens *Gl. Leid.* 11. 14; itidemque quattuor alii proportionalitate continua donec ad numerum A et B et G et D ~ant [v. l. contingant] sintque L et M .. ADEL. *Elem.* VIII 3; velocitatis exemplum in radio solis licet intueri qui statim orto sole in plaga orientali ~it in ultima plage occidentalis EADMER *Beat.* 2 p. 276; per tunicam Joseph .. quia ~ebat ei usque ad talos AILR. *Serm.* 9. 8. 252; domus mea Farne est que ex adverso urbis Bebbe in pelago consistit et ad eam sine navigii vehiculo nullus ~it *Mir. Cuthb. Farne* 5.

2 to arrive at, to extend to (a time): **a** (w. acc.); **b** (w. *ad*).

a nubilem .. etatem ~entes solatium Dei devote virgines prestolate sunt ORD. VIT. VIII 22 p. 399. **b** lege librum Actuum Apostolorum qui ab decimo nono Tiberii Caesaris usque ad quartum Neronis annum ~it BEDE *Cant.* 1215;

3 to attain, to reach (a condition): **a** (w. acc.); **b** (w. *ad*); **c** (w. *ut*).

a nec enim affecto stilo indulgere et affluere sed que ad materiam spectant ~ere W. MALM. *Mir. Mariae* 168. **b** incrementa virtutum capiunt et usque ad ipsa summi pontificatus gubernacula .. pedetemptim ~unt ALDH. *Met.* 2 p. 70; nec ad honores posse ~ere nisi per labores asserit ORD. VIT. IV 5 p. 198; **1259** cum rex nuper extendi fecerit maneria de Septon' .. quorum extente ~unt ad centum et novem libras, ix solidos, x denarios, et obolum *Cl* 409. **c** non poterat homo ~ere ut spirituales [creaturas] cognosceret nisi per spiritum prophetice PETRUS *Peripat.* 105.

4 a to have to do with, to concern. **b** to belong to (w. ref. to appurtenances).

a c**1160** sapientes in his que sunt ad Deum et prudentes et cauti que ~unt ad seculum OSB. CLAR. *Ep.* 41 p. 151. **b** c**1161** confirmamus eandem abbatiam .. et omnia ad predictam abbatiam ~entia *Doc. Theob.* 2.

pertinnax v. pertinax.

pertinnire [CL per-+tinnire], (of the ear) to ring vehemently.

sic quod aures audientis faceret ~ire [cf. *I Reg.* iii 11: tinnient ambae aures ejus] *Chr. Westm.* 206.

pertiri v. partire. **pertisicus** v. phthisicus. **pertitiosus** v. perniciosus.

pertonare [CL *impers. only*], to thunder loudly, resound. **b** (trans.) to utter with thunderous voice.

pertonuitque tubis aedes pretiosa beatis FRITH. 343. **b** relinquentes antiqui hostis millenos invidiae stimulos et recollentes quod eloquentia ~abat EDDI *pref.* p. 2.

pertondere [LL], to shear completely, to finish shearing.

c**1230** debet .. oves .. tondere quousque pertonse fuerint (*Cust. Ruislip*) *Doc. Bec* 75.

pertortuosus [CL per-+tortuosus], very curved or twisted.

cruked; ~us *CathA.*

pertractare, pertrectare [CL]

1 to handle, deal with, or affect in a certain manner, to treat: **a** (person or group of people); **b** (artefact); **c** (business or affair).

a 1217 ipsam .. reginam .. benigne et amicabiliter .. ~tractetis *Pat* 113; s**1248** cogebatur .. necessario civitas .. se hostibus mancipare et eorum arbitrio ~tractari M. PAR. *Maj.* V 26; nisi expresse fateatur se errasse, est sicut catholicus ~tractandus OCKHAM *Pol.* III 77; **1349** frater Robertus .. arguitur de suspecto, et .. rigidius quam convenit ~tractatur *Lit. Cant.* II 292; **1437** ejus uxorem cum quodam instrumento ferreo vulgariter nuncupato *a pele* graviter percussit ac eciam inhumaniter et injuriose eam ~tractavit *Mun AcOx* 512. **b 1251** capellam dealbari circumquaque et linealiter ~tractari .. facias *Liberate* 28 m. 17; **1412** libros .. modo honesto et pacifico ~tractabis *StatOx* 219. **c** negocia ipsius loci .. ordines atque pertactes [l. pertractes] (*Lit. Papae*) ELMH. *Cant.* 374.

2 to go over in thought or discussion, to study carefully, examine thoroughly; **b** (w. indir. qu.); **c** (w. *de* or *super* & abl.); **d** (intr. or absol.). **e** (pr. ppl. as sb.) one who studies carefully or examines thoroughly.

pontifex Aelfegus, .. animo sagaci talia secum ~tractans, humillimas alacri corde Christo omnipotenti gratias reddidit WULF. *Æthelwold* 43; †**1093** (12c) precipiens ut, si aliquis forisfecerit in nundinis, omnia placita ~tractentur in curia S. Werburge ad opus monachorum *Ch. Chester* 3 p. 6; ut hanc causam diligentissima perquisitione ~tractet et justo fine determinet W. MALM. *GR* III 297; substantialem similitudinem rerum differentium ~tractans apud se definit .. generale conceptum suum J. SAL. *Met.* 878B; sollicite .. illum ~trectantes nec hanelitum nec venas palpitantes in eo invenerunt *Mir. Wulfst.* I 38. **b** novo ordine loqui incipit ut .. secum ipse quid ratio veritatis habeat disputando ~tractet BEDE *Prov.* 1011A; †**948** (12c) dum crebr [? l. crebra] animadversione ~tracto quid michi Unigenitus Ingeniti Regis contulerit Filius *CS* 860. **c** cum .. metropolis sancta Cantuarie .. de substituendo ~tractaret pontifice H. READING (II) *Cel.* 30; s**1260** ipsis invicem convivantibus, ac super pace .. instanter ~tractantibus *Flor. Hist.* II 440; **1326** super diversis nobiscum habuerant ~tractare *DCCant.* 271; c**1380** ut tunc inter nos .. de ista materia .. poterimus ~tractare *FormOx* 388; affirmavit quod nunquam cum illo nisi gladio mediante .. de pace ~tractaret STRECCHE *Hen. V* 178; ideo volo imprimis de his tribus pertractare [*sic*] RIPLEY 134. **d** solent .. superbi .. attonitos habere oculos et praesentia non videre qui aliquamdiu taciti sedula mente ~tractant BEDE *Prov.* 989. **e** si adhuc ponatur visibile propinquius spere apparebit: visibile extra speram ut patebit ~tractanti PECKHAM *Persp.* II 30 p. 182.

3 to decide after careful examination (to).

799 (11c) in commune ~tractavimus aliquam partem terre nobis conlate ad vicem rependere ne ingrati .. videremur *CS* 296.

pertractatio [CL], act of dealing with a subject, careful examination, detailed study (also leg., w. ref. to procedure); **b** (w. obj. gen.); **c** (w. *de*).

omnes habeant congruos ~onum modos locis, temporibus, et personis assignatos (*Leg. Hen.* 9. 3) *GAS* 555; omnes enim cause suos habent ~onum modos, sive in statu quo cepere permaneant sive de eo in alium pertranseant (*Ib.* 57. 8b) *Ib.* 577; alciori ~one possent ista pertractari que tamen sufficiant ad presens ODINGTON *Mus.* 76. **b** de causarum ~one [v. l. protractione] et diffinicione (*Leg. Hen.* 3) *GAS* 547. **c** de musica presens est ~o ODINGTON *Mus.* 44.

pertractio [CL pertrahere + -tio]

1 (act of) tracing or drawing (a line).

figura dicitur quantum ad linee ~onem SACROB. *AN* 1 p. 3.

2 treatment of a subject, consideration, detailed study, careful examination.

omnes . . cause suos habent pertractacionum [v. l. pertraccionum] modos (*Leg. Hen.* 57. 8b) *GAS* 577; ~o istius particularis magis fiet in tractatu 'de raro et denso' BACON III 213.

pertrahere [CL]

1 to drag along, tow through (to); **b** (in fig. context or fig.).

donec ipsum . . extrahunt latebris atque ad synodum ~unt BEDE *HE* IV 26 p. 272; exercitus suas naves per flumen, quod dicitur Mese, sursum tanto longe in Franciam pertraxit ASSER *Alf.* 63; visum est ei quod quispiam a collo per faciem dormientis usque ad os manum pertraxerit GOSC. *Edith* 301; jussit feretralem equorum lateribus machinam coaptari, seque in ea positum ad ecclesie januas . . ~i OSB. *Mir. Dunst.* 4 p. 132; dementem . . corripiunt artioribusque loris constrictum ad sepulchrum ~unt W. MALM. *GP* V 275. **b** ut ad onus ad quod vocamini aliqua occasione ~amini ANSELM (*Ep.* 421) V 367; quarum mollicie a virili fortitudine ad nefas ~untur ORD. VIT. XI 11 p. 208; sed sua illum perversa voluntas ad diem malum pertraxit ANDR. S. VICT. *Sal.* 61; nec delectatio prava ad consensum peccati ~eret *Canon. G. Sempr.* f. 57v; **1299** nolumus . . quod illud . . ad aliorum consequenciam imposterum ~atur *Reg. Cant.* 1315.

2 to draw onward, lure, attract.

c**716** (11c) interdicimus . . ut nullus habitus ex numero laicorum ad se ~at vel suscipiat ullum monasterium de his prenominatis *CS* 91 p. 130; mediator Dei et hominum [cf. *I Tim.* ii 5] virtutum . . dulcedine . . ad se ~ebat absentes BEDE *Cant.* 1165; suggeritur ei . . mulierculam quamdam . . plurimas ad se divinando turbas ~ere populorum AD. EYNS. *Hug.* V 8 (v. decanatus 2a).

3 to drag out (fig.), bring about.

quicquid mali in marchia acciderat me fuisse instigante pertractum GIR. *Symb.* I 28 p. 296.

4 (assoc. w. CL *protrahere*) to prolong, extend, protract, lengthen: **a** (period of time); **b** (sound, tone, or sim.).

a decebat illum audiri qui instantiam deprecandi tribus horis continuans a sexta ~ebat [v. l. protrahebat] usque ad nonam BEDE *Acts* 969; hujusmodi sermocinacionibus pertracta plurima parte noctis *V. Chris. Marky.* 10; s**1241** cum moram per xv dies pertraxisset *Flor. Hist.* II 250 (cf. M. PAR. *Maj.* IV 177: protraxit). **b** tonus . . aut ~itur aut attrahitur ALDH. *PR* 141 p. 199.

pertransire [CL], ? ~iri

1 to go, pass, or travel through, to traverse or cross; **b** (transf. or fig., usu. w. ref. to examining or experiencing); **c** (w. ref. to *Luc.* ii 35); **d** (intr. or absol., usu. w. *per*; also transf. or fig.).

hoc in Italia, . . in Gallia, quas discendi . . studio ~ivimus . . ab omnibus agi conspeximus BEDE *HE* III 25 p. 184; **747** parochiam suam ~iendo et circumeundo (*Clovesho*) *Conc. HS* III 363; per spatiosum litus Romanie iter dirigendo, urbes Stamirram et Patras Beati Nicholai ~eundo SÆWULF 76; aqua . . a transeunte per viam ~iri non potuit H. Bos. *LM* 1338B (v. et. 5c infra); quum . . ceterorum planetarum alius per mensem . . alius per duodennium . . circulos suos ~eant ALB. LOND. *DG* 1. 3; isti alfini oblique currunt et capiunt tria puncta ~eundo [v. l. et tres punctus currendo pertranseunt indirecte] J. WALEYS *Schak.* 464. **b** qui dilectum suum invenire desiderat necesse est praedicatores nominis ejus sollertissime ~eat eorumque se coetibus familiariter interserat BEDE *Cant.* 1119; nam et librum quem ad finem usque perlegimus ~isse dicimus *Ib.*; tunc Guillelmus omnes insidias incolumis ~ivit ORD. VIT. XII 45 p. 481; beata anima que non solum patriar-

chas et prophetas . . sed etiam angelos . . et omnem militiam celi ~iit et sic ad dulcissimum filium suum pervenit AILR. *Serm.* 20. 35. 315D; **1431** publica et doctrinalia singillatim gingnasia ~eat philosophorum *StatOx* 234. **c** tu siccis manes oculis et ejus animam ~it gladius doloris? AILR. *Inst. Inclus.* 31 p. 671; quia ~eunte gladio Jesu animam Marie non ex omnibus cordibus revelantur cogitationes AD. SCOT. *Serm.* 346B. **d** Christus Jesus . . ~ivit etiam bene faciendo et sanando omnes oppressos a diabolo BEDE *Cant.* 1207; Hogge et Leodium . . qui ~ibant (per terras ibant) ostensionem dabant et telon' (*Quad.*) *GAS* 232; venit per Sidonem, id est per mundum, ~iens per eum non ut ibi habitaturus sed venaturus T. CHOBHAM *Serm.* 9. 38rb; posset fieri sermo longior . . sed breviter ~eo BACON *Gram. Gk.* 93; **1289** mandamus ut dicta vina sine quacunque exactione pecunie . . transire libere permittatis, sicut vina . . vinearum civium B. consueta sunt libera ~ire *RGasc.* II 490a; **1467** rogantes . . quatenus . . per loca vestra . . cum rebus et bonis suis . . ~ire . . libere [eum] permittatis *MunAcOx* 724.

2 to spend (period of time); (p. ppl. as adj.) past.

anima . . non statim postquam seculum reliquerit perfecte munda est donec ~eat septem dies AILR. *Serm.* 33. 20; a diebus ~itis in dies succedentes KNIGHTON *pref.* p. 1 (v. diatim a); totum diei residuum ~eunt studendo in legibus . . FORTESCUE *LLA* 51 p. 128; **1504** dum in humanis aget tam feliciter sua tempora possit ~ire ut . . *StatOx* 313.

3 to cross over (to), move on or over (to) (also transf. or fig.).

didicimus vos in Anglicam terram ~isse ANSELM (*Ep.* 24) III 131; sive in statu quo cepere permaneant sive de eo in alium ~eant [v. l. transeant] (*Leg. Hen.* 57. 8b) *GAS* 577; cum ingenti manu in Asiam ~ivit ANDR. S. VICT. *Dan.* 105; cum a studiis liberalibus ad negocia ~isses ecclesiastica DICETO *Opusc.* 177; ad suas patrias omnes permisit . . ~ire *Chr. Kirkstall* 126; oportet nos ad alia ~ire BACON *CSPhil.* 495.

4 (trans. or w. *ad*) to pass through to, to reach.

incipiamus a Joseph . . proficiamus et ascendamus donec ~eamus transmigrationem Babylonis AILR. *Serm.* 24. 21. 330; ut ad omnes nationes et linguas vox illa ~eat J. SAL. *Met.* 938A; utinam ad me de fonte vite . . hujus plenitudinis ~eant rivuli J. SAL. *Pol.* 538B.

5 to go past, to pass by: **a** (trans., also transf. or fig.); **b** (intr. or absol.). **c** (pr. ppl. as sb.) one who goes past or passes by.

a cum secus domum qua tenebatur episcopus processio ~iret DICETO *Chr.* I 133; quoscunque ~ibant, inclinatis capitibus et letis vultibus cum ingenti gaudio anime occurrebant (*Pen. Tundali*) *NLA* II 310. **b** ex qua die ita pontifex meritum ejusdem hominis Dei reveritus est, ut nunquam ~iret nisi genua flecteret OSB. *V. Dunst.* 33 p. 109; si vero aliquem orantem invenerit . . silenter ~eat *Cust. Cant.* 78; debent . . stantes permanere, donec ipse ~eat *Obs. Barnwell* 38. **c** locus . . belli ~euntibus evidenter patet ORD. VIT. III 14 p. 144; hoc monumentum, i. sepulcrum mortuorum eo quod moneat ~euntium mentes ad hoc debere transire OSB. GLOUC. *Deriv.* 352; H. Bos. *LM* 1338B (v. 1a supra).

6 to pass by (without mention or consideration), to pass over, omit, neglect, overlook.

ille memor precepti quod susceperat sirenarum cantus obturata aure petransiit [sic] AILR. *Ed. Conf.* 755B; s**1187** contemptum apostolice sedis ~ire surdis auribus non possumus (*Lit. Papae*) GERV. CANT. *Chr.* 384; **1262** nec non possumus pati tales transgressiones multas ~ire *RL* II 219; **1299** negligenciam quam conniventibus oculis ~ire nolumus incorreptam *Reg. Cant.* 333; **1301** nec consideracionem nostram ~it quod . . *MGL* II 162; de isto modo accipiendi . . vocabula inferius . . multa ponentur exempla, ideo ad presens ~eo OCKHAM *Pol.* I 309.

7 to go or pass beyond. **b** to exceed.

ita quod cepta monasterii nequaquam ~eant neque missam . . omittant *Cust. Cant.* 82. **b** inde terminabitur ante xxii diem, ~ibit egritudo naturam et regulam acutarum RIC. MED. *Signa* 35.

8 (of person, time, or condition) to pass, pass away, come to an end.

si haec omnia . . transitoria sunt, cur non et horum scientia ~it? ALCUIN *Gram.* 852A; multum ~ivit temporis ex quo ad te venire . . sollicitus fui PETRUS

Dial. 3; regna que ~ierunt ANDR. S. VICT. *Dan.* 65; nox fuit et tamen in hac nocte querere non cessavit et ideo, quando nox ~iit, invenit AILR. *Serm.* 20. 7. 310; status animi tui sicut aure incertitudo est, sicut estus maris fumusque ~iens P. BLOIS *Ep.* 86. 263B; ut tanta temporis nostri gloria transitorie non ~eat GIR. *TH pref.* p. 21; cum imagine ~it homo *Eul. Hist.* I 11.

pertransitive [cf. CL pertransire], throughout the period gone through.

1278 pullani: idem r. c. de iij pullanis de rem' et de j ultimi exitus et ideo non plures quia iij jumenta ~e sterilia *Ac. Stratton* 95; xxij oves ~e steriles *Ib.* 96.

pertransitor [CL pertransire + -tor], one who travels through or passes by.

ut . . ~or torrente voluntatis divine epotetur H. Bos. *LM* 1338B (v. epotare c).

pertransitus [LL], (act of) passing through.

omnis linee ~us est in tempore BACON *Maj.* II 70.

pertranslatio [CL per- + translatio], (complete) transfer.

1298 expense domus tempore ~onis: . . in expensis . . Willelmi W. cum garcione suo per j diem et j noctem, garcione suo commorante pro seysina tenenda (*Ac. Farley*) *Surrey Rec. Soc.* no. XXXVII vol. XV p. 9.

pertremescere, ~iscere [LL], to tremble all over (with fear).

mente confusus expavit toto corpore ~iscens propter fetorem non audebat gustare *G. Roman.* 289.

pertrepidus [LL v. l.; cf. CL praetrepidus], very anxious or agitated.

ast ego pertrepidus faciem cum pronior arvis / inserui ÆTHELWULF *Abb.* 728.

pertric- v. perdric-.

pertritio [CL perterere + -tio], (act of) fine or thorough grinding.

1387 laborantibus . . super defraccione et ~one salpetr', sulphur', et carbonum . . ad conficiendum inde pulverem gunnorum *KR Ac* 183/12 f. 24.

pertrix v. perdrix.

pertulere [cf. pertuli *p. ppl. of* CL perferre], to endure, put up with, suffer.

quod tu Domine . . non solum claustra carnis sed etiam presepis angustias vitae largitor voluisti ~ere *Nunnam.* 63.

pertumescere [LL], **pertumere**, to swell up, become completely swollen or inflated.

tumeo . . et extumesco, ~esco . . conponitur etiam tumeo ~eo . . distumeo OSB. GLOUC. *Deriv.* 576; *to bolne*, . . tumere, ob-, con-, per- *CathA*.

pertundere [CL], to perforate (right through); **b** (w. ref. to *Agg.* i 6); **c** (fig.).

'tortam panis', ideo sic dicitur quia tripliciter torquebatur: primum in modum funis triplicis, sicque redigitur in unum, in medio tantum pertusum *Comm. Cant.* I 320; duas coronas, ij panes pertussos similes coronae *Gl. Leid.* 39. 43; petusus, pertesus [v. l. percussus], detritus OSB. GLOUC. *Deriv.* 471; ~o . . et pertusus . . vel ut antiqui volunt . . pertesus *Ib.* 572; bibere non posset, ob hoc fictum legitur, quod illis diebus guttur pertusum habere perhibeatur ALB. LOND. *DG* 8. 14; respiciens . . tunicam illius in pluribus locis . . exustam et pertusam ex guttis ardentibus P. CORNW. *Rev.* I 203 p. 197. **b** hausi plane et frequenter, sed quia eas vasi futtili et sacculo pertuso commisi, parum est quod inde retinui ROB. BRIDL. *Dial.* 6; congregavit pecuniam et misit eam in saccum pertusum HON. *Spec. Eccl.* 1058D; **1166** nonne projecta est saccum pertusum ut hosti suscepti proficeret J. SAL. *Ep.* 145 (168 p. 104); alii ventum hauriunt. alii in saccum pertusum congregant P. BLOIS *Ep.* 11. 35C. **c** illorum animo miseratus et facto ~ens avaritiam W. MALM. *Wulfst.* I 7; item, cor pertusum et perforatum nichil in se recipere potest vel retinere T. CHOBHAM *Serm.* 17. 63vb.

perturbamen [CL perturbare + -men], (means of throwing into) disorder or confusion, disturbance.

ventorum estuantium ~ina R. COLD. *Cuthb.* 31 p. 70; molestiora scandalorum ~ina AD. MARSH *Ep.* 227 p. 395.

perturbare [CL]

1 to throw into disorder or confusion, to disturb, upset; **b** (person or person's body or senses, physically or mentally); **c** (condition, act, or abstr.). **d** (pr. ppl. as sb.) one who disturbs or upsets.

spumosos natando gurgites magno ~ant murmure *Lib. Monstr.* II *pref.* **b** quae et ante tempora pubertatis nostrum animum ~atura adveniunt BEDE *Cant.* 1068; ebrietas . . ~at venas, obturat auditum *Ps.*-BEDE *Collect.* 252; c**1122** nec in animo tuo de retinentia mea aliquantulum ~eris *Doc. Bury Sup.* 21 p. 815; inflatio . . per nares exiens totum caput ~at T. CHOBHAM *Praed.* 210; negligencia cum possis ~are perversos nihil est aliud quam stupor OCKHAM *Dial.* 543; quibus verbis auditis rex commotus fuerat in spiritu nimium ~atus STRECCHE *Hen. V* 150. **c** quin et ipsam [fidem] in credentibus . . persequi ac ~are studebant BEDE *Ep. Cath.* 10A; **1148** ne aliquis meorum super timorem Dei et meum amorem temere ~et [sc. elemosinam] *Ch. Chester* 84; **1161** nemo ergo pacem ejusdem loci presumat ~are *Regesta Scot.* 226; c**1196** si W. frater primogenitus predicti G. ~ari et adnichilari voluerit donationem *Cart. Beauchamp.* 195; cum nec per elationem ~ari potest navigantium felicitas qui jam pervenerunt ad portum salutis V. *Edm. Rich B* 614; quicunque . . aut tumultu aut contumeliis aut risibus concilium ~averit RIC. ANGL. *Summa* 27 p. 37; ~ant . . conceptum veritatis ut convenit Deo, loquendo de veritate in communi DUNS *Ord.* IV 194; a**1350** jurabis . . quod pacem istius universitatis per te non ~abis *StatOx* 19. **d** c**1381** contra magistrum Nicolaum Herforde et alios pacem ~antes *Ziz.* 292 *tit.*

2 to deflect (person from action), to impede, hinder; **b** (w. *a* or *de*); **c** (w. inf.).

1221 si . . homines emerint bladum aut aliam mercandisam ubi *ernes* dederint nullus inde eos ~abit nec a mercandisa sua elongabit *SelPlCrown* 98; **1302** rex recuperavit quasdam terras de predicto G. . . per defectum cujusdam attornati . . qui ~atus fuit per tempestatem maris *RParl Exch* 25 m. 2; c**1470** de hiis qui impediunt marescallum curie sive ~ant *BBAdm* I 227. **b** quem [Cerberum] poetae et philosophi ab janua inferni mortales ~are trino arbitrantur latratu *Lib. Monstr.* II 14; **1351** ipsum ~averunt de egrediendo aulam *SelCKB* VI 76. **c 1310** ~avit mercatores suos emere lanam Johannis de Norton *Rec. Leic.* I 268; **1357** nomina eorum qui ~ati fuerunt emere allec apud feriam de Jernemutha per homines ejusdem ville (*AssizeR*) *Law Merch.* III 180.

3 (p. ppl. as adj.) confused, disorderly.

ex perversione, cum ab ordine ~atior et ex transpositione perplexior complexio quam . . BALSH. *AD* 96.

perturbate [CL], in a disorderly manner, confusedly.

hic erit considerandum, ne quid ~e, ne quid contorte dicatur ALCUIN *Rhet.* 22; quare omne hujusmodi principum hoc consideranti ~e confusum videbitur et inde sophisticum BALSH. *AD* 46; ne incommodius ~ius a se quam ab alio fallatur *Id. AD rec. 2* 105.

perturbatio [CL], disturbance, confusion, upsetting; **b** (of person, his body or senses, physical or mental); **c** (of condition or arrangement).

c**705** nuper furibunda tempestatis ~o . . fundamenta ecclesiae . . concussit ALDH. *Ep.* 9 (12) p. 500; nequaquam hujus ~onis strofa scandalizari *Ib.* p. 501; nox . . daemonicae ~onis BEDE *Cant.* 1125; ut . . per temporalia ejus subsidia a mundi ~one quiescat *Ib.* 1209; auxit procellam hujusce ~onis etiam mors . . regis *Id. HE* II 5 p. 91. **b** non ~one animi commotus hoc dixit BEDE *Acts* 989; **802** magis . . ex petitione suorum quam sanctae mentis illius ~one vel iracundia ALCUIN *Ep.* 246; in tanta tam vehementi cunctorum ~one GIR. *EH* I 4 p. 236; ut ~oni affectuum que . . semper a corde prorumpit rationemque perturbat impassibile . . remedium assisteret ALF. ANGL. *Cor* 15. 9; nigredo ultimata que sua ~one visum obfuscat *Quaest. Salern.* B 278; que res . . ~onem ipsi faciunt, ne suo vigore . . uti possit ALB. LOND. *DG* 6. 8. **c** timor publice ~onis que ex ira regis posset oriri A. TEWK. *Add. Thom.* 18 p. 337; s**1234** consilium vestrum non est pacis sed ~onis terre M. PAR. *Maj.* III 270; a**1350** nec . . aliquos in ~one pacis ope vel consilio juvabis

StatOx 19; **1384** petit judicium si absque ~one speciali in persona sua in hac parte assignanda . . breve . . manutenere debeat *PlRCP* 495 r. 319; **1444** H. Blakton, rector de S. in Hibernia . . convictus fuit de ~one pacis et de meretricio *MunAcOx* 539.

perturbativus [CL perturbare + -ivus], that throws into confusion or disorder, disturbing; **b** (w. obj. gen.).

vis . . ~a, sc. ubi quis se contendit possidere cum jus non habeat et alius dicat se esse in possessione cum jus habeat BRACTON f. 162. **b** molestia sollicitudinum totius ~a quietis P. BLOIS *Opusc.* 900D; improperare alicui peccatum suum viciosum est et pacis ~um HOLCOT *Wisd.* 85; s**1378** transit annus . . ecclesie ~us WALS. *HA* I 389.

perturbator [LL], one who throws into disorder or confusion, disturber; **b** (w. obj. gen.); **c** (transf.).

1451 (v. inquietator). **b** ~ores . . justitiae EGB. *Pont.* 98; pacis et unitatis ~or A. TEWK. *Add. Thom.* 18 p. 337; c**1223** ~ores ecclesie et regni *Ch. Sal.* 145; ~ores . . juris et libertatis ecclesie Cantuariensis V. *Edm. Rich B* 622; ~ores capituli et inobedientes *Cust. Westm.* 186; **1306** sunt communes malefactores, feriarum ~ores, et feriam de L. impediverunt hoc anno *Gaol Del.* 1015 m. 1; **1378** cum magistro Johanne nostri ordinis ~ore *FormOx* 232. **c** s**1249** annus . . Francie, Anglie, Ytalie et Germanie immisericors depredator et ~or M. PAR. *Min.* III 68.

perturbatorius [CL perturbare + -torius], that throws into disorder or confusion, disturbing, perturbatory.

1431 qui invenerint seu legerint . . billas quascumque diffamatorias sediciosas seu pacis nostre ~ias *Cl* 281 m. 6*d*.

perturbatrix [CL], that upsets or disturbs.

c**1420** paupertas, discipline fructifere ~ix *FormOx* 433.

pertusagium [OF *pertuisage* < CL pertundere + -agium], duty paid on broached casks of wine (Poitou).

1215 vendicionem et paagium et ~ium [de] Niorth' que jam dudum dedimus . . nostro R. *Cl* I 198b.

pertusare [ML], (frequentative) to perforate all over or right through (fig., w. ref. to *Agg.* i 6).

demones . . et peccata ~ant saccum cordis nostri T. CHOBHAM *Praed.* 155.

peruber [CL per- + uber], very copious or abundant.

1446 ~eres gracias habens . . regi *Conc.* III 547b.

1 perula v. perla.

2 perula [CL], small bag, pouch, or wallet.

~a, parva pera OSB. GLOUC. *Deriv.* 480; ostendens ei ~am . . aliquot hostias consecratas continentem GIR. *TH* II 19 p. 102; illud [corpus Christi] in ~a quadam a collo dependente clam deponebat *Id. GE* I 9 p. 34; retulit . . quod quidam nobilis princeps . . sal exorcizatum secum in ~a semper haberet MAP *NC* I 30 f. 22v.

3 perula v. pirula.

peruncare [CL per- + uncus + -are], to catch as with a hook.

saucio loetiferis omnes cum morsibus intus, / jam rabidi trino capitis sub dente perintro [MS: perunco] TATWINE *Aen.* 23 (*De trina morte*) 2 p. 190; viribus invisis sanctos in calce perimo [v. l. perunco] BONIF. *Aen.* (*Superbia* 15) 265.

perunctim [CL perunctus *p. ppl. of* perunguere + -tim], by smearing over or greasing.

perungo . . unde . . ~im adverbium OSB. GLOUC. *Deriv.* 606.

perunctio [CL], (act of) applying ointment, smearing over or greasing. **b** (*suprema* ~o) extreme unction.

perungo . . unde . . ~o, -nis OSB. GLOUC. *Deriv.* 606; corrosuras et ~ones circa cor et latera incessanter paciebatur *Canon. G. Sempr.* p. 296n. as v. l. **b** af-

fectus mundos suprema perunctio signat GARL. *Myst. Eccl.* 115 (v. diaeta 2e).

perunctura v. punctura.

perunctus [cf. CL perung(u)ere], (act of) anointing or ointment (unless as p. ppl., in quot. w. false concord).

1381 cor ingenti profusum gaudio dulces per oculos stillat guttas quasi leticia perunctus (TYSS.) *Ziz.* 180.

perundare [LL *gl.*]

1 to overflow, flood, inundate.

s**1292** mare terminos suos excedens omnia maritima ~avit OXNEAD *Chr.* 287.

2 to abound excessively, to be in overabundance.

si tibi divitie, si prospera queque perundent D. BEC. 1633.

perung(u)ere [CL]

1 to grease or smear copiously or all over. **b** (~*ere manum*) to oil or grease the palm (fig. in bribery).

cardo rotans sed uterque silet velut orbita plaustri / resina pingui fuerit cum forte peruncta WULF. *Swith.* II 619; primo creta vultus ne agnoscerentur ~ere ceperunt R. MELUN *Sent.* II 51; in infirmaria corpus ejus nudum unguentis medicinalibus ~ere consuevit *Canon. G. Sempr.* f. 148v. **b** metus archidiaconi exsufflat . . transactionem nisi peruncta manu GIR. *GE* II 33 p. 325.

2 to anoint (all over); **b** (w. ref. to baptism or extreme unction); **c** (king or sim.); **d** (in fig. phr.).

sepeliendus a discipulis murra perunctus est BEDE *Cant.* 1097; altare Dominicum cum dedicatur et cetera quae sacrosancta esse debent ~uuntur *Ib.* 1098; opus Mariae quae eum imminente passionis articulo hoc aromate perunxit *Ib.* 1146; veniebant, ut inungerent Christum, ut ~erent unctum G. HOYLAND *Ascet.* 259A; quamvis non sit frivolum ad litteram intellegere Virginem charissimum Filium suum unguentis optimis sepe perunxisse HON. *Sig.* 500A; episcopus . . manus illorum [sc. presbiterorum] chrismate ~it ut cuncta que benedicunt benedicta sint, quatinus se ab immundo opere contineant GIR. *PI* I 19 p. 111. **b** aqua baptizent electos et chrismate sacro ~uant BEDE *Hom.* I 15. 77; c**798** pectus . . eodem ~uitur oleo ut signo sanctae crucis diabolo claudatur ingressus ALCUIN *Ep.* 134; c**798** sacro chrismate caput ~uitur *Ib.* 137 p. 215; his dictis perunctus et sic emisit spiritum BYRHT. *V. Osw.* 441; ibi . . cum aliquandiu moraretur acri coepit infirmitate gravari et sacrati olei liquore peruncti Dominici corporis et sanguinis perceptione exitum suum munivit WULF. *Æthelwold* 41. **c 10**.. Christe ~e hunc regem in regimen unde unxisti sacerdotes, reges, et prophetas (*Consecratio Regis*) *Rec. Coronation* 17; hac unctione perunxit eum Christus in regimen *Tract. Ebor.* 677; princeps . . perunctus erat *Ps.*- ELMH. *Hen. V* 3 p. 6. **d** ejusdem dono Spiritus electorum corda ~uens BEDE *Cant.* 1086; **956** peruncti nomine Christi *CS* 935; oleo . . exultationis ~i fecerunt BYRHT. *V. Ecgwini* 353; palpo . . tanta suavitatis ~it gratia ut virtuti sompnum inducat J. SAL. *Pol.* 482C; **1183** ex celestis charismatis unctione, qua vos . . Omnipotens copiose perunxit P. BLOIS *Ep.* 167. 462C; cujus rore muneris / dum tota perungeris / renovasti vetera EDMUND *BVM* 3. 3; nunc magis est carus vir blandus in aure perungens / et duplex lingua rethor habetur ea. GOWER *VC* VII 245.

3 to cover with other fluid or semi-fluid substance.

vasculis stillantem cruorem excipiunt, membra sua debilia ~unt HON. *Spec. Eccl.* 1003B; melle jubet nudum sub sole calente perungi / corpus, ut a muscis nudum queat undique pungi NIG. *Paul.* f. 45v. 31.

4 to spread (substance) all over.

yposelinum . . perunctum stranguriis utilis est *Alph.* 197.

perura v. parura.

perurere [CL]

1 to burn completely, consume with fire or heat; **b** (fig.); **c** (ellipt. or absol.).

portas Hierusalem flammis hostilibus esse perustas BEDE *Ezra* 884; aurea sol oriens orbi qua spicula mittit / qua mediumque diem fervente calore perurit WULF. *Swith.* I 464; ignibus ast alii flammaque vorante perusti *Id. Brev.* 450; lunares radii carnes fructusque perurunt J. SAL. *Enth. Phil.* 997; Jovis est ignis ethereus simplex et innocuus nihilque ~ens ALB. LOND. *DG* 10. 4. **b** a**985** frigore stridentes. fervore perusti. letitia privati (ÆTHELWOLD *Ch.*) *Conc. Syn.* 126; igne perusta Dei populorum pectora fervent WULF. *Poem.* 12; **1171** generales [angustias] mundus agnovit, sua quemque miseria ~it acrius nisi .. J. SAL. *Ep.* 304 (305 p. 724). **c** fervidus Augustus, Leo torrens igne perurit *Kal. M. A.* I 411.

2 to affect as if with fire or by burning (w. ref. to drying up or inflammation).

protinus incandens arsura replevit et ingens / illius volam, nimio turgore perustam WULF. *Swith.* II 349; s**1094** tunc magna siccitas gramina terre perussit ORD. VIT. IX 2 p. 461; guttam committit et corda siligo perurit D. BEC. 2700.

peruria v. parura.

perurgere [CL]

1 to push, thrust, shove energetically or repeatedly (in quot., pr. ppl. as sb.). **b** to thrust forward (fig.), to point out repeatedly or insistently.

sequar tamen manum trahentis et stimulum ~entis, sub ea tamen conditione ne deserat ipsa vel ad momentum manum servuli sequentis se J. FORD *Serm.* 14. 1. **b** hoc precipue ~ebat quod indesinenter oportebat eum pugnare ad bestias curie J. SAL. *Thom.* 7.

2 to spur on, to urge insistently (person); **b** (w. inf.); **c** (w. *ad* or *in* & acc.).

si quem in foro tantis et tam preciosis mercibus pleno invenit otiosum, stimulis suis vehementer eum ~et, quia merces tam preciosas adeo vilipendet J. FORD *Serm.* 1. 3; accense vero charitatis ~ebatur affectu BLAKMAN *Hen. VI* 11. **b** **705** tuae providae considerationis industriam consulari voluntaria necessitas meam insciolam parvitatem ~et WEALDHERE *Ep.* 22; insonuit clamor, Odonem citius advolare ~ens EADMER *V. Osw.* 2 p. 3; funis edens interna petit miserumque perurget / dicere que nescit seu dare quod nec habet L. DURH. *Dial.* II 334; sic ubi nos sine morte mori tot fata perurgent *Ib.* III 177; **1300** flebiles gemitus nos ~ent .. plangere domini N. .. occasum *Lit. Cant.* I 10. **c** ad confectionem .. unius panis .. miseros ~ebant J. SAL. *Pol.* 422B; illa .. que peccatis obvolvitur .. ad exitum multis flagris ~etur R. COLD. *Godr.* 195 p. 205; membra ~et ad obsequium suum in ministerio pietatis et salutis BALD. CANT. *Serm.* 10. 15. 494D; **1281** necessitate tamen multiplici in aliud ~ente PECKHAM *Ep.* 134 p. 160.

3 to afflict or oppress heavily.

si procella fortior aut nimbus ~eret .. fixa mente vacaret BEDE *HE* IV 3 p. 210; comperto quod eos fames aliquantulum ~eret OSB. BAWDSEY clxvii; interim fame ~ente Mauros .. *Ib.* clxix; **1178** nec litteras misi nec nuntium, licet me importunitates plurime ~erent ARNULF *Ep.* 119 p. 182; in Ferracutum Rolandum mittit acutum / hicque giganteum morte perurget eum GARL. *Tri. Eccl.* 90; **1309** gravi corporis invalitudine .. ~ente *Reg. Carl.* I 319.

4 to press on with, pursue vigorously.

hoc ait et properans bellum ferale perurget FRITH. 379.

perusitari, ~are [CL per-+usitari], to make use of completely, to use up, wear out.

1364 inde ~antur hoc anno ij paria rotarum carectariarum (*Comp.*) *Banstead* 351; **1384** in ij peciis ferri .. et una garba asceris .. empta pro veteribus *billes* ejusdem molendini ~atis, renovandis et punctandis *Doc. Leeds* 115; **1427** de apparatibus ~atis et vastatis de dictis navibus *Ac. Foreign* 61/E; **1463** idem computat fore ~ata .. j *haye* .. , j saccum pro cepis et viij *pusnettes Comp. Dom. Buck.* 68.

perusitatio [cf. perusitari], (act of) using up or wearing out.

1398 in ~one in mol' iiij molarium *MinAc* 805/5 r. 3 *d.*; **1411** compotus .. de diversis .. donis, ~onibus et vastacionibus sellarum, frenorum, capistrorum .. *Ac. Foreign* 45 r. D; **1427** de omnibus et singulis ~onibus, fraccionibus, perdicionibus, et vastacionibus *Ib.* 61/E.

perustio [LL], (act of) burning up or consuming with fire.

peruro .. unde .. hec ~o OSB. GLOUC. *Deriv.* 608.

perustor [CL perurere+-tor], one who burns up or consumes with fire.

peruro .. unde perustus [MS *adds*: perustor] OSB. GLOUC. *Deriv.* 608.

peruti [CL per-+uti], (in gl.) to peruse.

to peruse, ~i LEVINS *Manip.* 195.

perutilis [CL], very useful or necessary; **b** (w. dat.); **c** (w. *ad*); **d** (w. inf.).

septem .. gradus illi ~es et necessarii H. READING (I) *Haeret.* 1275D; multa probe docuit, illoque perutilis evo / inter precipuos summus in orbe fuit J. SAL. *Enth. Phil.* 763; supplementa .. scolarium ~ia et necessaria sunt *Id. Met.* 929A; consilium ~e repperit R. COLD. *Godr.* 595 p. 467; ingenio docili studioque laudabili et diligencia ~i GIR. *SD* 56. **b** per regem Saxonum .. cujus sibi ~e didicerat fore consilium G. FONT. *Inf. S. Edm.* 1 p. 35; notitiam .. dure .. cervicis populo ~em meruit obtinere GIR. *TH* II 5; veritates .. toti Christianitati ~es OCKHAM *Dial.* 398; s**1347** ad pacem .. tibi dictoque regi ~em AVESB. f. 111v. **c** videbit unamquamque [artem] .. ad reliquas ~em esse PETRUS *Peripat.* 99; ad rerum vero cognitionem phisicam et quadrivium ~ia fore R. MELUN *Sent.* I 180. **d** Marce, perutilius censemus amare probatum / quam quem reddideris velle probare tuum G. WINT. *Epigr.* 41.

pervacuus [LL], completely empty, devoid of meaning or substance (in quot., as sb. n. pl.).

omissa replendo substituere, supersticiosa vel ~a delendo descidere R. COLD. *Cuthb.* 2 p. 7.

pervadere [CL]

1 to advance or proceed through, to cross, traverse.

ut populus Domini liquit Memphitica sceptra / umida [v. l. humida] cum siccis pervadens caerula plantis ALDH. *VirgV* 2478.

2 to spread through or over, permeate, penetrate, pervade; **b** (person); **c** (property, territory, or sim., w. ref. to occupying or misappropriating).

fumus quem horribilis ille fluvius exhalabat, nimio fetore ~ens AILR. *An.* III 38. **b** ut omnem mox fetorem .. qui me pervaserat .. effugaret BEDE *HE* V 12 p. 307; posset videri tot uno impetu fieri, ream pervasam liberari, judicem quoque a demone possideri HERM. ARCH. 2 p. 32; exulis Edelbaldi comes dum ab immundo spiritu pervasus est .. ORD. VIT. IV 15 p. 273. **c** ~ere alienam rem, manifeste presumere *Gl. Leid.* 1. 84; Guilelmus hereditarium sibi Anglie regnum ~ens G. CRISPIN *Herl.* 78; ut .. Urbanus Romam et Boamundus Illiricum et Macedoniam ~erent [v. l. ~eret] W. MALM. *GR* IV 344; ne ecclesiarum possessiones tam abrupte postea ~erent *G. Steph.* 80 p. 160; c**1251** contra presbyterum illum pestilentem, qui .. obsistente sibi Salvatore animarum, conatur ~ere regimen animarum in vicaria de Blokkesham AD. MARSH *Ep.* 26 p. 114; pastorum cunei, cum conspiratione populorum clerum .. in regno Francie effrenata rabie ~entes *Ib.* 28 p. 121. monasterium ipsum pervasum ac dirutum (*V. Wilf.*) *NLA* II 443.

3 to make one's way (to).

c**1086** ad Udicam pervaserat Willelmus de terra Sancte Trinitatis ad parcum suum *Regesta* 220 p. 127.

pervagari, ~are [CL], to wander over or through (also fig., sts. w. ref. to spreading through or pervading; **b** (of celestial body). **c** (*~ari stylo*) to go through with a pen, to describe. **d** (intr. w. *per* or *in* & acc.).

qualiter rumor virtutum ipsius fines Brittanniae ~avit FELIX *Guthl.* 45 *tit.* p. 138; multa diu loca ~atus .. Brittaniam rediit BEDE *HE* IV 13 p. 230; pirate gentilium Danorum .. maria latrocinandi et predandi studio ~antur GOSC. *Transl. Mild.* 3; crudelitas regis, omnem pene nobilitatem ~ata, in homine ultime sortis stetit W. MALM. *GR* I 41; s**1131** infesta lues domesticorum animalium totam ~ata est Angliam *Id. HN* 456; sinum tractans tenerum / cursu vago dum beata / manus it et uberum / regionem pervagata / descendit ad uterum / tactu leviore P. BLOIS *Carm.* 8. 4. 38. **b** harum [partium] duas tantum medias sol .. ~are consuevit BEDE *TR* 26 p. 229. **c** cetera in Lincoliensi diocesi sita stilo ~abimur W. MALM. *GP* IV 177 p. 315. **d** tantum prodigium repente in omnes ~atur GOSC. *Edith* 276; quia corpore non possunt, animo per secularia desideria et carnis voluptates ~antur AILR. *Serm.* 17. 11. 296; neque .. taliter pro Ade, qui conjugatus erat peccato, Judicis illius sentencia ~avit FORTESCUE *NLN* II 44.

pervagatio [LL], (act of) wandering about or all over (also fig.).

instabilitas loci, ~o de loco in locum ALCUIN *Moral.* 635A; otiositas .. est .. omnium malorum parens, libidinis artifex, ~onum altrix, nutrix vitiorum AILR. *Inst. Inclus.* 9; crebrius se pedibus Jesu prosternat .. cor ab omni ~one compescat *Ib.* 11 p. 648; s**1399** de eorum ~one per regnum *Eul. Hist. Cont.* 381; s**1380** galee jugi ~one per diversa littora plura damna patrie irrogarunt WALS. *HA* I 438.

pervalidus [LL]

1 (of person or group of people) very strong physically, very powerful, influential, or sim. **b** (w. inf.) very able or capable, strong enough (to).

qualiter .. Pictorum gentem ~am expulerint GIR. *TH* III 16; c**1211** coram fratre suo milite ~o et fidelissimo *Id. Ep.* 6 p. 216; res cuivis operosa satis servire studenti / pervalido semper domini pro velle clienti / ad libitum soli E. THRIP. *SS* XIII *prol.* **b** gens .. originem a Flandria ducens .. gens .. terra marique lucrum querere .. ~a GIR. *IK* I 11 p. 83.

2 (of act, condition, or phenomenon) very intense, vehement, very great in scale or scope.

denique rex ut ~um sibi certamen imminere prospexit ORD. VIT. XIII 8 p. 17; s**1133** multi .. dixerunt se .. vidisse .. ecclesias quamplures quasi sudore ~o madefactas J. HEX. *HR Cont.* 296; aspectu horribiles, gestibus terribiles, qui animam cum ~o tormento de corpore excutiunt et crudeliter ad inferni claustra pertrahunt HON. *Eluc.* 1159C; ictus ~os cepit in illos .. jaculare R. COLD. *Godr.* 262 p. 277; c**1214** pastorali clamore opus esset valde assiduo et ~o GIR. *Ep.* 8 p. 282; Anglorum gentem .. febres .. afflixerunt, et clade ~a .. populum afficiendo .. graviter contriverunt M. PAR. *Maj.* I 473; fame ~a currente in Anglia *Eul. Hist. Annot.* III 80.

3 that carries great authority or authenticity, very valid.

hujus rei ~am prestat fiduciam Christus AD. MARSH *Ep.* 52 p. 160.

pervantum [cf. OF *parvineau* = *wooden bar on a harrow*], part of cart.

1285 in pervent' novis ad eandem [carettam], ij s. *KR Ac* 351/18 m. 1; in pervant' novis ad eandem [carettam] ij s. *Ib.* m. 2.

pervarius [LL], very varied or variegated.

fimbria per varia [? l. pervaria; v. l. vel varia] quam servat leva, figurat / activam vitam quam rerum cura molestat GARL. *Myst. Eccl.* 440.

pervasio [LL], (act of) spreading through or over, pervasion, permeation, penetration, invasion; **b** (w. obj. gen., usu. w. ref. to occupation, seizure, or misappropriation).

rex Danicus .. quam potuit citius ~oni diu meditatae instituit festinus HERM. ARCH. 3 p. 33; c**1086** de ~onibus quas fecerat Willelmus de Brajosa in rebus Sancte Trinitatis placitatum fuit *Regesta* 220 p. 127; funium soliditates alternas navis ~onis declinationes strictius roborabant R. COLD. *Cuthb.* 30 p. 68; terram Promissionis barbaries gentilium, expugnatis Christianis, ~one nefaria occupaverat AD. EYNS. *Visio* 46; [draconem] conspicit ad nihil aliud inhiare nisi ut .. altercationum conflictus concitet, et ~onum atrocitates exerceat AD. MARSH *Ep.* 92 p. 213. **b** a proposita metropolis ~one retinuit DEVIZES f. 36v p. 53; se .. condemnat super sacramentorum profanationibus et ecclesiarum ~onibus et animarum depopulationibus AD. MARSH *Ep.* 76 p. 186; propter .. bonorum ecclesiasticorum ~onem *Ib.* 121 p. 252.

pervasor [LL], one who pervades or permeates, invader, (illegal) occupier; **b** (w. obj. gen.).

absentia [Hardecnuti] imperii sui fines invadendi injusto ~ori locum dedit *Enc. Emmae arg.* p. 6; quisquam ~or aut tyrannus DOMINIC *V. Ecgwini* I 11; quo cupiditatem ~orum contunderet W. MALM. *GP* I 7 p. 17; tributarii regis ~oris fieri respuunt CIREN. I 352. **b 713** ne quis ~or cujuscunque ordinis a Deo et nobis constituta privilegia subruat (*Bulla Papae*) *Conc.* I 74a; procax Sueyn, ~or audax Angliae HERM. ARCH. 3 p. 33; exemplum terribile sit . . ecclesiasticarum facultatum ~oribus perditis GOSC. *Transl. Mild.* 32 p. 203; Benedictus apostolice sedis ~or W. MALM. *GP* I 23 p. 36; c**1147** de ~oribus bonorum suorum quisque vestrum studeat exhibere justiciam *Doc. Theob.* 208; celestis sanctuarii ~oribus AD. MARSH *Ep.* 111 p. 241.

pervasorie [cf. ML pervasorius], in a manner that involves invasion, illegal occupation, or misappropriation, wrongfully.

exsequitur, velit nolit, quae ~ie rex imponit HERM. ARCH. 3 p. 33.

pervastare [CL], to devastate throughout or completely.

vasto componitur devasto, ~o OSB. GLOUC. *Deriv.* 616.

pervector [LL =*carrier, bearer*], forbear, ancestor.

rex ait iste "† ores [? ~orum] et avi mei investigate consuetudines, ut scriptura pulchra redigantur" BIRCHINGTON *Arch. Cant.* 9.

pervehere [CL], to carry through (to), bring or deliver to its final destination. **b** (pass.) to travel (through), be in motion.

miraculum, justis pariter et peccatoribus pervectum W. MALM. *Mir. Mariae* 225; sic veniet. quomodo? in eadem carne, in eadem forma, cum eisdem cicatricibus et vulneribus que pervexit in celum AILR. *Serm.* 13. 36. 289. **b** cum [sol] plagam austri circumiens hiberno tempore ~itur eos qui meridianum terrae latus inhabitant ante oriens adit sed serius dimittit occidens BEDE *TR* 32 p. 240; solutis . . navibus . . rex Guillelmus in altricem terram . . ~itur ORD. VIT. IV 2 p. 167.

pervelle [CL], to wish intently, to desire ardently.

dicamus, etiamsi non sit in usu, quod perseverare in voluntate sit '~e' . . cur non perfecisti? quia non pervolui ANSELM (*Casus Diab.* 3) I 238; non accepit nec perseveravit quia non pervoluit *Ib.*

pervenca, pervencia v. pervinca.

pervendere [LL], to sell (completely or at a loss).

ergo suum, licet instet hyems, pervendit amictum / et boream patitur vellere nuda suo WALT. ANGL. *Fab.* 4. 7.

pervenga, pervenica v. pervinca.

pervenire [CL], ~**iri**

1 to come through to, arrive (at), reach; **b** (to a certain place or person); **c** (to a certain point, moment in time, number, or sim.); **d** (to a certain artefact; also w. ref. to acquiring); **e** (to a certain condition, status, or abstr., usu. w. ref. to achieving or attaining); **f** (to one's knowledge, attention, senses, or sim.). **g** (pr. ppl. as sb.) one who comes to the end or arrives.

purpureo induta pallio, virgis alligata et in caput occisa ~erat *Lib. Monstr.* I 13; dies Paschae ~it [v. l. supervenit] FELIX *Guthl.* 50 p. 154; ergo ubi pervenerat somno depressa vetusto / femina *Mir. Nin.* 348. **b** cum . . ~issent ad speluncam et introissent . . *Comm. Cant.* III 115; ad terram Pictorum . . prospere ~erunt *V. Cuthb.* II 4; ~it ad vicum quendam vespere BEDE *HE* III 10 p. 147; **957** (14c) per longum illius foveae quousque ~iatur ad Brykwege *CS* 988; **957** (14c) a qua via ~iendum est ad arborem Cinevirdi *Ib.* 1000; maxime quia disputando ~i ad eum qui est initium et finis ABBO *QG* 23 (50); ad quam ubi ~tus est medici pro sue artis industria pro regis sunt sollicti vulneribus *Hist. Arthuri* 86; adierunt sepulcrum . . quo ~to unus peciit ut . . *Latin Stories* 44; **1265** ~to . . hoc rumore ad partes vestras *Cl* 125. **c** is ubi ad annos adulescentiae ~erit lascivum hoc . . sentiet BEDE *Prov.* 1022; cum ad hujus vitae finem ~erint *Id. Ep. Cath.* 35; eodem . . modo fiat donec ~iatur ad numerum primum qui numeret priorem ADEL. *Elem.* VII 29; cum . . ad septuagesimum nonum psalmum ~tum fuisset *V.*

Gund. 46; sic multiplicando denarium numerum ad centenarium ~itur ROB. ANGL. (I) *Alg.* 66; dum tamen non nimis dilatet quin ~iat ad finem *Mens. & Disc.* (*Anon. IV*) 88. **d** hi, dum aedificant, ~erunt ad lapidem angularem qui duos parietes amplecteretur BEDE *Acts* 952D; **1278** dictum est predicto Johanni quod ostendat predictum scriptum et in veritate dicat qualiter ~it ad illud (*AssizeR*) *Law Merch.* V 21; **1279** qualiter dictus Maucolmus rex ~it ad terram predictam nesciunt *Hund.* II 358a. **e** quatenus . . ad summum pontificatus apicem feliciter ~iret [*gl.*: contingeret] ALDH. *VirgP* 43 p. 295; ad gloriosam martirii palmam feliciter ~it *Ib.* 46 p. 300; in angusto itinere quo ~iatur ad vitam BEDE *Cant.* 1188; ut . . ~iatis ad refectionem panis vivi . . et . . ~iatis ad contemplationem divinae majestatis *Id. Ep. Cath.* 47; qualiter . . provincia Merciorum ad fidem Christi . . pervenerit *Id. HE pref.* p. 7; Æthelstanus "sum ego" inquit "ex illis duobus qui ad episcopalem dignitatem ~turi sunt?" ÆLF. *Æthelwold* 5. **f** fama ad eum Christianae religionis ~erat BEDE *HE* I 25 p. 45; nec obscura posuimus verba, sed simplicem Anglicam, quo facilius possit ad cor ~ire legentium vel audientium ÆLF. *CH* I *pref.* 1; c**1153** ~it ad aures nostras quod . . *Doc. Theob.* 75; a**1222** sciant omnes ad quos presens scriptum ~erit *Cart. Osney* III 44; **1232** ad universitatis vestre noticiam volo ~ire me dedisse . . *Ch. Chester* 310; **1426** quibus omnibus ad noticiam . . pape . . ~tis, seu deductis (*Proc. W. Russell*) *Conc.* III 452a. **g** ut quod in patria ~ientibus promittit hoc in itinere . . pergentibus praeroget BEDE *Cant.* 1159; dedit . . nobis vitam aeternam . . in spe quam daturus est in caelis ad se ~ientibus in re *Id. Ep. Cath.* 116.

2 to come as result, reward, or sim., to fall to (w. dat. or *super* & acc.).

855 aeterna ultio . . super illos ~iat nisi . . *CS* 490. s**1214** nulla mihi prospera sed omnia contraria ~erunt WEND. II 110; denique . . victoria Britonibus ~it M. PAR. *Maj.* I 72; **1324** tranquillitatis et pacis eis ~iant incrementa *Lit. Cant.* I 132; ut . . cui victoria ~iret alterius regnum obtineret *Eul. Hist.* II 322.

3 to come forth, to issue, occur: **a** (fig., of fruit); **b** (of artefact or money); **c** (of act or phenomenon).

a 1268 fructum attendentes quem per ipsos [sc. scolares] . . speramus . . ~turum *Cl* 510. **b 1265** mercandisas . . perituras . . vendi et denarios inde ~ientes salvo reponi faciatis *Cl* 41; **1373** cepit eciam in stuffo fenum ~iens de xj acris prati *Hal. Durh.* 121. **c 1353** cum . . varia possent in futurum scandala ~ire *Lit. Cant.* III 219; scissure que nunc in rupibus . . apparent, ex illo terre motu ~erunt, cum ante tempora illa saxa fuerint inconcussa *Eul. Hist.* I 81.

4 (trans.) to come near, to approach (in quot., in time).

concedatque vobis ipsum [S. Andream] habere intercessorem in coelis, cujus devote ~itis in terris diem sollempnitatis EGB. *Pont.* 92.

5 (p. ppl. *perventus* as sb. m.) subject of a rumour or hostile report (that has come through) (*cf.* 1f *supra, perventio* 2).

1313 si predicti perventi inveniantur culpabiles de premissis, precipimus . . quod responderent dicte perventioni et contentis in eadem *RGasc* IV 1171 p. 327b.

perventa v. pervinca.

perventio [LL]

1 arrival (at).

Deus stadium vestri cursus dirigere dignetur ut bravium vos aeternae vitae comprehendere faciat . . et ita vos abstinentiae armis circumdet, ut nullis hujus vitae oneribus a ~one retardemini EGB. *Pont.* 61 (=*Miss. Westm.* 544); nescio verborum que me dulcedo tuorum / afficit et superos velle videre facit. / et quam dulcis erit perventio! velle venire / plus mihi nectareo dulce liquore sapit L. DURH. *Dial.* IV 419; reliqua omnia responsoria de liberatione de Babylone infidelitatis et ~one in Jerusalem et de laude exhibita in Jerusalem HON. *GA* 682C; per nos viam aliquam habes ad eum sed in nobis ~onem ad eum non habes AD. SCOT *TGC* 803C.

2 rumour, hostile report.

1314 si predicti perventi inveniantur culpabiles de premissis, precipimus quod responderent dicte ~oni et contentis in eadem *RGasc* IV 1171 p. 327b.

perventum v. pervantum.

perverbocinare [per-+verbocinare; cf. et. CL sermocinari =*to chat, converse*], to discuss or dispute to the end, to finish arguing, expounding, or disputing.

1275 verbocinare inceperunt et non ~averunt, specificando omnimodas vires et non specificando dampna vel perdiciones *CourtR Wakefield* 57.

perverse [CL], wrong way round, wrongly, incorrectly, erroneously, perversely (also w. implication of wickedness).

qui mandata et verba Jesu vel ~e vivendo vel ~ius interpretando corrumpit BEDE *Ep. Cath.* 106; tu omnino ~issime dicis 'adoptatur' ubi beatus Hilarius ait 'adoratur' ALCUIN *Dogm.* 206D; si ~e agis tot mortibus te dignum constituis P. BLOIS *Ep.* 157. 452A; pejus omnibus et ~ius in familiarem elocutus DEVIZES f. 36v p. 48; **1221** et juratores falso presentaverunt loquelam illam et ~e concelaverunt mortem illam et ideo in misericordia *PlCrGlouc* 5; medicus . . ~e ageret si tunc relinqueret egrotum suum quando insaniret T. CHOBHAM *Praed.* 140.

perversio [CL]

1 (usu. gram. or rhet.) reversal of order, inversion.

anastrophe, i. ~o quando promimus ordine converso sententiam *Gl. Leid.* 28. 67; sophistica . . principia . . sunt multipliciter: ex conjunctione, ex disjunctione . . ex transversione, ex conversione, ex ~one . . BALSH. *AD* 89; ex ~one cum ab ordine perturbatior et ex transpositione perplexior complexio quam . . *Ib.* 96; inversio est vocalium ordinis ~o per similitudinem proximantem sententiam efficiens dissimilem GERV. MELKLEY *AV* 75.

2 (act of) twisting or distorting, distortion, perversion.

ex ~one sensus Scripture (WYCL.) *Ziz.* 131.

perversitas [CL]

1 (state or condition of being in) reverse order.

~as summa potest esse in ea [voluntate] ut quando utitur fruendis et fruitur utendis DUNS *Ord.* II 4.

2 wrong-headedness, perversity, wickedness.

haereseos ~as BEDE *Cant.* 1073; **801** caligo iniquitatis, nebula ~atis ALCUIN *Ep.* 229 p. 372; cum altero, Ubba nomine, ejusdem ~atis homine ABBO *Edm.* 5 p. 71; Anglia . . justitie prius sedes . . ~atis postea locus G. *Steph.* 1; s**1292** in ~atibus Baal et aliis pravis operibus . . inventi *Flor. Hist.* III 81; diffinire hereticam pravitatem est inter perversitates atrocissimas . . computandum OCKHAM *Dial.* 678.

perversor [LL], one who perverts, distorts, corrupts, or depraves, perverter.

destructores aecclaesiarum populique ~ores abigebat WILLIB. *Bonif.* 7 p. 37; unde apparet ~orem ac subversorem te esse divinarum litterarum LANFR. *Corp. & Sang.* 415D; cum patrie ~oribus . . prede participari G. *Steph.* 78 p. 156; viros sui sexus ~ores, nature abusores J. FURNESS *Kentig.* 28 p. 211; ~orum . . prestigiis opus pium mendaciter transformatur in monstrum R. BURY *Phil.* 18. 229; s**1409** contra libros editos a . . magistro J. Wyclef sacre pagine ~ore *Chr. S. Alb.* 47.

pervertere [CL]

1 to turn about, to reverse (in order, position, or sim.).

patet . . quod . . diem Paschae ordine perverso . . conpleant (*Lit. Ceolfridi*) BEDE *HE* V 21 p. 338; incantare contra illum . . psalmum quatinus a fine ad caput, ab ultimo versu ad primum ~endo eum *V. Kenelmi* 16.

2 to deform.

Altercatio 55 (v. jortus); immersi carnibus pedum articuli a lumbis ejus et deorsum corpus omne ~erant AILR. *Ed. Conf.* 754B.

3 to divert.

1378 de communi cursu aque que deberent [*sic*] currere per medium strati usque Skirn et modo ~itur per pred' Will' *Hal. Durh.* 147.

4 to turn or transform completely into (w. *in* & acc.).

homo non solum se commutat in bestiam sed etiam se ~it in nichilum T. Chobham *Praed*. 147.

5 to turn over in the mind so as to understand.

ea que dixit ~imus, sed iterum quid in spiritu loqueretur adverte non potuimus R. Cold. *Godr*. 285 p. 303.

6 to cause (animal) to move all over, to drive off its course.

non debet equo parcere qui vult cervum pervertere. *ne sceall se for horse murnam se þe wile heort ofærnam Prov. Durh*. 41.

7 to turn (non-material thing) from proper order or application, to pervert, distort. **b** to twist the truth by saying (that), to maintain wrongly (that).

tantum obsecro ne ~at nostram interpretationem Ælf. *CH* I *pref*. 3; illa [jumenta] . . ad quod creata sunt vivunt et jura nature non ~unt Ailr. *Serm*. 28. 29; constat quod utroque modo peccat, sive ~at formam misse sive indigne conficiat et sumat corpus Christi T. Chobham *Praed*. 66; s**1234** legem terre . . et justitiam confundunt et ~unt M. Par. *Maj*. III 270; quod ea que geruntur justissime malignorum obloquiis ~untur R. Bury *Phil*. 18. 229; male eorum propositum ~entes *Plusc*. IX 28 p. 269. **b** nec ~at aliquis hoc locum non habere Ric. Angl. *Summa* 41 p. 109.

8 to pervert (person) morally, to corrupt.

nec tamen insontem posset pervertere fallax Aldh. *VirgV* 1851; quid putas illum mereri poenarum qui vel perverse agendo vel alios ~endo pessimos fructos adtulit? Bede *Ep. Cath*. 127; s**1234** quod apparet in marescallo . . quem per mendacia interseminata a vobis elongantes ~erunt M. Par. *Maj*. III 269.

9 (p. ppl. *perversus* as adj.) perverse, wicked, corrupt: **a** (of person); **b** (of act or abstr.). **c** (as sb. m.) perverse or wicked person, **d** (as sb. n. pl.) wicked things or deeds.

a ~i doctores . . semper tumidi, tenebrosi, et amari Bede *Ep. Cath*. 127D; si quis tam credulus et ~us erit qui hanc cartam infringere conaverit *CS* 995; mali et ~i clerici Anselm (*Ep*. 32) V 258; homo . . pejor et ~ior bestia Lucian *Chester* 57. **b** hanc . . quae, ~a licet mente, vera tamen loquebatur arte solummodo nefaria private curavit Bede *Acts* 978; multi caritatem non habentes et unitatem ecclesiae ~o dogmate scindentes *Id. Ep. Cath*. 105; hec ~a et detestabilis consuetudo in Saxonia Asser *Alf*. 13 p. 12; ~issimum intellectum omnium errorum . . explicans et declarans Ockham *Pol*. III 205. **c** fortitudo ad tolerandam perversorum improbitatem Bede *Prov*. 1037; ~us . . jure . . judicium . . Domini pertimescit *Id. Hom*. I 24. 97 (v. discutere 4b); animadvertentes quod etiam inimicis atque ~is impendenda sit dilectio Ailr. *Spir. Amicit*. I 59 668; facilius est informare rudes quam reformare ~os Gir. *TH* I 12 p. 35; in correptione ~orum et laude bonorum *Canon. G. Sempr*. f. 58v; perturbare ~os Ockham *Dial*. 678. **d** hominem ~a loquentem doctores dicit iniquae operationis Bede *Prov*. 947; inspirante Deo, cordis perversa relinquat Wulf. *Swith. pref*. 388; **1075** cum multi de te multa ~a dicant . . Lanfr. *Ep*. 58 (37).

10 very well versed (in).

Rannulphus quidem nomine . . militari ~us in opere Herm. Arch. 37 p. 75.

pervertibilis [cf. ML perversibilis], that can be corrupted, distorted, or perverted, pervertible.

appetitus sive voluntas . . corruptibilis et ~is a malicia, concupiscenciis . . Ockham *Dial*. 791.

pervertrix [cf. CL pervertere, LL perversor], that corrupts, distorts, or perverts, perverter (f.).

c**1200** mors invida bonorum ~ix operum P. Blois *Ep. Sup*. 10. 14 (=*Ep*. 211. 495D).

pervestigabilis [CL pervestigare + -bilis], that can be tracked down or investigated thoroughly.

cum tibi . . sint . . astrorum ducatu ~es vie ejus J. Sal. *Pol*. 456B.

pervestigare [CL], to track down diligently, to search for or investigate thoroughly.

dictum est de vestigatione et quesitione pecoris furati, ut ad villam ~etur (*Quad*.) *GAS* 191; de vestibus ipsius aliis . . in ambiguo est, quia id nulli planius ~asse permissum est R. Cold. *Cuthb*. 42 p. 88; omnia loci hujus secreta . . ~antes *Id. Godr*. 290 p. 309; quo multo plura ~are possis et percipere intellectum meum Ripley 116.

pervestigatio [CL], careful investigation, thorough scrutiny.

[curiositas] in ~one aliene vite non ad imitandum sed ad invidendum Ailr. *Spec. Car*. II 24. 573B.

pervetustus [CL], very old, ancient.

quia hec ~a sunt nomina aut eorum non sunt precepta celebria J. Sal. *Pol*. 763A.

perviabiliter [cf. LL perviabilis], in a pervasive manner.

quorum profecto vagitus jurisperitorum omni allegationum robore et nitore in auribus Domini Sabaoth delectabilius et persuasibilius [v. l. perviabilius] sonat H. Bos. *Thom*. IV 13 p. 365.

perviator [ML < CL per- + viator], one who travels or passes through.

quando descendit secundum lineam obliquam remissius appetit descendere quam secundum lineam rectam et huic minus fatigatur supportans ut moverunt ~ores [v. l. experimentores] Wycl. *Trin*. 59.

pervica v. pervinca.

pervicacia [CL], persistence, (usu. pejoratively) obstinacy, stubbornness.

scelestis vitae ~iam . . abluens Aldh. *Met*. 2 p. 63; ut . . veritas probat magna ~ia contra fidem caelestis gratiae durat Bede *Cant*. 1072; rigor rebellis ~iae et moles magniloquae jactantiae Gosc. *Lib. Mild*. 20; contra . . demonialium hostilitatum ~ias Ad. Marsh *Ep*. 16 p. 102; academicorum more investigandi animo pocius quam ~ia contendendi Siccav. *PN* 131.

pervicacitas [LL], persistence, obstinacy, stubbornness.

rustica ~ate jurare cepit Dominic *V. Ecgwini* I 19.

pervicaciter [CL], persistently, resolutely, (also pejoratively) obstinately, stubbornly.

perfficaciter [l. pervicaciter], contumaciter *GlC* P 262; **949** nunc rebus migrantibus ~iter quasi necessarii inlicit *CS* 880; si veritati repugnare probari rationabiliter poterit, ~iter defendam Anselm (*Orig. Pecc. prol*.) II 139; si quis id, de quo non constat, ~ius statuat quam si a temeraria diffinitione abstinens J. Sal. *Ep*. 143 (209 p. 320); c**1211** sensibiles . . viri ~iter negant tanto Christi beneficio mortale remitti P. Blois *Ep. Sup*. 28. 19.

pervicax [CL], persistent, resolute, (pejoratively) obstinate, stubborn (of person, act, or abstr.); **b** (w. *in* & acc.). **c** (as sb.) obstinate or stubborn person.

qui fuit ~ax [*gl*.: contumax vel superbus, contentiosus, velox, *geflitful*] fidei refragator Aldh. *VirgP* 43 p. 295; ~ax, intentiosus *GlC* P 292; ~aci, *anwille GlP* 320; ambo . . acuti erant ingenii et studii ~acis J. Sal. *Met*. 867D; tempestas . . ~aci rigore deseviendo viguit R. Cold. *Cuthb*. 33 p. 74; Parcarum pervicax excandescencia / in omnes simili grassatur furia Walt. Wimb. *Sim*. 182. **b** in Deum ~ax sedem archiepiscopatus . . transferre conatus est W. Malm. *GR* I 87. **c** notavit . . septem genera degentium in prava vita: inuidos . . arrogantes . . negligentes . . immisericordes . . inconstantes . . ~aces . . imbecilles Bern. *Comm. Aen*. 113.

pervictor [cf. CL pervincere = *to win a complete victory*], complete, manifest, or undisputed winner.

c797 in quo fuit benedictio regni et exaltatio ~oris et timor hostibus nostris Alcuin *Ep*. 130.

pervidentia [cf. CL pervidere, providentia], complete discernment or perception.

judicium . . ex rerum usu et consequentium ~ia (ut ita loquar) comparatum J. Cheke *Pron. Graec*. 347.

pervidere [CL]

1 to see clearly or completely.

vere, Domine, haec est lux inaccessibilis, in qua habitas. vere enim non est aliud quod hanc penetret, ut ibi te ~eat Anselm (*Prosl*.) I 112; interdum aspicit, interdum intendit aciem nec tamen ~et Alb. Lond. *DG* 6. 24; adheret litere nec habet aliquam invisam nisi pervisam aut neclectam nisi perlectam Map *NC* III 3 f. 41.

2 to discern or perceive fully or thoroughly, to understand perfectly; **b** (w. pred. acc. & inf.); **c** (w. *quod* or *quia* & ind.); **d** (w. indir. qu. & subj.).

aspirationes bene vos, Angli, ~ere potestis qui pro θ frequentius þ scribitis et effertis Abbo *QG* 12 (28); profecto ~erent in utraque assertione stabilem fidei firmitatem *Ib*. 21 (45). **b** facile tibi est ~ere nullam amicitiam que bonos dedeceat recipiendam Ailr. *Spir. Amicit*. II 55. 676. **c** temere arbitrantur minime ~entes quod . . haereseos perversitas manifeste probat hoc illius opusculum non esse Bede *Cant*. 1073; similiter pervisum est quia non sic est in omni loco vel tempore Anselm (*Mon*. 21) I 38. **d** a1086 auditis utrinque causis . . perspicacius quid fieri oporteat ~eri valebit Lanfr. *Ep*. 59 (52); quod quam falsum sit, liquidissime superius pervisum est Anselm (*Mon*. 44) I 61; quid in ipsis anime recessibus secretius latitet ~entes Ailr. *Spec. Car*. II 1. 547.

pervietas [ML], transparency.

licet non protendatur hoc perspicuitas per medium corporis sub actuali ~ate sicut in cristallo Bacon XIV 68; urina gulosorum . . solum defert secum transparentiam et ~atem Gad. 70v. 1.

pervigil [CL]

1 who or that keeps watch all the time, ever-vigilant: **a** (of person); **b** (of faculty or conduct). **c** (as sb.) one who keeps watch (over), a guard.

a Gregorius ~il [*gl*.: sollicitus] pastor Aldh. *VirgP* 55 p. 314; pater erat et pastor monachorum, ~il sanctimonialium protector Wulf. *Æthelwold* 28; ~il custos gregis sui Gosc. *Wulsin* 17 p. 82; in sancte conversationis studio eruditor ~il et magister *V. Swith*. 380; ubertatis contemplatio tenet agricolam circa terre cultum tam estate quam hieme ~ilem L. Durh. *Hypog*. 62; ~il est sensu, celer argumento M. Scot *Phys*. 33 f. 16vb. **b** vestrae sagacitatis ~il [*gl*.: pernox, pervigilans, *þurhwacel*,] sollicitudo Aldh. *VirgP* 13 p. 241; et mi matrona prudens fore damna marito / pervigili sensu nosset ventura maligno *Id. VirgV* 2529; pervigili hanc pestem calcat constantia mentis *Ib*. 2671; prudentie . . pervigil cura inter amanda et non amanda discernat Ailr. *Spec. Car*. I 33. 537. **c** **1461** pro feodo janitoris et ~ilum castri de D. *ExchScot* 63.

2 (also pred.) awake or sleepless (throughout the night); **b** (transf., of night).

a ita ut . . saepe . . noctes integras ~il in oratione transigeret Bede *HE* IV 23 p. 263; sic noctem in gratiarum actione ~il duxit Cuthb. *Ob. Baedae* clxii; sub noctem omnibus . . ad sua regressis, ~il pater cum . . fidissimis monachis . . Gosc. *Transl. Mild*. 13; totam vero noctem in letitia et gratiarum actione ~il ducere studebat Turgot *Bede* 64A; nocte autem illa tota ~il in oratione mansit ecclesia *V. Edm. Rich* P 1819C. **b** solus in oratione persistens noctem ducebat ~em Bede *HE* V 6 p. 290.

pervigilare [CL]

1 to be awake (throughout the night).

pernox, ~ans *GlC* P 273; pervigilat ternis ibi noctibus atque diebus Wulf. *Swith*. I 669; vigilo componitur . . ~o, advigilo Osb. Glouc. *Deriv*. 601.

2 (trans.) to keep watch (over).

1282 distringatur respondere ballivis de baculo ~ato *Hund. Highworth* 195.

pervigiliter [CL pervigil + -ter], in an ever-vigilant or watchful manner.

pervigil, i. valde vigil unde ~iter adverbium Osb. Glouc. *Deriv*. 601.

pervigilium [CL], (state or condition of) being or staying awake or keeping watch.

cum in nocte hyemali multe lucubrationis ~io [v. l. pervigilo] plurimoque in lichinis olivo depasto . . Osb. Glouc. *Deriv*. 1; ~ium, vigilantia *Ib*. 472; an quisquam est qui Philologie se asserat ~ia laborata . . nescire J. Sal. *Met*. 933D; do totum pueris quod pervigilio / promo de pauperi sensus erario / quicquid elucubrans exsculpo studio / detur infantibus quorum sum flagio WALT. WIMB. *Palpo* 168.

pervilis [CL=*very cheap*], of very little value, very insignificant.

incipit ejusdem pervile poema secundum WULF. *Swith.* I 1621; nostras pro vobis orationes, quia ~es sunt .. promittere non audeo ANSELM (*Ep.* 71) III 192; p**1298** per nos ruent Anglici simul hiis diebus / nullus[que] pervilibus †percel [MS: parcet] speciebus (*Dunbar* 163) *Pol. Songs* 172.

pervinca [LL], (bot.) periwinkle (*Vinca*).

priapiscus, i. pervica *Gl. Laud.* 1156; pervenga masticata intantum quod potest transglutiri .. retinet fluxum sanguinis GAD. 9v. 2; portulaca .. et ~a sunt in fluxu sanguinis optima *Ib.* 54v. 2; potio succi provence *Ib.* 516v. 2; *pervynke*, pervencia *MS BL Addit. 17866* f. 44vc; pervenica, ~a, A. *perwynke MS BL Addit. 27582* f. 42; ~a, *pervenk MS BL Royal 12 E. 1* f. 99v; pervenca, *parvynk MS BL Sloane 3545* f. 8v; *pervenk, herbe*, perventa *PP*; herba ereclea, ~a idem G. et A. *pervenke Alph.* 80; ~a vel provinca, triurica idem, G. et A. *pervenke*, herba ereclea idem *Ib.* 144; ~a, A. *pervynke WW*.

perviolentus [LL v. l.], very violent or savage.

cum .. ~e potestatis gravis oppressio deseviat AD. MARSH *Ep.* 232 p. 398.

pervisa v. parvisus.

pervius [CL]

1 that allows passage through, passable, traversable. **b** (as sb. n.) a way through, passage.

elementaris [regio] alterationi continue ~ia SACROB. *Sph.* 78. cripta, spelunca ~ia *GlC* C 881; ab ea autem parte qua sol vergitur in occasum ipsa provincia reliquae insulae est continua et ob id ~ia ABBO *Edm.* 2; condecenter .. ejusdem uteri pignus idem tesaurizat locus, ~io tantum pariete distinctus GOSC. *Edith* 275; fluvii ita sunt congelati ut essent ~ii equitantibus W. MALM. *GR* IV 326; loca .. sibi suisque ~ia hostibus invia reddens GIR. *EH* 15 p. 237; vermis vivus ab aure ejus egressus .. ~ium iter auditui quod obstruxerat patefecit *Canon. G. Sempr.* f. 157v. **b** ad ~ia, *to þam þurhwegum GlS* 212.

2 (of glass or liquid) that affords passage (to sight), transparent. **b** (as sb. n.) transparent medium.

illud .. quo existente medio fit visus est ~ium et translucens J. BLUND *An.* 116; dicimus .. quod hec aqua elementata corpus est lucidum et radiosum et nostro visui ~ium *Quaest. Salern.* W 3; vitrum ~ium est visui et tamen lumen obscurat T. CHOBHAM *Praed.* 211; que [urina] conturbata est ~ia GAD. 70v. 1. **b** quoniam lux solummodo est in ~io vel in superficie J. BLUND *An.* 121.

3 that allows access (to), accessible, open; **b** (of abstr.).

omne corpus .. , quoniam porosis interstitiis subjectum est, quare et subtilissimo aeri ~ium est ADEL. *QN* 22; c**1174** officinas ymbribus et ventis ~ias .. inspicere miserum est *Ep. J. Sal.* 310 (322 p. 788); foramen [domus] nihil corpulentum admittit luci soli et aeri ~ium AILR. *Serm.* (*PL*) 474C. **b** solitudo illa, sanctae religionis amica, nulli incuriae ~ia FOLC. *V. Bot. Pref.* 373; subtilis admodum est ista sententia nec sensui cujuslibet ~ia, unde adhuc aliqua patentior est michi necessaria PETRUS *Dial.* 19; omnia que per decem milliaria circa eum circumposita erant .. cordis ejus oculis ~ia et nota erant R. COLD. *Godr.* 123 p. 131; ut autem inventioni vix ~ia discenti facilius perceptibilia fiant BALSH. *AD rec. 2* 161; quia fallacie ejus subtiliter intuenti ~ie sunt visui T. CHOBHAM *Praed.* 211;

pervivaciter [ML < CL per-+LL vivaciter], very vigorously or energetically.

p**675** pertinaciter refutantes .. ~iter defendentes ALDH. *Ep.* 4 p. 482.

pervivere [CL=*to go on living*], to live through, experience.

ve mihi! quia letum diem tecum amplius non pervixero *Latin Stories* 79.

pervolare [CL]

1 to fly through or over, to traverse (as if) in flight: **a** (of bird); **b** (of heavenly body); **c** (transf., in fig. context, or fig., usu. w. rumour, person, or sim. as subj.); **d** (absol.).

a cum .. unus passerum domum citissime ~averit BEDE *HE* II 13 p. 112. **b** juxta numerum dierum quibus luna zodiacum ~at BEDE *TR* 19 p. 220; quo sol consurgens trutinantis timpora Librae / pervolat ÆTHELWULF *Abb.* 134. **c** evangelii praedicatio quae .. non solum Judaeam et Samariam sed et gentium fines universarum .. ~avit BEDE *Cant.* 1186; sensus ille vivus atque caelestis .. tantae celeritatis, ut uno temporis puncto coelum collustret, et si velit, maria ~et, terras et urbes peragret ALCUIN *Moral.* 643A; multa sacrorum et divinorum voluminum prata velut apis ingeniosa sic rapido cursu capacis ingenii ~avit, ut .. B. *V. Dunst.* 5; fama minor meritis cum totum pervolet orbem (*Vers.*) W. MALM. *GR* III 284; rumor ille ocior qualibet volucre totam urbem Lundonie ~ans .. ORD. VIT. VI 10 p. 131; fama .. pernicibus alis totam statim insulam ~ante GIR. *TH* III 41. **d** pervolo valde celer, †discurrens [? l. currens] per inania missus HWÆTBERHT *Aen.* 22 (*De Sermone*) 1.

2 (w. *ad* or *in* & acc. or adv. to indicate direction of flight or journey, usu. transf. or fig.).

terrena quaeque transiliens atque ad caelestia .. ~ans BEDE *HE* II 7 p. 94; legatus illuc ~ans pulsatas fores irrupit G. CRISPIN *Herl.* 51 p. 195; mutuatis sibi puritatis et innocentie alis ad deserti secretum ~avit AILR. *Serm.* 14. 15. 293A; ut .. quasi turtur castissimus ad eremum ~es spiritalem *Id. Spec. Car.* II 15. 561; in Flandriam navigii remige ~abat R. COLD. *Godr.* 14 p. 29; conspexi animam justi cujusdam .. ad regna etherea ~are *Ib.* 195 p. 205.

pervolitare [CL], to fly repeatedly through or over, to traverse in flight; **b** (fig.).

nec mora, conspicatur columbam alarum [MS: columbam aliam suam] applausu cameram ~are *V. Chris. Marky.* 69. **b** gloria laudiflua ab austro in boriem .. pennis probatissime laudis ~at cunctas provincias Christianorum *Regim. Princ.* 83.

pervulnerare [CL per-+vulnerare], to wound by piercing through.

unde mox ei omnia pene viscera cum intestinis ~atis januam proruperunt R. COLD. *Godr.* 541 p. 427.

pervulgare [CL], to make generally available, known, or manifest.

super fures ac seditiosos .. graves justasque ultiones rigide ~avit ORD. VIT. IV 3 p. 177; in qua etiam opinione glossa est ~ata BELETH *RDO* 136. 141B.

pervus v. parvus. **peryfrasis** v. periphrasis. **Pery(h)ermenyas** v. Peri(h)ermenias. **peryodus** v. periodus. **perysoma** v. perizoma.

pes [CL]

1 (anat.) foot (of living creature). **b** (*pes ante*) forefoot. **c** (as element of nickname, passing into surname). **d** (*pede*) on foot.

subdiaconus fuit quando .. humiliter sua sponte pedes discipulorum lavit THEOD. *Laterc.* 19; in libertate .. monasterii est lavandi pedes laicorum nisi in Coena Domini non coguntur *Id. Pen.* II 6. 15; angeli pedes *Comm. Cant.* I 232; periscelides .. circuli .. qui fiunt in pedibus muli *Ib.* 451; p**675** Salvator .. discipulorum pedes abluens [cf. *Joh.* xiii 12] ALDH. *Ep.* 4 p. 484; genus hominum quos Graeci Sciapodas appellant eo quod se ab ardore solis pedum umbra jacentes resupini defendunt *Lib. Monstr.* I 17; caelum sibi sedem, terram vero scabellum pedum esse perhibuit [cf. *Psalm.* cix 1] BEDE *Acts* 959; pes animalis, pes statue, pes metricus, pes geometricus .. primum ex impositione, secundum ex transumptione que fit usu, reliqua ex disciplinalibus transumptionibus BALSH. *AD rec. 2* 44 p. 29n; falcones .. quibus .. pedes unguibus armatos .. natura dedit GIR. *TH* I 12 p. 34; credimus esse pēdis strepitum, tu, turgide, pēdis SERLO WILT. 2. 96; c**1290** Agnetem verberavit .. et per pedes suos .. per vicum .. trahere fecit *State Tri. Ed. I* 26; mensura medii pedis nudi est mensura longitudinis vulve totius unicuique M. SCOT *Phys.* 24 f. 16ra; strucio et hujusmodi aves .. alas percuciunt sed pedes [ME: *fette*] non elevantur *AncrR* 41. **b** debet ferare ij avveros in pedibus ante de ferro domini *Cust. Glast.* 54. **c** **1130** de istis sunt plegii .. Willelmus Pesnudus de iij m. argenti *Pipe* 146. **d** s**1377** compedes quibus nexe fuerant ejus pedes in carcere *Chr. Angl.* 138.

2 (w. ref. to use): **a** (for walking); **b** (for standing); **c** (for striking).

a centenis pedibus gradior per gramina ruris ALDH. *Aen.* 100 (*Creatura*) 68; haec calcat pedibus spurcae consortia vitae *Id. VirgV* 155; curris interdum sitibundi desiderii pedibus J. GODARD *Ep.* 221; quod dicit pedes currere et festinare, cum homines pedibus currant et festinent ANDR. S. VICT. *Sal.* 15; sequipeda, pedissequa, que sequitur pedes domine OSB. GLOUC. *Deriv.* 566; inde .. transfretavimus ad portum Hoste sicque pede, quidam vero asinis SÆWULF 59; s**1142** imperatrix .. pede Abbenduniam profecta W. MALM. *HN* 524; trans Tamesis .. alveum cum mille viris sicco ingrediens pede GILDAS *EB* 11; pedes veloces ad currendum in malum *Ps.*-BEDE *Collect.* 169; illi vix dum collato pede fugam componunt .. W. MALM. *GR* I 6. **b** **1219** in egritudine qua obiit dedit .. Adam terram .. Hugoni .. set .. non habuit saisinam integro die .. nec unquam post donum illud fuit idem Adam in pedibus *Eyre Yorks* 149. **c** pede jacentem pulsans "victus es" .. ingeminat W. MALM. *GR* III 235; laicorum pars pedibus plaudunt choreas *Id. GP* V 222 p. 373; matrem .. suam .. pede procaciter percussit ORD. VIT. III 14 p. 146; **1237** pede impudencie juris .. auctoritatem calcantes (*Const. Cardinalis*) *Conc.* I 653b.

3 (w. ref. to position): **a** (*ad pedes, sub pedibus*, or sim.) at, to, or under one's feet (usu. w. ref. to respect, submission, or defeat). **b** (*pedetenus*) down to the feet.

a omnia subjecta sub pedibus ejus [cf. *Hebr.* ii 8] BEDE *Hab.* 1240; hic est Barnabas ille Cyprius genere Levites, qui supra pretium agri sui ad pedes apostolorum adtulisse memoratur *Id. Acts* 964D; quando omnes inimici ejus subdentur pedibus ejus et restituentur omnia quae locutus est *Id. Retract.* 1006A; tunc papa ad pedes ducis corruit ORD. VIT. VII 7 p. 178; ipse Dominus Jesus sedebat ad pedes dulcissime matris sue AILR. *Serm.* 29. 23. 307; clarus doctor .. ibi ad pedes ejus prima artis hujus rudimenta accepi J. SAL. *Met.* 867B. **b** fertur quaedam in sporta, a cingulo pedetenus membris contracta HERM. ARCH. 13.

4 (*ire pedes* or sim.) to go or sim. on foot (also assoc. w. pred. use of CL *pedes*).

ibat semper pedes absque vehiculo GOSC. *Aug. Maj.* 79B; commensurationemque deferto pedes ad tumbam W. CANT. *Mir. Thom.* IV 44 (v. commensuratio 2c); pedes .. Cantuariam per vicos et plateas redeuntibus monachis GERV. CANT. *Chr.* 399; s**1238** quod .. scholares .. ab ecclesia S. Pauli .. pedes irent M. PAR. *Maj.* III 485; vides me ambulare pedes fatigatum, famelicum BACON V 145 (v. 1 famelicus a); **13**.. affluunt diviciis legistarum sedes / et modo vadit equis qui solet ire pedes (*De studiis* 48) *Pol. Songs* 208; qui dum pedes pro sancti reverencia ferme per xij miliaria perveniunt (*V. S. Edm.*) *NLA* II 635; cecidit et occisus est comes Symon, antequam reverteretur Edwardus, et cum staret pedes pugnans gladio et occiso dextrario KNIGHTON I 254.

5 (by metonymy or assoc. w. CL *pedes*) foot-soldier.

s**1202** nec unus pes ex omnibus evasit B. COTTON *HA* 93.

6 (leg., *pes pulveris, curia pedis pulveris*, or sim.) Court of Piepowder.

1361 placita de pede pulverisato .. cognicio de pede pulverizato de sui natura se extendit ad extraneos et forincecos (*CoramR*) *Law Merch.* II 105; **1361** per placita de pede pulveris infra dominium predictum *Sel CKB* VI 128; **1377** de portemot', pede pulverizato, et assisa fracta *Ac. Obed. Abingd.* 34; **1448** placita in curia domini regis pedis pulverizati civitatis Cantuarie *Law Merch.* II 114; **1454** curia pedis pulverizati abbatis Westmonasterii *Ib.* 111; **1458** summoneat .. predictum C. quod sit ad curiam domini regis pedis pulveris ville predicte [Colecestr'] coram ballivis ejusdem ville .. *le moothalle* .. tenendam *Ib.* I 122.

7 (as linear measure) a foot (usu. containing 12 inches); **b** (*pes de assisa, standardo*, or sim.) standard linear foot. **c** (*pes manualis* or *palmae*) foot measured acc. the size of the palm. **d** (dist. acc. spec. standards); **e** (containing 15 inches); **f** (containing 16 inches); **g** (w. ref. to length of shadow cast by the sun); **h** (*pes constratus*) square foot. **i** (*pes quadratus*) cubic foot.

homines .. corpora .. habentes xij pedum altitudinem habentia *Lib. Monstr.* I 20; murum .. construebant viij pedes latum et xij altum BEDE *HE* I 12 p. 27; lignum trabale .. tribus pedibus inventum est brevius pariete cui superponeretur GOSC. *Transl. Mild.* 34; usque ad unam leugam et iij perticas et iij pedes *DB* I 2ra; ydolum .. habens in longitudine centum viginti quinque pedes SÆWULF 60; si .. filius meus mortuus esset et in imo terre septem pedibus ab oculis viventium absconditus esset .. ORD. VIT. V 10 p. 382; **1342** quandam guter' communem .. duos pedes hominis continentem in latitudine *Pat* 254 m. 33. **b 1393** per spacium centum pedum assise plus et ultra spacium quod .. *Mem. York* I 145; **1400** parcella terre continet in longitudine lxxiiij pedes assise .. in latitudine xv pedes assise *Reg. Heref.* 163; **1439** in longitudine duodecim pedum de assisa et in latitudine sexdecim pedum *Cart. Osney* II 398; **1443** tradiderunt .. fundum .. continentem in latitudine juxta viam septem pedes de assisa *Deeds Balliol* 126; **1459** pedes de standardo .. pedes Pauli *Arch. Hist. Camb.* III 3. **c** c**1100** pedes dupliciter .. pronunciatur. uno modo, eo quod sit naturaliter pes. alio .. modo quod usurpative, per manus, metiatur. tantum .. precellit pes manualis pedem naturalem quantum pollex in longitudinem protendi potest *Eng. Weights* 4; **1218** carucatam de sexcies viginti acris terre per perticam nostram xxiiij pedum ad pedem palme *Pat* 163; **1243** certas metas et divisas faciatis .. ita quod facto et parato fossato dicti castri mete ille et divise sint ubique .. latitudinis xij pedum per pedem palme *Liberate* 20 m. 20. **d** a**1200** terra quidem masagii habet in latitudine xxxij pedes et dimidiam et in longitudine lvij pedes per pedem Algari qui insculpitur super basim columpne in ecclesia S. Pauli *E. Ch. S. Paul.* 137; c**1215** soppa .. continet in longitudine novem pedes de pedibus S. Pauli et in latitudine totidem pedes de eisdem pedibus *AncD* A 2588; **1382** continet in longitudine xvj pedes regales et in latitudine xix pedes et dimidium *Cart. Osney* I 46; c**1400** placeam terre, longitudine triginta pedum et latitudine viginti duorum pedum de pedibus S. Pauli [cf. *MGL* I 279: *de le pee de Seint Poul*] *Mon. Francisc.* I 506; **1425** xij pedes Pauli *CalPat* 266. **e** c**1100** majores .. perticas in passus, passus in gradus, gradus in cubitos, cubitos in pedes, pedes in palmos, palmos in uncias, uncias in digitos diviserunt. digitus est pars minima agrestium mensurarum .. palmus .. iiij digitos habet; pes vero xv. passus v pedes habet. pertica passus duos, i. pedes decem *Eng. Weights* 3. **f** c**1100** pes xvj digitorum est. cubitus fit ex pede et semis. passus v pedes habet *Eng. Weights* 5. **g** Februarius hora iij et ix pedes xv. nox horarum xiiij, dies x *Kal. M.A.* II 423; Aprilis hora iij et ix pedes xj. nox horarum x, dies xiiij *Ib.* 425; Septemb' hora iij et viiij ped' xj. hora vj ped' vj *Ib.* 430. **h** c**1100** planum [genus mensure] est quod quidam epipedon vocant, alii pedes constratos, cujus longitudinem et latitudinem metimus *Eng. Weights* 2. **i** solidum [genus mensure] est quod quidam stereon vocant; alii autem pedes quadratos cujus longitudinem et latitudinem et crassitudinem metimus *Eng. Weights* 2.

8 foot (as square measure): **a** (of glass); **b** (of lead).

a 1296 idem computat .. xxj s. x d. ob. in sexaginta quindecim pedibus vitri emptis pro dictis fenestris cum stipendiis faciencium et inponencium *DL MinAc* 1/1 m. 12*d.*; **1384** pro factura xxiiij ped' de vitro apud B. *Ac. Durh.* 593; **1390** pro v pedibus de *fenestre*; item pro xiij pedibus de *vonser* .. ; item pro xj pedibus de caminis (*Ac. King's Hall*) *Arch. Hist. Camb.* II 439n; **1539** pro operacione xlv pedum vitri novi *Feod. Durh.* 305. **b 1289** de quolibet pede plumbi, unum quadrantem *RGasc* II 405b; **1296** summa summarum totius plumbi recepti de toto tempore predicto: $vj^{m}iiij^{xx}$ vij pedes jx *lib.* et dimidia *KR Ac.* 260/6 m. 1; **1300** xxiiij pedes et pede continente lxx libras (v. 2 carrata e); **1300** memorandum quod .. quilibet pes plumbi continet lxx li. plumbi .. et quelibet libra plumbi ponderat xxv s. sterlingorum *Pipe* 145 r. 22*d.*; a**1307** (v. 2 carrata e); **1322** de xxiiij carr' iiij pedibus plumbi venditis *MinAc* 1146/11 m. 12.

9 (artefact that resembles or serves as a) foot or leg: **a** (*pes ligneus*) wooden model of the foot, cobbler's last. **b** (as one or other of the ends of the legs of a pair of compasses); **c** (of cup, pot, or sim.); **d** (of mill-wheel or sim.); **e** (of bridge). **f** (of baptismal font) pedestal. **g** (arch., *pes tabulae* or *pro tabula*) corbel.

a pes ligneus ad quem respicit sutor ut secundum ipsum formet soleam GROS. *Ep.* 1 p. 4; secundo dicitur forma, ad cujus similitudinem quid formatur, sicut pes ligneus dicitur forma solee, que secundum illum formatur BRADW. *CD* 154A; sicut pes ligneus ad quem respicit sutor ut secundum ipsam formam soleam dicitur forma solee WYCL. *Ent. Praed.* 261. **b** ex circino cujus pes fixus .. pes mobilis .. foret WYCL. *Mand. Div.* 145 (v. circinus 1a). **c** c**1220** calix non bene fixus ad pedem *Reg. S. Osm.* I 311; **1224** cifum argenteum cum pede *Pat* 449; **1325** in j pecia ferri empta pro pedibus unius olle emendandis iij d. in stipendio fabri pro predictis pedibus fabricandis et ponendis iiij d. *Rec. Elton* 275; **1328** item unus ciphus de *mazer* sine pede et sine circulo precii x s. *KR Ac* 239/13 m. 2; **1368** cuppam .. que inscripta est in pede 'quod habeant memoriam de Seint Mary Otery' (*Test. Episc.*) *Reg. Exon.* 1553; **1383** crux .. cum pede argenti deaurato *Ac. Durh.* 426. **d 1226** custus molendini .. in pede ereo de novo empto et veteri pede fundendo per ij vices *Pipe Wint.* B1/13 m. 1; **1374** cuidam fabro emendanti pedem unius fusilli *DL MinAc* 507/8227 m. 11; **1374** molendini .. pedes .. de novo facient (v. gena 2); **1472** sol' J. W. molendinario .. pro factura *del milnryns* .. ac j pedis enei *Ac. Durh.* 643. **e 1390** tenetur reparare .. pedem pontis .. cum uno arche dicto pedi annexato (*CoramR*) *Pub. Works* I 29; **1461** usque ad exteriorem pedem unius pontis vocati a *draght brigge* (v. custodia 4e). **f 1451** pro j lapide marmorio .. pro pede fontis capelle de Mawdelaynz *Ac. Durh.* 240. **g** c**1341** in xxiij pedibus pro tabulis et *leggemens* empt' *Sacr. Ely* II 96; **1342** in lv pedibus tabularum empt' *Ib.* 109.

10 foot, lowest part, base: **a** (of topographical feature, building, or sim.). **b** (of document or sim., also detachable); **c** (of account, w. ref. to sum total). **d** (leg., *pes chirographi* or *finis*) foot of a fine.

a ad radices pedis castelli defluit amnis piscosus W. MALM. *GP* III 130 p. 270; fit autem et alia hujus nominis transumptio secundum usum vulgarem, qua 'pes montis' vel 'pes turris' dicitur; sed ista equivocationis inefficax est, prior effectiva BALSH. *AD rec. 2* 44 p. 29n; **1289** pedem turris .. perforare, et ibidem .. portam facere *RGasc* II 319a. **b** c**1230** si contingat quod carta, pes, tallia, vel aliquid aliud instrumentum sub nomine meo inveniatur (*Invent.*) *Feod. Durh.* 204b; c**1240** secunda pars que pes vocatur cirographi .. remaneat penes Judeum a quo debitum illud fuerit mutuatum (*Lit. Regis*) *Leg. Ant. Lond.* 237; ita quod liceat ei debitum suum per pedem illum petere *Ib.*; **1244** Eboracum accedas ad archam cirographorum, et pedem quem inveneris in eadem archa sub nominibus predictorum N. et M. .. quietum facias liberari *Couch. Kirkstall* 64 p. 47; questione lxvij, articulo iiij, in pede, ubi ait: .. CAPGR. *Hen.* 7. **c** sciendum est quod priusquam rotulum scribat, probabit pedem compoti et tallias quantum recepit *FormMan* 36; **1312** summa dictorum receptorum cum pede computi anni sexti *EHR* XLI 355; **1344** quod pedi annualis compoti verus inseratur status *Pri. Cold.* 31; **1396** debet .. xij li. xviij s. vj d., que continentur .. infra summam debitam in pede hujus compoti *ExchScot* 378; **1443** arreragia: null' hic quia inferius in pede istius compoti *Comp. Dom. Buck.* 3; **1469** memorandum quod computans non onerat se de viij li. restantibus in pede ultimi compoti sui *ExchScot* 647. **d 1200** inde vocat justiciarios ad warantiam et pedem cirographi qui est in thesauro *CurR* I 208; **1228** pes cyrographi est in thesauro *BNB* II 246; **1263** pedes ci[rographorum] de termino sancte Trinitatis de anno xlvij *Fines* 1/214/27/24. dicit quod .. finem levavit rite .. et petit quod inspiciantur rotuli de Banco breve et nota et pes ejusdem finis *State Tri. Ed. I* 25; **1369** inspeximus transcriptum pedis cujusdam finis levati in curia .. regis *FormA* 225; **1384** tenor pedis finis .. sequitur in hec verba: 'hec est finalis concordia ..' *RParl* III 194b; transcriptum pedis finis pred' justiciar' *Reg. Brev. Jud.* f. 14v.

11 (*pes sigilli*) half-seal, the impression of the reverse of the Great Seal (*cf. EHR* XXXVII 270–2).

1283 juxta tenorem .. littere et .. peticionum quas vobis transmittimus sub pede sigilli nostri *RGasc* II 179b; **1335** mittimus tibi sub pede sigilli nostri nomina electorum *RScot* 316b; **1336** mittimus autem vobis sub pede sigilli nostri tam nomina assignatorum quam arraiatorum *Ib.* 394b; **1343** profert hic in curia, sub pede sigilli regis *Couch. Kirkstall* 399 p. 311.

12 (*pes originationis*) pedigree, lineage, descent.

s**1461** declaravit .. pedem sue originacionis, ita distincte .. ut valerent omnes .. intelligere, quomodo ipse verus heres regni fuerat *Reg. Whet.* I 405.

13 (metr.) metrical foot; **b** (*pes senus*) hexameter.

regula bucolici carminis exigit ut quartus pes dactilo semper claudereteur ALDH. *Met.* 10 p. 96; hi sunt proprie rethorum pedes qui quaternarum mensuram sillabarum transeuntes a metricis magnopere spreti repudiantur *Id. PR* 141 (142) p. 201; grammaticorum .. disciplinas .. pedibus poeticis [*gl.*: *mid scoplicum* vel *meterlicum fotum*] compactas .. inquirendo *Id. VirgP* 3 p. 232; pes est syllabarum et temporum certa dinumeratio BEDE *AM* 107; quibus, cum versum per verba, verba per pedes, pedes per syllabas .. dividant *Id. TR* 3 p. 183; de pedibus vel metris de quibus hic reticemus ÆLF. *Gram.* 2; pedes in metris, accentus in sillabis attendit J. SAL. *Met.* 850C. **b** versus ille suos seno pede currere cogit L. DURH. *Dial.* IV 41.

14 (mus.) form of figure in chant notation. **b** minimal pattern of rhythmical unit. **c** tenor.

pes dictus ad similitudinem pedis. pes flexus componitur ex pede et flexa. pes quassus dictus quia voce tremula et multum mota formatur ODINGTON *Mus.* 94. **b** procedendo semper per longam brevem pro pede supleto *Mens. & Disc.* (*Anon. IV*) 24; pes perficitur in penultima et pes primi modi in brevi terminatur et pes secundi in longa terminatur *Mens. & Disc.* (*Anon. IV*) 25; quarta [pars] de inequalitate temporum in pedibus quibus metra et rithmi decurrunt ODINGTON *Mus.* 43. **c** c**1240** hanc rotam cantare possunt iiij sociis; a paucioribus .. quam a tribus vel saltem duobus non debet dici preter eos qui dicunt pedem. canitur .. sic: tacentibus ceteris, unus inchoat cum hiis qui tenent pedem et, cum venerit ad primam notam post crucem, inchoat alius, et sic de ceteris (*MS BL Harley 978* f. 11v) Dobson & Harrison *Med. English Songs* (London 1979) 300.

15 end (of period of time).

Warwici pede Septembris comes, ecce! redivit / Calesiam reliquis navibus ipse suis ELMH. *Metr. Hen. V* 998.

16 (bot., in plant-names): **a** (*pes accipitris, ancipitris* or *aucipitris*) columbine, hawk's foot (*Aquilegia vulgaris*) or cranesbill (*Geranium*). **b** (*pes alaudae*) ? forking larkspur (*Delphinium consolida*). **c** (*pes anserinus*) goose-foot (*Chenopodium*). **d** (*pes arietis*) meadow buttercup (*Ranunculus acris*) or water crowfoot (*Ranunculus aquatilis*). **e** (*pes cervi* or *cervinus*) ? pignut, earthnut (*Conopodium majus*). **f** (*pes ciconiae*) kind of plant. **g** (*pes columbae* or sim.) dove's foot, cranesbill (*Geranium molle*); ? columbine (*Aquilegia vulgaris*). **h** (*pes cornicis* or *corvi*) crowfoot (*Ranunculus*); meadow buttercup (*Ranunculus acris*); water crowfoot (*Ranunculus aquatilis*). **i** (*pes galli*) columbine (*Aquilegia vulgaris*) or meadow buttercup (*Ranunculus acris*). **j** (*pes gallinaceus*) fumitory (*Fumasia*). **k** (*pes leonis*) lady's mantle (*Alchemilla vulgaris*); (sts. understood as) cinquefoil (*Potentilla reptans*). **l** (*pes leporis*) wood avens, herb bennet (*Geum urbanum*). **m** (*pes locustae*) ? kind of plant. **n** (*pes mentularum*) kind of plant. **o** (*pes milvi*) ceterach (*Ceterach officinarum*) or ? bishop-weed (*Ammi majus*). **p** (*pes nisi*) (understood as) kind of watercress (*Nasturcium officinale* or *Rorippa nasturcium aquaticum*) or kind of spleenwort (*Asplenium*). **q** (*pes pulli*) purslane (*Portulaca oleracea*); coltsfoot (*Tussilago farfara*); ? yellow water-lily (*Nuphar lutea*); meadow buttercup (*Ranunculus acris*). **r** (*pes ? urti* or *urticae*) watercress (*Rorippa nasturcium-aquaticum*). **s** (*pes vituli*) cuckoo-pint (*Arum maculatum*) or ? purslane (*Portulaca oleracea*). **t** (*pes vulturis*) kind of plant, ? ceterach (*Ceterach officinarum*).

a pes ancipitris, i. columbina *SB* 33; pes aucipitris, A. *herbe Robert MS BL Addit. 27582* f. 62; pes aucipitis, *columbyne MS BL Harley 3388* f. 84; pes ancipitris, i. columbina, G. *rosegras* A. *haukysfote MS BL Sloane 347* f. 92; pes ancipitris, i. herba celestis *MS BL Sloane 420* f. 119v; pes accipitris, i. columbina, A. *rosgrasse* .. A. *haukesfote MS BL Sloane 964* f. 76. **b** pes alaude, *larkefote MS BL Harley 3388* f. 84. **c** pes anserinus .. *may be called in Englishe goosefote* TURNER *Herb Names* H iiij. **d** pes arietis .. *rammesfot or lodewort Agnus Castus* f. 16v p. 199; pes arietis, *ramysfote* .. *lodeworte MS BL Sloane 5* f. 45va. **e** carnopodium vel sinopodium, pes cervinus idem herba est *Alph.* 34; cinopodicon, pes cervinus idem, A. *ertesfet Ib.* 40; pes cervinus, respice in carnopodion et in cinopodicon *Ib.*

141; pes cervi, *hertisfote MS Cambridge Univ. Libr. Dd. 11. 45* f. 112. **f** imbis, i. pes ciconie *Alph.* 86; pes ciconie, respice in nubis *Ib.* 139. **g** pes columbinus, pimpinella, gallitricum GILB. II 85v. 2; succus pedis columbini GAD. 34. 1; spergula, i. pes columbinus *SB* 40; pes columbe .. *colverfot or pes de columbe Agnus Castus* f. 170 p. 197; pes columbinus .. A. †*claverfot* [v. l. *colverfot*] *Alph.* 140. pes columbine, *spurge*, i. *maswort* idem vel *renewrt MS BL Harley 3388* f. 84; geranium *is of two kyndes. the one kynde is called pinke nedle or cranesbyl the other is called* pes columbinus .. *and it maye be called in Englishe dovefote* TURNER *Herb Names* D iii. **h** pes corvi, i. apium emoroidarum *SB* 33; pes corvi silvaticis, *white crowfoot Agnus Castus* f. 16v p. 199; pes cornicis, *ledewort MS Cambridge Univ. Libr. Dd. 11. 45* f. 111v; pes cornicis .. *revenysfote MS BL Royal 12. E. 1* f. 99; pes corvi G. *pé de corf* "c. s.", A. *crowefot MS BL Sloane 5* f. 10vb; pes corvi silvaticus, *quite crowefote MS Cambridge Univ. Libr. Dd. 11. 45* f. 111v; **i** aquileya columbaria idem, dicitur herba quedam calida, id quod pes galli *Alph.* 13n; pes galli, *columbine, cokfote MS Cambridge Univ. Libr. Dd. 11. 45* f. 112. **j** pes gallinacius, respice in talapsium *Alph.* 141; thalapsium sive ut alii sinapiagrion, vel ut Latini scandancium vel scandalicum, i. pes gallinaceus *Ib.* 181; **k** herba pes leonis *þæt is leonfot Leechdoms* I 10; *peos wyrt þe man* pedem leonis .. *ofrum naman leonfot nemneþ heo biþ cenned on feldon Ib.* 98; sume de radicibus pede leonis *Pop. Med.* 246. 82; pes leonis, similis est pedi corvi *SB* 33; pes leonis, i. pentafilon secundum quosdam *Ib.*; pes leonis unum habet stipitem magnum, alios minores, folia que sunt juxta terram sunt rotunda *Alph.* 141; pes leonis .. *pe de lyon MS Bodl. Ashmole 1447* p. 213. **l** pes leporis, avancia idem *SB* 33; avencia, pes leporis, gariofilata, sanamunda, zimus idem, G. et A. *avense Alph.* 17; gariofilata, sanamunda, pes leporis, avencia idem. G. et A. *avence Ib.* 70; pes leporinus, gariofilata avencia idem, G. et A. *avence Ib.* 141. **m** pes lucuste, pes bruste, est alumen Jumeni *LC* 257a. **n** pes mentularum, *pé de coylun MS BL Addit. 15236* f. 13. **o** catracta, pes mulvi *Alph.* 29; herba calida, pes millvi, catracta *Ib.* 83; pes milvi, i. herba calida, i. contrarca *Ib.* 140. **p** pes nisi secundum aliquos est genus narstucii aquatici *Alph.* 140; pes nisi, pulmonaria, pollitricum, *sperhaukesfote MS BL Sloane 282* f. 172ra; pes nisi *after sum men it is the kynde of a water kerse MS BL Sloane 3217* f. 61v. **q** andragnis, i. pes pulli et pocculaca *Gl. Laud.* 144; achilleia, i. pes pulli *Ib.* 182; portulaca, i. pes pulli *Ib.* 1150; pes pulli, portulaca idem, *purcelan SB* 34; pes pulli agrestus [*sic*] .. *folys foot or pes pully Agnus Castus* p. 195; pes pully pratrinus .. *myddyl folys fot Ib.*; pes pulli aquatice .. *water folys fot Ib.*; herba terrestris, pes pulli idem *Alph.* 83; pes pulli, herba terrestris idem, crescit in montibus et in terris cultis. G. *pee de polayn* vel *pe de clyval* A. *donnhoue* vel *wowell* vel *feldhoue Ib.* 140; portulaca vel portacla, andrago vel andragnis, pes pulli idem, G. et A. *porsulaigne Ib.* 149; pes pulli agrestis major *wolwfote.* pes pulli pratinus medius, *ze[le]w cray, mareblowre MS BL Royal 12. E. 1* f. 99. **r** pes urti, nasturcium aquaticum, *watercarse MS BL Harley 3388* f. 84. **s** Aaron, jarus, pes vituli *SB* 9; herba Aaron, i. pes vituli *SB* 24; jarus .. pes vituli .. i. *ʒekesterse SB* 24; pes vituli, i. *yekesterse SB* 33; *wolvesfote, arone*, pes vetuli *MS BL Addit. 17866* f. 42va; alcon .. pes vituli idem, G. *rarouse*, A. *cokkowespitte Alph.* 5; interficiens patrem, respice in pes vituli *Ib.* 87; pes vituli similis est jaro in foliis, nisi quod javus habet cornuta folia et pes vituli varia; alio nomine dicitur interficiens patrem, A. *stondenegousse Ib.* 140; pes vituli *pee de polyen, folefote* idem, i. *ʒekesters MS BL Harley 3388* f. 84; pes vituli pratinus minor, *calvysfote MS BL Royal 12. E. 1* f. 99; pes vituli, *cocowpyntell MS Cambridge Univ. Libr. Dd. 11. 45* f. 112; aras ab officinis pes vituli et serpentaria minor vocatur a nostris vero *cockowpyntell* TURNER *Herb.* A iii. **t** pes vulturis similis est philipendule, sed folia habet majus rotunda *Alph.* 140; pes vulturis, *puttokesfot MS Cambridge Gonville and Caius 200 (106)* p. 207b; pes wlturis similis est filipendule sed folia habet magis rotunda *MS Bodl. Ashmole 1447* p. 213.

pesa v. peisa. **pesageria** v. peisageria. **pesagium** v. peisagium.

pescagium [cf. AN *pescher*, *pesker* < CL piscari+-agium], (right of) fishing.

1189 ~ium suum habeant a N. usque ad W. (*Colchester*) *BBC* 64 (=*CalCh* I 411).

pescare v. piscari.

pescere [*backformed from* CL compescere], to calm, pacify. **b** *dub.*

et pelagi furias pescuit ipse feras GOWER *VC* I 1918. **b** item a paciscor ~o, -is quod non est in usu OSB. GLOUC. *Deriv.* 442.

pescheria [OF *pescherie* < CL piscarius]

1 (right of) fishing, fishery (C.I.).

c**1240** rex .. habet pesquariam piscium (v. espercaria b); c**1240** obtinuit .. pesqueriam piscium in terra sua *CartINorm.* 398.

2 place in which fish are caught, fishing-ground.

c**1090** de ~iis quas habeo in meo dominio in aqua que vocatur Unva et de aliis ~iis quas homines de me tenent *CartINorm.* 245; c**1182** prior Wygornie dimidiam virgatam apud Maldenhome, geldat antiquitus, et j molendinum de xx s., et j pelcheriam de j virgata antiquitus *RBWorc.* 33; **1236** unam ~iam per servicium xlij d. *Fees* I 588; **1283** super facto .. valoris medietatis piscature nostre paysserie de M. *RGasc* III xlii n.

pescherius [AN *pescher*, OF *peschier* < CL persicus], peach-tree.

1275 Willelmo le Gardener pro iij koygner', ij picher', iij s. .. eidem pro j pescher', vj d. *KR Ac* 467/6/2 m. 9.

peschuneria v. pessonaria. **pesentum** v. peisantum. **pesgula** v. pessulus. **pesia** v. peisa. **pesquaria, pesqueria** v. pescheria. **pessagium** v. peisagium.

pessarium [LL], (med.) pessary: **a** medicated plug. **b** medicine introduced by a pessary.

menstrua educit cum apozimate rute potatum, vel ~io injectum GILB. VI 265. 1; nulla arte aut violentia sine gravi periculo poterant intromittere ~ium intra orificium intrinsecus RIC. MED. *Anat.* 233; per pessarium in matrice immitte GAD. 78v. 2; fiat pensarium et cooperiatur cum panno lineo gracili *Ib.*; nascale equivocum est ad ~ium et ad suppositorium *SB* 31; locium caprinum coctum et cum lana ~iis adhibitum dolores stomacicos curat *Alph.* 104. **b** ~ium est equivocum tam ad instrumentum quam ad injectum *SB* 33.

pessarizare [ML], (med.) to apply or introduce as or by a pessary.

idem pulvis tritus cum succo arthemie ~etur GILB. VII 293v. 1; cui [mulieri] consilium dedi ~andi .. et occulte .. accepto pessario .. RIC. MED. *Anat.* 232; [aqua vite] valet sterilitati bibita et pensarizata GAD. 67. 1.

pessellum [CL pessum+-ellum], (small) bar or bolt for fastening of door or gate.

~um, A. *a barre or a lacche WW.*

pesseonium v. 1 pesso. **pessicum** v. Persicus. **pessicus** v. Persicus.

pessimare [LL], to make very bad or wicked, to reduce to the lowest or worst condition.

hoc virus ne serpat, et incautos malesano / inficiat suco, dum justum pessimat atrox FRITH. 772.

pessime [CL]

1 in the worst or most undesirable manner, most wickedly or violently.

cum .. legis divinae praecepta ~e vivendo violarent BEDE *Tob.* 926; Anglica comperimus vexari pessime regna FRITH. 745; ~e, *luþerlice* ÆLF. *Gl. Sup.* 178; ab hoc .. nomine quod est pessimus dicitur ~e adverbium OSB. GLOUC. *Deriv.* 338. propter eamdem vim rationalis nature qua alii bene alii ~e abutuntur AILR. *An.* I 43.

2 (w. *-issime* as intensifier).

fatebatur se non solum ~e, sed pessissime errasse GRAYSTANES 27 p. 84; curate quod illi pejus sit quam cui est ~issime LIV. *Op.* 23.

pessimissime v. pessime.

pessimus, pessumus [CL]

1 worst or most undesirable. **b** (~*um est* w. inf.) it is most unpleasant or painful (to).

~is .. molestatur vigiliis qui hujus mundi curis .. exuere quaerit animum BEDE *Cant.* 1203; non .. insanio, sed ~am mihi scientiam certus prae oculis habeo *Id. HE* V 13 p. 311; hanc occupationem ~am dedit Deus filiis hominum J. SAL. *Met.* 943B. **b** ~um est tantam diuturnitatem .. incessanter protelasse ASSER *Alf.* 74.

2 most evil, wicked, or vicious: **a** (of person or demon); **b** (of act or abstr.) **c** (as sb. m.) most evil or wicked person. **d** (as sb. n. pl.) most evil or wicked things.

a hominem .. quem perversum ac ~um futurum esse praevidit BEDE *Prov.* 987; ipse .. Arrius .. ~us hereticus ÆLF. *Ep.* 2. 51; tandem .. ~e senex, vivacem animam effudisti W. MALM. *GP* I 17 p. 25; ruricola quidam in vicinia Melduni, notus monachis et urbi, ~o afflatus demone torquebatur *Ib.* V 261; tace ~a meretrix ORD. VIT. X 24 p. 148; de garcione ~o, infideli per omnia et ingrato GIR. *SD* 4; ita ~us prelatus relinquit parochianos suos in pulvere mundi hujus T. CHOBHAM *Praed.* 275; hec que in Europa est minor Bulgaria, habens linguam illorum Bulgarorum qui sunt in majori Bulgaria, que est in Asia. et isti Bulgari de majori Bulgaria sunt ~i Saraceni BACON *Maj.* I 366. **b** populos docentes, sed praebendo ~a exempla, vitia, malosque mores GILDAS *EB* 66; hoc ~um malum THEOD. *Pen.* I 2. 15 (v. 1 os 1d); cor machinans cogitationes ~as *Ps.*-BEDE *Collect.* 169; pascet carnales sensus suos ~a delectatione peccati AILR. *Serm.* 3. 21. 224A. **c** illa [testimonia] .. inibi fortius firmavit de ~is, aliquando .. lenius .. modum inposuit pusillanimis THEOD. *Pen.* I 7. 5; de manu ~orum .. populum .. Dei erue ORD. VIT. XI 11 p. 205; absit, cum inter ~os amicitia esse non possit AILR. *Spir. Amicit.* II 36. 674; cum justorum magna hec laus sit, ~is displicere BALD. CANT. *Commend. Fid.* 94. 4. 631. **d** ut vidit suos in terra sua contra se ~a cogitare ORD. VIT. VIII 2 p. 271; quanquam .. in ~is delectari miserrimum sit AILR. *Spec. Car.* I 4. 508.

3 most harmful or noxious.

~a pestis est familiaris inimicus DEVIZES f. 36v p. 48; jersa autem proprie fit de jaro et serpentaria, cerusa vero de plumbo, que ~a est, corrumpit autem dentes et facit os fetere *SB* 24.

4 worst of its kind, of the lowest quality.

1271 faciat habere Willelmo .. unum dolium ~i vini pro uno dolio ~i vini capto ad expensas hospicii nostri .. per .. pincernam nostram *Cl* 379.

5 (in gl.).

pesuma, confracta *GlC* P 349; pessimos darent, circumdarent *Gl. Leid.* 4. 41.

pessio v. 1 pesso. **pessissime** v. pessime.

1 pesso, pessio, pessona, pessonium [ML; cf. AN *pesson*, OF *paisson* < CL pastio]

1 mast, food for swine (also w. ref. to right or privilege to feed swine in forest). **b** (*tempus ~onis* or sim. or ellipt.) pannage-time, season during which swine are allowed to feed in the forest.

ad istum [*sic*] manerium pertinet habere .. quater viginti caretedes lignorum et paisson' quater xx porcorum *DB* I 68ra; **1126** communem pasturam .. et paissionem et pasturam *Lib. Landav.* 27; c**1129** in Acheleia xxx acras terre et paisonem centum porcorum (*Ch.*) *MonA* V 192a; **1130** in donis per breve regis Henrico de Domfr' viij s. et iiij d. pro paissone c porcorum *Pipe* 42; a**1185** commune passonum in villa quantum pertinet ad tantam terram *Rec. Templars* 224; **1196** concesserunt .. Gilberto .. pasturam et peisonem predicti bosci *Fines RC* II 2; **1219** cecidit de equo quodam super quendam pessonem ita quod obiit *Eyre Yorks* 301; c**1230** omnes debent paunagium herbagii sive habeatur pesseonium sive non *Cust. Waltham* f. 217v; s**1237** habeant in boscis .. regis ea que pertinent ad maneria sua, viz. nuces, mel, et pessonem et etiam agistationem *Ann. Burton* 252; **1253** quod .. dominus de Fretchevill .. pessonam, sc. glandes et nuces, virgis et cortis excussisset (*Ch. Derley*) *MonA* VI 360a; si .. glande, nucibus aut pessona valeant sustentari, bonum est porcorum instaurum *Fleta* 169; **1308** in pessona empta pro xj porcis agistatis in parte de Meredona (*Ac.*) *Crawley* 263. **b** p**1198** salvo mihi et heredibus meis pannagio tempore pessonis (*Walsall*) *BBC* 60; **1204** omnes alii porci et omnia averia de Bekenham removeantur de predicto bosco de Pange quamdiu pessio durat, sc. inter festum S. Michaelis et festum S. Martini *Ch. Westm.* 330; **1241** licebit predictio priori .. habere .. xx porcos per totum in predicto bosco preterquam in predicto defenso et tempore pessionis *Cart. Glast.*

I 210; c**1260** excepto tempore pessone *Cart. Chester* 544 p. 312; **1285** remiserunt .. pessonem et pascuam ad triginta porcos tempore pessonis *Couch. Furness* II 128; c**1300** porci .. haberent agistationem .. tam in tempore pestionis quam in alio tempore (*Ch. Wetherall*) *MonA* III 590b.

2 place (in forest) in which swine are allowed to feed.

1205 quod habeat c porcos in pessona de Bixle *Cl* I 50a; **1270** fuit .. agistatus de ducentis et quadraginta porcis in pessona *SelPlForest* 59; **1280** si porci domini sint in pessona bosci de Crauley .. (*Cust.*) *Crawley* 233.

2 pesso [dub., ? *cf.* CL pandere, passus], sort of artefact, ? peg.

1228 pro dl ~onibus ad passus faciendos in illis fossatis *KR Ac* 462/10 m. 2; **1233** pessones .. maillias .. ad eos [papiliones] tendendos .. ei habere faciat *Liberate* 10 m. 7 (8); **1233** ~ones .. maillias (*Liberate* 10 m. 7) *Cal. Liberate* 209.

pessonagium [*cf.* 1 pesso, pannagium], mast, food for swine, (*tempus ~ii*) pannage-time, season during which swine are allowed to feed in forest.

1221 habeant percursum suum de porcis suis per totum boscum tempore pessungii *Eyre Worcs* 451.

pessonaria, pessoneria [AN *pessonerie*], place in which fish are caught, fishing-ground, fishery; **b** (in place-name).

1208 donationem .. de panetaria et ~aria de Rupell' *RChart* 180a. **b** ? **11..** unam soppam in nova peschuneria *Ch. Westm.* 357 (cf. ib. *endorsements*: [**12..**] in nova piscenaria, [**13..**] piscaria London').

pessonarius, pessonerius [ME, AN *pessoner*, *pessuner*], fishmonger (passing into surname).

c**1190** testibus .. Goldhavet pessunerio, .. Haimaro pessunerio *Ch. Westm.* 354; a**1200** Gaufrido pessunario *CatAncD* II 85 no. 2481.

pessularia [CL pessulus+-aria], sort of bulwark, stockade.

s**1267** cui cujusdam propugnaculi seu ~ie .. commissa fuit custodia (WYKES) *Ann. Osney* 207.

pessulus [CL < πάσσαλος], **pessul, pessulum** [LL], **pessula**

1 artefact that blocks, locks, or stops. **b** bolt or bar for fastening of door or gate; **c** (of window); **d** (of bag or sack). **e** (of vessel or sim.) spigot, tap. **f** (of garment) brooch. **g** (used as clapper). **h** (in fig. context or fig.).

hoc pesulum, A. *a hespe WW*. **b** ~ulum, seram vectis ferrei *GlC* P 259; sese .. edibus arcent / atque fores templi crepitanda pisula cludunt *Mir. Nin.* 310; accessit ad carceris januam in qua erat ingens sera, quattuor quadratis ~ulis munita LANTFR. *Swith.* 27; infernique seras, et pessula comminuisti R. CANT. *Poems* 290. 7; janua .. cum esset .. ferreis quoque vectibus et seris munita ac ~ulis in altum demissis teneretur obstricta J. SAL. *Pol.* 419C; hostium habeat seram et ~ulam [vv. ll. pesgulam, pesulam; *gl.*: *peguns, lachet, barre*] NECKAM *Ut.* 110; sint etiam ibi .. repagula, ~ula [vv. ll. ~ule, pensula, pensule; *gl.*: *loc pendable*], sere *Ib.* 119; s**1357** munierunt pontem .. cum ~ula et serra KNIGHTON II 97; pessellum, A. *a barre, or a lacche*; .. hoc repagulum, A. *dorebar*, hoc ~um, idem *WW*. **c** **1533** pro octo novis ~ulis ferreis emptis pro .. fenestris turris *Comp. Swith.* 217. **d** saculum desuper involutum et ~ulo perstringente preclusum coram pedibus ejus protulit R. COLD. *Godr.* 124 p. 132. **e** cellararius .. repperit unam de cupis quam hesterna die plenam reliquerat usque ad foramen obicis qui usitato nomine spina seu ~ulum dicitur, evacuatam J. WORC. 46. **f** anteriorem ejus [indumenti] partem quasi spiniferi alicujus ~ulo sibi precluserat R. COLD. *Godr.* 153 p. 163. **g** nec minus ex cipro sonitant ad gaudia fratrum / aenea vasa cavis crepitant quis pisula sistris ÆTHELWULF *Abb.* 454. **h** fenestris quinque sensuum continentie ~ula apponendo viciis in ipsas aditus obstruxerunt ALEX. BATH. *Mor.* III 92 p. 128; ave, casta sponsa Dei / que pulsata pandis ei / tue mentis pessulum WALT. WIMB. *Virgo* 107.

2 stake, pale.

ad locum palatii ejus [Eadmundi] devenientes invenerunt spiculis undique wlneratum truncum ad ~ulam jacere *Chr. Wallingf.* 24.

3 (in gl.).

~ul, *haeca GlC* P 311; ~ul, *leer Gl. Leid.* 47. 25.

pessum [CL], to the lowest part, to the bottom, to destruction or ruin (usu. transf. or fig.). **b** (*pessumdare, pessundare*, al. div.); to push down, send to the bottom, to destroy, to ruin. **c** (*pessumire*, al. div., or w. *abire*) to sink down, go under, be destroyed.

pesuma [*sic*], confracta *GlC* P 349; pessum, interitum *Gl. Leid.* 35. 305; nunc pessum figit acumen / grammatice cunis et vocum circuit apta / federa HANV. III 172; passus, ut expensis impensa pecunia pessum / pessima pressetur, meritamque ut naufraga penam / naufragii lativa ferat *Ib.* VI 277. **b** sic dux ipse ferox devastans omnia pressit, / dans simul in pessum pueros juvenesque senesque ALCUIN *SS Ebor* 528; ad totum Britannie regnum sibi subjugandum vel pessumdandum GOSC. *Transl. Mild.* 5 p. 160; ut .. uno prelio .. servituti se patriamque pessundederint W. MALM. *GR* III 245; jus pessum civile datur; lex utraque languet L. DURH. *Dial.* II 43; cunctis tandem pessundatis controversiis et Lothario conciliato religiose vivere et consulte imperium regere sategit R. NIGER *Chr. II* 151; illud [frustum] pessundo semper et sub aliis peno subiciens, et statim apparet super omnia alia MAP *NC* II 23 f. 31v; crebro illos [igneos denarios] numerare compellor et ex contrectatione eorum ipsas manus et digitos pessumdatos habeo AD. EYNS. *Visio* 21 p. 318; **1274** nec aliquis nomine suo nec per ipsum boscum suum pessum dabit, nec domum prosternet, nec aliquod aliud vastum faciet contra consuetudinem Judaismi *SelPlJews* 80. **c** jam tunc profecto pessumissent nisi Ambrosius .. opera pressisset W. Malm. *GR* I 8; monasteria per totam provintiam vice siderum micantia pessumierant *Id. GP* III 116 p. 253; nichil .. magis Deo gratum quam populum pessum [*corrected from* pessimum] euntem in viam veritatis revocare *Id. Wulfst.* I 8 p. 14; contingebat in adversam partem pessum ire G. FONT. *Inf. S. Edm.* 7 p. 42; abite .. pessum divitie pessime P. BLOIS *Ep.* 81. 251B.

pessunarius v. pessonarius. **pessunerius** v. pessonarius. **pessungium** v. pessonagium. **pesta** v. pasta.

pestellus, ~um, ~a [OF *pestel* < CL pistillus, pistillum]

1 pestle; **b** (spec. acc. material).

hoc pistillum, i. ~um OSB. GLOUC. *Deriv.* 416; **1294** mortarium j cum ~o (*Ac. Blean*) *DCCant.*; **1322** de .. j mortar', j ~o, et j mol' manuali *MinAc* 1145/21 m. 40; **1331** mortaria .. ad species cum ij ~is (*Invent. Pri. Cant.*) *Arch. J.* LIII 273; **1417** lego .. j *morter* eneum cum ~o ad eundem *Reg. Cant.* II 103; **1446** in quoquina .. j *brasin-morter* cum ~o (*Invent.*) *Pri. Cold.* lxxxiv. **b** **1310** x s. de j morterio eneo pro speciebus .. cum ~o ferreo *Ac. Exec. Ep. Exon.* 7; **1374** in coquina .. j mortariolum de ere cum ~o de ferro (*Invent.*) *Pri. Cold.* lxxvi; **1423** pro duobus ~is de ferro pertinentibus eisdem mortariis *Test. Ebor.* III 78; **1433** lego .. unum *morter* cum ~um [*sic*] ferreo *Ib.* II 23; **1521** mortariolus eneus cum ~a ferrea *Cant. Coll. Ox.* I 64.

2 (*~us porci*) lower part of leg of pork.

1307 in iij pestell' porci emptis .. iij d. *Rec. Leic.* I 259; unus porcellus bonus, vel tres ~i de porco (*De Diversis Oneribus*) AMUND. II *app.* p. 316.

pestibulus [cf. LL pestibilis], that causes harm or death, harmful, noxious, poisonous.

si .. emat quis agrum habentem herbas ~as NECKAM *NR* II 179 p. 316.

pesticula [CL pestis+-cula], plague on a small scale.

pestis .. inde hec ~a OSB. GLOUC. *Deriv.* 436.

pesticus [ML < CL pestis+-icus], affected by plague or pestilence, pestilential, pestiferous.

~us et pestuosus .. ambo pro peste plenus OSB. GLOUC. *Deriv.* 436; *rotyn'*, cariosus, corruptus, fetidus, lividus, mucidus, ~us, putridus, rancidus *CathA*.

pestifer [CL]

1 who or that brings destruction, destructive, pestiferous, deadly (also transf. or fig.): **a** (of person); **b** (of animal or mythical creature); **c** (of artefact, substance, smell, or sim.); **d** (of period of time); **e** (of act or abstr.). **f** (as sb. m.) pestiferous person. **g** (as sb. n.) pestilential thing.

a ~eros regni perturbatores .. adjuvabat ORD. VIT. XIII 37 p. 111; urbs mea pestiferi male pota furore Cumini L. DURH. *Dial.* II 39; pestifer hostis eis sese sic intimat hostem D. BEC. 751; monemus .. ut personas istas ~eras [sc. hereticos et al.] .. capias *Proc. A. Kyteler* 15; inde set oblitus rex pestifer hos tibi ritus / quos prius elegit, maledicto fine peregit GOWER *CT* III 43. **b** morbida pestiferi compescens flabra draconis ALDH. *VirgV* 552; porro in capris, quod petulans quidem deforme et olidum pecus est, teneroque arborum ~erum germini J. FORD *Serm.* 49. 2. **c** ~erum [*gl.*: mortiferum, *cwelmbære*] praevaricationis virus ALDH. *VirgP* 12 p. 241; pestiferum calicem qui mortis pocula cinxit *Id. VirgV* 866; pestiferum natrix ructans de fauce venenum *Ib.* 2749; cum .. nullus eorum ~erum funesti spiritus virus extinguere valuisset FELIX *Guthl.* 41 p. 128; ut .. eandem ~eram tabem post se submitteret ASSER *Alf.* 13 p. 11; aerem .. fetore .. ~ero implevit *V. Fridesw. B* 7. **d** non modicum exhilerat corda amicorum frequens visitacio litterarum et saltem in tempore ~ero et tremescibili *Dictamen* 368. **e** lurida pestifero linquentes idola cultu ALDH. *VirgV* 2394; mures vulpium statura .. qui morsibus ~eris homines et jumenta lacerabat *Lib. Monstr.* II 29; accepit .. diabolum qui intus in corde virus ~erae suggestionis infudit BEDE *Prov.* 1007; tristitiae duo sunt genera: unum salutiferum, alterum ~erum ALCUIN *Moral.* 635C; nec .. ~era presumptione feramur AILR. *Spec. Car.* III 31. 604; iras pestiferas ignoret fidus amicus D. BEC. 812; ut .. hanc ~eram .. injuriam extirparet SENATUS *Wulfst.* 72; sciunt .. papam esse de .. doctrina ~era publice diffamatum OCKHAM *Dial.* 616. **f** s**1306** fugit ad montana ~er coronatus *Flor. Hist.* III 134; dicebat ~fer ille .. *Latin Stories* 78. **g** quia indulsit ~eris, torquetur attractu morborum ANSELM (*Or.* 9) III 31; quidam .. conjectant .. Patricium .. ~is cunctis insulam purgasse GIR. *TH* I 28.

2 affected by plague or pestilence.

~erum, putridum *GlC* P 201.

pestiferatio [CL pestifer+-are+-tio], (act of) affecting adversely or destructively.

~o: hec est cum quis de facili alium percutit vel provocat GROS. *Templ.* 9. 7.

pestilens [CL]

1 who or that brings plague or pestilence, deadly, destructive, pestilential (also transf. or fig.); **b** (of person, also as sb. m.); **c** (of condition or abstr.) **d** (w. ref. to *Psalm.* i 1).

non illic resideat spiritus ~ens, non aura corrumpens EGB. *Pont.* 35; nec spiritus hic ~ens nec aura corrumpens GIR. *TH* I 33 p. 67. **b** **611** indurata aliquorum ~entum pertinacia (*Bulla Papae*) *CS* 11 p. 18; Belial, ~entes *GlC* B78; ~ens est qui instar pestilentie plurimos corrumpit ANDR. S. VICT. *Sal.* 66; quidam ~entes, quibus omne studium et gaudium erat scelera excogitare ac perpetrare RIC. HEX. *Stand.* f. 44 p. 166. **c** ne tam ~enti fame verbi Dei animae vestrae arescerent GILDAS *EB* 83; per quam mens heretica sensum doctrinae ~entis quasi meretrix thorum facinoris se texisse gloriatur BEDE *Prov.* 963; refriguit .. calor ~ens a spiritu fornicationis .. successus KETEL *J. Bev.* 284. **d** merito cupiditatis in Judae traditoris ~entem cathedram decidentes GILDAS *EB* 66.

2 affected by disease or pestilence.

morbidosus, morbidus, pesticus, ~ens, tabidus OSB. GLOUC. *Deriv.* 367.

pestilenter [LL], in a manner that brings destruction, destructively.

~enter, ~entius, ~entissime adverbia OSB. GLOUC. *Deriv.* 436; eo ~encius in obsessos sui furoris intendebat .. fulmina quo novit ibidem genitorem suum proditoria fraude circumventum .. extinctum fuisse *Ps.*-ELMH. *Hen. V* 93 p. 271.

pestilentia [CL], (outbreak of) deadly disease (sts. used as point of temporal reference). **b** w. ref. to plague of 1348–9, Black Death. **c** (fig., w. ref. to *Psalm.* i 1).

pestilentia

quando . . niger apparebat color ejus, tunc praenotabat ~iae mortalitatem futuram in populum *Comm. Cant.* I 295 p. 254; estne aliquis in villa hac adhuc ~ia ista languens? *V. Cuth.* IV 6; ~ia longe lateque grassante *Hist. Abb. Jarrow* 3; **s664** subita ~iae lues . . multitudinem stravit BEDE *HE* III 27 p. 191; ut ea ~ia locus ille fere desertus . . extitisset GIR. *TH* II 31; **1270** defectus per ~iam hoc anno (*Ac.*) *Crawley* 270; **1361** a tempore ~ie usque festum S. Martini *Ac. Durh.* 126; **1361** quo termino nulla fuit cessio justiciariorum de Banco Domini Regis propter tempus pestilencie *SelCKB* VI 129; **1421** pro caucionibus ante primam ~iam incistatis *StatOx* 229. **b 1348** ij annis post bellum Dunelm' et j anno ante ~iam magnam *Ac. Durh.* 718; **s1349** cujus tempore [pape Clementis sexti] accidit magna illa et universalis ~ia *Meaux* III 40. **c** adversus eum in cathedra ~iae [*gl.*: mortis, necis, *wole, cwyldes*] sedentes ALDH. *VirgP* 32 p. 271; in diebus illis filii malicie in cathedra ~ie sedebant ORD. VIT. XII 4 p. 324.

pestilentialis [ML < CL pestilentia + -alis]

1 of or connected with an outbreak of plague.

omnes egritudines, que fiunt tempore ~i breves erunt RIC. MED. *Signa* 38; **1363** geminato ruine ~is impetu *Lit. Cant.* II 446; **1480** obiit . . tempore . . magne ~i [*sic*] anno Christi mccclxxxvi W. WORC. *Itin.* 310.

2 that brings death, deadly, pestilential, of the nature of plague. **b** (transf.) destructive.

a anhelitu . . ~i BACON *NM* 535; ex hiis [cadaveribus] venit vapor ~is *Id.* IX 28; **s1276** ~is . . egritudo oves consumens, scabie plurimas interfecit WALS. *HA* I 15; **1480** cepit infirmari ~i morbo et objit W. WORC. *Itin.* 254; **1511** Jacobo H. laboranti ex morbo ~i *Cant. Coll. Ox.* II 255. **b 1436** clade ~i undique ac ubique . . populum Dei devorat *Reg. Heref.* 216.

pestilenticus [CL pestilentia + -icus], affected by a disease.

þe *pestylence*, clades, cladicula . . pestis, pestilencia; inguinarius, ~us, pestifer, pestilens, pestuosus participia *CathA*.

pestilentiosus [CL], that brings disease, pestilential.

ut nihil ~um esset in aere, nihil in mari tempestuosum AILR. *Ed. Conf.* 745A.

pestinuntius [LL *gl.*], one who announces the outbreak of a plague.

~ium, qui pestem nuntiat *GlC* P 331; ~ius, qui pestem nuntiat OSB. GLOUC. *Deriv.* 483.

pestio v. 1 pesso.

pestipleuma [CL pestis + πλέγμα or πλεύμων], disease of the lungs.

~a, pestis implicata, morbus, pestis OSB. GLOUC. *Deriv.* 483.

pestis [CL]

1 (outbreak of) epidemic disease, plague, pestilence. **b** (in phr.: *fugere ut* or *quasi ~em*) to avoid (someone or something) like the plague; **c** (transf.) affliction, troublesome phenomenon.

de fame . . de famosa ~e . . de urbium subversione GILDAS *EB* 2; percussus est ejusdem clade ~is . . scolasticus quidam BEDE *HE* III 13 p. 152; **793** vos maritima habitatis unde ~is primo ingruit ALCUIN *EP.* 19 p. 55; **a1075** ne ossa mortuorum animalium quasi pro vitanda animalium ~e . . suspendantur *Conc. Syn.* I 614; tunc visa cometes que vel ~em provintialium vel regni mutationem portendere pro vero asseveratur W. MALM. *GR* II 161; si . . medici ~e consumuntur, que spes erit egrotis? AILR. *Serm.* 28. 31; ex horum serpentum flatibus . . emersit ~is inguinaria qua homines sparsim moriebantur BELETH *RDO* 122. 128D; **s1268** ~is grassaretur in pecudes armenti quam vocant usitate *lungessonthe Lanercost* 85; **c1500** de vj s. rec' de bonis A. H. et A. H. sororum . . ~e mortuorum [*sic*] *Ac. Durh.* 251. **b** insulam illam quasi ~em fugiunt GIR. *TH* II 4 p. 81; quam ille ut ~em fugiens sepe corripuit *V. Edm. Rich P* 1783E. **c** de ~e mortalitatis THEOD. *Pen.* II 8. 6; necnon invidiae pestis progignitur inde ALDH. *VirgV* 2714; ~is irata . . agros . . peragravit . . et nimiam dedit mortalibus plagam *Lib. Monstr.* III 5; secundum librum ejusdem heresis ~e commaculavit BEDE *Cant.* 1069; ipsi quoque crebra

---

psalmodiae dulcedine nocivam maestitiae ~em vestro de corde repellite *Id. Ep. Cath.* 39; ~is Antichristi *Ib.* 94A; detestanda invidie ~is OSB. GLOUC. *Deriv.* 82; vitiorum ~em . . aliis propinare non cessant AILR. *Serm.* 28. 24; quid . . murmurationis ~e consumor? *Id. Spec. Car.* II 4. 549.

2 (generally) deadly or fatal disease. **b** (*~is flava*) jaundice. **c** (*~is regia*) gout in the feet, podagra.

quo rumore rudi diversis pestibus aegros / conglomerant pariter stipantes agmine sanctam ALDH. *VirgV* 2431; ipsa . . ~is funerali amaritudine plena, modi ac mensure nescia *Ps.-ELMH. Hen.* V 127 p. 331. **b** ~e quadam qua catervatim plebs occubuit quam flavam ~em vocabant quam et physici ictericiam dicunt passionem GIR. *IK* II 1 p. 103. **c** ne virulenta regiae ~is [*gl.*: mortis, regis morbus, *fotadles, fotcoþu*] incommoditate popularetur ALDH. *VirgP* 32 p. 271.

pestuosus [ML < CL pestis + -osus]

1 affected by a deadly disease, plague-stricken.

pesticus et ~us . . ambo pro peste plenus OSB. GLOUC. *Deriv.* 436.

2 of the plague, pestilential.

hac . . ~a lue infantulus . . contaminatus *Mir. Hen. VI* V 155 p. 284.

pesuagium v. pannagium. **pesula** v. pessulus. **pesulum** v. pessulus. **pesuma** v. pessum.

1 peta [ME *pete* < W. *peth*, Cornish *peyth*], piece of peat, turf.

1159 de mora de E. ad fodiendum ~as *Regesta Scot.* 131 p. 193 (cf. *ib.*: ad fodiendum turvas); **c1190** concessisse . . petariam ita ut . . homines mei de E. habeant aisiamentum ipsius terre ad expandendum ibi pethas suas *Ib.* II 317; **c1230** ~as et turbas quantum necesse habuerint ad domos suas *Melrose* 209; **c1273** habeant etiam communam . . de turbis et ~is fodiendis, siccandis et capiendis ubique in turbario (*Congleton*) *BBC* 79; **1307** fodere ~as et turbas *ChartR* 93 m. 12; **1437** reservatis nobis . . omnibus commoditatibus in moris nostris et marresiis, ~is viz., bruerio et glebis nostris *Cop. Pri. S. Andr.* 128; pro igne habendo carbonibus et petris seu peltis . . utuntur MAJOR I 6 p. 26; **1545** de precio turbarum et ~arum foditarum et cariatarum extra moram . . xxvij li. vj s. vj d. *Rutland MSS Ac. Bailiff.*

2 peta v. poeta.

petaceum v. pittacium. **petafulsus** v. petasunculus. **petagius** v. betagius. **petagogus** v. paedagogus. **petalia, ~ium** v. petalum.

petalia, ~ium [ME, AN *pedaile, petaile* < *peditalia*], (collect.) footsoldiers, infantry.

1235 per servicium ducendi ~ium Norff' et Suff' in Wallia *Fees* 403; **1236** per servicium portandi unum penecellum ante ~iam hundredi de Wotton *Ib.* 589; **1287** predicta tenementa tenuit de domino rege per tale servicium, viz. quod, si dominus rex vellet habere ~iam de villis Norf' et Suff' in exercitu suo in Walliam, tunc duceret dictam ~iam a fossata S. Edmundi usque in Walliam *IPM* 50/23.

petaloides [πεταλοειδής], leaf- or husk-shaped (w. ref. to sediment in urine).

secundum triplicem dimensionem resolutiones a calore tria corpora notabilia apparent in urina sc. ~es resolutiones, furfuree, crinoydes. et dicuntur petaloydes a petalum, petali, quod est cortex tritici, et idos forma, quasi forma corticis tritici excorticati GILB. I 66v. 2.

petaloidosus [πεταλοειδής + -osus], marked by leaf- or husk-shaped bits (w. ref. to sediment in urine).

~a vel squammosa sunt de superficie membrorum solidorum GAD. 21v. 2.

petalum [LL < πέταλον], ~a, ~ia, ~ium

1 leaf of metal (usu. gold); **b** (as worn on forehead by Jewish priest).

quamvis auratis praecellat fibula bullis / amplius aut certe flavescant petala fulva ALDH. *VirgV* 208; falsas effigies quas glauco marmore sculpunt / aurea

---

seu fulva quas ornant petala fronde *Ib.* 1341; **10**.. ~a, *goldfyld fel WW*. **b** sicque fit Aaron ipse . . induatur . . tiara, ~o aureo BEDE *Tab.* 484.

2 husk of grain.

dicuntur petaloydes a ~um, ~i, quod est cortex tritici GILB. I 66v. 2; ~a, cortices tritici *SB* 33; ~ia, i. cortices tritici *Alph.* 139; ~ie, i. cortex frumenti *Ib.* 141.

3 tessera, paving stone.

a peto hoc ~um, -li, i. forma marmorea ad instar tessere quadrate unde pavimenta templorum et palatiorum quondam sternebantur OSB. GLOUC. *Deriv.* 419; *pavyngston*, ~um, -i *PP*.

petamora [peta + 2 mora], peat bog.

1240 concesserunt . . communam ~e que vadit juxta Thorebrechs usque ad domum *Kelso* 194.

petanc- v. pitanc-. **petansaria** v. pitanceria.

petaria, ~ium [1 peta + -aria], peatery, peat-bog.

c1150 sicut illa tendit ultra ~eream usque ad metam que dividit terram *E. Ch. Scot.* 186; **c1176** in pratis et pastura et ~aria *Regesta Scot.* 188; totam illam meam ~eriam *Melrose* 135; **c1180** concessisse . . illam ~eram . . que vocatur Wulvestrother *Regesta Scot* II 191; **c1180** damus . . quandam partem de ~erio nostro de Neuton' *Act. Ep. Durham* 51; **c1190** inter ~hariam et viam *Ib.* II 317; cum communi pastura et aisiamento ~arii hominibus in dicta terra manentibus *Reg. Aberbr.* I 82; **1247** licenciam fodiendi et percipiendi tot petas in ~aria nostra que vocatur Monegre quot voluerint *Cart. Lindores* 137; **c1250** dedi . . viginti caretatas petarum in ~ario meo de Wythtestrother . . fodendas et siccandas in loco competenti *DL Cart. Misc.* III 174; **1271** si aliquis . . fossatum seu cursum aque faciat in predicta ~aria, quominus prefati monachi possint petas suas cariare aut proficuum suum facere, ego . . faciam eis fieri emendas *ChartR* 60 m. 3; decime de . . ~ariis, silva cedua, de fructibus arborum *Conc. Scot.* II 21; **1307** pastura mea . . tam in ~ariis meis quam in brueriis *ChartR* 93 m. 12; **1311** tam in paytera et turbaria nostra . . quam in boscis *Reg. Durh.* II 1129; **1322** dedit . . parvam mussam . . et pecariam et materiam ad caulas et ad ovilia sua facienda *MonA* V 611b; **1354** per servicium inveniendi unum hominem ad fodendum petas in ~ria dicti prioris apud Bewik' *IPM* 128/5; **1503** cum . . piscationibus, ~ariis, turbariis, carbonariis *Foed.* XIII 63.

petarium v. petaria.

petasarius [CL petasus + -arius], maker or seller of caps, hatter.

1563 Petrus Paris, ~ius; Lodoicus Textor, ~ius (*SPDom.*) *Hug. Soc.* X 289.

petasatus [CL = *who wears a broad-rimmed hat*], (her.) that has extremities like a broad-rimmed hat.

Addam . . crucis formam quam a similitudine ~am dicamus quod ejus radii petasis videantur induti turres, quas inde ~as vocant SPELMAN *Asp.* 102.

petasculus, petasiculus v. petasunculus. **petasio** v. petaso. **petasiunculus** v. petasunculus.

petasma [πέτασμα], hanging, drape.

hangyng off a chyrch, ~a *PP*.

petaso [CL], ~us, shoulder of ham, flitch of bacon.

~o, -onis, i. perna porci OSB. GLOUC. *Deriv.* 419; multos fecerant ex magnis porcis bacones, quos alio nomine ~ones dicimus MAP *NC* I 25 f. 21; hic ~us *bacun Gl. AN Glasg.* f. 20vb; hic ~us vel baco, *bacon Gl. AN Ox.* 259; hic ~o, -nis, *a flyk WW*; **1594** unam ~ionem A. voc' *a flytche of bacon West Sussex RO* QR/W1/20.

petasunculus [CL], small shoulder of ham, little flitch of bacon.

petasones vel ~i, bacones, perne carnium OSB. GLOUC. *Deriv.* 471; hic petasculus, *petit bacun Gl. AN Glasg.* f. 20vb; hic petasiunculus, *petit bacun Gl. AN Ox.* 260; **13**.. maccerarius habeat . . bacones, perrias sive petafulsus (*Nominale*) *Neues Archiv* IV 340; hec petasiculus, *half a flyk WW*.

1 petasus v. petaso.

2 petasus [CL], broad-brimmed hat; **b** (as worn by Mercury); **c** (misinterpr. as Mercury's winged sandals).

1563 ~os conficiunt (v. 2 causia); **1564** R. Hamonde minutario .. pro ij ~is un' de serico nigro *Ac. LChamb.* 57 f. 13. **b 1146** cui nec Iovis cerebrum nec Maiugene ~um deesse cognoscimus G. FOLIOT *Ep.* 57. **c** a peto hoc ~um, -si, i. calciamentum Mercurii OSB. GLOUC. *Deriv.* 419; quod vero talaria habeat Mercurius et ~um, id est calciamentum alatum, a Greco verbo πέτω ALB. LOND. *DG* 9. 5.

petat- v. pittac-.

petax [LL]

1 acquisitive (w. gen.).

ornatuum ~ax, habendi insatiata ALB. LOND. *DG* 11. 22.

2 (as sb. m.) petitioner.

petitor vel ~ax, *biddere* ÆLF. *Gl. Sup.* 190.

petecionarius v. petitionarius. **petecularius** v. petillarius. **petegogus** v. paedagogus. **petellus** v. potellus. **petencia** v. potentia. **petendactylis** v. pentadactylus. **petera** v. petaria.

petere [CL]

1 to try to reach, to move towards, make for, go to. **b** to visit. **c** (fig. w. ref. to adoption of monastic life).

alii transmarinas ~ebant regiones GILDAS *EB* 25; inde petit superas meritis splendentibus arces / angelicis turmis ad caeli culmina ductus ALDH. *CE* 3. 14; ~entes Brittaniam Picti BEDE *HE* I 1 p. 12; quo peracto refectorium ~ant [AS: *hi faran*] *RegulC* 47; quum enim nubes altiora ~ierint, calore in pluvias resolvuntur ALB. LOND. *DG* 10. 4; alicui dicunt quod cathima argenti est litargirum argenti, i. id quod ~it superiorem partem quando funditur argentum *SB* 14. **b** pro expensis R. de Say ~entis dominam de Fiens per j diem vj d. *Househ. Henr.* 409. **c** cum integris animae ratibus .. sine discrimine scopulorum sanctae conversationis habitum ~entes ALDH. *VirgP* 10; scelerum .. penitens monachatum ~iit ORD. VIT. XII 45 p. 482.

2 to go for, attack.

bello ~itus ac regno privatus ab illo BEDE *HE* III 7 p. 140; si bos cornu ~ierit virum aut mulierem, et mortui fuerint (*Quad.*) *GAS* 33; ferus Hector .. / .. / .. teloque trabali Idomenea petit J. EXON. *BT* V 474; Wilelmus rex Anglie a quodam milite suo cervum ~ente sagitta percussus interiit *Ann. Cambr.* 32; Milo .. a quodam milite suo cervum ~ente ictu sagitte est occisus *Ib.* 42.

3 to seek to obtain, to go to get.

ut incipiens annorum xxx baptismum voluntarius a Johanne ~eret in Jordanne THEOD. *Laterc.* 16; exactis missae concentibus omnes / fercula dum solitae peterent paupercula mensae ALDH. *VirgV* 1581; rerum naturas scrutati sunt ut scirent .. quid contemnendum tanquam non bonum, quid ~endum ut simpliciter bonum, quid preferendum ut majus bonum J. SAL. *Met.* 858B; predarum predam .. ~unt et appetunt in sublimi GIR. *TH* I 12 p. 38; **1274** pro expensis j garcionis ~entis zucharam apud London' ad opus domini *Househ. Henr.* 407.

4 (w. acc. & inf.) to ask (someone) to do something.

nec petit Augustum pactam sibi reddere sponsam ALDH. *VirgV* 2101; ~iit presbyterum suum .. pia coepta conplere BEDE *HE* III 23 p. 176; dux Lancastrie ~iit regem dare sibi †ducatam [l. ducatum] Aquitannie *Eul. Hist. Cont.* 370.

5 to try to obtain by asking, request (w. acc., also ellipt.); **b** (w. dat. or *ab* & abl.); **c** (w. act. inf.); **d** (w. pass. inf.); **e** (w. *ut* or *quod* & subj.); **f** (w. indir. qu.).

sponte negavit / quod germana petit deplorans ALDH. *VirgV* 2048; episcopo rex locum .. ubi ipse ~ebat tribuit BEDE *HE* III 3 p. 132; pontifex a rege .. impetrare temptavit ne tubicines in eorum egressu tubis canerent ... rex .. iratus quod ~ebatur omnino denegavit ORD. VIT. VIII 2 p. 277; quociens .. habuit aliquis argentum ad manum et non dedit pauperi ~enti T. CHOBHAM *Serm.* 12. 48rb; *demonder*, .. ~ere, quere *Gl. AN Ox.* f. 154v. **b** a venientibus fratribus .. lignum .. ad fundamentum alicujus domunculi ~ivit *V. Cuthb.* III 4; benedictionem aquae ab eo ~ivit *Ib.* IV 3; inito consilio .. quid ~erent regi pro puella NEN. *HB* 178; a quo .. solemus indulgentiam ~ere ANSELM (*CurD* I 12) II 70; R. peciit ab eis partem inde aliquem *SelPlForest* 112. **c** petimus cognoscere quedam GARL. *Tri. Eccl.* 7. **d** de his .. orbis terrae generibus responderi ~ebas *Lib. Monstr. prol.*; cum .. sibi .. a Theodoro episcopum dari ~eret BEDE *HE* IV 3 p. 206; c**1155** quando a fraternitate vestra monachi .. cimiterium sibi benedici picierint, eorum postulacioni nequaquam assensum .. prebeatis *Doc. Theob.* 141; diligentius insto, vehementius pulso, affectuosius peto mihi artis ostium aperiri J. SAL. *Met.* 862C; **1318** vestra epistola .. effici ~imus cerciores *FormOx* 42; **1375** a nobis ~iit procurator .. se in possessionem bonorum .. induci *Reg. Aberbr.* II 32; ideo intuitus ipsius anime necnon inferni ac paradisi ~iit sibi ab angelo demonstrari J. YONGE *Vis. Purg. Pat.* 55; **1422** a notario publico sibi fieri ~iit publicum instrumentum; *Cop. Pri. S. Andr.* 35. **e 680** denique solerter ~o ut nullus post obitum nostrum hoc donativum in irritum facere praesumat *CS* 47; ~ens ut sibi mitteretur antistes BEDE *HE* III 3 p. 131; c**1150** ~o quod nomen meum scriptum sit in martilogio *Ch. Westm.* 385; **1246** ~iit W. clericum abbatis de C. et H. prepositum de B. ut irent cum eo *SelPlForest* 83; **1275** R. R. et alius R. ~ierunt ut statim in curia leges suas facere possent *SelPlMan* 151; Afri .. Marcum Regulum .. quem bello ceperant, ~iverunt ut Romam pergeret *Flor. Hist.* I 53. **f 1239** R. ~iit ab eo si agno[visset] eos *SelPlForest* 70; **1288** J. B. obviavit W. .. itineranti .. et cum quodam gladio extracto ipsum insultavit et ~iit ab eo si habuit aliquod argentum *Leet Norw.* 13; ~iit ab eo quare averia illa vendidit qui ei respondit quod sibi nocebit *State Tri. Ed. I* 52; ~itus est si de castro venisset *Eul. Hist.* III 5; si forte ~is quo pacto suppetet antiquitatum copia posteris .. indicabo paucis FERR. *Kinloss* 3.

6 to pray. **b** (w. acc.) to pray for.

episcopi vel praepositi non ~ant pro populo. orat enim apostolus pro plebe BEDE *Ep. Cath.* 89; is quoque qui ~it, talis esse debet, taleque quod petitur esse opportet: ut hujusmodi petitori petitionem hujusmodi non conveniat negari PULL. *Sent.* 916A. **b** qui diligit feminam mente, veniam ~at ab eo [sc. Deo] THEOD. *Pen.* I 2. 22; veniam ~it a Domino BEDE *Prov.* 998; didicerat .. quid ille ~isset et quia ~ita inpetrasset *Id. HE* III 27 p. 193; qui cum fide .. ~it aliquid a Domino T. CHOBHAM *Praed.* 169.

7 (leg.) to claim, demand as one's right: **a** (absol.); **b** (property, money, or sim.); **c** (privilege, exemption or sim.). **d** (*~ere aetatem suam*) to request that one's age be considered (by the court and the case be respited until one comes of age). **e** (w. *ut clericum*) to demand someone as a clerk (for trial in ecclesiastical court). **f** (pr. ppl. as sb. m. or f.) demandant.

a adversarius ejus qui ~it adversus eum .. coram justiciis appareat GLANV. I 7. **b** c**1205** nunquam hoc masagium .. tanquam dotem suam ~et *Ch. Westm.* 437; **1221** A. ~iit versus eum fenum ad valenciam v s. quod ei asportaverat in hundredo *PlCrGlouc* 6; **1248** J. filia S. ~it medietatem unius masuagii cum crofta .. ut jus suum *SelPlMan* 17; sive ~atur ab eo dos sive in dote ~enda vocatus fuerit ad warantum HENGHAM *Magna* 13 p. 47; c**1400** ~it alloc' de molendino .. quia nil percepit de eodem *Ac. Durh.* 216. **c 1200** senescallus de Westmonasterio ~iit curiam suam de placito terre *CurR* I 337; **1201** ballivi .. ~ierunt suam libertatem inde *Ib.* II 70; **1219** placitaverunt in comitatu .. versus .. A. et A. de amensuratione dotis, ita quod ballivus comitis W. .. venit et ~iit curiam domini sui, et habuit *CurR* VIII 21; **1258** ~it diem amoris ad satisfaciendum dom' abbati infra proximam curiam sequentem *SelPlMan* 57; **1275** ~iit pacem domini regis de E. de B., R. le W. eo quod minabantur ei de vita et membris *SelCCoron* 33; **1293** tota curia ~it respectum de judicio reddendo usque ad proximam curiam *SelPlMan* 111; **1334** si .. haberet procurationem a nobis ~endi processus concernentis Petrum de D. *Lit. Cant.* II 65. **d 1218** Willelmus est infra etatem .. et ~it etatem suam *Eyre Yorks* 143; **1220** dicit quod dominus rex, cum pervenerit ad etatem, debet ei terram illam et cartas warentizare; et ~it etatem suam *CurR* VIII 217; **1220** Thomas venit et dicit quod est infra etatem et ~it etatem suam *Ib.* 226. **e 1218** appellat Robertum .. quod .. occidit virum suum .. Robertus .. defendit totum .. sicut clericus ordinatus, et decanus et capitulum ~unt curiam S. Petri *Eyre Yorks* 318; **1220** inventi sunt in laico habitu .. ; nullus essoniavit ante vadia data quod fuerunt clerici, nec aliquis eos ~iit ut clericos *CurR* VIII 383; **1225** petit eum ut clericum ut de eo omni querenti in foro ecclesiastico justiciam exhibeat *SelPlCrown* 121; **1255** postea venerunt .. et pecierunt W. .. eo quod clericus est *SelPlForest* lxxxix. **f** utroque autem litigantium presente in curia et ~ente clamante tenementum petitum, poterit tenens petere visum terre GLANV. II 1; **1191** finalis concordia .. inter canonicos ecclesie S. Pauli .. tenentes et Willelmum de Bokeland ~entem, de manerio *E.Ch.S.Paul.* 93; **1196** ad magnam assisam faciendam inter Simonem .. ~entem et Amiricum .. tenentem de viij parte feodi j militis *CurR* I 16; **1219** dies datis est Hugoni .. ~enti .. de audiendo judicio suo *CurR* VIII xi; **1243** ~ens qui jus suum prosequitur *RGasc* I 181a; actor .. sive sit ~ens vel querens uti debet intentione BRACTON f. 106b; de recto inter ipsum A. ~entem et B. tenentem, de uno mesuagio *Reg. Brev. Orig.* f. 1.

8 to seek (a woman) in marriage.

filiam ejus Sarram ~at sibi uxorem BEDE *Tob.* 929; ut conjunctius attingeret tantum virum ipse .. ducis ei filia ~ita atque pacta est W. POIT. I 37; filiam .. ipsius Johanni filio augusti conjugem ~ivit ORD.VIT. XI 28 p. 263.

9 (log.) to assume. **b** (*principium ~ere*) to beg a question.

manifeste ~eretur id quod est in principio T. SUTTON *Gen. & Corrupt.* 65; ergo [Aristoteles] ~it quod debet probare *Ib.* 66. **b** racio que ponitur ad secundam questionem videtur ~ere principium DUNS *Sent.* I 30. 2. 8 p. 452b; in talibus .. valet probacio circularis, quia ibi non probatur idem per seipsum nec ~itur principium T. SUTTON *Gen. & Corrupt.* 66.

10 (p. ppl. as sb. f.) unit of land, tathe (Ir.; *cf.* 7b *supra*), or ?*f. l.*

1606 terre numerantur per ballebetas et ~itas sive tatas *Anal. Hib.* XII 90 (cf. ib. 85: petias sive tatas; in petia .. sunt 60 acras) (v. et. pecia 1f).

11 (p. ppl. as sb. n.) request, demand.

hoc ~itum sic initum fide media confirmatur ..... indicans .. quale ~itum necessitate compulsus inierat *Chr. Ed. I & II* II 200.

peterea v. petaria.

peteredium [LL], inheritance claim.

~ium abjecta H in compositione a petendis hereditatibus ALCUIN *Orth.* 2342.

peterellum [ME, OF *peterel* < pectoralis], breastplate for a horse.

1238 pro freno et ~o xiij d. *Liberate* 12 m. 13.

peteria, ~ium v. petaria. **Petevinus** v. Peitevinus. **petha** v. peta. **petharia** v. petaria. **petia** v. pecia.

petiae [CL suppetiae *w. reversal of elements*], (*~iae sub*) support, assistance.

s**885** ~ias sub dant plebs ÆTHELW. IV 3 (cf. ib. s**893**: dat subpetias).

petibilis [LL], suitable to be requested.

Romam veniens decenti suscipitur eum honore, audientia benigna conceditur, et quod ab eo ~e petitur, favorabiliter impetratur *V. Edm. Rich P* 1808E.

petibulum [LL], target.

1317 de Eva Dautry pro servicio unius ~i ad firmam *IPM* 54/21.

1 petica v. pectica.

2 petica, (bot.) fleabane (*Pulicaria dysenterica*).

petila, i. policaria minor *Alph.* 139; policaria minor et major .. respice in ~a *Ib.* 149.

peticanonicus [ME, OF *peti*+canonicus], minor canon, petty canon.

1535 lego .. singulis petecanonicis iij s. iiij d. *Reg. Heref.* x; **1558** gardianis et xij ~is ecclesie Divi Pawli London' pro termino vite eorum solvendum ad iiij anni terminos *Liberate* (*Exch*) 2362(1) f. 4*d*.

peticius [CL petere+-icius], one who requests or demands (repeatedly).

~ius, qui amat petere aliquid *GlC* P 343; peticus vel ~ius, qui frequenter petit OSB. GLOUC. *Deriv.* 471.

peticus v. peticius.

petiginarius [petigo, petiginis+-arius], (*herba ~a* also ellipt. as sb. f.) celandine (*Chelidonium*).

chelidonia, i. herba ~ia *Alph.* 36 (v. chelidonius 2a); ~ia, respice in celidonia *Ib.* 141.

petigo [cf. CL depetigo], scaly eruption on skin, scab, patch of scurf.

~o, *teter GlC* P 244.

petila v. petica. **petiliarius** v. petillarius. **petilio, ~ium,** v. petilla.

1 petilius [cf. CL petere, petitor], one who requests or demands (repeatedly).

peticius: qui amat petere aliquid; .. ~ius, qui supra *GlC* P 255, 343.

2 petilius v. petilla.

petilla, ~um, ~io, ~ium, ~ius [ME *petil* < OF *petillon*], bolt of a crossbow, arrow; **b** (as beater).

architenentes qui faciunt .. tela et petilia de fraxino GARL. *Dict.* 124; **1320** arcu, petilio et duabus sagittis *Cal. IPM* 147; **1372** xxiv sagittis vocatis *brodarwes*, iv duodenis petiliorum, viz. *boltes Foed.* VI 749; **1383** unam garbam sagittarum largarum, unam garbam sagittarum parvarum, unam garbam parvorum petilionum volatilium *Ib.* VII 415; **1376** cum petuleis et sagittis traxerunt ad columbellas existentes super domos *Pl. Mem. Lond.* roll A 21 m. 12b; arcus qui est continue tensus, minus bene ad metum ejicit petilium seu sagittam *Dictamen* 379; **c1422** arte sagittandi experitissimus, putilio suo inflexibili semper mete dividit punctum *Cant. Coll. Ox.* III 70; **1474** genus ~arum .. vocatas *shefe arrowes* (v. petillarius); *bolt*, petilio, -is; fem. *PP*; petilius, A. *a bolt*; .. hoc ~um, A. *bolte*; .. hec petulio, A. *bolte*; .. hoc petulium, *a bolt WW*; missis petilionibus invicem certant .. quis prior quisve ad metas possit esse proximior *Mir. Hen. VI* III 118. **b** **s1423** unus fuerat in cippis †constitutus [MS: constrictus] et manibus sui domini cum petilione *mattras* capite fractus (*Chr. S. Alb. 1422–31*) AMUND. I 5.

petillarius, petilliarius [petilla, petillium < OF *petillon*+-arius], maker of bolts for a crossbow.

1436 armurarii, arcuarii, petiliarii, et alii diversarum misterarum .. armaturam, artillariam, et alia habilitamenta guerre ad vendendum habentes *Cl* 286 m. 5; **1440** pro bono servicio quod .. Johannes Fframpton *ffletcher* nobis .. impensat concessimus ei essendi petiliarius noster ad faciend' et emendand' .. omnimodas sagittas *Pat* 447 m. 6; *fleccher*, petularius *PP*; **1472** arcuum factores, ~iarios et alios artifices *Pat* 529 m. 11; **1474** fieri fecimus quod nullus ~arius aliquod genus petillarum nisi solomodo sagittas vocatas *shefe arrowes* faciat quoquo modo *Ib.* 533 m. 22*d.*; **1491** pertinet arcuariis et †peteculariis (l. petillariis) per conditionem factam *REED York* 164; **1516** W. H. nostrum petularium et J. P. valectum †arkastell' [l. arbalist'] nostrarum (*Pat*) *L. & P. Hen. VIII* II 1715.

petillum v. petilla.

petilus [CL], thin, slender. **b** that has small feet.

plantus [? l. petilus], gracili corpore *GlC* P 471. **b** ~us, *litelfota* ÆLF. *Gl.* 161; petulus, -la, -lum, A. *whyt foted* et dicitur de equo *WW*.

petitio [CL]

1 request, demand: **a** (usu. w. subj. gen.); **b** (w. obj. gen.). **c** (spec., of postulant to monastic order). **d** (*ad ~onem* w. gen.) at the request of. **e** (rhet.) part of a letter.

a **p675** ut ad vestrae pietatis praesentiam .. eorum paternam ~onem salubremque suggestionem .. intimarem, hoc est de ecclesiae catholicae unitate ALDH. *Ep.* 4 p. 481; **c750** desideriis et ~onibus piis assensum semper praebere *CS* 160; juste ~oni eorum benigniter favit ORD. VIT. V 16 p. 430; extraxerunt me hinc rei familiaris angustia, sociorum ~o et consilium amicorum J. SAL. *Met.* 868D; **1182** nec nos ad ~ones vestras .. admittendas .. difficiles inveniamur (*Bulla Papae*) ELMH. *Cant.* 460; populi .. ~o, cleri electio .. abbatem elegerunt in pastorem J. FURNESS *Walth.* 79. **b** Letardum cum in ceteris potentem tum in pluvie ~one velocem W. MALM. *GP* I 2. **c** suum .. est novicios qui de saeculo veniunt, in capitulum adducere et docere eos priorem ~onem facere LANFR. *Const.* p. 154. **d** quem .. ad ~onem eorum ordinavit .. episcopus BEDE *HE* V 11 p. 302; ad ~onem Lucii regis .. in insulam transmissos GIR. *DK* I 18; **1226** sciatis quod ad petiscionem domini pape .. *Cl* II 97b. **e** partes epistole ..... ~o est oracio per quam aliquid fieri vel non fieri postulamus *Dictamen* 338.

2 (of prayer).

dii .. qui presto erant ad ~ones hominum OSB. GLOUC. *Deriv.* 513; non .. in vanum oramus cum per sanctos angelos ~ones nostre innotescant non solum apud Deum sed etiam apud sanctos AILR. *An.* 3. 24; obsecro, Domine, in fine audi ~onem meam hanc parvulam BALD. CANT. *Serm.* 14. 57. 452.

3 petition, written document.

c780 hanc meam ~onem subscribendo confirmavi *CS* 238; **1215** predicti barones ~ones subscriptas, quas a me requirebant, omnino mihi .. remiserunt *Ch. Chester* 394 p. 390; **1322** habetis penes vos ~onem nostram, quam nuper coram auditore ~onum in .. parliamento .. fecimus exhiberi *Lit. Cant.* I 68; Paulus II .. in signandis ~onibus maturus fuit et justicie tenax *Eul. Hist.* I 292.

4 (leg.) demand, claim; **b** (w. *libelli seu articuli*).

c1100 sine exactione et ~one cujusquam in mundo *E. Ch. Scot.* 14; Pythagoras in causa quam habebat erga discipulum suum, sententiam postulabat instanter, ejus tamen ~o audita non est P. BLOIS *Ep.* 95. 302B; [advocati] sue ~onis equitatem judici debent commendare RIC. ANGL. *Summa* 27 p. 34. **b** **s1280** libelli seu articuli cum hac adjeccione ~onis (v. articulus 3b); **1300** absque articuli seu libelli ~one (v. articulus 3b).

5 (geom. & log.) postulate; **b** (*~o principii* or ellipt.) (fallacy of) begging a question.

~ones quinque ADEL. *Elem.* I 1 p. 32; geometrie primo ~ones quasdam quasi totius artis jaciunt fundamenta J. SAL. *Pol.* 649C; dum quod assertive pronunciando ponere pergit anxioma non sit artisve principium, locumve vel vices sortiatur preambularum quavis in arte ~onum E. THRIP. *SS* VIII 1; **1267** ab A puncto possibile est duci lineas rectas ad omnem punctum in arcu ZH et patet per ~onem BACON *Maj.* II 499; alia species obligacionis assignatur ~o, que obligat ad aliquem actum pertinentem ad officium respondentis exercendum ab eodem, sicut si opponens dicit 'peto quod concedas primam propositionem proponendam a me', que ~o recipienda est, quia non obligat ad impossibile (*Ps.*-OCKHAM) *GLA* IV 42 n. 164. **b** adicit et regulam ~onis principii, que speculatio tam demonstratori quam dialectico satis accommodata est, licet hic probabilitate gaudeat, ille veritatem dumtaxat amplectatur J. SAL. *Met.* 919B; secundum ~onem principii BACON XV 330; est .. ~o principii in probacione T. SUTTON *Gen. & Corrupt.* 154; ~o videtur quod materia sit terminus accionis divine solius DUNS *Metaph.* VII 8 p. 377b.

petitionarius [CL petitio+-arius], petitioner. **b** (eccl. or mon.) collector of alms.

1469 cui associati multi, quasi ~ii petentes multa (*Chr.*) *Camd. Soc.* N.S. XXVIII 182. **b** **1528** dominus W. L. petecionarius *Vis. Linc.* II 179.

petitiosus [CL petitio+-osus], prayerful.

~us, *bedul* ÆLF. *Gl. Sup.* 180.

petitiuncula [CL petitio+-uncula], small request.

1156 nec in una ~a potui exaudiri J. SAL. *Ep.* 8; benignitas .. herentem calamum ad presentem ~am animavit AD. MARSH *Ep.* 131; **1290** vestre supplico paternitati quatinus saltem absentem solito pietatis oculo respicere dignemini in quasdam ~as quas vobis mitto *AncC* 23/147.

petitivum [CL petitum+-ivum], something that is sought, question, request.

comperiendum est .. quoniam non accidit ad idem responderi parte utralibet quamvis ad utriuslibet partis ~a respondeatur idem BALSH. *AD rec. 2* 146; videri poterunt ~a principii .. in decem distinguenda esse *Ib.* 148; quare in hujusmodi principii ~is tria hec ex arte attendenda instituimus: quid, quo, qualiter interrogetur *Ib.* 149.

petitor [CL]

1 one who requests or demands; **b** (w. ref. to *Luc.* xi 5–8).

hic tibi sit petitor veniae, spes certa salutis ALCUIN *Carm.* 109. 21. 4; ~or .. , *biddere* ÆLF. *Gl. Sup.* 190; talibus solidi viri responsis confusi, ~ores discessere GOSC. *Lib. Mild.* 10. **b** multo magis pater caelestis ~oribus suis .. non defectiva in caelis bona largitur BEDE *Hom.* II 14. 171; juxta evangelicum nocturni ~oris exemplum perseveranter pulsanti tandem aperuit .. benignitas Dei GOSC. *Transl. Mild.* 8.

2 (leg.) claimant, demandant.

nec in propria persona licebit ~ori prosequi appellum suum GLANV. II 3; nec credo quod possit ~oribus obviari, si vendicare audeant quod adulatoribus contulerunt J. SAL. *Pol.* 504B; una .. causa est, et ideo prius agitur de possessione ut ordinetur lis de proprietate. oportet .. ut alter ~or sit et alter possessor VAC. *Lib. paup.* 70; **1377** necnon super eis .. cum commissariis seu deputatis .. tractandis .. et una cum ipsis ubi ~orum natura hoc exigit et requirit procedendis statuendis diffiniendis .. super praemissis *RScot* 983a.

petitorius [CL]

1 petitionary, that presents a request: **a** (*litterae ~iae, epistola ~ia*) letter, petitionary; **b** (ellipt. or as sb. f. or n.).

venit quidam clericus ad abbatem portans literas ~ias de redditu ecclesiastico habendo BRAKELOND f. 136; **1221** pro habendis litteris ejus ~iis ad abbatem de B. de quietacione relevii sui *Cl* I 454b; **1230** literas ~ias de rationabili auxilio habendo de militibus .. ad debita que regi debet .. acquietanda *Pat* 412; litteram ~iam .. recepi AD. MARSH *Ep.* 16 p. 99; **1258** R. de B. ad ejus expensas versus Stanford cum literis ~iis ad resignandum seldas *Rec. Leic.* I 82; **s1300** ordinaverunt .. pape .. epistolam .. ~iam ut jus Anglorum in regno Scotie .. protegeret *Flor. Hist.* III 304. **b** 'roga,' inquit ductor, 'ut curent te'. ille cum salutasset eos et cum benedictione respondisset beatus Thomas, interrogans etiam quod ~ium porrigeret W. CANT. *Mir. Thom.* II 31; lectis vero episcopus ~iis sibi destinatis .. AD. EYNS. *Hug.* III 9; succingo sermonem, veritus ne littera prolixior .. videatur importuna. .. presentem serenitati vestre porrigo ~iam AD. MARSH *Ep.* 11 p. 94; vestram ~iis benignitatem interpellare consentio *Ib.* 234.

2 (leg.) petitory, claiming title or right of ownership (usu. dist. from *possessorius*): **a** (w. *judicium* or sim.); **b** (w. *titulus*); **c** (ellipt. or as sb. n.).

a omisso judicio possessorio, ~ium instituit asserens ecclesiam suam esse J. SAL. *Ep.* 72; **s1202** si in judicio possessorio succubuerimus, que cura? quum quasi certi simus quod in ~io obtinebimus *Chr. Evesham* 114; est ~ia hereditatis actio et competit illis quibus jus merum descendit ab antecessoribus sicut heredibus propinquioribus BRACTON f. 103b; intentantes ~ium judicium *Reg. Malm.* II 218; judicio possessorio vel ~io super premissis movere questionem *Reg. Paisley* 140; si episcopus vellet .. privationem defendere, ut factam legitime, [in ~io judicio], contra R. prosequatur GRAYSTANES 25. **b** ab omni titulo juris tam ~io quam possessorio simus exclusi *Melrose* 536; **1458** titulo tam ~io quam possessorio *Reg. Newbattle* 286; **1496** ab omni juris titulo tam ~io quam possessorio dicti annui redditus sim .. exclusus *Melrose* 589. **c** **a1162** procuratores comitis adversus .. E. ~ium instituerunt, dicentes ipsum injuste occupare ecclesiam J. SAL. *Ep.* 102; nec intendunt ~ium sed quodammodo possessorium; aut, ut castigatius loquar, non utuntur officio advocatorum sed supplicatione NECKAM *NR* II 189 p. 343; **1221** testibus utriusque partis tam super possessorio quam super ~io diligenter examinatis *Ch. Sal.* 112; data est sententia pro eis, tam de ~io quam de possessorio M. PAR. *Maj.* III 480; **1297** salva religiosis .. prosecucione juris per viam ~ii *Reg. Cant.* I 166; **1305** tam super possessorio quam ~io *RGasc* III 444a.

petitum v. petere 11.

1 petitus v. petere.

2 petitus [CL], request, demand; **b** (w. subj. gen.).

hec petitio .. unde hic petitus, -ui OSB. GLOUC. *Deriv.* 419. **b** **1475** pro vadiis Matthei Scarden †petiti [l. petitu] domini regis in servicio suo guerre .. xlv s. vj d. *Foed.* XI 848.

3 petitus [OF, ME *petit*], small schoolboy, one who studies elementary subjects.

1477 magister scole gramaticalis de cetero habebit jurisdiccionem et gubernacionem omnium scolarium infra libertatem et procinctum istius ville, exceptis petytis vocatis *apesyes* et *songe Educ. Charters* 422.

petoides v. putois.

petoncius, polecat or (?) *f. l.*

petoncius, [? l. fetotrus], *putois Gl. AN Glasg.* 21b.

petonium v. porthmium. **petorica** v. petorritum. **petoritum** v. petorritum.

petorritum [CL], **~a,** wagon.

pilentum vel ~um vel rada, *crat* ÆLF. *Gl.* 140; petoritum .. dicitur a peto, i. quoddam genus currus OSB. GLOUC. *Deriv.* 419; *chare*, currus .. petorica, -e *PP.*

petra [CL < πέτρα], **1 petrus**

1 cliff, rock.

Alcluith, quod .. significat ~am Cluith BEDE *HE* I 12 p. 26; sepulchrum Domini in eadem ~a excisum .. eminet *Ib.* V 16 p. 318; habebunt v bidentes supra ~am versus mare *Cust. Battle* 51; s**1311** Petrus [sc. de Gavastone] preeminentia ~e preclusus .. misit legatos *Flor. Hist.* III 150.

2 (piece of) rock, stone; **b** (millstone); **c** (whetstone); **d** (as missile for catapult or cannon); **e** (tombstone); **f** (boundary stone or marker); **g** (w. ref. to coronation stone of Scone).

patefacta sunt monumenta et ~ae fissae sunt et mortui resurrexerunt THEOD. *Laterc.* 10; Moyse super ~am sedente .. similiter narratur ipsius ~ae sculpta similitudo *Comm. Cant.* I 258; **10..** lapis vel ~a, *stan WW*; **1221** quidam A. capellanus qui interfuit impulsit eam quod cecidit super unam ~am et ibi recepit plagam *SelPlCrown* 107; **1289** si cum gladio vel fuste, ~a vel tegula [percusserit] *RGasc* II 352b; hec ~a, *a stone WW.* **b** quadrigant ramum et ~as molendini et similiter faciunt stagnum molendini *Boldon Bk.* 38; c**1220** concessi .. ut capiant .. ~as molares quantum et quando opus habuerint *Couch. Furness* II 119; **1289** de j veteri ~a molari j s. *Bec* 136; **1333** et in una ~a molari nova empta per excambium pro veteri ~a *LTR Mem* 105m. 194; **1400** pro una ~a ad idem molend', vj s. viij d. *Ac. Durh.* 602. **c 1323** (v. ferramentum 1). **d** a**1389** Ade Bargeman pro batellag' .. cxlij ~arum vocatarum *gunstones* de dicto palacio usque turrim pro defensione ejusdem *KR Ac* 473/2 m. 5; de .. iiij ~is rotundis vocatis *engynstones Ib.* m. 4*d.*; s**1386** cum machinis ad ~as jaciendas (v. 2 gunna a); **1400** ~is pro canonibus *CalCl* 79; **1403** (v. 2 gunna a); **1426** (v. ejectio 3a); **1434** (v. gunnius); in castro machinamentum maximum cum fundo, proiciens immanes ~as *Plusc.* IX 36; **1553** exceptis .. bombardis, tormentis et ~is, tam lapideis quam ferreis *CalPat* V 252. **e** cum positi fuerint in sepulcro, funditur pro eis oratio, deinde humo vel ~a operiuntur THEOD. *Pen.* II 5. 1; in uno latissimo tumulo .. sepelivit, ponens supra corpus abbatis .. ~am pyramidalem Croyl. 24. **f 1267** via regalis .. se extendit .. usque ad magnam ~am que est juxta viam *Cart. Mont. S. Mich.* 39. **g 1300** ad pedem nove cathedre in qua ~a Scocie reponitur juxta altare ante feretrum S. Edwardi *AcWardr* 60; una ~a magna super quam reges Scocie solebant coronari *Ib.* 353.

3 (for use as building material); **b** (for roof); **c** (dist. acc. kind or source).

dilubra paganorum a cimentario politissimis compacta ~is rubrisque tegularum imbricibus tecta ALDH. *VirgP* 26; ibi sunt boves ad j car[ucam], sed ~am trahunt ad aecclesiam *DB* I 175vb; a**1108** ut nullo modo theloneum sumatur de ~a que defertur ad faciendam ecclesiam S. Aedmundi *Doc. Bury* 31; **1152** ad faciendam domum suam de ~o et fusto *Regesta* 580 p. 212; **1198** taillatoribus ~e ad muros faciendos mmdc li. *RScacNorm* II 310; **1271** ~am, maeremium, plumbum et omnia alia .. domus *Cl* 330; fuit .. provisum ut cives .. hospitarent de ~a (*Assisa Aedific.*) *Leg. Ant. Lond.* 210; **1346** in ~is et sclattis emptis pro j novo furno et j fornace faciendis in manerio *Rec. Elton* 324; scisse et perquisite sunt ~e omnes preter lapides quadros *Meaux* I 171. **b 1283** in emendacione cooperture domorum per loca cum ~a et stramine *Ac. Stratton* 137; **1324** totum meremium, ~am tegularem, et lapides murorum *FormA* 139; **1415** una latrina cum ~a cooperta *Cart. Osney* II 184; **1567** una domus columbarum ~is tegulis cooperta *Surv. Pembr.* 228. **c** †patra [l. petra] focaria, *flint GlC* P 313; **10..** ~a focaria, *fyrstan, flint WW*; **1173** pro franca ~a ad operationem Castell' de Windr' *Pipe* 183; **1259** rex de ~a operacionum suorum Westmonasterii dedit ecclesie S. Martini Magni, Lond', quatuor ~as marmoreas talliatas ad unum pedem *Cl* 370; **1260** pro j navata grise ~e ad opus guttere *KR Ac* 467/2; **1262** dedimus .. fratribus predicatoribus London' quinque milia de franca ~a et triginta navatas .. de ~a veluta ad dormitorium suum inde faciendum *Cl* 169; **1283** idem S. computat in libera ~a, grossa ~a, calce, maeremio grosso et minuto *AncC* LV 13; **1284** pro ij navatis blevie ~e de Bolon' *KR Ac* 467/9; apud Keteringe fecit unum novum murum de ~a veluta circa novum pomerium WHITTLESEY 166.

4 (of var. kinds or products): **a** (touchstone); **b** (*~a aquilae*) eagle stone, aetites; **c** (*~a rubea*) red ochre, red lead; **d** (mineral oil).

a 1350 potest autem assaium auri fieri per tactum ad ~am *RBExch* 1010; **1414** (v. allaium). **b 1383** una ~a aquille *Ac. Durh.* 427. **c 1356** in ccx hogerellis emptis ante tonsuram .. in *tarr* et rubea ~a xx d. *Ac. Obed. Abingd.* 9. **d** illam [cannam] replevit de ~e oleo HUGEB. *Will.* 4 p. 101; petroleum, i. e. oriens ex ~a BACON *Maj.* II 217; petroleum, i. oleum de ~a *Alph.* 139 (v. oleum 2c).

5 precious stone, gem; **b** (spec.).

1300 colerettus munitus auro, ~is, et perlis *AcWardr* 350; c**1500** una mitra parva cum ~is pro episcopo puerorum *Fabr. York* 213. **b** unus morsus argenteus deauratus quadratus cum magna ~a in medio vocata †*emerond* [l. *emeroud*] et aliis ~is circumstantibus fixis in auro *Fabr. York* 222.

6 stone weight (of stone or metal) used as measure or standard (cf. R. E. Zupko *Dict. of Eng. Weights and Measures*, Madison, 1968 *s.v.* stone). **b** (unit of weight for dry goods) stone (of unspec. number of pounds); **c** (of 7 lbs); **d** (of 8 lbs); **e** (of 12 lbs); **f** (of $12\frac{1}{2}$ lbs); **g** (of 13 lbs); **h** (of 14 lbs); **i** (of 15 lbs); **j** (of 20 lbs).

pondus Abbendunense quod tunc constabat ex xx duabus ~is *Chr. Abingd.* I 345; **1261** ad solvendum .. pensionem unius ponderis ferri quod ~a vulgariter appellatur *Reg. Paisley* 130; **1276** attinctus fuit quod ponderavit lanas cum falsa ~a *Rec. Leic.* I 169; **1325** in iiij petr' canabi empt' pro aularia predicti castri *Pipe* 170 r. 55*d.*, **1356** una cum standardo bushello, gallone, ulna, et ~a *MunAcOx* I 186. **b** a**1160** reddent .. ecclesie nostre .. tres ~as cere ad pondus Rameseie *Cart. Rams.* II 267; **1199** ~a lane *Pipe* 34; c**1200** reddendo annuatim xl ~as casei ad festum S. Matini *Reg. Moray* 12; **1214** duas ~as salis ad Pascham *Pri. Cold.* 239; s**1194** habebit .. duas libras piperis et quatuor de cumino et duas ~as de cera R. HOWD. III 245; **1270** lana: .. in vendicione .. lxxij vellera que fecerunt viij ~as *Ac. Stratton* 36; **1284** eodem anno non habuimus in Pecco nisi quinque saccos lane et viginti ~as *Ann. Dunstable* 315; **1295** v d. in j ~a canubii empta (*Ac. Galley York*) *KR Ac* 5/8 m. 11; **1295** in una ~a cepi empta *Ib.* 5/8 m. 8; **1295** in xvij ~is pili emptis .. xvij s.; in dicto pilo filando et cordis inde faciendis .. v s. [viij d.] *Ib.* 5/10; **1304** tulit .. ~am cum qua ponderavit ceram quam dicebat ponderare iv libras in qua mentitus fuit. cera ponderavit xxvj d. ob. quad. de novo apponitos in eadem ~a *Rec. Leic.* I 243; **1306** in cliij ~is dim' pinguedinis empt' .. pro bidentibus unguendis vij li. viij s. viij d. (*Yorks*) *MinAc* 1079/17 r. 3*d.*; **1313** r. c. de xliij ~is casei et vj ~is butiri de exitu daerie *LTR Ac* 19 r. 31; **1313** xxxv ~i lane precii cv s. *Reg. Carl.* II 93; **13..** in viij ~is vitri .. xxiiij s. .. in duabus ~is plumbi xx d. *Pri. Cold. app.* vii p. x; **1446** tectura camere de Lathom cum xl †petrariis [MS: petris] plumbi .. cum clavis, tabulis, et operacione dicti plumbi, assessatur ad xlviij s. vj d. *Feod. Durh.* 210. **c 1337** quorum quodlibet pondus [casei] continet xxvj ~as et quelibet petra vij libras ponderis *CoramR* 310 r. 146; **1350** [respondet] de lx s. de clxv velleribus lanutis venditis ponderis xl ~arum de vij libris, precium ~e xviij d. *MinAc* 871/17 m. 1. **d** lapis ad lanam et ad alias res ponderandas debet ponderare xv libras; item vaga debet continere xij ~as cujus pondus continet viij libras *APScot* I 673; centena cere, xucarii, piperis .. continet xiij ~as et dimidiam et quelibet ~a continet octo libras *Fleta* 73; **1453** de precio cvj ~arum .. cepi .. , qualibet ~a continenti viij libras sic vendita Guidoni Chaundeller' *Ac. H. Buckingham* 17; **1463** de precio cccx ~arum iij librarum sepi, ~a continente viij libras *Comp. Dom. Buck.* 45. **e** quelibet ~a ponderat xij libras in pondere plumbi *Fleta* 73; quodlibet fotmellum continet vj ~as, exceptis duabus libris; et quelibet ~a constat ex duodecim libris *Eng. Weights* 9. **f** denarius sterlingus .. ponderat xxxij grana frumenti et pondus xx d. facit unciam et xv uncie faciunt libram mercatoriam et tales xij libre et dimidia faciunt ~am et xxviij ~e faciunt unum saccum lane *Fleta* 73. **g** de venditcione lane, quando ~a venditur per pondus in se continens xiij libras (*Rec. Leic.*) *EHR* XIV 505; **1409** quodlibet *blome* [con]tinet xv ~as, et quelibet ~a continet xiij lb. (*Rec. Durh.*) *Ib.* 529. **h 1340** saccus lane continere debet in pondere xxvj ~as, ~a vero xiiij libras KNIGHTON II 16; **1341** quamlibet .. ~am seu clavum de quatuordecim libras *Rec. Leic.* II 53; **1350** utebatur ponderibus lanarum quatuordecim librarum pro ~a et viginti et octo petris pro sacco ubi solebant capere tresdecim libras tantum *Pat* 231 m. 29. **i** ~a ad lanam ponderandam et ad alias res continebit xv libras (*Assisa Regis*) *RegiamM* II 161. **j 1355** idem computat in $iiij^{xx}$ x quintillis fili canabi quolibet quintallo continente v ~as xij libras et qualibet ~a continente xx libras *KR Ac* 385/48.

7 (transf., of object resembling stone in shape or hardness): **a** (anat.) stone, morbid concretion in body of human or animal. **b** testicle (w. play on sense 2c). **c** tartar, crust-like deposit of wine. **d** lump of peat.

de ~a quid sentias doce ADEL. *CA* 13; ~as [*gl.*: calculos in vesica] justinum dissolvit emachque caprinum GARL. *Mor. Scol.* 598; ~am .. in vesica et renibus creant GROS. *Hexaem.* IV 13 p. 138; **1394** requirebat quod J. C. .. *barbour*, curam suam sibi imponere vellet ad afferendam ~am *Mem. York* II 17; ad sanandum predictum A. de morbo ~e *Reg. Brev. Orig.* 105b. **b** captus erit Fodius; captus non totus abibit. / mecum devenient funda petreque simul *Babio* 338. **c** petra vini, i. tartarum *SB* 33; *SB* 41 (v. faex 1b); ~a vini, id est tartarum *Alph.* 143. **d** pro igne habendo carbonibus et ~is seu peltis, et non lignis .. utuntur. carbone ~a est minus dura MAJOR 26.

8 (w. ref. to Scripture; also fig., prov.) rock, stone; **a** (w. ref. to *Exod.* xvii 6, *I Cor.* x 4); **b** (w. ref. to *Psalm.* lx 3); **c** (w. ref. to *Matth.* vii 25); **d** (w. ref. to St. Peter, *cf. Matth.* xvi 18). **e** stumbling block (*cf. I Pet.* ii 8).

a Deus .. de ~a aquam sitienti populo dedit *V. Cuthb.* III 3; quadraginta annis caelesti cibo aluerit, potu ex ~a mirabiliter fluenti potaverit *Eccl.&Synag.* 55; manducamus panem angelorum et bibimus de illa ~a quae Christum significat ÆLF. *Ep.* 3. 60; de aqua quae profluens de ~a consequebatur eos LANFR. *Comment. Paul.* 187. **b** c**717** requirit cor meum ut in ~a orationum tuarum exaltabis me *Ep. Bonif.* 13. **c** editam aulae structuram, ut ille sapiens, quem evangelicum describit oraculum, robustissimae ~ae imposuit ALDH. *VirgP* 43; a Christo, .. qui firma ~a est supra quem ecclesia fundata est ORD. VIT. II 2 p. 228; turris .. fundata .. supra firmam ~am immobilis et inexpugnabilis manet J. FORD *Serm.* 73. 7; sicut domus fundamentum habens supra ~am *V. Edm. Rich B* 620. **d** nullis nos permittas perturbationibus concuti quos in apostolice confessionis ~a solidasti *Rit. Durh.* 59; primus apostolorum Petrus fidei firmissima ~a W. MALM. *GP* I 34; **1156** ipsorumque perturbationibus ~e apostolice soliditatem opponere *Cart. Bath* 69. **e** quod fiat fratribus in ~am scandali TRYVYTLAM *Laus Ox.* 146.

9 (fig., as type of hardness or unproductiveness); **b** (w. ref. to *Deut.* xxxii 13).

si mentis petram pessime / vi crucis invictissime / compaciendo frangerem J. HOWD. *Cyth.* 45. 10. **b** sugamus ergo mel de ~a et oleum de saxo GIR. *TH intr.* p. 6.

10 (as personal name) Peter: **b** (w. ref. to St. Peter the Apostle); **c** (w. ref. to church dedicated to St. Peter); **d** (w. ref. to feast day).

dixit rex Æþelstanus / per Petri preconia / sint sani, sint longevi / Salvatoris gratia (*Charta dirige gressus*) *ASE* IX 87; coram .. Ansoldo filio meo ~oque puero ORD. VIT. V 19 p. 442; s**1311** (v. petra 1); **1416** ~o Hyrford xx marcas *Test. Ebor.* III 58; ~us Comestor, in Historia Scholastica HIGD. I 22. **b** beatus ~us, apostolorum princeps THEOD. *Laterc.* 23; hic Petrus et Paulus, tenebrosi lumina mundi, / praecipui patres ALDH. *CE* 1. 3; hic sine me nullus Petri consortia sancti / omnibus aut Pauli captat BONIF. *Aen.* (*Fides catholica* 9) 46; unde ~us .. "argentum," inquit, "et aurum non habeo" OSB. *V. Dunst.* 5; construendum in honore beati ~i regiis copiis monasterium AILR. *Ed. Conf.* 751D; ~us jurat se hominem non novisse R. BURY *Phil.* 4. 53. **c** ecclesiam sancti ~i principis apostolorum quam .. predecessor meus cepit perfeci ORD. VIT. V 3 p. 308; oblationes apud sanctum ~um W. MALM. *GR* V 435; in ecclesia beati ~i AILR. *Ed. Conf.* 748D; prope ecclesiam beati ~i peregrini mentiuntur fuisse acervum segetis Petri apostoli GREG. *Mir. Rom.* 27; **1242** homines canonicorum Sancti ~i Ebor' *Pipe* 30. **d** in festivitate sancti ~i que dicitur kathedra .. consecratus est ORD. VIT. V 2 p. 306; ibi .. sollemnitatem sanctorum apostolorum ~i et Pauli iij kal. Julii celebraverunt *Ib.* III 3. p. 63; vigilia Santi ~i ad Vincula DICETO II 28.

11 (as element of place-name, *e. g.* Pierrepont, passing into surname).

testes .. Hunfredus de Petreponto *Cart. Bath* 34.

petractare v. pertractare.   **petraleum** v. petroleum.

petralis [LL], of rock or stone.

1297 in ij *breckes* muri ~is de longo stabulo relevandis viij d. *Ac. Cornw* 73.

petransire v. pertransire.

1 petraria v. petra.

2 petraria [LL], ~ium, ~ius

1 (as sb. f.) quarry, stone-cutting yard.

dedi eis turbariam et ~iam et quareriam *MonA* VI 869b; **1193** pro iij navatis lapidum .. ad ~ias (v. navata); quarreatoribus, caretariis, et hominibus trahentibus ad ~ias regis *Ac. Foreign Hen. III* 18.

2 (collect.) precious stones, gems.

1290 summa ponderis dictorum jocalium .. cum petra[r]ia ad hoc apposita *Chanc. Misc.* 4/5 f. 49v; **1300** unum capellum auri de diversa ~ia et perlis *Ac Wardr* 350; **1303** magna corona auri .. cum preciosa pretaria [*sic*] magnorum balesinorum, rubettorum, et ameraldarum *DocExch* 277; **1315** corona auri .. cum ~ia diversa *KR Ac* 369/11 f. 170; **1338** unum calicem aureum cum diversis ~iis in fundo .. ; unum ciphum argenteum .. cum diversis scuchonibus et ~iis *Foed.* V 49; unum scrinium auri .. garnitum de saphiris, perlis, .. et aliis diversis ~iis, pro reliquiis imponendis *Ib.* 50; **1352** iij nouch' parv' de una secta cum perulis et petrar' cum iij dim' compass' *Reg. Black Pr.* IV f. 44.

3 (as sb. f. or n.) machine that hurls stones, petrary; **b** (transf. & fig.).

balistis et ~iis capita interemptorum in castra Francorum emittentes W. MALM. *GR* IV 361; s**1184** castrum obsedit et per quatuor septimanas tenuit obsessionem, quatuordecimque ~ias erexit DICETO *YH* II 28; s**1191** ~ie .. crebris jactibus menia diruebant DEVIZES f. 35v; **1194** in custamento ~iorum et plurimorum ingeniorum in exercitu de Notingeham *Pipe* 43; **1214** in .. carpentariis .. qui fecerunt ij ~ias Turkesias in castro de Notingeham *Ib.* 156; s**1224** fuerat una ~ia et duo magunella que cotidie turrim infestabant *Ann. Dunstable* 87; s**1216** Doverense castrum obsidione vallavit, misso prius ad patrem suum propter ~iam que *maleveisine* G. nuncupatur M. PAR. *Maj.* II 664; s**1219** Simon .. comes Montis Fortis .. lapide de ~io emisso in capite percussus subito expiravit *Ib.* III 57; *gunne*, ~ia *PP*; potraria, fustibulum, *staffslynge* (*Nominale MS*) *CathA* p. 358 n. 1. **b** ipsa .. est virgo .. intacta, cujus virginitas quasi firmissimus murus numquam potuit per aliquod ~ium penetrari AILR. *Serm.* 19. 10. 304.

4 (as sb. m.) man who operates a machine that hurls stones, operator of a mangonel.

1210 ~ii et fossatores *Prests* 195; Radulfo de Prestebir' sibi nono carpentariorum xv s., magistro Osberto sibi quarto ~iorum et Alberico fossatori vij s. vij d. *Ib.* 196; **1214** quod habere faciat D. M. ~io viij d. per diem ad liberacionem *Cl* I 168b; *gunner or he that swagythe gunnys*, ~us, margonalius *PP*.

1 petratio [CL petra + -tio], act or process of turning to stone or becoming hard.

nec ~ionem fontium, vel assumpcionem rupis in unitatem suppositi NETTER *DAF* II f. 114. 2.

2 petratio [*aphaeretic form of* CL impetratio *or* LL perpetratio], (act of obtaining by) purchase or privilege.

1357 nullas terras .. habuit in reversione nec per ~ionem post tempus quo extitit in officio predicto *IMisc* 175/9.

petrella [CL petra + -ella], small stone.

a stane, .. petra, ~a *CathA*.

petrescere [CL petra + -escere], (intr.) to turn to stone, to become hard.

petrescit venter, levus minuetur ocellus J. MIRFIELD *Brev.* 58.

petreus [CL petra + -eus], made of stone.

1328 lego .. omnia vasa mea lignea, ferrea, ~ea, et plumbea *RR K's Lynn* I 98.

petria v. petaria.

petrificare [CL petra + -ficare], (intr.) to turn to stone or stone-like substance.

quando aliquid ~at, hoc fit calore vel frigiditate *Quaest. Salern.* C2; relinquitur .. sanies, cujus humiditas consumitur, et grossum ipsius coagulatur, et quia viscosum ~atur GILB. III 130v. 2.

petrificatio [petrificare + -tio], process of accretion that forms stone or stone-like substance.

frigiditate quoque fit ~o dum ipsa congelat partes *Quaest. Salern.* C 2; causa .. ~onis est calor consumens humiditatem materie viscose, ut patet in generatione lapidis in renibus et vesica GILB. III 130v. 2; in ~one lapidis in vesica *Ib.* 261v. 2; ~o est quasi arene et pulvis essent in oculo, vel parve petre; et quarto Cirurgie Theodorici vocatur iste morbus anchubitus GAD. 113. 1.

petrificus [petrificare, petrificatio + -icus], that causes accretions that form stone or stone-like substance.

quorum [sc. lapidum] universaliter causa efficiens est virtus mineralis ~a *Ps.*-GROS. *Summa* 626.

petrifodina [CL petra + fodina], stone quarry.

c**1220** sciant .. me dedisse .. petram in ~a .. ad edificia sua *Dryburgh* 74.

petrilla [CL petra + -illa], (small) rock, stone.

hec ~a, a *stone WW*.

petriluda [CL petra + ludus, ludere + -a], (a playing stone for) a game of quoits.

coyt, petreluda, -e *PP*.

petriludiare [CL petra + ML ludare], to play at quoits.

coytyn, †detriludio [l. petriludio], -as, -avi *PP*.

petrima v. petrinus.

petrinus [LL]

1 made or consisting of stone or rock; **b** (of house); **c** (fig.).

potens est Deus de rupe ~a petenti aquam suscitare *V. Cuthb.* III 3; cultris ~is incidit BEDE *Luke* 339; **1180** in reficiendis portis ~is de Neelfa *RScacNorm* I 72; c**1200** ~o in sarcofago repositum *Chr. Holyrood* 19; castellum super rupem ~am .. fundatum O. CHERITON *Fab. add. A* 25; **1423** pro j pecia parietis ~i .. facienda (v. caementarius 2a).   **b** terram .. cum domo ~a *FormA* 178; **1192** cum tota longa domo ~a *CurR* I cvi; edes petrine tibi sunt burgo residentes D. BEC. 1755; **1194** J. B. debet xiiij li. et x s. super domum suam ~am in Westchep *Pipe* 181 (cf. *Pipe* 294 [**1196**]: pettrinam).   **c** in corde ~o verbum Dei exarescit si humore gracie divine non nutricatur T. CHOBHAM *Serm.* 3. 13ra; s**1252** canonicos .. incessanter fatigat, durus existens et ~us quibus patronus debuit extitisse M. PAR. *Maj.* V 356; scribe velocius / cor petrinum J. HOWD. *Ph.* 492.

2 (as sb. f.) weapon that discharges stone ammunition.

hec †petrima [l. petrina], *a gune WW*.

petrior v. petrus.

petro [CL = *breeding ram or rustic*], stone chip (as produced by mason), piece of rubble.

~ones que abscinduntur a petris OSB. GLOUC. *Deriv.* 480; *robows, or coldyr*, petrosa, -e, petro, -onis *PP*; hic ~o, *a chyp of a stone WW*; hic ~o, -onis, *a mason schype WW*.

petrocelinum, ~cellum, ~cilium, ~cillinum, ~cillum v. petroselinum.   **petrofilinum** v. petroselinum.   **petroleon** v. petroleum.

petroleum [ML < CL petra + oleum], mineral oil that issues from rocks.

1198 pro j uncia de ~oleo xij sol. *RScacNorm* II 303; ~oleon inunge GILB. V. 230. 2; ~oleum BACON *Maj.* II 217, ex oleo ~oleo *Id. NM* 536, **1439** ~olii, ~oleum *Alph.* 139 (v. oleum 2c); nec ~olium citrinum nec purum balsamum BACON IX 153; in gutta innodata et indurata valet ~oleum GAD. 39v. 2; ~aleum, i. olivum quod resudit de petra *SB* 33; oleum de petra, ~oleum, A. *oyle of stone MS BL Addit. 27582* f. 65v.

petrolium v. petroleum.   **petrophilon** v. petroselinum.

petroselinum [CL < πετροσέλινον], parsley (*Petroselinum crispum*). **b** Alexanders, Macedonian parsley, stonecrop (*Petroselinum macedonicum*).

10.. ~cilium, *petersilium WW*; herba ~selinum, þæt is petersilie *Leechdoms* I 48; hortus ornari debet .. inde ~silino et costo NECKAM *NR* II 166 p. 274; cujus materia sit salgia, ~sillum [*gl.: persil*], costus *Id. Ut* 102; semen ~filini GILB. V 225v. 1; pulvis .. ~celli .. prodest *Ib.* VII 317. 2; quedam faciunt satis urinare .. ut ~silium, crocus, cicera M. SCOT *Phys.* 2; **1384** computat per empcionem in diversis minutis .. butiro, ovis, prunis seris, pisis, ~cillo, alveis, multura, cariagiis *ExchScot* 110; fiat sirupus ex hiis herbis .. ~silli, feniculi radicis *Pop. Med.* 228; pocio optima contra constipacionem: .. ~sillini, i. *persel-rotis* manipulum semis *Ib.* 238; radices feniculi, ~sellini *Ib.* 239; ad eos qui sanguinem mingunt, hec potio valet: accipe appium, feniculum, anetum, ~cillum *Ib.* 249; hoc ~cillum, *persylle WW*.   **b** ~silion, *stanmerce* ÆLF. *Gl.* 134; jejunus masticet siler montanum vel semen ~silli Macedonici *Pop. Med.* 229; ~philon, A. *stoncrop* vel *stonmerch MS BL Sloane 420* f. 119; ~celinum Macedonicum, *stanmarche* idem *SB* 33.

petrosilinum, ~silion, ~silium, ~sillinum, ~sillium, ~sillum v. petroselinum.

petrositas [CL petrosus + -itas], quality of being hard like stone, (med.) accretion of stone-like substance.

in palpebris ista vicia nascuntur .. ~as, viscositas .. GILB. III 142v. 1; ~as est humor in palpebra natus durus ut petra. in his igitur fel ericii positum sanat *Ib.* 142v. 2.

petrosus [CL]

1 full of rocks, rocky; **b** (in place-name). **c** that lives among rocks. **d** (as sb. n.) rocky place (in quot., fig.); **e** (w. ref. to *Matth.* xiii 5, *Marc.* iv 2).

primos Dominus terrae ~ae secundos comparat spinosae BEDE *Mark* 169; postea calce nitens ~a ejicitur terra GOSC. *Transl. Æthelb.* f. 35r; per loca petrosa pisces nantes fluviales D. BEC. 2743; fontis hujus arene ~e sitibundis .. sitim extinguunt GIR. *TH* II 7 p. 88. **1180** inter puteum .. et cheminum ~um *RScacNorm* I 74; ubi .. terra fuit ~a .. ibi plures montes exstiterint *Quaest. Salern.* P 57; **1334** valet inde quelibet acra seminabilis per annum iiij d., summa xxxvij s., et non plus, quia terra est ~a *IPM* 39/14; locus ascensionis nostre erat ~us valde saxis grandibus pro illisione navium aptis G. Hen. V 3.   **b** fugiens in oppidum quod Mons ~us dictum est ORD. VIT. XIII 15 p. 36.   **c** dentur cibi digestibiles .. sicut caro .. piscium ~orum GILB. I 65. 1.   **d** et pedes meos statuit in petrosis, / regna donans perpetui dominatus J. HOWD. *Cant.* 44.   **e** super ~a et in spinis seminantur BEDE *Luke* 431; de seminibus jactis in ~a *Id. Ep. Cath.* 128.

2 made of rock or stone. **b** (as sb. f.) rubble.

~a et de lapidibus compacta ecclesiola R. COLD. *Cuthb.* 85.   **b** *colder*, ~a, -e *PP*.

3 hard like stone, cartilaginous (w. ref. to eardrum).

instrumentum conveniens est quoddam os ~um sive cartilaginosum, auribus suppositum BART. ANGL. III 18; in interiori concavitate ossis ~i *Ps.*-RIC. *Anat.* 27 (v. 2 os 1a); est os anfractuosum, tortuosum, quia spatium inter aurem et cerebrum est breve; et est ~um, cujus est illud foramen; et dicitur ~um quia ejus durities est media inter duritiem petre et ossis GAD. 114. 2.

1 petrus v. petra.

2 petrus [πέτρος], of rock or stone, rocky; **b** (as element of place-name, *e. g.* Pierrepont, passing into surname).

a ~ior est petra, tygre tygrior, ydrior ydra (HANV.)

GERV. MELKLEY *AV* 97; nec illa comparativa ~ior, ganimedior *Ib.* 100; non simus utique adeo demissi ut suscipiamus hujusmodi: ~ior, ganimedior *Ib.* 103. **b** manerium tenet Rodbertus de ~o Ponte *DB* II 399.

pettrinus v. petrinus.

pettus [AN *pet*], fart; **b** (w. play on surname).

c**1227** Rollandus le Pettus tenuit . . serjantiam faciendi saltum, siffletum, ~um *Fees* 386 (cf. *CalCl* 187 [**1331**]); c**1227** Agnes de Alfleton' tenet terram in Emungeston' per servicium faciendi saltum, siflum, et ~um *Ib.* 390. **b** c**1227** Rollandus le ~us (v. a supra).

petuita v. pituita.

petulans [CL]

1 impudently aggressive, insolent, forward.

~ans, temerarius *GlC* P 326; prudenter precave temerarios . . noli adquiescere ~antum persuasionibus juvenum ORD. VIT. V 10 p. 379.

2 wanton, lascivious; **b** (of animal, in quot. w. ref. to *Matth.* xxv 32).

obscenae cupiditatis spurcitia succensus et ~antis lasciviae facibus inflammatus ALDH. *VirgP* 50; ~ans, *wraene GlC* P 341; muliebris natura . . ut quid ~antior et dicitur et reperitur? ADEL. *QN* 42; ~ans adolescens et qui speciositate corporis in libidinibus abuteretur W. MALM. *GR* II 147; femineam mollitiem ~ans juventus amplectitur ORD. VIT. VIII p. 324; hospita domus in ipsum, quia pulcher erat . . oculos ~antes injecit GIR. *GE* II 11 p. 222. **b** in capris, quod ~ans quidem deforme et olidum pecus est . . lascivorum arbitror petulantiam figurari J. FORD *Serm.* 49. 2.

petulanter [CL]

1 with impudent aggressiveness, insolently. **b** boldly.

ille . . contra vetitum petulanter habenas / solvit equo fidens ALCUIN *SS Ebor* 1183; inimicum ~er insultantem modesta cunctatione frangas W. MALM. *GR* II 131. **b** Guorthemir . . cum Hengisto et Horso et cum gente illorum ~er pugnabat NEN. *HB* 187.

2 wantonly, lasciviously.

~er, luxuriose OSB. GLOUC. *Deriv.* 471; cum pisces per nimiam concupiscentiam sperma emittunt, et alter ab altero ~er per os sperma recipit *Quaest. Salern.* B 317; quis . . oscula lasciva tam ~er appeteret? GIR. *GE* II 4.

petulantia [CL]

1 impudent aggressiveness, insolence, wild behaviour; **b** (of animal; in quot., transf.).

omnes coaetaneos in agilitate et ~ia superans *V. Cuthb.* I 3; gens leta et lepida facetaque festivitate jocorum ad ~iam pronior W. MALM. *GR* II 213; vagam et effrenem filii ~iam cohibete P. BLOIS *Ep.* 74 229B. **b** hostis . . in specie tauri . . ~ia cornuum quasi transforare conatur W. MALM. *Mir. Mariae* 161.

2 wantonness, lasciviousness; **b** (of animal). **c** (*tempus ~iae*) season of being in heat, time of rut.

lascivam juventutis ~iam refrenarunt ALDH. *VirgP* 21; inter tot divitias et luxus saeculi, semetipsum calcata carnis ~ia vincere studuit ABBO *Edm.* 17; vitia carnalis ~iae velut quisquiliarum peripsema aporians BYRHT. *V. Osw.* 416; oculorum abscidens ~iam, aurium pruritum eradens AILR. *Spec. Car.* I 17. 520; faciunt quicquid petulantia carnis/imperat NIG. *SS* 2327; sunt igitur hujusmodi regine, sunt etiam concubine; . . concubine propter luxus intemperantiam et impudicitiae ~iam J. FORD *Serm.* 54. 3. **b** in barba prolixa hircis assimilantur quorum ~ie sordibus fornicarii et catamite turpiter maculantur ORD. VIT. XI 11 p. 208. **c** lapis lincis; dicunt quidam quod fit de urina lincis tempore ~ie *SB* 27.

petulari [ML]

1 to be wanton, lascivious.

~or, -aris, i. luxuriari OSB. GLOUC. *Deriv.* 419; ~ari, lascivie animum dare *Ib.* 471; rex regaliter imperans qui frena non patiens libere cum velit poterit ~ari FORTESCUE *NLA* I 26.

2 to woo.

to wowe, ~ari, procari *CathA*.

petularius v. petillarius.

petulcare [CL petulcus + -are], to be frisky, behave wantonly or lasciviously.

lascivire, luxuriare, ~are OSB. GLOUC. *Deriv.* 328.

petulcus [CL]

1 importunate, unrestrained, over-confident.

~i, petulantes *GlC* P 219; *cravar* . . procax, †pecultus [l. petulcus] *PP*.

2 wanton, licentious, sexually unrestrained; **b** (of animal; in quot., w. ref. to *Matth.* xxv 2). **c** (as sb. f. or m.) wanton, licentious, or sexually unrestrained person.

siquis ~us incestator et lascivus scortator . . lupanar ingredi maluisset ALDH. *VirgP* 35; indocilis juvenis nescit sensusque petulcos / subcurvare animo ÆTHELWULF *Abb.* 41; ita ut statuat oves . . a dextris, id est confirmet simplices in beatitudine, hedos autem a sinistris, id est ~os et pravitate olidos in eterna miseria PULL. *Sent.* 1001B; ~us, -a, -um, i. ille qui sepe petit coitum quod proprie de animalibus dicitur OSB. GLOUC. *Deriv.* 419; Socrates . . natura ~us erat et muliebrosus . . nature tamen intemperantiam . . repressit et domuit J. SAL. *Met.* 836B; fetum fundens, sed petulcis / numquam stricta brachiis WALT. WIMB. *Virgo* 34. **b** a**747** quos oves in futuro judicio ad dexteram Christi ponendos fore censebam . . petulcae et ad sinistram statuendae capellae esse dinoscuntur BONIF. *Ep.* 67; neque enim congruent in die illa agno immaculato ~i et maculosi, formoso deformes J. FORD *Serm.* 49. 2. **c** stinchus . . sollicitat castam, facit insanire petulcas NECKAM *DS* III 505 p. 406; *a wowere*; ~us, procator, . . procax *CathA*.

petuleum v. petilla.

1 petulio v. petilla.

2 petulio, polecat.

1285 de ij mallardis de rem', unde computat j jugulatum et commestum a petulione *MinAc* 1070/6d.

petulium v. petilla. **petulus** v. petilus.

petura [1 peta + -ura], peatery, peat-bog.

1170 asiamenta terre sue in aquis et in herbis et ad focalia sua eidem grangie . . preter suam ~am dominicam (*Cart. Newbattle*) *SHR* XXX 44; c**1240** concedimus . . asyamenta in bosco nostro et in ~is nostris apud Elgyn *Reg. Moray* 112; **1271** concessi . . tresdecim acras in ~a mea de Merdesfen contiguas ~e monachorum de Novo Monasterio . . concessi etiam ut dicti monachi habeant omnes vias ~e . . ad cariand' petas suas *ChartR* 60 m. 3.

petus v. paetus. **petusus** v. pertundere.

peucedanum [CL < πευκέδανον], ~us, ~a, hog's fennel, sulphurwort (*Peucedanum officinale*).

herba ~a . . *cammoc Leechdoms* I 40; **10** . . ~um, *cammoc WW*; ~i, i. feniculi porcini *GAD.* 5v. 2 (v. faeniculum 2a); **13** . . ~um, feniculus porcinus, *cammok MS BL Sloane 2479* f. 102r; peucedona, feniculus porcinus, . . i. *cammoc* secundum quosdam *SB* 33; ~um, feniculum agreste . . feniculus porcinus *MS BL Addit. 15236* f. 19v; ~us, i. feniculus porcinus *MS BL Addit. 18752* f. 109v; †pentodanus [l. peucedanus], *werudfede, swynesthistell MS Cambridge Univ. Libr. Dd. 11. 45* f. 112. ~um, feniculus agreste . . feniculus porcinus *MS BL Addit. 15236* f. 19v.

peucedona v. peucedanum.

peucina [cf. πεύκινος], pine resin.

pecina, i. resina †alnete [l. ex abiete] *Alph.* 145.

peudrarius v. peutrarius. **peuterum** v. peutrum.

peutrarius [peutrum + -arius], worker in pewter, pewterer.

1418 recusavit . . operari in arte monetarii . . elegit amodo tantum artem peudrariorum occupare et ad hoc corporale prestitit sacramentum *Mem. York* II 76.

peutreum v. peutrum.

peutrum, ~eum [ME, AN *peutre* < peltrum], pewter.

1342 in xij discis, xij plateris, et xij salsariis de peutr' empt' vij s. vj d. *Sacr. Ely* II 119; p**1344** item in j duodena salsariorum de ~eo . . j duodeno platellorum de ~eo *Ac. Trin. Dublin* 89; **1346** utensilia mea de ~o *Reg. Roff. Ep.* f. 224b; **1356** si aliquod opus zonariorum garnitum fuerit de plumbo, ~o, stanno, seu alia falsa re . . dictum falsum opus combureretur *RParl* II 456a; **1364** de R. Ffish j ollam de peutero pro xl d. *Leet Norw.* 78; **1382** certa vasa de ~eo, viz. vj *chergeous* magnas, xxiiij parapsides, xxiiij discos, xxiiij sauceria de magna forma *Foed.* VII 357; **1388** iij vasa peautr' vetera ponderancia xix li. *IMisc.* 332 m. 55; **1392** pro . . viij salsariorum de peautr' . . et ij duodenis salsariorum ligneorum *Ac. H. Derby* 154; **1417** dimidium duodene vasorum ~ei garnisate *Reg. Cant.* II 144; **1464** due fiale de piltro *Fabr. York* 281.

peverarius [AN *peverer* < CL piper + -arius], pepper-merchant.

1339 civis et ~us de Lond' *CalPat* 331.

peverellus [OF *peverel*], small pepper (passing into personal name).

terrae Rannulfi ~i *DB* II 254; a**1167** tenuit . . prebendam que fuit ~i de lx solidis *Cart. Osney* I 6; **11** . . sciatis quoniam Pevrellus presbiter reddidit michi illam elemosinam *Ib.* IV 348.

pevimentum v. pavimentum. **pevrellus** v. peverellus. **pewtreum** v. peutrum.

pexare, ~ere [cf. CL pexus, *p. ppl. of* pectere], to comb.

to kembe, comere, plectere, . . pectinare, ~are, ~ere *CathA*.

pexim [*p. ppl. of* CL pectere + -im], elegantly.

~im, i. ornate, polite OSB. GLOUC. *Deriv.* 476.

pexitare [pexare + -itare], to comb repeatedly.

~are, frequenter pectere OSB. GLOUC. *Deriv.* 476.

peys- v. peis-. **peytrellum** v. peiterellum. **peza** v. pecia. **pgocia** v. ptochia.

phacus [LL < φακός], lentil (*Ervum lens*).

facu, i. lenticule *Gl. Laud.* 650, 696; fecus, i. lenticula *Ib.* 671; fiat ex granis malorum granatorum ustis et cum succo faco [? l. faci] et poligonie succo GILB. V 222v. 1.

phacusarium [LL phacus + -arium], wild lentil.

facusaria, i. lenticula silvatica *Gl. Laud.* 694.

Phaethon [CL]

1 (myth.) son of Helios.

Foeton, Solis et Climenae filius *GlC* F 130; Phebus fingitur sagittis suis peremisse Phitona NECKAM *NR* I 7.

2 (understood as) kind of comet, burning star.

prima posita inter septem pedisecas Junonis habens alias pedisecas est Iris, secunda Phiton [v. l. Phites], tertia cometa, quarta fulmen BERN. *Comm. Aen.* 7; que radiis solis in eam descendentibus vel ex velocitate motus accenditur dumque violentia ventorum accepta intemptat in eam partem, evolat ubi ventos non invenit, que stella discurrens vel igneum jaculum putatur; tales figuras Phitones [v. l. Phitonas], id est calores, appellant *Ib.*; si vero quattuor venti oppositi nubem illam intercipiant, quia ex omni parte comprimitur, in rotundum formatur eodemque modo quo Phitones [vv. ll. Phiton, typhones] accensa stella creditur et cometa vocatur *Ib.*

3 fire, heat, or heated item.

laphite, quasi laophite, id est lapidei et ardentes, dicuntur dum reis quamvis supplicantibus minime parcunt et contra eos face iracundie se accendunt, et lapidei merito dicuntur et ignei. laos enim lapis, Pheton ardor dicitur BERN. *Comm. Aen.* 111; pheson [v. l. Phefan] . . lac fervens *Alph.* 140.

phagein [φαγεῖν], to eat.

fogo, manduco *GlC* F 269; phagin BELETH *RDO* 73. 79 (v. phagiphania); fagin . . comedere *SB* 20; fagin, interpretatur comedere, inde vene fagitides dicuntur que sunt in carnositate faciei juxta extremitates oris, vel magis proprie ille que sunt sub lingua *Alph.* 62.

phagiphania [φαγεῖν, cf. θεοφάνεια], divine manifestation through eating.

quartam dicit Beda in commento super Lucam factam eadem die revoluto anno, sc. de refectione panis, et dicitur ~ia a phagin, quod est comedere BELETH *RDO* 73. 79.

phagolidorus [φαγολοίδορος]

1 abusive, slandering, 'that feasts on abuse'.

1215 hoc impositum est Magistro Alexandro a turba fagolidora *Cl* 203a.

2 (as sb. m.) abusive or insulting person.

fagolidori, manducantes [maledicta] *GlC* F 30; hortamur in Domino ne nostra spernantur a ~is dicta ÆTHELW. II prol.; fagolidori .. dicuntur tales, ut in proemio Hieronymi super Ezechielem reperies NECKAM *NR* II 32; distichon execrationis in phagoledoros SKELTON I 196.

phala, v. 1 fala, sala.

phalaecius [CL < φαλαίκειος], Phalaecian, that pertains to the hendecasyllabic metre.

est igitur metrum dactylicum -ium pentametrum, quod constat ex spondeo et dactylo et tribus trocheis BEDE *AM* 132.

1 phalanga v. fallinga.

2 phalanga [CL]

1 staff for carrying burdens or as weapon, 'cowl-staff'.

falanga .. fustis cui quid deligatur *GlH* F 88; flanga .. fustis cui quid deligatur *Ib.* F 453; *cowle tre or soe tre*, ffalanga *PP*; ~a, A. *coueltre WW*; hec falanga, A. *satre WW*; hec falanga, A. *a try WW*.

2 spear.

a**1462** falanga, dormienti parcit David uncto regi *MS BL Harley 7353* panel 7; *a spere*, hasta .. falanga, lancea *CathA*.

3 vine-pole.

fert .. vitis uvas et pampinos, palmites, et antes, et ~as [*gl.*: *furchez*] GARL. *Dict.* 136; falangas, *mossyne*; ~a, manipulus, G. *mossyne* (GARL. *Mor. Scol. gl.*) *Teaching Latin* I 149; ~a, G. *tinel Ib.* II 54; falanga, *tynel Ib.* II 55.

3 phalanga v. phalanx.

phalangarius [CL = *one who carries heavy loads on a pole*], (as adj. understood as) military, used by member of a phalanx.

falangarius, ut gladius *GlC* F 61.

phalangitis [CL < φαλαγγῖτις], liliaceous plant supposed to cure the bites of poisonous spiders, spiderwort (*Anthericum*).

falangitis *Alph.* 61 (cf. phalangium 2).

phalangium [CL < φαλάγγιον], **~ion**

1 kind of venomous spider, esp. tarantula.

spalagii [*gl.*: botrace, genus serpentis, musci venenosi, *þære scortan næddran, slawyrmes* pestifera confectio humanae naturae nocitura habebatur ALDH. *VirgP* 23; rubeta illa quae dicitur rana quieta torpescit, scorpius extinguitur, et regulus vincitur, et spalagius nihil noxium operatur, et omnia venenata *Cerne* 157 (cf. *Nunnam.* 90); *wiþ þam næddercynne þe man* spalangius *hateð Leechdoms* I 36; *wiþ þæra wyrma slite þe man* spalangiones *hateþ Ib.* I 52; morsus spalangionis est mortiferus et venenosus BART. ANGL. XVIII 10; est .. genus arane quam spalanam [*Trevisa*: spalangio], ut dicit Plinius *Ib.*; gignit .. araneas venenosas quas spalangias vocant HIGD. I 30; Creta .. spalangos venenatos gignit *Eul. Hist.* II 115.

2 liliaceous plant supposed to cure the bites of poisonous spiders, spiderwort (*Anthericum*).

falangion sive falangitis virgas habet duas, aut tres, aut plures, flores albos similes lilio cum multa divisura *Alph.* 61; **1597** *the first [branched spiderwort] is called of the Latines* .. ~ium .. *in English it is called spiderwoort* (GERARDE, *Herbal* I 33. 45) *OED* s.v. *spiderwort*.

phalanx [CL < φάλαγξ], **3 phalanga**

1 large body of troops, host; **b** fighting unit (as division of larger force); **c** phalanx, Macedonian fighting unit.

bina mihi constant torto retinacula filo, / ex quibus immensum trucidabam mole tirannum, / cum cuperent olim gentis saevire falanges ALDH. *Aen.* 74 (*Fundibalum*) 5; falanx, *foeða GlC* F 91; venit cum immenso exercitu ad locum qui dicitur Edderandun, quo juxta immensas paganorum ~ges invenit paratas cum densa multitudine ad bellum BYRHT. *HR* 76; falanx .. exercitus, multitudo militum, cohors, *þreat, herig, feþa GlH* F 80; **10..** ex falange, *of feþan, of þreate* .. falancx, *feþa* .. falanges, *hereþrym WW*; cingunt mille duces, mille phalanges, / cetus Levitici sex legiones GOSC. *Edith* (II) 270; rex autem ~ges suas jussit Huvelhegen pertransire, et Scrobesburiam urbem in monte sitam obsidere ORD. VIT. XI 3 p. 175; rebellantes cedunt perimuntque phalanges *V. Merl.* 35; nostrarum gentium ~ges coadunantes *G. Hen. II* II 13; centum relinquit milites in subsidium, retro phaulanges in silvule densitate absconditos MAP *NC* IV 15 f. 57v; tanquam fallerata fallanx AD. USK 94; sub alis et ~gis regis .. ad illas patrias militando aciem divertebat CAPGR. *Hen.* 161. **b** Brittanni .. quatuor ~ges maximas quatuor ducibus munitas fortissimis bello prostituunt H. HUNT. *HA* II 4; rex .. ex omni Anglia in unum exercitu confluente, illum obsessurus in Bedefordiam advenit .. illis et illis in locis .. sagittantium ~ges apposuit *G. Steph.* 23. **c** Parthus, Arabs, Macetumque falanx non texit Alexin, / at fuga W. MALM. *GR* III 262; ~x est lingua Macedonum Grecorum legio BACON *Gram. Gk.* 139.

2 (quasi-mil. or transf.): **a** group of persons acting together. **b** group of hostile beings.

a milites .. spreta fanaticae superstitionis cultura orthodoxorum falangibus [*gl.*: catervis] agglomerantur ALDH. *VirgP* 36; ordinibus sacris degentes sterno phalanges; / cum semel adgrediens comitabor fraude monachos BONIF. *Aen.* (*Cupiditas* 28) 211; mox rebus gestis ornatur regia classis, / caelicolae sotias laeta exceptura phalanges FRITH. 334; tunc monastice ~gi Hugo abbas temporibus nostris speciale monachorum decus preerat ORD. VIT. III 5. 69; dixit .. in scripturis suis vivens, et ad huc exprobrat in membris suis, quos magistros sui reliquit erroris, clamans adversus ~ges Israel NETTER *DAF* I f. 1v. **b** vultusque minaces / per tenebras animam terrebant agmine spisso, / .. / cumque diu trepidus per tristes ire phalanges / cogitur ÆTHELWULF *Abb.* 329; nocturnas .. ~ges demonum et mortiferas eorum visiones MAP *NC* II 12. f. 27.

phalea v. 1 fala.

phalerae, ~a [CL *as f. or n. pl.* < φάλαρον]

1 trappings, harness (esp. for horse); **b** (f. sg.) **c** (also, as arms or equipment for person).

bratea non auri fulvis pretiosa metallis, / quamvis gemmarum constent ornata lucernis, / vincere, non quibunt falerarum floribus umquam ALDH. *Aen.* 96 (*Elefans*) 13; farelas [*sic*], *hryste GlC* F 111; ego emo cutes et pelles .. et facio ex eis .. frenos et falera [*gl.* *geræda*] ÆLF. *Coll.* 97; albos equos cum faleris aureis comptos OSB. *Mir. Dunst.* 20; palefridum .. ~is et sella deauratis picturis et sculpturis variis ad delicias ornatum GIR. *GE* II 22; hec epiphia, *loreins* vel hee phallere *Gl. AN Glasg.* f. 21va; ejus est scire ~a, attilamenta et hernesia minuta carectis appendencia preparare et emendare *Fleta* 172; **1325** in reparacione braciarum et ~arum, viiij d. *Ac. Durh.* 167; **1519** pro mortuario magistri Joh' Perot, nuper precentoris, viz., uno equo cum sella, et freno, ac falariis *Fabr. York* 98. **b** equum equidem eidem regi cum tota equestri falera (*V. S. Cadoci* 24) *VSB* 78. **c** falere, ornamenta equorum vel militum arma *GlC* F 88.

2 ornaments (esp. for person); **b** (transf. or fig.).

c**885** fletas jam mentem sacris; satiare sirelaf [i.e. faleris] (JOHN THE OLD SAXON) *ASE* IX 82; nec tot ornati ~is, nec tot sarcinularum onerati trossulis H. BOS. *Thom.* IV 28; in anulis .. et monilibus aureis cum gemmis pretiosis, in scriniis et faleris, et aliis mulebribus [*sic*] ornamentis M. PAR. *Maj.* III 320; miror quo tumeas qui viles bajulas / fortune faleras sive sarcinulas WALT. WIMB. *Carm.* 380; **1346** in camera magistri ij portiforia, j velum pro lecto magistri, j parva pelvis pro ~is, xij lb. cere *Ac. Wearmouth* 148; inventum est *le helmet* regis Henrici cum corona et gladio et faleris dicti Henrici *Chr. Hen. VI & Ed. IV* 179. **b** res jocunda Venus, sed subdola; blanda, sed urens; / dulcis, sed numquam dat sine felle favum. / has faleras fuge! J. EXON. *Virg.* 137.

3 rhetorical ornaments.

sed quasi balbus homo ridenda poemata promo. / non igitur phaleras in nostro carmine queras! R. CANT. *Poems* 14. 47; nec verborum faleris secus quam decet inserviens in altum tumeat J. FURNESS *Kentig. prol.* p. 161; verborum phaleras et schemata sponte relinquo, / res preponendas vocibus esse reor NECKAM *DS* VI 363; colores rethoricos et ~as verborum et exquisitas sentencias in sermone dampnabat BRAKELOND f. 159v; rethoricos a me petis, o dilecte, colores; / eloquii phaleras a Cicerone petas GARL. *Hon. Vit.* 4; abhorret / verborum phaleras, verba polita fugit GOWER *VC* IV 1070.

4 ornaments that conceal reality.

falleras, falsitates *Gl. Leid.* 42. 16.

phalerare [ML; CL *p. ppl. only*]

1 to harness, put trappings on (esp. horse). **b** to adorn; **c** (transf.).

faleras, i. jactabas vel *gehyrste GlH* F 79; qui convocans cognatos et amicabiles vicinos, quibus precepit flagitando nimium, quatinus falerarent sonipedes eorum LANTFR. *Swith.* 7; famulantur amici; / cornipedes falerant WULF. *Swith.* I 1218; falerare, ornare, a faleris, i. ab equorum ornamentis OSB. GLOUC. *Deriv.* 240; dum falerat equum cupiens inde facere digressum HERM. ARCH. 34; phalerantur equorum / terga GARL. *Tri. Eccl.* 133; dum falerat equum *NLA* II 621. **b** Romam profectus est, ubi ne conversionis sue pompam faceret, quasi ad populum ~ans, non in publico comam deposuit *Chr. Abingd.* I 14; mixta virum phalerant cirro candente: decora / virtus, nobilitas dives, facundia prudens J. EXON. *BT* IV 102; ipse suam carnem falerat foris, atterit intus, / murice formoso cilicioque rudi H. AVR. *Poems* 27. 25. **c** quid nomine sacro / incestum phalerare juvat? J. EXON. *BT* III 394.

2 (p. ppl.) adorned; **b** (of horse); **c** (of rhetorical adornment).

falerata [*gl.* *þa geglencdan*] saeculi ornamenta parvi pendit ALDH. *VirgP* 9; regem regum non sic intrasse Jerosolymam phaleratum, sed humilem et super asinam sedentem BELETH *RDO* 153A; unius ejusdemque capitis leones quatuor, centauros pharetratos [v. l. phaleratos] frementes acephalos AD. DORE *Pictor* 142; ij s. de j magno berillo ~ato argento .. x s. de j cornu bovis ~ato cum argento .. ij s. de ij colariis leperariorum de serico phaleriatis cum argento *Ac. Exec. Ep. Lond.* 2; vadit non ~atus [ME: *untrusset*], leviter sicut peregrinus versus celum? *AncrR* 136; **1404** unum ensiclium .. duabus laminis argenteis fallaratum (v. ensiculus); **1420** item lego .. baslardum meum et optimam zonam meam falleratam *Reg. Cant.* II 211. **b** falerato [*gl.* *gerædedum*] vectus cornipede, quem calcaribus cruentatum et flagris caesum aureis comunt lupatis ALDH. *VirgP* 2; quattuor equos, duos ex eis optime faleratos *Ch. Roff.* 35b; palefridos nobiles et egregie faleratos M. PAR. *Maj.* III 320; s**1350** ut in ecclesia qua sepeliendus esset aldermannus, unus armatus in ejus armis, super equum ~atum, .. afferret scutum *MGL* I 33; equum .. ~atum cum freno et cella nobiliter deauratis STRECCHE *Hen.V* 166. **c** c**1093** haec, frater, non est mea sententia, qui in privato potius tenebras peccatorum elegi deplorare quam publice faleratas orationes declamare H. LOS. *Ep.* 1; non faleratis sermonibus, non eloquentie fuco sed simplici stilo referre W. MALM. *Mir. Mariae* 225; si infra alienos ortulos falerata verba non collegerim G. MON. I 1; qui de monte Oliveti imperialibus insignibus falerato equo vehitur, sed porta civitatis ante eum conjuncto muro obstruitur HON. *Spec. Eccl.* 1005B; ne falerata verborum folia nimie requirantur, per sancta eloquia eorum tractatoribus infructuose loquacitatis levitas interdicitur ROB. BRIDL. *Dial.* 9; ne ~atis utamur sermonibus et exquisitis *Natura Deorum pref.*

3 deceptively adorned.

falerato .. ornato vel ficticio *GlH* F 58; dulcia sunt porrecta malis falerata venena WALT. ANGL. *Fab.* 8. 9; sirenici cantus, falerata melodia *Ib.* 9. 15.

phalerarius [CL phalerae + -arius], pack-horse, 'sumpter'.

falerarius, A. *a sompterhors WW*.

phalerator [CL phalerae + -tor], driver of a packhorse, 'sumpter'.

falerator, A. *a sompterman WW*.

phaleratura [*fut. ppl. of* phalerare *as sb. f.*], harness, trappings, or ornament.

1422 item moderetur sumptuosa et nimium ipsorum equitatura scandalosa, tam in vario et irregulari apparatu famulorum, quam in ~atura equorum *Conc.* III 413a.

phaleretica [cf. CL phalerae + -ica, *by anal. w.* lectica *or sim.*], harness, trappings, or ornament.

1293 tres sacci de corio pro garderoba cum tribus falereticis et duo panerii *DL Deeds L* 83.

phaleriare v. phalerare. **Phalernum, Phalernus** v. Falernus.

phales [φαλῆς=*phallus*], ? pennywort (? *Umbelicus rupestris*).

~es, *penywort MS Cambridge Univ. Libr. Dd. 11. 45* f. 112ra.

phalesia v. faleisia. **phallerae** v. phalerae. **phalterium** v. psalterium.

phama [φήμη], utterance, saying, statement.

verumtamen de hoc manifestationis genere ab aliis instructus accepi ego ~as has anime omnino a terrenis suspense H. Bos. *LM* 1369B.

Phamenoth [LL < Φαμενώθ < Egyptian], name of seventh month in the Egyptian calendar (approximately coincident with March).

Aegyptii .. quorum .. septimus [mensis] ~oth, v kal. Martiarum .. die sumit exordium BEDE *TR* 11 p. 205; Famenoth, Martius BYRHT. *Man.* 26; Aegyp. Distros, Gr. Famenoth, Lat. Mart. *Miss. R. Jum.* 11; septimus Egyptiorum mensis Famenoth *Kal. M. A.* II 423.

phamilis [? cf. AN *famulares=drawers (garment)*], ? sort of trapping (for horse).

lego palefridum meum .. ecclesie ejusdem loci cum phamilibus nomine mortuarii *Reg. Rough* 233.

Phamouth v. Pharmuthi. **phanaticus** v. fanaticus. **phanicem** v. phoenicius. **phano, ~ona, ~onus** v. fano.

phantasia [CL < φαντασία]

1 mental image, idea, notion.

sunt itaque genera et species non quidem res a singularibus actu et naturaliter aliene, sed quedam naturalium et actualium ~ie renitentes in intellectu, de similtudine actualium, tanquam in speculo native puritatis ipsius anime, que Greci ennoias sive yconoyphanas appellant, hoc est rerum imagines in mente apparentes J. SAL. *Met.* 878B; munditia est ut expurgetur a sordidis moribus et sanctificetur a fantasiis turpibus BACON *Maj.* II 263; quod unus homo mortalis quacunque preditus dignitate magis debet adherere proprie fantasie, quam omnibus viris literatis et sanctis ad generale concilium convocatis OCKHAM *Dial.* 431 (*recte* 433).

2 imagination.

fantasia .. imaginatio *GlH* F 154; Aristoteles .. et alii .. sic discernunt, ut ~iam exerceri dicant in parte cerebri anteriore, rationem in medio, memoriam in occipitio, inde et tribus illis cellis nomina imposuerunt phantasticam, rationalem, et memorialem ADEL. *QN* 18; cerebrum vero sensus et motus, ~ie, estimationis, rationis, memorie regimen tenet ALF. ANGL. *Cor* 3. 2; in prima [cellula cerebri] forma a sensibus apprehensa, in fantasia sive imaginatione recolligitur BART. ANGL. V 3; ~ia large dicta nomen est virtutis vel potentie cujusdam communis .. sed proprie stricteque dicta ~ia est potentia collectiva intentionum formas apud sensum communem vel imaginativam proprie dictam existentium naturaliter convenientium, sicut formam conceptam vel imaginatam lupi sequitur intentio nocendi vel nocivitatis *Ps.*-GROS. *Summa* 478; ut queque ~ie et memorie sese offerunt .. a nobis referuntur ANDRÉ *Hen. VII* 20.

3 imaginary image, fantastic appearance, apparition, phantom.

nullus potuit solus propter varias demonum fantasias aliquod spatium manere *V. Cuthb.* III 1; illic demorantium fantasias demonum FELIX *Guthl.* 25 (cf. M. PAR. *Maj.* I 325); fantasia, i. .. fantasma, *GlH* F 154; contra Apellen et Manicheum Deum non in fantasia hominem apparuisse sed vere et essentialiter hominem extitisse J. CORNW. *Eul.* 21; a fantasia, quod est aparicio transiens, dicitur fantasma MAP *NC* II 13 f. 27v; prosperitas .. sub fantasia jocundi principii tristes in eum exitus moliebatur BRAKELOND 140v; hinc et plexus reticularis (rete mirabile trivialibus vocatur) summo cerebello, e crebris venarum ac arteriarum mutuo sese cancellantibus filamentis ~iam sui praebet D. EDW. *Anat.* C 1v.

4 illusion, deception.

fantasia, i. .. delusio mentis *GlH* F 154; ut credas .. que vides sine ulla fantasie suspicione esse vera, ipsa sum cujus opem te exposcere suadeo Mildretha, quam transferri fecisti de Taneto insula GOSC. *Transl. Mild.* 18 p. 178; te .. , diabole, maledico et omnes fantasias tuas et ministros tuos *Descr. Const.* 248; vidi aliquociens fantasias fieri, ubi predicabant miracula se vidづesse, percepique semper simultatem, nec unquam verum aliquod vidi miraculum MAP *NC* II 4 f. 24v; ipse distinguit omnium fallaciarum fantasias, qui falli non potest GIR. *PI* II 7; patrisfamilias virgo filia per ~ias magicas in equinum animal versa hominibus videbatur ALB. LOND. *DG* 4. 7; per fantasias .. et artem magicam velud in equinum animal versa (*Brithnodus*) *NLA* II 539

5 condition of hallucinating, hallucination.

cachoesis est egritudo magna et pessima cum fantasia *Gloss. Poems* 104.

6 show, display.

impiis Romana tum stigmata cum horribili fantasia praeferentibus GILDAS *EB* 11; jam solus ac si arbor in medio campo arescens recordare patrum fratrumque tuorum supervacuam fantasiam *Ib.* 30; nonne postquam tibi ex voto violenti regni fantasia cessit, cupiditate inlectus ad viam revertendi rectam *Ib.* 34; dein cum magno apparatu magnaque fantasia vel potius insania repedantes ad patriam *Ib.* 67.

7 figure (of speech).

793 si .. adoptione erat in corpore verbum secundum illos; quod autem adoptione dicitur, fantasia est ALCUIN *Ep.* 23 p. 63 (cf. Athanasius *Ep. ad Epictetum* cap. vi).

8 (in gl., assoc. w. *epiphania*).

fantasia, i. imaginatio, admiratio, delusio mentis, revelatio, multiludo, fantasma *GlH* F 154; ab altitudine ~iae suae [AS: *ob heænnessum fulluhtes his*] *MS Cambridge, Trinity Coll. R. 17. 1* f. 269rb.

phantasiabilis, ~ibilis [CL phantasia + -ilis, *by anal. w.* habilis], imaginable; **b** (n. as sb.) imaginable concept.

Deus .. non habet phantasma, nec est aliquid ~iabile DUNS *Ord.* III 2. **b** sed si precise intelligeretur objectum in phantasmate, numquam esset magis universale presens nisi in minus universali, quia numquam nisi in singulari ~iabili DUNS *Ord.* III 221.

phantasialiter [CL phantasia + -alis + -ter], in imagination.

propositio vocalis non causat nisi unam intentionem mentalem, quia significatio, que representat naturaliter vel phantasialiter duas voces, non facit propositionem, sed quandam congeriem intentionum (HOLCOT *Sent.*) *GLA* IV 8n. 24.

phantasiari [LL < CL phantasia], to form a mental image, imagine, fancy.

de facto ita est in nobis, quod quodcumque universale intelligimus, ejus singulare actu ~iamur DUNS *Ord.* III 113; quicquid est in phantasia semper remanet singulariter, sed intellectus agens incipit accionem circa primum objectum ~iatum, ad quod determinabatur actus ~iandi mediante sua specie BACONTHORPE *Quaest. Sent.* I 16a A; in phantasia aliquid manet, sed illud non est objectum actus, sed habitus quidam inclinans ad ~iandum objectum prius sensatum (OCKHAM) *GLA* III 336 n. 759; **c1363** ~iantur quomodo hunc destrueret per baculos arundineos (KYN.) *Ziz.* 480; non enim est possibile quod homo appetat id quod non cogitat, vel bestia appetat vel fantasiat WYCL. *Ente* 72; omne animal quod fantasians intelligit *Id. Dom. Div.* 63.

phantasiasta [LL < φαντασιαστής], phantasiast, phantasist, visionary.

fantasiastas, quales sunt antropomorfite et similes J. SAL. *Hist. Pont.* 13 p. 30; spiritualis .. est, licet eum redarguat animalis fantasiasta *Ib.* p. 38.

phantasiatio [CL phantasia + -tio], exercise of fantasy or imagination.

~o est nobilior felicitate philosophorum DUNS *Sent.* II 25. 1. 9; sensacio, ymaginacio, estimacio, fantasiacio, et memoracio, vocantur actus continue sensuum necessariorum WYCL. *Misc. Phil.* I 1.

phantasticatio [LL phantasticus + -tio], imagination.

quod Jacob Dei nutu cognoscens, ad hoc virgas ponebat in aquis ut arietes, oves salientes varios colores in aquis splendentes conspicerent et similes in cerebro proprietates per fantasticationem prospicerent *Quaest. Salern.* P 34.

phantasma [CL < φάντασμα]

1 phantom, spectre, apparition; **b** (fig.). **c** vision.

9.. fantasma, vel fantasia, *gedwimor WW*; **10..** fantasma, *scinhiw* .. fantasmate, *þære glyderinge* .. fantasma, *scin*, idem et nebulum *WW*; ille qui volatico fantasmate se derideri putaret W. MALM. *GP* I 17; subtrahit .. pedem furtim ut effugiat, fantasma sive prestigium timens MAP *NC* IV 11 f. 52v; vidit .. episcopus .. effigiem hominis per totam noctem .. et ignorans quid esset, putans autem fantasma esse, in magnum incidit mentis stuporem *Canon. G. Sempr.* f. 42v; hii nos tutantur, pellunt phantasmata, pestes / aerias removent, insidiasque fugant GARL. *Tri. Eccl.* 121; rogo quid dicendum est de talibus miseris et superstitiosis qui de nocte dicunt se videre reginas pulcherrimas et alias puellas tripudiantes cum domina Diana, choreas ducentes cum dea paganorum, qui in nostro vulgari dicuntur *elves* .. que omnia non sunt nisi fantasmata a maligno spiritu illis demonstrata (*Fasciculus Morum*) *Hist. Francisc. Eng.* 231. **b 1274** quid est homo? mens incarnata, laboriosa anima, .. fantasma temporis, spectator vite *Leg. Ant. Lond.* 185. **c a753** subito ex inproviso velut novum fantasma episcopus apparuit BONIF. *Ep.* 92; **10..** fantasma, visio *WW*.

2 illusion, deception.

magicum falsi fantasma Simonis ALDH. *CE* 4. 1. 25; tetro haud fallatur falsi fantasmate Zambri *Id. VirgV* 586; saecla priora quidem, lubrico fantasmate lusa FRITH. 10; potestatem inimici et omne fantasma diaboli *Rit. Durh.* 100; ut fias aqua exorcizata ad effugandam omnem potestatem inimici et omne fantasma [*gl. scinelac*] diaboli (*Jud. Dei*) *GAS* 409; **s1289** fuit quidam puer, qui per biennium non comedit. postea compertum est illud esse per fantasma demonum incubarum *Ann. Dunstable* 353; visionem quamdocumque vigilando aut sompnium dormiendo non reputetis nisi fantasma [*gl.: gile*] *AncrR* 81.

3 mental image, idea, notion, fancy; **b** product of imagination (esp. phil.) **c** delusion.

albis atque nigris coloribus ~a tuum depingis LANFR. *Corp. & Sang.* 409C; a mundanorum phantasmate memoria custoditur *Chr. Evesham* 39; metuebat quoque ne .. cederet pariter vel intima contemplatio tetris ~atibus vel interna puritas externis vanitatibus AD. EYNS. *Hug.* III 4; ipsa racionalis cognicio assurgit in contemplacionem Trinitatis per intelligenciam a fantasmatibus denudatam GROS. *Hexaem.* II 9; illud quod est in intellectu, in quo intellectus conformatur rei, non est [in] intellectu subjective, quia intellectus intelligendo rem tendit in rem ut in fantasmate; igitur in fantasmate terminatur ista tencio; igitur et conformitas erit in fantasmate *Quaest. Ox.* 338; **c1308** putansque per fantasma prefuisse in abbatem, quem nullus in mente habuit *G. S. Alb.* II 54. **b** sensus particularis .. intellectus agens, cujus creata sunt exemplaria, irradiat supra fantasmata BACON VIII 31; si intellectus noster videt in luce illa, aut per hoc quia lux illa imprimit super intellectum species intelligibiles, et hoc non videtur, quia tunc imprimeretur per creationem, item tunc essent ejusdem rei due species: una que est a ~ate vel ab ea extrahitur, alia que divinitus imprimitur PECKHAM *QA* 64; intellectus possibilis natus est moveri ad cognitionem ab intellectu agente et ~ate DUNS *Ord.* I 37; quia illa species que potest representare sensibile tamquam objectum in somniis, esset ~a, non species intelligibilis *Ib.* III 153; ~a illustratum agens in intellectum causat ibi suam similitudinem, que non potest esse aliud quam species T. SUTTON *Quodl.* 110; quod quidem faciunt alii [sc. spiritus vitales] ad ~a in corpore et communem sensum; alii ad visum; alii ad auditum COLET *Rom. Enarr.* 188. **c** Margaria de Laburd de Weruntone, habens spasmum et dissemteriam et fantasma in capite *Mir. Montf.* 74.

phantasmalis [CL phantasma+-alis], imaginary.

decorem claritatis fictio ~is obnubilat AD. MARSH *Ep.* 246 p. 408.

phantasmatice [cf. phantasmaticus], in a fantastic manner, as a product of the imagination.

intelligit Deum .. fantasmatice conponendo WYCL. *Dom. Div.* 64.

phantasmaticus [LL < phantasma, phantasmatis+-icus], deceptive, illusory.

libera ab omni inpugnatione fantasmatica [*gl. scinelacum*] *Rit. Durh.* 98.

phantasmatio [CL phantasma+-tio], formation of mental image.

quidditas corporalis [est objectum intellectus] per accidentalem fantasmacionem et illius tradicionem *Quaest. Ox.* 339.

phantasticari [cf. LL phantasticus]

1 to form a mental image, imagine.

cum a singulis membris corporis collectum cerebrum, naturali calore et spiritu impellente, ascendat, quadam proprietate ejus rei de qua tunc anima fantasticabatur ibi inficitur *Quaest. Salern.* W 7.

2 (p. ppl. as true passive) deluded by fantasy or imagination.

sui .. divinissimi status immemores, fantasticata mentis acie, .. indilate curiam ademunt *Mon. Francisc.* II 270.

phantastice [LL, cf. phantasticus]

1 deceptively, falsely, illusorily.

si haec a diabolo fantastice dicta et ostensa crediderimus BEDE *Sam.* 701; ne dicerent machinatores calumniarum fantastice suscitatum fuisse Lazarum *Id. Hom.* II 4. 126; videas iterum seu miraculose seu ~e, contra nature cursum, pullos in ova vel conversos vel reversos GIR. *TH* II 40; crescente luna crescit omne humidum fantastice non autem secundum veritatem ROB. ANGL. (II) 161; **1443** contra que sic depono, non per ficta et fantastice ymaginata sed per visa et audita a fide dignis denunciata *Paston Let.* 871.

2 fantastically, absurdly.

est tam fantastice dictum, ut in fantasticis assueti hoc nequaquam capere possint, cum communiter fantastici teneant quod illa, que in anima sola imaginacione exsistunt, jura realia habere non possunt OCKHAM *Pol.* III 190.

phantasticus [LL < φανταστικός]

1 that occurs in fantasy; **b** (fig.). **c** illusory, deceptive.

quomodo fantasticas turbas satellitum .. fugavit FELIX *Guthl.* 34; callidus temptator ejus saluti invidens, fantasticam canum suorum ei importunitatem suscitat, quos in se horrido latratu irruentes tenui virga nescienter fugavit ADEL. BLANDIN. *Dunst.* 2; ne fantastica visione te credas illudi, signum accipe W. MALM. *GP* IV 165; corpus .. quasi ~um in fine .. ad longinqua translatum GIR. *PI* I 20 p. 127 (cf. *Meaux* I 211); quidam fantasticus spiritus .. apparuit .. ac se Malekin vocitabat COGGESH. *Chr. f.* 89v; de quibusdam apparitionibus fantasticis M. PAR. *Min.* II 391. **b** quid est vita presens, nisi fantasticum mortis preludium? NECKAM *NR* II 155. **c** hostis ille nequissimus fantasticum deferens ignem, domum .. incendit .. nec tamen unda vera falsas potuit restinguere flammas BEDE *CuthbP* 13; quorum [daemonum] ~a illusio per tanti militis Christi adventum inde erat fuganda FOLC. *V. Bot.* 403; sin quidvis fuit fantasticum, premat me pristinus morbus ad tuum placitum *V. Ed. Conf.* 55; reppulit note simplicitatis hominem persuadetque hanc postponere intentionem velut fantasticam illusionem aut brute mentis errorem GOSC. *Transl. Mild.* 21 p. 183; per [diaboli] ~as tentationes defraudentur BELETH *RDO* 25. 37C; si non est illusio ~a, sed visio vera M. PAR. *Maj.* I 534.

2 concerned with fantasy.

quid de his fantasticis dicendum casibus qui manent et bona se successione perpetuant MAP *NC* II 13 f. 27v; fantastica passio dicitur quando quis in sompnis diversas fantasias et terribiles ymaginaciones sompniat ut aliquando a sompnis excitetur *SB* 20.

3 imaginary; **b** (as place name).

locus .. palustris aut desertus eminentiori aut celebriori ~arum imaginum fecundior est J. SAL. *Pol.* 430B; universo debito soluto probaveris fantasticam non esse pecuniam MAP *NC* IV 11 f. 52v; per quod colores ~i aliquando appareant BACON *Maj.* II 77; amplius autem et aliter et veraciter dici potest quod quedam sunt miracula fantastica, delusoria, et diabolica, quedam vera BRADW. *CD* 63B; textura fantastica, est enim textura idem quod operimentum, vel intersartio, qua aliquid, quod alias appareret, latenter absconditur. et hec eciam multocies fit ex imaginacione, que alias fantasia dicitur LYNDW. 54r. **b** inter alias .. insulas una est nuper nata, quam ~am vocant GIR. *TH* II 12.

4 of the nature of a phantom (eccl., w. ref. to the belief of Phantasiasts that Christ's body was a phantom).

ut credamus unicum Filium Dei, non adoptivum, sed proprium, non ~um, sed verum ALCUIN *Dogm.* 109D.

5 fantastic, absurd. **b** (as nickname) idiotic.

errores .. tam ridiculosos et fantasticos, ut mirentur quomodo unquam aliquis homo eos potuit opinari OCKHAM *Pol.* I 206; Joannes XXII .. quosdam errores interserit stultos et fantasticos et vix opinabiles, magis nisu quam improbatione dignos *Ib.* III 189; die qua colitur S. Scolastica, / ve, sic extollitur hec fraus fantastica *Planct. Univ. Ox.* 54; signant .. modos intelligendi fantasticos WYCL. *Ver.* II 126; dicta fantastica vel fatalis appariclo WALS. *HA* II 254. **b** juvenis quidam de eorum familia, fantastica agnomine vocatus GIR. *TH* II 47.

6 imaginative, pertaining to the imagination. **b** (anat., *cellula ~a*) part of the brain regarded as the seat of the imagination. **c** (phil., *virtus ~a* imaginative faculty.

anima .. in cerebro .. utitur ~o motu, id est ingeniali ADEL. *QN* 17. **b** cellula .. anterior, sc. ~a NECKAM *NR* I 7 (v. cellula 2a); dum mater aliquid multum appetit, spiritus in fantastica cellula multum commovetur et per imaginationem similis forma representatur, unde spiritus in se formam suscipit *Quaest. Salern.* B 35; canes subtiliorem habent spiritum in fantastica cellula *Ib.* 50; est ergo prima cellula anterior, que dicitur fantastica id est imaginativa RIC. MED. *Anat.* 214. **c** virtus ~a et cogitativa KNAPWELL *Not.* 195; quomodo sciet vel erit tunc intellectus certus, quando non errat virtus ~a, quam tamen non errare requiritur ad hoc quod intellectus non erret? DUNS *Ord.* III 154; non tantum potest habere objectum presens sibi quia est presens virtuti ~e *Ib.* 224; sensus factus in actu active se habet respectu virtutis ~e, unde phantasia est motus factus a sensu secundum actum T. SUTTON *Quodl.* 76.

phanum v. 1, 2 fanum.

Phaophi [Φαῶφι < Egyptian], name of the second month in the Egyptian calendar (approximately coincident with October).

Aegyptii .. quorum .. secundus [mensis] Phaofi, iv kal. Octobrium .. die sumit exordium BEDE *TR* 11; ~i, October BYRHT. *Man.* 26; Aegyp. Faoti, Gr. Yperbereteos, Lat. Oct. *Miss. R. Jum.* 18.

pharao(h) [LL < φαραώ < Hebrew], Pharaoh, title of Egyptian kings; **b** (transf.).

nomen dignitatis ut ~o apud Aegyptios, ut Caesar cum Romanis *Comm. Cant.* 124; avido ~ois exercitu Rubri Maris gurgitibus summerso et profundis pelagi flustris suffocato ALDH. *VirgP* 12; post cujus mortem Pharao rex impius alter / inposuit famulis vincula dura Dei ALCUIN *Carm.* 69. 61; a dura ~onis servitute liberavit PULL. *CM* 209; ~onem tyrannum in populum Israel .. tuis adinvencionibus reddidisti? MAP *NC* IV 6 f. 47v; Moyses .. recepit sapientiam legis a Deo, contra quem ~o et Egyptii .. et omnes nationes murmurabant BACON *Maj.* I 19; dicti sunt Gaytheli et Scoti a quodam Gaythelo, qui .. duxit Scotam filiam ~onis HIGD. I 344. **b** super hac .. inverecunda ecclesie depressione, alterque .. ~onis grassatione, in facie regis vehementer conquesti G. *Steph.* 13; quos magister meus Theodoricus, tum vero nomine ~ones, tum yronice fratres suos appellare consuevit J. CORNW. *Merl. pref.*

Pharaonicus [LL pharao(h), pharaonis+-icus], that pertains to Pharaoh (in quots. transf.).

clausas post eum portas jussit reserare, statimque ~a audatia insequentes satellites regii jugi sunt cecitate damnati GOSC. *Edith* 272; aut verba poliat et linguam aspernam, / aut Pharaonicam abjuret cameram! WALT. WIMB. *Palpo* 124.

phararius [CL Pharos+-arius], lighthousekeeper.

1201 dies datus est priori de Dovr' per Rannulfum ~um *CurR* II 43.

phares [LL < φάρες < Aramaic], third of the words written on the wall in *Dan.* v 25, glossed as *divisio, divisit, divisum.*

mane techel ~es [*gl.*: sc. divisio interpretatur], quod interpretatum dicitur numeravit, pensavit, divisit ALDH. *VirgP* 21 p. 251; **1346** mane tegel phares, lupus et lynx non leo pares *Pol. Poems* I 28; phares *ib.* 164, R. BURY *Phil.* 16. 209 (v. 2 mane); a Deo est missus articulus manus, qui scripsit in pariete, vidente rege, 'mane, techel, ~es', et hec est interpretatio sermonis .. ~es, divisum est regnum tuum et datum est Medis et Persis (J. BRIDL.) *Pol. Poems* I 165.

pharetra [CL < φαρέτρα], quiver; **b** (fig.).

spicula non vereor longis exempta faretris [v. l. pharetris; AS: *ob cocrum*] ALDH. *Aen.* 33 (*Lorica*) 7; non audes humero ferre faretram (*Planctus Ricemarch*) *HBS* XLVII 122; at ille sumpto arcu cum ~a cepit ire per insulam G. MON. XII 4; **1237** tulit ad scaccarium unum arcum .. et unam feretram cum xij sagittis *LTR Mem* 12 m. 2d. (=*KR Mem* 16 m. 3d.: faretram); hec faretra, *quiveree Gl. AN Ox.* 129; pharatra, *a narrowcase* .. hec feretra, A. *qwywere* .. hec faretra, A. *a quiver WW.* **b** c**798** his et hujuscemodi spiculis de faretris, ut aestimo ALCUIN *Ep.* 139; ne nos tangat / hic arcus, impetra, / cujus arcus / fuisti paretra EDMUND *BVM* 2. 7; nunc prosam profero de rudi pharetra: / scriptorum graciam, o mater, impetra WALT. WIMB. *Carm.* 1; **1282** aliqui .. ex propria ~a quedam scripserunt statuta et scripta mirabilia PECKHAM *Ep.* 310; s**1176** ex propria pharetra [v. l. faratra] exiit non ista sagitta BOWER VIII 27.

pharetrare [CL pharetra < φαρέτρα+-are], to equip with a quiver, (in quot. p. ppl.) equipped or furnished with a quiver.

centauros ~atos AD. DORE *Pictor* 142 (v. phalerare 2a).

pharisaeare [ML, cf. Pharisaeus], to separate, set apart.

et proprios Phrygiam phariseat in usus J. EXON. *BT* I 133.

Pharisaeus [LL < Φαρισαῖος]

1 separate, divided or set apart (in the manner of the Pharisees). **b** alien.

ipsa de se perhibent quod sunt Pharisea *Superst. Pharis.* 160. **b** [Bacchus et Venus] hic deus hecque dea non sunt Anglis Pharisea H. AVR. *Poems* 93. 20; ne Pharisea sacrum polluat herba locum Gower *VC* IV 936.

2 hypocritical. **b** hypocritically submissive.

1346 Francia, feminea, pharisea, vigoris idea, / lynxea, viperea, vulpina, lupina, Medea *Pol. Poems* I 26. **b** dum terra fuit Pharisea GOWER *CT* III 73.

3 (as sb. m.) Pharisee, member of ancient Jewish sect; **b** (transf.).

alii dicunt haereses xxviij ante adventum Christi, alii cxx, alii vij: ~os, Sadducaeos, Herodides, Grammateos et alias tres *Comm. Cant.* III 36; disputantem contra filargiriam Salvatorem ~i deridebant BEDE *Luke* 532; beatus ille malens cum Domino Beelzebub quam ~o Rabbi vocari, non destitit incoepto operi operam dare OSB. *V. Elph.* 132; ortus est de tribu Benjamin ex ~is ~us ORD. VIT. II 3. 237; hec via virtutis fuerat se corde secutis, / quo pro lege Dei fierent mundo Pharisei *V. Hild.* 126; unde Origenes super Numeri; 'ne mireris si eum, quem diximus scribas, et ~os, et doctores populi significare' .. GIR. *DK* I 16 (cf. Orig. *Hom. XIV in Num.*); sunt .. quidem qui licet justiciam non diligant, volunt .. videri justi ..... talis [*sic*] fuerunt scribae et ~i, de quibus Matth. v HOLCOT *Wisd.* 11; hec interpretacio vera Pharisei / indicat et judicat eos Phariseos *Superst. Pharis.* 155–6 (*v. et.* 3b *infra*); c**1363** nec dicat quis quod plus credendum est scribis, ~is, et summis pontificibus, quam isti pauperi Christo *Ziz.* 488. **b** complacuit hec omnibus sententia preterquam ~is A. TEWK. *Add. Thom.* 28; **1198** nec vos deterreat Moabitarum potentia, nec deviare facit ~orum jactantia *Ep. Cant.* 439.

4 (in gl.)

†pharizaei, generatio [? l. pharisaei, separatio] *GlC* P 390.

Pharisaice [cf. Pharisaicus], in the manner of a Pharisee. **b** (transf.) hypocritically.

tradiciones distrahentes a fide Cristi, quam Judei oppressi Pharizaice observabant WYCL. *Ver.* III 120. **b** c**1412** nimis abusive ac ~e vocantur temporalia ecclesiastica appropriata vel mortificata, ut sic de Domino consecrata *Conc.* III 347a.

Pharisaicus [LL < φαρισαικός], pertaining to a Pharisee. **b** (transf.) hypocritical.

a**805** melius est . . evangelicas habere scriptas ammonitiones in mente magis, quam pittaciolis exaratas in collo circumferre. haec est ~a superstitio ALCUIN *Ep.* 290; tempore Cristi destructus est populus propter tradiciones Pharizeicas WYCL. *Ver.* II 151. **b 1166** aliis non equanimiter ferentibus ~um hoc supercilium ejus BECKET *Ep.* 246 p. 50; evitantes igitur ~am illam reprehensionem, qua dicitur, dicunt et non faciunt *Reg. S. Thom. Dublin* 338.

Pharizaice v. Pharisaice. **Pharizeicus** v. Pharisaicus. **pharmacapola** v. pharmacopola.

pharmacare [φαρμακεύειν, cf. φαρμακᾶν = to suffer from effect of drugs, require a remedy], to administer medicine or drugs, or (ellipt. use of trans. vb.) to treat with medicine.

hos tales prefocantes oportet flebotomare in principio confestim, facile enim auxiliabiliora erunt et resumentem et crises super considerantem farma[ca]re GILB. IV 177v. 2; cura istorum est fere consimilis, flobotomando, farmacando, quia oportet utrumque facere GAD. 29v. 1; flobotomare et farmacare aut potionare in quibus ista sunt oportuna *Ib.* 122. 2.

pharmaceaticus [LL pharmacia < φαρμακεία + -aticus], medicinal, of or relating to treatment with a drug.

10 . . farmacida, in Latinum medicamina sonat, id est *sealflæcnung*, id est formantur nomina farmaceaticus, et farmaceatica, et farmaceaticum *WW*.

pharmacia [LL < φαρμακεία], (use of) medicine.

farmatia S. LANGTON *Chron.* 67 (v. pharmacicus); de cauteriis et aliis operationibus cyrurgicis et de farmacia GILB. I 74. 1; purgando humiditatem interiorem cum farmacia BACON IX 40; evacuare melancoliam cum farmacia GAD. 16v. 1; †farinacia [l. farmacia] . . medicina laxativa *SB* 20; infirmus appetit farmaciam odibilem propter sanitatem WYCL. *Trin.* 58.

pharmacicus [φαρμακικός], medicinal of or relating to treatment with a drug.

'et Sarmatica' hec est vera litera, quasi diceret 'barbara', et id est, sc. 'Sarmatica', a loco barbarorum . . 'farmatica' habent quidam libri vitiosi, a farmatia, quod sonat 'purgatio'. et sonat 'farmatica' idem quod immutata vel immutancia S. LANGTON *Chron.* 67.

pharmacidion [cf. φάρμακον + dim. suffix -ιδιον], (mild) remedy.

10 . . farmacida, in Latinum medicamina sonat, id est *sealflæcnung WW*.

pharmacodes [φαρμακώδης], medicinal, of or relating to treatment with a drug.

farmacodes medicina que multum †minutat [l. immutat] quocunque modo †minutacionis [l. immutacionis] *Alph.* 62.

pharmacopaeus [cf. φαρμακοποιός, φαρμακεύς], apothecary.

1560 item pharmocopei Silvii vj d. *MS Cambridge Univ. Archives (Invent. Nicholas Symson) Bundle 2.*

pharmacopola [CL < φαρμακοπώλης], **~us,** seller of drugs, medicines, or sim.

formacopula, medicamenti venditor *GlC* F 296; parmocopula, medicamenti venditor *Ib.* P 165; sed non Thomas eadem cum pharmacopolis / tractat exercitia W. COMBE 192; hic, hec formicapola, venditor

unguentorum *WW*; *potycaryes* . . pharmacapole WHITTINGTON *Vulg.* 67.

pharmacum [LL < φάρμακον], **~on**

1 drug, medicine.

quod omne farmacum est venenosum, et hujusmodi medicina destruit venenum, quare destruet virtutem farmaci et ipsum farmacum GILB. VII f. 338v. 2; farmacon vel farmacum interpretatur †mumunctans [l. immutans], inde formacan [*sic*], omnis medicina, sed quando ponitur in angustia significacione pro medicina laxativa sumitur; et farmacodes medicina que multum †minutat [l. immutat] quocunque modo †minutacionis [l. immutationis] *Alph.* 62; Ignatius martyr . . scripsit ad Ephesios. 'omnes,' inquit, 'vos convenitis . . unum panem frangentes, qui est ~um antidotum ejus quod est ad non mori' (TYSS.) *Ziz.* 151; **1514** id auri ~um nonnihil energiae in se continet; eo utere ad salutem (W. WARHAM) *Ep. Erasm.* 286; quanto . . in tedio vivendum erat, si . . hii . . cotidiani famis ac sitis morbi venenis ac ~is amaris essent abigendi? MORE *Ut.* 209.

2 plaster or poultice applied for medicinal purposes.

a *playster*, ~um LEVINS *Manip.*

Pharmuthi [LL < Φαρμοῦθι < Egyptian], name of the eighth month in the Egyptian calendar (approximately coincident with April).

Aegyptii . . quorum . . octavus [mensis] ~thi, vi kal. Aprilium . . die sumit exordium BEDE *TR* II p. 205; ~thi, Aprilis BYRHT. *Man.* 26; Aegyp. Famuthi, Gr. Xanthicos, Lat. Apr. *Miss. R. Jum.* 12; octavus Ægiptiorum mensis Phamouth *Kal. M. A.* II 424.

Pharos [CL < Φάρος], **~us**

1 island near Alexandria, (also transf.) Egypt.

Efario, Egyptum *GlC* E 72; sunt alii pre mente crucis vexilla tenentes, / qui jam proponunt longius ire Pharon GARL. *Tri. Eccl.* 62.

2 lighthouse at the eastern end of Pharos.

ingens . . miraculum est farum Alexandrinum, quomodo iiij cancros vitreos in mari fundatum est GREG. *Mir. Rom.* 30.

3 lighthouse or tower, beacon; **b** (transf. or fig.).

quasi praecelsa farus [*gl.*: turris est maxima, *herebecn*] in edito rupis promontorio posita splendescit ALDH. *VirgP* 9; habitabant . . intra vallum . . quod civitates, farus [*v. l.* faros], pontes, et stratae ibidem factae usque hodie testantur BEDE *HE* I 11 (cf. H. HUNT. *HA* I 45); farus, cenaculum altum juxta mare, utilis [*sic*] navigantibus, per quot diriguntur errantes naves *GlC* F 114; hoc altare farum supra suspenderat altum, / qui tenet ordinibus tria grandia vasa novenis ALCUIN *SS Ebor* 1494; **10 . .** farus, *beacanstan*, in promontoria rupis posita . . *fyrtor WW*; item a fos hic farus . . visio ignis quo nomine vocabant montem quemlibet juxta portum positum super quem igne incenso designabant navigantibus portum inesse OSB. GLOUC. *Deriv.* 213; eminet ex alto montis cacumine farus *Mir. Hen. VI* I 15 p. 43. **b** hoc altare farum supra suspenderat altum ALCUIN *SS Ebor* 1494.

4 candelabrum, chandelier.

in loco quo Dominus crucifigi pro nostra est salute dignatus pendente magno faro desuper, id est aerea rota cum lampadibus quae ipsam crucem debita lucis veneratione coronent BEDE *Hom.* II 10. 154; hoc altare farum supra suspenderat altum ALCUIN *SS Ebor* 1494.

pharro [Ir. *pharo* < *faire ó* = look out, oh!; cf. harou], Irish war-cry.

totus autem jam equitatus, quam peditatus, quoties ad manus, et pugnam venitur, alta voce, "pharro, pharro", inclamat. utrum a rege Pharaone, Gandeli socero, an ab alia caussa clamor iste natus sit, parum ad rem attinet explicare STANIHURST *Hib.* 43.

pharrum [CL Pharos], kind of plant.

flos interpretatur lux, inde farrum *Alph.* 68.

pharunculus [CL Pharos 3 + -unculus], small tower.

in eodem loco quadratam paribus angulis æcclesiam in modum †facunculi [MS: farunculi] construere jussit B. *V. Dunst.* 35 (cf. EADMER *V. Dunst.* 15).

pharus v. pharos.

pharynx [φάρυγξ], throat.

farinx [*gl.*: farinx est gula per quam spiramus et aerem ducimus et vocem emittimus] *Gloss. Poems* 103.

phas v. fas. **phasanus** v. phasianus. **phasca** v. pascha.

Phase [LL < φασέκ, φασέ < Heb.], Jewish festival of Passover. **b** (generic) festival. **c** (w. ref. to Christian contexts).

pascha sive ~e BEDE *HE* V 21 (v. pascha 1a); phasa, pascha (*Interp. Nom.*) *GlC* 245; Josias, celeberrimum faciens ~e Ad. SCOT *TT* 621D; Josias . . incomparabile ~e fecit, et idolatriam destruxit R. NIGER *Chr.* I 8; in hac religione ~e duo precipue sunt que districtius inhibentur: ne crudum quid vel coctum aqua comedatur J. FORD *Serm.* 32. 4. **b** hec . . est dies quam fecit Dominus . . cum in illa est mundus creatus, Ysaac circumcisus, ~e solempnitas adimpleta WYCL. *Ver.* III 108. **c** quippe exuto veteri homine, celebrato ~e, exponitur homo ad querendum exuviam novi hominis a malo transiens ad bonum R. NIGER *Mil.* II 65; in omni . . nostro opere felici 'transitu' celebremus '~e' et memores jugiter Dominice dispensationis in carne certa spe et inextinguibili caritate negotiemur de nostra reparatione *Ib.* III 7; faciet domus Israel novum sibi et sollemne ~e in tempore illo J. FORD *Serm.* 32. 1.

phasellus v. phaselus.

phaselus [CL < φάσηλος]

1 sort of (small) boat; **b** (transf. or fig.).

quem [sc. Andream] Deus oceani lustrantem flustra phasello / caelitus adscivit gradiens per litora ponti ALDH. *CE* 4. 3. 4; faselum genus navis *GlC* F 73; **9 . .** navis vel faselus, *scip WW*; qui quosdam obrutos quondam servarat sub terrea mole, voluit et naufragum sub inversa ~o viventem conservare W. CANT. *Mir. Thom.* IV 5; ibant et revertebantur inter eos in ~is magnates MAP *NC* II 23 f. 32; e ante l producitur ut camelus, carmelus, phazelus BACON *Gram. Gk.* 114; faselus, A. *a galey* . . hec facelus, A. *a sogbote WW*; *a bate*, simba, facelus, et cetera *CathA*. **b** illius ergo precor fractae succurre phaselo, / quae nullum nisi des litus habere potest W. CHESTER *Vers. Anselm.* 1. 95; te remige, nostra phaselus / silleosque canes vitet baratrumque Caribdis M. RIEVAULX (*Vers.*) 14. 3; remo simplicitatis, devotionis phasellum pellunt ad portum J. GODARD *Ap.* 267; hic evangeli pelagus transire phaselo / non valeo: parvo fluctuat illa vado GARL. *Epith.* VI 123.

2 (understood as) rudder.

faselo, *steolsceofle* [? l. steorsceofle] *GlP* 875.

phaseolus [CL], **~um**

1 kidney bean (*Phaseolus vulgaris*) or sim.

hisuperede, i. fasciolum *Gl. Laud.* 795; lubia, i. fasiolus *Ib.* 933; talasso, i. ros marinum, quod homo manducat pro fasiolis *Ib.* 1485; plus nutrit, turbatque minus lens, pisa, lupinus, / phaseolus NECKAM *DS* VIII 20; omne †diuretitium [l. diureticum] ut petrosilium, crocus, cicera, tape, faseola, nuclei cerasorum M. SCOT *Phys.* 2; faciolus albus, faciolus major, *more faciole*, fasole. faciolus rubeus, faciolus minor, *faciole þe lasse MS BL Royal* 12. E. I f. 85v; farcellus, herba S. Pauli idem, similis est archemesie [*v. l.* artemesye] nostre sed habet minora folia *Alph.* 62; herba S. Pauli, fartellus [*v. l.* sarcellus] idem, similis est artemesie nostre sed minora habet folia *Ib.* 79; speragus frutex est, semen confert in folliculis sicut faseolum *Ib.* 168.

2 (understood as) primrose.

13 . . facellus [*in marg.* (16c): phaseolus per errorem], herba beati Petri, primula veris, *prymerose* idem *Herb. Harl. 3388* 79v.

phasganon, ~ion [CL < φάσγανον, φασγάνιον], kind of plant, gladiolus.

†fagasnion [l. phasganon], respice in xision *Alph.* 62; sanction aut †fassa gasmon [l. phasganon], quam

multi parrine dixerunt, nascitur locis umbrosis et in stangnis siccis *Ib.* 161.

phasiacus [CL =*of the river Phasis*], kind of bird (perh. pheasant).

faseacus, nomen avis, *reodmuþa GlH* F 29.

phasianarius [CL *sb. m.* =*keeper of pheasants*], pertaining to a pheasant, (w. ref. to dog) trained to catch pheasants.

falconarii hos [canes] ~ios .. vocare solent CAIUS *Can.* f. 4b.

phasianeus [CL phasianus + -eus], of a pheasant.

accipiant carnes lenes sicut gallinaceas, fasianeas, hedulinas GAD. 33v. 2.

phasianinus [LL < CL phasianus + -inus], of a pheasant.

carnes sint gallinacie, caponine, fasianine et aliorum volatilium non degentium in lacubus GAD. 47v. 1.

phasianus [CL], pheasant.

7 .. fasianus, *worhona GlC* F 22; †cracinus [? l. phasianus], *worhen GlH* C 2021; **10** .. fusianus, *worhana* .. *fursianus, worhana WW*; erant .. tales pitantie unicuique canonico .. ij perdices aut unus ~us *Found. Waltham* 15; aves Phasidis sive ~i [*gl.: fesauns*] NECKAM *Ut.* 106; **1205** liberam warennam .. ad capiendos leporem, vulpem, et fesanum *Pipe* 195; **1256** mandatum est .. quod .. provideat regi in balliva sua de d gallinis, .. iiij pavonibus, duabus duodenis fasianorum *Cl* 106; **1292** Mattheus filius Mathei de Magna Dunmawe et Ricardus Faber .. soliti sunt intrare forestam et capere perdrices et fesianos. Reginaldus le Drape de Berkinge capit lepores, perdrices et fasianos in foresta *TR Forest Proc.* 13 m. 12d.; **1292** Petro Atteboure de Ryvenhale quia cepit lepores, vesanos, perdrices sine warranto *Ib.* m. 21d. gallos, phasanos, et pavones, naturali enim flore decorati sunt et millesies meliori W. BURLEY *Vit. Phil.* 14; **1435** pro vj copulis ~orum datis .. cardinali *HMC Rep.* IX 139a; liberasse Alicie de Camera pro sustentacione phesianorum et aliorum volatilium infra cameram domine, per tallium, iiij busselos [sc. frumenti] *Ac. H. Buckingham* 35; hic fecianus, *a fesantt WW*.

phasis [CL < Φᾶσις]

1 Phasis, a river of Colchis, after which the pheasant was named; **b** (understood as an island).

a Fasus, Colchorum fluvius *GlC* F 70; Scithia .. †habent [MS: habet] et flumina magna .. †Fasidem [MS: Fasiden] et Araxen *Chr. Pict. & Scot.* 4; inter montem Caucasum et flumen Scithie Rasidem vel, ut alii dicunt, Fasidem GERV. TILB. II 3; lapis Medus .. nascitur apud fluvium Ffasin *Alph.* 92. **b** phasianus ab insula que ~is dicta est nomen habet NECKAM *NR* I 42.

2 (*avis* or *gallus* ~*idus* or ~*idos*) pheasant; **b** (attrib. avis ~is).

aves ~idis [*gl.: faisans*] sive fasiani NECKAM *Ut.* 106; nec adeo tempestive ornat natura rubricatis barbis gallos ~idos .. ut gallos domesticos *Id. NR* I 42. **b** querit .. pulmentarium, .. non cervum, non ~ides aves, non gallinaceum H. BOS. *Thom.* III 15; appositam mihi ~idem avem *Ib.* 16.

phaslterium v. psalterium.

phasma [CL < φάσμα]

1 apparition, phenomenon, portent.

moxque clientelae resonant singultibus aedes, / dum cernunt dominum picea fuligine pictum: / autumat incassum fretas virtute magorum / hoc sibi clasma [v. l. phasma] tetrum sacras gessisse puellas ALDH. *VirgV* 2257; fasma, fantasma OSB. GLOUC. *Deriv.* 240.

2 (by assoc. w. φάναι =to say) language, discourse, utterance.

urgebantur acri furioso pectore bile, / permulcentque, nefas! perverso fasmate regem / spernere singraphas furtivis rebus adeptas FRITH. 814; s**871** prerumpo fasmatis cursum non necessitate motus, sed tue caritatis amore ÆTHELW. IV 2; s**899** ex Latino rhetorico fasmate in propriam verterat linguam volumina, numero ignoto *Ib.* IV 3.

phaulanx v. phalanx. **phavo** v. pavo. **phazelus** v. phaselus. **pheb-** v. phoeb-. **phedia** v. paedia. **Phefan** v. Phaethon. **pheliparius** v. feliparius. **pheliperia** v. feliparia. **Phelippa** v. Philippus.

phellandrion [CL], (bot.) dropwort.

phellandryon, officinae filipendulam, vulgus filipendulam et *droppewort* nuncupat TURNER *Herb.* C i.

phellandryon v. phellandrion. **phengus** v. thanus. **pheodum** v. feodum. **pheretrum** v. feretrum. **phesantus** v. fesanta. **phesianus** v. phasianus. **pheson, pheton** v. Phaethon. **pheu** v. phu. **pheudum** v. feodum.

1 phi [LL < φεῖ], phi, twenty-first letter of Greek alphabet; **b** (as numeral, =500); **c** (as mus. letter).

Φ D BEDE *TR* 1; phi, 'f', Φ, D *Runica Manuscripta* 351. **b** BEDE *TR* 1, *Runica Manuscripta* 351 (v. a supra). **c** R. L. lichanos hypaton diatonos, que est principalium diatonos extenta, phi Grecum et digamon: φ. F. WILL. 20.

2 phi v. phy.

phiala [CL < φιάλη], ~**is**

1 vessel (esp. for holding liquids), cruet; **b** (eccl.).

non est rotunda ut ~a sed longa et angulosa *Comm. Cant.* I 303; lac .. novum in fiala ponere solebat BEDE *HE* III 27; fioli, similitudo calicis *GlC* F 177; porrige ei latam fiolam vel angustam cimbiam ÆLF. *BATA* 5. 3; nos .. duxit ad fontem, de quo aqua in fiala argentea tacens digitis litteras figurabat W. MALM. *GR* II 170; angeli .. ~as cum aromatibus habere dicuntur BART. ANGL. II 4; **1265** pro una fyola, ad cameram .. j d. *Manners* 8; **13** .. pelves, ampollas, fioles, filatria (*Nominale*) *Neues Archiv* IV 341; fiola, A. *a ffyole or a cruet WW*; aqua clara .. serva in ~a parva cera rubea obturata RIPLEY 201; **1550** †phictas [l. phiolas] .. *cruettes* (*Pat 830* m. 7) *CalPat* 295; eruta sunt multa vasa sepulchralia, .. vialae etiam vitreae, vascula fictilia CAMD. *Br.* 380. **b** vas erat in modum fiale repandum ac diffusum BEDE *Templ.* 787; jubetur .. ut vinum propinet episcopo in vitrea ~a FOLC. *V. J. Bev.* 10; ornavit .. ecclesiam textis tam ex argento puro quam ex auro obrizo pariter et lapidibus pretiosissimis, thuribulis et ~is, pelvibus fusilibus *Chr. Abingd.* I 344; **1206** duas fiolas argenti ad ministerium altaris *Cl* 68b; instauramenta ecclesie sunt hec: lavacrum sive fons, .. urceus, urceolus, .. phiole [*gl.: cruez*] NECKAM *Ut.* 119; dicuntur .. phyale a 'phyalui', quod est 'vitrum' in Greco, quia proprie vasa vitrea vocantur phyale S. LANGTON *Serm.* 4. 28; **1250** capella. defectus ornamentorum capelle .. nullum hymnarium; nullum ordinale; nullum collectarium; nulle phyole *CallMisc* 91; **1415** duo vestimenta integra pro sacerdote, exceptis dalmatica et capa, cum libro missali et uno calice, una *paxbrede* deaurata, una campana argentea cum duabus fiallis argenteis (*Test.*) *Reg. Cant.* II 188; **1430** lego .. calicem deauratum cum duabus violis deauratis (*Ib.*) *Ib.* 478.

2 (as name of a lake).

Josephus dicit .. modicum lacum esse, qui a rotunditate Fiala dicitur, semper plenus et numquam exuberans; ibi oritur Jordanis GERV. TILB. III 52.

phialarium [CL phiala + -arium], (small) vessel (esp. for holding liquids).

1527 remanentia jocalia infra prioratum de Bynham .. iij calices, ij parva violaria *MonA* III 352.

Phicius v. Pythius. **phicta** v. phiala. **philacium** v. filacium. **philactarium** v. phylacterium. **philacterium** v. phylacterium.

philagos [? cf. φίλαγρος =*fond of the country*], kind of bird.

philagos, .. avis silvestris *Alph.* 146.

philalleon [cf. φιλαλληλιῶν *gen. pl. of* φιλαλληλία], mutual love.

philalleon, id est de amicicia mutua *Ps.*-GROS. *Gram.* 15.

philanthropia [φιλανθρωπία], humanity, benevolence, philanthropy.

adeo plerumque protelatur philantropia O. CANT. *Pref. Frith.* 7.

philanthropos [CL < φιλάνθρωπος], ~**ium**

1 humane or benevolent person, philanthrope.

nonne venies in numerum legistarum, etsi non scias quod dicitur procenetica nomine philontrophi jure peti possunt NECKAM *NR* II 174.

2 kind of plant, burdock, cleavers (*Galium aparine, Arctium lappa*, or sim.).

philantropium, lappa, *clate* ÆLF. *Gl.* 134; herba philantropos *Leechdoms* I 64; lappa est herba .. que a Grecis φιλάνθρωπος [TREVISA: philantros] vocatur BART. ANGL. XVII 93; si in vino illo resolvatur instinum vel filoantropos GILB. VI f. 273. 1; utatur filantropos et dianiso et diaris versus noctem quando ipse non cenat GAD. f. 97. 2; lappa glis, philantropos, *burre or clote MS BL Sloane 3545* f. 7v; agrimonia, ferraria, .. filantropos *Alph.* 6; filoantropos interpretatur amans hominem *Ib.* 66.

philantropium v. philanthropos.

philarchia [LL < φιλαρχία], love of power, ambition.

ecce, quod sacerdotes non habebunt partem cum aliis tribubus, ut efficacius effuget philargiam a populo WYCL. *Ver.* III 248.

philargia v. philarchia, philargyria.

philargicus [LL < φιλαργικός], that loves doing nothing, inactive, idle.

philosophi namque tripartitam hominum vitam esse voluerunt, primam theoricam, secundam practicam, tertiam ~am dicentes, quas Latine contemplativam, activam, voluptariam nuncupamus ALB. LOND. *DG* 11. 22; ~a sive voluptaria vita est, que voluptati tantum obnoxia, nullum honestum bonum reputat, solam vite appetens corruptelam *Ib.* 11. 22.

philarginus [cf. LL philargicus + CL -inus], that loves doing nothing, inactive, idle.

quidam .. preferunt contemplativam vitam reliquis, ut philosophi; quidam activam ut politici, quidam ~am active et contemplative sicut Epicuri BERN. *Comm. Aen.* 46.

philargiria v. philargyria.

philargyria [LL < φιλαργυρία], love of money, avarice.

caecae cupidinis philargiria [*gl.: gastrimargia, avaritia*] ALDH. *VirgP* 28; voluptatum victores filargiria vincantur BEDE *Luke* 370; concupiscentia data est homini ad concupiscenda quae sunt utilia .. si vero corrumpitur, nascitur ex ea gastrimargia, fornicatio, et phylargiria [v. l. philargeria] ALCUIN *Moral.* 640C; **968** (12c) †phirargirie [l. philargirie] seductus amentia *CS* 1213; **968** si quis .. filargyrie spiritu inflatus hanc meam munificentiam .. infringere ausus fuerit, sit anathema ab omnipotenti Deo *Ch. Burton* 23; **993** si quis .. epylempticus phylargiriae seductus amentia (*Ch. Regis*) *Conc. Syn.* 187; **10** .. [phi]largiriae, *gifernesse WW*; spiritus .. philarg[ir]ie exstitit, qui ex auri sacra fame cupidinis fomitem zelo avaritie in ejus pectore sic delegerat concitare R. COLD. *Godr.* 260; avaritia laborasti? ad avaritiam pertinent ista: ambitus, ~ia (quando homo delectatur in munusculis) ROB. FLAMB. *Pen.* 203; avaritia .. dicitur philargia [v. l. philargiria] a 'philos', quod est amor, vel 'philaxe', quod est custodia, et 'argin' vel 'argiron', quod est argentum. unde philargia quasi amor vel custodia argenti T. CHOBHAM *Conf.* 24; argyrion quod est argentum, a quo ~ia quod est avaricia BACON *Gram. Gk.* 61; quod fideles caveant a philargiria quod secundum linguam Grecam videtur sonare quod fideles caveant ab amore illicito terrenorum WYCL. *Versut.* 101.

philargyros [CL *as adj.* < φιλάργυρος], one who is fond of money, avaricious person.

poetarum quidam filargiris illudens ait: 'crescit amor nummi quantum ipsa pecunia crescit' BEDE *Mark* 169.

philarium v. filarium. **philaterium** v. phylacterium. **philatorium** v. 1 filatorium, phylacterium. **philatrium** v. phylacterium.

philautia [φιλο + αὐτο- + -ia], self-love.

1517 [Moria] quae mellitissimam ei filiolam suam ~iam ['connubio junxit stabili propriamque dicavit',] qua se perpetuo oblectet, alioqui sibi ipsi non ferendus (MORE) *Ep. Erasm.* III 601; **1574** curiosam istam in